Novo Código Civil

TEXTO COMPARADO

Novo Código Civil

TEXTO COMPARADO

LEI 10.406,
DE 10 DE JANEIRO DE 2002

editora HARBRA

Direção Geral:	Julio E. Emöd
Supervisão Editorial:	Maria Pia Castiglia
Assistente Editorial:	Cristiane Alves Conceição
Revisão de Provas:	Grasiele Lacerda Favatto
Editoração Eletrônica:	Mônica Roberta Suguiyama
Capa:	Fernando Mendes
Fotografia da Capa:	Gerson Bittar
Impressão e Acabamento:	Cromosete Gráfica e Editora Ltda.

Novo Código Civil – Texto Comparado

Rua Joaquim Távora, 629 e 779
04015-001 São Paulo – SP
Promoção: (011) 5084-2482 e 5571-1122. Fax: (011) 5575-6876
Vendas: (011) 5549-2244 e 5571-0276. Fax: (011) 5571-9777

ISBN 85-294-258-8

Impresso no Brasil *Printed in Brazil*

Conteúdo

Índice Sistemático do Código Civil de 2002

Parte Geral

Apresentação

Esta edição do Código Civil de 2002 foi preparada para atender solicitações da nossa comunidade jurídica – estudantes, advogados, promotores, magistrados – que necessitam examinar constantemente o novo texto e localizar, com facilidade, as modificações efetuadas pelo legislador.

O formato que adotamos facilita esse trabalho, pois é possível comparar, naquilo que é pertinente, o texto novo com o antigo.

Essa comparação não se limita aos dois Códigos, mas inclui, também, o Código Comercial e a Lei das Sociedades Anônimas, o que facilitará o estudo para a aplicação do Código Civil às novas áreas que ele, agora, abrange.

Incluímos um cuidadoso índice remissivo, o que, sem dúvida, facilitará a busca dos artigos conforme o assunto abordado. E, finalmente, publicamos na íntegra, o texto do velho Código Civil, nele indicando os artigos e sua respectiva correspondência com o texto novo.

Por tudo isso, estamos certos de apresentar ao nosso mundo jurídico um trabalho útil e de excepcional funcionalidade em seu manejo e aplicação.

Os editores

LEI DE INTRODUÇÃO AO CÓDIGO CIVIL BRASILEIRO

DECRETO-LEI 4.657, DE 4 DE SETEMBRO DE 1942.

O Presidente da República, usando da atribuição que lhe confere o artigo 180 da Constituição, decreta:

Art. 1º Salvo disposição contrária, a lei começa a vigorar em todo o país quarenta e cinco dias depois de oficialmente publicada.

§ 1º Nos Estados estrangeiros, a obrigatoriedade da lei brasileira, quando admitida, se inicia três meses depois de oficialmente publicada.

§ 2º A vigência das leis, que os Governos Estaduais elaborem por autorização do Governo Federal, depende da aprovação deste e começa no prazo que a legislação estadual fixar.

§ 3º Se, antes de entrar a lei em vigor, ocorrer nova publicação de seu texto, destinada a correção, o prazo deste artigo e dos parágrafos anteriores começará a correr da nova publicação.

§ 4º As correções a texto de lei já em vigor consideram-se lei nova.

Art. 2º Não se destinando à vigência temporária, a lei terá vigor até que outra a modifique ou revogue.

§ 1º A lei posterior revoga a anterior quando expressamente o declare, quando seja com ela incompatível ou quando regule inteiramente a matéria de que tratava a lei anterior.

§ 2º A lei nova, que estabeleça disposições gerais ou especiais a par das já existentes, não revoga nem modifica a lei anterior.

§ 3º Salvo disposição em contrário, a lei revogada não se restaura por ter a lei revogadora perdido a vigência.

Art. 3º Ninguém se excusa de cumprir a lei, alegando que não a conhece.

Art. 4º Quando a lei for omissa, o juiz decidirá o caso de acordo com a analogia, os costumes e os princípios gerais de direito.

Art. 5º Na aplicação da lei, o juiz atenderá aos fins sociais a que ela se dirige e às exigências do bem comum.

Art. 6º A Lei em vigor terá efeito imediato e geral, respeitados o ato jurídico perfeito, o direito adquirido e a coisa julgada.

§ 1º Reputa-se ato jurídico perfeito o já consumado segundo a lei vigente ao tempo em que se efetuou.

§ 2º Consideram-se adquiridos assim os direitos que o seu titular, ou alguém por ele, possa exercer, como aqueles cujo começo do exercício tenha termo pré-fixo, ou condição preestabelecida inalterável, a arbítrio de outrem.

§ 3º Chama-se coisa julgada ou caso julgado a decisão judicial de que já não caiba recurso.

Art. 7º A lei do país em que domiciliada a pessoa determina as regras sobre o começo e o fim da personalidade, o nome, a capacidade e os direitos de família.

§ 1º Realizando-se o casamento no Brasil, será aplicada a lei brasileira quanto aos impedimentos dirimentes e às formalidades da celebração.

§ 2º O casamento de estrangeiros poderá celebrar-se perante autoridades diplomáticas ou consulares do país de ambos os nubentes.

§ 3º Tendo os nubentes domicílio diverso, regerá os casos de invalidade do matrimônio a lei do primeiro domicílio conjugal.

§ 4º O regime de bens, legal ou convencional, obedece à lei do país em que tiverem os nubentes domicílios, e, se este for diverso, à do primeiro domicílio conjugal.

§ 5º O estrangeiro casado, que se naturalizar brasileiro, pode, mediante expressa anuência de seu cônjuge, requerer ao juiz, no ato de entrega do decreto de naturalização, se apostile ao mesmo a adoção do regime de comunhão parcial de bens, respeitados os direitos de terceiros e dada esta adoção ao competente registro.

§ 6º O divórcio realizado no estrangeiro, se um ou ambos os cônjuges forem brasileiros, só será reconhecido no Brasil depois de três anos da data da sentença, salvo se houver sido antecedida de separarão judicial por igual prazo, caso em que a homologação produzirá efeito imediato, obedecidas as condições estabelecidas para a eficácia das sentenças estrangeiras no País. O Supremo Tribunal Federal, na forma de seu regimento interno, poderá reexaminar, a requerimento do interessado, decisões já proferidas em pedidos de homologação de sentenças estrangeiras de divórcio de brasileiros, a fim de que passem a produzir todos os efeitos legais.

§ 7º Salvo o caso de abandono, o domicílio do chefe da família estende-se ao outro cônjuge e aos filhos não emancipados, e o do tutor ou curador aos incapazes sob sua guarda.

§ 8º Quando a pessoa não tiver domicílio, considerar-se-á domiciliada no lugar de sua residência ou naquele em que se encontre.

Art. 8º Para qualificar os bens e regular as relações a eles concernentes, aplicar-se-á a lei do país em que estiverem situados.

§ 1º Aplicar-se-á a lei do país em que for domiciliado o proprietário, quanto aos bens móveis que ele trouxer ou se destinarem a transporte para outros lugares.

§ 2º O penhor regula-se pela lei do domicílio que tiver a pessoa, em cuja posse se encontre a coisa apenhada.

Art. 9º Para qualificar e reger as obrigações, aplicar-se-á a lei do país em que se constituirem.

§ 1º Destinando-se a obrigação a ser executada no Brasil e dependendo de forma essencial, será esta observada, admitidas as peculiaridades da lei estrangeira quanto aos requisitos extrínsecos do ato.

§ 2º A obrigação resultante do contrato reputa-se constituída no lugar em que residir o proponente.

Art. 10. A sucessão por morte ou por ausência obedece à lei do país em que domiciliado o defunto ou o desaparecido, qualquer que seja a natureza e a situação dos bens.

§ 1º A sucessão de bens de estrangeiros, situados no País, será regulada pela lei brasileira em benefício do cônjuge ou dos filhos brasileiros, ou de quem os represente, sempre que não lhes seja mais favorável a lei pessoal do *de cujus*.

§ 2º A lei do domicílio do herdeiro ou legatário regula a capacidade para suceder.

Art. 11. As organizações destinadas a fins de interesse coletivo, como as sociedades e as fundações, obedecem à lei do Estado em que se constituírem.

§ 1º Não poderão, entretanto, ter no Brasil filiais, agências ou estabelecimentos antes de serem os atos constitutivos aprovados pelo Governo brasileiro, ficando sujeitas à lei brasileira.

§ 2º Os Governos estrangeiros, bem como as organizações de qualquer natureza, que eles tenham constituído, dirijam ou hajam investido de funções públicas, não poderão adquirir no Brasil bens imóveis ou susceptíveis de desapropriação.

§ 3º Os Governos estrangeiros podem adquirir a propriedade dos prédios necessários à sede dos representantes diplomáticos ou dos agentes consulares.

Art. 12. É competente a autoridade judiciária brasileira, quando for o réu domiciliado no Brasil ou aqui tiver de ser cumprida a obrigação.

§ 1º Só à autoridade judiciária brasileira compete conhecer das ações, relativas a imóveis situados no Brasil.

§ 2º A autoridade judiciária brasileira cumprirá, concedido o *exequatur* e segundo a forma estabelecida pele lei brasileira, as diligências deprecadas por autoridade estrangeira competente, observando a lei desta, quanto ao objeto das diligências.

Art. 13. A prova dos fatos ocorridos em país estrangeiro rege-se pela lei que nele vigorar, quanto ao ônus e aos meios de produzir-se, não admitindo os tribunais brasileiros provas que a lei brasileira desconheça.

Art. 14. Não conhecendo a lei estrangeira, poderá o juiz exigir de quem a invoca prova do texto e da vigência.

Art. 15. Será executada no Brasil a sentença proferida no estrangeiro, que reúna os seguintes requisitos:

a) haver sido proferida por juiz competente;

b) terem sido as partes citadas ou haver-se legalmente verificado à revelia;

c) ter passado em julgado e estar revestida das formalidades necessárias para a execução no lugar em que foi proferida;

d) estar traduzida por intérprete autorizado;

e) ter sido homologada pelo Supremo Tribunal Federal.

Parágrafo único. Não dependem de homologação as sentenças meramente declaratórias do estado das pessoas.

Art. 16. Quando, nos termos dos artigos precedentes, se houver de aplicar a lei estrangeira, ter-se-á em vista a disposição desta, sem considerar-se qualquer remissão por ela feita a outra lei.

Art. 17. As leis, atos e sentenças de outro país, bem como quaisquer declarações de vontade, não terão eficácia no Brasil, quando ofenderem a soberania nacional, a ordem pública e os bons costumes.

Art. 18. Tratando-se de brasileiros, são competentes as autoridades consulares brasileiras para lhes celebrar o casamento e os mais atos de Registro Civil e de tabelionato, inclusive o registro de nascimento e de óbito dos filhos de brasileiro ou brasileira nascidos no país da sede do Consulado.

Art. 19. Reputam-se válidos todos os atos indicados no artigo anterior e celebrados pelos cônsules brasileiros na vigência do Decreto-Lei 4.657, de 4 de setembro de 1942, desde que satisfaçam todos os requisitos legais.

Parágrafo único. No caso em que a celebração desses atos tiver sido recusada pelas autoridades consulares, com fundamento no artigo 18 do mesmo Decreto-Lei, ao interessado é facultado renovar o pedido dentro em 90 (noventa) dias contados da data da publicação desta Lei.

Rio de Janeiro, 4 de setembro de 1942,
121º da Independência e 54º da República.

GETÚLIO VARGAS

NOVO CÓDIGO CIVIL

LEI 10.406, DE 10 DE JANEIRO DE 2002

Institui o Código Civil

O PRESIDENTE DA REPÚBLICA:
Faço saber que o Congresso Nacional decreta e eu sanciono a seguinte Lei:

CÓDIGO CIVIL 2002	CÓDIGO CIVIL 1916
PARTE GERAL	**PARTE GERAL**
LIVRO I DAS PESSOAS	**LIVRO I DAS PESSOAS**
TÍTULO I DAS PESSOAS NATURAIS	
CAPÍTULO I Da Personalidade e da Capacidade	
Art. 1º. Toda pessoa é capaz de direitos e deveres na ordem civil.	*Art. 2º.* Todo homem é capaz de direitos e obrigações na ordem civil.
Art. 2º. A personalidade civil da pessoa começa do nascimento com vida; mas a lei põe a salvo, desde a concepção, os direitos do nascituro.	*Art. 4º.* A personalidade civil do homem começa do nascimento com vida; mas a lei põe a salvo desde a concepção os direitos do nascituro.
Art. 3º. São absolutamente incapazes de exercer pessoalmente os atos da vida civil:	*Art. 5º.* São absolutamente incapazes de exercer pessoalmente os atos da vida civil:
I – os menores de dezesseis anos;	*I* – os menores de 16 (dezesseis) anos;
II – os que, por enfermidade ou deficiência mental, não tiverem o necessário discernimento para a prática desses atos;	*II* – os loucos de todo o gênero;
III – os que, mesmo por causa transitória, não puderem exprimir sua vontade.	*III* – os surdos-mudos, que não puderem exprimir a sua vontade;
Art. 4º. São incapazes, relativamente a certos atos, ou à maneira de os exercer:	*Art. 6º.* São incapazes, relativamente a certos atos (art. 147, I), ou à maneira de os exercer:
I – os maiores de dezesseis e menores de dezoito anos;	*I* – os maiores de 16 (dezesseis) e os menores de 21 (vinte e um) anos (arts. 154 a 156);
II – os ébrios habituais, os viciados em tóxicos, e os que, por deficiência mental, tenham o discernimento reduzido;	

Código Civil 2002	Código Civil 1916
III – os excepcionais, sem desenvolvimento mental completo;	
IV – os pródigos.	*II* – os pródigos;
Parágrafo único. A capacidade dos índios será regulada por legislação especial.	*Parágrafo único.* Os silvícolas ficarão sujeitos ao regime tutelar, estabelecido em leis e regulamentos especiais, o qual cessará à medida que se forem adaptando à civilização do País.
Art. 5º. A menoridade cessa aos dezoito anos completos, quando a pessoa fica habilitada à prática de todos os atos da vida civil. **Parágrafo único.** Cessará, para os menores, a incapacidade:	*Art. 9º.* Aos 21 (vinte e um) anos completos acaba a menoridade, ficando habilitado o indivíduo para todos os atos da vida civil. *§ 1º* Cessará, para os menores, a incapacidade:
I – pela concessão dos pais, ou de um deles na falta do outro, mediante instrumento público, independentemente de homologação judicial, ou por sentença do juiz, ouvido o tutor, se o menor tiver dezesseis anos completos;	*I* – por concessão do pai, ou, se for morto, da mãe, e por sentença do juiz, ouvido o tutor, se o menor tiver 18 (dezoito) anos cumpridos;
II – pelo casamento;	*II* – pelo casamento;
III – pelo exercício de emprego público efetivo;	*III* – pelo exercício de emprego público efetivo;
IV – pela colação de grau em curso de ensino superior;	*IV* – pela colação de grau científico em curso de ensino superior;
V – pelo estabelecimento civil ou comercial, ou pela existência de relação de emprego, desde que, em função deles, o menor com dezesseis anos completos tenha economia própria.	*V* – pelo estabelecimento civil ou comercial, com economia própria.
Art. 6º. A existência da pessoa natural termina com a morte; presume-se esta, quanto aos ausentes, nos casos em que a lei autoriza a abertura de sucessão definitiva.	*Art. 10.* A existência da pessoa natural termina com a morte. Presume-se esta, quanto aos ausentes, nos casos dos arts. 481 e 482.
Art. 7º. Pode ser declarada a morte presumida, sem decretação de ausência: **I** – se for extremamente provável a morte de quem estava em perigo de vida; **II** – se alguém, desaparecido em campanha ou feito prisioneiro, não for encontrado até dois anos após o término da guerra. **Parágrafo único.** A declaração da morte presumida, nesses casos, somente poderá ser requerida depois de esgotadas as buscas e averiguações, devendo a sentença fixar a data provável do falecimento.	

Código Civil 2002	Código Civil 1916
Art. 8º. Se dois ou mais indivíduos falecerem na mesma ocasião, não se podendo averiguar se algum dos comorientes precedeu aos outros, presumir-se-ão simultaneamente mortos.	*Art. 11.* Se dois ou mais indivíduos falecerem na mesma ocasião, não se podendo averiguar se algum dos comorientes precedeu aos outros, presumir-se-ão simultaneamente mortos.
Art. 9º. Serão registrados em registro público:	*Art. 12.* Serão inscritos em registro público:
I – os nascimentos, casamentos e óbitos;	*I* – os nascimentos, casamentos, separações judiciais, divórcios e óbitos;
II – a emancipação por outorga dos pais ou por sentença do juiz;	*II* – a emancipação por outorga do pai ou mãe, ou por sentença do juiz (art. 9º, § 1º, I);
III – a interdição por incapacidade absoluta ou relativa;	*III* – a interdição dos loucos, dos surdos-mudos e dos pródigos;
IV – a sentença declaratória de ausência e de morte presumida.	*IV* – a sentença declaratória da ausência.
Art. 10. Far-se-á averbação em registro público: **I** – das sentenças que decretarem a nulidade ou anulação do casamento, o divórcio, a separação judicial e o restabelecimento da sociedade conjugal; **II** – dos atos judiciais ou extrajudiciais que declararem ou reconhecerem a filiação; **III** – dos atos judiciais ou extrajudiciais de adoção.	
Capítulo II **Dos Direitos da Personalidade** **Art. 11.** Com exceção dos casos previstos em lei, os direitos da personalidade são intransmissíveis e irrenunciáveis, não podendo o seu exercício sofrer limitação voluntária.	
Art. 12. Pode-se exigir que cesse a ameaça, ou a lesão, a direito da personalidade, e reclamar perdas e danos, sem prejuízo de outras sanções previstas em lei. **Parágrafo único.** Em se tratando de morto, terá legitimação para requerer a medida prevista neste artigo o cônjuge sobrevivente, ou qualquer parente em linha reta, ou colateral até o quarto grau.	
Art. 13. Salvo por exigência médica, é defeso o ato de disposição do próprio corpo, quando importar diminuição permanente da integridade física, ou contrariar os bons costumes. **Parágrafo único.** O ato previsto neste artigo será admitido para fins de transplante, na forma estabelecida em lei especial.	

Código Civil 2002	Código Civil 1916
Art. 14. É válida, com objetivo científico, ou altruístico, a disposição gratuita do próprio corpo, no todo ou em parte, para depois da morte. **Parágrafo único.** O ato de disposição pode ser livremente revogado a qualquer tempo.	
Art. 15. Ninguém pode ser constrangido a submeter-se, com risco de vida, a tratamento médico ou a intervenção cirúrgica.	
Art. 16. Toda pessoa tem direito ao nome, nele compreendidos o prenome e o sobrenome.	
Art. 17. O nome da pessoa não pode ser empregado por outrem em publicações ou representações que a exponham ao desprezo público, ainda quando não haja intenção difamatória.	
Art. 18. Sem autorização, não se pode usar o nome alheio em propaganda comercial.	
Art. 19. O pseudônimo adotado para atividades lícitas goza da proteção que se dá ao nome.	
Art. 20. Salvo se autorizadas, ou se necessárias à administração da justiça ou à manutenção da ordem pública, a divulgação de escritos, a transmissão da palavra, ou a publicação, a exposição ou a utilização da imagem de uma pessoa poderão ser proibidas, a seu requerimento e sem prejuízo da indenização que couber, se lhe atingirem a honra, a boa fama ou a respeitabilidade, ou se se destinarem a fins comerciais. **Parágrafo único.** Em se tratando de morto ou de ausente, são partes legítimas para requerer essa proteção o cônjuge, os ascendentes ou os descendentes.	
Art. 21. A vida privada da pessoa natural é inviolável, e o juiz, a requerimento do interessado, adotará as providências necessárias para impedir ou fazer cessar ato contrário a esta norma.	
Capítulo III **Da Ausência** **Seção I** **Da Curadoria dos Bens do Ausente** **Art. 22.** Desaparecendo uma pessoa do seu domicílio sem dela haver notícia, se não houver dei-	*Art. 463.* Desaparecendo uma pessoa do seu domicílio, sem que dela haja notícia, se não hou-

Código Civil 2002	Código Civil 1916
xado representante ou procurador a quem caiba administrar-lhe os bens, o juiz, a requerimento de qualquer interessado ou do Ministério Público, declarará a ausência, e nomear-lhe-á curador.	ver deixado representante, ou procurador, a quem toque administrar-lhe os bens, o juiz, a requerimento de qualquer interessado, ou do Ministério Público, nomear-lhe-á curador.
Art. 23. Também se declarará a ausência, e se nomeará curador, quando o ausente deixar mandatário que não queira ou não possa exercer ou continuar o mandato, ou se os seus poderes forem insuficientes.	*Art. 464.* Também se nomeará curador, quando o ausente deixar mandatário, que não queira, ou não possa exercer ou continuar o mandato.
Art. 24. O juiz, que nomear o curador, fixar-lhe-á os poderes e obrigações, conforme as circunstâncias, observando, no que for aplicável, o disposto a respeito dos tutores e curadores.	*Art. 465.* O juiz, que nomear o curador, fixar-lhe-á os poderes e obrigações, conforme as circunstâncias, observando, no que for aplicável, o disposto a respeito dos tutores e curadores.
Art. 25. O cônjuge do ausente, sempre que não esteja separado judicialmente, ou de fato por mais de dois anos antes da declaração da ausência, será o seu legítimo curador.	*Art. 466.* O cônjuge do ausente, sempre que não esteja separado judicialmente, será o seu legítimo curador.
§ 1º Em falta do cônjuge, a curadoria dos bens do ausente incumbe aos pais ou aos descendentes, nesta ordem, não havendo impedimento que os iniba de exercer o cargo.	*Art. 467.* Em falta de cônjuge, a curadoria dos bens do ausente incumbe ao pai, à mãe, aos descendentes, nesta ordem, não havendo impedimento que os iniba de exercer o cargo.
§ 2º Entre os descendentes, os mais próximos precedem os mais remotos.	*Parágrafo único.* Entre os descendentes, os mais vizinhos precedem os mais remotos, e, entre os do mesmo grau, os varões preferem às mulheres.
§ 3º Na falta das pessoas mencionadas, compete ao juiz a escolha do curador.	
Seção II **Da Sucessão Provisória**	
Art. 26. Decorrido um ano da arrecadação dos bens do ausente, ou, se ele deixou representante ou procurador, em se passando três anos, poderão os interessados requerer que se declare a ausência e se abra provisoriamente a sucessão.	*Art. 469.* Passando-se 2 (dois) anos, sem que se saiba do ausente, se não deixou representante, nem procurador, ou, se os deixou, em passando 4 (quatro) anos, poderão os interessados requerer que se lhes abra provisoriamente a sucessão.
Art. 27. Para o efeito previsto no artigo anterior, somente se consideram interessados:	*Art. 470.* Consideram-se, para este efeito, interessados:
I – o cônjuge não separado judicialmente;	*I* – o cônjuge não separado judicialmente;
II – os herdeiros presumidos, legítimos ou testamentários;	*II* – os herdeiros presumidos legítimos, ou os testamentários;

Código Civil 2002	Código Civil 1916
III – os que tiverem sobre os bens do ausente direito dependente de sua morte;	*III* – os que tiverem sobre os bens do ausente direito subordinado à condição de morte;
IV – os credores de obrigações vencidas e não pagas.	*IV* – os credores de obrigações vencidas e não pagas.
Art. 28. A sentença que determinar a abertura da sucessão provisória só produzirá efeito cento e oitenta dias depois de publicada pela imprensa; mas, logo que passe em julgado, proceder-se-á à abertura do testamento, se houver, e ao inventário e partilha dos bens, como se o ausente fosse falecido.	*Art. 471.* A sentença que determinar a abertura da sucessão provisória só produzirá efeito 6 (seis) meses depois de publicada pela imprensa; mas, logo que passe em julgado, se procederá à abertura do testamento, se existir, e ao inventário e partilha dos bens, como se o ausente fosse falecido.
§ 1º Findo o prazo a que se refere o art. 26, e não havendo interessados na sucessão provisória, cumpre ao Ministério Público requerê-la ao juízo competente.	*§ 1º* Findo o prazo do art. 469, e não havendo absolutamente interessados na sucessão provisória, cumpre ao Ministério Público requerê-la ao juízo competente.
§ 2º Não comparecendo herdeiro ou interessado para requerer o inventário até trinta dias depois de passar em julgado a sentença que mandar abrir a sucessão provisória, proceder-se-á à arrecadação dos bens do ausente pela forma estabelecida nos arts. 1.819 a 1.823.	*§ 2º* Não comparecendo herdeiro, ou interessado, tanto que passe em julgado a sentença, que mandar abrir a sucessão provisória, proceder-se-á judicialmente à arrecadação dos bens do ausente pela forma estabelecida nos arts. 1.591 a 1.594.
Art. 29. Antes da partilha, o juiz, quando julgar conveniente, ordenará a conversão dos bens móveis, sujeitos a deterioração ou a extravio, em imóveis ou em títulos garantidos pela União.	*Art. 472.* Antes da partilha o juiz ordenará a conversão dos bens móveis, sujeitos a deterioração ou a extravio, em imóveis, ou em títulos da dívida pública da União ou dos Estados (art. 477).
Art. 30. Os herdeiros, para se imitirem na posse dos bens do ausente, darão garantias da restituição deles, mediante penhores ou hipotecas equivalentes aos quinhões respectivos.	*Art. 473.* Os herdeiros imitidos na posse dos bens do ausente darão garantias da restituição deles, mediante penhores, ou hipotecas, equivalentes aos quinhões respectivos.
§ 1º Aquele que tiver direito à posse provisória, mas não puder prestar a garantia exigida neste artigo, será excluído, mantendo-se os bens que lhe deviam caber sob a administração do curador, ou de outro herdeiro designado pelo juiz, e que preste essa garantia.	*Parágrafo único.* O que tiver direito à posse provisória, mas não puder prestar a garantia exigida neste artigo, será excluído, mantendo-se os bens que lhe deviam caber sob a administração do curador, ou de outro herdeiro designado pelo juiz, e que preste a dita garantia (art. 478).
§ 2º Os ascendentes, os descendentes e o cônjuge, uma vez provada a sua qualidade de herdeiros, poderão, independentemente de garantia, entrar na posse dos bens do ausente.	
Art. 31. Os imóveis do ausente só se poderão alienar, não sendo por desapropriação, ou hipo-	*Art. 475.* Não sendo por desapropriação, os imóveis do ausente só se poderão alienar, quando o or-

Código Civil 2002	Código Civil 1916
tecar, quando o ordene o juiz, para lhes evitar a ruína.	dene o juiz, para lhes evitar a ruína, ou quando convenha convertê-los em títulos da dívida pública.
Art. 32. Empossados nos bens, os sucessores provisórios ficarão representando ativa e passivamente o ausente, de modo que contra eles correrão as ações pendentes e as que de futuro àquele forem movidas.	*Art. 476.* Empossados nos bens, os sucessores provisórios ficarão representando ativa e passivamente o ausente; de modo que contra eles correrão as ações pendentes e as que de futuro àquele se moverem.
Art. 33. O descendente, ascendente ou cônjuge que for sucessor provisório do ausente, fará seus todos os frutos e rendimentos dos bens que a este couberem; os outros sucessores, porém, deverão capitalizar metade desses frutos e rendimentos, segundo o disposto no art. 29, de acordo com o representante do Ministério Público, e prestar anualmente contas ao juiz competente.	*Art. 477.* O descendente, ascendente, ou cônjuge que for sucessor provisório do ausente fará seus todos os frutos e rendimentos dos bens que a este couberem. Os outros sucessores, porém, deverão capitalizar metade desses frutos e rendimentos, segundo o disposto no art. 472, de acordo com o representante do Ministério Público, e prestar anualmente contas ao juiz competente.
Parágrafo único. Se o ausente aparecer, e ficar provado que a ausência foi voluntária e injustificada, perderá ele, em favor do sucessor, sua parte nos frutos e rendimentos.	
Art. 34. O excluído, segundo o art. 30, da posse provisória poderá, justificando falta de meios, requerer lhe seja entregue metade dos rendimentos do quinhão que lhe tocaria.	*Art. 478.* O excluído, segundo art. 473, parágrafo único, da posse provisória, poderá, justificando falta de meios, requerer lhe seja entregue metade dos rendimentos do quinhão, que lhe tocaria.
Art. 35. Se durante a posse provisória se provar a época exata do falecimento do ausente, considerar-se-á, nessa data, aberta a sucessão em favor dos herdeiros, que o eram àquele tempo.	*Art. 479.* Se durante a posse provisória se provar a época exata do falecimento do ausente, considerar-se-á, nessa data, aberta a sucessão em favor dos herdeiros, que o eram àquele tempo.
Art. 36. Se o ausente aparecer, ou se lhe provar a existência, depois de estabelecida a posse provisória, cessarão para logo as vantagens dos sucessores nela imitidos, ficando, todavia, obrigados a tomar as medidas assecuratórias precisas, até a entrega dos bens a seu dono.	*Art. 480.* Se o ausente aparecer, ou se lhe provar a existência, depois de estabelecida a posse provisória, cessarão para logo as vantagens dos sucessores nela imitidos, ficando, todavia, obrigados a tomar as medidas assecuratórias precisas, até à entrega dos bens a seu dono.
Seção III **Da Sucessão Definitiva**	
Art. 37. Dez anos depois de passada em julgado a sentença que concede a abertura da sucessão provisória, poderão os interessados requerer a sucessão definitiva e o levantamento das cauções prestadas.	*Art. 481.* Vinte anos depois de passada em julgado a sentença que concede a abertura da sucessão provisória, poderão os interessados requerer a definitiva e o levantamento das cauções prestadas.

Código Civil 2002	Código Civil 1916
Art. 38. Pode-se requerer a sucessão definitiva, também, provando-se que o ausente conta oitenta anos de idade, e que de cinco datam as últimas notícias dele.	*Art. 482.* Também se pode requerer a sucessão definitiva, provando-se que o ausente conta 80 (oitenta) anos de nascido, e que de 5 (cinco) datam as últimas notícias suas.
Art. 39. Regressando o ausente nos dez anos seguintes à abertura da sucessão definitiva, ou algum de seus descendentes ou ascendentes, aquele ou estes haverão só os bens existentes no estado em que se acharem, os sub-rogados em seu lugar, ou o preço que os herdeiros e demais interessados houverem recebido pelos bens alienados depois daquele tempo.	*Art. 483.* Regressando o ausente nos 10 (dez) anos seguintes à abertura da sucessão definitiva, ou algum de seus descendentes, ou ascendentes, aquele ou estes haverão só os bens existentes no estado em que se acharem, os sub-rogados em seu lugar, ou o preço que os herdeiros e demais interessados houverem recebido pelos alienados depois daquele tempo.
Parágrafo único. Se, nos dez anos a que se refere este artigo, o ausente não regressar, e nenhum interessado promover a sucessão definitiva, os bens arrecadados passarão ao domínio do Município ou do Distrito Federal, se localizados nas respectivas circunscrições, incorporando-se ao domínio da União, quando situados em território federal.	*Parágrafo único.* Se, nos 10 (dez) anos deste artigo, o ausente não regressar, e nenhum interessado promover a sucessão definitiva, a plena propriedade dos bens arrecadados passará ao Estado, ou ao Distrito Federal, se o ausente era domiciliado nas respectivas circunscrições, ou à União, se o era em território ainda não constituído em Estado.
Título II **Das Pessoas Jurídicas** **Capítulo I** **Disposições Gerais**	
Art. 40. As pessoas jurídicas são de direito público, interno ou externo, e de direito privado.	*Art. 13.* As pessoas jurídicas são de direito público interno, ou externo, e de direito privado.
Art. 41. São pessoas jurídicas de direito público interno:	*Art. 14.* São pessoas jurídicas de direito público interno:
I – a União;	*I* – a União;
II – os Estados, o Distrito Federal e os Territórios;	*II* – cada um dos seus Estados e o Distrito Federal;
III – os Municípios;	*III* – cada um dos Municípios legalmente constituídos.
IV – as autarquias;	
V – as demais entidades de caráter público criadas por lei.	
Parágrafo único. Salvo disposição em contrário, as pessoas jurídicas de direito público, a que se tenha dado estrutura de direito privado, regem-	

CÓDIGO CIVIL 2002	CÓDIGO CIVIL 1916
se, no que couber, quanto ao seu funcionamento, pelas normas deste Código.	
Art. 42. São pessoas jurídicas de direito público externo os Estados estrangeiros e todas as pessoas que forem regidas pelo direito internacional público.	
Art. 43. As pessoas jurídicas de direito público interno são civilmente responsáveis por atos dos seus agentes que nessa qualidade causem danos a terceiros, ressalvado direito regressivo contra os causadores do dano, se houver, por parte destes, culpa ou dolo.	*Art. 15.* As pessoas jurídicas de direito público são civilmente responsáveis por atos dos seus representantes que nessa qualidade causem danos a terceiros, procedendo de modo contrário ao direito ou faltando a dever prescrito por lei, salvo o direito regressivo contra os causadores do dano.
Art. 44. São pessoas jurídicas de direito privado:	*Art. 16.* São pessoas jurídicas de direito privado:
I – as associações;	*I* – as sociedades civis, religiosas, pias, morais, científicas ou literárias, as associações de utilidade pública e as fundações;
II – as sociedades;	*I – (ver acima).* *II* – as sociedades mercantis;
III – as fundações.	*I – (ver acima).*
Parágrafo único. As disposições concernentes às associações aplicam-se, subsidiariamente, às sociedades que são objeto do Livro II da Parte Especial deste Código.	
Art. 45. Começa a existência legal das pessoas jurídicas de direito privado com a inscrição do ato constitutivo no respectivo registro, precedida, quando necessário, de autorização ou aprovação do Poder Executivo, averbando-se no registro todas as alterações por que passar o ato constitutivo.	*Art. 18.* Começa a existência legal das pessoas jurídicas de direito privado com a inscrição dos seus contratos, atos constitutivos, estatutos ou compromissos no seu registro peculiar, regulado por lei especial, ou com a autorização ou aprovação do Governo, quando precisa. *Parágrafo único.* Serão averbadas no registro as alterações que esses atos sofrerem.
Parágrafo único. Decai em três anos o direito de anular a constituição das pessoas jurídicas de direito privado, por defeito do ato respectivo, contado o prazo da publicação de sua inscrição no registro.	
Art. 46. O registro declarará:	*Art. 19.* O registro declarará:
I – a denominação, os fins, a sede, o tempo de duração e o fundo social, quando houver;	*I* – a denominação, os fins e a sede da associação ou fundação;

CÓDIGO CIVIL 2002	CÓDIGO CIVIL 1916
II – o nome e a individualização dos fundadores ou instituidores, e dos diretores;	
III – o modo por que se administra e representa, ativa e passivamente, judicial e extrajudicialmente;	*II* – o modo por que se administra e representa ativa e passiva, judicial e extrajudicialmente;
IV – se o ato constitutivo é reformável no tocante à administração, e de que modo;	*III* – se os estatutos, o contrato ou o compromisso são reformáveis no tocante à administração, e de que modo;
V – se os membros respondem, ou não, subsidiariamente, pelas obrigações sociais;	*IV* – se os membros respondem, ou não, subsidiariamente pelas obrigações sociais;
VI – as condições de extinção da pessoa jurídica e o destino do seu patrimônio, nesse caso.	*V* – as condições de extinção da pessoa jurídica e o destino do seu patrimônio neste caso.
Art. 47. Obrigam a pessoa jurídica os atos dos administradores, exercidos nos limites de seus poderes definidos no ato constitutivo.	
Art. 48. Se a pessoa jurídica tiver administração coletiva, as decisões se tomarão pela maioria de votos dos presentes, salvo se o ato constitutivo dispuser de modo diverso. **Parágrafo único.** Decai em três anos o direito de anular as decisões a que se refere este artigo, quando violarem a lei ou estatuto, ou forem eivadas de erro, dolo, simulação ou fraude.	
Art. 49. Se a administração da pessoa jurídica vier a faltar, o juiz, a requerimento de qualquer interessado, nomear-lhe-á administrador provisório.	
Art. 50. Em caso de abuso da personalidade jurídica, caracterizado pelo desvio de finalidade, ou pela confusão patrimonial, pode o juiz decidir, a requerimento da parte, ou do Ministério Público quando lhe couber intervir no processo, que os efeitos de certas e determinadas relações de obrigações sejam estendidos aos bens particulares dos administradores ou sócios da pessoa jurídica.	
Art. 51. Nos casos de dissolução da pessoa jurídica ou cassada a autorização para seu funcionamento, ela subsistirá para os fins de liquidação, até que esta se conclua. **§ 1º** Far-se-á, no registro onde a pessoa jurídica estiver inscrita, a averbação de sua dissolução.	

Código Civil 2002	Código Civil 1916
§ 2º As disposições para a liquidação das sociedades aplicam-se, no que couber, às demais pessoas jurídicas de direito privado. **§ 3º** Encerrada a liquidação, promover-se-á o cancelamento da inscrição da pessoa jurídica.	
Art. 52. Aplica-se às pessoas jurídicas, no que couber, a proteção dos direitos da personalidade.	
Capítulo II **Das Associações** **Art. 53.** Constituem-se as associações pela união de pessoas que se organizem para fins não econômicos. **Parágrafo único.** Não há, entre os associados, direitos e obrigações recíprocos.	
Art. 54. Sob pena de nulidade, o estatuto das associações conterá: **I** – a denominação, os fins e a sede da associação; **II** – os requisitos para a admissão, demissão e exclusão dos associados; **III** – os direitos e deveres dos associados; **IV** – as fontes de recursos para sua manutenção; **V** – o modo de constituição e funcionamento dos órgãos deliberativos e administrativos; **VI** – as condições para a alteração das disposições estatutárias e para a dissolução.	
Art. 55. Os associados devem ter iguais direitos, mas o estatuto poderá instituir categorias com vantagens especiais.	
Art. 56. A qualidade de associado é intransmissível, se o estatuto não dispuser o contrário. **Parágrafo único.** Se o associado for titular de quota ou fração ideal do patrimônio da associação, a transferência daquela não importará, *de per si*, na atribuição da qualidade de associado ao adquirente ou ao herdeiro, salvo disposição diversa do estatuto.	
Art. 57. A exclusão do associado só é admissível havendo justa causa, obedecido o disposto no estatuto; sendo este omisso, poderá também ocorrer se for reconhecida a existência de motivos graves, em deliberação fundamentada, pela	

Código Civil 2002	Código Civil 1916
maioria absoluta dos presentes à assembléia geral especialmente convocada para esse fim. **Parágrafo único.** Da decisão do órgão que, de conformidade com o estatuto, decretar a exclusão, caberá sempre recurso à assembléia geral.	
Art. 58. Nenhum associado poderá ser impedido de exercer direito ou função que lhe tenha sido legitimamente conferido, a não ser nos casos e pela forma previstos na lei ou no estatuto.	
Art. 59. Compete privativamente à assembléia geral: **I** – eleger os administradores; **II** – destituir os administradores; **III** – aprovar as contas; **IV** – alterar o estatuto. **Parágrafo único.** Para as deliberações a que se referem os incisos II e IV é exigido o voto concorde de dois terços dos presentes à assembléia especialmente convocada para esse fim, não podendo ela deliberar, em primeira convocação, sem a maioria absoluta dos associados, ou com menos de um terço nas convocações seguintes.	
Art. 60. A convocação da assembléia geral far-se-á na forma do estatuto, garantido a um quinto dos associados o direito de promovê-la.	
Art. 61. Dissolvida a associação, o remanescente do seu patrimônio líquido, depois de deduzidas, se for o caso, as quotas ou frações ideais referidas no parágrafo único do art. 56, será destinado à entidade de fins não econômicos designada no estatuto, ou, omisso este, por deliberação dos associados, à instituição municipal, estadual ou federal, de fins idênticos ou semelhantes.	*Art. 22.* Extinguindo-se uma associação de intuitos não econômicos, cujos estatutos não disponham quanto ao destino ulterior dos seus bens, e não tendo os sócios adotado a tal respeito deliberação eficaz, devolver-se-á o patrimônio social a um estabelecimento municipal, estadual ou federal, de fins idênticos ou semelhantes.
§ 1º Por cláusula do estatuto ou, no seu silêncio, por deliberação dos associados, podem estes, antes da destinação do remanescente referida neste artigo, receber em restituição, atualizado o respectivo valor, as contribuições que tiverem prestado ao patrimônio da associação.	
§ 2º Não existindo no Município, no Estado, no Distrito Federal ou no Território, em que a associ-	*Parágrafo único.* Não havendo no Município ou no Estado, no Distrito Federal ou no Território

Código Civil 2002	Código Civil 1916
ação tiver sede, instituição nas condições indicadas neste artigo, o que remanescer do seu patrimônio se devolverá à Fazenda do Estado, do Distrito Federal ou da União.	ainda não constituído em Estado, em que a associação teve sua sede, estabelecimento nas condições indicadas, o patrimônio se devolverá à Fazenda do Estado, à do Distrito Federal, ou à da União.
Capítulo III **Das Fundações**	
Art. 62. Para criar uma fundação, o seu instituidor fará, por escritura pública ou testamento, dotação especial de bens livres, especificando o fim a que se destina, e declarando, se quiser, a maneira de administrá-la.	*Art. 24.* Para criar uma fundação, far-lhe-á o seu instituidor, por escritura pública ou testamento, dotação especial de bens livres, especificando o fim a que se destina, e declarando, se quiser, a maneira de administrá-la.
Parágrafo único. A fundação somente poderá constituir-se para fins religiosos, morais, culturais ou de assistência.	
Art. 63. Quando insuficientes para constituir a fundação, os bens a ela destinados serão, se de outro modo não dispuser o instituidor, incorporados em outra fundação que se proponha a fim igual ou semelhante.	*Art. 25.* Quando insuficientes para constituir a fundação, os bens doados serão convertidos em títulos da dívida pública, se outra coisa não dispuser o instituidor, até que, aumentados com os rendimentos ou novas dotações, perfaçam capital bastante.
Art. 64. Constituída a fundação por negócio jurídico entre vivos, o instituidor é obrigado a transferir-lhe a propriedade, ou outro direito real, sobre os bens dotados, e, se não o fizer, serão registrados, em nome dela, por mandado judicial.	
Art. 65. Aqueles a quem o instituidor cometer a aplicação do patrimônio, em tendo ciência do encargo, formularão logo, de acordo com as suas bases (art. 62), o estatuto da fundação projetada, submetendo-o, em seguida, à aprovação da autoridade competente, com recurso ao juiz.	*Art. 27.* Aqueles a quem o instituidor cometer a aplicação do patrimônio, em tendo ciência do encargo, formularão logo, de acordo com as suas bases (art. 24), os estatutos da fundação projetada, submetendo-os, em seguida, à aprovação da autoridade competente. *Parágrafo único.* Se esta lha denegar, supri-la-á o juiz competente no Estado, no Distrito Federal ou nos Territórios, com os recursos da lei.
Parágrafo único. Se o estatuto não for elaborado no prazo assinado pelo instituidor, ou, não havendo prazo, em cento e oitenta dias, a incumbência caberá ao Ministério Público.	

Código Civil 2002	Código Civil 1916
Art. 66. Velará pelas fundações o Ministério Público do Estado onde situadas.	*Art. 26.* Velará pelas fundações o Ministério Público do Estado, onde situadas.
§ 1º Se funcionarem no Distrito Federal, ou em Território, caberá o encargo ao Ministério Público Federal.	
§ 2º Se estenderem a atividade por mais de um Estado, caberá o encargo, em cada um deles, ao respectivo Ministério Público.	*§ 1º* Se estenderem a atividade a mais de um Estado, caberá em cada um deles ao Ministério Público esse encargo.
Art. 67. Para que se possa alterar o estatuto da fundação é mister que a reforma:	*Art. 28.* Para se poderem alterar os estatutos da fundação, é mister:
I – seja deliberada por dois terços dos competentes para gerir e representar a fundação;	*I* – que a reforma seja deliberada pela maioria absoluta dos competentes para gerir e representar a fundação;
II – não contrarie ou desvirtue o fim desta;	*II* – que não contrarie o fim desta;
III – seja aprovada pelo órgão do Ministério Público, e, caso este a denegue, poderá o juiz supri-la, a requerimento do interessado.	*III* – que seja aprovada pela autoridade competente.
Art. 68. Quando a alteração não houver sido aprovada por votação unânime, os administradores da fundação, ao submeterem o estatuto ao órgão do Ministério Público, requererão que se dê ciência à minoria vencida para impugná-la, se quiser, em dez dias.	
Art. 69. Tornando-se ilícita, impossível ou inútil a finalidade a que visa a fundação, ou vencido o prazo de sua existência, o órgão do Ministério Público, ou qualquer interessado, lhe promoverá a extinção, incorporando-se o seu patrimônio, salvo disposição em contrário no ato constitutivo, ou no estatuto, em outra fundação, designada pelo juiz, que se proponha a fim igual ou semelhante.	*Art. 30.* Verificado ser nociva, ou impossível, a mantença de uma fundação, ou vencido o prazo de sua existência, o patrimônio, salvo disposição em contrário no ato constitutivo, ou nos estatutos, será incorporado em outras fundações, que se proponham a fins iguais ou semelhantes. *Parágrafo único.* Essa verificação poderá ser promovida judicialmente pela minoria de que trata o art. 29, ou pelo Ministério Público.
Título III **Do Domicílio**	
Art. 70. O domicílio da pessoa natural é o lugar onde ela estabelece a sua residência com ânimo definitivo.	*Art. 31.* O domicílio civil da pessoa natural é o lugar onde ela estabelece a sua residência com ânimo definitivo.

Código Civil 2002	Código Civil 1916
Art. 71. Se, porém, a pessoa natural tiver diversas residências, onde, alternadamente, viva, considerar-se-á domicílio seu qualquer delas.	*Art. 32.* Se, porém, a pessoa natural tiver diversas residências onde alternadamente viva, ou vários centros de ocupações habituais, considerar-se-á domicílio seu qualquer destes ou daquelas.
Art. 72. É também domicílio da pessoa natural, quanto às relações concernentes à profissão, o lugar onde esta é exercida. **Parágrafo único.** Se a pessoa exercitar profissão em lugares diversos, cada um deles constituirá domicílio para as relações que lhe corresponderem.	
Art. 73. Ter-se-á por domicílio da pessoa natural, que não tenha residência habitual, o lugar onde for encontrada.	*Art. 33.* Ter-se-á por domicílio da pessoa natural, que não tenha residência habitual (art. 32), ou empregue a vida em viagens, sem ponto central de negócios, o lugar onde for encontrada.
Art. 74. Muda-se o domicílio, transferindo a residência, com a intenção manifesta de o mudar.	*Art. 34.* Muda-se o domicílio, transferindo a residência, com intenção manifesta de o mudar.
Parágrafo único. A prova da intenção resultará do que declarar a pessoa às municipalidades dos lugares, que deixa, e para onde vai, ou, se tais declarações não fizer, da própria mudança, com as circunstâncias que a acompanharem.	*Parágrafo único.* A prova da intenção resultará do que declarar a pessoa mudada às municipalidades dos lugares, que deixa, e para onde vai, ou, se tais declarações não fizer, da própria mudança, com as circunstâncias que a acompanharem.
Art. 75. Quanto às pessoas jurídicas, o domicílio é:	*Art. 35.* Quanto as pessoas jurídicas, o domicílio é:
I – da União, o Distrito Federal;	*I* – da União, o Distrito Federal;
II – dos Estados e Territórios, as respectivas capitais;	*II* – dos Estados, as respectivas capitais;
III – do Município, o lugar onde funcione a administração municipal;	*III* – do Município, o lugar onde funcione a administração municipal;
IV – das demais pessoas jurídicas, o lugar onde funcionarem as respectivas diretorias e administrações, ou onde elegerem domicílio especial no seu estatuto ou atos constitutivos.	*IV* – das demais pessoas jurídicas, o lugar onde funcionarem as respectivas diretorias e administrações, ou onde elegerem domicílio especial nos seus estatutos ou atos constitutivos.
§ 1º Tendo a pessoa jurídica diversos estabelecimentos em lugares diferentes, cada um deles	*§ 3º* Tendo, a pessoa jurídica de direito privado diversos estabelecimentos em lugares diferentes,

Código Civil 2002	Código Civil 1916
será considerado domicílio para os atos nele praticados.	cada um será considerado domicílio para os atos nele praticados.
§ 2º Se a administração, ou diretoria, tiver a sede no estrangeiro, haver-se-á por domicílio da pessoa jurídica, no tocante às obrigações contraídas por cada uma das suas agências, o lugar do estabelecimento, sito no Brasil, a que ela corresponder.	*§ 4º* Se a administração, ou diretoria, tiver a sede no estrangeiro, haver-se-á por domicílio da pessoa jurídica, no tocante às obrigações contraídas por cada uma das suas agências, o lugar do estabelecimento, sito no Brasil, a que ela corresponder.
Art. 76. Têm domicílio necessário o incapaz, o servidor público, o militar, o marítimo e o preso. **Parágrafo único.** O domicílio do incapaz é o do seu representante ou assistente; o do servidor público, o lugar em que exercer permanentemente suas funções; o do militar, onde servir, e, sendo da Marinha ou da Aeronáutica, a sede do comando a que se encontrar imediatamente subordinado; o do marítimo, onde o navio estiver matriculado; e o do preso, o lugar em que cumprir a sentença.	*Art. 36.* Os incapazes têm por domicílio o dos seus representantes. *Parágrafo único.* A mulher casada tem por domicílio o do marido, salvo se estiver desquitada (art. 315), ou lhe competir a administração do casal (art. 251). *Art. 37.* Os funcionários públicos reputam-se domiciliados onde exercem as suas funções, não sendo temporárias, periódicas, ou de simples comissão, porque, nestes casos, elas não operam mudança no domicílio anterior. *Art. 38.* O domicílio do militar em serviço ativo é o lugar onde servir. Parágrafo único. As pessoas com praça na armada têm o seu domicílio na respectiva estação naval, ou na sede do emprego que estiverem exercendo, em terra. *Art. 39.* O domicílio dos oficiais e tripulantes da marinha mercante é o lugar onde estiver matriculado o navio. *Art. 40.* O preso, ou o desterrado, tem o domicílio no lugar onde cumpre a sentença, ou desterro (art. 80, § 2º, n. 2, da Constituição Federal).
Art. 77. O agente diplomático do Brasil, que, citado no estrangeiro, alegar extraterritorialidade sem designar onde tem, no país, o seu domicílio, poderá ser demandado no Distrito Federal ou no último ponto do território brasileiro onde o teve.	*Art. 41.* O ministro ou agente diplomático do Brasil, que, citado no estrangeiro, alegar exterritorialidade sem designar onde tem, no País, o seu domicílio, poderá ser demandado no Distrito Federal ou no último ponto do território brasileiro onde o teve.
Art. 78. Nos contratos escritos, poderão os contratantes especificar domicílio onde se exercitem e cumpram os direitos e obrigações deles resultantes.	*Art. 42.* Nos contratos escritos poderão os contraentes especificar domicílio onde se exercitem e cumpram os direitos e obrigações deles resultantes.

Código Civil 2002	Código Civil 1916
LIVRO II **DOS BENS**	**LIVRO II** **DOS BENS**
Título Único **Das Diferentes Classes de Bens** **Capítulo I** **Dos Bens Considerados em Si Mesmos** **Seção I** **Dos Bens Imóveis**	
Art. 79. São bens imóveis o solo e tudo quanto se lhe incorporar natural ou artificialmente.	*Art. 43.* São bens imóveis: *I* – o solo com a sua superfície, os seus acessórios e adjacências naturais, compreendendo as árvores e frutos pendentes, o espaço aéreo e o subsolo; *II* – tudo quanto o homem incorporar permanentemente ao solo, como a semente lançada à terra, os edifícios e construções, de modo que se não possa retirar sem destruição, modificação, fratura, ou dano; *III* – tudo quanto no imóvel o proprietário mantiver intencionalmente empregado em sua exploração industrial, aformoseamento ou comodidade.
Art. 80. Consideram-se imóveis para os efeitos legais:	*Art. 44.* Consideram-se imóveis para os efeitos legais:
I – os direitos reais sobre imóveis e as ações que os asseguram;	*I* – os direitos reais sobre imóveis, inclusive o penhor agrícola, e as ações que os asseguram;
II – o direito à sucessão aberta.	*III* – o direito à sucessão aberta.
Art. 81. Não perdem o caráter de imóveis:	*Art. 46.* Não perdem o caráter de imóveis os materiais provisoriamente separados de um prédio, para nele mesmo se reempregarem.
I – as edificações que, separadas do solo, mas conservando a sua unidade, forem removidas para outro local;	
II – os materiais provisoriamente separados de um prédio, para nele se reempregarem.	*Art. 46 (ver acima).*
Seção II **Dos Bens Móveis**	
Art. 82. São móveis os bens suscetíveis de movimento próprio, ou de remoção por força alheia, sem alteração da substância ou da destinação econômico-social.	*Art. 47.* São móveis os bens suscetíveis de movimento próprio, ou de remoção por força alheia.

Código Civil 2002	Código Civil 1916
Art. 83. Consideram-se móveis para os efeitos legais:	*Art. 48.* Consideram-se móveis para os efeitos legais:
I – as energias que tenham valor econômico;	
II – os direitos reais sobre objetos móveis e as ações correspondentes;	*I* – os direitos reais sobre objetos móveis e as ações correspondentes;
III – os direitos pessoais de caráter patrimonial e respectivas ações.	*II* – os direitos de obrigação e as ações respectivas;
Art. 84. Os materiais destinados a alguma construção, enquanto não forem empregados, conservam sua qualidade de móveis; readquirem essa qualidade os provenientes da demolição de algum prédio.	*Art. 49.* Os materiais destinados a alguma construção, enquanto não forem empregados, conservam a sua qualidade de móveis. Readquirem essa qualidade os provenientes da demolição de algum prédio.
Seção III **Dos Bens Fungíveis e Consumíveis**	
Art. 85. São fungíveis os móveis que podem substituir-se por outros da mesma espécie, qualidade e quantidade.	*Art. 50.* São fungíveis os móveis que podem, e não fungíveis os que não podem substituir-se por outros da mesma espécie, qualidade e quantidade.
Art. 86. São consumíveis os bens móveis cujo uso importa destruição imediata da própria substância, sendo também considerados tais os destinados à alienação.	*Art. 51.* São consumíveis os bens móveis, cujo uso importa destruição imediata da própria substância, sendo também considerados tais os destinados a alienação.
Seção IV **Dos Bens Divisíveis**	
Art. 87. Bens divisíveis são os que se podem fracionar sem alteração na sua substância, diminuição considerável de valor, ou prejuízo do uso a que se destinam.	*Art. 52.* Coisas divisíveis são as que se podem partir em porções reais e distintas, formando cada qual um todo perfeito.
Art. 88. Os bens naturalmente divisíveis podem tornar-se indivisíveis por determinação da lei ou por vontade das partes.	*Art. 53.* São indivisíveis: *II* – os que, embora naturalmente divisíveis, se consideram indivisíveis por lei, ou vontade das partes.
Seção V **Dos Bens Singulares e Coletivos**	
Art. 89. São singulares os bens que, embora reunidos, se consideram *de per si*, independentemente dos demais.	*Art. 54.* As coisas simples ou compostas, materiais ou imateriais, são singulares ou coletivas: *I* – singulares, quando, embora reunidas, se consideram *de per si*, independentemente das demais;

Código Civil 2002	Código Civil 1916
Art. 90. Constitui universalidade de fato a pluralidade de bens singulares que, pertinentes à mesma pessoa, tenham destinação unitária.	*Art. 54.* As coisas simples ou compostas, materiais ou imateriais, são singulares ou coletivas: *II* – coletivas, ou universais, quando se encaram agregadas em todo.
Parágrafo único. Os bens que formam essa universalidade podem ser objeto de relações jurídicas próprias.	
Art. 91. Constitui universalidade de direito o complexo de relações jurídicas, de uma pessoa, dotadas de valor econômico.	*Art. 57.* O patrimônio e a herança constituem coisas universais, ou universalidades, e como tais subsistem, embora não constem de objetos materiais.
Capítulo II **Dos Bens Reciprocamente Considerados**	
Art. 92. Principal é o bem que existe sobre si, abstrata ou concretamente; acessório, aquele cuja existência supõe a do principal.	*Art. 58.* Principal é a coisa que existe sobre si, abstrata ou concretamente. Acessória, aquela cuja existência supõe a da principal.
Art. 93. São pertenças os bens que, não constituindo partes integrantes, se destinam, de modo duradouro, ao uso, ao serviço ou ao aformoseamento de outro.	
Art. 94. Os negócios jurídicos que dizem respeito ao bem principal não abrangem as pertenças, salvo se o contrário resultar da lei, da manifestação de vontade, ou das circunstâncias do caso.	
Art. 95. Apesar de ainda não separados do bem principal, os frutos e produtos podem ser objeto de negócio jurídico.	
Art. 96. As benfeitorias podem ser voluptuárias, úteis ou necessárias.	*Art. 63.* As benfeitorias podem ser voluptuárias, úteis ou necessárias.
§ 1º São voluptuárias as de mero deleite ou recreio, que não aumentam o uso habitual do bem, ainda que o tornem mais agradável ou sejam de elevado valor.	*§ 1º* São voluptuárias as de mero deleite ou recreio, que não aumentam o uso habitual da coisa, ainda que a tornem mais agradável ou sejam de elevado valor.
§ 2º São úteis as que aumentam ou facilitam o uso do bem.	*§ 2º* São úteis as que aumentam ou facilitam o uso da coisa.
§ 3º São necessárias as que têm por fim conservar o bem ou evitar que se deteriore.	*§ 3º* São necessárias as que têm por fim conservar a coisa ou evitar que se deteriore.

Código Civil 2002	Código Civil 1916
Art. 97. Não se consideram benfeitorias os melhoramentos ou acréscimos sobrevindos ao bem sem a intervenção do proprietário, possuidor ou detentor.	*Art. 64.* Não se consideram benfeitorias os melhoramentos sobrevindos à coisa sem a intervenção do proprietário, possuidor ou detentor.
Capítulo III **Dos Bens Públicos**	
Art. 98. São públicos os bens do domínio nacional pertencentes às pessoas jurídicas de direito público interno; todos os outros são particulares, seja qual for a pessoa a que pertencerem.	*Art. 65.* São públicos os bens do domínio nacional pertencentes à União, aos Estados, ou aos Municípios. Todos os outros são particulares, seja qual for a pessoa a que pertencerem.
Art. 99. São bens públicos:	*Art. 66.* Os bens públicos são:
I – os de uso comum do povo, tais como rios, mares, estradas, ruas e praças;	*I* – de uso comum do povo, tais como os mares, rios, estradas, ruas e praças;
II – os de uso especial, tais como edifícios ou terrenos destinados a serviço ou estabelecimento da administração federal, estadual, territorial ou municipal, inclusive os de suas autarquias;	*II* – os de uso especial, tais como os edifícios ou terrenos aplicados a serviço ou estabelecimento federal, estadual ou municipal;
III – os dominicais, que constituem o patrimônio das pessoas jurídicas de direito público, como objeto de direito pessoal, ou real, de cada uma dessas entidades.	*III* – os dominicais, isto é, os que constituem o patrimônio da União, dos Estados, ou dos Municípios, como objeto de direito pessoal, ou real de cada uma dessas entidades.
Parágrafo único. Não dispondo a lei em contrário, consideram-se dominicais os bens pertencentes às pessoas jurídicas de direito público a que se tenha dado estrutura de direito privado.	
Art. 100. Os bens públicos de uso comum do povo e os de uso especial são inalienáveis, enquanto conservarem a sua qualificação, na forma que a lei determinar.	*Art. 67.* Os bens de que trata o artigo antecedente só perderão a inalienabilidade, que lhes é peculiar, nos casos e forma que a lei prescrever.
Art. 101. Os bens públicos dominicais podem ser alienados, observadas as exigências da lei.	*Art. 67.* Os bens de que trata o artigo antecedente só perderão a inalienabilidade, que lhes é peculiar, nos casos e forma que a lei prescrever.
Art. 102. Os bens públicos não estão sujeitos a usucapião.	
Art. 103. O uso comum dos bens públicos pode ser gratuito ou retribuído, conforme for estabelecido legalmente pela entidade a cuja administração pertencerem.	*Art. 68.* O uso comum dos bens públicos pode ser gratuito, ou retribuído, conforme as leis da União, dos Estados, ou dos Municípios, a cuja administração pertencerem.

CÓDIGO CIVIL 2002	CÓDIGO CIVIL 1916
LIVRO III **DOS FATOS JURÍDICOS** **TÍTULO I** **DO NEGÓCIO JURÍDICO** **CAPÍTULO I** **Disposições Gerais**	**LIVRO III** **DOS FATOS JURÍDICOS**
Art. 104. A validade do negócio jurídico requer: **I** – agente capaz; **II** – objeto lícito, possível, determinado ou determinável; **III** – forma prescrita ou não defesa em lei.	*Art. 82.* A validade do ato jurídico requer agente capaz (art. 145, I), objeto lícito e forma prescrita ou não defesa em lei (arts. 129, 130 e 145).
Art. 105. A incapacidade relativa de uma das partes não pode ser invocada pela outra em benefício próprio, nem aproveita aos co-interessados capazes, salvo se, neste caso, for indivisível o objeto do direito ou da obrigação comum.	*Art. 83.* A incapacidade de uma das partes não pode ser invocada pela outra em proveito próprio, salvo se for indivisível o objeto do direito ou da obrigação comum.
Art. 106. A impossibilidade inicial do objeto não invalida o negócio jurídico se for relativa, ou se cessar antes de realizada a condição a que ele estiver subordinado.	
Art. 107. A validade da declaração de vontade não dependerá de forma especial, senão quando a lei expressamente a exigir.	*Art. 129.* A validade das declarações de vontade não dependerá de forma especial, senão quando a lei expressamente a exigir (art. 82).
Art. 108. Não dispondo a lei em contrário, a escritura pública é essencial à validade dos negócios jurídicos que visem à constituição, transferência, modificação ou renúncia de direitos reais sobre imóveis de valor superior a trinta vezes o maior salário mínimo vigente no País.	*Art. 134.* É, outrossim, da substância do ato a escritura pública: *I* – nos pactos antenupciais e nas adoções; *II* – nos contratos constitutivos ou translativos de direitos reais sobre imóveis de valor superior a Cr$ 50.000,00 (cinqüenta mil cruzeiros), excetuado o penhor agrícola.
Art. 109. No negócio jurídico celebrado com a cláusula de não valer sem instrumento público, este é da substância do ato.	*Art. 133.* No contrato celebrado com a cláusula de não valer sem instrumento público, este é da substância do ato.
Art. 110. A manifestação de vontade subsiste ainda que o seu autor haja feito a reserva mental de não querer o que manifestou, salvo se dela o destinatário tinha conhecimento.	

Código Civil 2002	Código Civil 1916
Art. 111. O silêncio importa anuência, quando as circunstâncias ou os usos o autorizarem, e não for necessária a declaração de vontade expressa.	
Art. 112. Nas declarações de vontade se atenderá mais à intenção nelas consubstanciada do que ao sentido literal da linguagem.	*Art. 85.* Nas declarações de vontade se atenderá mais à sua intenção que ao sentido literal da linguagem.
Art. 113. Os negócios jurídicos devem ser interpretados conforme a boa-fé e os usos do lugar de sua celebração.	
Art. 114. Os negócios jurídicos benéficos e a renúncia interpretam-se estritamente.	*Art. 1.090.* Os contratos benéficos interpretar-se-ão estritamente.
Capítulo II **Da Representação** **Art. 115.** Os poderes de representação conferem-se por lei ou pelo interessado.	
Art. 116. A manifestação de vontade pelo representante, nos limites de seus poderes, produz efeitos em relação ao representado.	
Art. 117. Salvo se o permitir a lei ou o representado, é anulável o negócio jurídico que o representante, no seu interesse ou por conta de outrem, celebrar consigo mesmo. **Parágrafo único.** Para esse efeito, tem-se como celebrado pelo representante o negócio realizado por aquele em quem os poderes houverem sido subestabelecidos.	
Art. 118. O representante é obrigado a provar às pessoas, com quem tratar em nome do representado, a sua qualidade e a extensão de seus poderes, sob pena de, não o fazendo, responder pelos atos que a estes excederem.	
Art. 119. É anulável o negócio concluído pelo representante em conflito de interesses com o representado, se tal fato era ou devia ser do conhecimento de quem com aquele tratou. **Parágrafo único.** É de cento e oitenta dias, a contar da conclusão do negócio ou da cessação da incapacidade, o prazo de decadência para pleitear-se a anulação prevista neste artigo.	

Código Civil 2002	Código Civil 1916
Art. 120. Os requisitos e os efeitos da representação legal são os estabelecidos nas normas respectivas; os da representação voluntária são os da Parte Especial deste Código.	
Capítulo III **Da Condição, do Termo e do Encargo**	
Art. 121. Considera-se condição a cláusula que, derivando exclusivamente da vontade das partes, subordina o efeito do negócio jurídico a evento futuro e incerto.	*Art. 114.* Considera-se condição a cláusula, que subordina o efeito do ato jurídico a evento futuro e incerto.
Art. 122. São lícitas, em geral, todas as condições não contrárias à lei, à ordem pública ou aos bons costumes; entre as condições defesas se incluem as que privarem de todo efeito o negócio jurídico, ou o sujeitarem ao puro arbítrio de uma das partes.	*Art. 115.* São lícitas, em geral, todas as condições, que a lei não vedar expressamente. Entre as condições defesas se incluem as que privarem de todo efeito o ato, ou o sujeitarem ao arbítrio de uma das partes.
Art. 123. Invalidam os negócios jurídicos que lhes são subordinados: **I** – as condições física ou juridicamente impossíveis, quando suspensivas; **II** – as condições ilícitas, ou de fazer coisa ilícita; **III** – as condições incompreensíveis ou contraditórias.	*Art. 116.* As condições fisicamente impossíveis, bem como as de não fazer coisa impossível, têm-se por inexistentes. As juridicamente impossíveis invalidam os atos a elas subordinados.
Art. 124. Têm-se por inexistentes as condições impossíveis, quando resolutivas, e as de não fazer coisa impossível.	*Art. 116.* As condições fisicamente impossíveis, bem como as de não fazer coisa impossível, têm-se por inexistentes. As juridicamente impossíveis invalidam os atos a elas subordinados.
Art. 125. Subordinando-se a eficácia do negócio jurídico à condição suspensiva, enquanto esta se não verificar, não se terá adquirido o direito, a que ele visa.	*Art. 118.* Subordinando-se a eficácia do ato à condição suspensiva, enquanto esta se não verificar, não se terá adquirido o direito, a que ele visa.
Art. 126. Se alguém dispuser de uma coisa sob condição suspensiva, e, pendente esta, fizer quanto àquela novas disposições, estas não terão valor, realizada a condição, se com ela forem incompatíveis.	*Art. 122.* Se alguém dispuser de uma coisa sob condição suspensiva, e, pendente esta, fizer quanto àquela novas disposições, estas não terão valor, realizada a condição, se com ela forem incompatíveis.
Art. 127. Se for resolutiva a condição, enquanto esta se não realizar, vigorará o negócio jurídico, podendo exercer-se desde a conclusão deste o direito por ele estabelecido.	*Art. 119.* Se for resolutiva a condição, enquanto esta não se realizar, vigorará o ato jurídico, podendo exercer-se desde o momento deste o direito por ele estabelecido; mas, verificada a con-

Código Civil 2002	Código Civil 1916
	dição, para todos os efeitos, se extingue o direito a que ela se opõe. *Parágrafo único.* A condição resolutiva da obrigação pode ser expressa, ou tácita; operando, no primeiro caso, de pleno direito, e por interpelação judicial, no segundo.
Art. 128. Sobrevindo a condição resolutiva, extingue-se, para todos os efeitos, o direito a que ela se opõe; mas, se aposta a um negócio de execução continuada ou periódica, a sua realização, salvo disposição em contrário, não tem eficácia quanto aos atos já praticados, desde que compatíveis com a natureza da condição pendente e conforme aos ditames de boa-fé.	*Art. 119.* Se for resolutiva a condição, enquanto esta não se realizar, vigorará o ato jurídico, podendo exercer-se desde o momento deste o direito por ele estabelecido; mas, verificada a condição, para todos os efeitos, se extingue o direito a que ela se opõe. *Parágrafo único.* A condição resolutiva da obrigação pode ser expressa, ou tácita; operando, no primeiro caso, de pleno direito, e por interpelação judicial, no segundo.
Art. 129. Reputa-se verificada, quanto aos efeitos jurídicos, a condição cujo implemento for maliciosamente obstado pela parte a quem desfavorecer, considerando-se, ao contrário, não verificada a condição maliciosamente levada a efeito por aquele a quem aproveita o seu implemento.	*Art. 120.* Reputa-se verificada, quanto aos efeitos jurídicos, a condição, cujo implemento for maliciosamente obstado pela parte, a quem desfavorecer. Considera-se, ao contrário, não verificada a condição maliciosamente levada a efeito por aquele, a quem aproveita o seu implemento.
Art. 130. Ao titular do direito eventual, nos casos de condição suspensiva ou resolutiva, é permitido praticar os atos destinados a conservá-lo.	*Art. 121.* Ao titular do direito eventual, no caso de condição suspensiva, é permitido exercer os atos destinados a conservá-lo.
Art. 131. O termo inicial suspende o exercício, mas não a aquisição do direito.	*Art. 123.* O termo inicial suspende o exercício, mas não a aquisição do direito.
Art. 132. Salvo disposição legal ou convencional em contrário, computam-se os prazos, excluído o dia do começo, e incluído o do vencimento.	*Art. 125.* Salvo disposição em contrário, computam-se os prazos, excluindo o dia do começo, e incluindo o do vencimento.
§ 1º Se o dia do vencimento cair em feriado, considerar-se-á prorrogado o prazo até o seguinte dia útil.	*§ 1º* Se este cair em dia feriado, considerar-se-á prorrogado o prazo até o seguinte dia útil.
§ 2º Meado considera-se, em qualquer mês, o seu décimo quinto dia.	*§ 2º* Meado considera-se, em qualquer mês, seu décimo quinto dia.
§ 3º Os prazos de meses e anos expiram no dia de igual número do de início, ou no imediato, se faltar exata correspondência.	*§ 3º* Considera-se mês o período sucessivo de 30 (trinta) dias completos.
§ 4º Os prazos fixados por hora contar-se-ão de minuto a minuto.	*§ 4º* Os prazos fixados por hora contar-se-ão de minuto a minuto.

Código Civil 2002	Código Civil 1916
Art. 133. Nos testamentos, presume-se o prazo em favor do herdeiro, e, nos contratos, em proveito do devedor, salvo, quanto a esses, se do teor do instrumento, ou das circunstâncias, resultar que se estabeleceu a benefício do credor, ou de ambos os contratantes.	*Art. 126.* Nos testamentos o prazo se presume em favor do herdeiro, e, nos contratos, em proveito do devedor, salvo quanto a esses, se do teor do instrumento, ou das circunstâncias, resultar que se estabeleceu a benefício do credor, ou de ambos os contraentes.
Art. 134. Os negócios jurídicos entre vivos, sem prazo, são exeqüíveis desde logo, salvo se a execução tiver de ser feita em lugar diverso ou depender de tempo.	*Art. 127.* Os atos entre vivos, sem prazo, são exeqüíveis desde logo, salvo se a execução tiver de ser feita em lugar diverso ou depender de tempo.
Art. 135. Ao termo inicial e final aplicam-se, no que couber, as disposições relativas à condição suspensiva e resolutiva.	*Art. 124.* Ao termo inicial se aplica o disposto, quanto à condição suspensiva, nos arts. 121 e 122, e ao termo final, o disposto acerca da condição resolutiva no art. 119.
Art. 136. O encargo não suspende a aquisição nem o exercício do direito, salvo quando expressamente imposto no negócio jurídico, pelo disponente, como condição suspensiva.	*Art. 128.* O encargo não suspende a aquisição, nem o exercício do direito, salvo quando expressamente imposto no ato, pelo disponente, como condição suspensiva.
Art. 137. Considera-se não escrito o encargo ilícito ou impossível, salvo se constituir o motivo determinante da liberalidade, caso em que se invalida o negócio jurídico.	
Capítulo IV **Dos Defeitos do Negócio Jurídico** **Seção I** **Do Erro ou Ignorância**	
Art. 138. São anuláveis os negócios jurídicos, quando as declarações de vontade emanarem de erro substancial que poderia ser percebido por pessoa de diligência normal, em face das circunstâncias do negócio.	*Art. 86.* São anuláveis os atos jurídicos, quando as declarações de vontade emanarem de erro substancial.
Art. 139. O erro é substancial quando:	*Art. 87.* Considera-se erro substancial o que interessa à natureza do ato, o objeto principal da declaração, ou alguma das qualidades a ele essenciais.
I – interessa à natureza do negócio, ao objeto principal da declaração, ou a alguma das qualidades a ele essenciais;	*Art. 87. (ver caima).*
II – concerne à identidade ou à qualidade essencial da pessoa a quem se refira a declaração de vontade, desde que tenha influído nesta de modo relevante;	*Art. 88.* Tem-se igualmente por erro substancial o que disser respeito a qualidades essenciais da pessoa, a quem se refira a declaração de vontade.

CÓDIGO CIVIL 2002	CÓDIGO CIVIL 1916
III – sendo de direito e não implicando recusa à aplicação da lei, for o motivo único ou principal do negócio jurídico.	
Art. 140. O falso motivo só vicia a declaração de vontade quando expresso como razão determinante.	*Art. 90.* Só vicia o ato a falsa causa, quando expressa como razão determinante ou sob forma de condição.
Art. 141. A transmissão errônea da vontade por meios interpostos é anulável nos mesmos casos em que o é a declaração direta.	*Art. 89.* A transmissão errônea da vontade por instrumento, ou por interposta pessoa, pode argüir-se de nulidade nos mesmos casos em que a declaração direta.
Art. 142. O erro de indicação da pessoa ou da coisa, a que se referir a declaração de vontade, não viciará o negócio quando, por seu contexto e pelas circunstâncias, se puder identificar a coisa ou pessoa cogitada.	*Art. 91.* O erro na indicação da pessoa, ou coisa, a que se referir a declaração de vontade, não viciará o ato, quando, por seu contexto e pelas circunstâncias, se puder identificar a coisa ou pessoa cogitada.
Art. 143. O erro de cálculo apenas autoriza a retificação da declaração de vontade.	
Art. 144. O erro não prejudica a validade do negócio jurídico quando a pessoa, a quem a manifestação de vontade se dirige, se oferecer para executá-la na conformidade da vontade real do manifestante.	
Seção II **Do Dolo**	
Art. 145. São os negócios jurídicos anuláveis por dolo, quando este for a sua causa.	*Art. 92.* Os atos jurídicos são anuláveis por dolo, quando este for a sua causa.
Art. 146. O dolo acidental só obriga à satisfação das perdas e danos, e é acidental quando, a seu despeito, o negócio seria realizado, embora por outro modo.	*Art. 93.* O dolo acidental só obriga à satisfação das perdas e danos. É acidental o dolo, quando a seu despeito o ato se teria praticado, embora por outro modo.
Art. 147. Nos negócios jurídicos bilaterais, o silêncio intencional de uma das partes a respeito de fato ou qualidade que a outra parte haja ignorado, constitui omissão dolosa, provando-se que sem ela o negócio não se teria celebrado.	*Art. 94.* Nos atos bilaterais o silêncio intencional de uma das partes a respeito de fato ou qualidade que a outra parte haja ignorado, constitui omissão dolosa, provando-se que sem ela se não teria celebrado o contrato.
Art. 148. Pode também ser anulado o negócio jurídico por dolo de terceiro, se a parte a quem aproveite dele tivesse ou devesse ter conhecimento; em caso contrário, ainda que subsista o negócio jurídico, o terceiro responderá por todas as perdas e danos da parte a quem ludibriou.	*Art. 95.* Pode também ser anulado o ato por dolo de terceiro, se uma das partes o soube.

Código Civil 2002	Código Civil 1916
Art. 149. O dolo do representante legal de uma das partes só obriga o representado a responder civilmente até a importância do proveito que teve; se, porém, o dolo for do representante convencional, o representado responderá solidariamente com ele por perdas e danos.	*Art. 96.* O dolo do representante de uma das partes só obriga o representado a responder civilmente até à importância do proveito que teve.
Art. 150. Se ambas as partes procederem com dolo, nenhuma pode alegá-lo para anular o negócio, ou reclamar indenização.	*Art. 97.* Se ambas as partes procederam com dolo, nenhuma pode alegá-lo, para anular o ato, ou reclamar indenização.
Seção III **Da Coação**	
Art. 151. A coação, para viciar a declaração da vontade, há de ser tal que incuta ao paciente fundado temor de dano iminente e considerável à sua pessoa, à sua família, ou aos seus bens.	*Art. 98.* A coação, para viciar a manifestação da vontade, há de ser tal, que incuta ao paciente fundado temor de dano à sua pessoa, à sua família, ou a seus bens, iminente e igual, pelo menos, ao receável do ato extorquido.
Parágrafo único. Se disser respeito a pessoa não pertencente à família do paciente, o juiz, com base nas circunstâncias, decidirá se houve coação.	
Art. 152. No apreciar a coação, ter-se-ão em conta o sexo, a idade, a condição, a saúde, o temperamento do paciente e todas as demais circunstâncias que possam influir na gravidade dela.	*Art. 99.* No apreciar a coação, se terá em conta o sexo, a idade, a condição, a saúde, o temperamento do paciente e todas as demais circunstâncias, que lhe possam influir na gravidade.
Art. 153. Não se considera coação a ameaça do exercício normal de um direito, nem o simples temor reverencial.	*Art. 100.* Não se considera coação a ameaça do exercício normal de um direito, nem o simples temor reverencial.
Art. 154. Vicia o negócio jurídico a coação exercida por terceiro, se dela tivesse ou devesse ter conhecimento a parte a que aproveite, e esta responderá solidariamente com aquele por perdas e danos.	*Art. 101.* A coação vicia o ato, ainda quando exercida por terceiro. *§ 1º* Se a coação exercida por terceiro for previamente conhecida à parte, a quem aproveite, responderá esta solidariamente com aquele por todas as perdas e danos.
Art. 155. Subsistirá o negócio jurídico, se a coação decorrer de terceiro, sem que a parte a que aproveite dela tivesse ou devesse ter conhecimento; mas o autor da coação responderá por todas as perdas e danos que houver causado ao coacto.	*Art. 101.* A coação vicia o ato, ainda quando exercida por terceiro. *§ 1º (ver acima).* *§ 2º* Se a parte prejudicada com a anulação do ato não soube da coação exercida por terceiro, só este responderá pelas perdas e danos.

Código Civil 2002	Código Civil 1916
Seção IV **Do Estado de Perigo** **Art. 156.** Configura-se o estado de perigo quando alguém, premido da necessidade de salvar-se, ou a pessoa de sua família, de grave dano conhecido pela outra parte, assume obrigação excessivamente onerosa. **Parágrafo único.** Tratando-se de pessoa não pertencente à família do declarante, o juiz decidirá segundo as circunstâncias.	
Seção V **Da Lesão** **Art. 157.** Ocorre a lesão quando uma pessoa, sob premente necessidade, ou por inexperiência, se obriga a prestação manifestamente desproporcional ao valor da prestação oposta. **§ 1º** Aprecia-se a desproporção das prestações segundo os valores vigentes ao tempo em que foi celebrado o negócio jurídico. **§ 2º** Não se decretará a anulação do negócio, se for oferecido suplemento suficiente, ou se a parte favorecida concordar com a redução do proveito.	
Seção VI **Da Fraude Contra Credores** **Art. 158.** Os negócios de transmissão gratuita de bens ou remissão de dívida, se os praticar o devedor já insolvente, ou por eles reduzido à insolvência, ainda quando o ignore, poderão ser anulados pelos credores quirografários, como lesivos dos seus direitos.	*Art. 106.* Os atos de transmissão gratuita de bens, ou remissão de dívida, quando os pratique o devedor já insolvente, ou por eles reduzido à insolvência, poderão ser anulados pelos credores quirografários como lesivos dos seus direitos (art. 109).
§ 1º Igual direito assiste aos credores cuja garantia se tornar insuficiente.	
§ 2º Só os credores que já o eram ao tempo daqueles atos podem pleitear a anulação deles.	*Parágrafo único.* Só os credores, que já o eram ao tempo desses atos, podem pleitear-lhes a anulação.
Art. 159. Serão igualmente anuláveis os contratos onerosos do devedor insolvente, quando a insolvência for notória, ou houver motivo para ser conhecida do outro contratante.	*Art. 107.* Serão igualmente anuláveis os contratos onerosos do devedor insolvente, quando a insolvência for notória ou houver motivo para ser conhecida do outro contraente.
Art. 160. Se o adquirente dos bens do devedor insolvente ainda não tiver pago o preço e este	*Art. 108.* Se o adquirente dos bens do devedor insolvente ainda não tiver pago o preço e este

Código Civil 2002	Código Civil 1916
for, aproximadamente, o corrente, desobrigar-se-á depositando-o em juízo, com a citação de todos os interessados.	for, aproximadamente, o corrente, desobrigar-se-á depositando-o em juízo, com citação edital de todos os interessados.
Parágrafo único. Se inferior, o adquirente, para conservar os bens, poderá depositar o preço que lhes corresponda ao valor real.	
Art. 161. A ação, nos casos dos arts. 158 e 159, poderá ser intentada contra o devedor insolvente, a pessoa que com ele celebrou a estipulação considerada fraudulenta, ou terceiros adquirentes que hajam procedido de má-fé.	*Art. 109.* A ação, nos casos dos arts. 106 e 107, poderá ser intentada contra o devedor insolvente, a pessoa que com ele celebrou a estipulação considerada fraudulenta, ou terceiros adquirentes que há procedido de má-fé.
Art. 162. O credor quirografário, que receber do devedor insolvente o pagamento da dívida ainda não vencida, ficará obrigado a repor, em proveito do acervo sobre que se tenha de efetuar o concurso de credores, aquilo que recebeu.	*Art. 110.* O credor quirografário, que receber do devedor insolvente o pagamento da dívida ainda não vencida, ficará obrigado a repor, em proveito do acervo sobre que se tenha de efetuar o concurso de credores, aquilo que recebeu.
Art. 163. Presumem-se fraudatórias dos direitos dos outros credores as garantias de dívidas que o devedor insolvente tiver dado a algum credor.	*Art. 111.* Presumem-se fraudatórias dos direitos dos outros credores as garantias de dívidas que o devedor insolvente tiver dado a algum credor.
Art. 164. Presumem-se, porém, de boa-fé e valem os negócios ordinários indispensáveis à manutenção de estabelecimento mercantil, rural, ou industrial, ou à subsistência do devedor e de sua família.	*Art. 112.* Presumem-se, porém, de boa-fé e valem os negócios ordinários indispensáveis à manutenção de estabelecimento mercantil, agrícola, ou industrial do devedor.
Art. 165. Anulados os negócios fraudulentos, a vantagem resultante reverterá em proveito do acervo sobre que se tenha de efetuar o concurso de credores.	*Art. 113.* Anulados os atos fraudulentos, a vantagem resultante reverterá em proveito do acervo sobre que se tenha de efetuar o concurso de credores.
Parágrafo único. Se esses negócios tinham por único objeto atribuir direitos preferenciais, mediante hipoteca, penhor ou anticrese, sua invalidade importará somente na anulação da preferência ajustada.	*Parágrafo único.* Se os atos revogados tinham por único objeto atribuir direitos preferenciais, mediante hipoteca, anticrese, ou penhor, sua nulidade importará somente na anulação da preferência ajustada.
Capítulo V **Da Invalidade do Negócio Jurídico**	
Art. 166. É nulo o negócio jurídico quando:	*Art. 145.* É nulo o ato jurídico:
I – celebrado por pessoa absolutamente incapaz;	*I* – quando praticado por pessoa absolutamente incapaz (art. 5º);

Código Civil 2002	Código Civil 1916
II – for ilícito, impossível ou indeterminável o seu objeto;	*II* – quando for ilícito, ou impossível, o seu objeto;
III – o motivo determinante, comum a ambas as partes, for ilícito;	
IV – não revestir a forma prescrita em lei;	*III* – quando não revestir a forma prescrita em lei (arts. 82 e 130);
V – for preterida alguma solenidade que a lei considere essencial para a sua validade;	*IV* – quando for preterida alguma solenidade que a lei considere essencial para a sua validade;
VI – tiver por objetivo fraudar lei imperativa;	
VII – a lei taxativamente o declarar nulo, ou proibir-lhe a prática, sem cominar sanção.	*V* – quando a lei taxativamente o declarar nulo ou lhe negar efeito.
Art. 167. É nulo o negócio jurídico simulado, mas subsistirá o que se dissimulou, se válido for na substância e na forma.	
§ 1º Haverá simulação nos negócios jurídicos quando:	*Art. 102.* Haverá simulação nos atos jurídicos em geral:
I – aparentarem conferir ou transmitir direitos a pessoas diversas daquelas às quais realmente se conferem, ou transmitem;	*I* – quando aparentarem conferir ou transmitir direitos a pessoas diversas das a quem realmente se conferem, ou transmitem;
II – contiverem declaração, confissão, condição ou cláusula não verdadeira;	*II* – quando contiverem declaração, confissão, condição, ou cláusula não verdadeira;
III – os instrumentos particulares forem antedatados, ou pós-datados.	*III* – quando os instrumentos particulares forem antedatados, ou pós-datados.
§ 2º Ressalvam-se os direitos de terceiros de boa-fé em face dos contraentes do negócio jurídico simulado.	
Art. 168. As nulidades dos artigos antecedentes podem ser alegadas por qualquer interessado, ou pelo Ministério Público, quando lhe couber intervir.	*Art. 146.* As nulidades do artigo antecedente podem ser alegadas por qualquer interessado, ou pelo Ministério Público, quando lhe couber intervir.
Parágrafo único. As nulidades devem ser pronunciadas pelo juiz, quando conhecer do negócio jurídico ou dos seus efeitos e as encontrar provadas, não lhe sendo permitido supri-las, ainda que a requerimento das partes.	*Parágrafo único.* Devem ser pronunciadas pelo juiz, quando conhecer do ato ou dos seus efeitos e as encontrar provadas, não lhe sendo permitido supri-las ainda a requerimento das partes.

Código Civil 2002	Código Civil 1916
Art. 169. O negócio jurídico nulo não é suscetível de confirmação, nem convalesce pelo decurso do tempo.	
Art. 170. Se, porém, o negócio jurídico nulo contiver os requisitos de outro, subsistirá este quando o fim a que visavam as partes permitir supor que o teriam querido, se houvessem previsto a nulidade.	
Art. 171. Além dos casos expressamente declarados na lei, é anulável o negócio jurídico:	*Art. 147.* É anulável o ato jurídico:
I – por incapacidade relativa do agente;	*I* – por incapacidade relativa do agente (art. 6º);
II – por vício resultante de erro, dolo, coação, estado de perigo, lesão ou fraude contra credores.	*II* – por vício resultante de erro, dolo, coação, simulação, ou fraude (arts. 86 a 113).
Art. 172. O negócio anulável pode ser confirmado pelas partes, salvo direito de terceiro.	*Art. 148.* O ato anulável pode ser ratificado pelas partes, salvo direito de terceiro. A ratificação retroage à data do ato.
Art. 173. O ato de confirmação deve conter a substância do negócio celebrado e a vontade expressa de mantê-lo.	*Art. 149.* O ato de ratificação deve conter a substância da obrigação ratificada e a vontade expressa de ratificá-la.
Art. 174. É escusada a confirmação expressa, quando o negócio já foi cumprido em parte pelo devedor, ciente do vício que o inquinava.	*Art. 150.* É escusada a ratificação expressa, quando a obrigação já foi cumprida em parte pelo devedor, ciente do vício que a inquinava.
Art. 175. A confirmação expressa, ou a execução voluntária de negócio anulável, nos termos dos arts. 172 a 174, importa a extinção de todas as ações, ou exceções, de que contra ele dispusesse o devedor.	*Art. 151.* A ratificação expressa, ou a execução voluntária da obrigação anulável, nos termos dos arts. 148 a 150, importa renúncia a todas as ações, ou exceções, de que dispusesse contra o ato o devedor.
Art. 176. Quando a anulabilidade do ato resultar da falta de autorização de terceiro, será validado se este a der posteriormente.	
Art. 177. A anulabilidade não tem efeito antes de julgada por sentença, nem se pronuncia de ofício; só os interessados a podem alegar, e aproveita exclusivamente aos que a alegarem, salvo o caso de solidariedade ou indivisibilidade.	*Art. 152.* As nulidades do art. 147 não tem efeito antes de julgadas por sentença, nem se pronunciam de ofício. Só os interessados as podem alegar, e aproveitam exclusivamente aos que as alegarem, salvo o caso de solidariedade, ou indivisibilidade.

CÓDIGO CIVIL 2002	CÓDIGO CIVIL 1916
Art. 178. É de quatro anos o prazo de decadência para pleitear-se a anulação do negócio jurídico, contado:	*Art. 178.* Prescreve: *§ 9º* Em 4 (quatro) anos: *V* – a ação de anular ou rescindir os contratos, para a qual se não tenha estabelecido menor prazo; contado este:
I – no caso de coação, do dia em que ela cessar;	*a)* no caso de coação, do dia em que ela cessar;
II – no de erro, dolo, fraude contra credores, estado de perigo ou lesão, do dia em que se realizou o negócio jurídico;	*b)* no de erro, dolo, simulação ou fraude, do dia em que se realizar o ato ou o contrato;
III – no de atos de incapazes, do dia em que cessar a incapacidade.	*c)* quanto aos atos dos incapazes, do dia em que cessar a incapacidade.
Art. 179. Quando a lei dispuser que determinado ato é anulável, sem estabelecer prazo para pleitear-se a anulação, será este de dois anos, a contar da data da conclusão do ato.	
Art. 180. O menor, entre dezesseis e dezoito anos, não pode, para eximir-se de uma obrigação, invocar a sua idade se dolosamente a ocultou quando inquirido pela outra parte, ou se, no ato de obrigar-se, declarou-se maior.	*Art. 155.* O menor, entre 16 (dezesseis) e 21 (vinte e um) anos, não pode, para se eximir de uma obrigação, invocar a sua idade, se dolosamente a ocultou, inquirido pela outra parte, ou se, no ato de se obrigar, espontaneamente se declarou maior.
Art. 181. Ninguém pode reclamar o que, por uma obrigação anulada, pagou a um incapaz, se não provar que reverteu em proveito dele a importância paga.	*Art. 157.* Ninguém pode reclamar o que, por uma obrigação anulada, pagou a um incapaz, se não provar que reverteu em proveito dele a importância paga.
Art. 182. Anulado o negócio jurídico, restituir-se-ão as partes ao estado em que antes dele se achavam, e, não sendo possível restituí-las, serão indenizadas com o equivalente.	*Art. 158.* Anulado o ato, restituir-se-ão as partes ao estado, em que antes dele se achavam, e não sendo possível restituí-las, serão indenizadas com o equivalente.
Art. 183. A invalidade do instrumento não induz a do negócio jurídico sempre que este puder provar-se por outro meio.	*Art. 152, Parágrafo único.* A nulidade do instrumento não induz a do ato, sempre que este puder provar-se por outro meio.
Art. 184. Respeitada a intenção das partes, a invalidade parcial de um negócio jurídico não o prejudicará na parte válida, se esta for separável; a invalidade da obrigação principal implica a das obrigações acessórias, mas a destas não induz a da obrigação principal.	*Art. 153.* A nulidade parcial de um ato não o prejudicará na parte válida, se esta for separável. A nulidade da obrigação principal implica a das obrigações acessórias, mas a destas não induz a da obrigação principal.

Código Civil 2002	Código Civil 1916
Título II **Dos Atos Jurídicos Lícitos**	
Art. 185. Aos atos jurídicos lícitos, que não sejam negócios jurídicos, aplicam-se, no que couber, as disposições do Título anterior.	
Título III **Dos Atos Ilícitos**	
Art. 186. Aquele que, por ação ou omissão voluntária, negligência ou imprudência, violar direito e causar dano a outrem, ainda que exclusivamente moral, comete ato ilícito.	*Art. 159.* Aquele que, por ação ou omissão voluntária, negligência, ou imprudência, violar direito, ou causar prejuízo a outrem, fica obrigado a reparar o dano. A verificação da culpa e a avaliação da responsabilidade regulam-se pelo disposto neste Código, arts. 1.518 a 1.532 e 1.537 a 1.553.
Art. 187. Também comete ato ilícito o titular de um direito que, ao exercê-lo, excede manifestamente os limites impostos pelo seu fim econômico ou social, pela boa-fé ou pelos bons costumes.	
Art. 188. Não constituem atos ilícitos:	*Art. 160.* Não constituem atos ilícitos:
I – os praticados em legítima defesa ou no exercício regular de um direito reconhecido;	*I* – os praticados em legítima defesa ou no exercício regular de um direito reconhecido;
II – a deterioração ou destruição da coisa alheia, ou a lesão a pessoa, a fim de remover perigo iminente.	*II* – a deterioração ou destruição da coisa alheia, a fim de remover perigo iminente (arts. 1.519 e 1.520).
Parágrafo único. No caso do inciso II, o ato será legítimo somente quando as circunstâncias o tornarem absolutamente necessário, não excedendo os limites do indispensável para a remoção do perigo.	*Parágrafo único.* Neste último caso, o ato será legítimo, somente quando as circunstâncias o tornarem absolutamente necessário, não excedendo os limites do indispensável para a remoção do perigo.
Título IV **Da Prescrição e da Decadência** **Capítulo I** **Da Prescrição** **Seção I** **Disposições Gerais**	
Art. 189. Violado o direito, nasce para o titular a pretensão, a qual se extingue, pela prescrição, nos prazos a que aludem os arts. 205 e 206.	
Art. 190. A exceção prescreve no mesmo prazo em que a pretensão.	

Código Civil 2002	Código Civil 1916
Art. 191. A renúncia da prescrição pode ser expressa ou tácita, e só valerá, sendo feita, sem prejuízo de terceiro, depois que a prescrição se consumar; tácita é a renúncia quando se presume de fatos do interessado, incompatíveis com a prescrição.	*Art. 161.* A renúncia da prescrição pode ser expressa, ou tácita, e só valerá, sendo feita, sem prejuízo de terceiro, depois que a prescrição se consumar. Tácita é a renúncia, quando se presume de fatos do interessado, incompatíveis com a prescrição.
Art. 192. Os prazos de prescrição não podem ser alterados por acordo das partes.	
Art. 193. A prescrição pode ser alegada em qualquer grau de jurisdição, pela parte a quem aproveita.	*Art. 162.* A prescrição pode ser alegada, em qualquer instância, pela parte a quem aproveita.
Art. 194. O juiz não pode suprir, de ofício, a alegação de prescrição, salvo se favorecer a absolutamente incapaz.	*Art. 166.* O juiz não pode conhecer da prescrição de direitos patrimoniais, se não foi invocada pelas partes.
Art. 195. Os relativamente incapazes e as pessoas jurídicas têm ação contra os seus assistentes ou representantes legais, que derem causa à prescrição, ou não a alegarem oportunamente.	*Art. 164.* As pessoas que a lei priva de administrar os próprios bens, têm ação regressiva contra os seus representantes legais, quando estes, por dolo, ou negligência, derem causa à prescrição.
Art. 196. A prescrição iniciada contra uma pessoa continua a correr contra o seu sucessor.	*Art. 165.* A prescrição iniciada contra uma pessoa continua a correr contra o seu herdeiro.
Seção II **Das Causas que Impedem ou Suspendem a Prescrição**	
Art. 197. Não corre a prescrição:	*Art. 168.* Não corre a prescrição:
I – entre os cônjuges, na constância da sociedade conjugal;	*I* – entre cônjuges, na constância do matrimônio;
II – entre ascendentes e descendentes, durante o poder familiar;	*II* – entre ascendentes e descendentes, durante o pátrio poder;
III – entre tutelados ou curatelados e seus tutores ou curadores, durante a tutela ou curatela.	*III* – entre tutelados ou curatelados e seus tutores e curadores, durante a tutela ou curatela.
Art. 198. Também não corre a prescrição:	*Art. 169.* Também não ocorre a prescrição:
I – contra os incapazes de que trata o art. 3º;	*I* – contra os incapazes de que trata o art. 5º;
II – contra os ausentes do País em serviço público da União, dos Estados ou dos Municípios;	*II* – contra os ausentes do Brasil em serviço público da União, dos Estados, ou dos Municípios;
III – contra os que se acharem servindo nas Forças Armadas, em tempo de guerra.	*III* – contra os que se acharem servindo na armada e no exército nacionais, em tempo de guerra.

Código Civil 2002	Código Civil 1916
Art. 199. Não corre igualmente a prescrição:	*Art. 170.* Não corre igualmente:
I – pendendo condição suspensiva;	*I* – pendendo condição suspensiva;
II – não estando vencido o prazo;	*II* – não estando vencido o prazo;
III – pendendo ação de evicção.	*III* – pendendo ação de evicção.
Art. 200. Quando a ação se originar de fato que deva ser apurado no juízo criminal, não correrá a prescrição antes da respectiva sentença definitiva.	
Art. 201. Suspensa a prescrição em favor de um dos credores solidários, só aproveitam os outros se a obrigação for indivisível.	*Art. 171.* Suspensa a prescrição em favor de um dos credores solidários, só aproveitam os outros, se o objeto da obrigação for indivisível.
Seção III **Das Causas que Interrompem a Prescrição**	
Art. 202. A interrupção da prescrição, que somente poderá ocorrer uma vez, dar-se-á:	*Art. 172.* A prescrição interrompe-se:
I – por despacho do juiz, mesmo incompetente, que ordenar a citação, se o interessado a promover no prazo e na forma da lei processual;	*I* – pela citação pessoal feita ao devedor, ainda que ordenada por juiz incompetente;
II – por protesto, nas condições do inciso antecedente;	*II* – pelo protesto, nas condições do número anterior;
III – por protesto cambial;	
IV – pela apresentação do título de crédito em juízo de inventário ou em concurso de credores;	*III* – pela apresentação do título de crédito em juízo de inventário, ou em concurso de credores;
V – por qualquer ato judicial que constitua em mora o devedor;	*IV* – por qualquer ato judicial que constitua em mora o devedor;
VI – por qualquer ato inequívoco, ainda que extrajudicial, que importe reconhecimento do direito pelo devedor.	*V* – por qualquer ato inequívoco, ainda que extrajudicial, que importe reconhecimento do direito pelo devedor.
Parágrafo único. A prescrição interrompida recomeça a correr da data do ato que a interrompeu, ou do último ato do processo para a interromper.	*Art. 173.* A prescrição interrompida recomeça a correr da data do ato que a interrompeu, ou do último do processo para a interromper.
Art. 203. A prescrição pode ser interrompida por qualquer interessado.	*Art. 174.* Em cada um dos casos do art. 172, a interrupção pode ser promovida: *I* – pelo próprio titular do direito em via de prescrição; *II* – por quem legalmente o represente; *III* – por terceiro que tenha legítimo interesse.

Código Civil 2002	Código Civil 1916
Art. 204. A interrupção da prescrição por um credor não aproveita aos outros; semelhantemente, a interrupção operada contra o co-devedor, ou seu herdeiro, não prejudica aos demais coobrigados.	*Art. 176.* A interrupção da prescrição por um credor não aproveita aos outros. Semelhantemente, a interrupção operada contra o co-devedor, ou seu herdeiro, não prejudica aos demais coobrigados.
§ 1º A interrupção por um dos credores solidários aproveita aos outros; assim como a interrupção efetuada contra o devedor solidário envolve os demais e seus herdeiros.	*§ 1º* A interrupção, porém, aberta por um dos credores solidários aproveita aos outros; assim como a interrupção efetuada contra o devedor solidário envolve os demais e seus herdeiros.
§ 2º A interrupção operada contra um dos herdeiros do devedor solidário não prejudica os outros herdeiros ou devedores, senão quando se trate de obrigações e direitos indivisíveis.	*§ 2º* A interrupção operada contra um dos herdeiros do devedor solidário não prejudica aos outros herdeiros ou devedores, senão quando se trate de obrigações e direitos indivisíveis.
§ 3º A interrupção produzida contra o principal devedor prejudica o fiador.	*§ 3º* A interrupção produzida contra o principal devedor prejudica o fiador.
Seção IV **Dos Prazos da Prescrição**	
Art. 205. A prescrição ocorre em dez anos, quando a lei não lhe haja fixado prazo menor.	*Art. 177.* As ações pessoais prescrevem, ordinariamente, em 20 (vinte) anos, as reais em 10 (dez), entre presentes, e entre ausentes, em 15 (quinze), contados da data em que poderiam ter sido propostas. *Art. 179.* Os casos de prescrição não previstos neste Código serão regulados, quanto ao prazo, pelo art. 177.
Art. 206. Prescreve:	*Art. 178.* Prescreve:
§ 1º Em um ano:	
I – a pretensão dos hospedeiros ou fornecedores de víveres destinados a consumo no próprio estabelecimento, para o pagamento da hospedagem ou dos alimentos;	*§ 5º* Em (seis) meses: *V* – a ação dos hospedeiros, estalajadeiros ou fornecedores de víveres destinados ao consumo no próprio estabelecimento, pelo preço da hospedagem ou dos alimentos fornecidos; contado o prazo do último pagamento.
II – a pretensão do segurado contra o segurador, ou a deste contra aquele, contado o prazo:	*§ 6º* Em 1 (um) ano: *II* – a ação do segurado contra o segurador e vice-versa, se o fato que a autoriza se verificar no país; contado o prazo do dia em que o interessado tiver conhecimento do mesmo fato (art. 178, § 7º, V); *§ 7º* Em 2 (dois) anos: *V* – a ação do segurado contra o segurador e, vice-versa, se o fato que a autoriza se verificar fora do

Código Civil 2002	Código Civil 1916
	Brasil; contado o prazo do dia em que desse fato soube o interessado (art. 178, § 6º, II);
a) para o segurado, no caso de seguro de responsabilidade civil, da data em que é citado para responder à ação de indenização proposta pelo terceiro prejudicado, ou da data que a este indeniza, com a anuência do segurador;	
b) quanto aos demais seguros, da ciência do fato gerador da pretensão;	
III – a pretensão dos tabeliães, auxiliares da justiça, serventuários judiciais, árbitros e peritos, pela percepção de emolumentos, custas e honorários;	*§ 6º* Em 1 (um) ano: *VIII* – a ação dos tabeliães e outros oficiais do juízo, porteiros do auditório e escrivães, pelas custas dos atos que praticarem; contado o prazo da data daqueles por que elas se deverem;
IV – a pretensão contra os peritos, pela avaliação dos bens que entraram para a formação do capital de sociedade anônima, contado da publicação da ata da assembléia que aprovar o laudo;	
V – a pretensão dos credores não pagos contra os sócios ou acionistas e os liquidantes, contado o prazo da publicação da ata de encerramento da liquidação da sociedade.	
§ 2º Em dois anos, a pretensão para haver prestações alimentares, a partir da data em que se vencerem.	*§ 10.* Em 5 (cinco) anos: *I* – As prestações de pensões alimentícias;
§ 3º Em três anos:	*§ 8º* Em 3 (três) anos: A ação do vendedor para resgatar o imóvel vendido; contado o prazo da data da escritura, quando se não fixou no contrato prazo menor (art. 1.141).
I – a pretensão relativa a aluguéis de prédios urbanos ou rústicos;	*§ 10.* Em 5 (cinco) anos: *IV* – Os alugueres de prédio rústico ou urbano;
II – a pretensão para receber prestações vencidas de rendas temporárias ou vitalícias;	*§ 10.* Em 5 (cinco) anos: *II* – As prestações de rendas temporárias ou vitalícias;
III – a pretensão para haver juros, dividendos ou quaisquer prestações acessórias, pagáveis, em períodos não maiores de um ano, com capitalização ou sem ela;	*§ 10.* Em 5 (cinco) anos: *III* – Os juros, ou quaisquer outras prestações acessórias pagáveis anualmente, ou em períodos mais curtos;

Código Civil 2002	Código Civil 1916
IV – a pretensão de ressarcimento de enriquecimento sem causa;	
V – a pretensão de reparação civil;	
VI – a pretensão de restituição dos lucros ou dividendos recebidos de má-fé, correndo o prazo da data em que foi deliberada a distribuição;	
VII – a pretensão contra as pessoas em seguida indicadas por violação da lei ou do estatuto, contado o prazo:	
a) para os fundadores, da publicação dos atos constitutivos da sociedade anônima;	
b) para os administradores, ou fiscais, da apresentação, aos sócios, do balanço referente ao exercício em que a violação tenha sido praticada, ou da reunião ou assembléia geral que dela deva tomar conhecimento;	
c) para os liquidantes, da primeira assembléia semestral posterior à violação;	
VIII – a pretensão para haver o pagamento de título de crédito, a contar do vencimento, ressalvadas as disposições de lei especial;	
IX – a pretensão do beneficiário contra o segurador, e a do terceiro prejudicado, no caso de seguro de responsabilidade civil obrigatório.	
§ 4º Em quatro anos, a pretensão relativa à tutela, a contar da data da aprovação das contas.	
§ 5º Em cinco anos:	
I – a pretensão de cobrança de dívidas líquidas constantes de instrumento público ou particular;	
II – a pretensão dos profissionais liberais em geral, procuradores judiciais, curadores e professores pelos seus honorários, contado o prazo da conclusão dos serviços, da cessação dos respectivos contratos ou mandato;	*§ 6º* Em 1 (um) ano: *VI* – a ação dos professores, mestres ou repetidores de ciência, literatura, ou arte, pelas lições que derem, pagáveis por períodos não excedentes a 1 (um) mês; contado o prazo do termo de cada período vencido; *IX* – a ação dos médicos, cirurgiões ou farmacêuticos, por suas visitas, operações ou medicamentos, contado o prazo da data do último serviço prestado;

Código Civil 2002	Código Civil 1916
	X – a ação dos advogados, solicitadores, curadores, peritos e procuradores judiciais, para o pagamento de seus honorários; contado o prazo do vencimento do contrato, da decisão final do processo ou da revogação do mandato.
III – a pretensão do vencedor para haver do vencido o que despendeu em juízo.	
Capítulo II **Da Decadência** **Art. 207.** Salvo disposição legal em contrário, não se aplicam à decadência as normas que impedem, suspendem ou interrompem a prescrição.	
Art. 208. Aplica-se à decadência o disposto nos arts. 195 e 198, inciso I.	
Art. 209. É nula a renúncia à decadência fixada em lei.	
Art. 210. Deve o juiz, de ofício, conhecer da decadência, quando estabelecida por lei.	
Art. 211. Se a decadência for convencional, a parte a quem aproveita pode alegá-la em qualquer grau de jurisdição, mas o juiz não pode suprir a alegação.	
Título V **Da Prova** **Art. 212.** Salvo o negócio a que se impõe forma especial, o fato jurídico pode ser provado mediante:	*Art. 136.* Os atos jurídicos, a que se não impõe forma especial, poderão provar-se mediante:
I – confissão;	*I* – confissão;
II – documento;	*III* – documentos públicos ou particulares;
III – testemunha;	*IV* – testemunhas;
IV – presunção;	*V* – presunção;
V – perícia.	*VI* – exames e vistorias; *VII* – arbitramento.
Art. 213. Não tem eficácia a confissão se provém de quem não é capaz de dispor do direito a que se referem os fatos confessados.	

Código Civil 2002	Código Civil 1916
Parágrafo único. Se feita a confissão por um representante, somente é eficaz nos limites em que este pode vincular o representado.	
Art. 214. A confissão é irrevogável, mas pode ser anulada se decorreu de erro de fato ou de coação.	
Art. 215. A escritura pública, lavrada em notas de tabelião, é documento dotado de fé pública, fazendo prova plena.	*Art. 134.* É, outrossim, da substância do ato a escritura pública:
§ 1º Salvo quando exigidos por lei outros requisitos, a escritura pública deve conter:	*§ 1º* A escritura pública, lavrada em notas de tabelião, é documento dotado de fé pública, fazendo prova plena, e, além de outros requisitos previstos em lei especial, deve conter:
I – data e local de sua realização;	*a)* data e lugar de sua realização;
II – reconhecimento da identidade e capacidade das partes e de quantos hajam comparecido ao ato, por si, como representantes, intervenientes ou testemunhas;	*b)* reconhecimento da identidade e capacidade das partes e de quantos hajam comparecido ao ato;
III – nome, nacionalidade, estado civil, profissão, domicílio e residência das partes e demais comparecentes, com a indicação, quando necessário, do regime de bens do casamento, nome do outro cônjuge e filiação;	*c)* nome, nacionalidade, estado civil, profissão, domicílio e residência das partes e demais comparecentes, com a indicação, quando necessário, do regime de bens do casamento, nome do cônjuge e filiação;
IV – manifestação clara da vontade das partes e dos intervenientes;	*d)* manifestação da vontade das partes e dos intervenientes;
V – referência ao cumprimento das exigências legais e fiscais inerentes à legitimidade do ato;	
VI – declaração de ter sido lida na presença das partes e demais comparecentes, ou de que todos a leram;	*e)* declaração de ter sido lida às partes e demais comparecentes, ou de que todas a leram;
VII – assinatura das partes e dos demais comparecentes, bem como a do tabelião ou seu substituto legal, encerrando o ato.	*f)* assinatura das partes e dos demais comparecentes, bem como a do tabelião, encerrando o ato.
§ 2º Se algum comparecente não puder ou não souber escrever, outra pessoa capaz assinará por ele, a seu rogo.	*§ 2º* Se algum comparecente não puder ou não souber assinar, outra pessoa capaz assinará por ele, a seu rogo.
§ 3º A escritura será redigida na língua nacional.	*§ 3º* A escritura será redigida em língua nacional.
§ 4º Se qualquer dos comparecentes não souber a língua nacional e o tabelião não entender o idio-	*§ 4º* Se qualquer dos comparecentes não souber a língua nacional e o tabelião não entender o idio-

CÓDIGO CIVIL 2002	CÓDIGO CIVIL 1916
ma em que se expressa, deverá comparecer tradutor público para servir de intérprete, ou, não o havendo na localidade, outra pessoa capaz que, a juízo do tabelião, tenha idoneidade e conhecimento bastantes.	ma em que se expressa, deverá comparecer tradutor público para servir de intérprete ou, não o havendo na localidade, outra pessoa capaz, que, a juízo do tabelião, tenha idoneidade e conhecimentos bastantes.
§ 5º Se algum dos comparecentes não for conhecido do tabelião, nem puder identificar-se por documento, deverão participar do ato pelo menos duas testemunhas que o conheçam e atestem sua identidade.	*§ 5º* Se algum dos comparecentes não for conhecido do tabelião, nem puder identificar-se por documento, deverão participar do ato pelo menos 2 (duas) testemunhas que o conheçam e atestem sua identidade.
Art. 216. Farão a mesma prova que os originais as certidões textuais de qualquer peça judicial, do protocolo das audiências, ou de outro qualquer livro a cargo do escrivão, sendo extraídas por ele, ou sob a sua vigilância, e por ele subscritas, assim como os traslados de autos, quando por outro escrivão consertados.	*Art. 137.* Farão a mesma prova que os originais as certidões textuais de qualquer peça judicial, do protocolo das audiências, ou de outro qualquer livro, a cargo do escrivão, sendo extraídas por ele, ou sob a sua vigilância, e por ele subscritas, assim como os traslados de autos, quando por outro escrivão concertados.
Art. 217. Terão a mesma força probante os traslados e as certidões, extraídos por tabelião ou oficial de registro, de instrumentos ou documentos lançados em suas notas.	*Art. 138.* Terão também a mesma força probante os traslados e as certidões extraídas por oficial público, de instrumentos ou documentos lançados em suas notas.
Art. 218. Os traslados e as certidões considerar-se-ão instrumentos públicos, se os originais se houverem produzido em juízo como prova de algum ato.	*Art. 139.* Os traslados, ainda que não concertados, e as certidões considerar-se-ão instrumentos públicos, se os originais se houverem produzido em juízo como prova de algum ato.
Art. 219. As declarações constantes de documentos assinados presumem-se verdadeiras em relação aos signatários.	*Art. 131.* As declarações constantes de documentos assinados presumem-se verdadeiras em relação aos signatários.
Parágrafo único. Não tendo relação direta, porém, com as disposições principais ou com a legitimidade das partes, as declarações enunciativas não eximem os interessados em sua veracidade do ônus de prová-las.	Parágrafo único. Não tendo relação direta, porém, com as disposições principais, ou com a legitimidade das partes, as declarações enunciativas não eximem os interessados em sua veracidade do ônus de prová-las.
Art. 220. A anuência ou a autorização de outrem, necessária à validade de um ato, provar-se-á do mesmo modo que este, e constará, sempre que se possa, do próprio instrumento.	*Art. 132.* A anuência, ou a autorização de outrem, necessárias à validade de um ato, provar-se-á do mesmo modo que este e constará, sempre que se possa, do próprio instrumento.
Art. 221. O instrumento particular, feito e assinado, ou somente assinado por quem esteja na livre disposição e administração de seus bens, prova as obrigações convencionais de qualquer valor; mas os seus efeitos, bem como os da ces-	*Art. 135.* O instrumento particular, feito e assinado, ou somente assinado por quem esteja na disposição e administração livre de seus bens, sendo subscrito por 2 (duas) testemunhas, prova as obrigações convencionais de qualquer valor.

Código Civil 2002	Código Civil 1916
são, não se operam, a respeito de terceiros, antes de registrado no registro público.	Mas os seus efeitos, bem como os da cessão, não se operam, a respeito de terceiros (art. 1.067), antes de transcrito no Registro Público.
Parágrafo único. A prova do instrumento particular pode suprir-se pelas outras de caráter legal.	*Parágrafo único.* A prova do instrumento particular pode suprir-se pelas outras de caráter legal.
Art. 222. O telegrama, quando lhe for contestada a autenticidade, faz prova mediante conferência com o original assinado.	
Art. 223. A cópia fotográfica de documento, conferida por tabelião de notas, valerá como prova de declaração da vontade, mas, impugnada sua autenticidade, deverá ser exibido o original. **Parágrafo único.** A prova não supre a ausência do título de crédito, ou do original, nos casos em que a lei ou as circunstâncias condicionarem o exercício do direito à sua exibição.	
Art. 224. Os documentos redigidos em língua estrangeira serão traduzidos para o português para ter efeitos legais no País.	*Art. 140.* Os escritos de obrigação redigidos em língua estrangeira serão, para ter efeitos legais no país, vertidos em português.
Art. 225. As reproduções fotográficas, cinematográficas, os registros fonográficos e, em geral, quaisquer outras reproduções mecânicas ou eletrônicas de fatos ou de coisas fazem prova plena destes, se a parte, contra quem forem exibidos, não lhes impugnar a exatidão.	
Art. 226. Os livros e fichas dos empresários e sociedades provam contra as pessoas a que pertencem, e, em seu favor, quando, escriturados sem vício extrínseco ou intrínseco, forem confirmados por outros subsídios. **Parágrafo único.** A prova resultante dos livros e fichas não é bastante nos casos em que a lei exige escritura pública, ou escrito particular revestido de requisitos especiais, e pode ser ilidida pela comprovação da falsidade ou inexatidão dos lançamentos.	
Art. 227. Salvo os casos expressos, a prova exclusivamente testemunhal só se admite nos negócios jurídicos cujo valor não ultrapasse o décuplo do maior salário mínimo vigente no País ao tempo em que foram celebrados.	*Art. 141.* Salvo os casos expressos, a prova exclusivamente testemunhal só se admite nos contratos, cujo valor não passe de Cr$ 10.000,00 (dez mil cruzeiros).
Parágrafo único. Qualquer que seja o valor do negócio jurídico, a prova testemunhal é admissível	*Parágrafo único.* Qualquer que seja o valor do contrato, a prova testemunhal é admissível como

Código Civil 2002	Código Civil 1916
como subsidiária ou complementar da prova por escrito.	subsidiária ou complementar da prova por escrito.
Art. 228. Não podem ser admitidos como testemunhas:	*Art. 142.* Não podem ser admitidos como testemunhas:
I – os menores de dezesseis anos;	*III* – os menores de 16 (dezesseis) anos;
II – aqueles que, por enfermidade ou retardamento mental, não tiverem discernimento para a prática dos atos da vida civil;	*I* – os loucos de todo o gênero;
III – os cegos e surdos, quando a ciência do fato que se quer provar dependa dos sentidos que lhes faltam;	*II* – os cegos e surdos, quando a ciência do fato, que se quer provar, dependa dos sentidos, que lhes faltam;
IV – o interessado no litígio, o amigo íntimo ou o inimigo capital das partes;	*IV* – o interessado no objeto do litígio, bem como o ascendente e o descendente, ou o colateral, até o terceiro grau, de alguma das partes, por consangüinidade, ou afinidade;
V – os cônjuges, os ascendentes, os descendentes e os colaterais, até o terceiro grau de alguma das partes, por consangüinidade, ou afinidade.	*IV – (ver acima).* *V* – os cônjuges.
Parágrafo único. Para a prova de fatos que só elas conheçam, pode o juiz admitir o depoimento das pessoas a que se refere este artigo.	
Art. 229. Ninguém pode ser obrigado a depor sobre fato:	*Art. 144.* Ninguém pode ser obrigado a depor de fatos, a cujo respeito, por estado ou profissão, deva guardar segredo.
I – a cujo respeito, por estado ou profissão, deva guardar segredo;	*Art. 144 (ver acima).*
II – a que não possa responder sem desonra própria, do seu cônjuge, parente em grau sucessível, ou amigo íntimo;	
III – que o exponha, ou às pessoas referidas no inciso antecedente, a perigo de vida, de demanda, ou de dano patrimonial imediato.	
Art. 230. As presunções, que não as legais, não se admitem nos casos em que a lei exclui a prova testemunhal.	
Art. 231. Aquele que se nega a submeter-se a exame médico necessário não poderá aproveitar-se de sua recusa.	
Art. 232. A recusa à perícia médica ordenada pelo juiz poderá suprir a prova que se pretendia obter com o exame.	

Código Civil 2002	Código Civil 1916
PARTE ESPECIAL	**PARTE ESPECIAL**
LIVRO I **DO DIREITO DAS OBRIGAÇÕES** **Título I** **Das Modalidades das Obrigações** **Capítulo I** **Das Obrigações de Dar** **Seção I** **Das Obrigações de Dar Coisa Certa**	**LIVRO III** **DO DIREITO DAS OBRIGAÇÕES**
Art. 233. A obrigação de dar coisa certa abrange os acessórios dela embora não mencionados, salvo se o contrário resultar do título ou das circunstâncias do caso.	*Art. 864.* A obrigação de dar coisa certa abrange-lhe os acessórios, posto não mencionados, salvo se o contrário resultar do título, ou das circunstâncias do caso.
Art. 234. Se, no caso do artigo antecedente, a coisa se perder, sem culpa do devedor, antes da tradição, ou pendente a condição suspensiva, fica resolvida a obrigação para ambas as partes; se a perda resultar de culpa do devedor, responderá este pelo equivalente e mais perdas e danos.	*Art. 865.* Se, no caso do artigo antecedente, a coisa se perder, sem culpa do devedor, antes da tradição, ou pendente a condição suspensiva, fica resolvida a obrigação para ambas as partes. Se a perda resultar de culpa do devedor, responderá este pelo equivalente, mais as perdas e danos.
Art. 235. Deteriorada a coisa, não sendo o devedor culpado, poderá o credor resolver a obrigação, ou aceitar a coisa, abatido de seu preço o valor que perdeu.	*Art. 866.* Deteriorada a coisa, não sendo o devedor culpado, poderá o credor resolver a obrigação, ou aceitar a coisa, abatido ao seu preço o valor que perdeu.
Art. 236. Sendo culpado o devedor, poderá o credor exigir o equivalente, ou aceitar a coisa no estado em que se acha, com direito a reclamar, em um ou em outro caso, indenização das perdas e danos.	*Art. 867.* Sendo culpado o devedor, poderá o credor exigir o equivalente, ou aceitar a coisa no estado em que se acha, com direito a reclamar, em um ou em outro caso, indenização das perdas e danos.
Art. 237. Até a tradição pertence ao devedor a coisa, com os seus melhoramentos e acrescidos, pelos quais poderá exigir aumento no preço; se o credor não anuir, poderá o devedor resolver a obrigação.	*Art. 868.* Até à tradição, pertence ao devedor a coisa, com os seus melhoramentos e acrescidos, pelos quais poderá exigir aumento no preço. Se o credor não anuir, poderá o devedor resolver a obrigação.
Parágrafo único. Os frutos percebidos são do devedor, cabendo ao credor os pendentes.	*Parágrafo único.* Também os frutos percebidos são do devedor, cabendo ao credor os pendentes.
Art. 238. Se a obrigação for de restituir coisa certa, e esta, sem culpa do devedor, se perder antes da tradição, sofrerá o credor a perda, e a obrigação se resolverá, ressalvados os seus direitos até o dia da perda.	*Art. 869.* Se a obrigação for de restituir coisa certa, e esta, sem culpa do devedor, se perder antes da tradição, sofrerá o credor a perda, e a obrigação se resolverá, salvos, porém, a ele os seus direitos até o dia da perda.

Código Civil 2002	Código Civil 1916
Art. 239. Se a coisa se perder por culpa do devedor, responderá este pelo equivalente, mais perdas e danos.	*Art. 870.* Se a coisa se perder por culpa do devedor, vigorará o disposto no art. 865, 2ª parte.
Art. 240. Se a coisa restituível se deteriorar sem culpa do devedor, recebê-la-á o credor, tal qual se ache, sem direito a indenização; se por culpa do devedor, observar-se-á o disposto no art. 239.	*Art. 871.* Se a coisa restituível se deteriorar sem culpa do devedor, recebê-la-á, tal qual se ache, o credor, sem direito a indenização; se por culpa do devedor, observar-se-á o disposto no art. 867.
Art. 241. Se, no caso do art. 238, sobrevier melhoramento ou acréscimo à coisa, sem despesa ou trabalho do devedor, lucrará o credor, desobrigado de indenização.	*Art. 872.* Se, no caso do art. 869, a coisa tiver melhoramento ou aumento, sem despesa, ou trabalho do devedor, lucrará o credor o melhoramento, ou aumento, sem pagar indenização.
Art. 242. Se para o melhoramento, ou aumento, empregou o devedor trabalho ou dispêndio, o caso se regulará pelas normas deste Código atinentes às benfeitorias realizadas pelo possuidor de boa-fé ou de má-fé.	*Art. 873.* Se para o melhoramento, ou aumento, empregou o devedor trabalho, ou dispêndio, vigorará o estatuído nos arts. 516 a 519.
Parágrafo único. Quanto aos frutos percebidos, observar-se-á, do mesmo modo, o disposto neste Código, acerca do possuidor de boa-fé ou de má-fé.	*Parágrafo único.* Quanto aos frutos percebidos, observar-se-á o disposto nos arts. 510 a 513.
Seção II **Das Obrigações de Dar Coisa Incerta**	
Art. 243. A coisa incerta será indicada, ao menos, pelo gênero e pela quantidade.	*Art. 874.* A coisa incerta será indicada, ao menos, pelo gênero e quantidade.
Art. 244. Nas coisas determinadas pelo gênero e pela quantidade, a escolha pertence ao devedor, se o contrário não resultar do título da obrigação; mas não poderá dar a coisa pior, nem será obrigado a prestar a melhor.	*Art. 875.* Nas coisas determinadas pelo gênero e pela quantidade, a escolha pertence ao devedor, se o contrário não resultar do título da obrigação. Mas não poderá dar a coisa pior, nem será obrigado a prestar a melhor.
Art. 245. Cientificado da escolha o credor, vigorará o disposto na Seção antecedente.	*Art. 876.* Feita a escolha, vigorará o disposto na Seção anterior.
Art. 246. Antes da escolha, não poderá o devedor alegar perda ou deterioração da coisa, ainda que por força maior ou caso fortuito.	*Art. 877.* Antes da escolha, não poderá o devedor alegar perda ou deterioração da coisa, ainda que por força maior, ou caso fortuito.
Capítulo II **Das Obrigações de Fazer**	
Art. 247. Incorre na obrigação de indenizar perdas e danos o devedor que recusar a prestação a ele só imposta, ou só por ele exeqüível.	*Art. 880.* Incorre também na obrigação de indenizar perdas e danos o devedor que recusar a prestação a ele só imposta, ou só por ele exeqüível.

Código Civil 2002	Código Civil 1916
Art. 248. Se a prestação do fato tornar-se impossível sem culpa do devedor, resolver-se-á a obrigação; se por culpa dele, responderá por perdas e danos.	*Art. 879.* Se a prestação do fato se impossibilitar sem culpa do devedor, resolver-se-á a obrigação; se por culpa do devedor, responderá este pelas perdas e danos.
Art. 249. Se o fato puder ser executado por terceiro, será livre ao credor mandá-lo executar à custa do devedor, havendo recusa ou mora deste, sem prejuízo da indenização cabível.	*Art. 881.* Se o fato puder ser executado por terceiro, será livre ao credor mandá-lo executar à custa do devedor, havendo recusa ou mora deste, ou pedir indenização por perdas e danos.
Parágrafo único. Em caso de urgência, pode o credor, independentemente de autorização judicial, executar ou mandar executar o fato, sendo depois ressarcido.	
Capítulo III **Das Obrigações de Não Fazer**	
Art. 250. Extingue-se a obrigação de não fazer, desde que, sem culpa do devedor, se lhe torne impossível abster-se do ato, que se obrigou a não praticar.	*Art. 882.* Extingue-se a obrigação de não fazer, desde que, sem culpa do devedor, se lhe torne impossível abster-se do fato, que se obrigou a não praticar.
Art. 251. Praticado pelo devedor o ato, a cuja abstenção se obrigara, o credor pode exigir dele que o desfaça, sob pena de se desfazer à sua custa, ressarcindo o culpado perdas e danos.	*Art. 883.* Praticado pelo devedor o ato, a cuja abstenção se obrigara, o credor pode exigir dele que o desfaça, sob pena de se desfazer à sua custa, ressarcindo o culpado perdas e danos.
Parágrafo único. Em caso de urgência, poderá o credor desfazer ou mandar desfazer, independentemente de autorização judicial, sem prejuízo do ressarcimento devido.	
Capítulo IV **Das Obrigações Alternativas**	
Art. 252. Nas obrigações alternativas, a escolha cabe ao devedor, se outra coisa não se estipulou.	*Art. 884.* Nas obrigações alternativas, a escolha cabe ao devedor, se outra coisa não se estipulou.
§ 1º Não pode o devedor obrigar o credor a receber parte em uma prestação e parte em outra.	*§ 1º* Não pode, porém, o devedor obrigar o credor a receber parte em uma prestação e parte em outra.
§ 2º Quando a obrigação for de prestações periódicas, a faculdade de opção poderá ser exercida em cada período.	*§ 2º* Quando a obrigação for de prestações anuais, subentender-se-á, para o devedor, o direito de exercer cada ano a opção.
§ 3º No caso de pluralidade de optantes, não havendo acordo unânime entre eles, decidirá o juiz, findo o prazo por este assinado para a deliberação.	

Código Civil 2002	Código Civil 1916
§ 4º Se o título deferir a opção a terceiro, e este não quiser, ou não puder exercê-la, caberá ao juiz a escolha se não houver acordo entre as partes.	
Art. 253. Se uma das duas prestações não puder ser objeto de obrigação ou se tornada inexeqüível, subsistirá o débito quanto à outra.	*Art. 885.* Se uma das duas prestações não puder ser objeto de obrigação, ou se tornar inexeqüível, subsistirá o débito quanto à outra.
Art. 254. Se, por culpa do devedor, não se puder cumprir nenhuma das prestações, não competindo ao credor a escolha, ficará aquele obrigado a pagar o valor da que por último se impossibilitou, mais as perdas e danos que o caso determinar.	*Art. 886.* Se, por culpa do devedor, não se puder cumprir nenhuma das prestações, não competindo ao credor a escolha, ficará aquele obrigado a pagar o valor da que por último se impossibilitou, mas as perdas e danos que o caso determinar.
Art. 255. Quando a escolha couber ao credor e uma das prestações tornar-se impossível por culpa do devedor, o credor terá direito de exigir a prestação subsistente ou o valor da outra, com perdas e danos; se, por culpa do devedor, ambas as prestações se tornarem inexeqüíveis, poderá o credor reclamar o valor de qualquer das duas, além da indenização por perdas e danos.	*Art. 887.* Quando a escolha couber ao credor e uma das prestações se tornar impossível por culpa do devedor, o credor terá direito de exigir ou a prestação subsistente ou o valor da outra, com perdas e danos. Se, por culpa do devedor, ambas se tornarem inexeqüíveis, poderá o credor reclamar o valor de qualquer das duas, além da indenização pelas perdas e danos.
Art. 256. Se todas as prestações se tornarem impossíveis sem culpa do devedor, extinguir-se-á a obrigação.	*Art. 888.* Se todas as prestações se tornarem impossíveis, sem culpa do devedor, extinguir-se-á a obrigação.
Capítulo V **Das Obrigações Divisíveis e Indivisíveis**	
Art. 257. Havendo mais de um devedor ou mais de um credor em obrigação divisível, esta presume-se dividida em tantas obrigações, iguais e distintas, quantos os credores ou devedores.	*Art. 890.* Havendo mais de um devedor ou mais de um credor em obrigação divisível, esta presume-se dividida em tantas obrigações, iguais e distintas, quanto os credores, ou devedores.
Art. 258. A obrigação é indivisível quando a prestação tem por objeto uma coisa ou um fato não suscetíveis de divisão, por sua natureza, por motivo de ordem econômica, ou dada a razão determinante do negócio jurídico.	
Art. 259. Se, havendo dois ou mais devedores, a prestação não for divisível, cada um será obrigado pela dívida toda.	*Art. 891.* Se, havendo dois ou mais devedores, a prestação não for divisível, cada um será obrigado pela dívida toda.
Parágrafo único. O devedor, que paga a dívida, sub-roga-se no direito do credor em relação aos outros coobrigados.	*Parágrafo único.* O devedor, que paga a dívida, sub-roga-se no direito do credor em relação aos outros coobrigados.

Código Civil 2002	Código Civil 1916
Art. 260. Se a pluralidade for dos credores, poderá cada um destes exigir a dívida inteira; mas o devedor ou devedores se desobrigarão, pagando:	*Art. 892.* Se a pluralidade for dos credores, poderá cada um destes exigir a dívida inteira. Mas o devedor ou devedores se desobrigarão, pagando:
I – a todos conjuntamente;	*I* – a todos conjuntamente;
II – a um, dando este caução de ratificação dos outros credores.	*II* – a um, dando este caução de ratificação dos outros credores.
Art. 261. Se um só dos credores receber a prestação por inteiro, a cada um dos outros assistirá o direito de exigir dele em dinheiro a parte que lhe caiba no total.	*Art. 893.* Se um só dos credores receber a prestação por inteiro, a cada um dos outros assistirá o direito de exigir dele em dinheiro a parte que lhe caiba no total.
Art. 262. Se um dos credores remitir a dívida, a obrigação não ficará extinta para com os outros; mas estes só a poderão exigir, descontada a quota do credor remitente.	*Art. 894.* Se um dos credores remir a dívida, a obrigação não ficará extinta para com os outros; mas estes só a poderão exigir, descontada a quota do credor remitente.
Parágrafo único. O mesmo critério se observará no caso de transação, novação, compensação ou confusão.	*Parágrafo único.* O mesmo se observará no caso de transação, novação, compensação ou confusão.
Art. 263. Perde a qualidade de indivisível a obrigação que se resolver em perdas e danos.	*Art. 895.* Perde a qualidade de indivisível a obrigação que se resolver em perdas e danos.
§ 1º Se, para efeito do disposto neste artigo, houver culpa de todos os devedores, responderão todos por partes iguais.	*§ 1º* Se, para esse efeito, houver culpa de todos os devedores, responderão todos por partes iguais.
§ 2º Se for de um só a culpa, ficarão exonerados os outros, respondendo só esse pelas perdas e danos.	*§ 2º* Se for de um só a culpa, ficarão exonerados os outros, respondendo só esse pelas perdas e danos.
Capítulo VI **Das Obrigações Solidárias** **Seção I** **Disposições Gerais**	
Art. 264. Há solidariedade, quando na mesma obrigação concorre mais de um credor, ou mais de um devedor, cada um com direito, ou obrigado, à dívida toda.	*Art. 896.* A solidariedade não se presume; resulta da lei ou da vontade das partes. *Parágrafo único.* Há solidariedade quando na mesma obrigação concorre mais de um devedor, mais de um credor, cada um com direito, ou obrigado à dívida toda.
Art. 265. A solidariedade não se presume; resulta da lei ou da vontade das partes.	*Art. 896.* A solidariedade não se presume; resulta da lei ou da vontade das partes.

CÓDIGO CIVIL 2002	CÓDIGO CIVIL 1916
Art. 266. A obrigação solidária pode ser pura e simples para um dos co-credores ou co-devedores, e condicional, ou a prazo, ou pagável em lugar diferente, para o outro.	*Art. 897.* A obrigação solidária pode ser pura e simples para um dos co-credores ou co-devedores, e condicional, ou a prazo, para o outro.
Seção II **Da Solidariedade Ativa**	
Art. 267. Cada um dos credores solidários tem direito a exigir do devedor o cumprimento da prestação por inteiro.	*Art. 898.* Cada um dos credores solidários tem direito a exigir do devedor o cumprimento da prestação, por inteiro.
Art. 268. Enquanto alguns dos credores solidários não demandarem o devedor comum, a qualquer daqueles poderá este pagar.	*Art. 899.* Enquanto algum dos credores solidários não demandar o devedor comum, a qualquer daqueles poderá este pagar.
Art. 269. O pagamento feito a um dos credores solidários extingue a dívida até o montante do que foi pago.	*Art. 900.* O pagamento feito a um dos credores solidários extingue inteiramente a dívida.
Art. 270. Se um dos credores solidários falecer deixando herdeiros, cada um destes só terá direito a exigir e receber a quota do crédito que corresponder ao seu quinhão hereditário, salvo se a obrigação for indivisível.	*Art. 901.* Se falecer um dos credores solidários, deixando herdeiros, cada um destes só terá direito a exigir e receber a quota do crédito que corresponder ao seu quinhão hereditário, salvo se a obrigação for indivisível.
Art. 271. Convertendo-se a prestação em perdas e danos, subsiste, para todos os efeitos, a solidariedade.	*Art. 902.* Convertendo-se a prestação em perdas e danos, subsiste a solidariedade, e em proveito de todos os credores correm os juros de mora.
Art. 272. O credor que tiver remitido a dívida ou recebido o pagamento responderá aos outros pela parte que lhes caiba.	*Art. 903.* O credor que tiver remitido a dívida ou recebido o pagamento responderá aos outros pela parte que lhes caiba.
Art. 273. A um dos credores solidários não pode o devedor opor as exceções pessoais oponíveis aos outros.	
Art. 274. O julgamento contrário a um dos credores solidários não atinge os demais; o julgamento favorável aproveita-lhes, a menos que se funde em exceção pessoal ao credor que o obteve.	
Seção III **Da Solidariedade Passiva**	
Art. 275. O credor tem direito a exigir e receber de um ou de alguns dos devedores, parcial ou totalmente, a dívida comum; se o pagamento ti-	*Art. 904.* O credor tem direito a exigir e receber de um ou alguns dos devedores, parcial, ou totalmente, a dívida comum.

Código Civil 2002	Código Civil 1916
ver sido parcial, todos os demais devedores continuam obrigados solidariamente pelo resto.	No primeiro caso, todos os demais devedores continuam obrigados solidariamente pelo resto.
Parágrafo único. Não importará renúncia da solidariedade a propositura de ação pelo credor contra um ou alguns dos devedores.	*Art. 910.* O credor, propondo ação contra um dos devedores solidários, não fica inibido de acionar os outros.
Art. 276. Se um dos devedores solidários falecer deixando herdeiros, nenhum destes será obrigado a pagar senão a quota que corresponder ao seu quinhão hereditário, salvo se a obrigação for indivisível; mas todos reunidos serão considerados como um devedor solidário em relação aos demais devedores.	*Art. 905.* Se morrer um dos devedores solidários, deixando herdeiros, cada um destes não será obrigado a pagar senão a quota que corresponder ao seu quinhão hereditário, salvo se a obrigação for indivisível; mas todos reunidos serão considerados como um devedor solidário em relação aos demais devedores.
Art. 277. O pagamento parcial feito por um dos devedores e a remissão por ele obtida não aproveitam aos outros devedores, senão até à concorrência da quantia paga ou relevada.	*Art. 906.* O pagamento parcial feito por um dos devedores e a remissão por ele obtida não aproveitam aos outros devedores, senão até à concorrência da quantia paga, ou relevada.
Art. 278. Qualquer cláusula, condição ou obrigação adicional, estipulada entre um dos devedores solidários e o credor, não poderá agravar a posição dos outros sem consentimento destes.	*Art. 907.* Qualquer cláusula, condição, ou obrigação adicional, estipulada entre um dos devedores solidários e o credor, não poderá agravar a posição dos outros, sem consentimento destes.
Art. 279. Impossibilitando-se a prestação por culpa de um dos devedores solidários, subsiste para todos o encargo de pagar o equivalente; mas pelas perdas e danos só responde o culpado.	*Art. 908.* Impossibilitando-se a prestação por culpa de um dos devedores solidários, subsiste para todos os encargos de pagar o equivalente; mas pelas perdas e danos só responde o culpado.
Art. 280. Todos os devedores respondem pelos juros da mora, ainda que a ação tenha sido proposta somente contra um; mas o culpado responde aos outros pela obrigação acrescida.	*Art. 909.* Todos os devedores respondem pelos juros da mora, ainda que a ação tenha sido proposta somente contra um; mas o culpado responde aos outros pela obrigação acrescida.
Art. 281. O devedor demandado pode opor ao credor as exceções que lhe forem pessoais e as comuns a todos; não lhe aproveitando as exceções pessoais a outro co-devedor.	*Art. 911.* O devedor demandado pode opor ao credor as exceções que lhe forem pessoais e as comuns a todos; não lhe aproveitando, porém, as pessoais a outro co-devedor.
Art. 282. O credor pode renunciar à solidariedade em favor de um, de alguns ou de todos os devedores.	*Art. 912.* O credor pode renunciar a solidariedade em favor de um, alguns, ou todos os devedores.
Parágrafo único. Se o credor exonerar da solidariedade um ou mais devedores, subsistirá a dos demais.	*Parágrafo único.* Se o credor exonerar da solidariedade um ou mais devedores, aos outros só lhe ficará o direito de acionar, abatendo no débito a parte correspondente aos devedores, cuja obrigação remitiu (art. 914).

CÓDIGO CIVIL 2002	CÓDIGO CIVIL 1916
Art. 283. O devedor que satisfez a dívida por inteiro tem direito a exigir de cada um dos co-devedores a sua quota, dividindo-se igualmente por todos a do insolvente, se o houver, presumindo-se iguais, no débito, as partes de todos os co-devedores.	*Art. 913.* O devedor que satisfez a dívida por inteiro tem direito a exigir de cada um dos co-devedores a sua quota, dividindo-se igualmente por todos a do insolvente, se o houver. Presumem-se iguais, no débito, as partes de todos os co-devedores.
Art. 284. No caso de rateio entre os co-devedores, contribuirão também os exonerados da solidariedade pelo credor, pela parte que na obrigação incumbia ao insolvente.	*Art. 914.* No caso de rateio, entre os co-devedores, pela parte na obrigação incumbida ao insolvente (art. 913), contribuirão também os exonerados da solidariedade pelo credor (art. 912).
Art. 285. Se a dívida solidária interessar exclusivamente a um dos devedores, responderá este por toda ela para com aquele que pagar.	*Art. 915.* Se a dívida solidária interessar exclusivamente a um dos devedores, responderá este por toda ela para com aquele que pagar.
TÍTULO II **DA TRANSMISSÃO DAS OBRIGAÇÕES** **CAPÍTULO I** **Da Cessão de Crédito**	
Art. 286. O credor pode ceder o seu crédito, se a isso não se opuser a natureza da obrigação, a lei, ou a convenção com o devedor; a cláusula proibitiva da cessão não poderá ser oposta ao cessionário de boa-fé, se não constar do instrumento da obrigação.	*Art. 1.065.* O credor pode ceder o seu crédito, se a isso não se opuser a natureza da obrigação, a lei, ou a convenção com o devedor.
Art. 287. Salvo disposição em contrário, na cessão de um crédito abrangem-se todos os seus acessórios.	*Art. 1.066.* Salvo disposição em contrário, na cessão de um crédito se abrangem todos os seus acessórios.
Art. 288. É ineficaz, em relação a terceiros, a transmissão de um crédito, se não celebrar-se mediante instrumento público, ou instrumento particular revestido das solenidades do § 1º do art. 654.	*Art. 1.067.* Não vale, em relação a terceiros, a transmissão de um crédito, se se não celebrar mediante instrumento público, ou instrumento particular revestido das solenidades do art. 135 (art. 1.068).
Art. 289. O cessionário de crédito hipotecário tem o direito de fazer averbar a cessão no registro do imóvel.	*Art. 1.067, Parágrafo único.* O cessionário de crédito hipotecário tem, como o sub-rogado, o direito de fazer inscrever a seção à margem da inscrição principal.
Art. 290. A cessão do crédito não tem eficácia em relação ao devedor, senão quando a este notificada; mas por notificado se tem o devedor que, em escrito público ou particular, se declarou ciente da cessão feita.	*Art. 1.069.* A cessão de crédito não vale em relação ao devedor, senão quando a este notificada; mas por notificado se tem o devedor que, em escrito público ou particular, se declarou ciente da cessão feita.

Código Civil 2002	Código Civil 1916
Art. 291. Ocorrendo várias cessões do mesmo crédito, prevalece a que se completar com a tradição do título do crédito cedido.	*Art. 1.070.* Ocorrendo várias cessões do mesmo crédito, prevalece a que se completar com a tradição do título do crédito cedido.
Art. 292. Fica desobrigado o devedor que, antes de ter conhecimento da cessão, paga ao credor primitivo, ou que, no caso de mais de uma cessão notificada, paga ao cessionário que lhe apresenta, com o título de cessão, o da obrigação cedida; quando o crédito constar de escritura pública, prevalecerá a prioridade da notificação.	*Art. 1.071.* Fica desobrigado o devedor que, antes de ter conhecimento da cessão, paga ao credor primitivo, ou que, no caso de mais de uma cessão notificada, paga ao cessionário, que lhe apresenta, com o título da cessão, o da obrigação cedida.
Art. 293. Independentemente do conhecimento da cessão pelo devedor, pode o cessionário exercer os atos conservatórios do direito cedido.	
Art. 294. O devedor pode opor ao cessionário as exceções que lhe competirem, bem como as que, no momento em que veio a ter conhecimento da cessão, tinha contra o cedente.	*Art. 1.072.* O devedor pode opor tanto ao cessionário como ao cedente as exceções que lhe competirem no momento em que tiver conhecimento da cessão; mas, não pode opor ao cessionário de boa-fé a simulação do cedente.
Art. 295. Na cessão por título oneroso, o cedente, ainda que não se responsabilize, fica responsável ao cessionário pela existência do crédito ao tempo em que lhe cedeu; a mesma responsabilidade lhe cabe nas cessões por título gratuito, se tiver procedido de má-fé.	*Art. 1.073.* Na cessão por título oneroso, o cedente, ainda que se não responsabilize, fica responsável ao cessionário pela existência do crédito ao tempo em que lho cedeu. A mesma responsabilidade lhe cabe nas cessões por título gratuito, se tiver procedido de má-fé.
Art. 296. Salvo estipulação em contrário, o cedente não responde pela solvência do devedor.	*Art. 1.074.* Salvo estipulação em contrário, o cedente não responde pela solvência do devedor.
Art. 297. O cedente, responsável ao cessionário pela solvência do devedor, não responde por mais do que daquele recebeu, com os respectivos juros; mas tem de ressarcir-lhe as despesas da cessão e as que o cessionário houver feito com a cobrança.	*Art. 1.075.* O cedente, responsável ao cessionário pela solvência do devedor, não responde por mais do que daquele recebeu, com os respectivos juros; mas tem de ressarcir-lhe as despesas da cessão e as que o cessionário houver feito com a cobrança.
Art. 298. O crédito, uma vez penhorado, não pode mais ser transferido pelo credor que tiver conhecimento da penhora; mas o devedor que o pagar, não tendo notificação dela, fica exonerado, subsistindo somente contra o credor os direitos de terceiro.	*Art. 1.077.* O crédito, uma vez penhorado, não pode mais ser transferido pelo credor que tiver conhecimento da penhora; mas o devedor que o pagar, não tendo notificação dela, fica exonerado, subsistindo somente contra o credor os direitos de terceiro.

Código Civil 2002	Código Civil 1916
Capítulo II **Da Assunção de Dívida** **Art. 299.** É facultado a terceiro assumir a obrigação do devedor, com o consentimento expresso do credor, ficando exonerado o devedor primitivo, salvo se aquele, ao tempo da assunção, era insolvente e o credor o ignorava. **Parágrafo único.** Qualquer das partes pode assinar prazo ao credor para que consinta na assunção da dívida, interpretando-se o seu silêncio como recusa.	
Art. 300. Salvo assentimento expresso do devedor primitivo, consideram-se extintas, a partir da assunção da dívida, as garantias especiais por ele originariamente dadas ao credor.	
Art. 301. Se a substituição do devedor vier a ser anulada, restaura-se o débito, com todas as suas garantias, salvo as garantias prestadas por terceiros, exceto se este conhecia o vício que inquinava a obrigação.	
Art. 302. O novo devedor não pode opor ao credor as exceções pessoais que competiam ao devedor primitivo.	
Art. 303. O adquirente de imóvel hipotecado pode tomar a seu cargo o pagamento do crédito garantido; se o credor, notificado, não impugnar em trinta dias a transferência do débito, entender-se-á dado o assentimento.	
Título III **Do Adimplemento e Extinção das Obrigações** **Capítulo I** **Do Pagamento** **Seção I** **De Quem Deve Pagar** **Art. 304.** Qualquer interessado na extinção da dívida pode pagá-la, usando, se o credor se opuser, dos meios conducentes à exoneração do devedor. **Parágrafo único.** Igual direito cabe ao terceiro não interessado, se o fizer em nome e à conta do devedor, salvo oposição deste.	*Art. 930.* Qualquer interessado na extinção da dívida pode pagá-la, usando, se o credor se opuser, dos meios conducentes à exoneração do devedor. *Parágrafo único.* Igual direito cabe ao terceiro não interessado, se o fizer em nome e por conta do devedor.

Código Civil 2002	Código Civil 1916
Art. 305. O terceiro não interessado, que paga a dívida em seu próprio nome, tem direito a reembolsar-se do que pagar; mas não se sub-roga nos direitos do credor.	*Art. 931.* O terceiro não interessado, que paga a dívida em seu próprio nome, tem direito a reembolsar-se do que pagar; mas não se sub-roga nos direitos do credor.
Parágrafo único. Se pagar antes de vencida a dívida, só terá direito ao reembolso no vencimento.	*Parágrafo único.* Se pagar antes de vencida a dívida, só terá direito ao reembolso no vencimento.
Art. 306. O pagamento feito por terceiro, com desconhecimento ou oposição do devedor, não obriga a reembolsar aquele que pagou, se o devedor tinha meios para ilidir a ação.	*Art. 932.* Opondo-se o devedor, com justo motivo, ao pagamento de sua dívida por outrem, se ele, não obstante, se efetuar, não será o devedor obrigado a reembolsá-lo, senão até à importância em que lhe aproveite.
Art. 307. Só terá eficácia o pagamento que importar transmissão da propriedade, quando feito por quem possa alienar o objeto em que ele consistiu.	*Art. 933.* Só valerá o pagamento, que importar em transmissão da propriedade, quando feito por quem possa alienar o objeto, em que ele consistiu.
Parágrafo único. Se se der em pagamento coisa fungível, não se poderá mais reclamar do credor que, de boa-fé, a recebeu e consumiu, ainda que o solvente não tivesse o direito de aliená-la.	*Parágrafo único.* Se, porém, se der em pagamento coisa fungível, não se poderá mais reclamar do credor, que, de boa-fé, a recebeu, e consumiu, ainda que o solvente não tivesse o direito de alheá-la.
Seção II **Daqueles a quem se Deve Pagar**	
Art. 308. O pagamento deve ser feito ao credor ou a quem de direito o represente, sob pena de só valer depois de por ele ratificado, ou tanto quanto reverter em seu proveito.	*Art. 934.* O pagamento deve ser feito ao credor ou a quem de direito o represente, sob pena de só valer depois de por ele ratificado, ou tanto quanto reverter em seu proveito.
Art. 309. O pagamento feito de boa-fé ao credor putativo é válido, ainda provado depois que não era credor.	*Art. 935.* O pagamento feito de boa-fé ao credor putativo é válido, ainda provando-se depois que não era credor.
Art. 310. Não vale o pagamento cientemente feito ao credor incapaz de quitar, se o devedor não provar que em benefício dele efetivamente reverteu.	*Art. 936.* Não vale, porém, o pagamento cientemente feito ao credor incapaz de quitar, se o devedor não provar que em benefício dele efetivamente reverteu.
Art. 311. Considera-se autorizado a receber o pagamento o portador da quitação, salvo se as circunstâncias contrariarem a presunção daí resultante.	*Art. 937.* Considera-se autorizado a receber o pagamento o portador da quitação, exceto, se as circunstâncias contrariarem a presunção daí resultante.
Art. 312. Se o devedor pagar ao credor, apesar de intimado da penhora feita sobre o crédito, ou da impugnação a ele oposta por terceiros, o pagamento não valerá contra estes, que poderão	*Art. 938.* Se o devedor pagar ao credor, apesar de intimado da penhora feita sobre o crédito, ou da impugnação a ele oposta por terceiro, o pagamento não valerá contra estes, que poderão cons-

CÓDIGO CIVIL 2002	CÓDIGO CIVIL 1916
constranger o devedor a pagar de novo, ficando-lhe ressalvado o regresso contra o credor.	tranger o devedor pagar de novo, ficando-lhe, entretanto, salvo o regresso contra o credor.
Seção III **Do Objeto do Pagamento e sua Prova**	
Art. 313. O credor não é obrigado a receber prestação diversa da que lhe é devida, ainda que mais valiosa.	*Art. 863.* O credor de coisa certa não pode ser obrigado a receber outra, ainda que mais valiosa.
Art. 314. Ainda que a obrigação tenha por objeto prestação divisível, não pode o credor ser obrigado a receber, nem o devedor a pagar, por partes, se assim não se ajustou.	*Art. 889.* Ainda que a obrigação tenha por objeto prestação divisível, não pode o credor ser obrigado a receber, nem o devedor a pagar, por parte, se assim não se ajustou.
Art. 315. As dívidas em dinheiro deverão ser pagas no vencimento, em moeda corrente e pelo valor nominal, salvo o disposto nos artigos subseqüentes.	*Art. 947.* O pagamento em dinheiro, sem determinação da espécie, far-se-á em moeda corrente no lugar do cumprimento da obrigação.
Art. 316. É lícito convencionar o aumento progressivo de prestações sucessivas.	
Art. 317. Quando, por motivos imprevisíveis, sobrevier desproporção manifesta entre o valor da prestação devida e o do momento de sua execução, poderá o juiz corrigi-lo, a pedido da parte, de modo que assegure, quanto possível, o valor real da prestação.	
Art. 318. São nulas as convenções de pagamento em ouro ou em moeda estrangeira, bem como para compensar a diferença entre o valor desta e o da moeda nacional, excetuados os casos previstos na legislação especial.	
Art. 319. O devedor que paga tem direito a quitação regular, e pode reter o pagamento, enquanto não lhe seja dada.	*Art. 939.* O devedor, que paga, tem direito a quitação regular (art. 940), e pode reter o pagamento, enquanto lhe não for dada.
Art. 320. A quitação, que sempre poderá ser dada por instrumento particular, designará o valor e a espécie da dívida quitada, o nome do devedor, ou quem por este pagou, o tempo e o lugar do pagamento, com a assinatura do credor, ou do seu representante.	*Art. 940.* A quitação designará o valor e a espécie da dívida quitada, o nome do devedor, ou quem por este pagou, o tempo e o lugar do pagamento, com assinatura do credor, ou do seu representante.
Parágrafo único. Ainda sem os requisitos estabelecidos neste artigo valerá a quitação, se de	

Código Civil 2002	Código Civil 1916
seus termos ou das circunstâncias resultar haver sido paga a dívida.	
Art. 321. Nos débitos, cuja quitação consista na devolução do título, perdido este, poderá o devedor exigir, retendo o pagamento, declaração do credor que inutilize o título desaparecido.	*Art. 942.* Nos débitos, cuja quitação consista na devolução do título, perdido este, poderá o devedor exigir, retendo o pagamento, declaração do credor, que inutilize o título sumido.
Art. 322. Quando o pagamento for em quotas periódicas, a quitação da última estabelece, até prova em contrário, a presunção de estarem solvidas as anteriores.	*Art. 943.* Quando o pagamento for em quotas periódicas, a quitação da última estabelece, até prova em contrário, a presunção de estarem solvidas as anteriores.
Art. 323. Sendo a quitação do capital sem reserva dos juros, estes presumem-se pagos.	*Art. 944.* Sendo a quitação do capital sem reserva dos juros, estes presumem-se pagos.
Art. 324. A entrega do título ao devedor firma a presunção do pagamento.	*Art. 945.* A entrega do título ao devedor firma a presunção do pagamento.
Parágrafo único. Ficará sem efeito a quitação assim operada se o credor provar, em sessenta dias, a falta do pagamento.	*§ 1º* Ficará, porém, sem efeito a quitação assim operada se o credor provar, dentro em 60 (sessenta) dias, o não-pagamento.
Art. 325. Presumem-se a cargo do devedor as despesas com o pagamento e a quitação; se ocorrer aumento por fato do credor, suportará este a despesa acrescida.	*Art. 946.* Presumem-se a cargo do devedor as despesas com o pagamento e quitação. Se, porém, o credor mudar de domicílio ou morrer, deixando herdeiros em lugares diferentes, correrá por conta do credor a despesa acrescida.
Art. 326. Se o pagamento se houver de fazer por medida, ou peso, entender-se-á, no silêncio das partes, que aceitaram os do lugar da execução.	*Art. 949.* Se o pagamento se houver de fazer por medida, ou peso, entender-se-á, no silêncio das partes, que aceitaram os do lugar da execução.
Seção IV **Do Lugar do Pagamento**	
Art. 327. Efetuar-se-á o pagamento no domicílio do devedor, salvo se as partes convencionarem diversamente, ou se o contrário resultar da lei, da natureza da obrigação ou das circunstâncias.	*Art. 950.* Efetuar-se-á o pagamento no domicílio do devedor, salvo se as partes convencionarem diversamente, ou se o contrário dispuserem as circunstâncias, a natureza da obrigação ou a lei.
Parágrafo único. Designados dois ou mais lugares, cabe ao credor escolher entre eles.	*Parágrafo único.* Designados dois ou mais lugares, cabe ao credor entre eles a escolha.
Art. 328. Se o pagamento consistir na tradição de um imóvel, ou em prestações relativas a imóvel, far-se-á no lugar onde situado o bem.	*Art. 951.* Se o pagamento consistir na tradição de um imóvel, ou em prestações relativas a imóvel, far-se-á no lugar onde este se acha.
Art. 329. Ocorrendo motivo grave para que se não efetue o pagamento no lugar determinado,	

Código Civil 2002	Código Civil 1916
poderá o devedor fazê-lo em outro, sem prejuízo para o credor.	
Art. 330. O pagamento reiteradamente feito em outro local faz presumir renúncia do credor relativamente ao previsto no contrato.	
Seção V **Do Tempo do Pagamento**	
Art. 331. Salvo disposição legal em contrário, não tendo sido ajustada época para o pagamento, pode o credor exigi-lo imediatamente.	*Art. 952.* Salvo disposição especial deste Código e não tendo sido ajustada época para o pagamento, o credor pode exigi-lo imediatamente.
Art. 332. As obrigações condicionais cumprem-se na data do implemento da condição, cabendo ao credor a prova de que deste teve ciência o devedor.	*Art. 953.* As obrigações condicionais cumprem-se na data do implemento da condição, incumbida ao credor a prova de que deste houve ciência o devedor.
Art. 333. Ao credor assistirá o direito de cobrar a dívida antes de vencido o prazo estipulado no contrato ou marcado neste Código:	*Art. 954.* Ao credor assistirá o direito de cobrar a dívida antes de vencido o prazo estipulado no contrato ou marcado neste Código:
I – no caso de falência do devedor, ou de concurso de credores;	*I* – se, executado o devedor, se abrir concurso creditório;
II – se os bens, hipotecados ou empenhados, forem penhorados em execução por outro credor;	*II* – se os bens, hipotecados, empenhados, ou dados em anticrese, forem penhorados em execução por outro credor;
III – se cessarem, ou se se tornarem insuficientes, as garantias do débito, fidejussórias, ou reais, e o devedor, intimado, se negar a reforçá-las.	*III* – se cessarem, ou se tornarem insuficientes as garantias do débito, fidejussórias, ou reais, e o devedor, intimado, se negar a reforçá-las.
Parágrafo único. Nos casos deste artigo, se houver, no débito, solidariedade passiva, não se reputará vencido quanto aos outros devedores solventes.	*Parágrafo único.* Nos casos deste artigo, se houver, no débito, solidariedade passiva (arts. 904 a 915), não se reputará vencido quanto aos outros devedores solventes.
Capítulo II **Do Pagamento em Consignação**	
Art. 334. Considera-se pagamento, e extingue a obrigação, o depósito judicial ou em estabelecimento bancário da coisa devida, nos casos e forma legais.	*Art. 972.* Considera-se pagamento, e extingue a obrigação o depósito judicial da coisa devida, nos casos e formas legais.
Art. 335. A consignação tem lugar:	*Art. 973.* A consignação tem lugar:

Código Civil 2002	Código Civil 1916
I – se o credor não puder, ou, sem justa causa, recusar receber o pagamento, ou dar quitação na devida forma;	*I* – se o credor, sem justa causa, recusar receber o pagamento, ou dar quitação na devida forma;
II – se o credor não for, nem mandar receber a coisa no lugar, tempo e condição devidos;	*II* – se o credor não for, nem mandar receber a coisa no lugar, tempo e condições devidas;
III – se o credor for incapaz de receber, for desconhecido, declarado ausente, ou residir em lugar incerto ou de acesso perigoso ou difícil;	*III* – se o credor for desconhecido, estiver declarado ausente, ou residir em lugar incerto, ou de acesso perigoso ou difícil; *VI* – se houver concurso de preferência aberto contra o credor, ou se este for incapaz de receber o pagamento.
IV – se ocorrer dúvida sobre quem deva legitimamente receber o objeto do pagamento;	*IV* – se ocorrer dúvida sobre quem deva legitimamente receber o objeto do pagamento;
V – se pender litígio sobre o objeto do pagamento.	*V* – se pender litígio sobre o objeto do pagamento;
Art. 336. Para que a consignação tenha força de pagamento, será mister concorram, em relação às pessoas, ao objeto, modo e tempo, todos os requisitos sem os quais não é válido o pagamento.	*Art. 974.* Para que a consignação tenha força de pagamento, será mister concorram, em relação às pessoas, ao objeto, modo e tempo, todos os requisitos sem os quais não é válido o pagamento.
Art. 337. O depósito requerer-se-á no lugar do pagamento, cessando, tanto que se efetue, para o depositante, os juros da dívida e os riscos, salvo se for julgado improcedente.	*Art. 976.* O depósito requerer-se-á no lugar do pagamento, cessando, tanto que se efetue, para o depositante, os juros da dívida e os riscos, salvo se for julgado improcedente.
Art. 338. Enquanto o credor não declarar que aceita o depósito, ou não o impugnar, poderá o devedor requerer o levantamento, pagando as respectivas despesas, e subsistindo a obrigação para todas as conseqüências de direito.	*Art. 977.* Enquanto o credor não declarar que aceita o depósito, ou não o impugnar, poderá o devedor requerer o levantamento, pagando as respectivas despesas, e subsistindo a obrigação para todas as conseqüências de direito.
Art. 339. Julgado procedente o depósito, o devedor já não poderá levantá-lo, embora o credor consinta, senão de acordo com os outros devedores e fiadores.	*Art. 978.* Julgado procedente o depósito, o devedor já não poderá levantá-lo, embora o credor consinta, senão de acordo com os outros devedores e fiadores.
Art. 340. O credor que, depois de contestar a lide ou aceitar o depósito, aquiescer no levantamento, perderá a preferência e a garantia que lhe competiam com respeito à coisa consignada, ficando para logo desobrigados os co-devedores e fiadores que não tenham anuído.	*Art. 979.* O credor que, depois de contestar a lide ou aceitar o depósito, aquiescer no levantamento, perderá a preferência e garantia que lhe competiam com respeito à coisa consignada, ficando para logo desobrigados os co-devedores e fiadores, que não anuíram.

Código Civil 2002	Código Civil 1916
Art. 341. Se a coisa devida for imóvel ou corpo certo que deva ser entregue no mesmo lugar onde está, poderá o devedor citar o credor para vir ou mandar recebê-la, sob pena de ser depositada.	*Art. 980.* Se a coisa devida for corpo certo que deva ser entregue no mesmo lugar onde está, poderá o devedor citar o credor para vir ou mandar recebê-la, sob pena de ser depositada.
Art. 342. Se a escolha da coisa indeterminada competir ao credor, será ele citado para esse fim, sob cominação de perder o direito e de ser depositada a coisa que o devedor escolher; feita a escolha pelo devedor, proceder-se-á como no artigo antecedente.	*Art. 981.* Se a escolha da coisa indeterminada competir ao credor, será ele citado para este fim sob cominação de perder o direito e de ser depositada a coisa que o devedor escolher. Feita a escolha pelo devedor, proceder-se-á como no artigo antecedente.
Art. 343. As despesas com o depósito, quando julgado procedente, correrão à conta do credor, e, no caso contrário, à conta do devedor.	*Art. 982.* As despesas com o depósito, quando julgado procedente, correrão por conta do credor, e, no caso contrário, por conta do devedor.
Art. 344. O devedor de obrigação litigiosa exonerar-se-á mediante consignação, mas, se pagar a qualquer dos pretendidos credores, tendo conhecimento do litígio, assumirá o risco do pagamento.	*Art. 983.* O devedor de obrigação litigiosa exonerar-se-á mediante consignação, mas, se pagar a qualquer dos pretendidos credores, tendo conhecimento do litígio, assumirá o risco do pagamento.
Art. 345. Se a dívida se vencer, pendendo litígio entre credores que se pretendem mutuamente excluir, poderá qualquer deles requerer a consignação.	*Art. 984.* Se a dívida se vencer, pendendo litígio entre credores que se pretendam mutuamente excluir, poderá qualquer deles requerer a consignação.
Capítulo III **Do Pagamento com Sub-Rogação**	
Art. 346. A sub-rogação opera-se, de pleno direito, em favor:	*Art. 985.* A sub-rogação opera-se, de pleno direito, em favor:
I – do credor que paga a dívida do devedor comum;	*I* – do credor que paga a dívida do devedor comum ao credor, a quem competia direito de preferência;
II – do adquirente do imóvel hipotecado, que paga a credor hipotecário, bem como do terceiro que efetiva o pagamento para não ser privado de direito sobre imóvel;	*II* – do adquirente do imóvel hipotecado, que paga ao credor hipotecário;
III – do terceiro interessado, que paga a dívida pela qual era ou podia ser obrigado, no todo ou em parte.	*III* – do terceiro interessado, que paga a dívida pela qual era ou podia ser obrigado, no todo ou em parte.
Art. 347. A sub-rogação é convencional:	*Art. 986.* A sub-rogação é convencional:
I – quando o credor recebe o pagamento de terceiro e expressamente lhe transfere todos os seus direitos;	*I* – quando o credor recebe o pagamento de terceiro e expressamente lhe transfere todos os seus direitos;

Código Civil 2002	Código Civil 1916
II – quando terceira pessoa empresta ao devedor a quantia precisa para solver a dívida, sob a condição expressa de ficar o mutuante sub-rogado nos direitos do credor satisfeito.	*II* – quando terceira pessoa empresta ao devedor a quantia precisa para solver a dívida, sob a condição expressa de ficar o mutuante sub-rogado nos direitos do credor satisfeito.
Art. 348. Na hipótese do inciso I do artigo antecedente, vigorará o disposto quanto à cessão do crédito.	*Art. 987.* Na hipótese do artigo antecedente, nº I, vigorará o disposto quanto à cessão de créditos (arts. 1.065 a 1.078).
Art. 349. A sub-rogação transfere ao novo credor todos os direitos, ações, privilégios e garantias do primitivo, em relação à dívida, contra o devedor principal e os fiadores.	*Art. 988.* A sub-rogação transfere ao novo credor todos os direitos, ações, privilégios e garantias do primitivo, em relação à dívida, contra o devedor principal e os fiadores.
Art. 350. Na sub-rogação legal o sub-rogado não poderá exercer os direitos e as ações do credor, senão até à soma que tiver desembolsado para desobrigar o devedor.	*Art. 989.* Na sub-rogação legal o sub-rogado não poderá exercer os direitos e as ações do credor, senão até à soma, que tiver desembolsado para desobrigar o devedor.
Art. 351. O credor originário, só em parte reembolsado, terá preferência ao sub-rogado, na cobrança da dívida restante, se os bens do devedor não chegarem para saldar inteiramente o que a um e outro dever.	*Art. 990.* O credor originário, só em parte reembolsado, terá preferência ao sub-rogado, na cobrança da dívida restante, se os bens do devedor não chegarem para saldar inteiramente o que a um e outro dever.
Capítulo IV **Da Imputação do Pagamento**	
Art. 352. A pessoa obrigada por dois ou mais débitos da mesma natureza, a um só credor, tem o direito de indicar a qual deles oferece pagamento, se todos forem líquidos e vencidos.	*Art. 991.* A pessoa obrigada, por dois ou mais débitos da mesma natureza, a um só credor, tem o direito de indicar a qual deles oferece pagamento, se todos forem líquidos e vencidos. Sem consentimento do credor, não se fará imputação do pagamento na dívida ilíquida, ou não vencida.
Art. 353. Não tendo o devedor declarado em qual das dívidas líquidas e vencidas quer imputar o pagamento, se aceitar a quitação de uma delas, não terá direito a reclamar contra a imputação feita pelo credor, salvo provando haver ele cometido violência ou dolo.	*Art. 992.* Não tendo o devedor declarado em qual das dívidas líquidas e vencidas quer imputar o pagamento, se aceitar a quitação de uma delas, não terá direito a reclamar contra a imputação feita pelo credor, salvo provando haver ele cometido violência ou dolo.
Art. 354. Havendo capital e juros, o pagamento imputar-se-á primeiro nos juros vencidos, e depois no capital, salvo estipulação em contrário, ou se o credor passar a quitação por conta do capital.	*Art. 993.* Havendo capital e juros, o pagamento imputar-se-á primeiro nos juros vencidos, e, depois, no capital, salvo estipulação em contrário, ou se o credor passar a quitação por conta do capital.

Código Civil 2002	Código Civil 1916
Art. 355. Se o devedor não fizer a indicação do art. 352, e a quitação for omissa quanto à imputação, esta se fará nas dívidas líquidas e vencidas em primeiro lugar. Se as dívidas forem todas líquidas e vencidas ao mesmo tempo, a imputação far-se-á na mais onerosa.	*Art. 994.* Se o devedor não fizer a indicação do art. 991, e a quitação for omissa quanto à imputação, esta se fará nas dívidas líquidas e vencidas em primeiro lugar. Se as dívidas forem todas líquidas e vencidas ao mesmo tempo, a imputação far-se-á na mais onerosa.
Capítulo V **Da Dação em Pagamento**	
Art. 356. O credor pode consentir em receber prestação diversa da que lhe é devida.	*Art. 995.* O credor pode consentir em receber coisa que não seja dinheiro, em substituição da prestação que lhe era devida.
Art. 357. Determinado o preço da coisa dada em pagamento, as relações entre as partes regular-se-ão pelas normas do contrato de compra e venda.	*Art. 996.* Determinado o preço da coisa dada em pagamento, as relações entre as partes regular-se-ão pelas normas do contrato de compra e venda.
Art. 358. Se for título de crédito a coisa dada em pagamento, a transferência importará em cessão.	*Art. 997.* Se for título de crédito a coisa dada em pagamento, a transferência importará em cessão.
Art. 359. Se o credor for evicto da coisa recebida em pagamento, restabelecer-se-á a obrigação primitiva, ficando sem efeito a quitação dada, ressalvados os direitos de terceiros.	*Art. 998.* Se o credor for evicto da coisa recebida em pagamento, restabelecer-se-á a obrigação primitiva, ficando sem efeito a quitação dada.
Capítulo VI **Da Novação**	
Art. 360. Dá-se a novação:	*Art. 999.* Dá-se a novação:
I – quando o devedor contrai com o credor nova dívida para extinguir e substituir a anterior;	*I* – quando o devedor contrai com o credor nova dívida, para extinguir e substituir a anterior;
II – quando novo devedor sucede ao antigo, ficando este quite com o credor;	*II* – quando novo devedor sucede ao antigo, ficando este quite com o credor;
III – quando, em virtude de obrigação nova, outro credor é substituído ao antigo, ficando o devedor quite com este.	*III* – quando, em virtude de obrigação nova, outro credor é substituído ao antigo, ficando o devedor quite com este.
Art. 361. Não havendo ânimo de novar, expresso ou tácito mas inequívoco, a segunda obrigação confirma simplesmente a primeira.	*Art. 1.000.* Não havendo ânimo de novar, a segunda obrigação confirma simplesmente a primeira.
Art. 362. A novação por substituição do devedor pode ser efetuada independentemente de consentimento deste.	*Art. 1.001.* A novação, por substituição do devedor, pode ser efetuada independente de consentimento deste.

Código Civil 2002	Código Civil 1916
Art. 363. Se o novo devedor for insolvente, não tem o credor, que o aceitou, ação regressiva contra o primeiro, salvo se este obteve por má-fé a substituição.	*Art. 1.002.* Se o novo devedor for insolvente, não tem o credor, que o aceitou, ação regressiva contra o primeiro, salvo se este obteve por má-fé a substituição.
Art. 364. A novação extingue os acessórios e garantias da dívida, sempre que não houver estipulação em contrário. Não aproveitará, contudo, ao credor ressalvar o penhor, a hipoteca ou a anticrese, se os bens dados em garantia pertencerem a terceiro que não foi parte na novação.	*Art. 1.003.* A novação extingue os acessórios e garantias da dívida, sempre que não houver estipulação em contrário. *Art. 1.004.* Não aproveitará, contudo, ao credor ressalvar a hipoteca, anticrese ou penhor, se os bens dados em garantia pertencerem a terceiro, que não foi parte na novação.
Art. 365. Operada a novação entre o credor e um dos devedores solidários, somente sobre os bens do que contrair a nova obrigação subsistem as preferências e garantias do crédito novado. Os outros devedores solidários ficam por esse fato exonerados.	*Art. 1.005.* Operada a novação entre o credor e um dos devedores solidários, somente sobre os bens do que contrair a nova obrigação subsistem as preferências e garantias do crédito novado. Parágrafo único. Os outros devedores solidários ficam por esse fato exonerados.
Art. 366. Importa exoneração do fiador a novação feita sem seu consenso com o devedor principal.	*Art. 1.006.* Importa exoneração do fiador a novação feita sem seu consenso com o devedor principal.
Art. 367. Salvo as obrigações simplesmente anuláveis, não podem ser objeto de novação obrigações nulas ou extintas.	*Art. 1.007.* Não se podem validar por novação obrigações nulas ou extintas. *Art. 1.008.* A obrigação simplesmente anulável pode ser confirmada pela novação.
Capítulo VII **Da Compensação**	
Art. 368. Se duas pessoas forem ao mesmo tempo credor e devedor uma da outra, as duas obrigações extinguem-se, até onde se compensarem.	*Art. 1.009.* Se duas pessoas forem ao mesmo tempo credor e devedor uma da outra, as duas obrigações extinguem-se, até onde se compensarem.
Art. 369. A compensação efetua-se entre dívidas líquidas, vencidas e de coisas fungíveis.	*Art. 1.010.* A compensação efetua-se entre dívidas líquidas, vencidas e de coisas fungíveis.
Art. 370. Embora sejam do mesmo gênero as coisas fungíveis, objeto das duas prestações, não se compensarão, verificando-se que diferem na qualidade, quando especificada no contrato.	*Art. 1.011.* Embora sejam do mesmo gênero as coisas fungíveis, objeto das duas prestações, não se compensarão, verificando-se que diferem na qualidade, quando especificada no contrato.
Art. 371. O devedor somente pode compensar com o credor o que este lhe dever; mas o fiador pode compensar sua dívida com a de seu credor ao afiançado.	*Art. 1.013.* O devedor só pode compensar com o credor o que este lhe dever; mas o fiador pode compensar sua dívida com a de seu credor ao afiançado.

Código Civil 2002	Código Civil 1916
Art. 372. Os prazos de favor, embora consagrados pelo uso geral, não obstam a compensação.	*Art. 1.014.* Os prazos de favor, embora consagrados pelo uso geral, não obstam a compensação.
Art. 373. A diferença de causa nas dívidas não impede a compensação, exceto:	*Art. 1.015.* A diferença de causa nas dívidas não impede a compensação, exceto:
I – se provier de esbulho, furto ou roubo;	*I* – se uma provier de esbulho, furto ou roubo;
II – se uma se originar de comodato, depósito ou alimentos;	*II* – se uma se originar de comodato, depósito ou alimentos;
III – se uma for de coisa não suscetível de penhora.	*III* – se uma for de coisa não suscetível de penhora.
Art. 374. (Revogado pela MP nº 104, de 09.1.2003) *Texto original:* A matéria da compensação, no que concerne às dívidas fiscais e parafiscais, é regida pelo disposto neste capítulo.	*Art. 1.017.* As dívidas fiscais da União, dos Estados e dos Municípios também não podem ser objeto de compensação, exceto nos casos de encontro entre a administração e o devedor, autorizados nas leis e regulamentos da Fazenda.
Art. 375. Não haverá compensação quando as partes, por mútuo acordo, a excluírem, ou no caso de renúncia prévia de uma delas.	*Art. 1.018.* Não haverá compensação, quando credor e devedor por mútuo acordo a excluírem.
Art. 376. Obrigando-se por terceiro uma pessoa, não pode compensar essa dívida com a que o credor dele lhe dever.	*Art. 1.019.* Obrigando-se por terceiro uma pessoa, não pode compensar essa dívida com a que o credor dele lhe dever.
Art. 377. O devedor que, notificado, nada opõe à cessão que o credor faz a terceiros dos seus direitos, não pode opor ao cessionário a compensação, que antes da cessão teria podido opor ao cedente. Se, porém, a cessão lhe não tiver sido notificada, poderá opor ao cessionário compensação do crédito que antes tinha contra o cedente.	*Art. 1.021.* O devedor que, notificado, nada opõe à cessão, que o credor faz a terceiros, dos seus direitos, não pode opor ao cessionário a compensação, que antes da cessão teria podido opor ao cedente. Se, porém, a cessão lhe não tiver sido notificada, poderá opor ao cessionário compensação do crédito que antes tinha contra o cedente.
Art. 378. Quando as duas dívidas não são pagáveis no mesmo lugar, não se podem compensar sem dedução das despesas necessárias à operação.	*Art. 1.022.* Quando as duas dívidas não são pagáveis no mesmo lugar, não se podem compensar sem dedução das despesas necessárias à operação.
Art. 379. Sendo a mesma pessoa obrigada por várias dívidas compensáveis, serão observadas, no compensá-las, as regras estabelecidas quanto à imputação do pagamento.	*Art. 1.023.* Sendo a mesma pessoa obrigada por varias dívidas compensáveis, serão observadas, no compensá-las, as regras estabelecidas quanto à imputação de pagamento (arts. 991 a 994).
Art. 380. Não se admite a compensação em prejuízo de direito de terceiro. O devedor que se torne credor do seu credor, depois de penhorado o crédi-	*Art. 1.024.* Não se admite a compensação em prejuízo de direitos de terceiro. O devedor que se torne credor do seu credor, depois de penhorado o cré-

Código Civil 2002	Código Civil 1916
to deste, não pode opor ao exeqüente a compensação, de que contra o próprio credor disporia.	dito deste, não pode opor ao exeqüente a compensação, de que contra o próprio credor disporia.
Capítulo VIII **Da Confusão**	
Art. 381. Extingue-se a obrigação, desde que na mesma pessoa se confundam as qualidades de credor e devedor.	*Art. 1.049.* Extingue-se a obrigação, desde que na mesma pessoa se confundam as qualidades de credor e devedor.
Art. 382. A confusão pode verificar-se a respeito de toda a dívida, ou só de parte dela.	*Art. 1.050.* A confusão pode verificar-se a respeito de toda a dívida, ou só de parte dela.
Art. 383. A confusão operada na pessoa do credor ou devedor solidário só extingue a obrigação até a concorrência da respectiva parte no crédito, ou na dívida, subsistindo quanto ao mais a solidariedade.	*Art. 1.051.* A confusão operada na pessoa do credor ou devedor solidário só extingue a obrigação até à concorrência da respectiva parte no crédito, ou na dívida, subsistindo quanto ao mais a solidariedade.
Art. 384. Cessando a confusão, para logo se restabelece, com todos os seus acessórios, a obrigação anterior.	*Art. 1.052.* Cessando a confusão, para logo se restabelece, com todos os seus acessórios, a obrigação anterior.
Capítulo IX **Da Remissão das Dívidas** **Art. 385.** A remissão da dívida, aceita pelo devedor, extingue a obrigação, mas sem prejuízo de terceiro.	
Art. 386. A devolução voluntária do título da obrigação, quando por escrito particular, prova desoneração do devedor e seus co-obrigados, se o credor for capaz de alienar, e o devedor capaz de adquirir.	*Art. 1.053.* A entrega voluntária do título da obrigação, quando por escrito particular, prova a desoneração do devedor e seus coobrigados, se o credor for capaz de alienar, e o devedor, capaz de adquirir.
Art. 387. A restituição voluntária do objeto empenhado prova a renúncia do credor à garantia real, não a extinção da dívida.	*Art. 1.054.* A entrega do objeto empenhado prova a renúncia do credor à garantia real, mas não a extinção da dívida.
Art. 388. A remissão concedida a um dos co-devedores extingue a dívida na parte a ele correspondente; de modo que, ainda reservando o credor a solidariedade contra os outros, já lhes não pode cobrar o débito sem dedução da parte remitida.	*Art. 1.055.* A remissão concedida a um dos codevedores extingue a dívida na parte a ele correspondente; de modo que, ainda reservando o credor a solidariedade contra os outros, já lhes não pode cobrar o débito sem dedução da parte remitida.

Código Civil 2002	Código Civil 1916
Título IV **Do Inadimplemento das Obrigações** **Capítulo I** **Disposições Gerais**	
Art. 389. Não cumprida a obrigação, responde o devedor por perdas e danos, mais juros e atualização monetária segundo índices oficiais regularmente estabelecidos, e honorários de advogado.	*Art. 1.056.* Não cumprindo a obrigação, ou deixando de cumpri-la pelo modo e no tempo devidos, responde o devedor por perdas e danos.
Art. 390. Nas obrigações negativas o devedor é havido por inadimplente desde o dia em que executou o ato de que se devia abster.	*Art. 961.* Nas obrigações negativas, o devedor fica constituído em mora, desde o dia em que executar o ato de que se devia abster.
Art. 391. Pelo inadimplemento das obrigações respondem todos os bens do devedor.	
Art. 392. Nos contratos benéficos, responde por simples culpa o contratante, a quem o contrato aproveite, e por dolo aquele a quem não favoreça. Nos contratos onerosos, responde cada uma das partes por culpa, salvo as exceções previstas em lei.	*Art. 1.057.* Nos contratos unilaterais, responde por simples culpa o contraente, a quem o contrato aproveite, e só por dolo, aquele a quem não favoreça. Nos contratos bilaterais, responde cada uma das partes por culpa.
Art. 393. O devedor não responde pelos prejuízos resultantes de caso fortuito ou força maior, se expressamente não se houver por eles responsabilizado.	*Art. 1.058.* O devedor não responde pelos prejuízos resultantes de caso fortuito, ou força maior, se expressamente não se houver por eles responsabilizado, exceto nos casos dos arts. 955, 956 e 957.
Parágrafo único. O caso fortuito ou de força maior verifica-se no fato necessário, cujos efeitos não era possível evitar ou impedir.	*Parágrafo único.* O caso fortuito, ou de força maior, verifica-se no fato necessário, cujos efeitos não era possível evitar, ou impedir.
Capítulo II **Da Mora**	
Art. 394. Considera-se em mora o devedor que não efetuar o pagamento e o credor que não quiser recebê-lo no tempo, lugar e forma que a lei ou a convenção estabelecer.	*Art. 955.* Considera-se em mora o devedor que não efetuar o pagamento, e o credor que o não quiser receber no tempo, lugar e forma convencionados (art. 1.058).
Art. 395. Responde o devedor pelos prejuízos a que sua mora der causa, mais juros, atualização dos valores monetários segundo índices oficiais regularmente estabelecidos, e honorários de advogado.	*Art. 956.* Responde o devedor pelos prejuízos a que a sua mora der causa (art. 1.058).

Código Civil 2002	Código Civil 1916
Parágrafo único. Se a prestação, devido à mora, se tornar inútil ao credor, este poderá enjeitá-la, e exigir a satisfação das perdas e danos.	*Parágrafo único.* Se a prestação, por causa da mora, se tornar inútil ao credor, este poderá enjeitá-la, e exigir a satisfação das perdas e danos.
Art. 396. Não havendo fato ou omissão imputável ao devedor, não incorre este em mora.	*Art. 963.* Não havendo fato ou omissão imputável ao devedor, não incorre este em mora.
Art. 397. O inadimplemento da obrigação, positiva e líquida, no seu termo, constitui de pleno direito em mora o devedor. Parágrafo único. Não havendo termo, a mora se constitui mediante interpelação judicial ou extrajudicial.	*Art. 960.* O inadimplemento da obrigação, positiva e líquida, no seu termo constitui de pleno direito em mora o devedor. Não havendo prazo assinado, começa ela desde a interpelação, notificação, ou protesto.
Art. 398. Nas obrigações provenientes de ato ilícito, considera-se o devedor em mora, desde que o praticou.	*Art. 962.* Nas obrigações provenientes de delito, considera-se o devedor em mora desde que o perpetrou.
Art. 399. O devedor em mora responde pela impossibilidade da prestação, embora essa impossibilidade resulte de caso fortuito ou de força maior, se estes ocorrerem durante o atraso; salvo se provar isenção de culpa, ou que o dano sobreviria ainda quando a obrigação fosse oportunamente desempenhada.	*Art. 957.* O devedor em mora responde pela impossibilidade da prestação, embora essa impossibilidade resulte de caso fortuito, ou força maior, se estes ocorrerem durante o atraso; salvo se provar isenção de culpa, ou que o dano sobreviria, ainda quando a obrigação fosse oportunamente desempenhada (art. 1.058).
Art. 400. A mora do credor subtrai o devedor isento de dolo à responsabilidade pela conservação da coisa, obriga o credor a ressarcir as despesas empregadas em conservá-la, e sujeita-o a recebê-la pela estimação mais favorável ao devedor, se o seu valor oscilar entre o dia estabelecido para o pagamento e o da sua efetivação.	*Art. 958.* A mora do credor subtrai o devedor isento de dolo à responsabilidade pela conservação da coisa, obriga o credor a ressarcir as despesas empregadas em conservá-la, e sujeita-o a recebê-la pela sua mais alta estimação, se o seu valor oscilar entre o tempo do contrato e o do pagamento.
Art. 401. Purga-se a mora:	*Art. 959.* Purga-se a mora:
I – por parte do devedor, oferecendo este a prestação mais a importância dos prejuízos decorrentes do dia da oferta;	*I* – por parte do devedor, oferecendo este a prestação, mais a importância dos prejuízos decorrentes até o dia da oferta.
II – por parte do credor, oferecendo-se este a receber o pagamento e sujeitando-se aos efeitos da mora até a mesma data.	*II* – por parte do credor, oferecendo-se este a receber o pagamento e sujeitando-se aos efeitos da mora até a mesma data;
Capítulo III **Das Perdas e Danos**	
Art. 402. Salvo as exceções expressamente previstas em lei, as perdas e danos devidas ao cre-	*Art. 1.059.* Salvo as exceções previstas neste Código, de modo expresso, as perdas e danos

CÓDIGO CIVIL 2002	CÓDIGO CIVIL 1916
dor abrangem, além do que ele efetivamente perdeu, o que razoavelmente deixou de lucrar.	devidos ao credor abrangem, além do que ele efetivamente perdeu, o que razoavelmente deixou de lucrar.
Art. 403. Ainda que a inexecução resulte de dolo do devedor, as perdas e danos só incluem os prejuízos efetivos e os lucros cessantes por efeito dela direto e imediato, sem prejuízo do disposto na lei processual.	*Art. 1.060.* Ainda que a inexecução resulte de dolo do devedor, as perdas e danos só incluem os prejuízos efetivos e os lucros cessantes por efeito dela direto e imediato.
Art. 404. As perdas e danos, nas obrigações de pagamento em dinheiro, serão pagas com atualização monetária segundo índices oficiais regularmente estabelecidos, abrangendo juros, custas e honorários de advogado, sem prejuízo da pena convencional.	*Art. 1.061.* As perdas e danos nas obrigações de pagamento em dinheiro, consistem nos juros da mora e custas, sem prejuízo da pena convencional.
Parágrafo único. Provado que os juros da mora não cobrem o prejuízo, e não havendo pena convencional, pode o juiz conceder ao credor indenização suplementar.	
Art. 405. Contam-se os juros de mora desde a citação inicial.	
CAPÍTULO IV **Dos Juros Legais**	
Art. 406. Quando os juros moratórios não forem convencionados, ou o forem sem taxa estipulada, ou quando provierem de determinação da lei, serão fixados segundo a taxa que estiver em vigor para a mora do pagamento de impostos devidos à Fazenda Nacional.	*Art. 1.062.* A taxa dos juros moratórios, quando não convencionada (art. 1.262), será de 6% (seis por cento) ao ano. *Art. 1.063.* Serão também de 6% (seis por cento) ao ano os juros devidos por força de lei, ou quando as partes se convencionarem sem taxa estipulada.
Art. 407. Ainda que se não alegue prejuízo, é obrigado o devedor aos juros da mora que se contarão assim às dívidas em dinheiro, como às prestações de outra natureza, uma vez que lhes esteja fixado o valor pecuniário por sentença judicial, arbitramento, ou acordo entre as partes.	*Art. 1.064.* Ainda que não se alegue prejuízo, é obrigado o devedor aos juros da mora, que se contarão assim às dívidas em dinheiro, como às prestações de outra natureza, desde que lhes esteja fixado o valor pecuniário por sentença judicial, arbitramento, ou acordo entre as partes.
CAPÍTULO V **Da Cláusula Penal**	
Art. 408. Incorre de pleno direito o devedor na cláusula penal, desde que, culposamente, deixe de cumprir a obrigação ou se constitua em mora.	*Art. 921.* Incorre de pleno direito o devedor na cláusula penal, desde que se vença o prazo da obrigação, ou, se o não há, desde que se constitua em mora.

Código Civil 2002	Código Civil 1916
Art. 409. A cláusula penal estipulada conjuntamente com a obrigação, ou em ato posterior, pode referir-se à inexecução completa da obrigação, à de alguma cláusula especial ou simplesmente à mora.	*Art. 916.* A cláusula penal pode ser estipulada conjuntamente com a obrigação ou em ato posterior. *Art. 917.* A cláusula penal pode referir-se à inexecução completa da obrigação, à de alguma cláusula especial ou simplesmente à mora.
Art. 410. Quando se estipular a cláusula penal para o caso de total inadimplemento da obrigação, esta converter-se-á em alternativa a benefício do credor.	*Art. 918.* Quando se estipular a cláusula penal para o caso de total inadimplemento da obrigação, esta converter-se-á em alternativa a benefício do credor.
Art. 411. Quando se estipular a cláusula penal para o caso de mora, ou em segurança especial de outra cláusula determinada, terá o credor o arbítrio de exigir a satisfação da pena cominada, juntamente com o desempenho da obrigação principal.	*Art. 919.* Quando se estipular a cláusula penal para o caso de mora, ou em segurança especial de outra cláusula determinada, terá o credor o arbítrio de exigir a satisfação da pena cominada, juntamente com o desempenho da obrigação principal.
Art. 412. O valor da cominação imposta na cláusula penal não pode exceder o da obrigação principal.	*Art. 920.* O valor da cominação imposta na cláusula penal não pode exceder o da obrigação principal.
Art. 413. A penalidade deve ser reduzida eqüitativamente pelo juiz se a obrigação principal tiver sido cumprida em parte, ou se o montante da penalidade for manifestamente excessivo, tendo-se em vista a natureza e a finalidade do negócio.	*Art. 924.* Quando se cumprir em parte a obrigação, poderá o juiz reduzir proporcionalmente a pena estipulada para o caso de mora, ou de inadimplemento.
Art. 414. Sendo indivisível a obrigação, todos os devedores, caindo em falta um deles, incorrerão na pena; mas esta só se poderá demandar integralmente do culpado, respondendo cada um dos outros somente pela sua quota.	*Art. 925.* Sendo indivisível a obrigação, todos os devedores e seus herdeiros, caindo em falta um deles, incorrerão na pena; mas esta só se poderá demandar integralmente do culpado. Cada um dos outros só responde pela sua quota.
Parágrafo único. Aos não culpados fica reservada a ação regressiva contra aquele que deu causa à aplicação da pena.	*Parágrafo único.* Aos não culpados fica reservada a ação regressiva contra o que deu causa à aplicação da pena.
Art. 415. Quando a obrigação for divisível, só incorre na pena o devedor ou o herdeiro do devedor que a infringir, e proporcionalmente à sua parte na obrigação.	*Art. 926.* Quando a obrigação for divisível, só incorre na pena o devedor, ou herdeiro do devedor que a infringir, e proporcionalmente à sua parte na obrigação.
Art. 416. Para exigir a pena convencional, não é necessário que o credor alegue prejuízo.	*Art. 927.* Para exigir a pena convencional, não é necessário que o credor alegue prejuízo. O devedor não pode eximir-se de cumpri-la, a pretexto de ser excessiva.

Código Civil 2002	Código Civil 1916
Parágrafo único. Ainda que o prejuízo exceda ao previsto na cláusula penal, não pode o credor exigir indenização suplementar se assim não foi convencionado. Se o tiver sido, a pena vale como mínimo da indenização, competindo ao credor provar o prejuízo excedente.	
Capítulo VI **Das Arras ou Sinal** **Art. 417.** Se, por ocasião da conclusão do contrato, uma parte der à outra, a título de arras, dinheiro ou outro bem móvel, deverão as arras, em caso de execução, ser restituídas ou computadas na prestação devida, se do mesmo gênero da principal.	
Art. 418. Se a parte que deu as arras não executar o contrato, poderá a outra tê-lo por desfeito, retendo-as; se a inexecução for de quem recebeu as arras, poderá quem as deu haver o contrato por desfeito, e exigir sua devolução mais o equivalente, com atualização monetária segundo índices oficiais regularmente estabelecidos, juros e honorários de advogado.	
Art. 419. A parte inocente pode pedir indenização suplementar, se provar maior prejuízo, valendo as arras como taxa mínima. Pode, também, a parte inocente exigir a execução do contrato, com as perdas e danos, valendo as arras como o mínimo da indenização.	
Art. 420. Se no contrato for estipulado o direito de arrependimento para qualquer das partes, as arras ou sinal terão função unicamente indenizatória. Neste caso, quem as deu perdê-las-á em benefício da outra parte; e quem as recebeu devolvê-las-á, mais o equivalente. Em ambos os casos não haverá direito a indenização suplementar.	*Art. 1.095.* Podem, porém, as partes estipular o direito de se arrepender, não obstante as arras dadas. Em caso tal, se o arrependido for o que as deu, perdê-las-á em proveito do outro; se o que as recebeu, restituí-las-á em dobro.
TÍTULO V **Dos Contratos em Geral** **Capítulo I** **Disposições Gerais** **Seção I** **Preliminares** **Art. 421.** A liberdade de contratar será exercida em razão e nos limites da função social do contrato.	

Código Civil 2002	Código Civil 1916
Art. 422. Os contratantes são obrigados a guardar, assim na conclusão do contrato, como em sua execução, os princípios de probidade e boa-fé.	
Art. 423. Quando houver no contrato de adesão cláusulas ambíguas ou contraditórias, dever-se-á adotar a interpretação mais favorável ao aderente.	
Art. 424. Nos contratos de adesão, são nulas as cláusulas que estipulem a renúncia antecipada do aderente a direito resultante da natureza do negócio.	
Art. 425. É lícito às partes estipular contratos atípicos, observadas as normas gerais fixadas neste Código.	
Art. 426. Não pode ser objeto de contrato a herança de pessoa viva.	*Art. 1.089.* Não pode ser objeto de contrato a herança de pessoa viva.
Seção II **Da Formação dos Contratos**	
Art. 427. A proposta de contrato obriga o proponente, se o contrário não resultar dos termos dela, da natureza do negócio, ou das circunstâncias do caso.	*Art. 1.080.* A proposta de contrato obriga o proponente, se o contrário não resultar dos termos dela, da natureza do negócio, ou das circunstâncias do caso.
Art. 428. Deixa de ser obrigatória a proposta:	*Art. 1.081.* Deixa de ser obrigatória a proposta:
I – se, feita sem prazo a pessoa presente, não foi imediatamente aceita. Considera-se também presente a pessoa que contrata por telefone ou por meio de comunicação semelhante;	*I* – se, feita sem prazo a uma pessoa presente, não foi imediatamente aceita. Considera-se também presente a pessoa que contrata por meio de telefone.
II – se, feita sem prazo a pessoa ausente, tiver decorrido tempo suficiente para chegar a resposta ao conhecimento do proponente;	*II* – se, feita sem prazo a pessoa ausente, tiver decorrido tempo suficiente para chegar a resposta ao conhecimento do proponente.
III – se, feita a pessoa ausente, não tiver sido expedida a resposta dentro do prazo dado;	*III* – se, feita a pessoa ausente, não tiver sido expedida a resposta dentro no prazo dado.
IV – se, antes dela, ou simultaneamente, chegar ao conhecimento da outra parte a retratação do proponente.	*IV* – se, antes dela, ou simultaneamente, chegar ao conhecimento da outra parte a retratação do proponente.
Art. 429. A oferta ao público equivale a proposta quando encerra os requisitos essenciais ao contrato, salvo se o contrário resultar das circunstâncias ou dos usos.	

Código Civil 2002	Código Civil 1916
Parágrafo único. Pode revogar-se a oferta pela mesma via de sua divulgação, desde que ressalvada esta faculdade na oferta realizada.	
Art. 430. Se a aceitação, por circunstância imprevista, chegar tarde ao conhecimento do proponente, este comunicá-lo-á imediatamente ao aceitante, sob pena de responder por perdas e danos.	*Art. 1.082.* Se a aceitação, por circunstância imprevista, chegar tarde ao conhecimento do proponente, este comunicá-lo-á imediatamente ao aceitante, sob pena de responder por perdas e danos.
Art. 431. A aceitação fora do prazo, com adições, restrições, ou modificações, importará nova proposta.	*Art. 1.083.* A aceitação fora do prazo, com adições, restrições, ou modificações, importará nova proposta.
Art. 432. Se o negócio for daqueles em que não seja costume a aceitação expressa, ou o proponente a tiver dispensado, reputar-se-á concluído o contrato, não chegando a tempo a recusa.	*Art. 1.084.* Se o negócio for daqueles, em que se não costuma a aceitação expressa, ou o proponente a tiver dispensado, reputar-se-á concluído o contrato, não chegando a tempo a recusa.
Art. 433. Considera-se inexistente a aceitação, se antes dela ou com ela chegar ao proponente a retratação do aceitante.	*Art. 1.085.* Considera-se inexistente a aceitação, se antes dela ou com ela chegar ao proponente a retratação do aceitante.
Art. 434. Os contratos entre ausentes tornam-se perfeitos desde que a aceitação é expedida, exceto:	*Art. 1.086.* Os contratos por correspondência epistolar, ou telegráfica, tornam-se perfeitos desde que a aceitação é expedida, exceto:
I – no caso do artigo antecedente;	*I* – no caso do artigo antecedente;
II – se o proponente se houver comprometido a esperar resposta;	*II* – se o proponente se houver comprometido a esperar resposta;
III – se ela não chegar no prazo convencionado.	*III* – se ela não chegar no prazo convencionado.
Art. 435. Reputar-se-á celebrado o contrato no lugar em que foi proposto.	*Art. 1.087.* Reputar-se-á celebrado o contrato no lugar em que foi proposto.
Seção III **Da Estipulação em Favor de Terceiro**	
Art. 436. O que estipula em favor de terceiro pode exigir o cumprimento da obrigação.	*Art. 1.098.* O que estipula em favor de terceiro pode exigir o cumprimento da obrigação.
Parágrafo único. Ao terceiro, em favor de quem se estipulou a obrigação, também é permitido exigi-la, ficando, todavia, sujeito às condições e normas do contrato, se a ele anuir, e o estipulante não o inovar nos termos do art. 438.	*Parágrafo único.* Ao terceiro, em favor de quem se estipulou a obrigação, também é permitido exigi-la, ficando, todavia, sujeito às condições e normas do contrato, se a ele anuir, e o estipulante o não inovar nos termos do art. 1.100.

Código Civil 2002	Código Civil 1916
Art. 437. Se ao terceiro, em favor de quem se fez o contrato, se deixar o direito de reclamar-lhe a execução, não poderá o estipulante exonerar o devedor.	*Art. 1.099.* Se ao terceiro, em favor de quem se fez o contrato, se deixar o direito de reclamar-lhe a execução, não poderá o estipulante exonerar o devedor.
Art. 438. O estipulante pode reservar-se o direito de substituir o terceiro designado no contrato, independentemente da sua anuência e da do outro contratante. **Parágrafo único.** A substituição pode ser feita por ato entre vivos ou por disposição de última vontade.	*Art. 1.100.* O estipulante pode reservar-se o direito de substituir o terceiro designado no contrato, independentemente da sua anuência e da do outro contraente (art. 1.098, parágrafo único). *Parágrafo único.* Tal substituição pode ser feita por ato entre vivos ou por disposição de última vontade.
Seção IV **Da Promessa de Fato de Terceiro**	
Art. 439. Aquele que tiver prometido fato de terceiro responderá por perdas e danos, quando este o não executar.	*Art. 929.* Aquele que tiver prometido fato de terceiro responderá por perdas e danos, quando este o não executar.
Parágrafo único. Tal responsabilidade não existirá se o terceiro for o cônjuge do promitente, dependendo da sua anuência o ato a ser praticado, e desde que, pelo regime do casamento, a indenização, de algum modo, venha a recair sobre os seus bens.	
Art. 440. Nenhuma obrigação haverá para quem se comprometer por outrem, se este, depois de se ter obrigado, faltar à prestação.	
Seção V **Dos Vícios Redibitórios**	
Art. 441. A coisa recebida em virtude de contrato comutativo pode ser enjeitada por vícios ou defeitos ocultos, que a tornem imprópria ao uso a que é destinada, ou lhe diminuam o valor.	*Art. 1.101.* A coisa recebida em virtude de contrato comutativo pode ser enjeitada por vícios ou defeitos ocultos, que a tornem imprópria ao uso a que é destinada ou lhe diminuam o valor.
Parágrafo único. É aplicável a disposição deste artigo às doações onerosas.	*Parágrafo único.* É aplicável a disposição deste artigo às doações gravadas de encargo.
Art. 442. Em vez de rejeitar a coisa, redibindo o contrato (art. 441), pode o adquirente reclamar abatimento no preço.	*Art. 1.105.* Em vez de rejeitar a coisa, redibindo o contrato (art. 1.101), pode o adquirente reclamar abatimento no preço (art. 178, § 2º e § 5º, IV).
Art. 443. Se o alienante conhecia o vício ou defeito da coisa, restituirá o que recebeu com perdas e danos; se o não conhecia, tão-somente restituirá o valor recebido, mais as despesas do contrato.	*Art. 1.103.* Se o alienante conhecia o vício, ou o defeito, restituirá o que recebeu com perdas e danos; se o não conhecia, tão-somente restituirá o valor recebido, mais as despesas do contrato.

CÓDIGO CIVIL 2002	CÓDIGO CIVIL 1916
Art. 444. A responsabilidade do alienante subsiste ainda que a coisa pereça em poder do alienatário, se perecer por vício oculto, já existente ao tempo da tradição.	*Art. 1.104.* A responsabilidade do alienante subsiste ainda que a coisa pereça em poder do alienatário, se perecer por vício oculto, já existente ao tempo da tradição.
Art. 445. O adquirente decai do direito de obter a redibição ou abatimento no preço no prazo de trinta dias se a coisa for móvel, e de um ano se for imóvel, contado da entrega efetiva; se já estava na posse, o prazo conta-se da alienação, reduzido à metade.	*Art. 178.* Prescreve: *§ 2º* Em 15 (quinze) dias, contados da tradição da coisa, a ação para haver abatimento do preço da coisa móvel, recebida com vício redibitório, ou para rescindir o contrato e reaver o preço pago, mais perdas e danos. *§ 5º* Em (seis) meses: *IV*– a ação para haver o abatimento do preço da coisa imóvel, recebida com vício redibitório, ou para rescindir o contrato comutativo, e haver o preço pago, mais perdas e danos; contado o prazo da tradição da coisa;
§ 1º Quando o vício, por sua natureza, só puder ser conhecido mais tarde, o prazo contar-se-á do momento em que dele tiver ciência, até o prazo máximo de cento e oitenta dias, em se tratando de bens móveis; e de um ano, para os imóveis.	*Art. 178, §§ 2º e 5º, IV (ver acima).*
§ 2º Tratando-se de venda de animais, os prazos de garantia por vícios ocultos serão os estabelecidos em lei especial, ou, na falta desta, pelos usos locais, aplicando-se o disposto no parágrafo antecedente se não houver regras disciplinando a matéria.	
Art. 446. Não correrão os prazos do artigo antecedente na constância de cláusula de garantia; mas o adquirente deve denunciar o defeito ao alienante nos trinta dias seguintes ao seu descobrimento, sob pena de decadência.	
Seção VI **Da Evicção**	
Art. 447. Nos contratos onerosos, o alienante responde pela evicção. Subsiste esta garantia ainda que a aquisição se tenha realizado em hasta pública.	*Art. 1.107.* Nos contratos onerosos, pelos quais se transfere o domínio, posse ou uso, será obrigado o alienante a resguardar o adquirente dos riscos da evicção, toda vez que se não tenha excluído expressamente esta responsabilidade.
Art. 448. Podem as partes, por cláusula expressa, reforçar, diminuir ou excluir a responsabilidade pela evicção.	*Art. 1.107, Parágrafo único.* As partes podem reforçar ou diminuir esta garantia.

Código Civil 2002	Código Civil 1916
Art. 449. Não obstante a cláusula que exclui a garantia contra a evicção, se esta se der, tem direito o evicto a receber o preço que pagou pela coisa evicta, se não soube do risco da evicção, ou, dele informado, não o assumiu.	*Art. 1.108.* Não obstante a cláusula que exclui a garantia contra a evicção (art. 1.107), se esta se der, tem direito o evicto a recobrar o preço que pagou pela coisa evicta, se não soube do risco da evicção, ou, dele informado, o não assumiu.
Art. 450. Salvo estipulação em contrário, tem direito o evicto, além da restituição integral do preço ou das quantias que pagou:	*Art. 1.109.* Salvo estipulação em contrário, tem direito o evicto, além da restituição integral do preço, ou das quantias, que pagou:
I – à indenização dos frutos que tiver sido obrigado a restituir;	*I* – à indenização dos frutos que tiver sido obrigado a restituir;
II – à indenização pelas despesas dos contratos e pelos prejuízos que diretamente resultarem da evicção;	*II* – à das despesas dos contratos e dos prejuízos que diretamente resultarem da evicção;
III – às custas judiciais e aos honorários do advogado por ele constituído.	*III* – às custas judiciais.
Parágrafo único. O preço, seja a evicção total ou parcial, será o do valor da coisa, na época em que se evenceu, e proporcional ao desfalque sofrido, no caso de evicção parcial.	*Art. 1.115.* A importância do desfalque, na hipótese do artigo antecedente, será calculada em proporção do valor da coisa ao tempo em que se evenceu.
Art. 451. Subsiste para o alienante esta obrigação, ainda que a coisa alienada esteja deteriorada, exceto havendo dolo do adquirente.	*Art. 1.110.* Subsiste para o alienante esta obrigação, ainda que a coisa alienada esteja deteriorada, exceto havendo dolo do adquirente.
Art. 452. Se o adquirente tiver auferido vantagens das deteriorações, e não tiver sido condenado a indenizá-las, o valor das vantagens será deduzido da quantia que lhe houver de dar o alienante.	*Art. 1.111.* Se o adquirente tiver auferido vantagens das deteriorações, e não tiver sido condenado a indenizá-las, o valor das vantagens será deduzido da quantia que lhe houver de dar o alienante.
Art. 453. As benfeitorias necessárias ou úteis, não abonadas ao que sofreu a evicção, serão pagas pelo alienante.	*Art. 1.112.* As benfeitorias necessárias ou úteis, não abonadas ao que sofreu a evicção, serão pagas pelo alienante.
Art. 454. Se as benfeitorias abonadas ao que sofreu a evicção tiverem sido feitas pelo alienante, o valor delas será levado em conta na restituição devida.	*Art. 1.113.* Se as benfeitorias abonadas ao que sofreu a evicção tiverem sido feitas pelo alienante, o valor delas será levado em conta na restituição devida.
Art. 455. Se parcial, mas considerável, for a evicção, poderá o evicto optar entre a rescisão do contrato e a restituição da parte do preço correspondente ao desfalque sofrido. Se não for considerável, caberá somente direito a indenização.	*Art. 1.114.* Se a evicção for parcial, mas considerável, poderá o evicto optar entre a rescisão do contrato e a restituição da parte do preço correspondente ao desfalque sofrido.

Código Civil 2002	Código Civil 1916
Art. 456. Para poder exercitar o direito que da evicção lhe resulta, o adquirente notificará do litígio o alienante imediato, ou qualquer dos anteriores, quando e como lhe determinarem as leis do processo.	*Art. 1.116.* Para poder exercitar o direito, que da evicção lhe resulta, o adquirente notificará do litígio o alienante, quando e como lho determinarem as leis do processo.
Parágrafo único. Não atendendo o alienante à denunciação da lide, e sendo manifesta a procedência da evicção, pode o adquirente deixar de oferecer contestação, ou usar de recursos.	
Art. 457. Não pode o adquirente demandar pela evicção, se sabia que a coisa era alheia ou litigiosa.	*Art. 1.117.* Não pode o adquirente demandar pela evicção: *II* – se sabia que a coisa era alheia, ou litigiosa.
Seção VII **Dos Contratos Aleatórios**	
Art. 458. Se o contrato for aleatório, por dizer respeito a coisas ou fatos futuros, cujo risco de não virem a existir um dos contratantes assuma, terá o outro direito de receber integralmente o que lhe foi prometido, desde que de sua parte não tenha havido dolo ou culpa, ainda que nada do avençado venha a existir.	*Art. 1.118.* Se o contrato for aleatório, por dizer respeito a coisas futuras, cujo risco de não virem a existir assuma o adquirente, terá direito o alienante a todo o preço, desde que de sua parte não tenha havido culpa, ainda que delas não venha a existir absolutamente nada.
Art. 459. Se for aleatório, por serem objeto dele coisas futuras, tomando o adquirente a si o risco de virem a existir em qualquer quantidade, terá também direito o alienante a todo o preço, desde que de sua parte não tiver concorrido culpa, ainda que a coisa venha a existir em quantidade inferior à esperada.	*Art. 1.119.* Se for aleatório, por serem objeto dele coisas futuras, tomando o adquirente a si o risco de virem a existir em qualquer quantidade, terá também direito o alienante a todo o preço, desde que de sua parte não tiver concorrido culpa, ainda que a coisa venha a existir em quantidade inferior à esperada.
Parágrafo único. Mas, se da coisa nada vier a existir, alienação não haverá, e o alienante restituirá o preço recebido.	*Parágrafo único.* Mas, se da coisa nada vier a existir, alienação não haverá, e o adquirente restituirá o preço recebido.
Art. 460. Se for aleatório o contrato, por se referir a coisas existentes, mas expostas a risco, assumido pelo adquirente, terá igualmente direito o alienante a todo o preço, posto que a coisa já não existisse, em parte, ou de todo, no dia do contrato.	*Art. 1.120.* Se for aleatório, por se referir a coisas existentes, mas expostas a risco, assumido pelo adquirente, terá igualmente direito o alienante a todo o preço, posto que a coisa já não existisse, em parte, ou de todo, no dia do contrato.
Art. 461. A alienação aleatória a que se refere o artigo antecedente poderá ser anulada como dolosa pelo prejudicado, se provar que o outro contratante não ignorava a consumação do risco, a que no contrato se considerava exposta a coisa.	*Art. 1.121.* A alienação aleatória do artigo antecedente poderá ser anulada como dolosa pelo prejudicado, se provar que o outro contraente não ignorava a consumação do risco, a que no contrato se considerava exposta a coisa.

Código Civil 2002	Código Civil 1916

Seção VIII
Do Contrato Preliminar

Art. 462. O contrato preliminar, exceto quanto à forma, deve conter todos os requisitos essenciais ao contrato a ser celebrado.

Art. 463. Concluído o contrato preliminar, com observância do disposto no artigo antecedente, e desde que dele não conste cláusula de arrependimento, qualquer das partes terá o direito de exigir a celebração do definitivo, assinando prazo à outra para que o efetive.
Parágrafo único. O contrato preliminar deverá ser levado ao registro competente.

Art. 464. Esgotado o prazo, poderá o juiz, a pedido do interessado, suprir a vontade da parte inadimplente, conferindo caráter definitivo ao contrato preliminar, salvo se a isto se opuser a natureza da obrigação.

Art. 465. Se o estipulante não der execução ao contrato preliminar, poderá a outra parte considerá-lo desfeito, e pedir perdas e danos.

Art. 466. Se a promessa de contrato for unilateral, o credor, sob pena de ficar a mesma sem efeito, deverá manifestar-se no prazo nela previsto, ou, inexistindo este, no que lhe for razoavelmente assinado pelo devedor.

Seção IX
Do Contrato com Pessoa a Declarar

Art. 467. No momento da conclusão do contrato, pode uma das partes reservar-se a faculdade de indicar a pessoa que deve adquirir os direitos e assumir as obrigações dele decorrentes.

Art. 468. Essa indicação deve ser comunicada à outra parte no prazo de cinco dias da conclusão do contrato, se outro não tiver sido estipulado.
Parágrafo único. A aceitação da pessoa nomeada não será eficaz se não se revestir da mesma forma que as partes usaram para o contrato.

Art. 469. A pessoa, nomeada de conformidade com os artigos antecedentes, adquire os direitos

Código Civil 2002	Código Civil 1916
e assume as obrigações decorrentes do contrato, a partir do momento em que este foi celebrado.	
Art. 470. O contrato será eficaz somente entre os contratantes originários: **I –** se não houver indicação de pessoa, ou se o nomeado se recusar a aceitá-la; **II –** se a pessoa nomeada era insolvente, e a outra pessoa o desconhecia no momento da indicação.	
Art. 471. Se a pessoa a nomear era incapaz ou insolvente no momento da nomeação, o contrato produzirá seus efeitos entre os contratantes originários.	
Capítulo II **Da Extinção do Contrato** **Seção I** **Do Distrato** **Art. 472.** O distrato faz-se pela mesma forma exigida para o contrato.	*Art. 1.093.* O distrato faz-se pela mesma forma que o contrato. Mas a quitação vale, qualquer que seja a sua forma.
Art. 473. A resilição unilateral, nos casos em que a lei expressa ou implicitamente o permita, opera mediante denúncia notificada à outra parte. **Parágrafo único.** Se, porém, dada a natureza do contrato, uma das partes houver feito investimentos consideráveis para a sua execução, a denúncia unilateral só produzirá efeito depois de transcorrido prazo compatível com a natureza e o vulto dos investimentos.	
Seção II **Da Cláusula Resolutiva** **Art. 474.** A cláusula resolutiva expressa opera de pleno direito; a tácita depende de interpelação judicial.	
Art. 475. A parte lesada pelo inadimplemento pode pedir a resolução do contrato, se não preferir exigir-lhe o cumprimento, cabendo, em qualquer dos casos, indenização por perdas e danos.	*Art. 1.092, Parágrafo único.* A parte lesada pelo inadimplemento pode requerer a rescisão do contrato com perdas e danos.

CÓDIGO CIVIL 2002	CÓDIGO CIVIL 1916
Seção III **Da Exceção de Contrato não Cumprido** **Art. 476.** Nos contratos bilaterais, nenhum dos contratantes, antes de cumprida a sua obrigação, pode exigir o implemento da do outro.	*Art. 1.092.* Nos contratos bilaterais, nenhum dos contraentes, antes de cumprida a sua obrigação, pode exigir o implemento da do outro. Se, depois de concluído o contrato sobrevier a uma das partes contratantes diminuição em seu patrimônio, capaz de comprometer ou tornar duvidosa a prestação pela qual se obrigou, pode a parte, a quem incumbe fazer prestação em primeiro lugar, recusar-se a esta, até que a outra satisfaça a que lhe compete ou dê garantia bastante de satisfazê-la.
Art. 477. Se, depois de concluído o contrato, sobrevier a uma das partes contratantes diminuição em seu patrimônio capaz de comprometer ou tornar duvidosa a prestação pela qual se obrigou, pode a outra recusar-se à prestação que lhe incumbe, até que aquela satisfaça a que lhe compete ou dê garantia bastante de satisfazê-la.	*Art. 1.092, caput (ver acima).*
Seção IV **Da Resolução por Onerosidade Excessiva** **Art. 478.** Nos contratos de execução continuada ou diferida, se a prestação de uma das partes se tornar excessivamente onerosa, com extrema vantagem para a outra, em virtude de acontecimentos extraordinários e imprevisíveis, poderá o devedor pedir a resolução do contrato. Os efeitos da sentença que a decretar retroagirão à data da citação.	
Art. 479. A resolução poderá ser evitada, oferecendo-se o réu a modificar eqüitativamente as condições do contrato.	
Art. 480. Se no contrato as obrigações couberem a apenas uma das partes, poderá ela pleitear que a sua prestação seja reduzida, ou alterado o modo de executá-la, a fim de evitar a onerosidade excessiva.	

TÍTULO VI
Das Várias Espécies de Contrato

Capítulo I
Da Compra e Venda

Seção I
Disposições Gerais

Código Civil 2002	Código Civil 1916
Art. 481. Pelo contrato de compra e venda, um dos contratantes se obriga a transferir o domínio de certa coisa, e o outro, a pagar-lhe certo preço em dinheiro.	*Art. 1.122.* Pelo contrato de compra e venda, um dos contratantes se obriga a transferir o domínio de certa coisa, e o outro, a pagar-lhe certo preço em dinheiro.
Art. 482. A compra e venda, quando pura, considerar-se-á obrigatória e perfeita, desde que as partes acordarem no objeto e no preço.	*Art. 1.126.* A compra e venda, quando pura, considerar-se-á obrigatória e perfeita, desde que as partes acordarem no objeto e no preço.
Art. 483. A compra e venda pode ter por objeto coisa atual ou futura. Neste caso, ficará sem efeito o contrato se esta não vier a existir, salvo se a intenção das partes era de concluir contrato aleatório.	
Art. 484. Se a venda se realizar à vista de amostras, protótipos ou modelos, entender-se-á que o vendedor assegura ter a coisa as qualidades que a elas correspondem.	*Art. 1.135.* Se a venda se realizar à vista de amostras, entender-se-á que o vendedor assegura ter a coisa vendida as qualidades por elas apresentadas.
Parágrafo único. Prevalece a amostra, o protótipo ou o modelo, se houver contradição ou diferença com a maneira pela qual se descreveu a coisa no contrato.	
Art. 485. A fixação do preço pode ser deixada ao arbítrio de terceiro, que os contratantes logo designarem ou prometerem designar. Se o terceiro não aceitar a incumbência, ficará sem efeito o contrato, salvo quando acordarem os contratantes designar outra pessoa.	*Art. 1.123.* A fixação do preço pode ser deixada ao arbítrio de terceiro, que os contratantes logo designarem ou prometerem designar. Se o terceiro não aceitar a incumbência, ficará sem efeito o contrato, salvo quando acordarem os contraentes designar outra pessoa.
Art. 486. Também se poderá deixar a fixação do preço à taxa de mercado ou de bolsa, em certo e determinado dia e lugar.	*Art. 1.124.* Também se poderá deixar a fixação do preço à taxa do mercado, ou da bolsa, em certo e determinado dia e lugar.
Art. 487. É lícito às partes fixar o preço em função de índices ou parâmetros, desde que suscetíveis de objetiva determinação.	
Art. 488. Convencionada a venda sem fixação de preço ou de critérios para a sua determina-	

Código Civil 2002	Código Civil 1916
ção, se não houver tabelamento oficial, entende-se que as partes se sujeitaram ao preço corrente nas vendas habituais do vendedor. **Parágrafo único.** Na falta de acordo, por ter havido diversidade de preço, prevalecerá o termo médio.	
Art. 489. Nulo é o contrato de compra e venda, quando se deixa ao arbítrio exclusivo de uma das partes a fixação do preço.	*Art. 1.125.* Nulo é o contrato de compra e venda, quando se deixa ao arbítrio exclusivo de uma das partes a taxação do preço.
Art. 490. Salvo cláusula em contrário, ficarão as despesas de escritura e registro a cargo do comprador, e a cargo do vendedor as da tradição.	*Art. 1.129.* Salvo cláusula em contrário, ficarão as despesas da escritura a cargo do comprador, e a cargo do vendedor as da tradição.
Art. 491. Não sendo a venda a crédito, o vendedor não é obrigado a entregar a coisa antes de receber o preço.	*Art. 1.130.* Não sendo a venda a crédito, o vendedor não é obrigado a entregar a coisa, antes de receber o preço.
Art. 492. Até o momento da tradição, os riscos da coisa correm por conta do vendedor, e os do preço por conta do comprador.	*Art. 1.127.* Até o momento da tradição, os riscos da coisa correm por conta do vendedor, e os do preço por conta do comprador.
§ 1º Todavia, os casos fortuitos, ocorrentes no ato de contar, marcar ou assinalar coisas, que comumente se recebem, contando, pesando, medindo ou assinalando, e que já tiverem sido postas à disposição do comprador, correrão por conta deste.	*§ 1º* Todavia, os casos fortuitos, ocorrentes no ato de contar, marcar, ou assinalar coisas, que comumente se recebem, contando, pesando, medindo ou assinalando, e que já tiverem sido postas à disposição do comprador, correrão por conta deste.
§ 2º Correrão também por conta do comprador os riscos das referidas coisas, se estiver em mora de as receber, quando postas à sua disposição no tempo, lugar e pelo modo ajustados.	*§ 2º* Correrão também por conta do comprador os riscos das referidas coisas, se estiver em mora de as receber, quando postas à sua disposição no tempo, lugar e pelo modo ajustados.
Art. 493. A tradição da coisa vendida, na falta de estipulação expressa, dar-se-á no lugar onde ela se encontrava, ao tempo da venda.	
Art. 494. Se a coisa for expedida para lugar diverso, por ordem do comprador, por sua conta correrão os riscos, uma vez entregue a quem haja de transportá-la, salvo se das instruções dele se afastar o vendedor.	*Art. 1.128.* Se a coisa for expedida para lugar diverso, por ordem do comprador, por sua conta correrão os riscos, uma vez entregue a quem haja de transportá-la, salvo se das instruções dele se afastar o vendedor.
Art. 495. Não obstante o prazo ajustado para o pagamento, se antes da tradição o comprador cair em insolvência, poderá o vendedor sobrestar na entrega da coisa, até que o comprador lhe dê caução de pagar no tempo ajustado.	*Art. 1.131.* Não obstante o prazo ajustado para o pagamento, se antes da tradição o comprador cair em insolvência, poderá o vendedor sobrestar na entrega da coisa, até que o comprador lhe dê caução de pagar no tempo ajustado.

Código Civil 2002	Código Civil 1916
Art. 496. É anulável a venda de ascendente a descendente, salvo se os outros descendentes e o cônjuge do alienante expressamente houverem consentido.	*Art. 1.132.* Os ascendentes não podem vender aos descendentes, sem que os outros descendentes expressamente consintam.
Parágrafo único. Em ambos os casos, dispensa-se o consentimento do cônjuge se o regime de bens for o da separação obrigatória.	
Art. 497. Sob pena de nulidade, não podem ser comprados, ainda que em hasta pública:	*Art. 1.133.* Não podem ser comprados, ainda em hasta pública:
I – pelos tutores, curadores, testamenteiros e administradores, os bens confiados à sua guarda ou administração;	*I –* pelos tutores, curadores, testamenteiros e administradores, os bens confiados à sua guarda ou administração;
II – pelos servidores públicos, em geral, os bens ou direitos da pessoa jurídica a que servirem, ou que estejam sob sua administração direta ou indireta;	*III –* pelos empregados públicos, os bens da União, dos Estados e dos Municípios, que estiverem sob sua administração, direta ou indireta. A mesma disposição aplica-se aos juízes, arbitradores, ou peritos que, de qualquer modo, possam influir no ato ou no preço da venda;
III – pelos juízes, secretários de tribunais, arbitradores, peritos e outros serventuários ou auxiliares da justiça, os bens ou direitos sobre que se litigar em tribunal, juízo ou conselho, no lugar onde servirem, ou a que se estender a sua autoridade;	*IV –* pelos juízes, empregados de fazenda, secretários de tribunais, escrivães e outros oficiais de justiça, os bens ou direitos, sobre que se litigar em tribunal, juízo, ou conselho, no lugar onde esses funcionários servirem, ou a que se estender a sua autoridade.
IV – pelos leiloeiros e seus prepostos, os bens de cuja venda estejam encarregados.	*II –* pelos mandatários, os bens, de cuja administração ou alienação estejam encarregados.
Parágrafo único. As proibições deste artigo estendem-se à cessão de crédito.	*Art. 1.134.* Esta proibição compreende a venda ou cessão de crédito, exceto se for ou entre coherdeiros, ou em pagamento de dívida, ou para garantia de bens já pertencentes a pessoas designadas no artigo anterior, n. IV.
Art. 498. A proibição contida no inciso III do artigo antecedente, não compreende os casos de compra e venda ou cessão entre co-herdeiros, ou em pagamento de dívida, ou para garantia de bens já pertencentes a pessoas designadas no referido inciso.	*Art. 1.134.* Esta proibição compreende a venda ou cessão de crédito, exceto se for ou entre coherdeiros, ou em pagamento de dívida, ou para garantia de bens já pertencentes a pessoas designadas no artigo anterior, n. IV.
Art. 499. É lícita a compra e venda entre cônjuges, com relação a bens excluídos da comunhão.	
Art. 500. Se, na venda de um imóvel, se estipular o preço por medida de extensão, ou se determi-	*Art. 1.136.* Se, na venda de um imóvel, se estipular o preço por medida de extensão, ou se de-

Código Civil 2002	Código Civil 1916
nar a respectiva área, e esta não corresponder, em qualquer dos casos, às dimensões dadas, o comprador terá o direito de exigir o complemento da área, e, não sendo isso possível, o de reclamar a resolução do contrato ou abatimento proporcional ao preço.	terminar a respectiva área, e esta não corresponder, em qualquer dos casos, às dimensões dadas, o comprador terá direito de exigir o complemento da área, e não sendo isso possível, o de reclamar a rescisão do contrato ou abatimento proporcional do preço. Não lhe cabe, porém, esse direito, se o imóvel foi vendido como coisa certa e discriminada, tendo sido apenas enunciativa a referência às suas dimensões.
§ 1º Presume-se que a referência às dimensões foi simplesmente enunciativa, quando a diferença encontrada não exceder de um vigésimo da área total enunciada, ressalvado ao comprador o direito de provar que, em tais circunstâncias, não teria realizado o negócio.	*Parágrafo único.* Presume-se que a referência às dimensões foi simplesmente enunciativa, quando a diferença encontrada não exceder de um vinte avos da extensão total enunciada.
§ 2º Se em vez de falta houver excesso, e o vendedor provar que tinha motivos para ignorar a medida exata da área vendida, caberá ao comprador, à sua escolha, completar o valor correspondente ao preço ou devolver o excesso.	
§ 3º Não haverá complemento de área, nem devolução de excesso, se o imóvel for vendido como coisa certa e discriminada, tendo sido apenas enunciativa a referência às suas dimensões, ainda que não conste, de modo expresso, ter sido a venda *ad corpus*.	*Art. 1.136, caput (ver acima).*
Art. 501. Decai do direito de propor as ações previstas no artigo antecedente o vendedor ou o comprador que não o fizer no prazo de um ano, a contar do registro do título. **Parágrafo único.** Se houver atraso na imissão de posse no imóvel, atribuível ao alienante, a partir dela fluirá o prazo de decadência.	
Art. 502. O vendedor, salvo convenção em contrário, responde por todos os débitos que gravem a coisa até o momento da tradição.	
Art. 503. Nas coisas vendidas conjuntamente, o defeito oculto de uma não autoriza a rejeição de todas.	*Art. 1.138.* Nas coisas vendidas conjuntamente, o defeito oculto de uma não autoriza a rejeição de todas.
Art. 504. Não pode um condômino em coisa indivisível vender a sua parte a estranhos, se outro consorte a quiser, tanto por tanto. O condômino, a quem não se der conhecimento	*Art. 1.139.* Não pode um condômino em coisa indivisível vender a sua parte a estranhos, se outro consorte a quiser, tanto por tanto. O condômino, a quem não se der conhecimento da venda,

Código Civil 2002	Código Civil 1916
da venda, poderá, depositando o preço, haver para si a parte vendida a estranhos, se o requerer no prazo de cento e oitenta dias, sob pena de decadência.	poderá, depositando o preço, haver para si a parte vendida a estranho, se o requerer no prazo de 6 (seis) meses.
Parágrafo único. Sendo muitos os condôminos, preferirá o que tiver benfeitorias de maior valor e, na falta de benfeitorias, o de quinhão maior. Se as partes forem iguais, haverão a parte vendida os comproprietários, que a quiserem, depositando previamente o preço.	*Parágrafo único.* Sendo muitos os condôminos, preferirá o que tiver benfeitorias de maior valor e, na falta de benfeitorias, o de quinhão maior. Se os quinhões forem iguais haverão a parte vendida os comproprietários, que a quiserem, depositando previamente o preço.
Seção II **Das Cláusulas Especiais à Compra e Venda** **Subseção I** **Da Retrovenda**	
Art. 505. O vendedor de coisa imóvel pode reservar-se o direito de recobrá-la no prazo máximo de decadência de três anos, restituindo o preço recebido e reembolsando as despesas do comprador, inclusive as que, durante o período de resgate, se efetuaram com a sua autorização escrita, ou para a realização de benfeitorias necessárias.	*Art. 1.140.* O vendedor pode reservar-se o direito de recobrar, em certo prazo, o imóvel, que vendeu, restituindo o preço, mais as despesas feitas pelo comprador. *Parágrafo único.* Além destas, reembolsará também, nesse caso, o vendedor ao comprador as empregadas em melhoramentos do imóvel, até ao valor por esses melhoramentos acrescentado à propriedade. *Art. 1.141.* O prazo para o resgate, ou retrato, não passará de 3 (três) anos, sob pena de se reputar não escrito; presumindo-se estipulado o máximo de tempo, quando as partes o não determinarem. *Parágrafo único.* O prazo do retrato, expresso, ou presumido, prevalece ainda contra o incapaz. Vencido o prazo, extingue-se o direito ao retrato, e torna-se irretratável a venda.
Art. 506. Se o comprador se recusar a receber as quantias a que faz jus, o vendedor, para exercer o direito de resgate, as depositará judicialmente. **Parágrafo único.** Verificada a insuficiência do depósito judicial, não será o vendedor restituído no domínio da coisa, até e enquanto não for integralmente pago o comprador.	
Art. 507. O direito de retrato, que é cessível e transmissível a herdeiros e legatários, poderá ser exercido contra o terceiro adquirente.	*Art. 1.142.* Na retrovenda, o vendedor conserva a sua ação contra os terceiros adquirentes da coisa retrovendida, ainda que eles não conhecessem a cláusula de retrato.

Código Civil 2002	Código Civil 1916
Art. 508. Se a duas ou mais pessoas couber o direito de retrato sobre o mesmo imóvel, e só uma o exercer, poderá o comprador intimar as outras para nele acordarem, prevalecendo o pacto em favor de quem haja efetuado o depósito, contanto que seja integral.	*Art. 1.143.* Se duas ou mais pessoas tiverem direito ao retrato sobre a mesma coisa, e só uma o exercer, poderá o comprador fazer intimar as outras, para nele acordarem.
Subseção II **Da Venda a Contento e da Sujeita a Prova**	
Art. 509. A venda feita a contento do comprador entende-se realizada sob condição suspensiva, ainda que a coisa lhe tenha sido entregue; e não se reputará perfeita, enquanto o adquirente não manifestar seu agrado.	*Art. 1.144.* A venda a contento reputar-se-á feita sob condição suspensiva, se no contrato não se lhe tiver dado expressamente o caráter de condição resolutiva.
Art. 510. Também a venda sujeita a prova presume-se feita sob a condição suspensiva de que a coisa tenha as qualidades asseguradas pelo vendedor e seja idônea para o fim a que se destina.	
Art. 511. Em ambos os casos, as obrigações do comprador, que recebeu, sob condição suspensiva, a coisa comprada, são as de mero comodatário, enquanto não manifeste aceitá-la.	*Art. 1.145.* As obrigações do comprador, que recebeu, sob condição suspensiva, a coisa comprada, são as de mero comodatário, enquanto não manifeste aceitá-la.
Art. 512. Não havendo prazo estipulado para a declaração do comprador, o vendedor terá direito de intimá-lo, judicial ou extrajudicialmente, para que o faça em prazo improrrogável.	*Art. 1.147.* Não havendo prazo estipulado para a declaração do comprador, o vendedor terá direito a intimá-lo judicialmente, para que o faça em prazo improrrogável, sob pena de considerar-se perfeita a venda.
Subseção III **Da Preempção ou Preferência**	
Art. 513. A preempção, ou preferência, impõe ao comprador a obrigação de oferecer ao vendedor a coisa que aquele vai vender, ou dar em pagamento, para que este use de seu direito de prelação na compra, tanto por tanto.	*Art. 1.149.* A preempção, ou preferência, impõe ao comprador a obrigação de oferecer ao vendedor a coisa que aquele vai vender, ou dar em pagamento, para que este use de seu direito de prelação na compra, tanto por tanto.
Parágrafo único. O prazo para exercer o direito de preferência não poderá exceder a cento e oitenta dias, se a coisa for móvel, ou a dois anos, se imóvel.	
Art. 514. O vendedor pode também exercer o seu direito de prelação, intimando o comprador, quando lhe constar que este vai vender a coisa.	*Art. 1.151.* O vendedor pode também exercer o seu direito de prelação, intimando-o ao comprador, quando lhe constar que este vai vender a coisa.

Código Civil 2002	Código Civil 1916
Art. 515. Aquele que exerce a preferência está, sob pena de a perder, obrigado a pagar, em condições iguais, o preço encontrado, ou o ajustado.	*Art. 1.155.* Aquele que exerce a preferência está, sob pena de a perder, obrigado a pagar, em condições iguais, o preço encontrado, ou o ajustado.
Art. 516. Inexistindo prazo estipulado, o direito de preempção caducará, se a coisa for móvel, não se exercendo nos três dias, e, se for imóvel, não se exercendo nos sessenta dias subseqüentes à data em que o comprador tiver notificado o vendedor.	*Art. 1.153.* O direito de preempção caducará, se a coisa for móvel, não se exercendo nos 3 (três) dias, e, se for imóvel, não se exercendo nos 30 (trinta) subseqüentes àquele, em que o comprador tiver afrontado o vendedor.
Art. 517. Quando o direito de preempção for estipulado a favor de dois ou mais indivíduos em comum, só pode ser exercido em relação à coisa no seu todo. Se alguma das pessoas, a quem ele toque, perder ou não exercer o seu direito, poderão as demais utilizá-lo na forma sobredita.	*Art. 1.154.* Quando o direito de preempção for estipulado a favor de dois ou mais indivíduos em comum, só poderá ser exercido em relação à coisa no seu todo. Se alguma das pessoas, a quem ele toque, perder, ou não exercer o seu direito, poderão as demais utilizá-lo na forma sobredita.
Art. 518. Responderá por perdas e danos o comprador, se alienar a coisa sem ter dado ao vendedor ciência do preço e das vantagens que por ela lhe oferecem. Responderá solidariamente o adquirente, se tiver procedido de má-fé.	*Art. 1.156.* Responderá por perdas e danos o comprador, se ao vendedor não der ciência do preço e das vantagens, que lhe oferecem pela coisa.
Art. 519. Se a coisa expropriada para fins de necessidade ou utilidade pública, ou por interesse social, não tiver o destino para que se desapropriou, ou não for utilizada em obras ou serviços públicos, caberá ao expropriado direito de preferência, pelo preço atual da coisa.	*Art. 1.150.* A União, o Estado, ou o Município, oferecerá ao ex-proprietário o imóvel desapropriado, pelo preço que o foi, caso não tenha o destino, para que se desapropriou.
Art. 520. O direito de preferência não se pode ceder nem passa aos herdeiros.	*Art. 1.157.* O direito de preferência não se pode ceder nem passa aos herdeiros.
Subseção IV **Da Venda com Reserva de Domínio** **Art. 521.** Na venda de coisa móvel, pode o vendedor reservar para si a propriedade, até que o preço esteja integralmente pago.	
Art. 522. A cláusula de reserva de domínio será estipulada por escrito e depende de registro no domicílio do comprador para valer contra terceiros.	
Art. 523. Não pode ser objeto de venda com reserva de domínio a coisa insuscetível de caracterização perfeita, para estremá-la de outras congêneres. Na dúvida, decide-se a favor do terceiro adquirente de boa-fé.	

Código Civil 2002	Código Civil 1916
Art. 524. A transferência de propriedade ao comprador dá-se no momento em que o preço esteja integralmente pago. Todavia, pelos riscos da coisa responde o comprador, a partir de quando lhe foi entregue.	
Art. 525. O vendedor somente poderá executar a cláusula de reserva de domínio após constituir o comprador em mora, mediante protesto do título ou interpelação judicial.	
Art. 526. Verificada a mora do comprador, poderá o vendedor mover contra ele a competente ação de cobrança das prestações vencidas e vincendas e o mais que lhe for devido; ou poderá recuperar a posse da coisa vendida.	
Art. 527. Na segunda hipótese do artigo antecedente, é facultado ao vendedor reter as prestações pagas até o necessário para cobrir a depreciação da coisa, as despesas feitas e o mais que de direito lhe for devido. O excedente será devolvido ao comprador; e o que faltar lhe será cobrado, tudo na forma da lei processual.	
Art. 528. Se o vendedor receber o pagamento à vista, ou, posteriormente, mediante financiamento de instituição do mercado de capitais, a esta caberá exercer os direitos e ações decorrentes do contrato, a benefício de qualquer outro. A operação financeira e a respectiva ciência do comprador constarão do registro do contrato.	
Subseção V **Da Venda Sobre Documentos** **Art. 529.** Na venda sobre documentos, a tradição da coisa é substituída pela entrega do seu título representativo e dos outros documentos exigidos pelo contrato ou, no silêncio deste, pelos usos. **Parágrafo único.** Achando-se a documentação em ordem, não pode o comprador recusar o pagamento, a pretexto de defeito de qualidade ou do estado da coisa vendida, salvo se o defeito já houver sido comprovado.	
Art. 530. Não havendo estipulação em contrário, o pagamento deve ser efetuado na data e no lugar da entrega dos documentos.	

Código Civil 2002	Código Civil 1916
Art. 531. Se entre os documentos entregues ao comprador figurar apólice de seguro que cubra os riscos do transporte, correm estes à conta do comprador, salvo se, ao ser concluído o contrato, tivesse o vendedor ciência da perda ou avaria da coisa.	
Art. 532. Estipulado o pagamento por intermédio de estabelecimento bancário, caberá a este efetuá-lo contra a entrega dos documentos, sem obrigação de verificar a coisa vendida, pela qual não responde. **Parágrafo único.** Nesse caso, somente após a recusa do estabelecimento bancário a efetuar o pagamento, poderá o vendedor pretendê-lo, diretamente do comprador.	
Capítulo II **Da Troca ou Permuta**	
Art. 533. Aplicam-se à troca as disposições referentes à compra e venda, com as seguintes modificações:	*Art. 1.164.* Aplicam-se à troca as disposições referentes à compra e venda, com as seguintes modificações:
I – salvo disposição em contrário, cada um dos contratantes pagará por metade as despesas com o instrumento da troca;	*I* – salvo disposição em contrário, cada um dos contratantes pagará por metade as despesas com o instrumento da troca;
II – é anulável a troca de valores desiguais entre ascendentes e descendentes, sem consentimento dos outros descendentes e do cônjuge do alienante.	*II* – é nula a troca de valores desiguais entre ascendentes e descendentes, sem consentimento expresso dos outros descendentes.
Capítulo III **Do Contrato Estimatório**	
Art. 534. Pelo contrato estimatório, o consignante entrega bens móveis ao consignatário, que fica autorizado a vendê-los, pagando àquele o preço ajustado, salvo se preferir, no prazo estabelecido, restituir-lhe a coisa consignada.	
Art. 535. O consignatário não se exonera da obrigação de pagar o preço, se a restituição da coisa, em sua integridade, se tornar impossível, ainda que por fato a ele não imputável.	
Art. 536. A coisa consignada não pode ser objeto de penhora ou seqüestro pelos credores do consignatário, enquanto não pago integralmente o preço.	

Código Civil 2002	Código Civil 1916
Art. 537. O consignante não pode dispor da coisa antes de lhe ser restituída ou de lhe ser comunicada a restituição.	
Capítulo IV **Da Doação** **Seção I** **Disposições Gerais**	
Art. 538. Considera-se doação o contrato em que uma pessoa, por liberalidade, transfere do seu patrimônio bens ou vantagens para o de outra.	*Art. 1.165.* Considera-se doação o contrato em que uma pessoa, por liberalidade, transfere do seu patrimônio bens ou vantagens para o de outra, que os aceita.
Art. 539. O doador pode fixar prazo ao donatário, para declarar se aceita ou não a liberalidade. Desde que o donatário, ciente do prazo, não faça, dentro dele, a declaração, entender-se-á que aceitou, se a doação não for sujeita a encargo.	*Art. 1.166.* O doador pode fixar prazo ao donatário, para declarar se aceita, ou não, a liberalidade. Desde que o donatário, ciente do prazo, não faça dentro dele, a declaração, entender-se-á que aceitou, se a doação não for sujeita a encargo.
Art. 540. A doação feita em contemplação do merecimento do donatário não perde o caráter de liberalidade, como não o perde a doação remuneratória, ou a gravada, no excedente ao valor dos serviços remunerados ou ao encargo imposto.	*Art. 1.167.* A doação feita em contemplação do merecimento do donatário não perde o caráter de liberalidade, como o não perde a doação remuneratória ou gravada, no excedente ao valor dos serviços remunerados, ou ao encargo imposto.
Art. 541. A doação far-se-á por escritura pública ou instrumento particular.	*Art. 1.168.* A doação far-se-á por escritura pública, ou instrumento particular (art. 134).
Parágrafo único. A doação verbal será válida, se, versando sobre bens móveis e de pequeno valor, se lhe seguir *incontinenti* a tradição.	*Parágrafo único.* A doação verbal será válida, se, versando sobre bens móveis e de pequeno valor, se lhe seguir *incontinenti* a tradição.
Art. 542. A doação feita ao nascituro valerá, sendo aceita pelo seu representante legal.	*Art. 1.169.* A doação feita ao nascituro valerá, sendo aceita pelos pais.
Art. 543. Se o donatário for absolutamente incapaz, dispensa-se a aceitação, desde que se trate de doação pura.	*Art. 1.170.* Às pessoas que não puderem contratar é facultado, não obstante, aceitar doações puras.
Art. 544. A doação de ascendentes a descendentes, ou de um cônjuge a outro, importa adiantamento do que lhes cabe por herança.	*Art. 1.171.* A doação dos pais aos filhos importa adiantamento da legítima.
Art. 545. A doação em forma de subvenção periódica ao beneficiado extingue-se morrendo o doador, salvo se este outra coisa dispuser, mas não poderá ultrapassar a vida do donatário.	*Art. 1.172.* A doação em forma de subvenção periódica ao beneficiado extingue-se, morrendo o doador, salvo se este outra coisa dispuser.

Código Civil 2002	Código Civil 1916
Art. 546. A doação feita em contemplação de casamento futuro com certa e determinada pessoa, quer pelos nubentes entre si, quer por terceiro a um deles, a ambos, ou aos filhos que, de futuro, houverem um do outro, não pode ser impugnada por falta de aceitação, e só ficará sem efeito se o casamento não se realizar.	*Art. 1.173.* A doação feita em contemplação do casamento futuro com certa e determinada pessoa, quer pelos nubentes entre si, quer por terceiro a um deles, a ambos, ou aos filhos que, de futuro, houverem um do outro, não pode ser impugnada por falta de aceitação, e só ficará sem efeito se o casamento não se realizar.
Art. 547. O doador pode estipular que os bens doados voltem ao seu patrimônio, se sobreviver ao donatário.	*Art. 1.174.* O doador pode estipular que os bens doados voltem ao seu patrimônio, se sobreviver ao donatário.
Parágrafo único. Não prevalece cláusula de reversão em favor de terceiro.	
Art. 548. É nula a doação de todos os bens sem reserva de parte, ou renda suficiente para a subsistência do doador.	*Art. 1.175.* É nula a doação de todos os bens, sem reserva de parte, ou renda suficiente para a subsistência do doador.
Art. 549. Nula é também a doação quanto à parte que exceder à de que o doador, no momento da liberalidade, poderia dispor em testamento.	*Art. 1.176.* Nula é também a doação quanto à parte que exceder a de que o doador, no momento da liberalidade, poderia dispor em testamento.
Art. 550. A doação do cônjuge adúltero ao seu cúmplice pode ser anulada pelo outro cônjuge, ou por seus herdeiros necessários, até dois anos depois de dissolvida a sociedade conjugal.	*Art. 1.177.* A doação do cônjuge adúltero ao seu cúmplice pode ser anulada pelo outro cônjuge, ou por seus herdeiros necessários, até 2 (dois) anos depois de dissolvida a sociedade conjugal (arts. 178, § 7º, VI, e 248, IV).
Art. 551. Salvo declaração em contrário, a doação em comum a mais de uma pessoa entende-se distribuída entre elas por igual.	*Art. 1.178.* Salvo declaração em contrário, a doação em comum a mais de uma pessoa entende-se distribuída entre elas por igual.
Parágrafo único. Se os donatários, em tal caso, forem marido e mulher, subsistirá na totalidade a doação para o cônjuge sobrevivo.	*Parágrafo único.* Se os donatários, em tal caso, forem marido e mulher, subsistirá na totalidade a doação para o cônjuge sobrevivo.
Art. 552. O doador não é obrigado a pagar juros moratórios, nem é sujeito às conseqüências da evicção ou do vício redibitório. Nas doações para casamento com certa e determinada pessoa, o doador ficará sujeito à evicção, salvo convenção em contrário.	*Art. 1.179.* O doador não é obrigado a pagar juros moratórios, nem é sujeito à evicção, exceto no caso do art. 285.
Art. 553. O donatário é obrigado a cumprir os encargos da doação, caso forem a benefício do doador, de terceiro, ou do interesse geral.	*Art. 1.180.* O donatário é obrigado a cumprir os encargos da doação, caso forem a benefício do doador, de terceiro, ou do interesse geral.
Parágrafo único. Se desta última espécie for o encargo, o Ministério Público poderá exigir sua	*Parágrafo único.* Se desta última espécie for o encargo, o Ministério Público poderá exigir sua

CÓDIGO CIVIL 2002	CÓDIGO CIVIL 1916
execução, depois da morte do doador, se este não tiver feito.	execução, depois da morte do doador, se este não o tiver feito.
Art. 554. A doação a entidade futura caducará se, em dois anos, esta não estiver constituída regularmente.	
Seção II **Da Revogação da Doação**	
Art. 555. A doação pode ser revogada por ingratidão do donatário, ou por inexecução do encargo.	*Art. 1.181.* Além dos casos comuns a todos os contratos, a doação também se revoga por ingratidão do donatário. *Parágrafo único.* A doação onerosa poder-se-á revogar por inexecução do encargo, desde que o donatário incorrer em mora.
Art. 556. Não se pode renunciar antecipadamente o direito de revogar a liberalidade por ingratidão do donatário.	*Art. 1.182.* Não se pode renunciar antecipadamente o direito de revogar a liberalidade por ingratidão do donatário.
Art. 557. Podem ser revogadas por ingratidão as doações:	*Art. 1.183.* Só se podem revogar por ingratidão as doações:
I – se o donatário atentou contra a vida do doador ou cometeu crime de homicídio doloso contra ele;	*I* – se o donatário atentou contra a vida do doador;
II – se cometeu contra ele ofensa física;	*II* – se cometeu contra ele ofensa física;
III – se o injuriou gravemente ou o caluniou;	*III* – se o injuriou gravemente, ou o caluniou;
IV – se, podendo ministrá-los, recusou ao doador os alimentos de que este necessitava.	*IV* – se, podendo ministrar-lhos, recusou ao doador os alimentos, de que este necessitava.
Art. 558. Pode ocorrer também a revogação quando o ofendido, nos casos do artigo anterior, for o cônjuge, ascendente, descendente, ainda que adotivo, ou irmão do doador.	
Art. 559. A revogação por qualquer desses motivos deverá ser pleiteada dentro de um ano, a contar de quando chegue ao conhecimento do doador o fato que a autorizar, e de ter sido o donatário o seu autor.	*Art. 1.184.* A revogação por qualquer desses motivos pleitear-se-á dentro em 1 (um) ano, a contar de quando chegue ao conhecimento do doador o fato que a autorizar (art. 178, § 6º, I).
Art. 560. O direito de revogar a doação não se transmite aos herdeiros do doador, nem prejudica os do donatário. Mas aqueles podem prosseguir na ação iniciada pelo doador, continuando-a	*Art. 1.185.* O direito de que trata o artigo precedente não se transmite aos herdeiros do doador, nem prejudica os do donatário. Mas aqueles podem prosseguir na ação iniciada pelo doador,

Código Civil 2002	Código Civil 1916
contra os herdeiros do donatário, se este falecer depois de ajuizada a lide.	continuando-a contra os herdeiros do donatário, se este falecer depois de contestada a lide.
Art. 561. No caso de homicídio doloso do doador, a ação caberá aos seus herdeiros, exceto se aquele houver perdoado.	
Art. 562. A doação onerosa pode ser revogada por inexecução do encargo, se o donatário incorrer em mora. Não havendo prazo para o cumprimento, o doador poderá notificar judicialmente o donatário, assinando-lhe prazo razoável para que cumpra a obrigação assumida.	*Art. 1.181, Parágrafo único.* A doação onerosa poder-se-á revogar por inexecução do encargo, desde que o donatário incorrer em mora.
Art. 563. A revogação por ingratidão não prejudica os direitos adquiridos por terceiros, nem obriga o donatário a restituir os frutos percebidos antes da citação válida; mas sujeita-o a pagar os posteriores, e, quando não possa restituir em espécie as coisas doadas, a indenizá-la pelo meio termo do seu valor.	*Art. 1.186.* A revogação por ingratidão não prejudica os direitos adquiridos por terceiro, nem obriga o donatário a restituir os frutos, que percebeu antes de contestada a lide; mas sujeita-o a pagar os posteriores, e, quando não possa restituir em espécie as coisas doadas, a indenizá-las pelo meio termo do seu valor.
Art. 564. Não se revogam por ingratidão:	*Art. 1.187.* Não se revogam por ingratidão:
I – as doações puramente remuneratórias;	*I* – as doações puramente remuneratórias;
II – as oneradas com encargo já cumprido;	*II* – as oneradas por encargo;
III – as que se fizerem em cumprimento de obrigação natural;	*III* – as que se fizerem em cumprimento de obrigação natural;
IV – as feitas para determinado casamento.	*IV* – as feitas para determinado casamento.
CAPÍTULO V **Da Locação de Coisas**	
Art. 565. Na locação de coisas, uma das partes se obriga a ceder à outra, por tempo determinado ou não, o uso e gozo de coisa não fungível, mediante certa retribuição.	*Art. 1.188.* Na locação de coisas, uma das partes se obriga a ceder à outra, por tempo determinado, ou não, o uso e gozo de coisa não fungível, mediante certa retribuição.
Art. 566. O locador é obrigado:	*Art. 1.189.* O locador é obrigado:
I – a entregar ao locatário a coisa alugada, com suas pertenças, em estado de servir ao uso a que se destina, e a mantê-la nesse estado, pelo tempo do contrato, salvo cláusula expressa em contrário;	*I* – a entregar ao locatário a coisa alugada, com suas pertenças, em estado de servir ao uso a que se destina, e a mantê-la nesse estado, pelo tempo do contrato, salvo cláusula expressa em contrário;
II – a garantir-lhe, durante o tempo do contrato, o uso pacífico da coisa.	*II* – a garantir-lhe, durante o tempo do contrato, o uso pacífico da coisa.

Código Civil 2002	Código Civil 1916
Art. 567. Se, durante a locação, se deteriorar a coisa alugada, sem culpa do locatário, a este caberá pedir redução proporcional do aluguel, ou resolver o contrato, caso já não sirva a coisa para o fim a que se destinava.	*Art. 1.190.* Se, durante a locação, se deteriorar a coisa alugada, sem culpa do locatário, a este caberá pedir redução proporcional do aluguer, ou rescindir o contrato, caso já não sirva a coisa para o fim a que se destinava.
Art. 568. O locador resguardará o locatário dos embaraços e turbações de terceiros, que tenham ou pretendam ter direitos sobre a coisa alugada, e responderá pelos seus vícios, ou defeitos, anteriores à locação.	*Art. 1.191.* O locador resguardará o locatário dos embaraços e turbações de terceiros, que tenham, ou pretendam ter direito sobre a coisa alugada, e responderá pelos seus vícios, ou defeitos, anteriores à locação.
Art. 569. O locatário é obrigado:	*Art. 1.192.* O locatário é obrigado:
I – a servir-se da coisa alugada para os usos convencionados ou presumidos, conforme a natureza dela e as circunstâncias, bem como tratá-la com o mesmo cuidado como se sua fosse;	*I* – a servir-se da coisa alugada para os usos convencionados, ou presumidos, conforme a natureza dela e as circunstâncias, bem como a tratá-la com o mesmo cuidado como se sua fosse;
II – a pagar pontualmente o aluguel nos prazos ajustados, e, em falta de ajuste, segundo o costume do lugar;	*II* – a pagar pontualmente o aluguer nos prazos ajustados, e, em falta de ajuste, segundo o costume do lugar;
III – a levar ao conhecimento do locador as turbações de terceiros, que se pretendam fundadas em direito;	*III* – a levar ao conhecimento do locador as turbações de terceiros, que se pretendam fundadas em direito (art. 1.191);
IV – a restituir a coisa, finda a locação, no estado em que a recebeu, salvas as deteriorações naturais ao uso regular.	*IV* – a restituir a coisa, finda a locação, no estado em que a recebeu, salvas as deteriorações naturais ao uso regular.
Art. 570. Se o locatário empregar a coisa em uso diverso do ajustado, ou do a que se destina, ou se ela se danificar por abuso do locatário, poderá o locador, além de rescindir o contrato, exigir perdas e danos.	*Art. 1.193.* Se o locatário empregar a coisa em uso diverso do ajustado, ou do a que se destina ou se ela se danificar por abuso do locatário, poderá o locador, além de rescindir o contrato, exigir perdas e danos.
Art. 571. Havendo prazo estipulado à duração do contrato, antes do vencimento não poderá o locador reaver a coisa alugada, senão ressarcindo ao locatário as perdas e danos resultantes, nem o locatário devolvê-la ao locador, senão pagando, proporcionalmente, a multa prevista no contrato.	*Art. 1.193, Parágrafo único.* Havendo prazo estipulado à duração do contrato, antes do vencimento não poderá o locador reaver a coisa alugada, senão ressarcindo ao locatário as perdas e danos resultantes, nem o locatário devolvê-la ao locador, senão pagando o aluguer pelo tempo que faltar.
Parágrafo único. O locatário gozará do direito de retenção, enquanto não for ressarcido.	
Art. 572. Se a obrigação de pagar o aluguel pelo tempo que faltar constituir indenização excessiva, será facultado ao juiz fixá-la em bases razoáveis.	

Código Civil 2002	Código Civil 1916
Art. 573. A locação por tempo determinado cessa de pleno direito findo o prazo estipulado, independentemente de notificação ou aviso.	*Art. 1.194.* A locação por tempo determinado cessa de pleno direito findo o prazo estipulado, independentemente de notificação, ou aviso.
Art. 574. Se, findo o prazo, o locatário continuar na posse da coisa alugada, sem oposição do locador, presumir-se-á prorrogada a locação pelo mesmo aluguel, mas sem prazo determinado.	*Art. 1.195.* Se, findo o prazo, o locatário continuar na posse da coisa alugada, sem oposição do locador, presumir-se-á prorrogada a locação pelo mesmo aluguer, mas sem prazo determinado.
Art. 575. Se, notificado o locatário, não restituir a coisa, pagará, enquanto a tiver em seu poder, o aluguel que o locador arbitrar, e responderá pelo dano que ela venha a sofrer, embora proveniente de caso fortuito.	*Art. 1.196.* Se, notificado, o locatário não restituir a coisa, pagará, enquanto a tiver em seu poder, o aluguer que o locador arbitrar e responderá pelo dano, que ela venha a sofrer, embora proveniente de caso fortuito.
Parágrafo único. Se o aluguel arbitrado for manifestamente excessivo, poderá o juiz reduzi-lo, mas tendo sempre em conta o seu caráter de penalidade.	
Art. 576. Se a coisa for alienada durante a locação, o adquirente não ficará obrigado a respeitar o contrato, se nele não for consignada a cláusula da sua vigência no caso de alienação, e não constar de registro.	*Art. 1.197.* Se, durante a locação, for alienada a coisa, não ficará o adquirente obrigado a respeitar o contrato, se nele não for consignada a cláusula da sua vigência no caso de alienação, e constar de registro público.
§ 1º O registro a que se refere este artigo será o de Títulos e Documentos do domicílio do locador, quando a coisa for móvel; e será o Registro de Imóveis da respectiva circunscrição, quando imóvel.	
§ 2º Em se tratando de imóvel, e ainda no caso em que o locador não esteja obrigado a respeitar o contrato, não poderá ele despedir o locatário, senão observado o prazo de noventa dias após a notificação.	*Parágrafo único.* Nas locações de imóveis, não poderá, porém, despedir o locatário, senão observados os prazos do art. 1.209.
Art. 577. Morrendo o locador ou o locatário, transfere-se aos seus herdeiros a locação por tempo determinado.	*Art. 1.198.* Morrendo o locador, ou o locatário, transfere-se aos seus herdeiros a locação por tempo determinado.
Art. 578. Salvo disposição em contrário, o locatário goza do direito de retenção, no caso de benfeitorias necessárias, ou no de benfeitorias úteis, se estas houverem sido feitas com expresso consentimento do locador.	*Art. 1.199.* Não é lícito ao locatário reter a coisa alugada, exceto no caso de benfeitorias necessárias, ou no de benfeitorias úteis se estas houverem sido feitas com expresso consentimento do locador.

Código Civil 2002	Código Civil 1916
Capítulo VI **Do Empréstimo** **Seção I** **Do Comodato**	
Art. 579. O comodato é o empréstimo gratuito de coisas não fungíveis. Perfaz-se com a tradição do objeto.	*Art. 1.248.* O comodato é o empréstimo gratuito de coisas não fungíveis. Perfaz-se com a tradição do objeto.
Art. 580. Os tutores, curadores e em geral todos os administradores de bens alheios não poderão dar em comodato, sem autorização especial, os bens confiados à sua guarda.	*Art. 1.249.* Os tutores, curadores, e em geral todos os administradores de bens alheios não poderão dar em comodato, sem autorização especial, os bens confiados à sua guarda.
Art. 581. Se o comodato não tiver prazo convencional, presumir-se-lhe-á o necessário para o uso concedido; não podendo o comodante, salvo necessidade imprevista e urgente, reconhecida pelo juiz, suspender o uso e gozo da coisa emprestada, antes de findo o prazo convencional, ou o que se determine pelo uso outorgado.	*Art. 1.250.* Se o comodato não tiver prazo convencional, presumir-se-lhe-á o necessário para o uso concedido; não podendo o comodante, salvo necessidade imprevista e urgente, reconhecida pelo juiz, suspender o uso e gozo da coisa emprestada, antes de findo o prazo convencional, ou o que se determine pelo uso outorgado.
Art. 582. O comodatário é obrigado a conservar, como se sua própria fora, a coisa emprestada, não podendo usá-la senão de acordo com o contrato ou a natureza dela, sob pena de responder por perdas e danos. O comodatário constituído em mora, além de por ela responder, pagará, até restituí-la, o aluguel da coisa que for arbitrado pelo comodante.	*Art. 1.251.* O comodatário é obrigado a conservar, como se sua própria fora, a coisa emprestada, não podendo usá-la senão de acordo com o contrato, ou a natureza dela, sob pena de responder por perdas e danos. *Art. 1.252.* O comodatário constituído em mora, além de por ela responder, pagará o aluguer da coisa durante o tempo do atraso em restituí-la.
Art. 583. Se, correndo risco o objeto do comodato juntamente com outros do comodatário, antepuser este a salvação dos seus abandonando o do comodante, responderá pelo dano ocorrido, ainda que se possa atribuir a caso fortuito, ou força maior.	*Art. 1.253.* Se, correndo risco o objeto do comodato juntamente com outros do comandatário, antepuser este a salvação dos seus, abandonando o do comodante, responderá pelo dano ocorrido, ainda que se possa atribuir a caso fortuito, ou força maior.
Art. 584. O comodatário não poderá jamais recobrar do comodante as despesas feitas com o uso e gozo da coisa emprestada.	*Art. 1.254.* O comodatário não poderá jamais recobrar do comodante as despesas feitas com o uso e gozo da coisa emprestada.
Art. 585. Se duas ou mais pessoas forem simultaneamente comodatárias de uma coisa, ficarão solidariamente responsáveis para com o comodante.	*Art. 1.255.* Se duas ou mais pessoas forem simultaneamente comodatárias de uma coisa, ficarão solidariamente responsáveis para com o comodante.

CÓDIGO CIVIL 2002	CÓDIGO CIVIL 1916
Seção II **Do Mútuo**	
Art. 586. O mútuo é o empréstimo de coisas fungíveis. O mutuário é obrigado a restituir ao mutuante o que dele recebeu em coisa do mesmo gênero, qualidade e quantidade.	*Art. 1.256.* O mútuo é o empréstimo de coisas fungíveis. O mutuário é obrigado a restituir ao mutuante o que dele recebeu em coisas do mesmo gênero, qualidade ou quantidade.
Art. 587. Este empréstimo transfere o domínio da coisa emprestada ao mutuário, por cuja conta correm todos os riscos dela desde a tradição.	*Art. 1.257.* Este empréstimo transfere o domínio da coisa emprestada ao mutuário, por cuja conta correm todos os riscos dela desde a tradição.
Art. 588. O mútuo feito a pessoa menor, sem prévia autorização daquele sob cuja guarda estiver, não pode ser reavido nem do mutuário, nem de seus fiadores.	*Art. 1.259.* O mútuo feito a pessoa menor, sem prévia autorização daquele sob cuja guarda estiver, não pode ser reavido nem do mutuário, nem de seus fiadores, ou abonadores (art. 1.502).
Art. 589. Cessa a disposição do artigo antecedente:	*Art. 1.260.* Cessa a disposição do artigo antecedente:
I – se a pessoa, de cuja autorização necessitava o mutuário para contrair o empréstimo, o ratificar posteriormente;	*I* – se a pessoa de cuja autorização necessitava o mutuário, para contrair o empréstimo, o ratificar posteriormente;
II – se o menor, estando ausente essa pessoa, se viu obrigado a contrair o empréstimo para os seus alimentos habituais;	*II* – se o menor, estando ausente essa pessoa, se viu obrigado a contrair o empréstimo para os seus alimentos habituais;
III – se o menor tiver bens ganhos com o seu trabalho. Mas, em tal caso, a execução do credor não lhes poderá ultrapassar as forças;	*III* – se o menor tiver bens da classe indicada no art. 391, II. Mas, em tal caso, a execução do credor não lhes poderá ultrapassar as forças.
IV – se o empréstimo reverteu em benefício do menor;	
V – se o menor obteve o empréstimo maliciosamente.	
Art. 590. O mutuante pode exigir garantia da restituição, se antes do vencimento o mutuário sofrer notória mudança em sua situação econômica.	*Art. 1.261.* O mutuante pode exigir garantia da restituição, se antes do vencimento o mutuário sofrer notória mudança na fortuna.
Art. 591. Destinando-se o mútuo a fins econômicos, presumem-se devidos juros, os quais, sob pena de redução, não poderão exceder a taxa a que se refere o art. 406, permitida a capitalização anual.	*Art. 1.262.* É permitido, mas só por cláusula expressa, fixar juros ao empréstimo de dinheiro ou de outras coisas fungíveis. Esses juros podem fixar-se abaixo ou acima da taxa legal (art. 1.062), com ou sem capitalização.

Código Civil 2002	Código Civil 1916
Art. 592. Não se tendo convencionado expressamente, o prazo do mútuo será:	*Art. 1.264.* Não se tendo convencionado expressamente, o prazo do mútuo será:
I – até a próxima colheita, se o mútuo for de produtos agrícolas, assim para o consumo, como para semeadura;	*I* – até à próxima colheita, se o mútuo for de produtos agrícolas, assim para o consumo, como para a semeadura;
II – de trinta dias, pelo menos, se for de dinheiro;	*II* – de 30 (trinta) dias, pelo menos, até prova em contrário, se for de dinheiro;
III – do espaço de tempo que declarar o mutuante, se for de qualquer outra coisa fungível.	*III* – do espaço de tempo que declarar o mutuante, se for de qualquer outra coisa fungível.
Capítulo VII **Da Prestação de Serviço**	
Art. 593. A prestação de serviço, que não estiver sujeita às leis trabalhistas ou a lei especial, reger-se-á pelas disposições deste Capítulo.	
Art. 594. Toda a espécie de serviço ou trabalho lícito, material ou imaterial, pode ser contratada mediante retribuição.	*Art. 1.216.* Toda a espécie de serviço ou trabalho lícito, material ou imaterial, pode ser contratada mediante retribuição.
Art. 595. No contrato de prestação de serviço, quando qualquer das partes não souber ler, nem escrever, o instrumento poderá ser assinado a rogo e subscrito por duas testemunhas.	*Art. 1.217.* No contrato de locação de serviços, quando qualquer das partes não souber ler, nem escrever, o instrumento poderá ser escrito e assinado a rogo, subscrevendo-o, neste caso, quatro testemunhas.
Art. 596. Não se tendo estipulado, nem chegado a acordo as partes, fixar-se-á por arbitramento a retribuição, segundo o costume do lugar, o tempo de serviço e sua qualidade.	*Art. 1.218.* Não se tendo estipulado, nem chegado a acordo as partes, fixar-se-á por arbitramento a retribuição, segundo o costume do lugar, o tempo de serviço e sua qualidade.
Art. 597. A retribuição pagar-se-á depois de prestado o serviço, se, por convenção, ou costume, não houver de ser adiantada, ou paga em prestações.	*Art. 1.219.* A retribuição pagar-se-á depois de prestado o serviço, se, por convenção, ou costume, não houver de ser adiantada, ou paga em prestações.
Art. 598. A prestação de serviço não se poderá convencionar por mais de quatro anos, embora o contrato tenha por causa o pagamento de dívida de quem o presta, ou se destine à execução de certa e determinada obra. Neste caso, decorridos quatro anos, dar-se-á por findo o contrato, ainda que não concluída a obra.	*Art. 1.220.* A locação de serviço não se poderá convencionar por mais de 4 (quatro) anos, embora o contrato tenha por causa o pagamento de dívida do locador, ou se destine a execução de certa e determinada obra. Neste caso, decorridos 4 (quatro) anos, dar-se-á por findo o contrato, ainda que não concluída a obra (art. 1.225).
Art. 599. Não havendo prazo estipulado, nem se podendo inferir da natureza do contrato, ou do cos-	*Art. 1.221.* Não havendo prazo estipulado, nem se podendo inferir da natureza do contrato, ou do cos-

Código Civil 2002	Código Civil 1916
tume do lugar, qualquer das partes, a seu arbítrio, mediante prévio aviso, pode resolver o contrato.	tume do lugar, qualquer das partes, a seu arbítrio, mediante prévio aviso, pode rescindir o contrato.
Parágrafo único. Dar-se-á o aviso:	*Parágrafo único.* Dar-se-á o aviso:
I – com antecedência de oito dias, se o salário se houver fixado por tempo de um mês, ou mais;	*I* – com antecedência de 8 (oito) dias, se o salário se houver fixado por tempo de 1 (um) mês, ou mais;
II – com antecipação de quatro dias, se o salário se tiver ajustado por semana, ou quinzena;	*II* – com antecipação de 4 (quatro) dias, se o salário se tiver ajustado por semana, ou quinzena;
III – de véspera, quando se tenha contratado por menos de sete dias.	*III* – de véspera, quando se tenha contratado por menos de 7 (sete) dias.
Art. 600. Não se conta no prazo do contrato o tempo em que o prestador de serviço, por culpa sua, deixou de servir.	*Art. 1.223.* Não se conta no prazo do contrato o tempo em que o locador, por culpa sua, deixou de servir.
Art. 601. Não sendo o prestador de serviço contratado para certo e determinado trabalho, entender-se-á que se obrigou a todo e qualquer serviço compatível com as suas forças e condições.	*Art. 1.224.* Não sendo o locador contratado para certo e determinado trabalho, entender-se-á que se obrigou a todo e qualquer serviço compatível com as suas forças e condições.
Art. 602. O prestador de serviço contratado por tempo certo, ou por obra determinada, não se pode ausentar, ou despedir, sem justa causa, antes de preenchido o tempo, ou concluída a obra.	*Art. 1.225.* O locador contratado por tempo certo, ou por obra determinada, não se pode ausentar, ou despedir, sem justa causa, antes de preenchido o tempo, ou concluída a obra (art. 1.220).
Parágrafo único. Se se despedir sem justa causa, terá direito à retribuição vencida, mas responderá por perdas e danos. O mesmo dar-se-á, se despedido por justa causa.	*Parágrafo único.* Se se despedir sem justa causa, terá direito à retribuição vencida, mas responderá por perdas e danos.
Art. 603. Se o prestador de serviço for despedido sem justa causa, a outra parte será obrigada a pagar-lhe por inteiro a retribuição vencida, e por metade a que lhe tocaria de então ao termo legal do contrato.	*Art. 1.228.* O locatário que, sem justa causa, despedir o locador, será obrigado a pagar-lhe por inteiro a retribuição vencida, e por metade a que lhe tocaria de então ao termo legal do contrato.
Art. 604. Findo o contrato, o prestador de serviço tem direito a exigir da outra parte a declaração de que o contrato está findo. Igual direito lhe cabe, se for despedido sem justa causa, ou se tiver havido motivo justo para deixar o serviço.	*Art. 1.230.* Na locação agrícola, o locatário é obrigado a dar ao locador atestado de que o contrato está findo; e, no caso de recusa, o juiz a quem competir, deverá expedi-lo, multando o recusante em cem a duzentos cruzeiros, a favor do locador. Esta mesma obrigação subsiste, se o locatário, sem justa causa, dispensar os serviços do loca-

Código Civil 2002	Código Civil 1916
	dor, ou se este, por motivo justificado, der por findo o contrato. Todavia, se, em qualquer destas hipóteses, o locador estiver em débito, esta circunstância constará do atestado, ficando o novo locatário responsável pelo devido pagamento.
Art. 605. Nem aquele a quem os serviços são prestados, poderá transferir a outrem o direito aos serviços ajustados, nem o prestador de serviços, sem aprazimento da outra parte, dar substituto que os preste.	*Art. 1.232.* Nem o locatário, ainda que outra coisa tenha contratado, poderá transferir a outrem o direito aos serviços ajustados, nem o locador, sem aprazimento do locatário, dar substituto, que os preste.
Art. 606. Se o serviço for prestado por quem não possua título de habilitação, ou não satisfaça requisitos outros estabelecidos em lei, não poderá quem os prestou cobrar a retribuição normalmente correspondente ao trabalho executado. Mas se deste resultar benefício para a outra parte, o juiz atribuirá a quem o prestou uma compensação razoável, desde que tenha agido com boa-fé. **Parágrafo único.** Não se aplica a segunda parte deste artigo, quando a proibição da prestação de serviço resultar de lei de ordem pública.	
Art. 607. O contrato de prestação de serviço acaba com a morte de qualquer das partes. Termina, ainda, pelo escoamento do prazo, pela conclusão da obra, pela rescisão do contrato mediante aviso prévio, por inadimplemento de qualquer das partes ou pela impossibilidade da continuação do contrato, motivada por força maior.	*Art. 1.233.* O contrato de locação de serviços acaba com a morte do locador.
Art. 608. Aquele que aliciar pessoas obrigadas em contrato escrito a prestar serviço a outrem pagará a este a importância que ao prestador de serviço, pelo ajuste desfeito, houvesse de caber durante dois anos.	*Art. 1.235.* Aquele que aliciar pessoas obrigadas a outrem por locação de serviços agrícolas, haja ou não instrumento deste contrato, pagará em dobro ao locatário prejudicado a importância, que ao locador, pelo ajuste desfeito, houvesse de caber durante 4 (quatro) anos.
Art. 609. A alienação do prédio agrícola, onde a prestação dos serviços se opera, não importa a rescisão do contrato, salvo ao prestador opção entre continuá-lo com o adquirente da propriedade ou com o primitivo contratante.	*Art. 1.236.* A alienação do prédio agrícola onde a locação dos serviços se opera, não importa a rescisão do contrato, salvo ao locador opção entre continuá-lo com o adquirente da propriedade, ou com o locatário anterior.

Código Civil 2002	Código Civil 1916
Capítulo VIII **Da Empreitada**	
Art. 610. O empreiteiro de uma obra pode contribuir para ela só com seu trabalho ou com ele e os materiais.	*Art. 1.237.* O empreiteiro de uma obra pode contribuir para ela ou só com seu trabalho, ou com ele e os materiais.
§ 1º A obrigação de fornecer os materiais não se presume; resulta da lei ou da vontade das partes.	
§ 2º O contrato para elaboração de um projeto não implica a obrigação de executá-lo, ou de fiscalizar-lhe a execução.	
Art. 611. Quando o empreiteiro fornece os materiais, correm por sua conta os riscos até o momento da entrega da obra, a contento de quem a encomendou, se este não estiver em mora de receber. Mas se estiver, por sua conta correrão os riscos.	*Art. 1.238.* Quando o empreiteiro fornece os materiais, correm por sua conta os riscos até o momento da entrega da obra, a contento de quem a encomendou, se este não estiver em mora de receber. Estando, correrão os riscos por igual contra as duas partes.
Art. 612. Se o empreiteiro só forneceu mão-de-obra, todos os riscos em que não tiver culpa correrão por conta do dono.	*Art. 1.239.* Se o empreiteiro só forneceu a mão-de-obra, todos os riscos, em que não tiver culpa, correrão por conta do dono.
Art. 613. Sendo a empreitada unicamente de lavor (art. 610), se a coisa perecer antes de entregue, sem mora do dono nem culpa do empreiteiro, este perderá a retribuição, se não provar que a perda resultou de defeito dos materiais e que em tempo reclamara contra a sua quantidade ou qualidade.	*Art. 1.240.* Sendo a empreitada unicamente de lavor (art. 1.239), se a coisa perecer antes de entregue, sem mora do dono, nem culpa do empreiteiro, este perderá também o salário, a não provar que a perda resultou de defeito dos materiais, e que em tempo reclamara contra a sua quantidade ou qualidade.
Art. 614. Se a obra constar de partes distintas, ou for de natureza das que se determinam por medida, o empreiteiro terá direito a que também se verifique por medida, ou segundo as partes em que se dividir, podendo exigir o pagamento na proporção da obra executada.	*Art. 1.241.* Se a obra constar de partes distintas, ou for das que se determinam por medida, o empreiteiro terá direito a que também se verifique por medida, ou segundo as partes em que se dividir.
§ 1º Tudo o que se pagou presume-se verificado.	*Parágrafo único.* Tudo o que se pagou, presume-se verificado.
§ 2º O que se mediu presume-se verificado se, em trinta dias, a contar da medição, não forem denunciados os vícios ou defeitos pelo dono da obra ou por quem estiver incumbido da sua fiscalização.	

Código Civil 2002	Código Civil 1916
Art. 615. Concluída a obra de acordo com o ajuste, ou o costume do lugar, o dono é obrigado a recebê-la. Poderá, porém, rejeitá-la, se o empreiteiro se afastou das instruções recebidas e dos planos dados, ou das regras técnicas em trabalhos de tal natureza.	*Art. 1.242.* Concluída a obra de acordo com o ajuste, ou o costume do lugar, o dono é obrigado a recebê-la. Poderá, porém, enjeitá-la, se o empreiteiro se afastou das instruções recebidas e dos planos dados, ou das regras técnicas em trabalhos de tal natureza.
Art. 616. No caso da segunda parte do artigo antecedente, pode quem encomendou a obra, em vez de enjeitá-la, recebê-la com abatimento no preço.	*Art. 1.243.* No caso do artigo antecedente, segunda parte, pode o que encomendou a obra, em vez de enjeitá-la, recebê-la com abatimento no preço.
Art. 617. O empreiteiro é obrigado a pagar os materiais que recebeu, se por imperícia ou negligência os inutilizar.	*Art. 1.244.* O empreiteiro é obrigado a pagar os materiais que recebeu, se por imperícia os inutilizar.
Art. 618. Nos contratos de empreitada de edifícios ou outras construções consideráveis, o empreiteiro de materiais e execução responderá, durante o prazo irredutível de cinco anos, pela solidez e segurança do trabalho, assim em razão dos materiais, como do solo.	*Art. 1.245.* Nos contratos de empreitada de edifícios ou outras construções consideráveis, o empreiteiro de materiais e execução responderá, durante 5 (cinco) anos, pela solidez e segurança do trabalho, assim em razão dos materiais, como do solo, exceto, quanto a este, se, não o achando firme, preveniu em tempo o dono da obra.
Parágrafo único. Decairá do direito assegurado neste artigo o dono da obra que não propuser a ação contra o empreiteiro, nos cento e oitenta dias seguintes ao aparecimento do vício ou defeito.	
Art. 619. Salvo estipulação em contrário, o empreiteiro que se incumbir de executar uma obra, segundo plano aceito por quem a encomendou, não terá direito a exigir acréscimo no preço, ainda que sejam introduzidas modificações no projeto, a não ser que estas resultem de instruções escritas do dono da obra.	*Art. 1.246.* O arquiteto, ou construtor, que, por empreitada, se incumbir de executar uma obra segundo plano aceito por quem a encomenda, não terá direito a exigir acréscimo no preço, ainda que o dos salários, ou o do material, encareça, nem ainda que se altere ou aumente, em relação à planta, a obra ajustada, salvo se se aumentou, ou alterou, por instruções escritas do outro contratante e exibidas pelo empreiteiro.
Parágrafo único. Ainda que não tenha havido autorização escrita, o dono da obra é obrigado a pagar ao empreiteiro os aumentos e acréscimos, segundo o que for arbitrado, se, sempre presente à obra, por continuadas visitas, não podia ignorar o que se estava passando, e nunca protestou.	
Art. 620. Se ocorrer diminuição no preço do material ou da mão-de-obra superior a um décimo	

Código Civil 2002	Código Civil 1916
do preço global convencionado, poderá este ser revisto, a pedido do dono da obra, para que se lhe assegure a diferença apurada.	
Art. 621. Sem anuência de seu autor, não pode o proprietário da obra introduzir modificações no projeto por ele aprovado, ainda que a execução seja confiada a terceiros, a não ser que, por motivos supervenientes ou razões de ordem técnica, fique comprovada a inconveniência ou a excessiva onerosidade de execução do projeto em sua forma originária. **Parágrafo único.** A proibição deste artigo não abrange alterações de pouca monta, ressalvada sempre a unidade estética da obra projetada.	
Art. 622. Se a execução da obra for confiada a terceiros, a responsabilidade do autor do projeto respectivo, desde que não assuma a direção ou fiscalização daquela, ficará limitada aos danos resultantes de defeitos previstos no art. 618 e seu parágrafo único.	
Art. 623. Mesmo após iniciada a construção, pode o dono da obra suspendê-la, desde que pague ao empreiteiro as despesas e lucros relativos aos serviços já feitos, mais indenização razoável, calculada em função do que ele teria ganho, se concluída a obra.	
Art. 624. Suspensa a execução da empreitada sem justa causa, responde o empreiteiro por perdas e danos.	
Art. 625. Poderá o empreiteiro suspender a obra: **I** – por culpa do dono, ou por motivo de força maior; **II** – quando, no decorrer dos serviços, se manifestarem dificuldades imprevisíveis de execução, resultantes de causas geológicas ou hídricas, ou outras semelhantes, de modo que torne a empreitada excessivamente onerosa, e o dono da obra se opuser ao reajuste do preço inerente ao projeto por ele elaborado, observados os preços; **III** – se as modificações exigidas pelo dono da obra, por seu vulto e natureza, forem desproporcionais ao projeto aprovado, ainda que o dono se disponha a arcar com o acréscimo de preço.	

Código Civil 2002	Código Civil 1916
Art. 626. Não se extingue o contrato de empreitada pela morte de qualquer das partes, salvo se ajustado em consideração às qualidades pessoais do empreiteiro.	
Capítulo IX **Do Depósito** **Seção I** **Do Depósito Voluntário**	
Art. 627. Pelo contrato de depósito recebe o depositário um objeto móvel, para guardar, até que o depositante o reclame.	*Art. 1.265.* Pelo contrato de depósito recebe o depositário um objeto móvel, para guardar, até que o depositante o reclame.
Art. 628. O contrato de depósito é gratuito, exceto se houver convenção em contrário, se resultante de atividade negocial ou se o depositário o praticar por profissão.	*Art. 1.265, Parágrafo único.* Este contrato é gratuito; mas as partes podem estipular que o depositário seja gratificado.
Parágrafo único. Se o depósito for oneroso e a retribuição do depositário não constar de lei, nem resultar de ajuste, será determinada pelos usos do lugar, e, na falta destes, por arbitramento.	
Art. 629. O depositário é obrigado a ter na guarda e conservação da coisa depositada o cuidado e diligência que costuma com o que lhe pertence, bem como a restituí-la, com todos os frutos e acrescidos, quando o exija o depositante.	*Art. 1.266.* O depositário é obrigado a ter na guarda e conservação da coisa depositada o cuidado e diligência que costuma com o que lhe pertence, bem como a restituí-la, com todos os frutos e acrescidos, quando lho exija o depositante.
Art. 630. Se o depósito se entregou fechado, colado, selado, ou lacrado, nesse mesmo estado se manterá.	*Art. 1.267.* Se o depósito se entregou fechado, colado, selado, ou lacrado, nesse mesmo estado se manterá; e, se for devassado, incorrerá o depositário na presunção de culpa.
Art. 631. Salvo disposição em contrário, a restituição da coisa deve dar-se no lugar em que tiver de ser guardada. As despesas de restituição correm por conta do depositante.	
Art. 632. Se a coisa houver sido depositada no interesse de terceiro, e o depositário tiver sido cientificado deste fato pelo depositante, não poderá ele exonerar-se restituindo a coisa a este, sem consentimento daquele.	
Art. 633. Ainda que o contrato fixe prazo à restituição, o depositário entregará o depósito logo	*Art. 1.268.* Ainda que o contrato fixe prazo à restituição, o depositário entregará o depósito,

Código Civil 2002	Código Civil 1916
que se lhe exija, salvo se tiver o direito de retenção a que se refere o art. 644, se o objeto for judicialmente embargado, se sobre ele pender execução, notificada ao depositário, ou se houver motivo razoável de suspeitar que a coisa foi dolosamente obtida.	logo que se lhe exija, salvo se o objeto for judicialmente embargado, se sobre ele pender execução, notificada ao depositário, ou se ele tiver motivo razoável de suspeitar que a coisa foi furtada, ou roubada (art. 1.273).
Art. 634. No caso do artigo antecedente, última parte, o depositário, expondo o fundamento da suspeita, requererá que se recolha o objeto ao Depósito Público.	*Art. 1.269.* No caso do artigo antecedente, última parte, o depositário, expondo o fundamento da suspeita, requererá que se recolha o objeto ao depósito público.
Art. 635. Ao depositário será facultado, outrossim, requerer depósito judicial da coisa, quando, por motivo plausível, não a possa guardar, e o depositante não queira recebê-la.	*Art. 1.270.* Ao depositário será facultado, outrossim, requerer depósito judicial da coisa, quando, por motivo plausível, a não possa guardar, e o depositante não lha queira receber.
Art. 636. O depositário, que por força maior houver perdido a coisa depositada e recebido outra em seu lugar, é obrigado a entregar a segunda ao depositante, e ceder-lhe as ações que no caso tiver contra o terceiro responsável pela restituição da primeira.	*Art. 1.271.* O depositário que por força maior houver perdido a coisa depositada e recebido outra em seu lugar é obrigado a entregar a segunda ao depositante, e ceder-lhe as ações que no caso tiver contra o terceiro responsável pela restituição da primeira.
Art. 637. O herdeiro do depositário, que de boa-fé vendeu a coisa depositada, é obrigado a assistir o depositante na reivindicação, e a restituir ao comprador o preço recebido.	*Art. 1.272.* O herdeiro do depositário, que de boa-fé vendeu a coisa depositada, é obrigado a assistir o depositante na reivindicação, e a restituir ao comprador o preço recebido.
Art. 638. Salvo os casos previstos nos arts. 633 e 634, não poderá o depositário furtar-se à restituição do depósito, alegando não pertencer a coisa ao depositante, ou opondo compensação, exceto se noutro depósito se fundar.	*Art. 1.273.* Salvo os casos previstos nos arts. 1.268 e 1.269, não poderá o depositário furtar-se à restituição do depósito, alegando não pertencer a coisa ao depositante, ou opondo compensação, exceto se noutro depósito se fundar (art. 1.287).
Art. 639. Sendo dois ou mais depositantes, e divisível a coisa, a cada um só entregará o depositário a respectiva parte, salvo se houver entre eles solidariedade.	*Art. 1.274.* Sendo dois ou mais os depositantes, e divisível a coisa, a cada um só entregará o depositário a respectiva parte, salvo se houver entre eles solidariedade.
Art. 640. Sob pena de responder por perdas e danos, não poderá o depositário, sem licença expressa do depositante, servir-se da coisa depositada, nem a dar em depósito a outrem.	*Art. 1.275.* Sob pena de responder por perdas e danos, não poderá o depositário, sem licença expressa do depositante, servir-se da coisa depositada.
Parágrafo único. Se o depositário, devidamente autorizado, confiar a coisa em depósito a terceiro, será responsável se agiu com culpa na escolha deste.	

Código Civil 2002	Código Civil 1916
Art. 641. Se o depositário se tornar incapaz, a pessoa que lhe assumir a administração dos bens diligenciará imediatamente restituir a coisa depositada e, não querendo ou não podendo o depositante recebê-la, recolhê-la-á ao Depósito Público ou promoverá nomeação de outro depositário.	*Art. 1.276.* Se o depositário se tornar incapaz, a pessoa, que lhe assumir a administração dos bens, diligenciará imediatamente restituir a coisa depositada, e, não querendo ou não podendo o depositante recebê-la, recolhê-la-á ao depósito público, ou promoverá a nomeação de outro depositário.
Art. 642. O depositário não responde pelos casos de força maior; mas, para que lhe valha a escusa, terá de prová-los.	*Art. 1.277.* O depositário não responde pelos casos fortuitos, nem de força maior; mas, para que lhe valha a escusa, terá de prová-los.
Art. 643. O depositante é obrigado a pagar ao depositário as despesas feitas com a coisa, e os prejuízos que do depósito provierem.	*Art. 1.278.* O depositante é obrigado a pagar ao depositário as despesas feitas com a coisa, e os prejuízos que do depósito provierem.
Art. 644. O depositário poderá reter o depósito até que se lhe pague a retribuição devida, o líquido valor das despesas, ou dos prejuízos a que se refere o artigo anterior, provando imediatamente esses prejuízos ou essas despesas.	*Art. 1.279.* O depositário poderá reter o depósito até que se lhe pague o líqüido valor das despesas, ou dos prejuízos, a que se refere o artigo anterior, provando imediatamente esses prejuízos ou essas despesas.
Parágrafo único. Se essas dívidas, despesas ou prejuízos não forem provados suficientemente, ou forem ilíquidos, o depositário poderá exigir caução idônea do depositante ou, na falta desta, a remoção da coisa para o Depósito Público, até que se liquidem.	*Parágrafo único.* Se essas despesas ou prejuízos não forem provados suficientemente, ou forem ilíqüidos, o depositário poderá exigir caução idônea do depositante ou, na falta desta, a remoção da coisa para o depósito público, até que se liquidem.
Art. 645. O depósito de coisas fungíveis, em que o depositário se obrigue a restituir objetos do mesmo gênero, qualidade e quantidade, regular-se-á pelo disposto acerca do mútuo.	*Art. 1.280.* O depósito de coisas fungíveis, em que o depositário se obrigue a restituir objetos do mesmo gênero, qualidade e quantidade, regular-se-á pelo disposto acerca do mútuo (arts. 1.256 a 1.264).
Art. 646. O depósito voluntário provar-se-á por escrito.	*Art. 1.281.* O depósito voluntário provar-se-á por escrito.
Seção II **Do Depósito Necessário**	
Art. 647. É depósito necessário:	*Art. 1.282.* É depósito necessário:
I – o que se faz em desempenho de obrigação legal;	*I* – o que se faz em desempenho de obrigação legal (art. 1.283);
II – o que se efetua por ocasião de alguma calamidade, como o incêndio, a inundação, o naufrágio ou o saque.	*II* – o que se efetua por ocasião de alguma calamidade, como o incêndio, a inundação, o naufrágio, ou o saque.

Código Civil 2002	Código Civil 1916
Art. 648. O depósito a que se refere o inciso I do artigo antecedente, reger-se-á pela disposição da respectiva lei, e, no silêncio ou deficiência dela, pelas concernentes ao depósito voluntário.	*Art. 1.283.* O depósito de que se trata no artigo antecedente, n. I, reger-se-á pela disposição da respectiva lei, e, no silêncio, ou deficiência dela, pelas concernentes ao depósito voluntário (arts. 1.265 a 1.281).
Parágrafo único. As disposições deste artigo aplicam-se aos depósitos previstos no inciso II do artigo antecedente, podendo estes certificarem-se por qualquer meio de prova.	*Parágrafo único.* Essas disposições aplicam-se, outrossim, aos depósitos previstos no art. 1.282, II; podendo estes certificar-se por qualquer meio de prova.
Art. 649. Aos depósitos previstos no artigo antecedente é equiparado o das bagagens dos viajantes ou hóspedes nas hospedarias onde estiverem.	*Art. 1.284.* A esses depósitos é equiparado o das bagagens dos viajantes, hóspedes ou fregueses, nas hospedarias, estalagens ou casas de pensão, onde eles estiverem.
Parágrafo único. Os hospedeiros responderão como depositários, assim como pelos furtos e roubos que perpetrarem as pessoas empregadas ou admitidas nos seus estabelecimentos.	*Parágrafo único.* Os hospedeiros ou estalajadeiros por elas responderão como depositários, bem como pelos furtos e roubos que perpetrarem as pessoas empregadas ou admitidas nas suas casas.
Art. 650. Cessa, nos casos do artigo antecedente, a responsabilidade dos hospedeiros, se provarem que os fatos prejudiciais aos viajantes ou hóspedes não podiam ter sido evitados.	*Art. 1.285.* Cessa, nos casos do artigo antecedente, a responsabilidade dos hospedeiros ou estalajadeiros: *I* – se provarem que os fatos prejudiciais aos hóspedes, viajantes ou fregueses, não podiam ter sido evitados;
Art. 651. O depósito necessário não se presume gratuito. Na hipótese do art. 649, a remuneração pelo depósito está incluída no preço da hospedagem.	*Art. 1.286.* O depósito necessário não se presume gratuito. Na hipótese do art. 1.284, a remuneração pelo depósito está incluída no preço da hospedagem.
Art. 652. Seja o depósito voluntário ou necessário, o depositário que não o restituir quando exigido será compelido a fazê-lo mediante prisão não excedente a um ano, e ressarcir os prejuízos.	*Art. 1.287.* Seja voluntário ou necessário o depósito, o depositário, que o não restituir, quando exigido, será compelido a fazê-lo, mediante prisão não excedente a 1 (um) ano, e a ressarcir os prejuízos (art. 1.273).
Capítulo X **Do Mandato** **Seção I** **Disposições Gerais**	
Art. 653. Opera-se o mandato quando alguém recebe de outrem poderes para, em seu nome, praticar atos ou administrar interesses. A procuração é o instrumento do mandato.	*Art. 1.288.* Opera-se o mandato, quando alguém recebe de outrem poderes, para, em seu nome, praticar atos, ou administrar interesses. A procuração é o instrumento do mandato.

Código Civil 2002	Código Civil 1916
Art. 654. Todas as pessoas capazes são aptas para dar procuração mediante instrumento particular, que valerá desde que tenha a assinatura do outorgante.	*Art. 1.289.* Todas as pessoas maiores ou emancipadas, no gozo dos direitos civis, são aptas para dar procuração mediante instrumento particular, que valerá desde que tenha a assinatura do outorgante.
§ 1º O instrumento particular deve conter a indicação do lugar onde foi passado, a qualificação do outorgante e do outorgado, a data e o objetivo da outorga com a designação e a extensão dos poderes conferidos.	*§ 1º* O instrumento particular deve conter designação do Estado, da cidade ou circunscrição civil em que for passado, a data, o nome do outorgante, a individuação de quem seja o outorgado e bem assim o objetivo da outorga, a natureza, a designação e extensão dos poderes conferidos.
§ 2º O terceiro com quem o mandatário tratar poderá exigir que a procuração traga a firma reconhecida.	
Art. 655. Ainda quando se outorgue mandato por instrumento público, pode substabelecer-se mediante instrumento particular.	*Art. 1.289, § 2º.* Para o ato que não exigir instrumento público, o mandato, ainda quando por instrumento público seja outorgado, pode substabelecer-se mediante instrumento particular.
Art. 656. O mandato pode ser expresso ou tácito, verbal ou escrito.	*Art. 1.290.* O mandato pode ser expresso ou tácito, verbal ou escrito.
Art. 657. A outorga do mandato está sujeita à forma exigida por lei para o ato a ser praticado. Não se admite mandato verbal quando o ato deva ser celebrado por escrito.	*Art. 1.291.* Para os atos que exigem instrumento público ou particular, não se admite mandato verbal.
Art. 658. O mandato presume-se gratuito quando não houver sido estipulada retribuição, exceto se o seu objeto corresponder ao daqueles que o mandatário trata por ofício ou profissão lucrativa.	*Art. 1.290, Parágrafo único.* Presume-se gratuito, quando se não estipulou retribuição, exceto se o objeto do mandato for daqueles que o mandatário trata por ofício ou profissão lucrativa.
Parágrafo único. Se o mandato for oneroso, caberá ao mandatário a retribuição prevista em lei ou no contrato. Sendo estes omissos, será ela determinada pelos usos do lugar, ou, na falta destes, por arbitramento.	
Art. 659. A aceitação do mandato pode ser tácita, e resulta do começo de execução.	*Art. 1.292.* A aceitação do mandato pode ser tácita, e resulta do começo da execução.
Art. 660. O mandato pode ser especial a um ou mais negócios determinadamente, ou geral a todos os do mandante.	*Art. 1.294.* O mandato pode ser especial a um ou mais negócios determinadamente, ou geral a todos os do mandante.
Art. 661. O mandato em termos gerais só confere poderes de administração.	*Art. 1.295.* O mandato em termos gerais só confere poderes de administração.

Código Civil 2002	Código Civil 1916
§ 1º Para alienar, hipotecar, transigir, ou praticar outros quaisquer atos que exorbitem da administração ordinária, depende a procuração de poderes especiais e expressos.	*§ 1º* Para alienar, hipotecar, transigir, ou praticar outros quaisquer atos, que exorbitem da administração ordinária, depende a procuração de poderes especiais e expressos.
§ 2º O poder de transigir não importa o de firmar compromisso.	*§ 2º* O poder de transigir (arts. 1.025 a 1.036) não importa o de firmar compromisso (arts. 1.037 a 1.048).
Art. 662. Os atos praticados por quem não tenha mandato, ou o tenha sem poderes suficientes, são ineficazes em relação àquele em cujo nome foram praticados, salvo se este os ratificar.	*Art. 1.296.* Pode o mandante ratificar ou impugnar os atos praticados em seu nome sem poderes suficientes.
Parágrafo único. A ratificação há de ser expressa, ou resultar de ato inequívoco, e retroagirá à data do ato.	*Parágrafo único.* A ratificação há de ser expressa, ou resultar de ato inequívoco, e retroagirá à data do ato.
Art. 663. Sempre que o mandatário estipular negócios expressamente em nome do mandante, será este o único responsável; ficará, porém, o mandatário pessoalmente obrigado, se agir no seu próprio nome, ainda que o negócio seja de conta do mandante.	*Art. 1.307.* Se o mandatário obrar em seu próprio nome, não terá o mandante ação contra os que com ele contrataram, nem estes contra o mandante. Em tal caso, o mandatário ficará diretamente obrigado, como se seu fora o negócio, para com a pessoa, com quem contratou.
Art. 664. O mandatário tem o direito de reter, do objeto da operação que lhe foi cometida, quanto baste para pagamento de tudo que lhe for devido em conseqüência do mandato.	*Art. 1.315.* O mandatário tem sobre o objeto do mandato direitos de retenção, até se reembolsar do que no desempenho do encargo despendeu.
Art. 665. O mandatário que exceder os poderes do mandato, ou proceder contra eles, será considerado mero gestor de negócios, enquanto o mandante lhe não ratificar os atos.	*Art. 1.297.* O mandatário, que exceder os poderes do mandato, ou proceder contra eles, reputar-se-á mero gestor de negócios, enquanto o mandante lhe não ratificar os atos.
Art. 666. O maior de dezesseis e menor de dezoito anos não emancipado pode ser mandatário, mas o mandante não tem ação contra ele senão de conformidade com as regras gerais, aplicáveis às obrigações contraídas por menores.	*Art. 1.298.* O maior de 16 (dezesseis) e menor de 21 (vinte e um) anos, não emancipado (art. 9º, I), pode ser mandatário, mas o mandante não tem ação contra ele senão de conformidade com as regras gerais, aplicáveis às obrigações contraídas por menores.
Seção II **Das Obrigações do Mandatário**	
Art. 667. O mandatário é obrigado a aplicar toda sua diligência habitual na execução do mandato, e a indenizar qualquer prejuízo causado por culpa sua ou daquele a quem substabelecer,	*Art. 1.300.* O mandatário é obrigado a aplicar toda a sua diligência habitual na execução do mandato, e a indenizar qualquer prejuízo causado por culpa sua ou daquele a quem substa-

Código Civil 2002	Código Civil 1916
sem autorização, poderes que devia exercer pessoalmente.	belecer, sem autorização, poderes que devia exercer pessoalmente.
§ 1º Se, não obstante proibição do mandante, o mandatário se fizer substituir na execução do mandato, responderá ao seu constituinte pelos prejuízos ocorridos sob a gerência do substituto, embora provenientes de caso fortuito, salvo provando que o caso teria sobrevindo, ainda que não tivesse havido substabelecimento.	*§ 1º* Se, não obstante proibição do mandante, o mandatário se fizer substituir na execução do mandato, responderá ao seu constituinte pelos prejuízos ocorridos sob a gerência do substituto, embora provenientes de caso fortuito, salvo provando que o caso teria sobrevindo, ainda que não tivesse havido substabelecimento.
§ 2º Havendo poderes de substabelecer, só serão imputáveis ao mandatário os danos causados pelo substabelecido, se tiver agido com culpa na escolha deste ou nas instruções dadas a ele.	*§ 2º* Havendo poderes de substabelecer, só serão imputáveis ao mandatário os danos causados pelo substabelecido, se for notoriamente incapaz, ou insolvente.
§ 3º Se a proibição de substabelecer constar da procuração, os atos praticados pelo substabelecido não obrigam o mandante, salvo ratificação expressa, que retroagirá à data do ato.	
§ 4º Sendo omissa a procuração quanto ao substabelecimento, o procurador será responsável se o substabelecido proceder culposamente.	
Art. 668. O mandatário é obrigado a dar contas de sua gerência ao mandante, transferindo-lhe as vantagens provenientes do mandato, por qualquer título que seja.	*Art. 1.301.* O mandatário é obrigado a dar contas de sua gerência ao mandante, transferindo-lhe as vantagens provenientes do mandato, por qualquer título que seja.
Art. 669. O mandatário não pode compensar os prejuízos a que deu causa com os proveitos que, por outro lado, tenha granjeado ao seu constituinte.	*Art. 1.302.* O mandatário não pode compensar os prejuízos a que deu causa com os proveitos, que, por outro lado, tenha granjeado ao seu constituinte.
Art. 670. Pelas somas que devia entregar ao mandante ou recebeu para despesa, mas empregou em proveito seu, pagará o mandatário juros, desde o momento em que abusou.	*Art. 1.303.* Pelas somas que devia entregar ao mandante, ou recebeu para despesas, mas empregou em proveito seu, pagará, o mandatário, juros, desde o momento em que abusou.
Art. 671. Se o mandatário, tendo fundos ou crédito do mandante, comprar, em nome próprio, algo que devera comprar para o mandante, por ter sido expressamente designado no mandato, terá este ação para obrigá-lo à entrega da coisa comprada.	
Art. 672. Sendo dois ou mais os mandatários nomeados no mesmo instrumento, qualquer deles poderá exercer os poderes outorgados, se não	*Art. 1.304.* Sendo dois ou mais os mandatários nomeados no mesmo instrumento, entender-se-á que são sucessivos, se não forem expressamente

Código Civil 2002	Código Civil 1916
forem expressamente declarados conjuntos, nem especificamente designados para atos diferentes, ou subordinados a atos sucessivos. Se os mandatários forem declarados conjuntos, não terá eficácia o ato praticado sem interferência de todos, salvo havendo ratificação, que retroagirá à data do ato.	declarados conjuntos, ou solidários, nem especificadamente designados para atos diferentes.
Art. 673. O terceiro que, depois de conhecer os poderes do mandatário, com ele celebrar negócio jurídico exorbitante do mandato, não tem ação contra o mandatário, salvo se este lhe prometeu ratificação do mandante ou se responsabilizou pessoalmente.	*Art. 1.306.* O terceiro que, depois de conhecer os poderes do mandatário, fizer com ele contrato exorbitante do mandato, não tem ação nem contra o mandatário, salvo se este lhe prometeu ratificação do mandante, ou se responsabilizou pessoalmente pelo contrato, nem contra o mandante, senão quando este houver ratificado o excesso do procurador.
Art. 674. Embora ciente da morte, interdição ou mudança de estado do mandante, deve o mandatário concluir o negócio já começado, se houver perigo na demora.	*Art. 1.308.* Embora ciente da morte, interdição ou mudança de estado do mandante, deve o mandatário concluir o negócio já começado, se houver perigo na demora.
Seção III **Das Obrigações do Mandante**	
Art. 675. O mandante é obrigado a satisfazer todas as obrigações contraídas pelo mandatário, na conformidade do mandato conferido, e adiantar a importância das despesas necessárias à execução dele, quando o mandatário lho pedir.	*Art. 1.309.* O mandante é obrigado a satisfazer todas as obrigações contraídas pelo mandatário, na conformidade do mandato conferido, e adiantar a importância das despesas necessárias à execução dele, quando o mandatário lho pedir.
Art. 676. É obrigado o mandante a pagar ao mandatário a remuneração ajustada e as despesas da execução do mandato, ainda que o negócio não surta o esperado efeito, salvo tendo o mandatário culpa.	*Art. 1.310.* É obrigado o mandante a pagar ao mandatário a remuneração ajustada e as despesas de execução do mandato, ainda que o negócio não surta o esperado efeito, salvo tendo o mandatário culpa.
Art. 677. As somas adiantadas pelo mandatário, para a execução do mandato, vencem juros desde a data do desembolso.	*Art. 1.311.* As somas adiantadas pelo mandatário, para a execução do mandato, vencem juros, desde a data do desembolso.
Art. 678. É igualmente obrigado o mandante a ressarcir ao mandatário as perdas que este sofrer com a execução do mandato, sempre que não resultem de culpa sua ou de excesso de poderes.	*Art. 1.312.* É igualmente obrigado o mandante a ressarcir ao mandatário as perdas que sofrer com a execução do mandato, sempre que não resultem de culpa sua, ou excesso de poderes.
Art. 679. Ainda que o mandatário contrarie as instruções do mandante, se não exceder os limites do mandato, ficará o mandante obrigado para com	*Art. 1.313.* Ainda que o mandatário contrarie as instruções do mandante, se não excedeu os limites do mandato, ficará o mandante obrigado para

Código Civil 2002	Código Civil 1916
aqueles com quem o seu procurador contratou; mas terá contra este ação pelas perdas e danos resultantes da inobservância das instruções.	com aqueles, com quem o seu procurador contratou; mas terá contra este ação pelas perdas e danos, resultantes da inobservância das instruções.
Art. 680. Se o mandato for outorgado por duas ou mais pessoas, e para negócio comum, cada uma ficará solidariamente responsável ao mandatário por todos os compromissos e efeitos do mandato, salvo direito regressivo, pelas quantias que pagar, contra os outros mandantes.	*Art. 1.314.* Se o mandato for outorgado por duas ou mais pessoas, e para negócio comum, cada uma ficará solidariamente responsável ao mandatário por todos os compromissos e efeitos do mandato, salvo direito regressivo, pelas quantias que pagar, contra os outros mandantes.
Art. 681. O mandatário tem sobre a coisa de que tenha a posse em virtude do mandato, direito de retenção, até se reembolsar do que no desempenho do encargo despendeu.	*Art. 1.315.* O mandatário tem sobre o objeto do mandato direitos de retenção, até se reembolsar do que no desempenho do encargo despendeu.
Seção IV **Da Extinção do Mandato**	
Art. 682. Cessa o mandato:	*Art. 1.316.* Cessa o mandato:
I – pela revogação ou pela renúncia;	*I* – pela revogação, ou pela renúncia;
II – pela morte ou interdição de uma das partes;	*II* – pela morte, ou interdição de uma das partes;
III – pela mudança de estado que inabilite o mandante a conferir os poderes, ou o mandatário para os exercer;	*III* – pela mudança de estado, que inabilite o mandante para conferir os poderes, ou o mandatário, para os exercer;
IV – pelo término do prazo ou pela conclusão do negócio.	*IV* – pela terminação do prazo, ou pela conclusão do negócio.
Art. 683. Quando o mandato contiver a cláusula de irrevogabilidade e o mandante o revogar, pagará perdas e danos.	
Art. 684. Quando a cláusula de irrevogabilidade for condição de um negócio bilateral, ou tiver sido estipulada no exclusivo interesse do mandatário, a revogação do mandato será ineficaz.	
Art. 685. Conferido o mandato com a cláusula "em causa própria", a sua revogação não terá eficácia, nem se extinguirá pela morte de qualquer das partes, ficando o mandatário dispensado de prestar contas, e podendo transferir para si os bens móveis ou imóveis objeto do mandato, obedecidas as formalidades legais.	
Art. 686. A revogação do mandato, notificada somente ao mandatário, não se pode opor aos tercei-	*Art. 1.318.* A revogação do mandato, notificada somente ao mandatário, não se pode opor aos ter-

Código Civil 2002	Código Civil 1916
ros que, ignorando-a, de boa-fé com ele trataram; mas ficam salvas ao constituinte as ações que no caso lhe possam caber contra o procurador.	ceiros, que, ignorando-a, de boa-fé com ele tratara; mas ficam salvas ao constituinte as ações, que no caso lhe possam caber, contra o procurador.
Parágrafo único. É irrevogável o mandato que contenha poderes de cumprimento ou confirmação de negócios encetados, aos quais se ache vinculado.	
Art. 687. Tanto que for comunicada ao mandatário a nomeação de outro, para o mesmo negócio, considerar-se-á revogado o mandato anterior.	*Art. 1.319.* Tanto que for comunicada ao mandatário a nomeação do outro, para o mesmo negócio, considerar-se-á revogado o mandato anterior.
Art. 688. A renúncia do mandato será comunicada ao mandante, que, se for prejudicado pela sua inoportunidade, ou pela falta de tempo, a fim de prover à substituição do procurador, será indenizado pelo mandatário, salvo se este provar que não podia continuar no mandato sem prejuízo considerável, e que não lhe era dado substabelecer.	*Art. 1.320.* A renúncia do mandato será comunicada ao mandante, que, se for prejudicado pela sua inoportunidade, ou pela falta de tempo, a fim de prover à substituição do procurador, será indenizado pelo mandatário, salvo se este provar que não podia continuar no mandato sem prejuízo considerável.
Art. 689. São válidos, a respeito dos contratantes de boa-fé, os atos com estes ajustados em nome do mandante pelo mandatário, enquanto este ignorar a morte daquele ou a extinção do mandato, por qualquer outra causa.	*Art. 1.321.* São válidos, a respeito dos contraentes de boa-fé, os atos com estes ajustados em nome do mandante pelo mandatário, enquanto este ignorar a morte daquele, ou a extinção, por qualquer outra causa, do mandato (art. 1.316)
Art. 690. Se falecer o mandatário, pendente o negócio a ele cometido, os herdeiros, tendo ciência do mandato, avisarão o mandante, e providenciarão a bem dele, como as circunstâncias exigirem.	*Art. 1.322.* Se falecer o mandatário, pendente o negócio a ele cometido, os herdeiros, tendo ciência do mandato, avisarão o mandante, e providenciarão a bem dele, como as circunstâncias exigirem.
Art. 691. Os herdeiros, no caso do artigo antecedente, devem limitar-se às medidas conservatórias, ou continuar os negócios pendentes que se não possam demorar sem perigo, regulando-se os seus serviços dentro desse limite, pelas mesmas normas a que os do mandatário estão sujeitos.	*Art. 1.323.* Os herdeiros, no caso do artigo antecedente, devem limitar-se às medidas conservatórias, ou continuar os negócios pendentes, que se não possam demorar sem perigo, regulando-se os seus serviços, dentro desse limite pelas mesmas normas, a que os do mandatário estão sujeitos.
Seção V **Do Mandato Judicial** **Art. 692.** O mandato judicial fica subordinado às normas que lhe dizem respeito, constantes da legislação processual, e, supletivamente, às estabelecidas neste Código.	

Código Civil 2002	Código Civil 1916
Capítulo XI **Da Comissão**	
Art. 693. O contrato de comissão tem por objeto a aquisição ou a venda de bens pelo comissário, em seu próprio nome, à conta do comitente.	• *Sem correspondente no Código Civil 1916.* ***Código Comercial: Art. 165.*** A comissão mercantil é o contrato do mandato relativo a negócios mercantis, quando, pelo menos, o comissário é comerciante, sem que nesta gestão seja necessário declarar ou mencionar o nome do comitente.
Art. 694. O comissário fica diretamente obrigado para com as pessoas com quem contratar, sem que estas tenham ação contra o comitente, nem este contra elas, salvo se o comissário ceder seus direitos a qualquer das partes.	• *Sem correspondente no Código Civil 1916.* ***Código Comercial: Art. 166.*** O comissário, contratando em seu próprio nome, ou no nome de sua própria firma ou razão social, fica diretamente obrigado às pessoas com quem contratar, sem que estas tenham ação contra o comitente, nem este contra elas; salvo se o comissário fizer cessão dos seus direitos a favor de uma das partes.
Art. 695. O comissário é obrigado a agir de conformidade com as ordens e instruções do comitente, devendo, na falta destas, não podendo pedi-las a tempo, proceder segundo os usos em casos semelhantes.	• *Sem correspondente no Código Civil 1916.* ***Código Comercial: Art. 168.*** O comissário que aceitar o mandato, expressa ou tacitamente, é obrigado a cumpri-lo na forma das ordens e instruções do comitente; na falta destas, e na impossibilidade de as receber em termo oportuno, ou ocorrendo sucesso imprevisto, poderá exequir o mandato, obrando como faria em negócio próprio conformando-se com o uso, do comércio em casos semelhantes.
Parágrafo único. Ter-se-ão por justificados os atos do comissário, se deles houver resultado vantagem para o comitente, e ainda no caso em que, não admitindo demora a realização do negócio, o comissário agiu de acordo com os usos.	
Art. 696. No desempenho das suas incumbências o comissário é obrigado a agir com cuidado e diligência, não só para evitar qualquer prejuízo ao comitente, mas ainda para lhe proporcionar o lucro que razoavelmente se podia esperar do negócio.	• *Sem correspondente no Código Civil 1916.* ***Código Comercial: Art. 169.*** O comissário que se afastar das instruções recebidas, ou na execução do mandato não satisfizer ao que é de estilo e uso do comércio, responderá por perdas e danos ao comitente. Será, porém, justificável o acesso da confissão: *1.* quando resultar vantagem ao comitente; *2.* não admitindo demora a operação cometida, ou podendo resultar dano de sua expedição, uma vez que o comissário tenha obrado segundo o costume geralmente praticado no comércio;

CÓDIGO CIVIL 2002	CÓDIGO CIVIL 1916
	3. podendo presumir-se, em boa-fé, que o comissário não teve intenção de exceder os limites da comissão; *4.* nos casos do art. 163*.
Parágrafo único. Responderá o comissário, salvo motivo de força maior, por qualquer prejuízo que, por ação ou omissão, ocasionar ao comitente.	
Art. 697. O comissário não responde pela insolvência das pessoas com quem tratar, exceto em caso de culpa e no do artigo seguinte.	• *Sem correspondente no Código Civil 1916.* ***Código Comercial: Art. 175.*** O comissário não responde pela insolvência das pessoas com quem contratar em execução da comissão, se ao tempo do contrato eram reputadas idôneas; salvo nos casos do art. 179, ou obrando com culpa ou dolo.
Art. 698. Se do contrato de comissão constar a cláusula *del credere*, responderá o comissário solidariamente com as pessoas com que houver tratado em nome do comitente, caso em que, salvo estipulação em contrário, o comissário tem direito a remuneração mais elevada, para compensar o ônus assumido.	• *Sem correspondente no Código Civil 1916.* ***Código Comercial: Art. 179.*** A comissão *del credere* constitui o comissário garante solidário ao comitente da solvabilidade e pontualidade daqueles com quem tratar por conta deste, sem que possa ser ouvido com reclamação alguma. Se o *del credere* não houver sido ajustado por escrito, e todavia o comitente o tiver aceitado ou consentido, mas impugnar o quantitativo, será este regulado pelo estilo da praça onde residir o comissário, e na falta de estilo por arbitradores.
Art. 699. Presume-se o comissário autorizado a conceder dilação do prazo para pagamento, na conformidade dos usos do lugar onde se realizar o negócio, se não houver instruções diversas do comitente.	• *Sem correspondente no Código Civil 1916.* ***Código Comercial: Art. 176.*** O comissário presume-se autorizado para conceder os prazos que forem do uso da praça, sempre que não tiver ordem em contrário do comitente.
Art. 700. Se houver instruções do comitente proibindo prorrogação de prazos para pagamento, ou se esta não for conforme os usos locais, poderá o comitente exigir que o comissário pague *incontinenti* ou responda pelas conseqüências da dilação concedida, procedendo-se de igual modo se o comissário não der ciência ao comitente dos prazos concedidos e de quem é seu beneficiário.	• *Sem correspondente no Código Civil 1916.* ***Código Comercial: Art. 177.*** O comissário que tiver vendido a pagamento deve declarar no aviso e conta que remeter ao comitente o nome e domicílio dos compradores, e os prazos estipulados, deixando de fazer esta declaração explícita, presume-se que a venda foi efetuada a dinheiro de contado, e não será admitida ao comissário prova em contrário.
Art. 701. Não estipulada a remuneração devida ao comissário, será ela arbitrada segundo os usos correntes no lugar.	• *Sem correspondente no Código Civil 1916.* ***Código Comercial: Art. 186.*** Todo comissário tem direito para exigir do comitente uma comis-

**Art. 163.* Quando um comerciante sem mandato, ou excedendo os limites deste, conclui algum negócio para o seu correspondente, é gestor do negócio segundo as disposições da lei geral; mas se este for ratificado, toma o caráter de mandato mercantil, e entende-se feito no lugar do gestor.

Código Civil 2002	Código Civil 1916
	são pelo seu trabalho, a qual, quando não tiver sido expressamente convencionada, será regulada pelo uso comercial do lugar onde se tiver executado o mandato (art. 154*).
Art. 702. No caso de morte do comissário, ou, quando, por motivo de força maior, não puder concluir o negócio, será devida pelo comitente uma remuneração proporcional aos trabalhos realizados.	• *Sem correspondente no Código Civil 1916.* ***Código Comercial: Art. 187.*** A comissão deve-se por inteiro, tendo-se concluído a operação ou mandato; no caso de morte ou despedida do comissário, é devida unicamente a quota correspondente aos atos por este praticados.
Art. 703. Ainda que tenha dado motivo à dispensa, terá o comissário direito a ser remunerado pelos serviços úteis prestados ao comitente, ressalvado a este o direito de exigir daquele os prejuízos sofridos.	• *Sem correspondente no Código Civil 1916.* ***Código Comercial: Art. 187 (ver acima).***
Art. 704. Salvo disposição em contrário, pode o comitente, a qualquer tempo, alterar as instruções dadas ao comissário, entendendo-se por elas regidos também os negócios pendentes.	
Art. 705. Se o comissário for despedido sem justa causa, terá direito a ser remunerado pelos trabalhos prestados, bem como a ser ressarcido pelas perdas e danos resultantes de sua dispensa.	• *Sem correspondente no Código Civil 1916.* ***Código Comercial: Art. 188.*** Quando, porém, o comitente retirar o mandato antes de concluído, sem causa justificada procedida de culpa do comissário, nunca poderá pagar-se menos de meia comissão, ainda que esta não seja a que exatamente corresponda aos trabalhos praticados.
Art. 706. O comitente e o comissário são obrigados a pagar juros um ao outro; o primeiro pelo que o comissário houver adiantado para cumprimento de suas ordens; e o segundo pela mora na entrega dos fundos que pertencerem ao comitente.	• *Sem correspondente no Código Civil 1916.* ***Código Comercial: Art. 180.*** O comissário que distrair do destino ordenado os fundos do seu comitente responderá pelos juros a datar do dia em que recebeu os mesmos fundos, e pelos prejuízos resultantes do não-cumprimento das ordens; sem prejuízo das ações criminais que possa dar lugar o dolo ou fraude. ***Art. 185.*** O comitente é obrigado a satisfazer à vista, salvo convenção em contrário, a importância de todas as despesas e desembolsos feitos no desempenho da comissão, com os juros pelo tempo que mediar entre o desembolso e o efetivo pagamento, e as comissões que forem devidas. As contas dadas pelo comissário ao comitente

**Art. 154.* O comitente é obrigado a pagar ao mandatário todas as despesas e desembolsos que este fizer na execução do mandato, e os salários ou comissões que forem devidas por ajuste expresso, ou por uso e prática mercantil do lugar onde se cumprir o mandato, na falta de ajuste.

Código Civil 2002	Código Civil 1916
	devem concordar com os seus livros e assentos mercantis; e no caso de não concordarem poderá ter lugar a ação criminal de furto.
Art. 707. O crédito do comissário, relativo a comissões e despesas feitas, goza de privilégio geral, no caso de falência ou insolvência do comitente.	• *Sem correspondente no Código Civil 1916* **Código Comercial: Art. 189.** No caso de falência do comitente, tem o comissário hipoteca e precedência privilegiada nos efeitos do mesmo comitente, para indenização e embolso de todas as despesas, adiantamentos que tiver feito, comissões vendidas e juros respectivos, enquanto os mesmos efeitos se acharem à sua disposição em seus armazéns, nas estações públicas, ou em qualquer outro lugar, ou mesmo achando-se em caminho para o poder do falido, se provar a remessa por conhecimentos ou cautelas competentes de data anterior à declaração da quebra (art. 806*).
Art. 708. Para reembolso das despesas feitas, bem como para recebimento das comissões devidas, tem o comissário direito de retenção sobre os bens e valores em seu poder em virtude da comissão.	
Art. 709. São aplicáveis à comissão, no que couber, as regras sobre mandato.	• *Sem correspondente no Código Civil 1916.* **Código Comercial: Art. 190.** As disposições do Título VI – Do mandato mercantil – são aplicáveis à comissão mercantil.
Capítulo XII **Da Agência e Distribuição** **Art. 710.** Pelo contrato de agência, uma pessoa assume, em caráter não eventual e sem vínculos de dependência, a obrigação de promover, à conta de outra, mediante retribuição, a realização de certos negócios, em zona determinada, caracterizando-se a distribuição quando o agente tiver à sua disposição a coisa a ser negociada. **Parágrafo único.** O proponente pode conferir poderes ao agente para que este o represente na conclusão dos contratos.	

**Art. 806. (Revogado pelo Decreto-Lei 7.661, de 21.6.1945.) Texto original:* Apresentada a declaração da quebra, o Tribunal do Comércio declarará sem demora a abertura da falência, isto é, fixará o termo legal da sua existência, a contar da data – da declaração do falido, ou da sua ausência, ou desde que se fecharam os seus armazéns, lojas ou escritórios, ou finalmente de outra época anterior em que tenha havido efetiva cessação de pagamentos: ficando porém entendido que a sentença que fixar a abertura da quebra não poderá retroagi-la a época que exceda além de quarenta dias da sua data atual.

Código Civil 2002	Código Civil 1916
Art. 711. Salvo ajuste, o proponente não pode constituir, ao mesmo tempo, mais de um agente, na mesma zona, com idêntica incumbência; nem pode o agente assumir o encargo de nela tratar de negócios do mesmo gênero, à conta de outros proponentes.	
Art. 712. O agente, no desempenho que lhe foi cometido, deve agir com toda diligência, atendo-se às instruções recebidas do proponente.	
Art. 713. Salvo estipulação diversa, todas as despesas com a agência ou distribuição correm a cargo do agente ou distribuidor.	
Art. 714. Salvo ajuste, o agente ou distribuidor terá direito à remuneração correspondente aos negócios concluídos dentro de sua zona, ainda que sem a sua interferência.	
Art. 715. O agente ou distribuidor tem direito à indenização se o proponente, sem justa causa, cessar o atendimento das propostas ou reduzi-lo tanto que se torna antieconômica a continuação do contrato.	
Art. 716. A remuneração será devida ao agente também quando o negócio deixar de ser realizado por fato imputável ao proponente.	
Art. 717. Ainda que dispensado por justa causa, terá o agente direito a ser remunerado pelos serviços úteis prestados ao proponente, sem embargo de haver este perdas e danos pelos prejuízos sofridos.	
Art. 718. Se a dispensa se der sem culpa do agente, terá ele direito à remuneração até então devida, inclusive sobre os negócios pendentes, além das indenizações previstas em lei especial.	
Art. 719. Se o agente não puder continuar o trabalho por motivo de força maior, terá direito à remuneração correspondente aos serviços realizados, cabendo esse direito aos herdeiros no caso de morte.	
Art. 720. Se o contrato for por tempo indeterminado, qualquer das partes poderá resolvê-lo, mediante aviso prévio de noventa dias, desde que transcorrido prazo compatível com a natureza e o vulto do investimento exigido do agente.	

Código Civil 2002	Código Civil 1916
Parágrafo único. No caso de divergência entre as partes, o juiz decidirá da razoabilidade do prazo e do valor devido.	
Art. 721. Aplicam-se ao contrato de agência e distribuição, no que couber, as regras concernentes ao mandato e à comissão e as constantes de lei especial.	
Capítulo XIII **Da Corretagem** **Art. 722.** Pelo contrato de corretagem, uma pessoa, não ligada a outra em virtude de mandato, de prestação de serviços ou por qualquer relação de dependência, obriga-se a obter para a segunda um ou mais negócios, conforme as instruções recebidas.	
Art. 723. O corretor é obrigado a executar a mediação com a diligência e prudência que o negócio requer, prestando ao cliente, espontaneamente, todas as informações sobre o andamento dos negócios; deve, ainda, sob pena de responder por perdas e danos, prestar ao cliente todos os esclarecimentos que estiverem ao seu alcance, acerca da segurança ou risco do negócio, das alterações de valores e do mais que possa influir nos resultados da incumbência.	
Art. 724. A remuneração do corretor, se não estiver fixada em lei, nem ajustada entre as partes, será arbitrada segundo a natureza do negócio e os usos locais.	
Art. 725. A remuneração é devida ao corretor uma vez que tenha conseguido o resultado previsto no contrato de mediação, ou ainda que este não se efetive em virtude de arrependimento das partes.	
Art. 726. Iniciado e concluído o negócio diretamente entre as partes, nenhuma remuneração será devida ao corretor; mas se, por escrito, for ajustada a corretagem com exclusividade, terá o corretor direito à remuneração integral, ainda que realizado o negócio sem a sua mediação, salvo se comprovada sua inércia ou ociosidade.	
Art. 727. Se, por não haver prazo determinado, o dono do negócio dispensar o corretor, e o negócio se realizar posteriormente, como fruto da sua mediação, a corretagem lhe será devida; igual	

Código Civil 2002	Código Civil 1916
solução se adotará se o negócio se realizar após a decorrência do prazo contratual, mas por efeito dos trabalhos do corretor.	
Art. 728. Se o negócio se concluir com a intermediação de mais de um corretor, a remuneração será paga a todos em partes iguais, salvo ajuste em contrário.	
Art. 729. Os preceitos sobre corretagem constantes deste Código não excluem a aplicação de outras normas da legislação especial.	
Capítulo XIV **Do Transporte** **Seção I** **Disposições Gerais** **Art. 730.** Pelo contrato de transporte alguém se obriga, mediante retribuição, a transportar, de um lugar para outro, pessoas ou coisas.	
Art. 731. O transporte exercido em virtude de autorização, permissão ou concessão, rege-se pelas normas regulamentares e pelo que for estabelecido naqueles atos, sem prejuízo do disposto neste Código.	
Art. 732. Aos contratos de transporte, em geral, são aplicáveis, quando couber, desde que não contrariem as disposições deste Código, os preceitos constantes da legislação especial e de tratados e convenções internacionais.	
Art. 733. Nos contratos de transporte cumulativo, cada transportador se obriga a cumprir o contrato relativamente ao respectivo percurso, respondendo pelos danos nele causados a pessoas e coisas. **§ 1º** O dano, resultante do atraso ou da interrupção da viagem, será determinado em razão da totalidade do percurso. **§ 2º** Se houver substituição de algum dos transportadores no decorrer do percurso, a responsabilidade solidária estender-se-á ao substituto.	
Seção II **Do Transporte de Pessoas** **Art. 734.** O transportador responde pelos danos causados às pessoas transportadas e suas bagagens, salvo motivo de força maior, sendo nula qualquer cláusula excludente da responsabilidade.	

Código Civil 2002	Código Civil 1916
Parágrafo único. É lícito ao transportador exigir a declaração do valor da bagagem a fim de fixar o limite da indenização.	
Art. 735. A responsabilidade contratual do transportador por acidente com o passageiro não é elidida por culpa de terceiro, contra o qual tem ação regressiva.	
Art. 736. Não se subordina às normas do contrato de transporte o feito gratuitamente, por amizade ou cortesia. **Parágrafo único.** Não se considera gratuito o transporte quando, embora feito sem remuneração, o transportador auferir vantagens indiretas.	
Art. 737. O transportador está sujeito aos horários e itinerários previstos, sob pena de responder por perdas e danos, salvo motivo de força maior.	
Art. 738. A pessoa transportada deve sujeitar-se às normas estabelecidas pelo transportador, constantes no bilhete ou afixadas à vista dos usuários, abstendo-se de quaisquer atos que causem incômodo ou prejuízo aos passageiros, danifiquem o veículo, ou dificultem ou impeçam a execução normal do serviço. **Parágrafo único.** Se o prejuízo sofrido pela pessoa transportada for atribuível à transgressão de normas e instruções regulamentares, o juiz reduzirá eqüitativamente a indenização, na medida em que a vítima houver concorrido para a ocorrência do dano.	
Art. 739. O transportador não pode recusar passageiros, salvo os casos previstos nos regulamentos, ou se as condições de higiene ou de saúde do interessado o justificarem.	
Art. 740. O passageiro tem direito a rescindir o contrato de transporte antes de iniciada a viagem, sendo-lhe devida a restituição do valor da passagem, desde que feita a comunicação ao transportador em tempo de ser renegociada. **§ 1º** Ao passageiro é facultado desistir do transporte, mesmo depois de iniciada a viagem, sendo-lhe devida a restituição do valor correspondente ao trecho não utilizado, desde que provado que outra pessoa haja sido transportada em seu lugar.	

Código Civil 2002	Código Civil 1916
§ 2º Não terá direito ao reembolso do valor da passagem o usuário que deixar de embarcar, salvo se provado que outra pessoa foi transportada em seu lugar, caso em que lhe será restituído o valor do bilhete não utilizado. **§ 3º** Nas hipóteses previstas neste artigo, o transportador terá direito de reter até cinco por cento da importância a ser restituída ao passageiro, a título de multa compensatória.	
Art. 741. Interrompendo-se a viagem por qualquer motivo alheio à vontade do transportador, ainda que em conseqüência de evento imprevisível, fica ele obrigado a concluir o transporte contratado em outro veículo da mesma categoria, ou, com a anuência do passageiro, por modalidade diferente, à sua custa, correndo também por sua conta as despesas de estada e alimentação do usuário, durante a espera de novo transporte.	
Art. 742. O transportador, uma vez executado o transporte, tem direito de retenção sobre a bagagem de passageiro e outros objetos pessoais deste, para garantir-se do pagamento do valor da passagem que não tiver sido feito no início ou durante o percurso.	
Seção III **Do Transporte de Coisas** **Art. 743.** A coisa, entregue ao transportador, deve estar caracterizada pela sua natureza, valor, peso e quantidade, e o mais que for necessário para que não se confunda com outras, devendo o destinatário ser indicado ao menos pelo nome e endereço.	
Art. 744. Ao receber a coisa, o transportador emitirá conhecimento com a menção dos dados que a identifiquem, obedecido o disposto em lei especial. **Parágrafo único.** O transportador poderá exigir que o remetente lhe entregue, devidamente assinada, a relação discriminada das coisas a serem transportadas, em duas vias, uma das quais, por ele devidamente autenticada, ficará fazendo parte integrante do conhecimento.	• *Sem correspondente no Código Civil 1916.* ***Código Comercial:*** **Art. 575.** O conhecimento deve ser datado, e declarar: *1.* o nome do capitão, e o do carregador e consignatário (podendo omitir-se o nome deste se for à ordem), e o nome e porte do navio; *2.* a qualidade e a quantidade dos objetos da carga, suas marcas e números, anotados à margem;

Código Civil 2002	Código Civil 1916
	3. o lugar da partida e o do destino, com declaração das escalas, havendo-as; *4.* o preço do frete e primagem, se esta for estipulada, e o lugar e forma do pagamento; *5.* a assinatura do capitão (art. 577*), e a do carregador.
Art. 745. Em caso de informação inexata ou falsa descrição no documento a que se refere o artigo antecedente, será o transportador indenizado pelo prejuízo que sofrer, devendo a ação respectiva ser ajuizada no prazo de cento e vinte dias, a contar daquele ato, sob pena de decadência.	
Art. 746. Poderá o transportador recusar a coisa cuja embalagem seja inadequada, bem como a que possa pôr em risco a saúde das pessoas, ou danificar o veículo e outros bens.	
Art. 747. O transportador deverá obrigatoriamente recusar a coisa cujo transporte ou comercialização não sejam permitidos, ou que venha desacompanhada dos documentos exigidos por lei ou regulamento.	
Art. 748. Até a entrega da coisa, pode o remetente desistir do transporte e pedi-la de volta, ou ordenar seja entregue a outro destinatário, pagando, em ambos os casos, os acréscimos de despesa decorrentes da contra-ordem, mais as perdas e danos que houver.	• *Sem correspondente no Código Civil 1916.* ***Código Comercial: Art. 113.*** Variando o carregador a consignação dos efeitos, o condutor ou comissário de transportes é obrigado a cumprir a sua ordem, recebendo-a antes de feita a entrega no lugar do destino. Se, porém, a variação do destino da carga exigir variação de caminho, ou que o condutor ou comissário de transportes passe do primeiro lugar destinado, este tem direito de entrar em novo ajuste de frete ou aluguel, e não se acordando, só será obrigado a efetuar a entrega no lugar designado na cautela ou recibo.
Art. 749. O transportador conduzirá a coisa ao seu destino, tomando todas as cautelas necessárias para mantê-la em bom estado e entregá-la no prazo ajustado ou previsto.	• *Sem correspondente no Código Civil 1916.* ***Código Comercial: Art. 99.*** Os barqueiros, tropeiros e quaisquer outros condutores de gêneros, ou comissários, que do seu transporte se encarregarem mediante uma comissão, frete ou aluguel, devem efetuar a sua entrega fielmente no

**Art. 577.* O capitão é obrigado a assinar todas as vias de um mesmo conhecimento que o carregador exigir, devendo ser todas do mesmo teor e da mesma data, e conter o número da via. Uma via ficará em poder do capitão, as outras pertencem ao carregador.
Se o capitão for ao mesmo tempo o carregador, os conhecimentos respectivos serão assinados por duas pessoas da tripulação a ele imediatas no comando do navio, e uma via será depositada nas mãos do armador ou do consignatário.

Código Civil 2002	Código Civil 1916
	tempo e no lugar do ajuste; e empregar toda a diligência e meios praticados pelas pessoas exatas no cumprimento dos seus deveres em casos semelhantes para que os mesmos gêneros se não deteriorem, fazendo para esse fim, por conta de quem pertencer, as despesas necessárias; e são responsáveis as partes pelas perdas e danos que, por malversação ou omissão sua, ou dos seus feitores, caixeiros ou outros quaisquer agentes resultarem.
Art. 750. A responsabilidade do transportador, limitada ao valor constante do conhecimento, começa no momento em que ele, ou seus prepostos, recebem a coisa; termina quando é entregue ao destinatário, ou depositada em juízo, se aquele não for encontrado.	• *Sem correspondente no Código Civil 1916.* ***Código Comercial: Art. 101.*** A responsabilidade do condutor ou comissário de transportes começa correr desde o momento em que recebe as fazendas, e só expira depois de efetuada a entrega.
Art. 751. A coisa, depositada ou guardada nos armazéns do transportador, em virtude de contrato de transporte, rege-se, no que couber, pelas disposições relativas a depósito.	
Art. 752. Desembarcadas as mercadorias, o transportador não é obrigado a dar aviso ao destinatário, se assim não foi convencionado, dependendo também de ajuste a entrega a domicílio, e devem constar do conhecimento de embarque as cláusulas de aviso ou de entrega a domicílio.	
Art. 753. Se o transporte não puder ser feito ou sofrer longa interrupção, o transportador solicitará, *incontinenti*, instruções ao remetente, e zelará pela coisa, por cujo perecimento ou deterioração responderá, salvo força maior. **§ 1º** Perdurando o impedimento, sem motivo imputável ao transportador e sem manifestação do remetente, poderá aquele depositar a coisa em juízo, ou vendê-la, obedecidos os preceitos legais e regulamentares, ou os usos locais, depositando o valor. **§ 2º** Se o impedimento for responsabilidade do transportador, este poderá depositar a coisa, por sua conta e risco, mas só poderá vendê-la se perecível. **§ 3º** Em ambos os casos, o transportador deve informar o remetente da efetivação do depósito ou da venda. **§ 4º** Se o transportador mantiver a coisa depositada em seus próprios armazéns, continuará a	

Código Civil 2002	Código Civil 1916
responder pela sua guarda e conservação, sendo-lhe devida, porém, uma remuneração pela custódia, a qual poderá ser contratualmente ajustada ou se conformará aos usos adotados em cada sistema de transporte.	
Art. 754. As mercadorias devem ser entregues ao destinatário, ou a quem apresentar o conhecimento endossado, devendo aquele que as receber conferi-las e apresentar as reclamações que tiver, sob pena de decadência dos direitos.	• *Sem correspondente no Código Civil 1916.* ***Código Comercial: Art. 109.*** Não terá lugar reclamação alguma por diminuição ou avaria dos gêneros transportados, depois de se ter passado recibo da sua entrega sem declaração de diminuição ou avaria.
Parágrafo único. No caso de perda parcial ou de avaria não perceptível à primeira vista, o destinatário conserva a sua ação contra o transportador, desde que denuncie o dano em dez dias a contar da entrega.	
Art. 755. Havendo dúvida acerca de quem seja o destinatário, o transportador deve depositar a mercadoria em juízo, se não lhe for possível obter instruções do remetente; se a demora puder ocasionar a deterioração da coisa, o transportador deverá vendê-la, depositando o saldo em juízo.	
Art. 756. No caso de transporte cumulativo, todos os transportadores respondem solidariamente pelo dano causado perante o remetente, ressalvada a apuração final da responsabilidade entre eles, de modo que o ressarcimento recaia, por inteiro, ou proporcionalmente, naquele ou naqueles em cujo percurso houver ocorrido o dano.	
Capítulo XV **Do Seguro** **Seção I** **Disposições Gerais**	
Art. 757. Pelo contrato de seguro, o segurador se obriga, mediante o pagamento do prêmio, a garantir interesse legítimo do segurado, relativo a pessoa ou a coisa, contra riscos predeterminados.	*Art. 1.432.* Considera-se contrato de seguro aquele pelo qual uma das partes se obriga para com a outra, mediante a paga de um prêmio, a indenizá-la do prejuízo resultante de riscos futuros, previstos no contrato.
Parágrafo único. Somente pode ser parte, no contrato de seguro, como segurador, entidade para tal fim legalmente autorizada.	
Art. 758. O contrato de seguro prova-se com a exibição da apólice ou do bilhete do seguro, e,	

Código Civil 2002	Código Civil 1916
na falta deles, por documento comprobatório do pagamento do respectivo prêmio.	
Art. 759. A emissão da apólice deverá ser precedida de proposta escrita com a declaração dos elementos essenciais do interesse a ser garantido e do risco.	
Art. 760. A apólice ou o bilhete de seguro serão nominativos, à ordem ou ao portador, e mencionarão os riscos assumidos, o início e o fim de sua validade, o limite da garantia e o prêmio devido, e, quando for o caso, o nome do segurado e o do beneficiário.	*Art. 1.447.* As apólices podem ser nominativas, à ordem ou ao portador. As de seguro sobre a vida não podem ser ao portador. *Parágrafo único.* As apólices nominativas mencionarão o nome do segurador, o do segurado e o do seu representante, se o houver, ou o do terceiro, em cujo nome se faz o seguro. *Art. 1.448.* A apólice declarará também o começo e o fim dos riscos por ano, mês, dia e hora.
Parágrafo único. No seguro de pessoas, a apólice ou o bilhete não podem ser ao portador.	*Art. 1.447, caput (ver acima).*
Art. 761. Quando o risco for assumido em co-seguro, a apólice indicará o segurador que administrará o contrato e representará os demais, para todos os seus efeitos.	
Art. 762. Nulo será o contrato para garantia de risco proveniente de ato doloso do segurado, do beneficiário, ou de representante de um ou de outro.	*Art. 1.436.* Nulo será este contrato, quando o risco, de que se ocupa, se filiar a atos ilícitos do segurado, do beneficiado pelo seguro, ou dos representantes e prepostos, quer de um, quer do outro. ***Código Comercial: Art. 677.*** O contrato do seguro é nulo: ***3.*** Sempre que se provar fraude ou falsidade por alguma das partes. ***Art. 678.*** O seguro pode também anular-se: ***1.*** quando o segurado oculta a verdade ou diz o que não é verdade; ***2.*** quando faz declaração errônea, calando, falsificando ou alterando fatos ou circunstâncias, ou produzindo fatos ou circunstâncias não existentes, de tal natureza e importância que, a não se terem ocultado, falsificado ou produzido, os seguradores, ou não houveram admitido o seguro, ou o teriam efetuado debaixo de prêmio maior e mais restritas condições.
Art. 763. Não terá direito a indenização o segurado que estiver em mora no pagamento do prêmio, se ocorrer o sinistro antes de sua purgação.	*Art. 1.451.* Se o segurado vier a falir, ou for declarado interdito, estando em atraso nos prêmios, ou se atrasar após a interdição, ou a falência, ficará o segurador isento da responsabilidade pelos

Código Civil 2002	Código Civil 1916
	riscos, se a massa, ou o representante do interdito, não pagar antes os prêmios atrasados.
Art. 764. Salvo disposição especial, o fato de se não ter verificado o risco, em previsão do qual se faz o seguro, não exime o segurado de pagar o prêmio.	*Art. 1.452.* O fato de se não ter verificado o risco, em previsão do qual se fez o seguro, não exime o segurado de pagar o prêmio, que se estipulou, observadas as disposições especiais do direito marítimo sobre o estorno.
Art. 765. O segurado e o segurador são obrigados a guardar na conclusão e na execução do contrato, a mais estrita boa-fé e veracidade, tanto a respeito do objeto como das circunstâncias e declarações a ele concernentes.	*Art. 1.443.* O segurado e o segurador são obrigados a guardar no contrato a mais estrita boa-fé e veracidade, assim a respeito do objeto, como das circunstâncias e declarações a ele concernentes.
Art. 766. Se o segurado, por si ou por seu representante, fizer declarações inexatas ou omitir circunstâncias que possam influir na aceitação da proposta ou na taxa do prêmio, perderá o direito à garantia, além de ficar obrigado ao prêmio vencido.	*Art. 1.444.* Se o segurado não fizer declarações verdadeiras e completas, omitindo circunstâncias que possam influir na aceitação da proposta ou na taxa do prêmio, perderá o direito ao valor do seguro, e pagará o prêmio vencido.
Parágrafo único. Se a inexatidão ou omissão nas declarações não resultar de má-fé do segurado, o segurador terá direito a resolver o contrato, ou a cobrar, mesmo após o sinistro, a diferença do prêmio.	
Art. 767. No seguro à conta de outrem, o segurador pode opor ao segurado quaisquer defesas que tenha contra o estipulante, por descumprimento das normas de conclusão do contrato, ou de pagamento do prêmio.	*Art. 1.464.* No caso de sinistro, o segurador pode opor ao sucessor ou representante do segurado todos os meios de defesa, que contra este lhe assistiriam.
Art. 768. O segurado perderá o direito à garantia se agravar intencionalmente o risco objeto do contrato.	*Art. 1.454.* Enquanto vigorar o contrato, o segurado abster-se-á de tudo quanto possa aumentar os riscos, ou seja, contrário aos termos do estipulado, sob pena de perder o direito ao seguro.
Art. 769. O segurado é obrigado a comunicar ao segurador, logo que saiba, todo incidente suscetível de agravar consideravelmente o risco coberto, sob pena de perder o direito à garantia, se provar que silenciou de má-fé.	*Art. 1.455.* Sob a mesma pena do artigo antecedente, comunicará o segurado ao segurador todo incidente, que de qualquer modo possa agravar o risco.
§ 1º O segurador, desde que o faça nos quinze dias seguintes ao recebimento do aviso da agravação do risco sem culpa do segurado, poderá dar-lhe ciência, por escrito, de sua decisão de resolver o contrato.	

Código Civil 2002	Código Civil 1916
§ 2º A resolução só será eficaz trinta dias após a notificação, devendo ser restituída pelo segurador a diferença do prêmio.	
Art. 770. Salvo disposição em contrário, a diminuição do risco no curso do contrato não acarreta a redução do prêmio estipulado; mas, se a redução do risco for considerável, o segurado poderá exigir a revisão do prêmio, ou a resolução do contrato.	
Art. 771. Sob pena de perder o direito à indenização, o segurado participará o sinistro ao segurador, logo que o saiba, e tomará as providências imediatas para minorar-lhe as conseqüências.	*Art. 1.457.* Verificado o sinistro, o segurado, logo que o saiba, comunicá-lo-á ao segurador.
Parágrafo único. Correm à conta do segurador, até o limite fixado no contrato, as despesas de salvamento conseqüente ao sinistro.	
Art. 772. A mora do segurador em pagar o sinistro obriga à atualização monetária da indenização devida segundo índices oficiais regularmente estabelecidos, sem prejuízo dos juros moratórios.	
Art. 773. O segurador que, ao tempo do contrato, sabe estar passado o risco de que o segurado se pretende cobrir, e, não obstante, expede a apólice, pagará em dobro o prêmio estipulado.	*Art. 1.446.* O segurador, que, ao tempo do contrato, sabe estar passado o risco, de que o segurado se pretende cobrir, e, não obstante, expede a apólice, pagará em dobro o prêmio estipulado.
Art. 774. A recondução tácita do contrato pelo mesmo prazo, mediante expressa cláusula contratual, não poderá operar mais de uma vez.	
Art. 775. Os agentes autorizados do segurador presumem-se seus representantes para todos os atos relativos aos contratos que agenciarem.	
Art. 776. O segurador é obrigado a pagar em dinheiro o prejuízo resultante do risco assumido, salvo se convencionada a reposição da coisa.	*Art. 1.458.* O segurador é obrigado a pagar em dinheiro o prejuízo resultante do risco assumido e, conforme as circunstâncias, o valor total da coisa segura.
Art. 777. O disposto no presente Capítulo aplica-se, no que couber, aos seguros regidos por leis próprias.	
Seção II **Do Seguro de Dano** **Art. 778.** Nos seguros de dano, a garantia prometida não pode ultrapassar o valor do interesse segurado no momento da conclusão do contrato,	

Código Civil 2002	Código Civil 1916
sob pena do disposto no art. 766, e sem prejuízo da ação penal que no caso couber.	
Art. 779. O risco do seguro compreenderá todos os prejuízos resultantes ou conseqüentes, como sejam os estragos ocasionados para evitar o sinistro, minorar o dano, ou salvar a coisa.	*Art. 1.461.* Salvo expressa restrição na apólice, o risco do seguro compreenderá todos os prejuízos resultantes ou conseqüentes, como sejam os estragos ocasionados para evitar o sinistro, minorar o dano, ou salvar a coisa.
Art. 780. A vigência da garantia, no seguro de coisas transportadas, começa no momento em que são pelo transportador recebidas, e cessa com a sua entrega ao destinatário.	
Art. 781. A indenização não pode ultrapassar o valor do interesse segurado no momento do sinistro, e, em hipótese alguma, o limite máximo da garantia fixado na apólice, salvo em caso de mora do segurador.	
Art. 782. O segurado que, na vigência do contrato, pretender obter novo seguro sobre o mesmo interesse, e contra o mesmo risco junto a outro segurador, deve previamente comunicar sua intenção por escrito ao primeiro, indicando a soma por que pretende segurar-se, a fim de se comprovar a obediência ao disposto no art. 778.	
Art. 783. Salvo disposição em contrário, o seguro de um interesse por menos do que valha acarreta a redução proporcional da indenização, no caso de sinistro parcial.	
Art. 784. Não se inclui na garantia o sinistro provocado por vício intrínseco da coisa segurada, não declarado pelo segurado. **Parágrafo único.** Entende-se por vício intrínseco o defeito próprio da coisa, que se não encontra normalmente em outras da mesma espécie.	*Art. 1.459.* Sempre se presumirá não se ter obrigado o segurador a indenizar prejuízos resultantes de vício intrínseco à coisa segura.
Art. 785. Salvo disposição em contrário, admite-se a transferência do contrato a terceiro com a alienação ou cessão do interesse segurado. **§ 1º** Se o instrumento contratual é nominativo, a transferência só produz efeitos em relação ao segurador mediante aviso escrito assinado pelo cedente e pelo cessionário.	*Art. 1.463.* O direito à indenização pode ser transmitido a terceiro como acessório da propriedade, ou de direito real sobre a coisa segura.

Código Civil 2002	Código Civil 1916
§ 2º A apólice ou o bilhete à ordem só se transfere por endosso em preto, datado e assinado pelo endossante e pelo endossatário.	
Art. 786. Paga a indenização, o segurador sub-roga-se, nos limites do valor respectivo, nos direitos e ações que competirem ao segurado contra o autor do dano. **§ 1º** Salvo dolo, a sub-rogação não tem lugar se o dano foi causado pelo cônjuge do segurado, seus descendentes ou ascendentes, consangüíneos ou afins. **§ 2º** É ineficaz qualquer ato do segurado que diminua ou extinga, em prejuízo do segurador, os direitos a que se refere este artigo.	
Art. 787. No seguro de responsabilidade civil, o segurador garante o pagamento de perdas e danos devidos pelo segurado a terceiro. **§ 1º** Tão logo saiba o segurado das conseqüências de ato seu, suscetível de lhe acarretar a responsabilidade incluída na garantia, comunicará o fato ao segurador. **§ 2º** É defeso ao segurado reconhecer sua responsabilidade ou confessar a ação, bem como transigir com o terceiro prejudicado, ou indenizá-lo diretamente, sem anuência expressa do segurador. **§ 3º** Intentada a ação contra o segurado, dará este ciência da lide ao segurador. **§ 4º** Subsistirá a responsabilidade do segurado perante o terceiro, se o segurador for insolvente.	
Art. 788. Nos seguros de responsabilidade legalmente obrigatórios, a indenização por sinistro será paga pelo segurador diretamente ao terceiro prejudicado. **Parágrafo único.** Demandado em ação direta pela vítima do dano, o segurador não poderá opor a exceção de contrato não cumprido pelo segurado, sem promover a citação deste para integrar o contraditório.	
Seção III **Do Seguro de Pessoa** **Art. 789.** Nos seguros de pessoas, o capital segurado é livremente estipulado pelo proponente,	*Art. 1.441.* No caso do seguro sobre a vida, é livre às partes fixar o valor respectivo e fazer mais

CÓDIGO CIVIL 2002	CÓDIGO CIVIL 1916
que pode contratar mais de um seguro sobre o mesmo interesse, com o mesmo ou diversos seguradores.	de um seguro, no mesmo ou em diversos valores, sem prejuízo dos antecedentes.
Art. 790. No seguro sobre a vida de outros, o proponente é obrigado a declarar, sob pena de falsidade, o seu interesse pela preservação da vida do segurado.	*Art. 1.472.* Pode uma pessoa fazer o seguro sobre a própria vida, ou sobre a de outrem, justificando, porém, neste último caso, o seu interesse pela preservação daquela que segura, sob pena de não valer o seguro, em se provando ser falso o motivo alegado.
Parágrafo único. Até prova em contrário, presume-se o interesse, quando o segurado é cônjuge, ascendente ou descendente do proponente.	*Parágrafo único.* Será dispensada a justificação, se o terceiro, cuja vida se quiser segurar, for descendente, ascendente, irmão ou cônjuge do proponente.
Art. 791. Se o segurado não renunciar à faculdade, ou se o seguro não tiver como causa declarada a garantia de alguma obrigação, é lícita a substituição do beneficiário, por ato entre vivos ou de última vontade.	*Art. 1.473.* Se o seguro não tiver por causa declarada a garantia de alguma obrigação, é lícito ao segurado, em qualquer tempo, substituir o seu beneficiário, e, sendo a apólice emitida à ordem, instituir o beneficiário até por ato de última vontade. Em falta de declaração, neste caso, o seguro será pago aos herdeiros do segurado, sem embargo de quaisquer disposições em contrário dos estatutos da companhia ou associação.
Parágrafo único. O segurador, que não for cientificado oportunamente da substituição, desobrigar-se-á pagando o capital segurado ao antigo beneficiário.	
Art. 792. Na falta de indicação da pessoa ou beneficiário, ou se por qualquer motivo não prevalecer a que for feita, o capital segurado será pago por metade ao cônjuge não separado judicialmente, e o restante aos herdeiros do segurado, obedecida a ordem da vocação hereditária.	*Art. 1.473 (ver acima).*
Parágrafo único. Na falta das pessoas indicadas neste artigo, serão beneficiários os que provarem que a morte do segurado os privou dos meios necessários à subsistência.	
Art. 793. É válida a instituição do companheiro como beneficiário, se ao tempo do contrato o segurado era separado judicialmente, ou já se encontrava separado de fato.	

Código Civil 2002	Código Civil 1916
Art. 794. No seguro de vida ou de acidentes pessoais para o caso de morte, o capital estipulado não está sujeito às dívidas do segurado, nem se considera herança para todos os efeitos de direito.	*Art. 1.475.* A soma estipulada como benefício não está sujeita às obrigações, ou dívidas do segurado.
Art. 795. É nula, no seguro de pessoa, qualquer transação para pagamento reduzido do capital segurado.	
Art. 796. O prêmio, no seguro de vida, será conveniado por prazo limitado, ou por toda a vida do segurado.	*Art. 1.471, Parágrafo único.* Quando a liquidação só deva operar-se por morte, o prêmio se pode ajustar por prazo limitado ou por toda a vida do segurado, sendo lícito às partes contratantes, durante a vigência do contrato, substituírem, de comum acordo, um plano por outro, feita a indenização de prêmios que a substituição exigir.
Parágrafo único. Em qualquer hipótese, no seguro individual, o segurador não terá ação para cobrar o prêmio vencido, cuja falta de pagamento, nos prazos previstos, acarretará, conforme se estipular, a resolução do contrato, com a restituição da reserva já formada, ou a redução do capital garantido proporcionalmente ao prêmio pago.	
Art. 797. No seguro de vida para o caso de morte, é lícito estipular-se um prazo de carência, durante o qual o segurador não responde pela ocorrência do sinistro. **Parágrafo único.** No caso deste artigo o segurador é obrigado a devolver ao beneficiário o montante da reserva técnica já formada.	
Art. 798. O beneficiário não tem direito ao capital estipulado quando o segurado se suicida nos primeiros dois anos de vigência inicial do contrato, ou da sua recondução depois de suspenso, observado o disposto no parágrafo único do artigo antecedente. **Parágrafo único.** Ressalvada a hipótese prevista neste artigo, é nula a cláusula contratual que exclui o pagamento do capital por suicídio do segurado.	
Art. 799. O segurador não pode eximir-se ao pagamento do seguro, ainda que da apólice conste a restrição, se a morte ou a incapacidade do segurado provier da utilização de meio de transpor-	

Código Civil 2002	Código Civil 1916
te mais arriscado, da prestação de serviço militar, da prática de esporte, ou de atos de humanidade em auxílio de outrem.	
Art. 800. Nos seguros de pessoas, o segurador não pode sub-rogar-se nos direitos e ações do segurado, ou do beneficiário, contra o causador do sinistro.	
Art. 801. O seguro de pessoas pode ser estipulado por pessoa natural ou jurídica em proveito de grupo que a ela, de qualquer modo, se vincule.	*Art. 1.466.* Pode ajustar-se o seguro, pondo certo número de segurados em comum entre si o prejuízo, que a qualquer deles advenha, do risco por todos corrido. Em tal caso o conjunto dos segurados constitui a pessoa jurídica, a que pertencem as funções de segurador.
§ 1º O estipulante não representa o segurador perante o grupo segurado, e é o único responsável, para com o segurador, pelo cumprimento de todas as obrigações contratuais.	
§ 2º A modificação da apólice em vigor dependerá da anuência expressa de segurados que representem três quartos do grupo.	
Art. 802. Não se compreende nas disposições desta Seção a garantia do reembolso de despesas hospitalares ou de tratamento médico, nem o custeio das despesas de luto e de funeral do segurado.	
Capítulo XVI **Da Constituição de Renda** **Art. 803.** Pode uma pessoa, pelo contrato de constituição de renda, obrigar-se para com outra a uma prestação periódica, a título gratuito.	*Art. 1.424.* Mediante ato entre vivos, ou de última vontade, e título oneroso, ou gratuito, pode constituir-se, por tempo determinado, em benefício próprio ou alheio, uma renda ou prestação periódica, entregando-se certo capital, em imóveis ou dinheiro, a pessoa que se obrigue a satisfazê-la.
Art. 804. O contrato pode ser também a título oneroso, entregando-se bens móveis ou imóveis à pessoa que se obriga a satisfazer as prestações a favor do credor ou de terceiros.	*Art. 1.424 (ver acima).*

Código Civil 2002	Código Civil 1916
Art. 805. Sendo o contrato a título oneroso, pode o credor, ao contratar, exigir que o rendeiro lhe preste garantia real, ou fidejussória.	
Art. 806. O contrato de constituição de renda será feito a prazo certo, ou por vida, podendo ultrapassar a vida do devedor mas não a do credor, seja ele o contratante, seja terceiro.	
Art. 807. O contrato de constituição de renda requer escritura pública.	
Art. 808. É nula a constituição de renda em favor de pessoa já falecida, ou que, nos trinta dias seguintes, vier a falecer de moléstia que já sofria, quando foi celebrado o contrato.	*Art. 1.425.* É nula a constituição de renda em favor de pessoa já falecida, ou que, dentro nos 30 (trinta) dias seguintes, vier a falecer de moléstia que já sofria, quando foi celebrado o contrato.
Art. 809. Os bens dados em compensação da renda caem, desde a tradição, no domínio da pessoa que por aquela se obrigou.	*Art. 1.426.* Os bens dados em compensação da renda caem, desde a tradição, no domínio da pessoa que por aquela se obrigou.
Art. 810. Se o rendeiro, ou censuário, deixar de cumprir a obrigação estipulada, poderá o credor da renda acioná-lo, tanto para que lhe pague as prestações atrasadas como para que lhe dê garantias das futuras, sob pena de rescisão do contrato.	*Art. 1.427.* Se o rendeiro, ou censuário, deixar de cumprir a obrigação estipulada, poderá o credor da renda acioná-lo, assim para que lhe pague as prestações atrasadas, como para que lhe dê garantias das futuras, sob pena de rescisão do contrato.
Art. 811. O credor adquire o direito à renda dia a dia, se a prestação não houver de ser paga adiantada, no começo de cada um dos períodos prefixos.	*Art. 1.428.* O credor adquire o direito à renda dia a dia, se a prestação não houver de ser paga adiantada, no começo de cada um dos períodos prefixos.
Art. 812. Quando a renda for constituída em benefício de duas ou mais pessoas, sem determinação da parte de cada uma, entende-se que os seus direitos são iguais; e, salvo estipulação diversa, não adquirirão os sobrevivos direito à parte dos que morrerem.	*Art. 1.429.* Quando a renda for constituída em benefício de duas ou mais pessoas, sem determinação da parte de cada uma, entende-se que os seus direitos são iguais; e, salvo estipulação diversa, não adquirirão os sobrevivos direito à parte dos que morreram.
Art. 813. A renda constituída por título gratuito pode, por ato do instituidor, ficar isenta de todas as execuções pendentes e futuras. **Parágrafo único.** A isenção prevista neste artigo prevalece de pleno direito em favor dos montepios e pensões alimentícias.	*Art. 1.430.* A renda constituída por título gratuito pode, por ato do instituidor, ficar isenta de todas as execuções pendentes e futuras. Esta isenção existe de pleno direito em favor dos montepios e pensões alimentícias.

Código Civil 2002	Código Civil 1916
Capítulo XVII **Do Jogo e da Aposta**	
Art. 814. As dívidas de jogo ou de aposta não obrigam a pagamento; mas não se pode recobrar a quantia, que voluntariamente se pagou, salvo se foi ganha por dolo, ou se o perdente é menor ou interdito.	*Art. 1.477.* As dívidas do jogo, ou aposta, não obrigam a pagamento; mas não se pode recobrar a quantia, que voluntariamente se pagou, salvo se foi ganha por dolo, ou se o perdente é menor, ou interdito.
§ 1º Estende-se esta disposição a qualquer contrato que encubra ou envolva reconhecimento, novação ou fiança de dívida de jogo; mas a nulidade resultante não pode ser oposta ao terceiro de boa-fé.	*Parágrafo único.* Aplica-se esta disposição a qualquer contrato que encubra ou envolva reconhecimento, novação ou fiança de dívidas de jogo; mas a nulidade resultante não pode ser oposta ao terceiro de boa-fé.
§ 2º O preceito contido neste artigo tem aplicação, ainda que se trate de jogo não proibido, só se excetuando os jogos e apostas legalmente permitidos.	
§ 3º Excetuam-se, igualmente, os prêmios oferecidos ou prometidos para o vencedor em competição de natureza esportiva, intelectual ou artística, desde que os interessados se submetam às prescrições legais e regulamentares.	
Art. 815. Não se pode exigir reembolso do que se emprestou para jogo ou aposta, no ato de apostar ou jogar.	*Art. 1.478.* Não se pode exigir reembolso do que se emprestou para jogo, ou aposta, no ato de apostar, ou jogar.
Art. 816. As disposições dos arts. 814 e 815 não se aplicam aos contratos sobre títulos de bolsa, mercadorias ou valores, em que se estipulem a liquidação exclusivamente pela diferença entre o preço ajustado e a cotação que eles tiverem no vencimento do ajuste.	*Art. 1.479.* São equiparados ao jogo, submetendo-se, como tais, ao disposto nos artigos antecedentes, os contratos sobre títulos de bolsa, mercadorias ou valores, em que se estipule a liquidação exclusivamente pela diferença entre o preço ajustado e a cotação que eles tiverem, no vencimento do ajuste.
Art. 817. O sorteio para dirimir questões ou dividir coisas comuns considera-se sistema de partilha ou processo de transação, conforme o caso.	*Art. 1.480.* O sorteio, para dirimir questões, ou dividir coisas comuns, considerar-se-á sistema de partilha, ou processo de transação, conforme o caso.
Capítulo XVIII **Da Fiança** **Seção I** **Disposições Gerais**	
Art. 818. Pelo contrato de fiança, uma pessoa garante satisfazer ao credor uma obrigação assumida pelo devedor, caso este não a cumpra.	*Art. 1.481.* Dá-se o contrato de fiança, quando uma pessoa se obriga por outra, para com seu credor, a satisfazer a obrigação, caso o devedor não a cumpra.

Código Civil 2002	Código Civil 1916
Art. 819. A fiança dar-se-á por escrito, e não admite interpretação extensiva.	*Art. 1.483.* A fiança dar-se-á por escrito, e não admite interpretação extensiva.
Art. 820. Pode-se estipular a fiança, ainda que sem consentimento do devedor ou contra a sua vontade.	*Art. 1.484.* Pode-se estipular a fiança, ainda sem consentimento do devedor.
Art. 821. As dívidas futuras podem ser objeto de fiança; mas o fiador, neste caso, não será demandado senão depois que se fizer certa e líquida a obrigação do principal devedor.	*Art. 1.485.* As dívidas futuras podem ser objeto de fiança; mas o fiador, neste caso, não será demandado senão depois que se fizer certa e líquida a obrigação do principal devedor.
Art. 822. Não sendo limitada, a fiança compreenderá todos os acessórios da dívida principal, inclusive as despesas judiciais, desde a citação do fiador.	*Art. 1.486.* Não sendo limitada a fiança, compreenderá todos os acessórios da dívida principal, inclusive as despesas judiciais, desde a citação do fiador.
Art. 823. A fiança pode ser de valor inferior ao da obrigação principal e contraída em condições menos onerosas, e, quando exceder o valor da dívida, ou for mais onerosa que ela, não valerá senão até ao limite da obrigação afiançada.	*Art. 1.487.* A fiança pode ser de valor inferior ao da obrigação principal e contraída em condições menos onerosas. Quando exceder o valor da dívida, ou for mais onerosa que ela, não valerá senão até o limite da obrigação afiançada.
Art. 824. As obrigações nulas não são suscetíveis de fiança, exceto se a nulidade resultar apenas de incapacidade pessoal do devedor.	*Art. 1.488.* As obrigações nulas não são suscetíveis de fiança, exceto se a nulidade resultar apenas de incapacidade pessoal do devedor.
Parágrafo único. A exceção estabelecida neste artigo não abrange o caso de mútuo feito a menor.	*Parágrafo único.* Esta exceção não abrange o caso do art. 1.259.
Art. 825. Quando alguém houver de oferecer fiador, o credor não pode ser obrigado a aceitá-lo se não for pessoa idônea, domiciliada no município onde tenha de prestar a fiança, e não possua bens suficientes para cumprir a obrigação.	*Art. 1.489.* Quando alguém houver de dar fiador, o credor não pode ser obrigado a aceitá-lo, se não for pessoa idônea, domiciliada no município, onde tenha de prestar a fiança, e não possua bens suficientes para desempenhar a obrigação.
Art. 826. Se o fiador se tornar insolvente ou incapaz, poderá o credor exigir que seja substituído.	*Art. 1.490.* Se o fiador se tornar insolvente, ou incapaz, poderá o credor exigir que seja substituído.
Seção II **Dos Efeitos da Fiança**	
Art. 827. O fiador demandado pelo pagamento da dívida tem direito a exigir, até a contestação da lide, que sejam primeiro executados os bens do devedor.	*Art. 1.491.* O fiador demandado pelo pagamento da dívida tem direito a exigir, até à contestação da lide, que sejam primeiro excutidos os bens do devedor.
Parágrafo único. O fiador que alegar o benefício de ordem, a que se refere este artigo, deve	*Parágrafo único.* O fiador, que alegar o benefício de ordem a que se refere este artigo, deve

Código Civil 2002	Código Civil 1916
nomear bens do devedor, sitos no mesmo município, livres e desembargados, quantos bastem para solver o débito.	nomear bens do devedor, sitos no mesmo município, livres e desembargados, quantos bastem para solver o débito (art. 1.504).
Art. 828. Não aproveita este benefício ao fiador:	*Art. 1.492.* Não aproveita este benefício ao fiador:
I – se ele o renunciou expressamente;	*I* – se ele o renunciou expressamente;
II – se se obrigou como principal pagador, ou devedor solidário;	*II* – se se obrigou como principal pagador, ou devedor solidário;
III – se o devedor for insolvente, ou falido.	*III* – se o devedor for insolvente, ou falido.
Art. 829. A fiança conjuntamente prestada a um só débito por mais de uma pessoa importa o compromisso de solidariedade entre elas, se declaradamente não se reservarem o benefício de divisão.	*Art. 1.493.* A fiança conjuntamente prestada a um só débito por mais de uma pessoa importa o compromisso de solidariedade entre elas, se declaradamente não se reservaram o benefício da divisão.
Parágrafo único. Estipulado este benefício, cada fiador responde unicamente pela parte que, em proporção, lhe couber no pagamento.	*Parágrafo único.* Estipulado este benefício, cada fiador responde unicamente pela parte que, em proporção, lhe couber no pagamento.
Art. 830. Cada fiador pode fixar no contrato a parte da dívida que toma sob sua responsabilidade, caso em que não será por mais obrigado.	*Art. 1.494.* Pode também cada fiador taxar, no contrato, a parte da dívida que toma sob sua responsabilidade, e, neste caso, não será obrigado a mais.
Art. 831. O fiador que pagar integralmente a dívida fica sub-rogado nos direitos do credor; mas só poderá demandar a cada um dos outros fiadores pela respectiva quota.	*Art. 1.495.* O fiador, que pagar integralmente a dívida, fica sub-rogado nos direitos do credor; mas só poderá demandar a cada um dos outros fiadores pela respectiva quota.
Parágrafo único. A parte do fiador insolvente distribuir-se-á pelos outros.	*Parágrafo único.* A parte do fiador insolvente distribuir-se-á pelos outros.
Art. 832. O devedor responde também perante o fiador por todas as perdas e danos que este pagar, e pelos que sofrer em razão da fiança.	*Art. 1.496.* O devedor responde também ao fiador por todas as perdas e danos que este pagar, e pelos que sofrer em razão da fiança.
Art. 833. O fiador tem direito aos juros do desembolso pela taxa estipulada na obrigação principal, e, não havendo taxa convencionada, aos juros legais da mora.	*Art. 1.497.* O fiador tem direito aos juros do desembolso pela taxa estipulada na obrigação principal, e, não havendo taxa convencionada, aos juros legais da mora.
Art. 834. Quando o credor, sem justa causa, demorar a execução iniciada contra o devedor, poderá o fiador promover-lhe o andamento.	*Art. 1.498.* Quando o credor, sem justa causa, demorar a execução iniciada contra o devedor, poderá o fiador, ou o abonador (art. 1.482), promover-lhe o andamento.

CÓDIGO CIVIL 2002	CÓDIGO CIVIL 1916
Art. 835. O fiador poderá exonerar-se da fiança que tiver assinado sem limitação de tempo, sempre que lhe convier, ficando obrigado por todos os efeitos da fiança, durante sessenta dias após a notificação do credor.	*Art. 1.500.* O fiador poderá exonerar-se da fiança que tiver assinado sem limitação de tempo, sempre que lhe convier, ficando, porém, obrigado por todos os efeitos da fiança, anteriores ao ato amigável, ou à sentença que o exonerar.
Art. 836. A obrigação do fiador passa aos herdeiros; mas a responsabilidade da fiança se limita ao tempo decorrido até a morte do fiador, e não pode ultrapassar as forças da herança.	*Art. 1.501.* A obrigação do fiador passa-lhe aos herdeiros; mas a responsabilidade da fiança se limita ao tempo decorrido até à morte do fiador, e não pode ultrapassar as forças da herança.
Seção III **Da Extinção da Fiança**	
Art. 837. O fiador pode opor ao credor as exceções que lhe forem pessoais, e as extintivas da obrigação que competem ao devedor principal, se não provierem simplesmente de incapacidade pessoal, salvo o caso do mútuo feito a pessoa menor.	*Art. 1.502.* O fiador pode opor ao credor as exceções que lhe forem pessoais, e as extintivas da obrigação que compitam ao devedor principal, se não provierem simplesmente de incapacidade pessoal, salvo o caso do art. 1.259.
Art. 838. O fiador, ainda que solidário, ficará desobrigado:	*Art. 1.503.* O fiador, ainda que solidário com o principal devedor (arts. 1.492 e 1.493), ficará desobrigado:
I – se, sem consentimento seu, o credor conceder moratória ao devedor;	*I* – se, sem consentimento seu, o credor conceder moratória ao devedor;
II – se, por fato do credor, for impossível a subrogação nos seus direitos e preferências;	*II* – se, por falta do credor, for impossível a subrogação nos seus direitos e preferências;
III – se o credor, em pagamento da dívida, aceitar amigavelmente do devedor objeto diverso do que este era obrigado a lhe dar, ainda que depois venha a perdê-lo por evicção.	*III* – se o credor, em pagamento da dívida, aceitar amigavelmente do devedor objeto diverso do que este era obrigado a lhe dar, ainda que depois venha a perdê-lo por evicção.
Art. 839. Se for invocado o benefício da excussão e o devedor, retardando-se a execução, cair em insolvência, ficará exonerado o fiador que o invocou, se provar que os bens por ele indicados eram, ao tempo da penhora, suficientes para a solução da dívida afiançada.	*Art. 1.504.* Se, feita a nomeação nas condições do art. 1.491, parágrafo único, o devedor, retardando-se a execução, cair em insolvência, ficará exonerado o fiador, provando que os bens por ele indicados eram, ao tempo da penhora, suficientes para a solução da dívida afiançada.
CAPÍTULO XIX **Da Transação**	
Art. 840. É lícito aos interessados prevenirem ou terminarem o litígio mediante concessões mútuas.	*Art. 1.025.* É lícito aos interessados prevenirem, ou terminarem o litígio mediante concessões mútuas.

Código Civil 2002	Código Civil 1916
Art. 841. Só quanto a direitos patrimoniais de caráter privado se permite a transação.	*Art. 1.035.* Só quanto a direitos patrimoniais de caráter privado se permite a transação.
Art. 842. A transação far-se-á por escritura pública, nas obrigações em que a lei o exige, ou por instrumento particular, nas em que ela o admite; se recair sobre direitos contestados em juízo, será feita por escritura pública, ou por termo nos autos, assinado pelos transigentes e homologado pelo juiz.	*Art. 1.028.* Se a transação recair sobre direitos contestados em juízo, far-se-á: *I* – por termo nos autos, assinado pelos transigentes e homologado pelo juiz; *II* – por escritura pública, nas obrigações em que a lei o exige, ou particular, nas em que ela o admite.
Art. 843. A transação interpreta-se restritivamente, e por ela não se transmitem, apenas se declaram ou reconhecem direitos.	*Art. 1.027.* A transação interpreta-se restritivamente. Por ela não se transmitem, apenas se declaram ou reconhecem direitos.
Art. 844. A transação não aproveita, nem prejudica senão aos que nela intervierem, ainda que diga respeito a coisa indivisível.	*Art. 1.031.* A transação não aproveita, nem prejudica senão aos que nela intervieram, ainda que diga respeito a coisa indivisível.
§ 1º Se for concluída entre o credor e o devedor, desobrigará o fiador.	*§ 1º* Se for concluída entre o credor e o devedor principal, desobrigará o fiador.
§ 2º Se entre um dos credores solidários e o devedor, extingue a obrigação deste para com os outros credores.	*§ 2º* Se entre um dos credores solidários e o devedor, extingue a obrigação deste para com os outros credores.
§ 3º Se entre um dos devedores solidários e seu credor, extingue a dívida em relação aos co-devedores.	*§ 3º* Se entre um dos devedores solidários e seu credor, extingue a dívida em relação aos co-devedores.
Art. 845. Dada a evicção da coisa renunciada por um dos transigentes, ou por ele transferida à outra parte, não revive a obrigação extinta pela transação; mas ao evicto cabe o direito de reclamar perdas e danos.	*Art. 1.032.* Dada a evicção da coisa renunciada por um dos transigentes, ou por ele transferida à outra parte, não revive a obrigação extinta pela transação; mas ao evicto cabe o direito de reclamar perdas e danos.
Parágrafo único. Se um dos transigentes adquirir, depois da transação, novo direito sobre a coisa renunciada ou transferida, a transação feita não o inibirá de exercê-lo.	*Parágrafo único.* Se um dos transigentes adquirir, depois da transação, novo direito sobre a coisa renunciada ou transferida, a transação feita não o inibirá de exercê-lo.
Art. 846. A transação concernente a obrigações resultantes de delito não extingue a ação penal pública.	*Art. 1.033.* A transação concernente a obrigações resultantes de delito não perime a ação penal da justiça pública.
Art. 847. É admissível, na transação, a pena convencional.	*Art. 1.034.* É admissível, na transação, a pena convencional.
Art. 848. Sendo nula qualquer das cláusulas da transação, nula será esta.	*Art. 1.026.* Sendo nula qualquer das cláusulas da transação, nula será esta.

Código Civil 2002	Código Civil 1916
Parágrafo único. Quando a transação versar sobre diversos direitos contestados, independentes entre si, o fato de não prevalecer em relação a um não prejudicará os demais.	*Parágrafo único.* Quando a transação versar sobre diversos direitos contestados e não prevalecer em relação a um, fica, não obstante, válida relativamente aos outros.
Art. 849. A transação só se anula por dolo, coação, ou erro essencial quanto à pessoa ou coisa controversa. **Parágrafo único.** A transação não se anula por erro de direito a respeito das questões que foram objeto de controvérsia entre as partes.	
Art. 850. É nula a transação a respeito do litígio decidido por sentença passada em julgado, se dela não tinha ciência algum dos transatores, ou quando, por título ulteriormente descoberto, se verificar que nenhum deles tinha direito sobre o objeto da transação.	*Art. 1.036.* É nula a transação a respeito do litígio decidido por sentença passada em julgado, se dela não tinha ciência algum dos transatores, ou quando, por título ulteriormente descoberto, se verificar que nenhum deles tinha direito sobre o objeto da transação.
Capítulo XX **Do Compromisso** **Art. 851.** É admitido compromisso, judicial ou extrajudicial, para resolver litígios entre pessoas que podem contratar.	
Art. 852. É vedado compromisso para solução de questões de estado, de direito pessoal de família e de outras que não tenham caráter estritamente patrimonial.	
Art. 853. Admite-se nos contratos a cláusula compromissória, para resolver divergências mediante juízo arbitral, na forma estabelecida em lei especial.	
Título VII **Dos Atos Unilaterais** **Capítulo I** **Da Promessa de Recompensa** **Art. 854.** Aquele que, por anúncios públicos, se comprometer a recompensar, ou gratificar, a quem preencha certa condição, ou desempenhe certo serviço, contrai obrigação de cumprir o prometido.	*Art. 1.512.* Aquele que, por anúncios públicos, se comprometer a recompensar, ou gratificar, a quem preencha certa condição, ou desempenhe certo serviço, contrai obrigação de fazer o prometido.
Art. 855. Quem quer que, nos termos do artigo antecedente, fizer o serviço, ou satisfizer a con-	*Art. 1.513.* Quem quer que, nos termos do artigo antecedente, fizer o dito serviço, ou satisfizer a

Código Civil 2002	Código Civil 1916
dição, ainda que não pelo interesse da promessa, poderá exigir a recompensa estipulada.	dita condição, ainda que não pelo interesse da promessa, poderá exigir a recompensa estipulada.
Art. 856. Antes de prestado o serviço ou preenchida a condição, pode o promitente revogar a promessa, contanto que o faça com a mesma publicidade; se houver assinado prazo à execução da tarefa, entender-se-á que renuncia o arbítrio de retirar, durante ele, a oferta.	*Art. 1.514.* Antes de prestado o serviço, ou preenchida a condição, pode o promitente revogar a promessa, contanto que o faça com a mesma publicidade. Se, porém, houver assinado prazo à execução da tarefa, entender-se-á que renuncia o arbítrio de retirar, durante ele, a oferta.
Parágrafo único. O candidato de boa-fé, que houver feito despesas, terá direito a reembolso.	
Art. 857. Se o ato contemplado na promessa for praticado por mais de um indivíduo, terá direito à recompensa o que primeiro o executou.	*Art. 1.515.* Se o ato contemplado na promessa for praticado por mais de um indivíduo, terá direito à recompensa o que primeiro o executou.
Art. 858. Sendo simultânea a execução, a cada um tocará quinhão igual na recompensa; se esta não for divisível, conferir-se-á por sorteio, e o que obtiver a coisa dará ao outro o valor de seu quinhão.	*Art. 1.515, § 1º* Sendo simultânea a execução, a cada um tocará quinhão igual na recompensa. *§ 2º* Se essa não for divisível, conferir-se-á por sorteio.
Art. 859. Nos concursos que se abrirem com promessa pública de recompensa, é condição essencial, para valerem, a fixação de um prazo, observadas também as disposições dos parágrafos seguintes.	*Art. 1.516.* Nos concursos que se abrirem com promessa pública de recompensa, é condição essencial, para valerem, a fixação de um prazo, observadas também as disposições dos parágrafos seguintes:
§ 1º A decisão da pessoa nomeada, nos anúncios, como juiz, obriga os interessados.	*§ 1º* A decisão da pessoa nomeada, nos anúncios, como juiz, obriga os interessados.
§ 2º Em falta de pessoa designada para julgar o mérito dos trabalhos que se apresentarem, entender-se-á que o promitente se reservou essa função.	*§ 2º* Em falta de pessoa designada para julgar o mérito dos trabalhos, que se apresentarem, entender-se-á que o promitente se reservou essa função.
§ 3º Se os trabalhos tiverem mérito igual, proceder-se-á de acordo com os arts. 857 e 858.	*§ 3º* Se os trabalhos tiverem mérito igual, proceder-se-á de acordo com o artigo antecedente.
Art. 860. As obras premiadas, nos concursos de que trata o artigo antecedente, só ficarão pertencendo ao promitente, se assim for estipulado na publicação da promessa.	*Art. 1.517.* As obras premiadas, nos concursos de que trata o artigo anterior, só ficarão pertencendo ao promitente, se tal cláusula estipular na publicação da promessa.
Capítulo II **Da Gestão de Negócios**	
Art. 861. Aquele que, sem autorização do interessado, intervém na gestão de negócio alheio,	*Art. 1.331.* Aquele que, sem autorização do interessado, intervém na gestão de negócio alheio,

Código Civil 2002	Código Civil 1916
dirigi-lo-á segundo o interesse e a vontade presumível de seu dono, ficando responsável a este e às pessoas com que tratar.	dirigilo-á segundo o interesse e a vontade presumível de seu dono, ficando responsável a este e as pessoas com quem tratar.
Art. 862. Se a gestão foi iniciada contra a vontade manifesta ou presumível do interessado, responderá o gestor até pelos casos fortuitos, não provando que teriam sobrevindo, ainda quando se houvesse abatido.	*Art. 1.332.* Se a gestão for iniciada contra a vontade manifesta ou presumível do interessado, responderá o gestor até pelos casos fortuitos, não provando que teriam sobrevindo, ainda quando se houvesse abstido.
Art. 863. No caso do artigo antecedente, se os prejuízos da gestão excederem o seu proveito, poderá o dono do negócio exigir que o gestor restitua as coisas ao estado anterior, ou o indenize da diferença.	*Art. 1.333.* No caso do artigo antecedente, se os prejuízos da gestão excederem o seu proveito, poderá o dono do negócio exigir que o gestor restitua as coisas ao estado anterior, ou o indenize da diferença.
Art. 864. Tanto que se possa, comunicará o gestor ao dono do negócio a gestão que assumiu, aguardando-lhe a resposta, se da espera não resultar perigo.	*Art. 1.334.* Tanto que se possa, comunicará o gestor ao dono do negócio a gestão, que assumiu, aguardando-lhe a resposta, se da espera não resultar perigo.
Art. 865. Enquanto o dono não providenciar, velará o gestor pelo negócio, até o levar a cabo, esperando, se aquele falecer durante a gestão, as instruções dos herdeiros, sem se descuidar, entretanto, das medidas que o caso reclame.	*Art. 1.335.* Enquanto o dono não providenciar, velará o gestor pelo negócio, até o levar a cabo, esperando, se aquele falecer durante a gestão, as instruções dos herdeiros, sem se descuidar, entretanto, das medidas que o caso reclame.
Art. 866. O gestor envidará toda sua diligência habitual na administração do negócio, ressarcindo ao dono o prejuízo resultante de qualquer culpa na gestão.	*Art. 1.336.* O gestor envidará toda a sua diligência habitual na administração do negócio, ressarcindo ao dono todo o prejuízo resultante de qualquer culpa na gestão.
Art. 867. Se o gestor se fizer substituir por outrem, responderá pelas faltas do substituto, ainda que seja pessoa idônea, sem prejuízo da ação que a ele, ou ao dono do negócio, contra ela possa caber.	*Art. 1.337.* Se o gestor se fizer substituir por outrem, responderá pelas faltas do substituto, ainda que seja pessoa idônea, sem prejuízo da ação, que a ele, ou ao dono do negócio, contra ela possa caber.
Parágrafo único. Havendo mais de um gestor, solidária será a sua responsabilidade.	*Parágrafo único.* Havendo mais de um gestor, será solidária a sua responsabilidade.
Art. 868. O gestor responde pelo caso fortuito quando fizer operações arriscadas, ainda que o dono costumasse fazê-las, ou quando preterir interesse deste em proveito de interesses seus.	*Art. 1.338.* O gestor responde pelo caso fortuito, quando fizer operações arriscadas, ainda que o dono costumasse fazê-las, ou quando preterir interesse deste por amor dos seus.
Parágrafo único. Querendo o dono aproveitar-se da gestão, será obrigado a indenizar o gestor das despesas necessárias, que tiver feito, e dos	*Parágrafo único.* Não obstante, querendo o dono aproveitar-se da gestão, será obrigado a indenizar o gestor das despesas necessárias que tiver

CÓDIGO CIVIL 2002	CÓDIGO CIVIL 1916
prejuízos, que por motivo da gestão, houver sofrido.	feito e dos prejuízos que, por causa da gestão, houver sofrido.
Art. 869. Se o negócio for utilmente administrado, cumprirá ao dono as obrigações contraídas em seu nome, reembolsando ao gestor as despesas necessárias ou úteis que houver feito, com os juros legais, desde o desembolso, respondendo ainda pelos prejuízos que este houver sofrido por causa da gestão.	*Art. 1.339.* Se o negócio for utilmente administrado, cumprirá o dono as obrigações contraídas em seu nome, reembolsando ao gestor as despesas necessárias ou úteis que houver feito, com os juros legais, desde o desembolso.
§ 1º A utilidade, ou necessidade, da despesa, apreciar-se-á não pelo resultado obtido, mas segundo as circunstâncias da ocasião em que se fizerem.	*§ 1º* A utilidade, ou necessidade, da despesa apreciar-se-á, não pelo resultado obtido, mas segundo as circunstâncias da ocasião, em que se fizeram.
§ 2º Vigora o disposto neste artigo, ainda quando o gestor, em erro quanto ao dono do negócio, der a outra pessoa as contas da gestão.	*§ 2º* Vigora o disposto neste artigo, ainda quando o gestor, em erro quanto ao dono do negócio, der a outra pessoa as contas da gestão.
Art. 870. Aplica-se a disposição do artigo antecedente, quando a gestão se proponha a acudir a prejuízos iminentes, ou redunde em proveito do dono do negócio ou da coisa; mas a indenização ao gestor não excederá, em importância, as vantagens obtidas com a gestão.	*Art. 1.340.* Aplica-se, outrossim, a disposição do artigo antecedente, quando a gestão se proponha acudir a prejuízos iminentes, ou redunde em proveito do dono do negócio, ou da coisa. Mas nunca a indenização ao gestor excederá em importância às vantagens obtidas com a gestão.
Art. 871. Quando alguém, na ausência do indivíduo obrigado a alimentos, por ele os prestar a quem se devem, poder-lhes-á reaver do devedor a importância, ainda que este não ratifique o ato.	*Art. 1.341.* Quando alguém, na ausência do indivíduo obrigado a alimentos, por ele os prestar a quem se devem, poder-lhes-á reaver do devedor a importância, ainda que este não ratifique o ato.
Art. 872. Nas despesas do enterro, proporcionadas aos usos locais e à condição do falecido, feitas por terceiro, podem ser cobradas da pessoa que teria a obrigação de alimentar a que veio a falecer, ainda mesmo que esta não tenha deixado bens.	*Art. 1.342.* As despesas do enterro, proporcionadas aos usos locais e à condição do falecido, feitas por terceiro, podem ser cobradas da pessoa que teria a obrigação de alimentar a que veio a falecer, ainda mesmo que esta não tenha deixado bens.
Parágrafo único. Cessa o disposto neste artigo e no antecedente, em se provando que o gestor fez essas despesas com o simples intento de bem-fazer.	*Parágrafo único.* Cessa o disposto neste artigo e no antecedente, em se provando que o gestor fez essas despesas com o simples intento de bem-fazer.
Art. 873. A ratificação pura e simples do dono do negócio retroage ao dia do começo da gestão, e produz todos os efeitos do mandato.	*Art. 1.343.* A ratificação pura e simples do dono do negócio retroage ao dia do começo da gestão, e produz todos os efeitos do mandato.

Código Civil 2002	Código Civil 1916
Art. 874. Se o dono do negócio, ou da coisa, desaprovar a gestão, considerando-a contrária aos seus interesses, vigorará o disposto nos arts. 862 e 863, salvo o estabelecido nos arts. 869 e 870.	*Art. 1.344.* Se o dono do negócio, ou da coisa, desaprovar a gestão, por contrária aos seus interesses, vigorará o disposto nos arts. 1.332 e 1.333, salvo o estatuído no art. 1.340.
Art. 875. Se os negócios alheios forem conexos ao do gestor, de tal arte que se não possam gerir separadamente, haver-se-á o gestor por sócio daquele cujos interesses agenciar de envolta com os seus.	*Art. 1.345.* Se os negócios alheios forem conexos aos do gestor, de tal arte que se não possam gerir separadamente, haver-se-á o gestor por sócio daquele, cujos interesses agenciar de envolta com os seus.
Parágrafo único. No caso deste artigo, aquele em cujo benefício interveio o gestor só é obrigado na razão das vantagens que lograr.	*Parágrafo único.* Neste caso aquele em cujo benefício interveio o gestor, só é obrigado na razão das vantagens que lograr.
Capítulo III **Do Pagamento Indevido**	
Art. 876. Todo aquele que recebeu o que lhe não era devido fica obrigado a restituir; obrigação que incumbe àquele que recebe dívida condicional antes de cumprida a condição.	*Art. 964.* Todo aquele que recebeu o que lhe não era devido fica obrigado a restituir. A mesma obrigação incumbe ao que recebe dívida condicional antes de cumprida a condição.
Art. 877. Àquele que voluntariamente pagou o indevido incumbe a prova de tê-lo feito por erro.	*Art. 965.* Ao que voluntariamente pagou o indevido incumbe a prova de tê-lo feito por erro.
Art. 878. Aos frutos, acessões, benfeitorias e deteriorações sobrevindas à coisa dada em pagamento indevido, aplica-se o disposto neste Código sobre o possuidor de boa-fé ou de má-fé, conforme o caso.	*Art. 966.* Aos frutos, acessões, benfeitorias e deteriorações sobrevindas à coisa dada em pagamento indevido, aplica-se o disposto nos arts. 510 a 519.
Art. 879. Se aquele que indevidamente recebeu um imóvel o tiver alienado em boa-fé, por título oneroso, responde somente pela quantia recebida; mas, se agiu de má-fé, além do valor do imóvel, responde por perdas e danos.	*Art. 968.* Se, aquele, que indevidamente recebeu um imóvel, o tiver alienado em boa-fé, por título oneroso, responde somente pelo preço recebido; mas, se obrou de má-fé, além do valor do imóvel, responde por perdas e danos.
Parágrafo único. Se o imóvel foi alienado por título gratuito, ou se, alienado por título oneroso, o terceiro adquirente agiu de má-fé, cabe ao que pagou por erro o direito de reivindicação.	*Parágrafo único.* Se o imóvel se alheou por título gratuito, ou se, alheando-se por título oneroso, obrou de má-fé o terceiro adquirente, cabe ao que pagou por erro o direito de reivindicação.
Art. 880. Fica isento de restituir pagamento indevido aquele que, recebendo-o como parte de dívida verdadeira, inutilizou o título, deixou prescrever a pretensão ou abriu mão das garantias que asseguravam seu direito; mas aquele que pagou dispõe de ação regressiva contra o verdadeiro devedor e seu fiador.	*Art. 969.* Fica isento de restituir pagamento indevido aquele que, recebendo-o por conta de dívida verdadeira, inutilizou o título, deixou prescrever a ação ou abriu mão das garantias que asseguravam seu direito; mas o que pagou dispõe de ação regressiva contra o verdadeiro devedor e seu fiador.

Código Civil 2002	Código Civil 1916
Art. 881. Se o pagamento indevido tiver consistido no desempenho de obrigação de fazer ou para eximir-se da obrigação de não fazer, aquele que recebeu a prestação fica na obrigação de indenizar o que a cumpriu, na medida do lucro obtido.	
Art. 882. Não se pode repetir o que se pagou para solver dívida prescrita, ou cumprir obrigação judicialmente inexigível.	*Art. 970.* Não se pode repetir o que se pagou para solver dívida prescrita, ou cumprir obrigação natural.
Art. 883. Não terá direito à repetição aquele que deu alguma coisa para obter fim ilícito, imoral, ou proibido por lei.	*Art. 971.* Não terá direito à repetição aquele que deu alguma coisa para obter fim ilícito, imoral, ou proibido por lei.
Parágrafo único. No caso deste artigo, o que se deu reverterá em favor de estabelecimento local de beneficência, a critério do juiz.	
Capítulo IV **Do Enriquecimento Sem Causa** **Art. 884.** Aquele que, sem justa causa, se enriquecer à custa de outrem, será obrigado a restituir o indevidamente auferido, feita a atualização dos valores monetários. **Parágrafo único.** Se o enriquecimento tiver por objeto coisa determinada, quem a recebeu é obrigado a restituí-la, e, se a coisa não mais subsistir, a restituição se fará pelo valor do bem na época em que foi exigido.	
Art. 885. A restituição é devida, não só quando não tenha havido causa que justifique o enriquecimento, mas também se esta deixou de existir.	
Art. 886. Não caberá a restituição por enriquecimento, se a lei conferir ao lesado outros meios para se ressarcir do prejuízo sofrido.	
Título VIII **Dos Títulos de Crédito** Capítulo I **Disposições Gerais** **Art. 887.** O título de crédito, documento necessário ao exercício do direito literal e autônomo nele contido, somente produz efeito quando preencha os requisitos da lei.	

Código Civil 2002	Código Civil 1916
Art. 888. A omissão de qualquer requisito legal, que tire ao escrito a sua validade como título de crédito, não implica a invalidade do negócio jurídico que lhe deu origem.	
Art. 889. Deve o título de crédito conter a data da emissão, a indicação precisa dos direitos que confere, e a assinatura do emitente. **§ 1º** É à vista o título de crédito que não contenha indicação de vencimento. **§ 2º** Considera-se lugar de emissão e de pagamento, quando não indicado no título, o domicílio do emitente. **§ 3º** O título poderá ser emitido a partir dos caracteres criados em computador ou meio técnico equivalente e que constem da escrituração do emitente, observados os requisitos mínimos previstos neste artigo.	
Art. 890. Consideram-se não escritas no título a cláusula de juros, a proibitiva de endosso, a excludente de responsabilidade pelo pagamento ou por despesas, a que dispense a observância de termos e formalidade prescritas, e a que, além dos limites fixados em lei, exclua ou restrinja direitos e obrigações.	
Art. 891. O título de crédito, incompleto ao tempo da emissão, deve ser preenchido de conformidade com os ajustes realizados. **Parágrafo único.** O descumprimento dos ajustes previstos neste artigo pelos que deles participaram, não constitui motivo de oposição ao terceiro portador, salvo se este, ao adquirir o título, tiver agido de má-fé.	
Art. 892. Aquele que, sem ter poderes, ou excedendo os que tem, lança a sua assinatura em título de crédito, como mandatário ou representante de outrem, fica pessoalmente obrigado, e, pagando o título, tem ele os mesmos direitos que teria o suposto mandante ou representado.	
Art. 893. A transferência do título de crédito implica a de todos os direitos que lhe são inerentes.	
Art. 894. O portador de título representativo de mercadoria tem o direito de transferi-lo, de conformidade com as normas que regulam a sua cir-	

CÓDIGO CIVIL 2002	CÓDIGO CIVIL 1916
culação, ou de receber aquela independentemente de quaisquer formalidades, além da entrega do título devidamente quitado.	
Art. 895. Enquanto o título de crédito estiver em circulação, só ele poderá ser dado em garantia, ou ser objeto de medidas judiciais, e não, separadamente, os direitos ou mercadorias que representa.	
Art. 896. O título de crédito não pode ser reivindicado do portador que o adquiriu de boa-fé e na conformidade das normas que disciplinam a sua circulação.	
Art. 897. O pagamento de título de crédito, que contenha obrigação de pagar soma determinada, pode ser garantido por aval. **Parágrafo único.** É vedado o aval parcial.	
Art. 898. O aval deve ser dado no verso ou no anverso do próprio título. **§ 1º** Para a validade do aval, dado no anverso do título, é suficiente a simples assinatura do avalista. **§ 2º** Considera-se não escrito o aval cancelado.	
Art. 899. O avalista equipara-se àquele cujo nome indicar; na falta de indicação, ao emitente ou devedor final. **§ 1º** Pagando o título, tem o avalista ação de regresso contra o seu avalizado e demais coobrigados anteriores. **§ 2º** Subsiste a responsabilidade do avalista, ainda que nula a obrigação daquele a quem se equipara, a menos que a nulidade decorra de vício de forma.	
Art. 900. O aval posterior ao vencimento produz os mesmos efeitos do anteriormente dado.	
Art. 901. Fica validamente desonerado o devedor que paga título de crédito ao legítimo portador, no vencimento, sem oposição, salvo se agiu de má-fé. **Parágrafo único.** Pagando, pode o devedor exigir do credor, além da entrega do título, quitação regular.	

Código Civil 2002	Código Civil 1916
Art. 902. Não é o credor obrigado a receber o pagamento antes do vencimento do título, e aquele que o paga, antes do vencimento, fica responsável pela validade do pagamento. **§ 1º** No vencimento, não pode o credor recusar pagamento, ainda que parcial. **§ 2º** No caso de pagamento parcial, em que se não opera a tradição do título, além da quitação em separado, outra deverá ser firmada no próprio título.	
Art. 903. Salvo disposição diversa em lei especial, regem-se os títulos de crédito pelo disposto neste Código.	
Capítulo II **Do Título ao Portador** **Art. 904.** A transferência de título ao portador se faz por simples tradição.	
Art. 905. O possuidor de título ao portador tem direito à prestação nele indicada, mediante a sua simples apresentação ao devedor.	*Art. 1.505.* O detentor de um título ao portador, quando dele autorizado a dispor, pode reclamar do respectivo subscritor ou emissor a prestação devida. O subscritor, ou emissor, porém, exonera-se, pagando a qualquer detentor, esteja ou não autorizado a dispor do título.
Parágrafo único. A prestação é devida ainda que o título tenha entrado em circulação contra a vontade do emitente.	*Art. 1.506.* A obrigação do emissor subsiste, ainda que o título tenha entrado em circulação contra a sua vontade.
Art. 906. O devedor só poderá opor ao portador exceção fundada em direito pessoal, ou em nulidade de sua obrigação.	*Art. 1.507.* Ao portador de boa-fé, o subscritor, ou o emissor não poderá opor outra defesa, além da que assente em nulidade interna ou externa do título, ou em direito pessoal ao emissor, ou subscritor, contra o portador.
Art. 907. É nulo o título ao portador emitido sem autorização de lei especial.	*Art. 1.511.* É nulo o título, em que o signatário, ou emissor, se obrigue, sem autorização de lei federal, a pagar ao portador quantia certa em dinheiro. *Parágrafo único.* Esta disposição não se aplica às obrigações emitidas pelos Estados ou pelos Municípios, as quais continuarão a ser regidas por lei especial.
Art. 908. O possuidor de título dilacerado, porém identificável, tem direito a obter do emitente a	

Código Civil 2002	Código Civil 1916
substituição do anterior, mediante a restituição do primeiro e o pagamento das despesas.	
Art. 909. O proprietário, que perder ou extraviar título, ou for injustamente desapossado dele, poderá obter novo título em juízo, bem como impedir sejam pagos a outrem capital e rendimentos. **Parágrafo único.** O pagamento, feito antes de ter ciência da ação referida neste artigo, exonera o devedor, salvo se se provar que ele tinha conhecimento do fato.	*Art. 1.509.* A pessoa, injustamente desapossada de títulos ao portador, só mediante intervenção judicial poderá impedir que ao ilegítimo detentor se pague a importância do capital, ou seu interesse.
Capítulo III **Do Título à Ordem** **Art. 910.** O endosso deve ser lançado pelo endossante no verso ou anverso do próprio título. **§ 1º** Pode o endossante designar o endossatário, e para validade do endosso, dado no verso do título, é suficiente a simples assinatura do endossante. **§ 2º** A transferência por endosso completa-se com a tradição do título. **§ 3º** Considera-se não escrito o endosso cancelado, total ou parcialmente.	
Art. 911. Considera-se legítimo possuidor o portador do título à ordem com série regular e ininterrupta de endossos, ainda que o último seja em branco. **Parágrafo único.** Aquele que paga o título está obrigado a verificar a regularidade da série de endossos, mas não a autenticidade das assinaturas.	
Art. 912. Considera-se não escrita no endosso qualquer condição a que o subordine o endossante. **Parágrafo único.** É nulo o endosso parcial.	
Art. 913. O endossatário de endosso em branco pode mudá-lo para endosso em preto, completando-o com o seu nome ou de terceiro; pode endossar novamente o título, em branco ou em preto; ou pode transferi-lo sem novo endosso.	
Art. 914. Ressalvada cláusula expressa em contrário, constante do endosso, não responde o endossante pelo cumprimento da prestação constante do título.	

Código Civil 2002	Código Civil 1916
§ 1º Assumindo responsabilidade pelo pagamento, o endossante se torna devedor solidário. **§ 2º** Pagando o título, tem o endossante ação de regresso contra os coobrigados anteriores.	
Art. 915. O devedor, além das exceções fundadas nas relações pessoais que tiver com o portador, só poderá opor a este as exceções relativas à forma do título e ao seu conteúdo literal, à falsidade da própria assinatura, a defeito de capacidade ou de representação no momento da subscrição, e à falta de requisito necessário ao exercício da ação.	
Art. 916. As exceções, fundadas em relação do devedor com os portadores precedentes, somente poderão ser por ele opostas ao portador, se este, ao adquirir o título, tiver agido de má-fé.	
Art. 917. A cláusula constitutiva de mandato, lançada no endosso, confere ao endossatário o exercício dos direitos inerentes ao título, salvo restrição expressamente estatuída. **§ 1º** O endossatário de endosso-mandato só pode endossar novamente o título na qualidade de procurador, com os mesmos poderes que recebeu. **§ 2º** Com a morte ou a superveniente incapacidade do endossante, não perde eficácia o endosso-mandato. **§ 3º** Pode o devedor opor ao endossatário de endosso-mandato somente as exceções que tiver contra o endossante.	
Art. 918. A cláusula constitutiva de penhor, lançada no endosso, confere ao endossatário o exercício dos direitos inerentes ao título. **§ 1º** O endossatário de endosso-penhor só pode endossar novamente o título na qualidade de procurador. **§ 2º** Não pode o devedor opor ao endossatário de endosso-penhor as exceções que tinha contra o endossante, salvo se aquele tiver agido de má-fé.	
Art. 919. A aquisição de título à ordem, por meio diverso do endosso, tem efeito de cessão civil.	
Art. 920. O endosso posterior ao vencimento produz os mesmos efeitos do anterior.	

Código Civil 2002	Código Civil 1916
Capítulo IV **Do Título Nominativo**	
Art. 921. É título nominativo o emitido em favor de pessoa cujo nome conste no registro do emitente.	
Art. 922. Transfere-se o título nominativo mediante termo, em registro do emitente, assinado pelo proprietário e pelo adquirente.	
Art. 923. O título nominativo também pode ser transferido por endosso que contenha o nome do endossatário. **§ 1º** A transferência mediante endosso só tem eficácia perante o emitente, uma vez feita a competente averbação em seu registro, podendo o emitente exigir do endossatário que comprove a autenticidade da assinatura do endossante. **§ 2º** O endossatário, legitimado por série regular e ininterrupta de endossos, tem o direito de obter a averbação no registro do emitente, comprovada a autenticidade das assinaturas de todos os endossantes. **§ 3º** Caso o título original contenha o nome do primitivo proprietário, tem direito o adquirente a obter do emitente novo título, em seu nome, devendo a emissão do novo título constar no registro do emitente.	
Art. 924. Ressalvada proibição legal, pode o título nominativo ser transformado em à ordem ou ao portador, a pedido do proprietário e à sua custa.	
Art. 925. Fica desonerado de responsabilidade o emitente que de boa-fé fizer a transferência pelos modos indicados nos artigos antecedentes.	
Art. 926. Qualquer negócio ou medida judicial, que tenha por objeto o título, só produz efeito perante o emitente ou terceiros, uma vez feita a competente averbação no registro do emitente.	
Título IX **Da Responsabilidade Civil** **Capítulo I** **Da Obrigação de Indenizar**	
Art. 927. Aquele que, por ato ilícito (arts. 186 e 187), causar dano a outrem, fica obrigado a repará-lo.	*Art. 159.* Aquele que, por ação ou omissão voluntária, negligência, ou imprudência, violar direito, ou causar prejuízo a outrem, fica obrigado a reparar o dano.

Código Civil 2002	Código Civil 1916
	A verificação da culpa e a avaliação da responsabilidade regulam-se pelo disposto neste Código, arts. 1.518 a 1.532 e 1.537 a 1.553.
Parágrafo único. Haverá obrigação de reparar o dano, independentemente de culpa, nos casos especificados em lei, ou quando a atividade normalmente desenvolvida pelo autor do dano implicar, por sua natureza, risco para os direitos de outrem.	
Art. 928. O incapaz responde pelos prejuízos que causar, se as pessoas por ele responsáveis não tiverem obrigação de fazê-lo ou não dispuserem de meios suficientes. **Parágrafo único.** A indenização prevista neste artigo, que deverá ser eqüitativa, não terá lugar se privar do necessário o incapaz ou as pessoas que dele dependem.	
Art. 929. Se a pessoa lesada, ou o dono da coisa, no caso do inciso II do art. 188, não forem culpados do perigo, assistir-lhes-á direito à indenização do prejuízo que sofreram.	*Art. 1.519.* Se o dono da coisa, no caso do art. 160, II, não for culpado do perigo, assistir-lhe-á direito à indenização do prejuízo, que sofreu.
Art. 930. No caso do inciso II do art. 188, se o perigo ocorrer por culpa de terceiro, contra este terá o autor do dano ação regressiva para haver a importância que tiver ressarcido ao lesado.	*Art. 1.520.* Se o perigo ocorrer por culpa de terceiro, contra este ficará com ação regressiva, no caso do art. 160, II, o autor do dano, para haver a importância, que tiver ressarcido ao dono da coisa.
Parágrafo único. A mesma ação competirá contra aquele em defesa de quem se causou o dano (art. 188, inciso I).	*Parágrafo único.* A mesma ação competirá contra aquele em defesa de quem se danificou a coisa (art. 160, I).
Art. 931. Ressalvados outros casos previstos em lei especial, os empresários individuais e as empresas respondem independentemente de culpa pelos danos causados pelos produtos postos em circulação.	
Art. 932. São também responsáveis pela reparação civil:	*Art. 1.521.* São também responsáveis pela reparação civil:
I – os pais, pelos filhos menores que estiverem sob sua autoridade e em sua companhia;	*I* – os pais, pelos filhos menores que estiverem sob seu poder e em sua companhia;
II – o tutor e o curador, pelos pupilos e curatelados, que se acharem nas mesmas condições;	*II* – o tutor e o curador, pelos pupilos e curatelados, que se acharem nas mesmas condições;
III – o empregador ou comitente, por seus empregados, serviçais e prepostos, no exercício do trabalho que lhes competir, ou em razão dele;	*III* – o patrão, amo ou comitente, por seus empregados, serviçais e prepostos, no exercício do trabalho que lhes competir, ou por ocasião dele (art. 1.522);

CÓDIGO CIVIL 2002	CÓDIGO CIVIL 1916
IV – os donos de hotéis, hospedarias, casas ou estabelecimentos onde se albergue por dinheiro, mesmo para fins de educação, pelos seus hóspedes, moradores e educandos;	*IV* – os donos de hotéis, hospedarias, casas ou estabelecimentos, onde se albergue por dinheiro, mesmo para fins de educação, pelos seus hóspedes, moradores e educandos;
V – os que gratuitamente houverem participado nos produtos do crime, até a concorrente quantia.	V – os que gratuitamente houverem participado nos produtos do crime, até à concorrente quantia.
Art. 933. As pessoas indicadas nos incisos I a V do artigo antecedente, ainda que não haja culpa de sua parte, responderão pelos atos praticados pelos terceiros ali referidos.	
Art. 934. Aquele que ressarcir o dano causado por outrem pode reaver o que houver pago daquele por quem pagou, salvo se o causador do dano for descendente seu, absoluta ou relativamente incapaz.	*Art. 1.524.* O que ressarcir o dano causado por outrem, se este não for descendente seu, pode reaver, daquele por quem pagou, o que houver pago.
Art. 935. A responsabilidade civil é independente da criminal, não se podendo questionar mais sobre a existência do fato, ou sobre quem seja o seu autor, quando estas questões se acharem decididas no juízo criminal.	*Art. 1.525.* A responsabilidade civil é independente da criminal; não se poderá, porém, questionar mais sobre a existência do fato, ou quem seja o seu autor, quando estas questões se acharem decididas no crime.
Art. 936. O dono, ou detentor, do animal ressarcirá o dano por este causado, se não provar culpa da vítima ou força maior.	*Art. 1.527.* O dono, ou detentor, do animal ressarcirá o dano por este causado, se não provar: *III* – que houve imprudência do ofendido; *IV* – que o fato resultou de caso fortuito, ou força maior.
Art. 937. O dono de edifício ou construção responde pelos danos que resultarem de sua ruína, se esta provier de falta de reparos, cuja necessidade fosse manifesta.	*Art. 1.528.* O dono do edifício ou construção responde pelos danos que resultarem de sua ruína, se esta provier da falta de reparos, cuja necessidade fosse manifesta.
Art. 938. Aquele que habitar prédio, ou parte dele, responde pelo dano proveniente das coisas que dele caírem ou forem lançadas em lugar indevido.	*Art. 1.529.* Aquele que habitar uma casa, ou parte dela, responde pelo dano proveniente das coisas que dela caírem ou forem lançadas em lugar indevido.
Art. 939. O credor que demandar o devedor antes de vencida a dívida, fora dos casos em que a lei o permita, ficará obrigado a esperar o tempo que faltava para o vencimento, a descontar os juros correspondentes, embora estipulados, e a pagar as custas em dobro.	*Art. 1.530.* O credor que demandar o devedor antes de vencida a dívida, fora dos casos em que a lei o permita, ficará obrigado a esperar o tempo que faltava para o vencimento, a descontar os juros correspondentes, embora estipulados, e a pagar as custas em dobro.

Código Civil 2002	Código Civil 1916
Art. 940. Aquele que demandar por dívida já paga, no todo ou em parte, sem ressalvar as quantias recebidas ou pedir mais do que for devido, ficará obrigado a pagar ao devedor, no primeiro caso, o dobro do que houver cobrado e, no segundo, o equivalente do que dele exigir, salvo se houver prescrição.	*Art. 1.531.* Aquele que demandar por dívida já paga, no todo ou em parte, sem ressalvar as quantias recebidas, ou pedir mais do que for devido, ficará obrigado a pagar ao devedor, no primeiro caso, o dobro do que houver cobrado e, no segundo, o equivalente do que dele exigir, salvo se, por lhe estar prescrito o direito, decair da ação.
Art. 941. As penas previstas nos arts. 939 e 940 não se aplicarão quando o autor desistir da ação antes de contestada a lide, salvo ao réu o direito de haver indenização por algum prejuízo que prove ter sofrido.	*Art. 1.532.* Não se aplicarão as penas dos arts. 1.530 e 1.531, quando o autor desistir da ação antes de contestada a lide.
Art. 942. Os bens do responsável pela ofensa ou violação do direito de outrem ficam sujeitos à reparação do dano causado; e, se a ofensa tiver mais de um autor, todos responderão solidariamente pela reparação.	*Art. 1.518.* Os bens do responsável pela ofensa ou violação do direito de outrem ficam sujeitos à reparação do dano causado; e, se tiver mais de um autor a ofensa, todos responderão solidariamente pela reparação.
Parágrafo único. São solidariamente responsáveis com os autores os co-autores e as pessoas designadas no art. 932.	*Parágrafo único.* São solidariamente responsáveis com os autores, os cúmplices e as pessoas designadas no art. 1.521.
Art. 943. O direito de exigir reparação e a obrigação de prestá-la transmitem-se com a herança.	*Art. 1.526.* O direito de exigir reparação, e a obrigação de prestá-la transmitem-se com a herança, exceto nos casos que este Código excluir.
Capítulo II **Da Indenização** **Art. 944.** A indenização mede-se pela extensão do dano. **Parágrafo único.** Se houver excessiva desproporção entre a gravidade da culpa e o dano, poderá o juiz reduzir, eqüitativamente, a indenização.	
Art. 945. Se a vítima tiver concorrido culposamente para o evento danoso, a sua indenização será fixada tendo-se em conta a gravidade de sua culpa em confronto com a do autor do dano.	
Art. 946. Se a obrigação for indeterminada, e não houver na lei ou no contrato disposição fixando a indenização devida pelo inadimplente, apurar-se-á o valor das perdas e danos na forma que a lei processual determinar.	
Art. 947. Se o devedor não puder cumprir a prestação na espécie ajustada, substituir-se-á pelo seu valor, em moeda corrente.	*Art. 1.534.* Se o devedor não puder cumprir a prestação na espécie ajustada, substituir-se-á pelo seu valor, em moeda corrente, no lugar onde se execute a obrigação.

CÓDIGO CIVIL 2002	CÓDIGO CIVIL 1916
Art. 948. No caso de homicídio, a indenização consiste, sem excluir outras reparações:	*Art. 1.537.* A indenização, no caso de homicídio, consiste:
I – no pagamento das despesas com o tratamento da vítima, seu funeral e o luto da família;	*I* – no pagamento das despesas com o tratamento da vítima, seu funeral e o luto da família;
II – na prestação de alimentos às pessoas a quem o morto os devia, levando-se em conta a duração provável da vida da vítima.	*II* – na prestação de alimentos às pessoas a quem o defunto os devia.
Art. 949. No caso de lesão ou outra ofensa à saúde, o ofensor indenizará o ofendido das despesas do tratamento e dos lucros cessantes até ao fim da convalescença, além de algum outro prejuízo que o ofendido prove haver sofrido.	*Art. 1.538.* No caso de ferimento ou outra ofensa à saúde, o ofensor indenizará o ofendido das despesas do tratamento e dos lucros cessantes até o fim da convalescença, além de lhe pagar a importância da multa no grau médio da pena criminal correspondente.
Art. 950. Se da ofensa resultar defeito pelo qual o ofendido não possa exercer o seu ofício ou profissão, ou se lhe diminua a capacidade de trabalho, a indenização, além das despesas do tratamento e lucros cessantes até ao fim da convalescença, incluirá pensão correspondente à importância do trabalho para que se inabilitou, ou da depreciação que ele sofreu.	*Art. 1.539.* Se da ofensa resultar defeito pelo qual o ofendido não possa exercer o seu ofício ou profissão, ou se lhe diminua o valor do trabalho, a indenização, além das despesas do tratamento e lucros cessantes até o fim da convalescença, incluirá uma pensão correspondente à importância do trabalho, para que se inabilitou, ou da depreciação que ele sofreu.
Parágrafo único. O prejudicado, se preferir, poderá exigir que a indenização seja arbitrada e paga de uma só vez.	
Art. 951. O disposto nos arts. 948, 949 e 950 aplica-se ainda no caso de indenização devida por aquele que, no exercício de atividade profissional, por negligência, imprudência ou imperícia, causar a morte do paciente, agravar-lhe o mal, causar-lhe lesão, ou inabilitá-lo para o trabalho.	*Art. 1.545.* Os médicos, cirurgiões, farmacêuticos, parteiras e dentistas são obrigados a satisfazer o dano, sempre que da imprudência, negligência, ou imperícia, em atos profissionais, resultar morte, inabilitação de servir, ou ferimento.
Art. 952. Havendo usurpação ou esbulho do alheio, além da restituição da coisa, a indenização consistirá em pagar o valor das suas deteriorações e o devido a título de lucros cessantes; faltando a coisa, dever-se-á reembolsar o seu equivalente ao prejudicado.	*Art. 1.541.* Havendo usurpação ou esbulho do alheio, a indenização consistirá em se restituir a coisa, mais o valor das suas deteriorações, ou, faltando ela, em se embolsar o seu equivalente ao prejudicado (art. 1.543).
Parágrafo único. Para se restituir o equivalente, quando não exista a própria coisa, estimar-se-á ela pelo seu preço ordinário e pelo de afeição, contanto que este não se avantaje àquele.	*Art. 1.543.* Para se restituir o equivalente, quando não exista a própria coisa (art. 1.541), estimar-se-á ela pelo seu preço ordinário e pelo de afeição, contanto que este não se avantaje àquele.

Código Civil 2002	Código Civil 1916
Art. 953. A indenização por injúria, difamação ou calúnia consistirá na reparação do dano que delas resulte ao ofendido.	*Art. 1.547.* A indenização por injúria ou calúnia consistirá na reparação do dano que delas resulte ao ofendido.
Parágrafo único. Se o ofendido não puder provar prejuízo material, caberá ao juiz fixar, eqüitativamente, o valor da indenização, na conformidade das circunstâncias do caso.	*Parágrafo único.* Se este não puder provar prejuízo material, pagar-lhe-á o ofensor o dobro da multa no grau máximo da pena criminal respectiva (art. 1.550).
Art. 954. A indenização por ofensa à liberdade pessoal consistirá no pagamento das perdas e danos que sobrevierem ao ofendido, e se este não puder provar prejuízo, tem aplicação o disposto no parágrafo único do artigo antecedente.	*Art. 1.550.* A indenização por ofensa à liberdade pessoal consistirá no pagamento das perdas e danos que sobrevierem ao ofendido, e no de uma soma calculada nos termos do parágrafo único do art. 1.547.
Parágrafo único. Consideram-se ofensivos da liberdade pessoal:	*Art. 1.551.* Consideram-se ofensivos da liberdade pessoal (art. 1.550):
I – o cárcere privado;	*I* – o cárcere privado;
II – a prisão por queixa ou denúncia falsa e de má-fé;	*II* – a prisão por queixa ou denúncia falsa e de má-fé;
III – a prisão ilegal.	*III* – a prisão ilegal (art. 1.552). *Art. 1.552.* No caso do artigo antecedente, nº III, só a autoridade, que ordenou a prisão, é obrigada a ressarcir o dano.
Título X **Das Preferências e Privilégios Creditórios**	
Art. 955. Procede-se à declaração de insolvência toda vez que as dívidas excedam à importância dos bens do devedor.	*Art. 1.554.* Procede-se ao concurso de credores, toda vez que as dívidas excedam à importância dos bens do devedor.
Art. 956. A discussão entre os credores pode versar quer sobre a preferência entre eles disputada, quer sobre a nulidade, simulação, fraude, ou falsidade das dívidas e contratos.	*Art. 1.555.* A discussão entre os credores pode versar, quer sobre a preferência entre eles disputada, quer sobre a nulidade, simulação, fraude, ou falsidade das dívidas e contratos.
Art. 957. Não havendo título legal à preferência, terão os credores igual direito sobre os bens do devedor comum.	*Art. 1.556.* Não havendo título legal à preferência terão os credores igual direito sobre os bens do devedor comum.
Art. 958. Os títulos legais de preferência são os privilégios e os direitos reais.	*Art. 1.557.* Os títulos legais de preferência são os privilégios e os direitos reais.
Art. 959. Conservam seus respectivos direitos os credores, hipotecários ou privilegiados:	*Art. 1.558.* Conservam seus respectivos direitos os credores, hipotecários ou privilegiados:

Código Civil 2002	Código Civil 1916
I – sobre o preço do seguro da coisa gravada com hipoteca ou privilégio, ou sobre a indenização devida, havendo responsável pela perda ou danificação da coisa;	*I* – sobre o preço do seguro da coisa gravada como hipoteca ou privilégio, ou sobre a indenização devida havendo responsável pela perda ou danificação da coisa;
II – sobre o valor da indenização, se a coisa obrigada a hipoteca ou privilégio for desapropriada.	*II* – sobre o valor da indenização, se a coisa obrigada a hipoteca ou privilégio for desapropriada, ou submetida a servidão legal.
Art. 960. Nos casos a que se refere o artigo antecedente, o devedor do seguro, ou da indenização, exonera-se pagando sem oposição dos credores hipotecários ou privilegiados.	*Art. 1.559.* Nesses casos, o devedor do preço do seguro, ou da indenização, se exonera pagando sem oposição dos credores hipotecários ou privilegiados.
Art. 961. O crédito real prefere ao pessoal de qualquer espécie; o crédito pessoal privilegiado, ao simples; e o privilégio especial, ao geral.	*Art. 1.560.* O crédito real prefere ao pessoal de qualquer espécie, salvo a exceção estabelecida no parágrafo único do art. 759; o crédito pessoal privilegiado, ao simples, e o privilégio especial, ao geral.
Art. 962. Quando concorrerem aos mesmos bens, e por título igual, dois ou mais credores da mesma classe especialmente privilegiados, haverá entre eles rateio proporcional ao valor dos respectivos créditos, se o produto não bastar para o pagamento integral de todos.	*Art. 1.562.* Quando concorrerem aos mesmos bens, e por título igual, dois ou mais credores da mesma classe, especialmente privilegiados, haverá entre eles rateio, proporcional ao valor dos respectivos créditos, se o produto não bastar para o pagamento integral de todos.
Art. 963. O privilégio especial só compreende os bens sujeitos, por expressa disposição de lei, ao pagamento do crédito que ele favorece; e o geral, todos os bens não sujeitos a crédito real nem a privilégio especial.	*Art. 1.565.* O privilégio especial só compreende os bens sujeitos, por expressa disposição de lei, ao pagamento do crédito, que ele favorece; e o geral, todos os bens não sujeitos a crédito real, nem a privilégio especial.
Art. 964. Têm privilégio especial:	*Art. 1.566.* Tem privilégio especial:
I – sobre a coisa arrecadada e liquidada, o credor de custas e despesas judiciais feitas com a arrecadação e liquidação;	*I* – sobre a coisa arrecadada e liquidada, o credor de custas e despesas judiciais feitas com a arrecadação e liquidação;
II – sobre a coisa salvada, o credor por despesas de salvamento;	*II* – sobre a coisa salvada, o credor por despesas de salvamento;
III – sobre a coisa beneficiada, o credor por benfeitorias necessárias ou úteis;	*III* – sobre a coisa beneficiada, o credor por benfeitorias necessárias ou úteis;
IV – sobre os prédios rústicos ou urbanos, fábricas, oficinas, ou quaisquer outras construções, o credor de materiais, dinheiro, ou serviços para a sua edificação, reconstrução, ou melhoramento;	*IV* – sobre os prédios rústicos ou urbanos, fábricas, oficinas, ou quaisquer outras construções, o credor de materiais, dinheiro, ou serviços para a sua edificação, reconstrução, ou melhoramento;

Código Civil 2002	Código Civil 1916
V – sobre os frutos agrícolas, o credor por sementes, instrumentos e serviços à cultura, ou à colheita;	*V* – sobre os frutos agrícolas, o credor por sementes, instrumentos e serviços à cultura, ou à colheita;
VI – sobre as alfaias e utensílios de uso doméstico, nos prédios rústicos ou urbanos, o credor de aluguéis, quanto às prestações do ano corrente e do anterior;	*VI* – sobre as alfaias e utensílios de uso doméstico, nos prédios rústicos ou urbanos, o credor de alugueres, quanto às prestações do ano corrente e do anterior;
VII – sobre os exemplares da obra existente na massa do editor, o autor dela, ou seus legítimos representantes, pelo crédito fundado contra aquele no contrato da edição;	*VII* – sobre os exemplares da obra existente na massa do editor, o autor dela, ou seus legítimos representantes, pelo crédito fundado contra aquele no contrato de edição;
VIII – sobre o produto da colheita, para a qual houver concorrido com o seu trabalho, e precipuamente a quaisquer outros créditos, ainda que reais, o trabalhador agrícola, quanto à dívida dos seus salários.	*VIII* – sobre o produto da colheita, para a qual houver concorrido com o seu trabalho, e precipuamente a quaisquer outros créditos, o trabalhador agrícola, quanto à dívida dos seus salários (art. 759, parágrafo único).
Art. 965. Goza de privilégio geral, na ordem seguinte, sobre os bens do devedor:	*Art. 1.569.* Gozam de privilégio geral, na ordem seguinte, sobre os bens do devedor:
I – o crédito por despesa de seu funeral, feito segundo a condição do morto e o costume do lugar;	*I* – o crédito por despesas do seu funeral, feito sem pompa, segundo a condição do finado e o costume do lugar;
II – o crédito por custas judiciais, ou por despesas com a arrecadação e liquidação da massa;	*II* – o crédito por custas judiciais, ou por despesas com a arrecadação e liquidação da massa;
III – o crédito por despesas com o luto do cônjuge sobrevivo e dos filhos do devedor falecido, se foram moderadas;	*III* – o crédito por despesas com o luto do cônjuge sobrevivo e dos filhos do devedor falecido, se forem moderadas;
IV – o crédito por despesas com a doença de que faleceu o devedor, no semestre anterior à sua morte;	*IV* – o crédito por despesas com a doença de que faleceu o devedor, no semestre anterior à sua morte;
V – o crédito pelos gastos necessários à mantença do devedor falecido e sua família, no trimestre anterior ao falecimento;	*V* – o crédito pelos gastos necessários à mantença do devedor falecido e sua família, no trimestre anterior ao falecimento;
VI – o crédito pelos impostos devidos à Fazenda Pública, no ano corrente e no anterior;	*VI* – o crédito pelos impostos devidos à Fazenda Pública, no ano corrente e no anterior;
VII – o crédito pelos salários dos empregados do serviço doméstico do devedor, nos seus derradeiros seis meses de vida;	*VII* – o crédito pelo salário dos criados e mais pessoas de serviço doméstico do devedor, nos seus derradeiros 6 (seis) meses de vida.
VIII – os demais créditos de privilégio geral.	

CÓDIGO CIVIL 2002	CÓDIGO CIVIL 1916
LIVRO II DO DIREITO DE EMPRESA **TÍTULO I** **DO EMPRESÁRIO** **CAPÍTULO I** **Da Caracterização e da Inscrição** **Art. 966.** Considera-se empresário quem exerce profissionalmente atividade econômica organizada para a produção ou a circulação de bens ou de serviços. **Parágrafo único.** Não se considera empresário quem exerce profissão intelectual, de natureza científica, literária ou artística, ainda com o concurso de auxiliares ou colaboradores, salvo se o exercício da profissão constituir elemento de empresa.	
Art. 967. É obrigatória a inscrição do empresário no Registro Público de Empresas Mercantis da respectiva sede, antes do início de sua atividade.	• *Sem correspondente no Código Civil 1916.* ***Código Comercial: Art. 4º.*** Ninguém é reputado comerciante para efeito de gozar da proteção que este Código liberaliza em favor do comércio, sem que se tenha matriculado em algum dos Tribunais do Comércio do Império, e faça da mercancia profissão habitual (art. 9*).
Art. 968. A inscrição do empresário far-se-á mediante requerimento que contenha: **I** – o seu nome, nacionalidade, domicílio, estado civil e, se casado, o regime de bens; **II** – a firma, com a respectiva assinatura autógrafa; **III** – o capital;	• *Sem correspondente no Código Civil 1916.* ***Código Comercial: Art. 5º.*** A petição da matrícula deverá conter: ***1.*** o nome, idade, naturalidade e domicílio do suplicante; e, sendo sociedade, os nomes individuais que a compõem, e a firma adotada (arts. 302**,

**Art. 9.* O exercício efetivo de comércio para todos os efeitos legais presume-se começar desde a data da publicação da matrícula.

***Art. 302.* A escritura, ou seja pública ou particular, deve conter:
1. os nomes, naturalidade e domicílios dos sócios;
2. sendo sociedade com firma, a firma por que a sociedade há de ser conhecida;
3. os nomes dos sócios que podem usar da firma social ou gerir em nome da sociedade; na falta desta declaração, entende-se que todos os sócios podem usar da firma social e gerir em nome da sociedade;
4. designação específica do objeto da sociedade, da quota com que cada um dos sócios entra para o capital (art. 287), e da parte que há de ter nos lucros e nas perdas;
5. a forma da nomeação dos árbitros para juízes das dúvidas sociais;
6. não sendo a sociedade por tempo indeterminado, as épocas em que há de começar e acabar, e a forma da sua liquidação e partilha (art. 344);
7. todas as mais cláusulas e condições necessárias para se determinarem com precisão os direitos e obrigações dos sócios entre si, e para com terceiro.
Toda a cláusula ou condição oculta, contrária às cláusulas ou condições contidas no instrumento ostensivo do contrato, é nula.

Código Civil 2002	Código Civil 1916
IV – o objeto e a sede da empresa.	311* e 325**); *2.* o lugar ou domicílio do estabelecimento. Os menores, os filhos-famílias e as mulheres casadas deverão juntar os títulos da sua capacidade civil (art. 1 ns. 2, 3 e 4***).
§ 1º Com as indicações estabelecidas neste artigo, a inscrição será tomada por termo no livro próprio do Registro Público de Empresas Mercantis, e obedecerá a número de ordem contínuo para todos os empresários inscritos.	***Código Comercial: Art. 301.*** O teor do contrato deve ser lançado no Registro do Comércio do Tribunal do distrito em que se houver de estabelecer a casa comercial da sociedade (art. 10 n. 2†), e se esta tiver outras casas de comércio em diversos distritos, em todos eles terá lugar o registro. As sociedades estipuladas em países estrangeiros com estabelecimento no Brasil são obrigadas a fazer igual registro nos Tribunais do Comércio competentes do Império antes de começarem as suas operações. Enquanto o instrumento do contrato não for registrado, não terá validade entre os sócios nem

**Art. 311.* Quando duas ou mais pessoas, sendo ao menos uma comerciante, se associam para fim comercial, obrigando-se uns como sócios solidariamente responsáveis, e sendo outros simples prestadores de capitais, com a condição de não serem obrigados além dos fundos que forem declarados no contrato, esta associação tem a natureza de sociedade em comandita.

Se houver mais de um sócio solidariamente responsável, ou sejam muitos os encarregados da gerência ou um só, a sociedade será ao mesmo tempo em nome coletivo para estes, e em comandita para os sócios prestadores de capitais.

***Art. 325.* Quando duas ou mais pessoas, sendo ao menos uma comerciante, se reúnem, sem firma social, para lucro comum, em uma ou mais operações de comércio determinadas, trabalhando um, alguns ou todos, em seu nome individual para o fim social, a associação toma o nome de sociedade em conta de participação, acidental, momentânea ou anônima; esta sociedade não está sujeita às formalidades prescritas para a formação das outras sociedades, e pode provar-se por todo o gênero de provas admitidas nos contratos comerciais (art. 122).

****Art. 1.* Podem comerciar no Brasil:

1. todas as pessoas que, na conformidade das leis deste Império, se acharem na livre administração de suas pessoas e bens, e não forem expressamente proibidas neste Código;

2. os menores legitimamente emancipados;

3. os filhos-famílias que tiverem mais de 18 (dezoito) anos de idade, com autorização dos pais, provada por escritura pública. O filho maior de 21 (vinte e um) anos, que for associado ao comércio do pai, e o que com sua aprovação, provada por escrito, levantar algum estabelecimento comercial, será reputado emancipado e maior para todos os efeitos legais nas negociações mercantis;

4. as mulheres casadas maiores de 18 (dezoito) anos, com autorização de seus maridos para poderem comerciar em seu próprio nome, provada por escritura pública. As que se acharem separadas da coabitação dos maridos por sentença de divórcio perpétuo, não precisam da sua autorização.

Os menores, os filhos-famílias e as mulheres casadas devem inscrever os títulos da sua habilitação civil, antes de principiarem a comerciar, no Registro do Comércio do respectivo distrito.

† *Art. 10.* Todos os comerciantes são obrigados:

2. a fazer registrar no Registro do Comércio todos os documentos, cujo registro for expressamente exigido por este Código, dentro de 15 (quinze) dias úteis da data dos mesmos documentos (art. 31), se maior ou menor prazo se não achar marcado neste Código;

Código Civil 2002	Código Civil 1916
	contra terceiros, mas dará ação a estes contra todos os sócios solidariamente (art. 304*).
§ 2º À margem da inscrição, e com as mesmas formalidades, serão averbadas quaisquer modificações nela ocorrentes.	
Art. 969. O empresário que instituir sucursal, filial ou agência, em lugar sujeito à jurisdição de outro Registro Público de Empresas Mercantis, neste deverá também inscrevê-la, com a prova da inscrição originária. **Parágrafo único.** Em qualquer caso, a constituição do estabelecimento secundário deverá ser averbada no Registro Público de Empresas Mercantis da respectiva sede.	
Art. 970. A lei assegurará tratamento favorecido, diferenciado e simplificado ao empresário rural e ao pequeno empresário, quanto à inscrição e aos efeitos daí decorrentes.	
Art. 971. O empresário, cuja atividade rural constitua sua principal profissão, pode, observadas as formalidades de que tratam o art. 968 e seus parágrafos, requerer inscrição no Registro Público de Empresas Mercantis da respectiva sede, caso em que, depois de inscrito, ficará equiparado, para todos os efeitos, ao empresário sujeito a registro.	
Capítulo II **Da Capacidade**	
Art. 972. Podem exercer a atividade de empresário os que estiverem em pleno gozo da capacidade civil e não forem legalmente impedidos.	• *Sem correspondente no Código Civil 1916.* ***Código Comercial: Art. 1º.*** Podem comerciar no Brasil: *1.* todas as pessoas que, na conformidade das leis deste Império, se acharem na livre administração de suas pessoas e bens, e não forem expressamente proibidas neste Código; *2.* os menores legitimamente emancipados; *3.* os filhos-famílias que tiverem mais de 18 (dezoito) anos de idade, com autorização dos pais, provada por escritura pública. O filho maior de 21 (vinte e um) anos, que for associado ao co-

**Art. 304.* São, porém, admissíveis, sem dependência da apresentação do dito instrumento, as ações que terceiros possam intentar contra a sociedade em comum ou contra qualquer dos sócios em particular. A existência da sociedade, quando por parte dos sócios se não apresenta instrumento, pode provar-se por todos os gêneros de prova admitidos em comércio (art. 122), e até por presunções fundadas em fatos de que existe ou existiu sociedade.

CÓDIGO CIVIL 2002	CÓDIGO CIVIL 1916
	mércio do pai, e o que com sua aprovação, provada por escrito, levantar algum estabelecimento comercial, será reputado emancipado e maior para todos os efeitos legais nas negociações mercantis; *4.* as mulheres casadas maiores de 18 (dezoito) anos, com autorização de seus maridos para poderem comerciar em seu próprio nome, provada por escritura pública. As que se acharem separadas da coabitação dos maridos por sentença de divórcio perpétuo, não precisam da sua autorização. Os menores, os filhos-famílias e as mulheres casadas devem inscrever os títulos da sua habilitação civil, antes de principiarem a comerciar, no Registro do Comércio do respectivo distrito.
Art. 973. A pessoa legalmente impedida de exercer atividade própria de empresário, se a exercer, responderá pelas obrigações contraídas.	• *Sem correspondente no Código Civil 1916.* ***Lei das S. A. (6.404/76): Art. 158.*** O administrador não é pessoalmente responsável pelas obrigações que contrair em nome da sociedade e em virtude de ato regular de gestão; responde, porém, civilmente, pelos prejuízos que causar, quando proceder: ***II –*** com violação da lei ou do estatuto.
Art. 974. Poderá o incapaz, por meio de representante ou devidamente assistido, continuar a empresa antes exercida por ele enquanto capaz, por seus pais ou pelo autor de herança. **§ 1º** Nos casos deste artigo, precederá autorização judicial, após exame das circunstâncias e dos riscos da empresa, bem como da conveniência em continuá-la, podendo a autorização ser revogada pelo juiz, ouvidos os pais, tutores ou representantes legais do menor ou do interdito, sem prejuízo dos direitos adquiridos por terceiros. **§ 2º** Não ficam sujeitos ao resultado da empresa os bens que o incapaz já possuía, ao tempo da sucessão ou da interdição, desde que estranhos ao acervo daquela, devendo tais fatos constar do alvará que conceder a autorização.	
Art. 975. Se o representante ou assistente do incapaz for pessoa que, por disposição de lei, não puder exercer atividade de empresário, nomeará, com a aprovação do juiz, um ou mais gerentes. **§ 1º** Do mesmo modo será nomeado gerente em todos os casos em que o juiz entender ser conveniente.	

Código Civil 2002	Código Civil 1916
§ 2º A aprovação do juiz não exime o representante ou assistente do menor ou do interdito da responsabilidade pelos atos dos gerentes nomeados.	
Art. 976. A prova da emancipação e da autorização do incapaz, nos casos do art. 974, e a de eventual revogação desta, serão inscritas ou averbadas no Registro Público de Empresas Mercantis. **Parágrafo único.** O uso da nova firma caberá, conforme o caso, ao gerente; ou ao representante do incapaz; ou a este, quando puder ser autorizado.	
Art. 977. Faculta-se aos cônjuges contratar sociedade, entre si ou com terceiros, desde que não tenham casado no regime da comunhão universal de bens, ou no da separação obrigatória.	
Art. 978. O empresário casado pode, sem necessidade de outorga conjugal, qualquer que seja o regime de bens, alienar os imóveis que integrem o patrimônio da empresa ou gravá-los de ônus real.	• *Sem correspondente no Código Civil 1916.* ***Código Comercial: Art. 27.*** A mulher casada comerciante não pode obrigar, hipotecar ou alhear os bens próprios do marido adquiridos antes do casamento, se os respectivos títulos houverem sido lançados no Registro do Comércio dentro de 15 (quinze) dias depois do mesmo casamento (art. 31*), nem os de raiz que pertencerem em comum a ambos os cônjuges, sem autorização especial do marido, provada por escritura pública inscrita no dito Registro. Poderá, porém, obrigar, hipotecar e alhear validamente os bens dotais, os parafernais, os adquiridos no seu comércio, e todos os direitos e ações em que tiver comunhão, sem que em nenhum caso possa alegar benefício algum de direito.
Art. 979. Além de no Registro Civil, serão arquivados e averbados, no Registro Público de Empresas Mercantis, os pactos e declarações antenupciais do empresário, o título de doação, herança, ou legado, de bens clausulados de incomunicabilidade ou inalienabilidade.	

**Art. 31.* Os prazos marcados nos arts. 10, n. 2, e 27, começarão a contar-se, para as pessoas que residirem fora do lugar onde se achar estabelecido o Registro do Comércio, do dia seguinte ao da chegada do segundo correio, paquete ou navio, que houver saído do distrito do domicílio das mesmas pessoas depois da data dos documentos que deverem ser registrados.

Código Civil 2002	Código Civil 1916

Art. 980. A sentença que decretar ou homologar a separação judicial do empresário e o ato de reconciliação não podem ser opostos a terceiros, antes de arquivados e averbados no Registro Público de Empresas Mercantis.

Título II
Da Sociedade

Capítulo Único
Disposições Gerais

Art. 981. Celebram contrato de sociedade as pessoas que reciprocamente se obrigam a contribuir, com bens ou serviços, para o exercício de atividade econômica e a partilha, entre si, dos resultados.

Parágrafo único. A atividade pode restringir-se à realização de um ou mais negócios determinados.

Art. 982. Salvo as exceções expressas, considera-se empresária a sociedade que tem por objeto o exercício de atividade própria de empresário sujeito a registro (art. 967); e, simples, as demais.

Parágrafo único. Independentemente de seu objeto, considera-se empresária a sociedade por ações; e, simples, a cooperativa.

Art. 983. A sociedade empresária deve constituir-se segundo um dos tipos regulados nos arts. 1.039 a 1.092; a sociedade simples pode constituir-se de conformidade com um desses tipos, e, não o fazendo, subordina-se às normas que lhe são próprias.

Parágrafo único. Ressalvam-se as disposições concernentes à sociedade em conta de participação e à cooperativa, bem como as constantes de leis especiais que, para o exercício de certas atividades, imponham a constituição da sociedade segundo determinado tipo.

Art. 984. A sociedade que tenha por objeto o exercício de atividade própria de empresário rural e seja constituída, ou transformada, de acordo com um dos tipos de sociedade empresária, pode, com as formalidades do art. 968, requerer inscrição no Registro Público de Empresas Mercantis da sua sede, caso em que, depois de inscrita, ficará equiparada, para todos os efeitos, à sociedade empresária.

Código Civil 2002	Código Civil 1916
Parágrafo único. Embora já constituída a sociedade segundo um daqueles tipos, o pedido de inscrição se subordinará, no que for aplicável, às normas que regem a transformação.	
Art. 985. A sociedade adquire personalidade jurídica com a inscrição, no registro próprio e na forma da lei, dos seus atos constitutivos (arts. 45 e 1.150).	
Subtítulo I **Da Sociedade Não Personificada** **Capítulo I** **Da Sociedade em Comum** **Art. 986.** Enquanto não inscritos os atos constitutivos, reger-se-á a sociedade, exceto por ações em organização, pelo disposto neste Capítulo, observadas, subsidiariamente e no que com ele forem compatíveis, as normas da sociedade simples.	
Art. 987. Os sócios, nas relações entre si ou com terceiros, somente por escrito podem provar a existência da sociedade, mas os terceiros podem prová-la de qualquer modo.	
Art. 988. Os bens e dívidas sociais constituem patrimônio especial, do qual os sócios são titulares em comum.	
Art. 989. Os bens sociais respondem pelos atos de gestão praticados por qualquer dos sócios, salvo pacto expresso limitativo de poderes, que somente terá eficácia contra o terceiro que o conheça ou deva conhecer.	
Art. 990. Todos os sócios respondem solidária e ilimitadamente pelas obrigações sociais, excluído do benefício de ordem, previsto no art. 1.024, aquele que contratou pela sociedade.	
Capítulo II **Da Sociedade em Conta de Participação** **Art. 991.** Na sociedade em conta de participação, a atividade constitutiva do objeto social é exercida unicamente pelo sócio ostensivo, em seu	

CÓDIGO CIVIL 2002	CÓDIGO CIVIL 1916
nome individual e sob sua própria e exclusiva responsabilidade, participando os demais dos resultados correspondentes.	
Parágrafo único. Obriga-se perante terceiro tão-somente o sócio ostensivo; e, exclusivamente perante este, o sócio participante, nos termos do contrato social.	• *Sem correspondente no Código Civil 1916.* ***Código Comercial: Art. 326.*** Na sociedade em conta de participação, o sócio ostensivo é o único que se obriga para com terceiro; os outros sócios ficam unicamente obrigados para com o mesmo sócio por todos os resultados das transações e obrigações sociais empreendidas nos termos precisos do contrato.
Art. 992. A constituição da sociedade em conta de participação independe de qualquer formalidade e pode provar-se por todos os meios de direito.	• *Sem correspondente no Código Civil 1916.* ***Código Comercial: Art. 325.*** Quando duas ou mais pessoas, sendo ao menos uma comerciante, se reúnem, sem firma social, para lucro comum, em uma ou mais operações de comércio determinadas, trabalhando um, alguns ou todos, em seu nome individual para o fim social, a associação toma o nome de sociedade em conta de participação, acidental, momentânea ou anônima; esta sociedade não está sujeita às formalidades prescritas para a formação das outras sociedades, e pode provar-se por todo o gênero de provas admitidas nos contratos comerciais (art. 122*).
Art. 993. O contrato social produz efeito somente entre os sócios, e a eventual inscrição de seu instrumento em qualquer registro não confere personalidade jurídica à sociedade.	
Parágrafo único. Sem prejuízo do direito de fiscalizar a gestão dos negócios sociais, o sócio participante não pode tomar parte nas relações do sócio ostensivo com terceiros, sob pena de responder solidariamente com este pelas obrigações em que intervier.	• *Sem correspondente no Código Civil 1916.* ***Código Comercial: Art. 326 (ver acima).***
Art. 994. A contribuição do sócio participante constitui, com a do sócio ostensivo, patrimônio especial, objeto da conta de participação relativa aos negócios sociais.	

**Art. 122.* Os contratos comerciais podem provar-se:
1. por escrituras públicas;
2. por escritos particulares;
3. pelas notas dos corretores, e por certidões extraídas dos seus protocolos;
4. por correspondência epistolar;
5. pelos livros dos comerciantes;
6. por testemunhas.

CÓDIGO CIVIL 2002	CÓDIGO CIVIL 1916
§ 1º A especialização patrimonial somente produz efeitos em relação aos sócios. **§ 2º** A falência do sócio ostensivo acarreta a dissolução da sociedade e a liquidação da respectiva conta, cujo saldo constituirá crédito quirografário. **§ 3º** Falindo o sócio participante, o contrato social fica sujeito às normas que regulam os efeitos da falência nos contratos bilaterais do falido.	
Art. 995. Salvo estipulação em contrário, o sócio ostensivo não pode admitir novo sócio sem o consentimento expresso dos demais.	
Art. 996. Aplica-se à sociedade em conta de participação, subsidiariamente e no que com ela for compatível, o disposto para a sociedade simples, e a sua liquidação rege-se pelas normas relativas à prestação de contas, na forma da lei processual. **Parágrafo único.** Havendo mais de um sócio ostensivo, as respectivas contas serão prestadas e julgadas no mesmo processo.	
SUBTÍTULO II **DA SOCIEDADE PERSONIFICADA** **CAPÍTULO I** **Da Sociedade Simples** **Seção I** **Do Contrato Social**	
Art. 997. A sociedade constitui-se mediante contrato escrito, particular ou público, que, além de cláusulas estipuladas pelas partes, mencionará: **I –** nome, nacionalidade, estado civil, profissão e residência dos sócios, se pessoas naturais, e a firma ou a denominação, nacionalidade e sede dos sócios, se jurídicas; **II –** denominação, objeto, sede e prazo da sociedade; **III –** capital da sociedade, expresso em moeda corrente, podendo compreender qualquer espécie de bens, suscetíveis de avaliação pecuniária; **IV –** a quota de cada sócio no capital social, e o modo de realizá-la;	• *Sem correspondente no Código Civil 1916.* ***Código Comercial: Art. 302.*** A escritura, ou seja pública ou particular, deve conter: *1.* os nomes, naturalidade e domicílios dos sócios; *2.* sendo sociedade com firma, a firma por que a sociedade há de ser conhecida; *3.* os nomes dos sócios que podem usar da firma social ou gerir em nome da sociedade; na falta desta declaração, entende-se que todos os sócios podem usar da firma social e gerir em nome da sociedade; *4.* designação específica do objeto da sociedade, da quota com que cada um dos sócios entra para o capital (art. 287*), e da parte que há de ter nos lucros e nas perdas;

**Art. 287.* É da essência das companhias e sociedades comerciais que o objeto e fim a que se propõem seja lícito, e que cada um dos sócios contribua para o seu capital com alguma quota, ou esta consista em dinheiro ou em efeitos e qualquer sorte de bens, ou em trabalho ou indústria.

Código Civil 2002	Código Civil 1916
V – as prestações a que se obriga o sócio, cuja contribuição consista em serviços; **VI** – as pessoas naturais incumbidas da administração da sociedade, e seus poderes e atribuições; **VII** – a participação de cada sócio nos lucros e nas perdas; **VIII** – se os sócios respondem, ou não, subsidiariamente, pelas obrigações sociais. **Parágrafo único.** É ineficaz em relação a terceiros qualquer pacto separado, contrário ao disposto no instrumento do contrato.	*5.* a forma da nomeação dos árbitros para juízes das dúvidas sociais; *6.* não sendo a sociedade por tempo indeterminado, as épocas em que há de começar e acabar, e a forma da sua liquidação e partilha (art. 344*); *7.* todas as mais cláusulas e condições necessárias para se determinarem com precisão os direitos e obrigações dos sócios entre si, e para com terceiro. Toda a cláusula ou condição oculta, contrária às cláusulas ou condições contidas no instrumento ostensivo do contrato, é nula.
Art. 998. Nos trinta dias subseqüentes à sua constituição, a sociedade deverá requerer a inscrição do contrato social no Registro Civil das Pessoas Jurídicas do local de sua sede. **§ 1º** O pedido de inscrição será acompanhado do instrumento autenticado do contrato, e, se algum sócio nele houver sido representado por procurador, o da respectiva procuração, bem como, se for o caso, da prova de autorização da autoridade competente. **§ 2º** Com todas as indicações enumeradas no artigo antecedente, será a inscrição tomada por termo no livro de registro próprio, e obedecerá a número de ordem contínua para todas as sociedades inscritas.	
Art. 999. As modificações do contrato social, que tenham por objeto matéria indicada no art. 997, dependem do consentimento de todos os sócios; as demais podem ser decididas por maioria absoluta de votos, se o contrato não determinar a necessidade de deliberação unânime. **Parágrafo único.** Qualquer modificação do contrato social será averbada, cumprindo-se as formalidades previstas no artigo antecedente.	
Art. 1.000. A sociedade simples que instituir sucursal, filial ou agência na circunscrição de outro Registro Civil das Pessoas Jurídicas, neste deverá também inscrevê-la, com a prova da inscrição originária.	

**Art. 344.* Dissolvida uma sociedade mercantil, os sócios autorizados para gerir durante a sua existência devem operar a sua liquidação debaixo da mesma firma, aditada com a cláusula – em liquidação; salvo havendo estipulação diversa no contrato, ou querendo os sócios, a aprazimento comum ou por pluralidade de votos em caso de discórdia, encarregar a liquidação a algum dos outros sócios não gerentes, ou a pessoa de fora da sociedade.

Código Civil 2002	Código Civil 1916
Parágrafo único. Em qualquer caso, a constituição da sucursal, filial ou agência deverá ser averbada no Registro Civil da respectiva sede.	
Seção II **Dos Direitos e Obrigações dos Sócios**	
Art. 1.001. As obrigações dos sócios começam imediatamente com o contrato, se este não fixar outra data, e terminam quando, liquidada a sociedade, se extinguirem as responsabilidades sociais.	• *Sem correspondente no Código Civil 1916.* ***Código Comercial: Art. 329.*** As obrigações dos sócios começam da data do contrato, ou da época nele designada; e acabam depois que, dissolvida a sociedade, se acham satisfeitas e extintas todas as responsabilidades sociais.
Art. 1.002. O sócio não pode ser substituído no exercício das suas funções, sem o consentimento dos demais sócios, expresso em modificação do contrato social.	
Art. 1.003. A cessão total ou parcial de quota, sem a correspondente modificação do contrato social com o consentimento dos demais sócios, não terá eficácia quanto a estes e à sociedade.	• *Sem correspondente no Código Civil 1916.* ***Código Comercial: Art. 334.*** A nenhum sócio é lícito ceder a um terceiro, que não seja sócio, a parte que tiver na sociedade, nem fazer-se substituir no exercício das funções que nela exercer sem expresso consentimento de todos os outros sócios; pena de nulidade do contrato; mas poderá associá-lo à sua parte, sem que por esse fato o associado fique considerado membro da sociedade.
Parágrafo único. Até dois anos depois de averbada a modificação do contrato, responde o cedente solidariamente com o cessionário, perante a sociedade e terceiros, pelas obrigações que tinha como sócio.	
Art. 1.004. Os sócios são obrigados, na forma e prazo previstos, às contribuições estabelecidas no contrato social, e aquele que deixar de fazê-lo, nos trinta dias seguintes ao da notificação pela sociedade, responderá perante esta pelo dano emergente da mora. **Parágrafo único.** Verificada a mora, poderá a maioria dos demais sócios preferir, à indenização, a exclusão do sócio remisso, ou reduzir-lhe a quota ao montante já realizado, aplicando-se, em ambos os casos, o disposto no § 1º do art. 1.031.	
Art. 1.005. O sócio que, a título de quota social, transmitir domínio, posse ou uso, responde pela	

Código Civil 2002	Código Civil 1916
evicção; e pela solvência do devedor, aquele que transferir crédito.	
Art. 1.006. O sócio, cuja contribuição consista em serviços, não pode, salvo convenção em contrário, empregar-se em atividade estranha à sociedade, sob pena de ser privado de seus lucros e dela excluído.	
Art. 1.007. Salvo estipulação em contrário, o sócio participa dos lucros e das perdas, na proporção das respectivas quotas, mas aquele, cuja contribuição consiste em serviços, somente participa dos lucros na proporção da média do valor das quotas.	
Art. 1.008. É nula a estipulação contratual que exclua qualquer sócio de participar dos lucros e das perdas.	• *Sem correspondente no Código Civil 1916.* ***Código Comercial: Art. 288.*** É nula a sociedade ou companhia em que se estipular que a totalidade dos lucros pertença a um só dos associados, ou em que algum seja excluído, e a que desonerar de toda a contribuição nas perdas as somas ou efeitos entrados por um ou mais sócios para o fundo social.
Art. 1.009. A distribuição de lucros ilícitos ou fictícios acarreta responsabilidade solidária dos administradores que a realizarem e dos sócios que os receberem, conhecendo ou devendo conhecer-lhes a ilegitimidade.	
Seção III **Da Administração** **Art. 1.010.** Quando, por lei ou pelo contrato social, competir aos sócios decidir sobre os negócios da sociedade, as deliberações serão tomadas por maioria de votos, contados segundo o valor das quotas de cada um. **§ 1º** Para formação da maioria absoluta são necessários votos correspondentes a mais de metade do capital. **§ 2º** Prevalece a decisão sufragada por maior número de sócios no caso de empate, e, se este persistir, decidirá o juiz. **§ 3º** Responde por perdas e danos o sócio que, tendo em alguma operação interesse contrário ao da sociedade, participar da deliberação que a aprove graças a seu voto.	
Art. 1.011. O administrador da sociedade deverá ter, no exercício de suas funções, o cuidado e a diligência que todo homem ativo e probo costu-	• *Sem correspondente no Código Civil 1916.* ***Lei das S. A. (6.404/76): Art. 153.*** O administrador da companhia deve empregar, no exercício de

Código Civil 2002	Código Civil 1916
ma empregar na administração de seus próprios negócios.	suas funções, o cuidado e diligência que todo homem ativo e probo costuma empregar na administração dos seus próprios negócios.
§ 1º Não podem ser administradores, além das pessoas impedidas por lei especial, os condenados a pena que vede, ainda que temporariamente, o acesso a cargos públicos; ou por crime falimentar, de prevaricação, peita ou suborno, concussão, peculato; ou contra a economia popular, contra o sistema financeiro nacional, contra as normas de defesa da concorrência, contra as relações de consumo, a fé pública ou a propriedade, enquanto perdurarem os efeitos da condenação. **§ 2º** Aplicam-se à atividade dos administradores, no que couber, as disposições concernentes ao mandato.	
Art. 1.012. O administrador, nomeado por instrumento em separado, deve averbá-lo à margem da inscrição da sociedade, e, pelos atos que praticar, antes de requerer a averbação, responde pessoal e solidariamente com a sociedade.	
Art. 1.013. A administração da sociedade, nada dispondo o contrato social, compete separadamente a cada um dos sócios. **§ 1º** Se a administração competir separadamente a vários administradores, cada um pode impugnar operação pretendida por outro, cabendo a decisão aos sócios, por maioria de votos. **§ 2º** Responde por perdas e danos perante a sociedade o administrador que realizar operações, sabendo ou devendo saber que estava agindo em desacordo com a maioria.	
Art. 1.014. Nos atos de competência conjunta de vários administradores, torna-se necessário o concurso de todos, salvo nos casos urgentes, em que a omissão ou retardo das providências possa ocasionar dano irreparável ou grave.	
Art. 1.015. No silêncio do contrato, os administradores podem praticar todos os atos pertinentes à gestão da sociedade; não constituindo objeto social, a oneração ou a venda de bens imóveis depende do que a maioria dos sócios decidir. **Parágrafo único.** O excesso por parte dos administradores somente pode ser oposto a ter-	

Código Civil 2002	Código Civil 1916
ceiros se ocorrer pelo menos uma das seguintes hipóteses: **I –** se a limitação de poderes estiver inscrita ou averbada no registro próprio da sociedade; **II –** provando-se que era conhecida do terceiro; **III –** tratando-se de operação evidentemente estranha aos negócios da sociedade.	
Art. 1.016. Os administradores respondem solidariamente perante a sociedade e os terceiros prejudicados, por culpa no desempenho de suas funções.	
Art. 1.017. O administrador que, sem consentimento escrito dos sócios, aplicar créditos ou bens sociais em proveito próprio ou de terceiros, terá de restituí-los à sociedade, ou pagar o equivalente, com todos os lucros resultantes, e, se houver prejuízo, por ele também responderá. **Parágrafo único.** Fica sujeito às sanções o administrador que, tendo em qualquer operação interesse contrário ao da sociedade, tome parte na correspondente deliberação.	
Art. 1.018. Ao administrador é vedado fazer-se substituir no exercício de suas funções, sendo-lhe facultado, nos limites de seus poderes, constituir mandatários da sociedade, especificados no instrumento os atos e operações que poderão praticar.	
Art. 1.019. São irrevogáveis os poderes do sócio investido na administração por cláusula expressa do contrato social, salvo justa causa, reconhecida judicialmente, a pedido de qualquer dos sócios. **Parágrafo único.** São revogáveis, a qualquer tempo, os poderes conferidos a sócio por ato separado, ou a quem não seja sócio.	
Art. 1.020. Os administradores são obrigados a prestar aos sócios contas justificadas de sua administração, e apresentar-lhes o inventário anualmente, bem como o balanço patrimonial e o de resultado econômico.	• *Sem correspondente no Código Civil 1916.* ***Código Comercial: Art. 293.*** Os sócios administradores ou gerentes são obrigados a dar contas justificadas da sua administração aos outros sócios.
Art. 1.021. Salvo estipulação que determine época própria, o sócio pode, a qualquer tempo, examinar os livros e documentos, e o estado da caixa e da carteira da sociedade.	• *Sem correspondente no Código Civil 1916.* ***Código Comercial: Art. 290.*** Em nenhuma associação mercantil se pode recusar aos sócios o exame de todos os livros, documentos, escritu-

Código Civil 2002	**Código Civil 1916**
	ração e correspondência, e do estado da caixa da companhia ou sociedade, sempre que o requerer; salvo tendo-se estabelecido no contrato ou outro qualquer título da instituição da companhia ou sociedade, as épocas em que o mesmo exame unicamente poderá ter lugar.
Seção IV **Das Relações com Terceiros** **Art. 1.022.** A sociedade adquire direitos, assume obrigações e procede judicialmente, por meio de administradores com poderes especiais, ou, não os havendo, por intermédio de qualquer administrador.	
Art. 1.023. Se os bens da sociedade não lhe cobrirem as dívidas, respondem os sócios pelo saldo, na proporção em que participem das perdas sociais, salvo cláusula de responsabilidade solidária.	
Art. 1.024. Os bens particulares dos sócios não podem ser executados por dívidas da sociedade, senão depois de executados os bens sociais.	
Art. 1.025. O sócio, admitido em sociedade já constituída, não se exime das dívidas sociais anteriores à admissão.	
Art. 1.026. O credor particular de sócio pode, na insuficiência de outros bens do devedor, fazer recair a execução sobre o que a este couber nos lucros da sociedade, ou na parte que lhe tocar em liquidação. **Parágrafo único.** Se a sociedade não estiver dissolvida, pode o credor requerer a liquidação da quota do devedor, cujo valor, apurado na forma do art. 1.031, será depositado em dinheiro, no juízo da execução, até noventa dias após aquela liquidação.	
Art. 1.027. Os herdeiros do cônjuge de sócio, ou o cônjuge do que se separou judicialmente, não podem exigir desde logo a parte que lhes couber na quota social, mas concorrer à divisão periódica dos lucros, até que se liquide a sociedade.	

Código Civil 2002	Código Civil 1916

Seção V
Da Resolução da Sociedade em Relação a um Sócio

Art. 1.028. No caso de morte de sócio, liquidar-se-á sua quota, salvo:

I – se o contrato dispuser diferentemente;

II – se os sócios remanescentes optarem pela dissolução da sociedade;

III – se, por acordo com os herdeiros, regular-se a substituição do sócio falecido.

Art. 1.029. Além dos casos previstos na lei ou no contrato, qualquer sócio pode retirar-se da sociedade; se de prazo indeterminado, mediante notificação aos demais sócios, com antecedência mínima de sessenta dias; se de prazo determinado, provando judicialmente justa causa.

Parágrafo único. Nos trinta dias subseqüentes à notificação, podem os demais sócios optar pela dissolução da sociedade.

Art. 1.030. Ressalvado o disposto no art. 1.004 e seu parágrafo único, pode o sócio ser excluído judicialmente, mediante iniciativa da maioria dos demais sócios, por falta grave no cumprimento de suas obrigações, ou, ainda, por incapacidade superveniente.

Parágrafo único. Será de pleno direito excluído da sociedade o sócio declarado falido, ou aquele cuja quota tenha sido liquidada nos termos do parágrafo único do art. 1.026.

Art. 1.031. Nos casos em que a sociedade se resolver em relação a um sócio, o valor da sua quota, considerada pelo montante efetivamente realizado, liquidar-se-á, salvo disposição contratual em contrário, com base na situação patrimonial da sociedade, à data da resolução, verificada em balanço especialmente levantado.

§ 1º O capital social sofrerá a correspondente redução, salvo se os demais sócios suprirem o valor da quota.

§ 2º A quota liquidada será paga em dinheiro, no prazo de noventa dias, a partir da liquidação, salvo acordo, ou estipulação contratual em contrário.

Art. 1.032. A retirada, exclusão ou morte do sócio, não o exime, ou a seus herdeiros, da respon-

Código Civil 2002	Código Civil 1916
sabilidade pelas obrigações sociais anteriores, até dois anos após averbada a resolução da sociedade; nem nos dois primeiros casos, pelas posteriores e em igual prazo, enquanto não se requerer a averbação.	
Seção VI **Da Dissolução** **Art. 1.033.** Dissolve-se a sociedade quando ocorrer: **I** – o vencimento do prazo de duração, salvo se, vencido este e sem oposição de sócio, não entrar a sociedade em liquidação, caso em que se prorrogará por tempo indeterminado; **II** – o consenso unânime dos sócios; **III** – a deliberação dos sócios, por maioria absoluta, na sociedade de prazo indeterminado; **IV** – a falta de pluralidade de sócios, não reconstituída no prazo de cento e oitenta dias; **V** – a extinção, na forma da lei, de autorização para funcionar.	• *Sem correspondente no Código Civil 1916.* ***Código Comercial: Art. 335.*** As sociedades reputam-se dissolvidas: *1.* expirando o prazo ajustado da sua duração; *2.* por quebra da sociedade, ou de qualquer dos sócios; *3.* por mútuo consenso de todos os sócios; *4.* pela morte de um dos sócios, salvo convenção em contrário a respeito dos que sobreviverem; *5.* por vontade de um dos sócios, sendo a sociedade celebrada por tempo indeterminado. Em todos os casos deve continuar a sociedade, somente para se ultimarem as negociações pendentes, procedendo-se à liquidação das ultimadas.
Art. 1.034. A sociedade pode ser dissolvida judicialmente, a requerimento de qualquer dos sócios, quando: **I** – anulada a sua constituição; **II** – exaurido o fim social, ou verificada a sua inexeqüibilidade.	• *Sem correspondente no Código Civil 1916.* ***Código Comercial: Art. 336.*** As mesmas sociedades podem ser dissolvidas judicialmente, antes do período marcado no contrato, a requerimento de qualquer dos sócios: *1.* mostrando-se que é impossível a continuação da sociedade por não poder preencher o intuito e fim social, como nos casos de perda inteira do capital social, ou deste não ser suficiente; *2.* por inabilidade de alguns dos sócios, ou incapacidade moral ou civil, julgada por sentença; *3.* por abuso, prevaricação, violação ou falta de cumprimento das obrigações sociais, ou fuga de algum dos sócios.
Art. 1.035. O contrato pode prever outras causas de dissolução, a serem verificadas judicialmente quando contestadas.	
Art. 1.036. Ocorrida a dissolução, cumpre aos administradores providenciar imediatamente a investidura do liquidante, e restringir a gestão própria aos negócios inadiáveis, vedadas novas operações, pelas quais responderão solidária e ilimitadamente.	

Código Civil 2002	Código Civil 1916
Parágrafo único. Dissolvida de pleno direito a sociedade, pode o sócio requerer, desde logo, a liquidação judicial.	
Art. 1.037. Ocorrendo a hipótese prevista no inciso V do art. 1.033, o Ministério Público, tão logo lhe comunique a autoridade competente, promoverá a liquidação judicial da sociedade, se os administradores não o tiverem feito nos trinta dias seguintes à perda da autorização, ou se o sócio não houver exercido a faculdade assegurada no parágrafo único do artigo antecedente.	• *Sem correspondente no Código Civil 1916.* ***Lei das S. A. (6.404/76): Art. 209.*** Além dos casos previstos no n. II do art. 206*, a liquidação será processada judicialmente: ***II*** – a requerimento do Ministério Público, à vista de comunicação da autoridade competente, se a companhia, nos 30 (trinta) dias subseqüentes à dissolução, não iniciar a liquidação ou se, após iniciá-la, interrompê-la por mais de 15 (quinze) dias, no caso da alínea *e* do n. I do art. 206*.
Parágrafo único. Caso o Ministério Público não promova a liquidação judicial da sociedade nos quinze dias subseqüentes ao recebimento da comunicação, a autoridade competente para conceder a autorização nomeará interventor com poderes para requerer a medida e administrar a sociedade até que seja nomeado o liquidante.	
Art. 1.038. Se não estiver designado no contrato social, o liquidante será eleito por deliberação dos sócios, podendo a escolha recair em pessoa estranha à sociedade.	• *Sem correspondente no Código Civil 1916.* ***Lei das S. A. (6.404/76): Art. 208.*** Silenciando o estatuto, compete à assembléia geral, nos casos do n. I do art. 206*, determinar o modo de liquidação e nomear o liquidante e o Conselho Fiscal que devam funcionar durante o período de liquidação.
§ 1º O liquidante pode ser destituído, a todo tempo:	*§ 2º* O liquidante poderá ser destituído, a qualquer tempo, pelo órgão que o tiver nomeado.
I – se eleito pela forma prevista neste artigo, mediante deliberação dos sócios;	

**Art. 206.* Dissolve-se a companhia:

I – de pleno direito:

a. pelo término do prazo de duração;

b. nos casos previstos no estatuto;

c. por deliberação da assembléia geral (art. 136, X);

d. pela existência de 1 (um) único acionista, verificada em assembléia geral ordinária, se o mínimo de 2 (dois) não for reconstituído até à do ano seguinte, ressalvado o disposto no art. 251;

e. pela extinção, na forma da lei, da autorização para funcionar.

II – por decisão judicial:

a. quando anulada a sua constituição, em ação proposta por qualquer acionista;

b. quando provado que não pode preencher o seu fim, em ação proposta por acionistas que representem 5% (cinco por cento) ou mais do capital social;

c. em caso de falência, na forma prevista na respectiva lei;

III – por decisão de autoridade administrativa competente, nos casos e na forma previstos em lei especial.

CÓDIGO CIVIL 2002	CÓDIGO CIVIL 1916
II – em qualquer caso, por via judicial, a requerimento de um ou mais sócios, ocorrendo justa causa. **§ 2º** A liquidação da sociedade se processa de conformidade com o disposto no Capítulo IX, deste Subtítulo.	
CAPÍTULO II **Da Sociedade em Nome Coletivo** **Art. 1.039.** Somente pessoas físicas podem tomar parte na sociedade em nome coletivo, respondendo todos os sócios, solidária e ilimitadamente, pelas obrigações sociais.	• *Sem correspondente no Código Civil 1916.* ***Código Comercial: Art. 316.*** Nas sociedades em nome coletivo, a firma social assinada por qualquer dos sócios-gerentes, que no instrumento do contrato for autorizado para usar dela, obriga todos os sócios solidariamente para com terceiros e a estes para com a sociedade, ainda mesmo que seja em negócio particular seu ou de terceiro; com exceção somente dos casos em que a firma social for empregada em transações estranhas aos negócios designados no contrato. (...)
Parágrafo único. Sem prejuízo da responsabilidade perante terceiros, podem os sócios, no ato constitutivo, ou por unânime convenção posterior, limitar entre si a responsabilidade de cada um.	
Art. 1.040. A sociedade em nome coletivo se rege pelas normas deste Capítulo e, no que seja omisso, pelas do Capítulo antecedente.	
Art. 1.041. O contrato deve mencionar, além das indicações referidas no art. 997, a firma social.	
Art. 1.042. A administração da sociedade compete exclusivamente a sócios, sendo o uso da firma, nos limites do contrato, privativo dos que tenham os necessários poderes.	• *Sem correspondente no Código Civil 1916.* ***Código Comercial: Art. 316.*** (...) Não havendo no contrato designação do sócio ou sócios que tenham a faculdade de usar privativamente da firma social, nem algum excluído, presume-se que todos os sócios têm direito igual de fazer uso dela. (...)
Art. 1.043. O credor particular de sócio não pode, antes de dissolver-se a sociedade, pretender a liquidação da quota do devedor. **Parágrafo único.** Poderá fazê-lo quando: **I** – a sociedade houver sido prorrogada tacitamente; **II** – tendo ocorrido prorrogação contratual, for acolhida judicialmente oposição do credor, levantada no prazo de noventa dias, contado da publicação do ato dilatório.	

Código Civil 2002	Código Civil 1916
Art. 1.044. A sociedade se dissolve de pleno direito por qualquer das causas enumeradas no art. 1.033 e, se empresária, também pela declaração da falência.	• *Sem correspondente no Código Civil 1916.* ***Código Comercial: Art. 335.*** As sociedades reputam-se dissolvidas: *1.* expirando o prazo ajustado da sua duração; *2.* por quebra da sociedade, ou de qualquer dos sócios; *3.* por mútuo consenso de todos os sócios; *4.* pela morte de um dos sócios, salvo convenção em contrário a respeito dos que sobreviverem; *5.* por vontade de um dos sócios, sendo a sociedade celebrada por tempo indeterminado. Em todos os casos deve continuar a sociedade, somente para se ultimarem as negociações pendentes, procedendo-se à liquidação das ultimadas. ***Código Comercial: Art. 336.*** As mesmas sociedades podem ser dissolvidas judicialmente, antes do período marcado no contrato, a requerimento de qualquer dos sócios: *1.* mostrando-se que é impossível a continuação da sociedade por não poder preencher o intuito e fim social, como nos casos de perda inteira do capital social, ou deste não ser suficiente; *2.* por inabilidade de alguns dos sócios, ou incapacidade moral ou civil, julgada por sentença; *3.* por abuso, prevaricação, violação ou falta de cumprimento das obrigações sociais, ou fuga de algum dos sócios.
Capítulo III **Da Sociedade em Comandita Simples**	
Art. 1.045. Na sociedade em comandita simples tomam parte sócios de duas categorias: os comanditados, pessoas físicas, responsáveis solidária e ilimitadamente pelas obrigações sociais; e os comanditários, obrigados somente pelo valor de sua quota.	• *Sem correspondente no Código Civil 1916.* ***Código Comercial: Art. 311.*** Quando duas ou mais pessoas, sendo ao menos uma comerciante, se associam para fim comercial, obrigando-se uns como sócios solidariamente responsáveis, e sendo outros simples prestadores de capitais, com a condição de não serem obrigados além dos fundos que forem declarados no contrato, esta associação tem a natureza de sociedade em comandita. Se houver mais de um sócio solidariamente responsável, ou sejam muitos os encarregados da gerência ou um só, a sociedade será ao mesmo tempo em nome coletivo para estes, e em comandita para os sócios prestadores de capitais.
Parágrafo único. O contrato deve discriminar os comanditados e os comanditários.	***Código Comercial: Art. 312.*** Na sociedade em comandita não é necessário que se inscreva no Registro do Comércio o nome do sócio comanditário,

CÓDIGO CIVIL 2002	CÓDIGO CIVIL 1916
	mas requer-se essencialmente que se declare no mesmo Registro a quantia certa do total dos fundos postos em comandita.
Art. 1.046. Aplicam-se à sociedade em comandita simples as normas da sociedade em nome coletivo, no que forem compatíveis com as deste Capítulo. **Parágrafo único.** Aos comanditados cabem os mesmos direitos e obrigações dos sócios da sociedade em nome coletivo.	• *Sem correspondente no Código Civil 1916.* ***Código Comercial: Art. 313.*** Na mesma sociedade os sócios comanditários não são obrigados além dos fundos com que entram ou se obrigam a entrar na sociedade, nem a repor, salvo nos casos do art. 828*, os lucros que houverem recebido; mas os sócios responsáveis respondem solidariamente pelas obrigações sociais, pela mesma forma que os sócios das sociedades coletivas (art. 316**).
Art. 1.047. Sem prejuízo da faculdade de participar das deliberações da sociedade e de lhe fiscalizar as operações, não pode o comanditário praticar qualquer ato de gestão, nem ter o nome na firma social, sob pena de ficar sujeito às responsabilidades de sócio comanditado. **Parágrafo único.** Pode o comanditário ser constituído procurador da sociedade, para negócio determinado e com poderes especiais.	• *Sem correspondente no Código Civil 1916.* ***Código Comercial: Art. 314.*** Os sócios comanditários não podem praticar ato algum de gestão, nem ser empregados nos negócios da sociedade, ainda mesmo que seja como procuradores, nem fazer parte da firma social; pena de ficarem solidariamente responsáveis como os outros sócios; não se compreende, porém, nesta proibição a faculdade de tomar parte nas deliberações da sociedade, nem o direito de fiscalizar as suas operações e estado (art. 290***).
Art. 1.048. Somente após averbada a modificação do contrato, produz efeito, quanto a terceiros, a diminuição da quota do comanditário, em conseqüência de ter sido reduzido o capital social, sempre sem prejuízo dos credores preexistentes.	

**Art. 828.* (Revogado pelo Decreto-Lei 7.661, de 21.6.1945.) Texto original:* Todos os atos do falido alienativos de bens de raiz, móveis ou semoventes, e todos os mais atos e obrigações, ainda mesmo que sejam de operações comerciais, podem ser anulados, qualquer que seja a época em que fossem contraídos, em quanto não prescreverem, provando-se que neles interveio fraude em dano de credores.

***Art. 316.* Nas sociedades em nome coletivo, a firma social assinada por qualquer dos sócios-gerentes, que no instrumento do contrato for autorizado para usar dela, obriga todos os sócios solidariamente para com terceiros e a estes para com a sociedade, ainda mesmo que seja em negócio particular seu ou de terceiro; com exceção somente dos casos em que a firma social for empregada em transações estranhas aos negócios designados no contrato.
Não havendo no contrato designação do sócio ou sócios que tenham a faculdade de usar privativamente da firma social, nem algum excluído, presume-se que todos os sócios têm direito igual de fazer uso dela.
Contra o sócio que abusar da firma social, dá-se ação de perdas e danos, tanto da parte dos sócios como de terceiro; e se com o abuso concorrer também fraude ou dolo, este poderá intentar contra ele a ação criminal que no caso couber.

****Art. 290.* Em nenhuma associação mercantil se pode recusar aos sócios o exame de todos os livros, documentos, escrituração e correspondência, e do estado da caixa na companhia ou sociedade, sempre que o requerer; salvo tendo-se estabelecido no contrato ou outro qualquer título da instituição da companhia ou sociedade, as épocas em que o mesmo exame unicamente poderá ter lugar.

Código Civil 2002	Código Civil 1916
Art. 1.049. O sócio comanditário não é obrigado à reposiçao de lucros recebidos de boa-fé e de acordo com o balanço.	• *Sem correspondente no Código Civil 1916.* ***Código Comercial: Art. 313.*** Na mesma sociedade os sócios comanditários não são obrigados além dos fundos com que entram ou se obrigam a entrar na sociedade, nem a repor, salvo nos casos do art. 828*, os lucros que houverem recebido; mas os sócios responsáveis respondem solidariamente pelas obrigações sociais, pela mesma forma que os sócios das sociedades coletivas (art. 316*).
Parágrafo único. Diminuído o capital social por perdas supervenientes, não pode o comanditário receber quaisquer lucros, antes de reintegrado aquele.	
Art. 1.050. No caso de morte de sócio comanditário, a sociedade, salvo disposição do contrato, continuará com os seus sucessores, que designarão quem os represente.	
Art. 1.051. Dissolve-se de pleno direito a sociedade: **I** – por qualquer das causas previstas no art. 1.044; **II** – quando por mais de cento e oitenta dias perdurar a falta de uma das categorias de sócio. **Parágrafo único.** Na falta de sócio comanditado, os comanditários nomearão administrador provisório para praticar, durante o período referido no inciso II e sem assumir a condição de sócio, os atos de administração.	
Capítulo IV **Da Sociedade Limitada** **Seção I** **Disposições Preliminares** **Art. 1.052.** Na sociedade limitada, a responsabilidade de cada sócio é restrita ao valor de suas quotas, mas todos respondem solidariamente pela integralização do capital social.	
Art. 1.053. A sociedade limitada rege-se, nas omissões deste Capítulo, pelas normas da sociedade simples. **Parágrafo único.** O contrato social poderá prever a regência supletiva da sociedade limitada pelas normas da sociedade anônima.	

*Ver notas de rodapé na página anterior.

Código Civil 2002	Código Civil 1916
Art. 1.054. O contrato mencionará, no que couber, as indicações do art. 997, e, se for o caso, a firma social.	
Seção II **Das Quotas** **Art. 1.055.** O capital social divide-se em quotas, iguais ou desiguais, cabendo uma ou diversas a cada sócio. **§ 1º** Pela exata estimação de bens conferidos ao capital social respondem solidariamente todos os sócios, até o prazo de cinco anos da data do registro da sociedade. **§ 2º** É vedada contribuição que consista em prestação de serviços.	
Art. 1.056. A quota é indivisível em relação à sociedade, salvo para efeito de transferência, caso em que se observará o disposto no artigo seguinte. **§ 1º** No caso de condomínio de quota, os direitos a ela inerentes somente podem ser exercidos pelo condômino representante, ou pelo inventariante do espólio de sócio falecido. **§ 2º** Sem prejuízo do disposto no art. 1.052, os condôminos de quota indivisa respondem solidariamente pelas prestações necessárias à sua integralização.	
Art. 1.057. Na omissão do contrato, o sócio pode ceder sua quota, total ou parcialmente, a quem seja sócio, independentemente de audiência dos outros, ou a estranho, se não houver oposição de titulares de mais de um quarto do capital social. **Parágrafo único.** A cessão terá eficácia quanto à sociedade e terceiros, inclusive para os fins do parágrafo único do art. 1.003, a partir da averbação do respectivo instrumento, subscrito pelos sócios anuentes.	
Art. 1.058. Não integralizada a quota de sócio remisso, os outros sócios podem, sem prejuízo do disposto no art. 1.004 e seu parágrafo único, tomá-la para si ou transferi-la a terceiros, excluindo o primitivo titular e devolvendo-lhe o que houver pago, deduzidos os juros da mora, as prestações estabelecidas no contrato mais as despesas.	
Art. 1.059. Os sócios serão obrigados à reposição dos lucros e das quantias retiradas, a qual-	

Código Civil 2002	Código Civil 1916
quer título, ainda que autorizados pelo contrato, quando tais lucros ou quantia se distribuírem com prejuízo do capital.	
Seção III **Da Administração** **Art. 1.060.** A sociedade limitada é administrada por uma ou mais pessoas designadas no contrato social ou em ato separado. **Parágrafo único.** A administração atribuída no contrato a todos os sócios não se estende de pleno direito aos que posteriormente adquiram essa qualidade.	
Art. 1.061. Se o contrato permitir administradores não sócios, a designação deles dependerá de aprovação da unanimidade dos sócios, enquanto o capital não estiver integralizado, e de dois terços, no mínimo, após a integralização.	
Art. 1.062. O administrador designado em ato separado investir-se-á no cargo mediante termo de posse no livro de atas da administração.	• *Sem correspondente no Código Civil 1916.* ***Lei das S. A. (6.404/76): Art. 149.*** Os conselheiros e diretores serão investidos nos seus cargos mediante assinatura de termo de posse no livro de atas do conselho de administração ou da diretoria, conforme o caso.
§ 1º Se o termo não for assinado nos trinta dias seguintes à designação, esta se tornará sem efeito.	*§ 1º* Se o termo não for assinado nos 30 (trinta) dias seguintes à nomeação, esta tornar-se-á sem efeito, salvo justificação aceita pelo órgão da administração para o qual tiver sido eleito. *(Redação dada pela Lei 10.303, de 31.10.2001.)*
§ 2º Nos dez dias seguintes ao da investidura, deve o administrador requerer seja averbada sua nomeação no registro competente, mencionando o seu nome, nacionalidade, estado civil, residência, com exibição de documento de identidade, o ato e a data da nomeação e o prazo de gestão.	*§ 2º* O termo de posse deverá conter, sob pena de nulidade, a indicação de pelo menos um domicílio no qual o administrador receberá as citações e intimações em processos administrativos e judiciais relativos a atos de sua gestão, as quais reputar-se-ão cumpridas mediante entrega no domicílio indicado, o qual somente poderá ser alterado mediante comunicação por escrito à companhia. *(Redação dada pela Lei 10.303, de 31.10.2001.)*
Art. 1.063. O exercício do cargo de administrador cessa pela destituição, em qualquer tempo, do titular, ou pelo término do prazo se, fixado no contrato ou em ato separado, não houver recondução. § 1º Tratando-se de sócio nomeado administrador no contrato, sua destituição somente se ope-	

CÓDIGO CIVIL 2002	CÓDIGO CIVIL 1916
ra pela aprovação de titulares de quotas correspondentes, no mínimo, a dois terços do capital social, salvo disposição contratual diversa. **§ 2º** A cessação do exercício do cargo de administrador deve ser averbada no registro competente, mediante requerimento apresentado nos dez dias seguintes ao da ocorrência.	
§ 3º A renúncia de administrador torna-se eficaz, em relação à sociedade, desde o momento em que esta toma conhecimento da comunicação escrita do renunciante; e, em relação a terceiros, após a averbação e publicação.	*Sem correspondente no Código Civil 1916.* ***Lei das S. A. (6.404/76): Art. 151.*** A renúncia do administrador torna-se eficaz, em relação à companhia, desde o momento em que lhe for entregue a comunicação escrita do renunciante, e em relação a terceiros de boa-fé, após arquivamento no registro de comércio e publicação, que poderão ser promovidos pelo renunciante.
Art. 1.064. O uso da firma ou denominação social é privativo dos administradores que tenham os necessários poderes.	
Art. 1.065. Ao término de cada exercício social, proceder-se-á à elaboração do inventário, do balanço patrimonial e do balanço de resultado econômico.	• *Sem correspondente no Código Civil 1916.* ***Código Comercial: Art. 10.*** Todos os comerciantes são obrigados: *4.* a formar anualmente um balanço geral do seu ativo e passivo, o qual deverá compreender todos os bens de raiz móveis e semoventes, mercadorias, dinheiro, papéis de crédito, e outra qualquer espécie de valores, e bem assim todas as dívidas e obrigações passivas; e será datado e assinado pelo comerciante a quem pertencer.
Seção IV **Do Conselho Fiscal** **Art. 1.066.** Sem prejuízo dos poderes da assembléia dos sócios, pode o contrato instituir Conselho Fiscal composto de três ou mais membros e respectivos suplentes, sócios ou não, residentes no País, eleitos na assembléia anual prevista no art. 1.078.	
§ 1º Não podem fazer parte do Conselho Fiscal, além dos inelegíveis enumerados no § 1º do art. 1.011, os membros dos demais órgãos da sociedade ou de outra por ela controlada, os empregados de quaisquer delas ou dos respectivos administradores, o cônjuge ou parente destes até o terceiro grau.	• *Sem correspondente no Código Civil 1916.* ***Lei das S. A. (6.404/76): Art. 162.*** Somente podem ser eleitos para o Conselho Fiscal pessoas naturais, residentes no País, diplomadas em curso de nível universitário, ou que tenham exercido por prazo mínimo de 3 (três) anos, cargo de administrador de empresa ou de Conselheiro Fiscal. *§ 2º* Não podem ser eleitos para o Conselho Fiscal, além das pessoas enumeradas nos parágra-

CÓDIGO CIVIL 2002	CÓDIGO CIVIL 1916
	fos do art. 147*, membros de órgãos de administração e empregados da companhia ou de sociedade controlada ou do mesmo grupo, e o cônjuge ou parente, até terceiro grau, de administrador da companhia.
§ 2º É assegurado aos sócios minoritários, que representarem pelo menos um quinto do capital social, o direito de eleger, separadamente, um dos membros do conselho fiscal e o respectivo suplente.	
Art. 1.067. O membro ou suplente eleito, assinando termo de posse lavrado no livro de atas e pareceres do Conselho Fiscal, em que se mencione o seu nome, nacionalidade, estado civil, residência e a data da escolha, ficará investido nas suas funções, que exercerá, salvo cessação anterior, até a subseqüente assembléia anual.	• *Sem correspondente no Código Civil 1916.* ***Lei das S. A. (6.404/76): Art. 149.*** Os conselheiros e diretores serão investidos nos seus cargos mediante assinatura de termo de posse no livro de atas do conselho de administração ou da diretoria, conforme o caso.
Parágrafo único. Se o termo não for assinado nos trinta dias seguintes ao da eleição, esta se tornará sem efeito.	*§ 1º* Se o termo não for assinado nos 30 (trinta) dias seguintes à nomeação, esta tornar-se-á sem efeito, salvo justificação aceita pelo órgão da administração para o qual tiver sido eleito. *(Redação dada pela Lei 10.303, de 31.10.2001.)*
Art. 1.068. A remuneração dos membros do Conselho Fiscal será fixada, anualmente, pela assembléia dos sócios que os eleger.	• *Sem correspondente no Código Civil 1916.* ***Lei das S. A. (6.404/76): Art. 162.*** Somente podem ser eleitos para o Conselho Fiscal pessoas naturais, residentes no País, diplomadas em curso de nível universitário, ou que tenham exercido por prazo mínimo de 3 (três) anos, cargo de administrador de empresa ou de Conselheiro Fiscal. *§ 3º* A remuneração dos membros do conselho fiscal, além do reembolso, obrigatório, das despesas de locomoção e estada necessárias ao desempenho da função, será fixada pela assembléia-geral que os eleger, e não poderá ser inferior, para cada membro em exercício, a dez por cento da

**Art. 147.* Quando a lei exigir certos requisitos para a investidura em cargo de administração da companhia, a assembléia geral somente poderá eleger quem tenha exibido os necessários comprovantes, dos quais se arquivará cópia autêntica na sede social.

§ 1º São inelegíveis para os cargos de administração da companhia as pessoas impedidas por lei especial, ou condenadas por crime falimentar, de prevaricação, peita ou suborno, concussão, peculato, contra a economia popular, a fé pública ou a propriedade, ou a pena criminal que vede, ainda que temporariamente, o acesso a cargos públicos.

§ 2º São ainda inelegíveis para os cargos de administração de companhia aberta as pessoas declaradas inabilitadas por ato da Comissão de Valores Mobiliários.

§ 3º O conselheiro deve ter reputação ilibada, não podendo ser eleito, salvo dispensa da assembléia geral, aquele que:

I – ocupar cargos em sociedades que possam ser consideradas concorrentes no mercado, em especial, em conselhos consultivos, de administração ou fiscal; e

II – tiver interesse conflitante com a sociedade.

§ 4º A comprovação do cumprimento das condições previstas no § 3º será efetuada por meio de declaração firmada pelo conselheiro eleito nos termos definidos pela Comissão de Valores Mobiliários, com vistas ao disposto nos arts. 145 e 159, sob as penas da lei.

Código Civil 2002	Código Civil 1916
	que, em média, for atribuída a cada diretor, não computados benefícios, verbas de representação e participação nos lucros.
Art. 1.069. Além de outras atribuições determinadas na lei ou no contrato social, aos membros do Conselho Fiscal incumbem, individual ou conjuntamente, os deveres seguintes:	• *Sem correspondente no Código Civil 1916.* ***Lei das S. A. (6.404/76): Art. 163.*** Compete ao Conselho Fiscal:
I – examinar, pelo menos trimestralmente, os livros e papéis da sociedade e o estado da caixa e da carteira, devendo os administradores ou liquidantes prestar-lhes as informações solicitadas;	*VI* – analisar, ao menos trimestralmente, o balancete e demais demonstrações financeiras elaboradas periodicamente pela companhia; *§ 2º* O Conselho Fiscal, a pedido de qualquer dos seus membros, solicitará aos órgãos de administração esclarecimentos ou informações, desde que relativas à sua função fiscalizadora, assim como a elaboração de demonstrações financeiras ou contábeis especiais. *(Redação dada pela Lei 10.303, de 31.10.2001.)*
II – lavrar no livro de atas e pareceres do Conselho Fiscal o resultado dos exames referidos no inciso I deste artigo;	
III – exarar no mesmo livro e apresentar à assembléia anual dos sócios parecer sobre os negócios e as operações sociais do exercício em que servirem, tomando por base o balanço patrimonial e o de resultado econômico;	*VII* – examinar as demonstrações financeiras do exercício social e sobre elas opinar;
IV – denunciar os erros, fraudes ou crimes que descobrirem, sugerindo providências úteis à sociedade;	*IV* – denunciar, por qualquer de seus membros, aos órgãos de administração e, se estes não tomarem as providências necessárias para a proteção dos interesses da companhia, à assembléia-geral, os erros, fraudes ou crimes que descobrirem, e sugerir providências úteis à companhia; *(Redação dada pela Lei 10.303, de 31.10.2001.)*
V – convocar a assembléia dos sócios se a diretoria retardar por mais de trinta dias a sua convocação anual, ou sempre que ocorram motivos graves e urgentes;	*V* – convocar a assembléia geral ordinária, se os órgãos da administração retardarem por mais de 1 (um) mês essa convocação, e a extraordinária, sempre que ocorrerem motivos graves ou urgentes, incluindo na agenda das assembléias as matérias que considerarem necessárias;
VI – praticar, durante o período da liquidação da sociedade, os atos a que se refere este artigo, tendo em vista as disposições especiais reguladoras da liquidação.	

Código Civil 2002	Código Civil 1916
Art. 1.070. As atribuições e poderes conferidos pela lei ao Conselho Fiscal não podem ser outorgados a outro órgão da sociedade, e a responsabilidade de seus membros obedece à regra que define a dos administradores (art. 1.016).	• *Sem correspondente no Código Civil 1916.* ***Lei das S. A. (6.404/76): Art. 163.*** Compete ao conselho fiscal: *§ 7º* As atribuições e poderes conferidos pela lei ao Conselho Fiscal não podem ser outorgados a outro órgão da companhia.
Parágrafo único. O Conselho Fiscal poderá escolher para assisti-lo no exame dos livros, dos balanços e das contas, contabilista legalmente habilitado, mediante remuneração aprovada pela assembléia dos sócios.	*§ 5º* Se a companhia não tiver auditores independentes, o Conselho Fiscal poderá, para melhor desempenho das suas funções, escolher contador ou firma de auditoria e fixar-lhes os honorários, dentro de níveis razoáveis, vigentes na praça e compatíveis com a dimensão econômica da companhia, os quais serão pagos por esta.
Seção V **Das Deliberações dos Sócios**	
Art. 1.071. Dependem da deliberação dos sócios, além de outras matérias indicadas na lei ou no contrato: **I** – a aprovação das contas da administração; **II** – a designação dos administradores, quando feita em ato separado; **III** – a destituição dos administradores; **IV** – o modo de sua remuneração, quando não estabelecido no contrato; **V** – a modificação do contrato social; **VI** – a incorporação, a fusão e a dissolução da sociedade, ou a cessação do estado de liquidação; **VII** – a nomeação e destituição dos liquidantes e o julgamento das suas contas; **VIII** – o pedido de concordata.	• *Sem correspondente no Código Civil 1916.* ***Lei das S. A. (6.404/76): Art. 122.*** *(Redação dada pela Lei 10.303, de 31.10.2001.)* Compete privativamente à assembléia geral: ***I*** – reformar o estatuto social; ***II*** – eleger ou destituir, a qualquer tempo, os administradores e fiscais da companhia, ressalvado o disposto no inciso II do art. 142*; ***III*** – tomar, anualmente, as contas dos administradores e deliberar sobre as demonstrações financeiras por eles apresentadas; ***IV*** – autorizar a emissão de debêntures, ressalvado o disposto no § 1º do art. 59**; ***V*** – suspender o exercício dos direitos do acionista (art. 120***); ***VI*** – deliberar sobre a avaliação de bens com que o acionista concorrer para a formação do capital social; ***VII*** – autorizar a emissão de partes beneficiárias; ***VIII*** – deliberar sobre transformação, fusão, incorporação e cisão da companhia, sua dissolu-

**Art. 142.* Compete ao Conselho de Administração:

II – eleger e destituir os diretores da companhia e fixar-lhes as atribuições, observado o que a respeito dispuser o estatuto;

**Art. 59.* A deliberação sobre emissão de debêntures é da competência privativa da assembléia geral, que deverá fixar, observado o que a respeito dispuser o estatuto:

§ 1º Na companhia aberta, o Conselho de Administração poderá deliberar sobre a emissão de debêntures simples, não conversíveis em ações e sem garantia real, e a assembléia geral pode delegar ao Conselho de Administração a deliberação sobre as condições de que tratam os incisos VI a VIII deste artigo e sobre a oportunidade da emissão.

***Art. 120.* A assembléia geral poderá suspender o exercício dos direitos do acionista que deixar de cumprir obrigação imposta pela lei ou pelo estatuto, cessando a suspensão logo que cumprida a obrigação.

Código Civil 2002	Código Civil 1916
	ção e liquidação, eleger e destituir liquidantes e julgar-lhes as contas; e ***IX –*** autorizar os administradores a confessar falência e pedir concordata.
Art. 1.072. As deliberações dos sócios, obedecido o disposto no art. 1.010, serão tomadas em reunião ou em assembléia, conforme previsto no contrato social, devendo ser convocadas pelos administradores nos casos previstos em lei ou no contrato.	
§ 1º A deliberação em assembléia será obrigatória se o número dos sócios for superior a dez.	
§ 2º Dispensam-se as formalidades de convocação previstas no § 3º do art. 1.152, quando todos os sócios comparecerem ou se declararem, por escrito, cientes do local, data, hora e ordem do dia.	
§ 3º A reunião ou a assembléia tornam-se dispensáveis quando todos os sócios decidirem, por escrito, sobre a matéria que seria objeto delas.	
§ 4º No caso do inciso VIII do artigo antecedente, os administradores, se houver urgência e com autorização de titulares de mais da metade do capital social, podem requerer concordata preventiva.	• *Sem correspondente no Código Civil 1916.* ***Lei das S. A. (6.404/76): Art. 122.*** Compete privativamente à assembléia geral: ***Parágrafo único.*** Em caso de urgência, a confissão de falência ou o pedido de concordata poderá ser formulado pelos administradores, com a concordância do acionista controlador, se houver, convocando-se imediatamente a assembléia-geral, para manifestar-se sobre a matéria.
§ 5º As deliberações tomadas de conformidade com a lei e o contrato vinculam todos os sócios, ainda que ausentes ou dissidentes.	
§ 6º Aplica-se às reuniões dos sócios, nos casos omissos no contrato, o disposto na presente Seção sobre a assembléia.	
Art. 1.073. A reunião ou a assembléia podem também ser convocadas: **I –** por sócio, quando os administradores retardarem a convocação, por mais de sessenta dias, nos casos previstos em lei ou no contrato, ou por	• *Sem correspondente no Código Civil 1916.* ***Lei das S. A. (6.404/76): Art. 123.*** Compete ao Conselho de Administração, se houver, ou aos diretores, observado o disposto no estatuto, convocar a assembléia geral.

Código Civil 2002	Código Civil 1916
titulares de mais de um quinto do capital, quando não atendido, no prazo de oito dias, pedido de convocação fundamentado, com indicação das matérias a serem tratadas; **II** – pelo Conselho Fiscal, se houver, nos casos a que se refere o inciso V do art. 1.069.	***Parágrafo único.*** A assembléia geral pode também ser convocada: ***a.*** pelo Conselho Fiscal, nos casos previstos no n. V, do art. 163*; ***b.*** por qualquer acionista, quando os administradores retardarem, por mais de 60 (sessenta) dias, a convocação nos casos previstos em lei ou no estatuto; ***c.*** por acionistas que representem cinco por cento, no mínimo, do capital social, quando os administradores não atenderem, no prazo de oito dias, a pedido de convocação que apresentarem, devidamente fundamentado, com indicação das matérias a serem tratadas; *(Redação dada pela Lei 9.457, de 5.5.1997.)* ***d.*** por acionistas que representem cinco por cento, no mínimo, do capital votante, ou cinco por cento, no mínimo, dos acionistas sem direito a voto, quando os administradores não atenderem, no prazo de oito dias, a pedido de convocação de assembléia para instalação do Conselho Fiscal. *(Alínea incluída pela Lei 9.457, de 5.5.1997.)*
Art. 1.074. A assembléia dos sócios instala-se com a presença, em primeira convocação, de titulares de no mínimo três quartos do capital social, e, em segunda, com qualquer número.	• *Sem correspondente no Código Civil 1916.* ***Lei das S. A. (6.404/76): Art. 125.*** Ressalvadas as exceções previstas em lei, a assembléia geral instalar-se-á, em primeira convocação, com a presença de acionistas que representem, no mínimo, 1/4 (um quarto) do capital social com direito de voto; em segunda convocação instalar-se-á com qualquer número.
§ 1º O sócio pode ser representado na assembléia por outro sócio, ou por advogado, mediante outorga de mandato com especificação dos atos autorizados, devendo o instrumento ser levado a registro, juntamente com a ata.	***Lei das S. A. (6.404/76): Art. 126.*** As pessoas presentes à assembléia deverão provar a sua qualidade de acionista, observadas as seguintes normas: *§ 1º* O acionista pode ser representado na assembléia geral por procurador constituído há menos de 1 (um) ano, que seja acionista, administrador da companhia ou advogado; na companhia aberta, o procurador pode, ainda, ser instituição financeira, cabendo ao administrador de fundos de investimento representar os condôminos.

**Art. 163.* Compete ao conselho fiscal:

V – convocar a assembléia geral ordinária, se os órgãos da administração retardarem por mais de 1 (um) mês essa convocação, e a extraordinária, sempre que ocorrerem motivos graves ou urgentes, incluindo na agenda das assembléias as matérias que considerarem necessárias;

Código Civil 2002	Código Civil 1916
§ 2º Nenhum sócio, por si ou na condição de mandatário, pode votar matéria que lhe diga respeito diretamente.	
Art. 1.075. A assembléia será presidida e secretariada por sócios escolhidos entre os presentes.	
§ 1º Dos trabalhos e deliberações será lavrada, no livro de atas da assembléia, ata assinada pelos membros da mesa e por sócios participantes da reunião, quantos bastem à validade das deliberações, mas sem prejuízo dos que queiram assiná-la.	***Lei das S. A. (6.404/76): Art. 130.*** Dos trabalhos e deliberações da assembléia será lavrada, em livro próprio, ata assinada pelos membros da mesa e pelos acionistas presentes. Para validade da ata é suficiente a assinatura de quantos bastem para constituir a maioria necessária para as deliberações tomadas na assembléia. Da ata tirar-se-ão certidões ou cópias autênticas para os fins legais.
§ 2º Cópia da ata autenticada pelos administradores, ou pela mesa, será, nos vinte dias subseqüentes à reunião, apresentada ao Registro Público de Empresas Mercantis para arquivamento e averbação.	
§ 3º Ao sócio, que a solicitar, será entregue cópia autenticada da ata.	
Art. 1.076. Ressalvado o disposto no art. 1.061 e no § 1º do art. 1.063, as deliberações dos sócios serão tomadas: **I –** pelos votos correspondentes, no mínimo, a três quartos do capital social, nos casos previstos nos incisos V e VI do art. 1.071; **II –** pelos votos correspondentes a mais de metade do capital social, nos casos previstos nos incisos II, III, IV e VIII do art. 1.071; **III –** pela maioria de votos dos presentes, nos demais casos previstos na lei ou no contrato, se este não exigir maioria mais elevada.	
Art. 1.077. Quando houver modificação do contrato, fusão da sociedade, incorporação de outra, ou dela por outra, terá o sócio que dissentiu o direito de retirar-se da sociedade, nos trinta dias subseqüentes à reunião, aplicando-se, no silêncio do contrato social antes vigente, o disposto no art. 1.031.	
Art. 1.078. A assembléia dos sócios deve realizar-se ao menos uma vez por ano, nos quatro meses seguintes ao término do exercício social, com o objetivo de: **I –** tomar as contas dos administradores e deliberar sobre o balanço patrimonial e o de resultado econômico;	• *Sem correspondente no Código Civil 1916.* ***Lei das S. A. (6.404/76): Art. 132.*** Anualmente, nos 4 (quatro) primeiros meses seguintes ao término do exercício social, deverá haver 1 (uma) assembléia geral para: ***I –*** tomar as contas dos administradores, examinar, discutir e votar as demonstrações financeiras;

Código Civil 2002	Código Civil 1916
II – designar administradores, quando for o caso; **III** – tratar de qualquer outro assunto constante da ordem do dia.	*II* – deliberar sobre a destinação do lucro líquido do exercício e a distribuição de dividendos; *III* – eleger os administradores e os membros do Conselho Fiscal, quando for o caso; *IV* – aprovar a correção da expressão monetária do capital social (art. 167*).
§ 1º Até trinta dias antes da data marcada para a assembléia, os documentos referidos no inciso I deste artigo devem ser postos, por escrito, e com a prova do respectivo recebimento, à disposição dos sócios que não exerçam a administração.	***Lei das S. A. (6.404/76): Art. 133.*** Os administradores devem comunicar, até 1 (um) mês antes da data marcada para a realização da assembléia-geral ordinária, por anúncios publicados na forma prevista no art. 124**, que se acham à disposição dos acionistas:

**Art. 167.* A reserva de capital constituída por ocasião do balanço de encerramento do exercício social e resultante da correção monetária do capital realizado (art. 182, § 2º) será capitalizada por deliberação da assembléia geral ordinária que aprovar o balanço.

§ 1º Na companhia aberta, a capitalização prevista neste artigo será feita sem modificação do número de ações emitidas e com aumento do valor nominal das ações, se for o caso.

§ 2º A companhia poderá deixar de capitalizar o saldo da reserva correspondente às frações de centavo do valor nominal das ações, ou, se não tiverem valor nominal, à fração inferior a 1% (um por cento) do capital social.

§ 3º Se a companhia tiver ações com e sem valor nominal, a correção do capital correspondente às ações com valor nominal será feita separadamente, sendo a reserva resultante capitalizada em benefício dessas ações.

***Art. 124.* A convocação far-se-á mediante anúncio publicado por 3 (três) vezes, no mínimo, contendo, além do local, data e hora da assembléia, a ordem do dia, e, no caso de reforma do estatuto, a indicação da matéria.

§ 1º A primeira convocação da assembléia geral deverá ser feita:

I – na companhia fechada, com 8 (oito) dias de antecedência, no mínimo, contado o prazo da publicação do primeiro anúncio; não se realizando a assembléia, será publicado novo anúncio, de segunda convocação, com antecedência mínima de 5 (cinco) dias;

II – na companhia aberta, o prazo de antecedência da primeira convocação será de 15 (quinze) dias e o da segunda convocação de 8 (oito) dias.

§ 2º Salvo motivo de força maior, a assembléia geral realizar-se-á no edifício onde a companhia tiver a sede; quando houver de efetuar-se em outro, os anúncios indicarão, com clareza, o lugar da reunião, que em nenhum caso poderá realizar-se fora da localidade da sede.

§ 3º Nas companhias fechadas, o acionista que representar 5% (cinco por cento), ou mais, do capital social, será convocado por telegrama ou carta registrada, expedidos com a antecedência prevista no § 1º, desde que o tenha solicitado, por escrito, à companhia, com a indicação do endereço completo e do prazo de vigência do pedido, não superior a 2 (dois) exercícios sociais, e renovável; essa convocação não dispensa a publicação do aviso previsto no § 1º, e sua inobservância dará ao acionista direito de haver, dos administradores da companhia, indenização pelos prejuízos sofridos.

§ 4º Independentemente das formalidades previstas neste artigo, será considerada regular a assembléia geral a que comparecerem todos os acionistas.

§ 5º A Comissão de Valores Mobiliários poderá, a seu exclusivo critério, mediante decisão fundamentada de seu Colegiado, a pedido de qualquer acionista, e ouvida a companhia:

I – aumentar, para até 30 (trinta) dias, a contar da data em que os documentos relativos às matérias a serem deliberadas forem colocados à disposição dos acionistas, o prazo de antecedência de publicação do primeiro anúncio de convocação da assembléia geral de companhia aberta, quando esta tiver por objeto operações que, por sua complexidade, exijam maior prazo para que possam ser conhecidas e analisadas pelos acionistas;

II – interromper, por até 15 (quinze) dias, o curso do prazo de antecedência da convocação de assembléia geral extraordinária de companhia aberta, a fim de conhecer e analisar as propostas a serem submetidas à assembléia e, se for o caso, informar à companhia, até o término da interrupção, as razões pelas quais entende que a deliberação proposta à assembléia viola dispositivos legais ou regulamentares.

§ 6º As companhias abertas com ações admitidas à negociação em bolsa de valores deverão remeter, na data da publicação do anúncio de convocação da assembléia, à bolsa de valores em que suas ações forem mais negociadas, os documentos postos à disposição dos acionistas para deliberação na assembléia geral.

CÓDIGO CIVIL 2002	CÓDIGO CIVIL 1916
§ 2º Instalada a assembléia, proceder-se-á à leitura dos documentos referidos no parágrafo antecedente, os quais serão submetidos, pelo presidente, a discussão e votação, nesta não podendo tomar parte os membros da administração e, se houver, os do conselho fiscal.	***Lei das S. A. (6.404/76): Art. 134.*** Instalada a assembléia geral, proceder-se-á, se requerida por qualquer acionista, à leitura dos documentos referidos no art. 133* e do parecer do conselho fiscal, se houver, os quais serão submetidos pela mesa à discussão e votação.
§ 3º A aprovação, sem reserva, do balanço patrimonial e do de resultado econômico, salvo erro, dolo ou simulação, exonera de responsabilidade os membros da administração e, se houver, os do conselho fiscal.	*§ 3º* A aprovação, sem reserva, das demonstrações financeiras e das contas, exonera de responsabilidade os administradores e fiscais, salvo erro, dolo, fraude ou simulação (art. 286**).
§ 4º Extingue-se em dois anos o direito de anular a aprovação a que se refere o parágrafo antecedente.	
Art. 1.079. Aplica-se às reuniões dos sócios, nos casos omissos no contrato, o estabelecido nesta Seção sobre a assembléia, obedecido o disposto no § 1º do art. 1.072.	
Art. 1.080. As deliberações infringentes do contrato ou da lei tornam ilimitada a responsabilidade dos que expressamente as aprovaram.	
Seção VI **Do Aumento e da Redução do Capital**	
Art. 1.081. Ressalvado o disposto em lei especial, integralizadas as quotas, pode ser o capital aumentado, com a correspondente modificação do contrato.	• *Sem correspondente no Código Civil 1916.* ***Lei das S. A. (6.404/76): Art. 166.*** O capital social pode ser aumentado: ***I*** – por deliberação da assembléia geral ordinária, para correção da expressão monetária do seu valor (art. 167***);

Art. 133. Os administradores devem comunicar, até 1 (um) mês antes da data marcada para a realização da assembléia geral ordinária, por anúncios publicados na forma prevista no artigo 124, que se acham à disposição dos acionistas:

I – o relatório da administração sobre os negócios sociais e os principais fatos administrativos do exercício findo;

II – a cópia das demonstrações financeiras;

III – o parecer dos auditores independentes, se houver.

IV – o parecer do conselho fiscal, inclusive votos dissidentes, se houver; e

V – demais documentos pertinentes a assuntos incluídos na ordem do dia.

§ 1º Os anúncios indicarão o local ou locais onde os acionistas poderão obter cópias desses documentos.

§ 2º A companhia remeterá cópia desses documentos aos acionistas que o pedirem por escrito, nas condições previstas no § 3º do artigo 124.

§ 3º Os documentos referidos neste artigo, à exceção dos constantes dos incisos IV e V, serão publicados até 5 (cinco) dias, pelo menos, antes da data marcada para a realização da assembléia geral.

§ 4º A assembléia geral que reunir a totalidade dos acionistas poderá considerar sanada a falta de publicação dos anúncios ou a inobservância dos prazos referidos neste artigo; mas é obrigatória a publicação dos documentos antes da realização da assembléia.

§ 5º A publicação dos anúncios é dispensada quando os documentos a que se refere este artigo são publicados até 1 (um) mês antes da data marcada para a realização da assembléia geral ordinária.

***Art. 286.* A ação para anular as deliberações tomadas em assembléia geral ou especial, irregularmente convocada ou instalada, violadoras da lei ou do estatuto, ou eivadas de erro, dolo, fraude ou simulação, prescreve em 2 (dois) anos, contados da deliberação.

****Art. 167.* Ver notas de rodapé na página anterior.

Código Civil 2002	Código Civil 1916
	II – por deliberação da assembléia geral ou do Conselho de Administração, observado o que a respeito dispuser o estatuto, nos casos de emissão de ações dentro do limite autorizado no estatuto (art. 168*); *III* – por conversão, em ações, de debêntures ou partes beneficiárias e pelo exercício de direitos conferidos por bônus de subscrição, ou de opção de compra de ações; *IV* – por deliberação da assembléia geral extraordinária convocada para decidir sobre reforma do estatuto social, no caso de inexistir autorização de aumento, ou de estar a mesma esgotada. *§ 1º* Dentro dos 30 (trinta) dias subseqüentes à efetivação do aumento, a companhia requererá ao Registro do Comércio a sua averbação, nos casos dos números I a III, ou o arquivamento da ata da assembléia de reforma do estatuto, no caso do número IV. *§ 2º* O Conselho Fiscal, se em funcionamento, deverá, salvo nos casos do número III, ser obrigatoriamente ouvido antes da deliberação sobre o aumento de capital.
§ 1º Até trinta dias após a deliberação, terão os sócios preferência para participar do aumento, na proporção das quotas de que sejam titulares.	***Lei das S. A. (6.404/76): Art. 171.*** Na proporção do número de ações que possuírem, os acionistas terão preferência para a subscrição do aumento de capital.
§ 2º À cessão do direito de preferência, aplica-se o disposto no *caput* do art. 1.057.	
§ 3º Decorrido o prazo da preferência, e assumida pelos sócios, ou por terceiros, a totalidade do aumento, haverá reunião ou assembléia dos sócios, para que seja aprovada a modificação do contrato.	

* *Art. 168.* O estatuto pode conter autorização para aumento do capital social independentemente de reforma estatutária.
§ 1º A autorização deverá especificar:
a. o limite de aumento, em valor do capital ou em número de ações, e as espécies e classes das ações que poderão ser emitidas;
b. o órgão competente para deliberar sobre as emissões, que poderá ser a assembléia geral ou o Conselho de Administração;
c. as condições a que estiverem sujeitas as emissões;
d. os casos ou as condições em que os acionistas terão direito de preferência para subscrição, ou de inexistência desse direito (art. 172).
§ 2º O limite de autorização, quando fixado em valor do capital social, será anualmente corrigido pela assembléia geral ordinária, com base nos mesmos índices adotados na correção do capital social.
§ 3º O estatuto pode prever que a companhia, dentro do limite de capital autorizado, e de acordo com plano aprovado pela assembléia geral, outorgue opção de compra de ações a seus administradores ou empregados, ou a pessoas naturais que prestem serviços à companhia ou a sociedade sob seu controle.

Código Civil 2002	Código Civil 1916
Art. 1.082. Pode a sociedade reduzir o capital, mediante a correspondente modificação do contrato:	• *Sem correspondente no Código Civil 1916.* ***Lei das S. A. (6.404/76): Art. 173.*** A assembléia geral poderá deliberar a redução do capital social se houver perda, até o montante dos prejuízos acumulados, ou se julgá-lo excessivo.
I – depois de integralizado, se houver perdas irreparáveis;	
II – se excessivo em relação ao objeto da sociedade.	
Art. 1.083. No caso do inciso I do artigo antecedente, a redução do capital será realizada com a diminuição proporcional do valor nominal das quotas, tornando-se efetiva a partir da averbação, no Registro Público de Empresas Mercantis, da ata da assembléia que a tenha aprovado.	
Art. 1.084. No caso do inciso II do art. 1.082, a redução do capital será feita restituindo-se parte do valor das quotas aos sócios, ou dispensando-	• *Sem correspondente no Código Civil 1916.* ***Lei das S. A. (6.404/76):*** ***Art. 174.*** Ressalvado o disposto nos arts. 45* e

**Art. 45.* O reembolso é a operação pela qual, nos casos previstos em lei, a companhia paga aos acionistas dissidentes de deliberação da assembléia geral o valor de suas ações.

§ 1º O estatuto pode estabelecer normas para a determinação do valor de reembolso, que, entretanto, somente poderá ser inferior ao valor de patrimônio líquido constante do último balanço aprovado pela assembléia geral, observado o disposto no § 2º, se estipulado com base no valor econômico da companhia, a ser apurado em avaliação (§§ 3º e 4º).

§ 2º Se a deliberação da assembléia geral ocorrer mais de 60 (sessenta) dias depois da data do último balanço aprovado, será facultado ao acionista dissidente pedir, juntamente com o reembolso, levantamento de balanço especial em data que atenda àquele prazo.

Nesse caso, a companhia pagará imediatamente 80% (oitenta por cento) do valor de reembolso calculado com base no último balanço e, levantado o balanço especial, pagará o saldo no prazo de 120 (cento e vinte), dias a contar da data da deliberação da assembléia geral.

§ 3º Se o estatuto determinar a avaliação da ação para efeito de reembolso, o valor será o determinado por três peritos ou empresa especializada, mediante laudo que satisfaça os requisitos do § 1º do art. 8º e com a responsabilidade prevista no § 6º do mesmo artigo.

§ 4º Os peritos ou empresa especializada serão indicados em lista sêxtupla ou tríplice, respectivamente, pelo Conselho de Administração ou, se não houver, pela diretoria, e escolhidos pela assembléia geral em deliberação tomada por maioria absoluta de votos, não se computando os votos em branco, cabendo a cada ação, independentemente de sua espécie ou classe, o direito a um voto.

§ 5º O valor de reembolso poderá ser pago à conta de lucros ou reservas, exceto a legal, e nesse caso as ações reembolsadas ficarão em tesouraria.

§ 6º Se, no prazo de cento e vinte dias, a contar da publicação da ata da assembléia, não forem substituídos os acionistas cujas ações tenham sido reembolsadas à conta do capital social, este considerar-se-á reduzido no montante correspondente, cumprindo aos órgãos da administração convocar a assembléia geral, dentro de cinco dias, para tomar conhecimento daquela redução.

§ 7º Se sobrevier a falência da sociedade, os acionistas dissidentes, credores pelo reembolso de suas ações, serão classificados como quirografários em quadro separado, e os rateios que lhes couberem serão imputados no pagamento dos créditos constituídos anteriormente à data da publicação da ata da assembléia. As quantias assim atribuídas aos créditos mais antigos não se deduzirão dos créditos dos ex-acionistas, que subsistirão integralmente para serem satisfeitos pelos bens da massa, depois de pagos os primeiros.

§ 8º Se, quando ocorrer a falência, já se houver efetuado, à conta do capital social, o reembolso dos ex-acionistas, estes não tiverem sido substituídos, e a massa não bastar para o pagamento dos créditos mais antigos, caberá ação revocatória para restituição do reembolso pago com redução do capital social, até a concorrência do que remanescer dessa parte do passivo. A restituição será havida, na mesma proporção, de todos os acionistas cujas ações tenham sido reembolsadas.

CÓDIGO CIVIL 2002	CÓDIGO CIVIL 1916
se as prestações ainda devidas, com diminuição proporcional, em ambos os casos, do valor nominal das quotas.	107*, a redução do capital social com restituição aos acionistas de parte do valor das ações, ou pela diminuição do valor destas, quando não integralizadas, à importância das entradas, só se tornará efetiva 60 (sessenta) dias após a publicação da ata da assembléia geral que a tiver deliberado.
§ 1º No prazo de noventa dias, contado da data da publicação da ata da assembléia que aprovar a redução, o credor quirografário, por título líquido anterior a essa data, poderá opor-se ao deliberado.	*§ 1º* Durante o prazo previsto neste artigo, os credores quirografários por títulos anteriores à data da publicação da ata poderão, mediante notificação, de que se dará ciência ao registro do comércio da sede da companhia, opor-se à redução do capital; decairão desse direito os credores que o não exercerem dentro do prazo.
§ 2º A redução somente se tornará eficaz se, no prazo estabelecido no parágrafo antecedente, não for impugnada, ou se provado o pagamento da dívida ou o depósito judicial do respectivo valor.	*§ 2º* Findo o prazo, a ata da assembléia geral que houver deliberado à redução poderá ser arquivada se não tiver havido oposição ou, se tiver havido oposição de algum credor, desde que feita a prova do pagamento do seu crédito ou do depósito judicial da importância respectiva.
§ 3º Satisfeitas as condições estabelecidas no parágrafo antecedente, proceder-se-á à averbação, no Registro Público de Empresas Mercantis, da ata que tenha aprovado a redução.	*§ 3º* Se houver em circulação debêntures emitidas pela companhia, a redução do capital, nos casos previstos neste artigo, não poderá ser efetivada sem prévia aprovação pela maioria dos debenturistas, reunidos em assembléia especial.

Seção VII
Da Resolução da Sociedade em Relação a Sócios Minoritários

Art. 1.085. Ressalvado o disposto no art. 1.030, quando a maioria dos sócios, representativa de mais da metade do capital social, entender que

**Art. 107.* Verificada a mora do acionista, a companhia pode, à sua escolha:

I – promover contra o acionista, e os que com ele forem solidariamente responsáveis (art. 108), processo de execução para cobrar as importâncias devidas, servindo o boletim de subscrição e o aviso de chamada como título extrajudicial nos termos do Código de Processo Civil; ou

II – mandar vender as ações em Bolsa de Valores, por conta e risco do acionista.

§ 1º Será havida como não escrita, relativamente à companhia, qualquer estipulação do estatuto ou do boletim de subscrição que exclua ou limite o exercício da opção prevista neste artigo, mas o subscritor de boa-fé terá ação, contra os responsáveis pela estipulação, para haver perdas e danos sofridos, sem prejuízo da responsabilidade penal que no caso couber.

§ 2º A venda será feita em leilão especial na Bolsa de Valores do lugar da sede social, ou, se não houver, na mais próxima, depois de publicado aviso, por 3 (três) vezes, com antecedência mínima de 3 (três) dias. Do produto da venda serão deduzidos as despesas com a operação e, se previstos no estatuto, os juros, correção monetária e multa, ficando o saldo à disposição do ex-acionista, na sede da sociedade.

§ 3º É facultado à companhia, mesmo após iniciada a cobrança judicial, mandar vender a ação em bolsa de valores; a companhia poderá também promover a cobrança judicial se as ações oferecidas em bolsa não encontrarem tomador, ou se o preço apurado não bastar para pagar os débitos do acionista.

§ 4º Se a companhia não conseguir, por qualquer dos meios previstos neste artigo, a integralização das ações, poderá declará-las caducas e fazer suas as entradas realizadas, integralizando-as com lucros ou reservas, exceto a legal; se não tiver lucros e reservas suficientes, terá o prazo de 1 (um) ano para colocar as ações caídas em comisso, findo o qual, não tendo sido encontrado comprador, a assembléia geral deliberará sobre a redução do capital em importância correspondente.

Código Civil 2002	Código Civil 1916
um ou mais sócios estão pondo em risco a continuidade da empresa, em virtude de atos de inegável gravidade, poderá excluí-los da sociedade, mediante alteração do contrato social, desde que prevista neste a exclusão por justa causa. **Parágrafo único.** A exclusão somente poderá ser determinada em reunião ou assembléia especialmente convocada para esse fim, ciente o acusado em tempo hábil para permitir seu comparecimento e o exercício do direito de defesa.	
Art. 1.086. Efetuado o registro da alteração contratual, aplicar-se-á o disposto nos arts. 1.031 e 1.032.	
Seção VIII **Da Dissolução** **Art. 1.087.** A sociedade dissolve-se, de pleno direito, por qualquer das causas previstas no art. 1.044.	
Capítulo V **Da Sociedade Anônima** **Seção Única** **Da Caracterização** **Art. 1.088.** Na sociedade anônima ou companhia, o capital divide-se em ações, obrigando-se cada sócio ou acionista somente pelo preço de emissão das ações que subscrever ou adquirir.	• *Sem correspondente no Código Civil 1916.* ***Lei das S. A. (6.404/76): Art. 1º*** A companhia ou sociedade anônima terá o capital dividido em ações, e a responsabilidade dos sócios ou acionistas será limitada ao preço de emissão das ações subscritas ou adquiridas.
Art. 1.089. A sociedade anônima rege-se por lei especial, aplicando-se-lhe, nos casos omissos, as disposições deste Código.	
Capítulo VI **Da Sociedade em Comandita por Ações** **Art. 1.090.** A sociedade em comandita por ações tem o capital dividido em ações, regendo-se pelas normas relativas à sociedade anônima, sem prejuízo das modificações constantes deste Capítulo, e opera sob firma ou denominação.	
Art. 1.091. Somente o acionista tem qualidade para administrar a sociedade e, como diretor, responde subsidiária e ilimitadamente pelas obrigações da sociedade.	

Código Civil 2002	Código Civil 1916
1º Se houver mais de um diretor, serão solidariamente responsáveis, depois de esgotados os bens sociais. **§ 2º** Os diretores serão nomeados no ato constitutivo da sociedade, sem limitação de tempo, e somente poderão ser destituídos por deliberação de acionistas que representem no mínimo dois terços do capital social. **§ 3º** O diretor destituído ou exonerado continua, durante dois anos, responsável pelas obrigações sociais contraídas sob sua administração.	
Art. 1.092. A assembléia geral não pode, sem o consentimento dos diretores, mudar o objeto essencial da sociedade, prorrogar-lhe o prazo de duração, aumentar ou diminuir o capital social, criar debêntures, ou partes beneficiárias.	
Capítulo VII **Da Sociedade Cooperativa** **Art. 1.093.** A sociedade cooperativa reger-se-á pelo disposto no presente Capítulo, ressalvada a legislação especial.	
Art. 1.094. São características da sociedade cooperativa: **I** – variabilidade, ou dispensa do capital social; **II** – concurso de sócios em número mínimo necessário a compor a administração da sociedade, sem limitação de número máximo; **III** – limitação do valor da soma de quotas do capital social que cada sócio poderá tomar; **IV** – intransferibilidade das quotas do capital a terceiros estranhos à sociedade, ainda que por herança; **V** – *quorum*, para a assembléia geral funcionar e deliberar, fundado no número de sócios presentes à reunião, e não no capital social representado; **VI** – direito de cada sócio a um só voto nas deliberações, tenha ou não capital a sociedade, e qualquer que seja o valor de sua participação; **VII** – distribuição dos resultados, proporcionalmente ao valor das operações efetuadas pelo sócio com a sociedade, podendo ser atribuído juro fixo ao capital realizado; **VIII** – indivisibilidade do fundo de reserva entre os sócios, ainda que em caso de dissolução da sociedade.	• *Sem correspondente no Código Civil 1916.* ***Lei das Sociedades Cooperativas (5.764/71):*** ***Art. 4º*** As cooperativas são sociedades de pessoas, com forma e natureza jurídica próprias, de natureza civil, não sujeitas a falência, constituídas para prestar serviços aos associados, distinguindo-se das demais sociedades pelas seguintes características: ***I*** – adesão voluntária, com número ilimitado de associados, salvo impossibilidade técnica de prestação de serviços; ***II*** – variabilidade do capital social representado por quotas-partes; ***III*** – limitação do número de quotas-partes do capital para cada associado, facultado, porém, o estabelecimento de critérios de proporcionalidade, se assim for mais adequado para o cumprimento dos objetivos sociais; ***IV*** – incessibilidade das quotas-partes do capital a terceiros, estranhos à sociedade; ***V*** – singularidade de voto, podendo as cooperativas centrais, federações e confederações de cooperativas, com exceção das que exerçam atividade de crédito, optar pelo critério da proporcionalidade;

Código Civil 2002	Código Civil 1916
	VI – quorum para o funcionamento e deliberação da Assembléia Geral baseado no número de associados e não no capital; *VII* – retorno das sobras líquidas do exercício, proporcionalmente às operações realizadas pelo associado, salvo deliberação em contrário da Assembléia Geral; *VIII* – indivisibilidade dos fundos de Reserva e de Assistência Técnica Educacional e Social; *IX* – neutralidade política e indiscriminação religiosa, racial e social; *X* – prestação de assistência aos associados, e, quando previsto nos estatutos, aos empregados da cooperativa; *XI* – área de admissão de associados limitada às possibilidades de reunião, controle, operações e prestação de serviços.
Art. 1.095. Na sociedade cooperativa, a responsabilidade dos sócios pode ser limitada ou ilimitada. **§ 1º** É limitada a responsabilidade na cooperativa em que o sócio responde somente pelo valor de suas quotas e pelo prejuízo verificado nas operações sociais, guardada a proporção de sua participação nas mesmas operações. **§ 2º** É ilimitada a responsabilidade na cooperativa em que o sócio responde solidária e ilimitadamente pelas obrigações sociais.	• *Sem correspondente no Código Civil 1916.* ***Lei das Sociedades Cooperativas (5.764/71):*** ***Art. 11.*** As sociedades cooperativas serão de responsabilidade limitada, quando a responsabilidade do associado pelos compromissos da sociedade se limitar ao valor do capital por ele subscrito. ***Art. 12.*** As sociedades cooperativas serão de responsabilidade ilimitada, quando a responsabilidade do associado pelos compromissos da sociedade for pessoal, solidária e não tiver limite. ***Art. 13.*** A responsabilidade do associado para com terceiros, como membro da sociedade, somente poderá ser invocada depois de judicialmente exigida da cooperativa.
Art. 1.096. No que a lei for omissa, aplicam-se as disposições referentes à sociedade simples, resguardadas as características estabelecidas no art. 1.094.	
Capítulo VIII **Das Sociedades Coligadas** **Art. 1.097.** Consideram-se coligadas as sociedades que, em suas relações de capital, são controladas, filiadas, ou de simples participação, na forma dos artigos seguintes.	
Art. 1.098. É controlada: **I** – a sociedade de cujo capital outra sociedade possua a maioria dos votos nas deliberações dos	

Código Civil 2002	Código Civil 1916
quotistas ou da assembléia geral e o poder de eleger a maioria dos administradores; **II –** a sociedade cujo controle, referido no inciso antecedente, esteja em poder de outra, mediante ações ou quotas possuídas por sociedades ou sociedades por esta já controladas.	
Art. 1.099. Diz-se coligada ou filiada a sociedade de cujo capital outra sociedade participa com dez por cento ou mais, do capital da outra, sem controlá-la.	
Art. 1.100. É de simples participação a sociedade de cujo capital outra sociedade possua menos de dez por cento do capital com direito de voto.	
Art. 1.101. Salvo disposição especial de lei, a sociedade não pode participar de outra, que seja sua sócia, por montante superior, segundo o balanço, ao das próprias reservas, excluída a reserva legal.	• *Sem correspondente no Código Civil 1916.* ***Lei das S. A. (6.404/76): Art. 244.*** É vedada a participação recíproca entre a companhia e suas coligadas ou controladas.
Parágrafo único. Aprovado o balanço em que se verifique ter sido excedido esse limite, a sociedade não poderá exercer o direito de voto correspondente às ações ou quotas em excesso, as quais devem ser alienadas nos cento e oitenta dias seguintes àquela aprovação.	*§ 5º* A participação recíproca, quando ocorrer em virtude de incorporação, fusão ou cisão, ou da aquisição, pela companhia, do controle de sociedade, deverá ser mencionada nos relatórios e demonstrações financeiras de ambas as sociedades, e será eliminada no prazo máximo de 1 (um) ano; no caso de coligadas, salvo acordo em contrário, deverão ser alienadas as ações ou quotas de aquisição mais recente ou, se da mesma data, que representem menor porcentagem do capital social.
Capítulo IX **Da Liquidação da Sociedade** **Art. 1.102.** Dissolvida a sociedade e nomeado o liquidante na forma do disposto neste Livro, procede-se à sua liquidação, de conformidade com os preceitos deste Capítulo, ressalvado o disposto no ato constitutivo ou no instrumento da dissolução.	• *Sem correspondente no Código Civil 1916.* ***Código Comercial: Art. 344.*** Dissolvida uma sociedade mercantil, os sócios autorizados para gerir durante a sua existência devem operar a sua liquidação debaixo da mesma firma, aditada com a cláusula – em liquidação; salvo havendo estipulação diversa no contrato, ou querendo os sócios, a aprazimento comum ou por pluralidade de votos em caso de discórdia, encarregar a liquidação a algum dos outros sócios não gerentes, ou a pessoa de fora da sociedade.
Parágrafo único. O liquidante, que não seja administrador da sociedade, investir-se-á nas funções,	

CÓDIGO CIVIL 2002	CÓDIGO CIVIL 1916
averbada a sua nomeação no registro próprio.	
Art. 1.103. Constituem deveres do liquidante: **I** – averbar e publicar a ata, sentença ou instrumento de dissolução da sociedade; **II** – arrecadar os bens, livros e documentos da sociedade, onde quer que estejam; **III** – proceder, nos quinze dias seguintes ao da sua investidura e com a assistência, sempre que possível, dos administradores, à elaboração do inventário e do balanço geral do ativo e do passivo; **IV** – ultimar os negócios da sociedade, realizar o ativo, pagar o passivo e partilhar o remanescente entre os sócios ou acionistas; **V** – exigir dos quotistas, quando insuficiente o ativo à solução do passivo, a integralização de suas quotas e, se for o caso, as quantias necessárias, nos limites da responsabilidade de cada um e proporcionalmente à respectiva participação nas perdas, repartindo-se, entre os sócios solventes e na mesma proporção, o devido pelo insolvente; **VI** – convocar assembléia dos quotistas, cada seis meses, para apresentar relatório e balanço do estado da liquidação, prestando conta dos atos praticados durante o semestre, ou sempre que necessário; **VII** – confessar a falência da sociedade e pedir concordata, de acordo com as formalidades prescritas para o tipo de sociedade liquidanda; **VIII** – finda a liquidação, apresentar aos sócios o relatório da liquidação e as suas contas finais; **IX** – averbar a ata da reunião ou da assembléia, ou o instrumento firmado pelos sócios, que considerar encerrada a liquidação.	• *Sem correspondente no Código Civil 1916.* ***Lei das S. A. (6.404/76): Art. 210.*** São deveres do liquidante: *I* – arquivar e publicar a ata da assembléia geral, ou certidão de sentença, que tiver deliberado ou decidido a liquidação; *II* – arrecadar os bens, livros e documentos da companhia, onde quer que estejam; *III* – fazer levantar de imediato, em prazo não superior ao fixado pela assembléia geral ou pelo juiz, o balanço patrimonial da companhia; *IV* – ultimar os negócios da companhia, realizar o ativo, pagar o passivo, e partilhar o remanescente entre os acionistas; *V* – exigir dos acionistas, quando o ativo não bastar para a solução do passivo, a integralização de suas ações; *VI* – convocar a assembléia geral, nos casos previstos em lei ou quando julgar necessário; *VII* – confessar a falência da companhia e pedir concordata, nos casos previstos em lei; *VIII* – finda a liquidação, submeter à assembléia-geral relatório dos atos e operações da liquidação e suas contas finais; *IX* – arquivar e publicar a ata da assembléia geral que houver encerrado a liquidação.
Parágrafo único. Em todos os atos, documentos ou publicações, o liquidante empregará a firma ou denominação social sempre seguida da cláusula "em liquidação" e de sua assinatura individual, com a declaração de sua qualidade.	
Art. 1.104. As obrigações e a responsabilidade do liquidante regem-se pelos preceitos peculiares às dos administradores da sociedade liquidanda.	
Art. 1.105. Compete ao liquidante representar a sociedade e praticar todos os atos necessários à sua liquidação, inclusive alienar bens móveis ou imóveis, transigir, receber e dar quitação.	• *Sem correspondente no Código Civil 1916.* ***Lei das S. A. (6.404/76): Art. 211.*** Compete ao liquidante representar a companhia e praticar todos os atos necessários à liquidação, inclusive

Código Civil 2002	Código Civil 1916
	alienar bens móveis ou imóveis, transigir, receber e dar quitação.
Parágrafo único. Sem estar expressamente autorizado pelo contrato social, ou pelo voto da maioria dos sócios, não pode o liquidante gravar de ônus reais os móveis e imóveis, contrair empréstimos, salvo quando indispensáveis ao pagamento de obrigações inadiáveis, nem prosseguir, embora para facilitar a liquidação, na atividade social.	***Lei das S. A. (6.404/76): Art. 211, Parágrafo único.*** Sem expressa autorização da assembléia geral o liquidante não poderá gravar bens e contrair empréstimos, salvo quando indispensáveis ao pagamento de obrigações inadiáveis, nem prosseguir, ainda que para facilitar a liquidação, na atividade social. ***Código Comercial: Art. 351.*** Os liquidantes não podem transigir, nem assinar compromisso sobre os interesses sociais, sem autorização especial dos sócios dada por escrito; pena de nulidade.
Art. 1.106. Respeitados os direitos dos credores preferenciais, pagará o liquidante as dívidas sociais proporcionalmente, sem distinção entre vencidas e vincendas, mas, em relação a estas, com desconto.	• *Sem correspondente no Código Civil 1916.* ***Lei das S. A. (6.404/76): Art. 214.*** Respeitados os direitos dos credores preferenciais, o liquidante pagará as dívidas sociais proporcionalmente e sem distinção entre vencidas e vincendas, mas, em relação a estas, com desconto às taxas bancárias.
Parágrafo único. Se o ativo for superior ao passivo, pode o liquidante, sob sua responsabilidade pessoal, pagar integralmente as dívidas vencidas.	***Parágrafo único.*** Se o ativo for superior ao passivo, o liquidante poderá, sob sua responsabilidade pessoal, pagar integralmente as dívidas vencidas.
Art. 1.107. Os sócios podem resolver, por maioria de votos, antes de ultimada a liquidação, mas depois de pagos os credores, que o liquidante faça rateios por antecipação da partilha, à medida em que se apurem os haveres sociais.	• *Sem correspondente no Código Civil 1916.* ***Código Comercial: Art. 349.*** Nenhum sócio pode exigir que se lhe entregue o seu dividendo enquanto o passivo da sociedade se não achar todo pago, ou se tiver depositado quantia suficiente para o pagamento; mas poderá requerer o depósito das quantias que se forem apurando. Esta disposição não compreende aqueles sócios que tiverem feito empréstimo à sociedade, os quais devem ser pagos das quantias mutuadas pela mesma forma que os outros quaisquer credores. ***Lei das S. A. (6.404/76): Art. 215.*** A assembléia geral pode deliberar que antes de ultimada a liquidação, e depois de pagos todos os credores, se façam rateios entre os acionistas, à proporção que se forem apurando os haveres sociais.
Art. 1.108. Pago o passivo e partilhado o remanescente, convocará o liquidante assembléia dos sócios para a prestação final de contas.	• *Sem correspondente no Código Civil 1916.* ***Lei das S. A. (6.404/76): Art. 216.*** Pago o passivo e rateado o ativo remanescente, o liquidante convocará a assembléia geral para a prestação final das contas.

Código Civil 2002	Código Civil 1916
Art. 1.109. Aprovadas as contas, encerra-se a liquidação, e a sociedade se extingue, ao ser averbada no registro próprio a ata da assembléia.	• *Sem correspondente no Código Civil 1916.* **Lei das S. A. (6.404/76): Art. 216, § 1º** Aprovadas as contas, encerra-se a liquidação e a companhia se extingue.
Parágrafo único. O dissidente tem o prazo de trinta dias, a contar da publicação da ata, devidamente averbada, para promover a ação que couber.	**Lei das S. A. (6.404/76): Art. 216, § 2º** O acionista dissidente terá o prazo de 30 (trinta) dias, a contar da publicação da ata, para promover a ação que lhe couber.
Art. 1.110. Encerrada a liquidação, o credor não satisfeito só terá direito a exigir dos sócios, individualmente, o pagamento do seu crédito, até o limite da soma por eles recebida em partilha, e a propor contra o liquidante ação de perdas e danos.	• *Sem correspondente no Código Civil 1916.* **Lei das S. A. (6.404/76): Art. 218.** Encerrada a liquidação, o credor não satisfeito só terá direito de exigir dos acionistas, individualmente, o pagamento de seu crédito, até o limite da soma, por eles recebida, e de propor contra o liquidante, se for o caso, ação de perdas e danos. O acionista executado terá direito de haver dos demais a parcela que lhes couber no crédito pago.
Art. 1.111. No caso de liquidação judicial, será observado o disposto na lei processual.	• *Sem correspondente no Código Civil 1916.* **Lei das S. A. (6.404/76): Art. 209, Parágrafo único.** Na liquidação judicial será observado o disposto na lei processual, devendo o liquidante ser nomeado pelo Juiz.
Art. 1.112. No curso de liquidação judicial, o juiz convocará, se necessário, reunião ou assembléia para deliberar sobre os interesses da liquidação, e as presidirá, resolvendo sumariamente as questões suscitadas. **Parágrafo único.** As atas das assembléias serão, em cópia autêntica, apensadas ao processo judicial.	• *Sem correspondente no Código Civil 1916.* **Lei das S. A. (6.404/76): Art. 213, § 2º** No curso da liquidação judicial, as assembléias gerais necessárias para deliberar sobre os interesses da liquidação serão convocadas por ordem do juiz, a quem compete presidi-las e resolver, sumariamente, as dúvidas e litígios que forem suscitados. As atas das assembléias gerais serão, por cópias autênticas, apensadas ao processo judicial.
Capítulo X **Da Transformação, da Incorporação, da Fusão e da Cisão das Sociedades**	
Art. 1.113. O ato de transformação independe de dissolução ou liquidação da sociedade, e obedecerá aos preceitos reguladores da constituição e inscrição próprios do tipo em que vai converter-se.	• *Sem correspondente no Código Civil 1916.* **Lei das S. A. (6.404/76): Art. 220.** A transformação é a operação pela qual a sociedade passa, independentemente de dissolução e liquidação, de um tipo para outro. ***Parágrafo único.*** A transformação obedecerá aos preceitos que regulam a constituição e o registro do tipo a ser adotado pela sociedade.

Código Civil 2002	Código Civil 1916
Art. 1.114. A transformação depende do consentimento de todos os sócios, salvo se prevista no ato constitutivo, caso em que o dissidente poderá retirar-se da sociedade, aplicando-se, no silêncio do estatuto ou do contrato social, o disposto no art. 1.031.	• *Sem correspondente no Código Civil 1916.* ***Lei das S. A. (6.404/76): Art. 221.*** A transformação exige o consentimento unânime dos sócios ou acionistas, salvo se prevista no estatuto ou no contrato social, caso em que o sócio dissidente terá o direito de retirar-se da sociedade. ***Parágrafo único.*** Os sócios podem renunciar, no contrato social, ao direito de retirada no caso de transformação em companhia.
Art. 1.115. A transformação não modificará nem prejudicará, em qualquer caso, os direitos dos credores.	• *Sem correspondente no Código Civil 1916.* ***Lei das S. A. (6.404/76): Art. 222.*** A transformação não prejudicará, em caso algum, os direitos dos credores, que continuarão, até o pagamento integral dos seus créditos, com as mesmas garantias que o tipo anterior de sociedade lhes oferecia.
Parágrafo único. A falência da sociedade transformada somente produzirá efeitos em relação aos sócios que, no tipo anterior, a eles estariam sujeitos, se o pedirem os titulares de créditos anteriores à transformação, e somente a estes beneficiará.	***Parágrafo único.*** A falência da sociedade transformada somente produzirá efeitos em relação aos sócios que, no tipo anterior, a eles estariam sujeitos, se o pedirem os titulares de créditos anteriores à transformação, e somente a estes beneficiará.
Art. 1.116. Na incorporação, uma ou várias sociedades são absorvidas por outra, que lhes sucede em todos os direitos e obrigações, devendo todas aprová-la, na forma estabelecida para os respectivos tipos.	• *Sem correspondente no Código Civil 1916.* ***Lei das S. A. (6.404/76): Art. 227.*** A incorporação é a operação pela qual uma ou mais sociedades são absorvidas por outra, que lhes sucede em todos os direitos e obrigações.
Art. 1.117. A deliberação dos sócios da sociedade incorporada deverá aprovar as bases da operação e o projeto de reforma do ato constitutivo.	
§ 1º A sociedade que houver de ser incorporada tomará conhecimento desse ato, e, se o aprovar, autorizará os administradores a praticar o necessário à incorporação, inclusive a subscrição em bens pelo valor da diferença que se verificar entre o ativo e o passivo.	
§ 2º A deliberação dos sócios da sociedade incorporadora compreenderá a nomeação dos peritos para a avaliação do patrimônio líquido da sociedade, que tenha de ser incorporada.	***Lei das S. A. (6.404/76): Art. 227, § 1º*** A assembléia geral da companhia incorporadora, se aprovar o protocolo da operação, deverá autorizar o aumento de capital a ser subscrito e realizado pela incorporada mediante versão do seu patrimônio líquido, e nomear os peritos que o avaliarão.
Art. 1.118. Aprovados os atos da incorporação, a incorporadora declarará extinta a incorporada,	• *Sem correspondente no Código Civil 1916.* ***Lei das S. A. (6.404/76): Art. 227, § 3º*** Aprova-

Código Civil 2002	Código Civil 1916
e promoverá a respectiva averbação no registro próprio.	dos pela assembléia geral da incorporadora o laudo de avaliação e a incorporação, extingue-se a incorporada, competindo à primeira promover o arquivamento e a publicação dos atos da incorporação.
Art. 1.119. A fusão determina a extinção das sociedades que se unem, para formar sociedade nova, que a elas sucederá nos direitos e obrigações.	• *Sem correspondente no Código Civil 1916.* ***Lei das S. A. (6.404/76): Art. 228.*** A fusão é a operação pela qual se unem duas ou mais sociedades para formar sociedade nova, que lhes sucederá em todos os direitos e obrigações.
Art. 1.120. A fusão será decidida, na forma estabelecida para os respectivos tipos, pelas sociedades que pretendam unir-se.	
§ 1º Em reunião ou assembléia dos sócios de cada sociedade, deliberada a fusão e aprovado o projeto do ato constitutivo da nova sociedade, bem como o plano de distribuição do capital social, serão nomeados os peritos para a avaliação do patrimônio da sociedade.	• *Sem correspondente no Código Civil 1916.* ***Lei das S. A. (6.404/76): Art. 228, § 1º*** A assembléia geral de cada companhia, se aprovar o protocolo de fusão, deverá nomear os peritos que avaliarão os patrimônios líquidos das demais sociedades.
§ 2º Apresentados os laudos, os administradores convocarão reunião ou assembléia dos sócios para tomar conhecimento deles, decidindo sobre a constituição definitiva da nova sociedade.	*§ 2º* Apresentados os laudos, os administradores convocarão os sócios ou acionistas das sociedades para uma assembléia geral, que deles tomará conhecimento e resolverá sobre a constituição definitiva da nova sociedade, vedado aos sócios ou acionistas votar o laudo de avaliação do patrimônio líquido da sociedade de que fazem parte.
§ 3º É vedado aos sócios votar o laudo de avaliação do patrimônio da sociedade de que façam parte.	***Art. 228, § 2º, (ver acima).***
Art. 1.121. Constituída a nova sociedade, aos administradores incumbe fazer inscrever, no registro próprio da sede, os atos relativos à fusão.	• *Sem correspondente no Código Civil 1916.* ***Lei das S. A. (6.404/76): Art. 228, § 3º*** Constituída a nova companhia, incumbirá aos primeiros administradores promover o arquivamento e a publicação dos atos da fusão.
Art. 1.122. Até noventa dias após publicados os atos relativos à incorporação, fusão ou cisão, o credor anterior, por ela prejudicado, poderá promover judicialmente a anulação deles.	• *Sem correspondente no Código Civil 1916.* ***Lei das S. A. (6.404/76): Art. 232.*** Até 60 (sessenta) dias depois de publicados os atos relativos à incorporação ou à fusão, o credor anterior por ela prejudicado poderá pleitear judicialmente a anulação da operação; findo o prazo, decairá do direito o credor que não o tiver exercido.
§ 1º A consignação em pagamento prejudicará a anulação pleiteada.	*§ 1º* A consignação da importância em pagamento prejudicará a anulação pleiteada.

CÓDIGO CIVIL 2002	CÓDIGO CIVIL 1916
§ 2º Sendo ilíquida a dívida, a sociedade poderá garantir-lhe a execução, suspendendo-se o processo de anulação.	*§ 2º* Sendo ilíquida a dívida, a sociedade poderá garantir-lhe a execução, suspendendo-se o processo de anulação.
§ 3º Ocorrendo, no prazo deste artigo, a falência da sociedade incorporadora, da sociedade nova ou da cindida, qualquer credor anterior terá direito a pedir a separação dos patrimônios, para o fim de serem os créditos pagos pelos bens das respectivas massas.	*§ 3º* Ocorrendo, no prazo deste artigo, a falência da sociedade incorporadora ou da sociedade nova, qualquer credor anterior terá o direito de pedir a separação dos patrimônios, para o fim de serem os créditos pagos pelos bens das respectivas massas.

CAPÍTULO XI
Da Sociedade Dependente de Autorização

Seção I
Disposições Gerais

Art. 1.123. A sociedade que dependa de autorização do Poder Executivo para funcionar reger-se-á por este título, sem prejuízo do disposto em lei especial.
Parágrafo único. A competência para a autorização será sempre do Poder Executivo federal.

Art. 1.124. Na falta de prazo estipulado em lei ou em ato do poder público, será considerada caduca a autorização se a sociedade não entrar em funcionamento nos doze meses seguintes à respectiva publicação.

Art. 1.125. Ao Poder Executivo é facultado, a qualquer tempo, cassar a autorização concedida a sociedade nacional ou estrangeira que infringir disposição de ordem pública ou praticar atos contrários aos fins declarados no seu estatuto.

Seção II
Da Sociedade Nacional

Art. 1.126. É nacional a sociedade organizada de conformidade com a lei brasileira e que tenha no País a sede de sua administração.
Parágrafo único. Quando a lei exigir que todos ou alguns sócios sejam brasileiros, as ações da sociedade anônima revestirão, no silêncio da lei, a forma nominativa. Qualquer que seja o tipo da sociedade, na sua sede ficará arquivada cópia autêntica do documento comprobatório da nacionalidade dos sócios.

Código Civil 2002	Código Civil 1916
Art. 1.127. Não haverá mudança de nacionalidade de sociedade brasileira sem o consentimento unânime dos sócios ou acionistas.	
Art. 1.128. O requerimento de autorização de sociedade nacional deve ser acompanhado de cópia do contrato, assinada por todos os sócios, ou, tratando-se de sociedade anônima, de cópia, autenticada pelos fundadores, dos documentos exigidos pela lei especial. **Parágrafo único.** Se a sociedade tiver sido constituída por escritura pública, bastará juntar-se ao requerimento a respectiva certidão.	
Art. 1.129. Ao Poder Executivo é facultado exigir que se procedam a alterações ou aditamento no contrato ou no estatuto, devendo os sócios, ou, tratando-se de sociedade anônima, os fundadores, cumprir as formalidades legais para revisão dos atos constitutivos, e juntar ao processo prova regular.	
Art. 1.130. Ao Poder Executivo é facultado recusar a autorização, se a sociedade não atender às condições econômicas, financeiras ou jurídicas especificadas em lei.	
Art. 1.131. Expedido o decreto de autorização, cumprirá à sociedade publicar os atos referidos nos arts. 1.128 e 1.129, em trinta dias, no órgão oficial da União, cujo exemplar representará prova para inscrição, no registro próprio, dos atos constitutivos da sociedade. **Parágrafo único.** A sociedade promoverá, também no órgão oficial da União e no prazo de trinta dias, a publicação do termo de inscrição.	
Art. 1.132. As sociedades anônimas nacionais, que dependam de autorização do Poder Executivo para funcionar, não se constituirão sem obtê-la, quando seus fundadores pretenderem recorrer a subscrição pública para a formação do capital. **§ 1º** Os fundadores deverão juntar ao requerimento cópias autênticas do projeto do estatuto e do prospecto. **§ 2º** Obtida a autorização e constituída a sociedade, proceder-se-á à inscrição dos seus atos constitutivos.	

Código Civil 2002	Código Civil 1916
Art. 1.133. Dependem de aprovação as modificações do contrato ou do estatuto de sociedade sujeita a autorização do Poder Executivo, salvo se decorrerem de aumento do capital social, em virtude de utilização de reservas ou reavaliação do ativo.	
Seção III **Da Sociedade Estrangeira** **Art. 1.134.** A sociedade estrangeira, qualquer que seja o seu objeto, não pode, sem autorização do Poder Executivo, funcionar no País, ainda que por estabelecimentos subordinados, podendo, todavia, ressalvados os casos expressos em lei, ser acionista de sociedade anônima brasileira. **§ 1º** Ao requerimento de autorização devem juntar-se: **I** – prova de se achar a sociedade constituída conforme a lei de seu país; **II** – inteiro teor do contrato ou do estatuto; **III** – relação dos membros de todos os órgãos da administração da sociedade, com nome, nacionalidade, profissão, domicílio e, salvo quanto a ações ao portador, o valor da participação de cada um no capital da sociedade; **IV** – cópia do ato que autorizou o funcionamento no Brasil e fixou o capital destinado às operações no território nacional; **V** – prova de nomeação do representante no Brasil, com poderes expressos para aceitar as condições exigidas para a autorização; **VI** – último balanço. **§ 2º** Os documentos serão autenticados, de conformidade com a lei nacional da sociedade requerente, legalizados no consulado brasileiro da respectiva sede e acompanhados de tradução em vernáculo.	
Art. 1.135. É facultado ao Poder Executivo, para conceder a autorização, estabelecer condições convenientes à defesa dos interesses nacionais. **Parágrafo único.** Aceitas as condições, expedirá o Poder Executivo decreto de autorização, do qual constará o montante de capital destinado às operações no País, cabendo à sociedade promover a publicação dos atos referidos no art. 1.131 e no § 1º do art. 1.134.	

Código Civil 2002	Código Civil 1916
Art. 1.136. A sociedade autorizada não pode iniciar sua atividade antes de inscrita no registro próprio do lugar em que se deva estabelecer. **§ 1º** O requerimento de inscrição será instruído com exemplar da publicação exigida no parágrafo único do artigo antecedente, acompanhado de documento do depósito em dinheiro, em estabelecimento bancário oficial, do capital ali mencionado. **§ 2º** Arquivados esses documentos, a inscrição será feita por termo em livro especial para as sociedades estrangeiras, com número de ordem contínuo para todas as sociedades inscritas; no termo constarão: **I** – nome, objeto, duração e sede da sociedade no estrangeiro; **II** – lugar da sucursal, filial ou agência, no País; **III** – data e número do decreto de autorização; **IV** – capital destinado às operações no País; **V** – individuação do seu representante permanente. **§ 3º** Inscrita a sociedade, promover-se-á a publicação determinada no parágrafo único do art. 1.131.	
Art. 1.137. A sociedade estrangeira autorizada a funcionar ficará sujeita às leis e aos tribunais brasileiros, quanto aos atos ou operações praticados no Brasil. **Parágrafo único.** A sociedade estrangeira funcionará no território nacional com o nome que tiver em seu país de origem, podendo acrescentar as palavras "do Brasil" ou "para o Brasil".	
Art. 1.138. A sociedade estrangeira autorizada a funcionar é obrigada a ter, permanentemente, representante no Brasil, com poderes para resolver quaisquer questões e receber citação judicial pela sociedade. **Parágrafo único.** O representante somente pode agir perante terceiros depois de arquivado e averbado o instrumento de sua nomeação.	
Art. 1.139. Qualquer modificação no contrato ou no estatuto dependerá da aprovação do Poder Executivo, para produzir efeitos no território nacional.	
Art. 1.140. A sociedade estrangeira deve, sob pena de lhe ser cassada a autorização, reprodu-	

Código Civil 2002	Código Civil 1916
zir no órgão oficial da União, e do Estado, se for o caso, as publicações que, segundo a sua lei nacional, seja obrigada a fazer relativamente ao balanço patrimonial e ao de resultado econômico, bem como aos atos de sua administração. **Parágrafo único.** Sob pena, também, de lhe ser cassada a autorização, a sociedade estrangeira deverá publicar o balanço patrimonial e o de resultado econômico das sucursais, filiais ou agências existentes no País.	
Art. 1.141. Mediante autorização do Poder Executivo, a sociedade estrangeira admitida a funcionar no País pode nacionalizar-se, transferindo sua sede para o Brasil. **§ 1º** Para o fim previsto neste artigo, deverá a sociedade, por seus representantes, oferecer, com o requerimento, os documentos exigidos no art. 1.134, e ainda a prova da realização do capital, pela forma declarada no contrato, ou no estatuto, e do ato em que foi deliberada a nacionalização. **§ 2º** O Poder Executivo poderá impor as condições que julgar convenientes à defesa dos interesses nacionais. **§ 3º** Aceitas as condições pelo representante, proceder-se-á, após a expedição do decreto de autorização, à inscrição da sociedade e publicação do respectivo termo.	
Título III **Do Estabelecimento** **Capítulo Único** **Disposições Gerais** **Art. 1.142.** Considera-se estabelecimento todo complexo de bens organizado, para exercício da empresa, por empresário, ou por sociedade empresária.	
Art. 1.143. Pode o estabelecimento ser objeto unitário de direitos e de negócios jurídicos, translativos ou constitutivos, que sejam compatíveis com a sua natureza.	
Art. 1.144. O contrato que tenha por objeto a alienação, o usufruto ou arrendamento do estabelecimento, só produzirá efeitos quanto a terceiros depois de averbado à margem da inscrição do empresário, ou da sociedade empresária, no	

Código Civil 2002	Código Civil 1916
Registro Público de Empresas Mercantis, e de publicado na imprensa oficial.	
Art. 1.145. Se ao alienante não restarem bens suficientes para solver o seu passivo, a eficácia da alienação do estabelecimento depende do pagamento de todos os credores, ou do consentimento destes, de modo expresso ou tácito, em trinta dias a partir de sua notificação.	
Art. 1.146. O adquirente do estabelecimento responde pelo pagamento dos débitos anteriores à transferência, desde que regularmente contabilizados, continuando o devedor primitivo solidariamente obrigado pelo prazo de um ano, a partir, quanto aos créditos vencidos, da publicação, e, quanto aos outros, da data do vencimento.	
Art. 1.147. Não havendo autorização expressa, o alienante do estabelecimento não pode fazer concorrência ao adquirente, nos cinco anos subseqüentes à transferência. **Parágrafo único.** No caso de arrendamento ou usufruto do estabelecimento, a proibição prevista neste artigo persistirá durante o prazo do contrato.	
Art. 1.148. Salvo disposição em contrário, a transferência importa a sub-rogação do adquirente nos contratos estipulados para exploração do estabelecimento, se não tiverem caráter pessoal, podendo os terceiros rescindir o contrato em noventa dias a contar da publicação da transferência, se ocorrer justa causa, ressalvada, neste caso, a responsabilidade do alienante.	
Art. 1.149. A cessão dos créditos referentes ao estabelecimento transferido produzirá efeito em relação aos respectivos devedores, desde o momento da publicação da transferência, mas o devedor ficará exonerado se de boa-fé pagar ao cedente.	
Título IV **Dos Institutos Complementares** **Capítulo I** **Do Registro** **Art. 1.150.** O empresário e a sociedade empresária vinculam-se ao Registro Público de Empresas	

Código Civil 2002	Código Civil 1916
Mercantis a cargo das Juntas Comerciais, e a sociedade simples ao Registro Civil das Pessoas Jurídicas, o qual deverá obedecer às normas fixadas para aquele registro, se a sociedade simples adotar um dos tipos de sociedade empresária.	
Art. 1.151. O registro dos atos sujeitos à formalidade exigida no artigo antecedente será requerido pela pessoa obrigada em lei, e, no caso de omissão ou demora, pelo sócio ou qualquer interessado. **§ 1º** Os documentos necessários ao registro deverão ser apresentados no prazo de trinta dias, contado da lavratura dos atos respectivos. **§ 2º** Requerido além do prazo previsto neste artigo, o registro somente produzirá efeito a partir da data de sua concessão. **§ 3º** As pessoas obrigadas a requerer o registro responderão por perdas e danos, em caso de omissão ou demora.	
Art. 1.152. Cabe ao órgão incumbido do registro verificar a regularidade das publicações determinadas em lei, de acordo com o disposto nos parágrafos deste artigo. **§ 1º** Salvo exceção expressa, as publicações ordenadas neste Livro serão feitas no órgão oficial da União ou do Estado, conforme o local da sede do empresário ou da sociedade, e em jornal de grande circulação. **2º** As publicações das sociedades estrangeiras serão feitas nos órgãos oficiais da União e do Estado onde tiverem sucursais, filiais ou agências. **§ 3º** O anúncio de convocação da assembléia de sócios será publicado por três vezes, ao menos, devendo mediar, entre a data da primeira inserção e a da realização da assembléia, o prazo mínimo de oito dias, para a primeira convocação, e de cinco dias, para as posteriores.	
Art. 1.153. Cumpre à autoridade competente, antes de efetivar o registro, verificar a autenticidade e a legitimidade do signatário do requerimento, bem como fiscalizar a observância das prescrições legais concernentes ao ato ou aos documentos apresentados. **Parágrafo único.** Das irregularidades encontradas deve ser notificado o requerente, que, se for	

Código Civil 2002	Código Civil 1916
o caso, poderá saná-las, obedecendo às formalidades da lei.	
Art. 1.154. O ato sujeito a registro, ressalvadas disposições especiais da lei, não pode, antes do cumprimento das respectivas formalidades, ser oposto a terceiro, salvo prova de que este o conhecia. **Parágrafo único.** O terceiro não pode alegar ignorância, desde que cumpridas as referidas formalidades.	
Capítulo II **Do Nome Empresarial** **Art. 1.155.** Considera-se nome empresarial a firma ou a denominação adotada, de conformidade com este Capítulo, para o exercício de empresa. **Parágrafo único.** Equipara-se ao nome empresarial, para os efeitos da proteção da lei, a denominação das sociedades simples, associações e fundações.	
Art. 1.156. O empresário opera sob firma constituída por seu nome, completo ou abreviado, aditando-lhe, se quiser, designação mais precisa da sua pessoa ou do gênero de atividade.	
Art. 1.157. A sociedade em que houver sócios de responsabilidade ilimitada operará sob firma, na qual somente os nomes daqueles poderão figurar, bastando para formá-la aditar ao nome de um deles a expressão "e companhia" ou sua abreviatura.	
Parágrafo único. Ficam solidária e ilimitadamente responsáveis pelas obrigações contraídas sob a firma social aqueles que, por seus nomes, figurarem na firma da sociedade de que trata este artigo.	• *Sem correspondente no Código Civil 1916.* ***Código Comercial: Art. 306.*** A pessoa que emprestar o seu nome como sócio, ainda que não tenha interesse nos lucros da sociedade, será responsável por todas as obrigações da mesma sociedade que forem contraídas debaixo da firma social com ação regressiva contra os sócios, mas não responderá a estes por perdas e danos.
Art. 1.158. Pode a sociedade limitada adotar firma ou denominação, integradas pela palavra final "limitada" ou a sua abreviatura. **§ 1º** A firma será composta com o nome de um ou mais sócios, desde que pessoas físicas, de modo indicativo da relação social.	

Código Civil 2002	Código Civil 1916
§ 2º A denominação deve designar o objeto da sociedade, sendo permitido nela figurar o nome de um ou mais sócios. **§ 3º** A omissão da palavra "limitada" determina a responsabilidade solidária e ilimitada dos administradores que assim empregarem a firma ou a denominação da sociedade.	
Art. 1.159. A sociedade cooperativa funciona sob denominação integrada pelo vocábulo "cooperativa".	• *Sem correspondente no Código Civil 1916.* ***Lei das Sociedades Cooperativas (5.764/71): Art. 5º*** As sociedades cooperativas poderão adotar por objeto qualquer gênero de serviço, operação ou atividade, assegurando-se-lhes o direito exclusivo e exigindo-se-lhes a obrigação do uso da expressão "cooperativa" em sua denominação. ***Parágrafo único.*** É vedado às cooperativas o uso da expressão "Banco".
Art. 1.160. A sociedade anônima opera sob denominação designativa do objeto social, integrada pelas expressões "sociedade anônima" ou "companhia", por extenso ou abreviadamente.	• *Sem correspondente no Código Civil 1916.* ***Lei das S. A. (6.404/76): Art. 3º*** A sociedade será designada por denominação acompanhada das expressões "companhia" ou "sociedade anônima", expressas por extenso ou abrevia-damente mas vedada a utilização da primeira ao final.
Parágrafo único. Pode constar da denominação o nome do fundador, acionista, ou pessoa que haja concorrido para o bom êxito da formação da empresa.	*§ 1º* O nome do fundador, acionista, ou pessoa que por qualquer outro modo tenha concorrido para o êxito da empresa, poderá figurar na denominação.
Art. 1.161. A sociedade em comandita por ações pode, em lugar de firma, adotar denominação designativa do objeto social, aditada da expressão "comandita por ações".	***Lei das S. A. (6.404/76): Art. 281.*** A sociedade poderá comerciar sob firma ou razão social, da qual só farão parte os nomes dos sócios-diretores ou gerentes. Ficam ilimitada e solidariamente responsáveis, nos termos desta Lei, pelas obrigações sociais, os que, por seus nomes, figurarem na firma ou razão social. ***Parágrafo único.*** A denominação ou a firma deve ser seguida das palavras "Comandita por Ações", por extenso ou abreviadamente.
Art. 1.162. A sociedade em conta de participação não pode ter firma ou denominação.	• *Sem correspondente no Código Civil 1916.* ***Código Comercial: Art. 325.*** Quando duas ou mais pessoas, sendo ao menos uma comerciante, se reúnem, sem firma social, para lucro comum, em uma ou mais operações de comércio determinadas, trabalhando um, alguns ou todos, em seu nome individual para o fim social, a associação toma o nome de sociedade em conta de participa-

CÓDIGO CIVIL 2002	CÓDIGO CIVIL 1916
	ção, acidental, momentânea ou anônima; esta sociedade não está sujeita às formalidades prescritas para a formação das outras sociedades, e pode provar-se por todo o gênero de provas admitidas nos contratos comerciais (art. 122*).
Art. 1.163. O nome de empresário deve distinguir-se de qualquer outro já inscrito no mesmo registro. **Parágrafo único.** Se o empresário tiver nome idêntico ao de outros já inscritos, deverá acrescentar designação que o distinga.	
Art. 1.164. O nome empresarial não pode ser objeto de alienação. **Parágrafo único.** O adquirente de estabelecimento, por ato entre vivos, pode, se o contrato o permitir, usar o nome do alienante, precedido do seu próprio, com a qualificação de sucessor.	
Art. 1.165. O nome de sócio que vier a falecer, for excluído ou se retirar, não pode ser conservado na firma social.	
Art. 1.166. A inscrição do empresário, ou dos atos constitutivos das pessoas jurídicas, ou as respectivas averbações, no registro próprio, asseguram o uso exclusivo do nome nos limites do respectivo Estado. **Parágrafo único.** O uso previsto neste artigo estender-se-á a todo o território nacional, se registrado na forma da lei especial.	
Art. 1.167. Cabe ao prejudicado, a qualquer tempo, ação para anular a inscrição do nome empresarial feita com violação da lei ou do contrato.	• *Sem correspondente no Código Civil 1916.* ***Lei das S. A. (6.404/76): Art. 3º*** A sociedade será designada por denominação acompanhada das expressões "companhia" ou "sociedade anônima", expressas por extenso ou abreviadamente mas vedada a utilização da primeira ao final. *§ 2º* Se a denominação for idêntica ou semelhante a de companhia já existente, assistirá à prejudicada o direito de requerer a modificação, por

**Art. 122.* Os contratos comerciais podem provar-se:
1. por escrituras públicas;
2. por escritos particulares;
3. pelas notas dos corretores, e por certidões extraídas dos seus protocolos;
4. por correspondência epistolar;
5. pelos livros dos comerciantes;
6. por testemunhas.

Código Civil 2002	Código Civil 1916
	via administrativa (art. 97*) ou em juízo, e demandar as perdas e danos resultantes.
Art. 1.168. A inscrição do nome empresarial será cancelada, a requerimento de qualquer interessado, quando cessar o exercício da atividade para que foi adotado, ou quando ultimar-se a liquidação da sociedade que o inscreveu.	
Capítulo III **Dos Prepostos** **Seção I** **Disposições Gerais**	
Art. 1.169. O preposto não pode, sem autorização escrita, fazer-se substituir no desempenho da preposição, sob pena de responder pessoalmente pelos atos do substituto e pelas obrigações por ele contraídas.	• *Sem correspondente no Código Civil 1916.* ***Código Comercial: Art. 85.*** Os prepostos não podem delegar a outrem, sem autorização por escrito dos preponentes, quaisquer ordens ou encargos que deles tenham recebido; pena de responderem diretamente pelos atos dos substitutos, e pelas obrigações por eles contraídas.
Art. 1.170. O preposto, salvo autorização expressa, não pode negociar por conta própria ou de terceiro, nem participar, embora indiretamente, de operação do mesmo gênero da que lhe foi cometida, sob pena de responder por perdas e danos e de serem retidos pelo preponente os lucros da operação.	• *Sem correspondente no Código Civil 1916.* ***Código Comercial: Art. 84.*** Com respeito aos preponentes, serão causas suficientes para despedir os prepostos, sem embargo de ajuste por tempo certo: *1.* as causas referidas no artigo precedente**; *2.* incapacidade para desempenhar os deveres e obrigações a que se sujeitaram; *3.* todo o ato de fraude, ou abuso de confiança; *4.* negociação por conta própria ou alheia sem permissão do preponente.
Art. 1.171. Considera-se perfeita a entrega de papéis, bens ou valores ao preposto, encarregado pelo preponente, se os recebeu sem protesto, salvo nos casos em que haja prazo para reclamação.	• *Sem correspondente no Código Civil 1916.* ***Código Comercial: Art. 76.*** Sempre que algum comerciante encarregar um feitor, caixeiro ou outro qualquer preposto do recebimento de fazendas compradas, ou que por qualquer outro tí-

**Art. 97.* Cumpre ao registro do comércio examinar se as prescrições legais foram observadas na constituição da companhia, bem como se no estatuto existem cláusulas contrárias à lei, à ordem pública e aos bons costumes.

§ 1º Se o arquivamento for negado, por inobservância de prescrição ou exigência legal ou por irregularidade verificada na constituição da companhia, os primeiros administradores deverão convocar imediatamente a assembléia geral para sanar a falta ou irregularidade, ou autorizar as providências que se fizerem necessárias. A instalação e funcionamento da assembléia obedecerão ao disposto no art. 87, devendo a deliberação ser tomada por acionistas que representem, no mínimo, metade do capital social. Se a falta for do estatuto, poderá ser sanada na mesma assembléia, a qual deliberará, ainda, sobre se a companhia deve promover a responsabilidade civil dos fundadores (art. 92).

§ 2º Com a 2ª via da ata da assembléia e a prova de ter sido sanada a falta ou irregularidade, o registro do comércio procederá ao arquivamento dos atos constitutivos da companhia.

§ 3º A criação de sucursais, filiais ou agências, observado o disposto no estatuto, será arquivada no registro do comércio.

***Art. 83.* Julgar-se-á arbitrária a inobservância da convenção por parte dos prepostos, sempre que se não fundar em injúria feita pelo preponente à seguridade, honra ou interesses seus ou de sua família.

CÓDIGO CIVIL 2002	CÓDIGO CIVIL 1916
	tulo devam entrar em seu poder, e o feitor, caixeiro ou preposto as receber sem objeção ou protesto, a entrega será tida por boa, sem ser admitida ao preponente reclamação alguma; salvo as que podem ter lugar nos casos prevenidos nos arts. 211*, 616** e 618***.
Seção II **Do Gerente** **Art. 1.172.** Considera-se gerente o preposto permanente no exercício da empresa, na sede desta, ou em sucursal, filial ou agência.	
Art. 1.173. Quando a lei não exigir poderes especiais, considera-se o gerente autorizado a praticar todos os atos necessários ao exercício dos poderes que lhe foram outorgados. **Parágrafo único.** Na falta de estipulação diversa, consideram-se solidários os poderes conferidos a dois ou mais gerentes.	
Art. 1.174. As limitações contidas na outorga de poderes, para serem opostas a terceiros, dependem do arquivamento e averbação do instrumento no Registro Público de Empresas Mercantis, salvo se provado serem conhecidas da pessoa que tratou com o gerente. **Parágrafo único.** Para o mesmo efeito e com idêntica ressalva, deve a modificação ou revogação do mandato ser arquivada e averbada no Registro Público de Empresas Mercantis.	

**Art. 211.* Tem principalmente aplicação a disposição do artigo precedente quando os gêneros se entregam em fardos ou debaixo de coberta que impeçam o seu exame e reconhecimento, se o comprador, dentro de 10 (dez) dias imediatamente seguintes ao do recebimento, reclamar do vendedor falta na quantidade, ou defeito na qualidade; devendo provar-se no primeiro caso que as extremidades das peças estavam intactas, e no segundo que os vícios ou defeitos não podiam acontecer, por caso fortuito, em seu poder.
Essa reclamação não tem lugar quando o vendedor exige do comprador que examine os gêneros antes de os receber, nem depois de pago o preço.

***Art. 616.* Quando o frete for justo por número, peso ou medida, e houver condição de que a carga será entregue no portaló do navio, o capitão tem direito de requerer que os efeitos sejam contados, medidos ou pesados a bordo do mesmo navio antes da descarga; e procedendo-se a esta diligência não responderá por faltas que possam aparecer em terra; se, porém, as fazendas se descarregarem sem se contarem, medirem ou pesarem, o consignatário terá direito de verificar em terra a identidade, número, medição ou peso, e o capitão será obrigado a conformar-se com o resultado desta verificação.

****Art. 618.* Havendo presunção de que as fazendas foram danificadas, roubadas ou diminuídas, o capitão é obrigado, e o consignatário e quaisquer outros interessados têm direito a requerer que sejam judicialmente visitadas e examinadas, e os danos estimados a bordo antes da descarga, ou dentro em 24 (vinte e quatro) horas depois; e ainda que este procedimento seja requerido pelo capitão não prejudicará os seus meios de defesa.
Se as fazendas forem entregues sem o referido exame, os consignatários têm direito de fazer proceder a exame judicial no preciso termo de 48 (quarenta e oito) horas depois da descarga; e passado este prazo não haverá mais lugar a reclamação alguma.
Todavia, não sendo a avaria ou diminuição visível por fora, o exame judicial poderá validamente fazer-se dentro de 10 (dez) dias depois que as fazendas passarem às mãos dos consignatários, nos termos do art. 211.

Código Civil 2002	Código Civil 1916
Art. 1.175. O preponente responde com o gerente pelos atos que este pratique em seu próprio nome, mas à conta daquele.	
Art. 1.176. O gerente pode estar em juízo em nome do preponente, pelas obrigações resultantes do exercício da sua função.	
Seção III **Do Contabilista e outros Auxiliares**	
Art. 1.177. Os assentos lançados nos livros ou fichas do preponente, por qualquer dos prepostos encarregados de sua escrituração, produzem, salvo se houver procedido de má-fé, os mesmos efeitos como se o fossem por aquele.	• *Sem correspondente no Código Civil 1916.* ***Código Comercial: Art. 77.*** Os assentos lançados nos livros de qualquer casa de comércio por guarda-livros ou caixeiros encarregados da escrituração e contabilidade produzirão os mesmos efeitos como se fossem escriturados pelos próprios preponentes.
Parágrafo único. No exercício de suas funções, os prepostos são pessoalmente responsáveis, perante os preponentes, pelos atos culposos; e, perante terceiros, solidariamente com o preponente, pelos atos dolosos.	***Código Comercial: Art. 78.*** Os agentes de comércio sobreditos são responsáveis aos preponentes por todo e qualquer dano que lhes causarem por malversação, negligência culpável, ou falta de exata e fiel execução das suas ordens e instruções, competindo até contra eles ação criminal no caso de malversação.
Art. 1.178. Os preponentes são responsáveis pelos atos de quaisquer prepostos, praticados nos seus estabelecimentos e relativos à atividade da empresa, ainda que não autorizados por escrito. **Parágrafo único.** Quando tais atos forem praticados fora do estabelecimento, somente obrigarão o preponente nos limites dos poderes conferidos por escrito, cujo instrumento pode ser suprido pela certidão ou cópia autêntica do seu teor.	• *Sem correspondente no Código Civil 1916.* ***Código Comercial: Art. 75.*** Os preponentes são responsáveis pelos atos dos feitores, guarda-livros, caixeiros e outros quaisquer prepostos, praticados dentro das suas casas de comércio, que forem relativos ao giro comercial das mesmas casas, ainda que se não achem autorizados por escrito. Quando, porém, tais atos forem praticados fora das referidas casas, só obrigarão os preponentes, achando-se os referidos agentes autorizados pela forma determinada pelo art. 74*.
Capítulo IV **Da Escrituração**	
Art. 1.179. O empresário e a sociedade empresária são obrigados a seguir um sistema de contabilidade, mecanizado ou não, com base na escrituração uniforme de seus livros, em correspondência com a documentação respectiva, e a levantar anualmente o balanço patrimonial e o de resultado econômico.	• *Sem correspondente no Código Civil 1916.* ***Código Comercial: Art. 10.*** Todos os comerciantes são obrigados: *1.* a seguir uma ordem uniforme de contabilidade e escrituração, e a ter os livros para esse fim necessários; *4.* a formar anualmente um balanço geral do seu

**Art. 74.* Todos os feitores, guarda-livros, caixeiros e outros quaisquer prepostos das casas de comércio, antes de entrarem no seu exercício, devem receber de seus patrões ou preponentes uma nomeação por escrito, que farão inscrever no Tribunal do Comércio (art. 10, n. 2); pena de ficarem privados dos favores por este Código concedidos aos da sua classe.

Código Civil 2002	Código Civil 1916
§ 1º Salvo o disposto no art. 1.180, o número e a espécie de livros ficam a critério dos interessados. **§ 2º** É dispensado das exigências deste artigo o pequeno empresário a que se refere o art. 970.	ativo e passivo, o qual deverá compreender todos os bens de raiz móveis e semoventes, mercadorias, dinheiro, papéis de crédito, e outra qualquer espécie de valores, e bem assim todas as dívidas e obrigações passivas; e será datado e assinado pelo comerciante a quem pertencer.
Art. 1.180. Além dos demais livros exigidos por lei, é indispensável o Diário, que pode ser substituído por fichas no caso de escrituração mecanizada ou eletrônica. **Parágrafo único.** A adoção de fichas não dispensa o uso de livro apropriado para o lançamento do balanço patrimonial e do de resultado econômico.	• *Sem correspondente no Código Civil 1916.* ***Código Comercial: Art. 11.*** Os livros que os comerciantes são obrigados a ter indispensavelmente, na conformidade do artigo antecedente, são o Diário e o Copiador de cartas.
Art. 1.181. Salvo disposição especial de lei, os livros obrigatórios e, se for o caso, as fichas, antes de postos em uso, devem ser autenticados no Registro Público de Empresas Mercantis. **Parágrafo único.** A autenticação não se fará sem que esteja inscrito o empresário, ou a sociedade empresária, que poderá fazer autenticar livros não obrigatórios.	
Art. 1.182. Sem prejuízo do disposto no art. 1.174, a escrituração ficará sob a responsabilidade de contabilista legalmente habilitado, salvo se nenhum houver na localidade.	
Art. 1.183. A escrituração será feita em idioma e moeda corrente nacionais e em forma contábil, por ordem cronológica de dia, mês e ano, sem intervalos em branco, nem entrelinhas, borrões, rasuras, emendas ou transportes para as margens.	• *Sem correspondente no Código Civil 1916.* ***Código Comercial: Art. 14.*** A escrituração dos mesmos livros será feita em forma mercantil, e seguida pela ordem cronológica de dia, mês e ano, sem intervalo em branco, nem entrelinhas, bordaduras, raspaduras ou emendas.
Parágrafo único. É permitido o uso de código de números ou de abreviaturas, que constem de livro próprio, regularmente autenticado.	
Art. 1.184. No Diário serão lançadas, com individuação, clareza e caracterização do documento respectivo, dia a dia, por escrita direta ou reprodução, todas as operações relativas ao exercício da empresa.	
§ 1º Admite-se a escrituração resumida do Diário, com totais que não excedam o período de trinta dias, relativamente a contas cujas operações sejam numerosas ou realizadas fora da sede do estabelecimento, desde que utilizados livros auxiliares regularmente autenticados, para regis-	

CÓDIGO CIVIL 2002	CÓDIGO CIVIL 1916
tro individualizado, e conservados os documentos que permitam a sua perfeita verificação.	
§ 2º Serão lançados no Diário o balanço patrimonial e o de resultado econômico, devendo ambos ser assinados por técnico em Ciências Contábeis legalmente habilitado e pelo empresário ou sociedade empresária.	• *Sem correspondente no Código Civil 1916.* ***Código Comercial: Art. 12.*** No Diário é o comerciante obrigado a lançar com individuação e clareza toda as suas operações de comércio, letras e outros quaisquer papéis de crédito que passar, aceitar, afiançar ou endossar, e em geral tudo quanto receber e despender de sua ou alheia conta, seja por que título for, sendo suficiente que as parcelas de despesas domésticas se lancem englobadas na data em que forem extraídas da caixa. Os comerciantes de retalho deverão lançar diariamente no Diário a soma total das suas vendas a dinheiro, e, em assento separado, a soma total das vendas fiadas no mesmo dia. No mesmo Diário se lançará também em resumo o balanço geral (art. 10*, n. 4), devendo aquele conter todas as verbas deste, apresentando cada uma verba a soma total das respectivas parcelas; e será assinado na mesma data do balanço geral. No Copiador o comerciante é obrigado a lançar o registro de todas as cartas missivas que expedir, com as contas, faturas ou instruções que as acompanharem.
Art. 1.185. O empresário ou sociedade empresária que adotar o sistema de fichas de lançamentos poderá substituir o livro Diário pelo livro Balancetes Diários e Balanços, observadas as mesmas formalidades extrínsecas exigidas para aquele.	
Art. 1.186. O livro Balancetes Diários e Balanços será escriturado de modo que registre: **I –** a posição diária de cada uma das contas ou títulos contábeis, pelo respectivo saldo, em forma de balancetes diários; **II –** o balanço patrimonial e o de resultado econômico, no encerramento do exercício.	
Art. 1.187. Na coleta dos elementos para o inventário serão observados os critérios de avaliação a seguir determinados: **I –** os bens destinados à exploração da atividade serão avaliados pelo custo de aquisição, devendo, na avaliação dos que se desgastam ou depre-	

**Art. 10.* Todos os comerciantes são obrigados:

4. a formar anualmente um balanço geral do seu ativo e passivo, o qual deverá compreender todos os bens de raiz móveis e semoventes, mercadorias, dinheiro, papéis de crédito, e outra qualquer espécie de valores, e bem assim todas as dívidas e obrigações passivas; e será datado e assinado pelo comerciante a quem pertencer.

Código Civil 2002	Código Civil 1916

ciam com o uso, pela ação do tempo ou outros fatores, atender-se à desvalorização respectiva, criando-se fundos de amortização para assegurar-lhes a substituição ou a conservação do valor;

II – os valores mobiliários, matéria-prima, bens destinados à alienação, ou que constituem produtos ou artigos da indústria ou comércio da empresa, podem ser estimados pelo custo de aquisição ou de fabricação, ou pelo preço corrente, sempre que este for inferior ao preço de custo, e quando o preço corrente ou venal estiver acima do valor do custo de aquisição, ou fabricação, e os bens forem avaliados pelo preço corrente, a diferença entre este e o preço de custo não será levada em conta para a distribuição de lucros, nem para as percentagens referentes a fundos de reserva;

III – o valor das ações e dos títulos de renda fixa pode ser determinado com base na respectiva cotação da Bolsa de Valores; os não cotados e as participações não acionárias serão considerados pelo seu valor de aquisição;

IV – os créditos serão considerados de conformidade com o presumível valor de realização, não se levando em conta os prescritos ou de difícil liqüidação, salvo se houver, quanto aos últimos, previsão equivalente.

Parágrafo único. Entre os valores do ativo podem figurar, desde que se preceda, anualmente, à sua amortização:

I – as despesas de instalação da sociedade, até o limite correspondente a dez por cento do capital social;

II – os juros pagos aos acionistas da sociedade anônima, no período antecedente ao início das operações sociais, à taxa não superior a doze por cento ao ano, fixada no estatuto;

III – a quantia efetivamente paga a título de aviamento de estabelecimento adquirido pelo empresário ou sociedade.

Art. 1.188. O balanço patrimonial deverá exprimir, com fidelidade e clareza, a situação real da empresa e, atendidas as peculiaridades desta, bem como as disposições das leis especiais, indicará, distintamente, o ativo e o passivo.

Parágrafo único. Lei especial disporá sobre as informações que acompanharão o balanço patrimonial, em caso de sociedades coligadas.

• *Sem correspondente no Código Civil 1916.*

Código Comercial: Art. 10. Todos os comerciantes são obrigados:

4. a formar anualmente um balanço geral do seu ativo e passivo, o qual deverá compreender todos os bens de raiz móveis e semoventes, mercadorias, dinheiro, papéis de crédito, e outra qualquer espécie de valores, e bem assim todas as

CÓDIGO CIVIL 2002	CÓDIGO CIVIL 1916
	dívidas e obrigações passivas; e será datado e assinado pelo comerciante a quem pertencer.
Art. 1.189. O balanço de resultado econômico, ou demonstração da conta de lucros e perdas, acompanhará o balanço patrimonial e dele constarão crédito e débito, na forma da lei especial.	
Art. 1.190. Ressalvados os casos previstos em lei, nenhuma autoridade, juiz ou tribunal, sob qualquer pretexto, poderá fazer ou ordenar diligência para verificar se o empresário ou a sociedade empresária observam, ou não, em seus livros e fichas, as formalidades prescritas em lei.	• *Sem correspondente no Código Civil 1916.* ***Código Comercial: Art. 17.*** Nenhuma autoridade, juízo ou tribunal, debaixo de pretexto algum, por mais especioso que seja, pode praticar ou ordenar alguma diligência para examinar se o comerciante arruma ou não devidamente seus livros de escrituração mercantil, ou neles tem cometido algum vício.
Art. 1.191. O juiz só poderá autorizar a exibição integral dos livros e papéis de escrituração quando necessária para resolver questões relativas a sucessão, comunhão ou sociedade, administração ou gestão à conta de outrem, ou em caso de falência.	• *Sem correspondente no Código Civil 1916.* ***Código Comercial: Art. 18.*** A exibição judicial dos livros de escrituração comercial por inteiro, ou de balanços gerais de qualquer casa de comércio, só pode ser ordenada a favor dos interessados em questões de sucessão, comunhão ou sociedade, administração ou gestão mercantil por conta de outrem, e em caso de quebra.
§ 1º O juiz ou tribunal que conhecer de medida cautelar ou de ação pode, a requerimento ou de ofício, ordenar que os livros de qualquer das partes, ou de ambas, sejam examinados na presença do empresário ou da sociedade empresária a que pertencerem, ou de pessoas por estes nomeadas, para deles se extrair o que interessar à questão.	***Código Comercial: Art. 19.*** Todavia, o juiz ou Tribunal do Comércio, que conhecer de uma causa, poderá, a requerimento da parte, ou mesmo do *ex officio*, ordenar, na pendência da lide, que os livros, ou de qualquer ou de ambos os litigantes sejam examinados na presença do comerciante a quem pertencerem e debaixo de suas vistas, ou na de pessoa por ele nomeada, para deles se averiguar e extrair o tocante à questão. (...)
§ 2º Achando-se os livros em outra jurisdição, nela se fará o exame, perante o respectivo juiz.	***Código Comercial: Art. 19.*** (...) Se os livros se acharem em diverso distrito, o exame será feito pelo juiz de direito do comércio respectivo, na forma sobredita; com declaração, porém, de que em nenhum caso os referidos livros poderão ser transportados para fora do domicílio do comerciante a quem pertencerem, ainda que ele nisso convenha.
Art. 1.192. Recusada a apresentação dos livros, nos casos do artigo antecedente, serão apreendidos judicialmente e, no do seu § 1º, ter-se-á como verdadeiro o alegado pela parte contrária	• *Sem correspondente no Código Civil 1916.* ***Código Comercial: Art. 20.*** Se algum comerciante recusar apresentar os seus livros quando judicialmente lhe for ordenado, nos casos do art.

Código Civil 2002	Código Civil 1916
para se provar pelos livros.	18*, será compelido à sua apresentação debaixo de prisão, e nos casos do art. 19** será deferido juramento supletório à outra parte. Se a questão for entre comerciantes, dar-se-á plena fé aos livros do comerciante a favor de quem se ordenar a exibição, se forem apresentados em forma regular (arts. 13*** e 14†).
Parágrafo único. A confissão resultante da recusa pode ser elidida por prova documental em contrário.	
Art. 1.193. As restrições estabelecidas neste Capítulo ao exame da escrituração, em parte ou por inteiro, não se aplicam às autoridades fazendárias, no exercício da fiscalização do pagamento de impostos, nos termos estritos das respectivas leis especiais.	
Art. 1.194. O empresário e a sociedade empresária são obrigados a conservar em boa guarda toda a escrituração, correspondência e mais papéis concernentes à sua atividade, enquanto não ocorrer prescrição ou decadência no tocante aos atos neles consignados.	• *Sem correspondente no Código Civil 1916.* ***Código Comercial: Art. 10.*** Todos os comerciantes são obrigados: *3.* a conservar em boa guarda toda a escrituração, correspondências e mais papéis pertencentes ao giro do seu comércio, enquanto não prescreverem as ações que lhes possam ser relativas (Título. XVII);
Art. 1.195. As disposições deste Capítulo aplicam-se às sucursais, filiais ou agências, no Brasil, do empresário ou sociedade com sede em país estrangeiro.	

**Art. 18.* A exibição judicial dos livros de escrituração comercial por inteiro, ou de balanços gerais de qualquer casa de comércio, só pode ser ordenada a favor dos interessados em questões de sucessão, comunhão ou sociedade, administração ou gestão mercantil por conta de outrem, e em caso de quebra.

***Art. 19.* Todavia, o juiz ou Tribunal do Comércio, que conhecer de uma causa, poderá, a requerimento da parte, ou mesmo do *ex officio*, ordenar, na pendência da lide, que os livros, ou de qualquer ou de ambos os litigantes sejam examinados na presença do comerciante a quem pertencerem e debaixo de suas vistas, ou na de pessoa por ele nomeada, para deles se averiguar e extrair o tocante à questão.
Se os livros se acharem em diverso distrito, o exame será feito pelo juiz de direito do comércio respectivo, na forma sobredita; com declaração, porém, de que em nenhum caso os referidos livros poderão ser transportados para fora do domicílio do comerciante a quem pertencerem, ainda que ele nisso convenha.

****Art. 13.* Os dois livros sobreditos devem ser encadernados, numerados, selados e rubricados em todas as suas folhas por um dos membros do Tribunal do Comércio respectivo, a quem couber por distribuição, com termos de abertura e encerramento subscritos pelo secretário do mesmo tribunal e assinados pelo presidente.
Nas províncias onde não houver Tribunal do Comércio, as referidas formalidades serão preenchidas pela Relação do distrito; e, na falta desta, pela primeira autoridade judiciária da comarca do domicílio do comerciante, e pelo seu distribuidor e escrivão; se o comerciante não preferir antes mandar os seus livros ao Tribunal do Comércio. A disposição deste artigo só começará a obrigar desde o dia que os Tribunais do Comércio, cada um no seu respectivo distrito, designarem.

† *Art. 14.* A escrituração dos mesmos livros será feita em forma mercantil, e seguida pela ordem cronológica de dia, mês e ano, sem intervalo em branco, nem entrelinhas, bordaduras, raspaduras ou emendas.

Código Civil 2002	Código Civil 1916
LIVRO III **DO DIREITO DAS COISAS**	**LIVRO III** **DO DIREITO DAS COISAS**
Título I **Da posse** **Capítulo I** **Da Posse e sua Classificação**	
Art. 1.196. Considera-se possuidor todo aquele que tem de fato o exercício, pleno ou não, de algum dos poderes inerentes à propriedade.	*Art. 485.* Considera-se possuidor todo aquele que tem de fato o exercício pleno, ou não, de algum dos poderes inerentes ao domínio, ou propriedade.
Art. 1.197. A posse direta, de pessoa que tem a coisa em seu poder, temporariamente, em virtude de direito pessoal, ou real, não anula a indireta, de quem aquela foi havida, podendo o possuidor direto defender a sua posse contra o indireto.	*Art. 486.* Quando, por força de obrigação, ou direito, em casos como o do usufrutuário, do credor pignoratício, do locatário, se exerce temporariamente a posse direta, não anula esta às pessoas, de quem eles a houveram, a posse indireta.
Art. 1.198. Considera-se detentor aquele que, achando-se em relação de dependência para com outro, conserva a posse em nome deste e em cumprimento de ordens ou instruções suas.	*Art. 487.* Não é possuidor aquele que, achando-se em relação de dependência para com outro, conserva a posse em nome deste e em cumprimento de ordens ou instruções suas.
Parágrafo único. Aquele que começou a comportar-se do modo como prescreve este artigo, em relação ao bem e à outra pessoa, presume-se detentor, até que prove o contrário.	
Art. 1.199. Se duas ou mais pessoas possuírem coisa indivisa, poderá cada uma exercer sobre ela atos possessórios, contanto que não excluam os dos outros compossuidores.	*Art. 488.* Se duas ou mais pessoas possuírem coisa indivisa, ou estiverem no gozo do mesmo direito, poderá cada uma exercer sobre o objeto comum atos possessórios, contanto que não excluam os dos outros compossuidores.
Art. 1.200. É justa a posse que não for violenta, clandestina ou precária.	*Art. 489.* É justa a posse que não for violenta, clandestina, ou precária.
Art. 1.201. É de boa-fé a posse, se o possuidor ignora o vício, ou o obstáculo que impede a aquisição da coisa.	*Art. 490.* É de boa-fé a posse, se o possuidor ignora o vício, ou o obstáculo que lhe impede a aquisição da coisa, ou do direito, possuído.
Parágrafo único. O possuidor com justo título tem por si a presunção de boa-fé, salvo prova em contrário, ou quando a lei expressamente não admite esta presunção.	*Parágrafo único.* O possuidor com justo título tem por si a presunção de boa-fé, salvo prova em contrário, ou quando a lei expressamente não admite esta presunção.

Código Civil 2002	Código Civil 1916
Art. 1.202. A posse de boa-fé só perde este caráter no caso e desde o momento em que as circunstâncias façam presumir que o possuidor não ignora que possui indevidamente.	*Art. 491.* A posse de boa-fé só perde este caráter no caso e desde o momento em que as circunstâncias façam presumir que o possuidor não ignora que possui indevidamente.
Art. 1.203. Salvo prova em contrário, entende-se manter a posse o mesmo caráter com que foi adquirida.	*Art. 492.* Salvo prova em contrário, entende-se manter a posse o mesmo caráter com que foi adquirida.
Capítulo II **Da Aquisição da Posse**	
Art. 1.204. Adquire-se a posse desde o momento em que se torna possível o exercício, em nome próprio, de qualquer dos poderes inerentes à propriedade.	*Art. 493.* Adquire-se a posse: *I* – pela apreensão da coisa, ou pelo exercício do direito; *II* – pelo fato de se dispor da coisa, ou do direito; *III* – por qualquer dos modos de aquisição em geral. *Parágrafo único.* É aplicável à aquisição da posse o disposto neste Código, arts. 81 a 85.
Art. 1.205. A posse pode ser adquirida:	*Art. 494.* A posse pode ser adquirida:
I – pela própria pessoa que a pretende ou por seu representante;	*I* – pela própria pessoa que a pretende; *II* – por seu representante, ou procurador;
II – por terceiro sem mandato, dependendo de ratificação.	*III* – por terceiro sem mandato, dependendo de ratificação.
Art. 1.206. A posse transmite-se aos herdeiros ou legatários do possuidor com os mesmos caracteres.	*Art. 495.* A posse transmite-se com os mesmos caracteres aos herdeiros e legatários do possuidor.
Art. 1.207. O sucessor universal continua de direito a posse do seu antecessor; e ao sucessor singular é facultado unir sua posse à do antecessor, para os efeitos legais.	*Art. 496.* O sucessor universal continua de direito a posse do seu antecessor; e ao sucessor singular é facultado unir sua posse à do antecessor, para os efeitos legais.
Art. 1.208. Não induzem posse os atos de mera permissão ou tolerância assim como não autorizam a sua aquisição os atos violentos, ou clandestinos, senão depois de cessar a violência ou a clandestinidade.	*Art. 497.* Não induzem posse os atos de mera permissão ou tolerância, assim como não autorizam a sua aquisição os atos violentos, ou clandestinos, senão depois de cessar a violência, ou a clandestinidade.
Art. 1.209. A posse do imóvel faz presumir, até prova contrária, a das coisas móveis que nele estiverem.	*Art. 498.* A posse do imóvel faz presumir, até prova contrária, a dos móveis e objetos que nele estiverem.

Código Civil 2002	Código Civil 1916
Capítulo III **Dos Efeitos da Posse**	
Art. 1.210. O possuidor tem direito a ser mantido na posse em caso de turbação, restituído no de esbulho, e segurado de violência iminente, se tiver justo receio de ser molestado.	*Art. 499.* O possuidor tem direito a ser mantido na posse, em caso de turbação, e restituído, no de esbulho.
§ 1º O possuidor turbado, ou esbulhado, poderá manter-se ou restituir-se por sua própria força, contanto que o faça logo; os atos de defesa, ou de desforço, não podem ir além do indispensável à manutenção, ou restituição da posse.	*Art. 502.* O possuidor turbado, ou esbulhado, poderá manter-se, ou restituir-se por sua própria força, contanto que o faça logo. *Parágrafo único.* Os atos de defesa, ou de desforço, não podem ir além do indispensável à manutenção ou restituição da posse.
§ 2º Não obsta à manutenção ou reintegração na posse a alegação de propriedade, ou de outro direito sobre a coisa.	*Art. 505.* Não obsta à manutenção, ou reintegração na posse, a alegação de domínio, ou de outro direito sobre a coisa. Não se deve, entretanto, julgar a posse em favor daquele a quem evidentemente não pertencer o domínio.
Art. 1.211. Quando mais de uma pessoa se disser possuidora, manter-se-á provisoriamente a que tiver a coisa, se não estiver manifesto que a obteve de alguma das outras por modo vicioso.	*Art. 500.* Quando mais de uma pessoa se disser possuidora, manter-se-á provisoriamente a que detiver a coisa, não sendo manifesto que a obteve de alguma das outras por modo vicioso.
Art. 1.212. O possuidor pode intentar a ação de esbulho, ou a de indenização, contra o terceiro, que recebeu a coisa esbulhada sabendo que o era.	*Art. 504.* O possuidor pode intentar a ação de esbulho, ou a de indenização, contra o terceiro, que recebeu a coisa esbulhada, sabendo que o era.
Art. 1.213. O disposto nos artigos antecedentes não se aplica às servidões não aparentes, salvo quando os respectivos títulos provierem do possuidor do prédio serviente, ou daqueles de quem este o houve.	*Art. 509.* O disposto nos artigos antecedentes não se aplica às servidões contínuas não aparentes, nem às descontínuas, salvo quando os respectivos títulos provierem do possuidor do prédio serviente, ou daqueles de quem este o houve.
Art. 1.214. O possuidor de boa-fé tem direito, enquanto ela durar, aos frutos percebidos.	*Art. 510.* O possuidor de boa-fé tem direito, enquanto ela durar, aos frutos percebidos.
Parágrafo único. Os frutos pendentes ao tempo em que cessar a boa-fé devem ser restituídos, depois de deduzidas as despesas da produção e custeio; devem ser também restituídos os frutos colhidos com antecipação.	*Art. 511.* Os frutos pendentes ao tempo em que cessar a boa-fé devem ser restituídos, depois de deduzidas as despesas da produção e custeio. Devem ser também restituídos os frutos colhidos com antecipação.
Art. 1.215. Os frutos naturais e industriais reputam-se colhidos e percebidos, logo que são separados; os civis reputam-se percebidos dia por dia.	*Art. 512.* Os frutos naturais e industriais reputam-se colhidos e percebidos, logo que são separados. Os civis reputam-se percebidos dia por dia.

Código Civil 2002	Código Civil 1916
Art. 1.216. O possuidor de má-fé responde por todos os frutos colhidos e percebidos, bem como pelos que, por culpa sua, deixou de perceber, desde o momento em que se constituiu de má-fé; tem direito às despesas da produção e custeio.	*Art. 513.* O possuidor de má-fé responde por todos os frutos colhidos e percebidos, bem como pelos que, por culpa sua, deixou de perceber, desde o momento em que se constituiu de má-fé; tem direito, porém, às despesas da produção e custeio.
Art. 1.217. O possuidor de boa-fé não responde pela perda ou deterioração da coisa, a que não der causa.	*Art. 514.* O possuidor de boa-fé não responde pela perda ou deterioração da coisa, a que não der causa.
Art. 1.218. O possuidor de má-fé responde pela perda, ou deterioração da coisa, ainda que acidentais, salvo se provar que de igual modo se teriam dado, estando ela na posse do reivindicante.	*Art. 515.* O possuidor de má-fé responde pela perda, ou deterioração da coisa, ainda que acidentais, salvo se provar que do mesmo modo se teriam dado, estando ela na posse do reivindicante.
Art. 1.219. O possuidor de boa-fé tem direito à indenização das benfeitorias necessárias e úteis, bem como, quanto às voluptuárias, se não lhe forem pagas, a levantá-las, quando o puder sem detrimento da coisa, e poderá exercer o direito de retenção pelo valor das benfeitorias necessárias e úteis.	*Art. 516.* O possuidor de boa-fé tem direito à indenização das benfeitorias necessárias e úteis, bem como, quanto às voluptuárias, se lhe não forem pagas, a levantá-las, quando o puder sem detrimento da coisa. Pelo valor das benfeitorias necessárias e úteis, poderá exercer o direito de retenção.
Art. 1.220. Ao possuidor de má-fé serão ressarcidas somente as benfeitorias necessárias; não lhe assiste o direito de retenção pela importância destas, nem o de levantar as voluptuárias.	*Art. 517.* Ao possuidor de má-fé serão ressarcidas somente as benfeitorias necessárias; mas não lhe assiste o direito de retenção pela importância destas, nem o de levantar as voluptuárias.
Art. 1.221. As benfeitorias compensam-se com os danos, e só obrigam ao ressarcimento se ao tempo da evicção ainda existirem.	*Art. 518.* As benfeitorias compensam-se com os danos, e só obrigam ao ressarcimento, se ao tempo da evicção ainda existirem.
Art. 1.222. O reivindicante, obrigado a indenizar as benfeitorias ao possuidor de má-fé, tem o direito de optar entre o seu valor atual e o seu custo; ao possuidor de boa-fé indenizará pelo valor atual.	*Art. 519.* O reivindicante obrigado a indenizar as benfeitorias tem direito de optar entre o seu valor atual e o seu custo.
Capítulo IV **Da Perda da Posse** **Art. 1.223.** Perde-se a posse quando cessa, embora contra a vontade do possuidor, o poder sobre o bem, ao qual se refere o art. 1.196.	*Art. 520.* Perde-se a posse das coisas: *I* – pelo abandono; *II* – pela tradição; *III* – pela perda, ou destruição delas, ou por serem postas fora do comércio. *IV* – pela posse de outrem, ainda contra a vontade do possuidor, se este não foi manutenido, ou reintegrado em tempo competente;

Código Civil 2002	Código Civil 1916
	V – pelo constituto possessório. *Parágrafo único.* Perde-se a posse dos direitos, em se tornando impossível exercê-los, ou não se exercendo por tempo que baste para prescreverem.
Art. 1.224. Só se considera perdida a posse para quem não presenciou o esbulho, quando, tendo notícia dele, se abstém de retornar a coisa, ou, tentando recuperá-la, é violentamente repelido.	*Art. 522.* Só se considera perdida a posse para o ausente, quando, tendo notícia da ocupação, se abstêm de retomar a coisa, ou, tentando recuperá-la, é violentamente repelido.
Título II **Dos Direitos Reais** **Capítulo Único** **Disposições Gerais**	
Art. 1.225. São direitos reais:	*Art. 674.* São direitos reais, além da propriedade:
I – a propriedade;	
II – a superfície;	
III – as servidões;	*II* – as servidões;
IV – o usufruto;	*III* – o usufruto;
V – o uso;	*IV* – o uso;
VI – a habitação;	*V* – a habitação;
VII – o direito do promitente comprador do imóvel;	
VIII – o penhor;	*VII* – o penhor;
IX – a hipoteca;	*IX* – a hipoteca;
X – a anticrese.	*VIII* – a anticrese.
Art. 1.226. Os direitos reais sobre coisas móveis, quando constituídos, ou transmitidos por atos entre vivos, só se adquirem com a tradição.	*Art. 675.* Os direitos reais sobre coisas móveis, quando constituídos, ou transmitidos por atos entre vivos, só se adquirem com a tradição (art. 620).
Art. 1.227. Os direitos reais sobre imóveis constituídos, ou transmitidos por atos entre vivos, só se adquirem com o registro no Cartório de Registro de Imóveis dos referidos títulos (arts. 1.245 a 1.247), salvo os casos expressos neste Código.	*Art. 676.* Os direitos reais sobre imóveis constituídos ou transmitidos por atos entre vivos só se adquirem depois da transcrição, ou da inscrição, no Registro de Imóveis, dos referidos títulos (arts. 530, I, e 856), salvo os casos expressos neste Código.
Título III **Da Propriedade** **Capítulo I** **Da Propriedade em Geral** **Seção I** **Disposições Preliminares**	
Art. 1.228. O proprietário tem a faculdade de usar, gozar e dispor da coisa, e o direito de reavê-la do	*Art. 524.* A lei assegura ao proprietário o direito de usar, gozar e dispor de seus bens, e de reavê-

CÓDIGO CIVIL 2002	CÓDIGO CIVIL 1916
poder de quem quer que injustamente a possua ou detenha.	los do poder de quem quer que injustamente os possua.
§ 1º O direito de propriedade deve ser exercido em consonância com as suas finalidades econômicas e sociais e de modo que sejam preservados, de conformidade com o estabelecido em lei especial, a flora, a fauna, as belezas naturais, o equilíbrio ecológico e o patrimônio histórico e artístico, bem como evitada a poluição do ar e das águas.	
§ 2º São defesos os atos que não trazem ao proprietário qualquer comodidade, ou utilidade, e sejam animados pela intenção de prejudicar outrem.	
§ 3º O proprietário pode ser privado da coisa, nos casos de desapropriação, por necessidade ou utilidade pública ou interesse social, bem como no de requisição, em caso de perigo público iminente.	
§ 4º O proprietário também pode ser privado da coisa se o imóvel reivindicado consistir em extensa área, na posse ininterrupta e de boa-fé, por mais de cinco anos, de considerável número de pessoas, e estas nela houverem realizado, em conjunto ou separadamente, obras e serviços considerados pelo juiz de interesse social e econômico relevante.	
§ 5º No caso do parágrafo antecedente, o juiz fixará a justa indenização devida ao proprietário; pago o preço, valerá a sentença como título para o registro do imóvel em nome dos possuidores.	
Art. 1.229. A propriedade do solo abrange a do espaço aéreo e subsolo correspondentes, em altura e profundidade úteis ao seu exercício, não podendo o proprietário opor-se a atividades que sejam realizadas, por terceiros, a uma altura ou profundidade tais, que não tenha ele interesse legítimo em impedi-las.	*Art. 526.* A propriedade do solo abrange a do que lhe está superior e inferior em toda a altura e em toda a profundidade, úteis ao seu exercício, não podendo, todavia, o proprietário opor-se a trabalhos que sejam empreendidos a uma altura ou profundidade tais, que não tenha ele interesse algum em impedi-los.
Art. 1.230. A propriedade do solo não abrange as jazidas, minas e demais recursos minerais, os potenciais de energia hidráulica, os monumentos arqueológicos e outros bens referidos por leis especiais. **Parágrafo único.** O proprietário do solo tem o direito de explorar os recursos minerais de em-	

Código Civil 2002	Código Civil 1916
prego imediato na construção civil, desde que não submetidos a transformação industrial, obedecido o disposto em lei especial.	
Art. 1.231. A propriedade presume-se plena e exclusiva, até prova em contrário.	*Art. 527.* O domínio presume-se exclusivo e ilimitado, até prova em contrário.
Art. 1.232. Os frutos e mais produtos da coisa pertencem, ainda quando separados, ao seu proprietário, salvo se, por preceito jurídico especial, couberem a outrem.	*Art. 528.* Os frutos e mais produtos da coisa pertencem, ainda quando separados, ao seu proprietário, salvo se, por motivo jurídico, especial, houverem de caber a outrem.
Seção II **Da Descoberta**	
Art. 1.233. Quem quer que ache coisa alheia perdida há de restituí-la ao dono ou legítimo possuidor.	*Art. 603.* Quem quer que ache coisa alheia perdida, há de restituí-la ao dono ou legítimo possuidor.
Parágrafo único. Não o conhecendo, o descobridor fará por encontrá-lo, e, se não o encontrar, entregará a coisa achada à autoridade competente.	*Parágrafo único.* Não o conhecendo, o inventor fará por descobri-lo, e, quando se lhe não depare, entregará o objeto achado a autoridade competente do lugar.
Art. 1.234. Aquele que restituir a coisa achada, nos termos do artigo antecedente, terá direito a uma recompensa não inferior a cinco por cento do seu valor, e à indenização pelas despesas que houver feito com a conservação e transporte da coisa, se o dono não preferir abandoná-la.	*Art. 604.* O que restituir a coisa achada, nos termos do artigo precedente, terá direito a uma recompensa e à indenização pelas despesas que houver feito com a conservação e transporte da coisa, se o dono não preferir abandoná-la.
Parágrafo único. Na determinação do montante da recompensa, considerar-se-á o esforço desenvolvido pelo descobridor para encontrar o dono, ou o legítimo possuidor, as possibilidades que teria este de encontrar a coisa e a situação econômica de ambos.	
Art. 1.235. O descobridor responde pelos prejuízos causados ao proprietário ou possuidor legítimo, quando tiver procedido com dolo.	*Art. 605.* O inventor responde pelos prejuízos causados ao proprietário ou possuidor legítimo, quando tiver procedido com dolo.
Art. 1.236. A autoridade competente dará conhecimento da descoberta através da imprensa e outros meios de informação, somente expedindo editais se o seu valor os comportar.	
Art. 1.237. Decorridos sessenta dias da divulgação da notícia pela imprensa, ou do edital, não se apresentando quem comprove a propriedade	*Art. 606.* Decorridos 6 (seis) meses do aviso à autoridade, não se apresentando ninguém que mostre domínio sobre a coisa, será esta vendida

Código Civil 2002	Código Civil 1916
sobre a coisa, será esta vendida em hasta pública e, deduzidas do preço as despesas, mais a recompensa do descobridor, pertencerá o remanescente ao Município em cuja circunscrição se deparou o objeto perdido.	em hasta pública, e, deduzidas do preço as despesas, mais a recompensa do inventor (art. 604), pertencerá o remanescente ao Estado, ou ao Distrito Federal, se nas respectivas circunscrições se deparou o objeto perdido, ou à União, se foi achado em território ainda não constituído em Estado.
Parágrafo único. Sendo de diminuto valor, poderá o Município abandonar a coisa em favor de quem a achou.	
Capítulo II **Da Aquisição da Propriedade Imóvel** **Seção I** **Da Usucapião**	
Art. 1.238. Aquele que, por quinze anos, sem interrupção, nem oposição, possuir como seu um imóvel, adquire-lhe a propriedade, independentemente de título e boa-fé; podendo requerer ao juiz que assim o declare por sentença, a qual servirá de título para o registro no Cartório de Registro de Imóveis.	*Art. 550.* Aquele que, por 20 (vinte) anos, sem interrupção, nem oposição, possuir como seu um imóvel, adquirir-lhe-á o domínio, independentemente de título de boa fé que, em tal caso, se presume, podendo requerer ao juiz que assim o declare por sentença, a qual lhe servirá de título para transcrição no Registro de Imóveis.
Parágrafo único. O prazo estabelecido neste artigo reduzir-se-á a dez anos se o possuidor houver estabelecido no imóvel a sua moradia habitual, ou nele realizado obras ou serviços de caráter produtivo.	
Art. 1.239. Aquele que, não sendo proprietário de imóvel rural ou urbano, possua como sua, por cinco anos ininterruptos, sem oposição, área de terra em zona rural não superior a cinqüenta hectares, tornando-a produtiva por seu trabalho ou de sua família, tendo nela sua moradia, adquirir-lhe-á a propriedade.	
Art. 1.240. Aquele que possuir, como sua, área urbana de até duzentos e cinqüenta metros quadrados, por cinco anos ininterruptamente e sem oposição, utilizando-a para sua moradia ou de sua família, adquirir-lhe-á o domínio, desde que não seja proprietário de outro imóvel urbano ou rural. **§ 1º** O título de domínio e a concessão de uso serão conferidos ao homem ou à mulher, ou a ambos, independentemente do estado civil.	

Código Civil 2002	Código Civil 1916
§ 2º O direito previsto no parágrafo antecedente não será reconhecido ao mesmo possuidor mais de uma vez.	
Art. 1.241. Poderá o possuidor requerer ao juiz seja declarada adquirida, mediante usucapião, a propriedade imóvel. **Parágrafo único.** A declaração obtida na forma deste artigo constituirá título hábil para o registro no Cartório de Registro de Imóveis.	
Art. 1.242. Adquire também a propriedade do imóvel aquele que, contínua e incontestadamente, com justo título e boa-fé, o possuir por dez anos.	*Art. 551.* Adquire também o domínio do imóvel aquele que, por 10 (dez) anos entre presentes, ou 15 (quinze) entre ausentes, o possuir como seu, contínua e incontestadamente, com justo título e boa-fé.
Parágrafo único. Será de cinco anos o prazo previsto neste artigo se o imóvel houver sido adquirido, onerosamente, com base no registro constante do respectivo cartório, cancelada posteriormente, desde que os possuidores nele tiverem estabelecido a sua moradia, ou realizado investimentos de interesse social e econômico.	
Art. 1.243. O possuidor pode, para o fim de contar o tempo exigido pelos artigos antecedentes, acrescentar à sua posse a dos seus antecessores (art. 1.207), contanto que todas sejam contínuas, pacíficas e, nos casos do art. 1.242, com justo título e de boa-fé.	*Art. 552.* O possuidor pode, para o fim de contar o tempo exigido pelos artigos antecedentes, acrescentar à sua posse a do seu antecessor (art. 496), contanto que ambas sejam contínuas e pacíficas.
Art. 1.244. Estende-se ao possuidor o disposto quanto ao devedor acerca das causas que obstam, suspendem ou interrompem a prescrição, as quais também se aplicam à usucapião.	*Art. 553.* As causas que obstam, suspendem, ou interrompem a prescrição, também se aplicam ao usucapião (art. 619, parágrafo único), assim como ao possuidor se estende o disposto quanto ao devedor.
Seção II **Da Aquisição pelo Registro do Título** **Art. 1.245.** Transfere-se entre vivos a propriedade mediante o registro do título translativo no Registro de Imóveis.	*Art. 530.* Adquire-se a propriedade imóvel: *I* – pela transcrição do título de transferência no Registro do Imóvel;
§ 1º Enquanto não se registrar o título translativo, o alienante continua a ser havido como dono do imóvel.	

Código Civil 2002	Código Civil 1916
§ 2º Enquanto não se promover, por meio de ação própria, a decretação de invalidade do registro, e o respectivo cancelamento, o adquirente continua a ser havido como dono do imóvel.	
Art. 1.246. O registro é eficaz desde o momento em que se apresentar o título ao oficial do registro, e este o prenotar no protocolo.	*Art. 534.* A transcrição datar-se-á do dia em que se apresentar o título ao oficial do registro, e este o prenotar no protocolo.
Art. 1.247. Se o teor do registro não exprimir a verdade, poderá o interessado reclamar que se retifique ou anule. **Parágrafo único.** Cancelado o registro, poderá o proprietário reivindicar o imóvel, independentemente da boa-fé ou do título do terceiro adquirente.	
Seção III **Da Aquisição por Acessão**	
Art. 1.248. A acessão pode dar-se:	*Art. 536.* A acessão pode dar-se:
I – por formação de ilhas;	*I* – pela formação de ilhas;
II – por aluvião;	*II* – por aluvião;
III – por avulsão;	*III* – por avulsão;
IV – por abandono de álveo;	*IV* – por abandono do álveo;
V – por plantações ou construções.	*V* – pela construção de obras ou plantações.
Subseção I **Das Ilhas**	
Art. 1.249. As ilhas que se formarem em correntes comuns ou particulares pertencem aos proprietários ribeirinhos fronteiros, observadas as regras seguintes:	*Art. 537.* As ilhas situadas nos rios não navegáveis pertencem aos proprietários ribeirinhos fronteiros, observadas as regras seguintes:
I – as que se formarem no meio do rio consideram-se acréscimos sobrevindos aos terrenos ribeirinhos fronteiros de ambas as margens, na proporção de suas testadas, até a linha que dividir o álveo em duas partes iguais;	*I* – as que se formarem no meio do rio consideram-se acréscimos sobrevindos aos terrenos ribeirinhos fronteiros de ambas as margens, na proporção de suas testadas, até a linha que dividir o álveo em duas partes iguais;
II – as que se formarem entre a referida linha e uma das margens consideram-se acréscimos aos terrenos ribeirinhos fronteiros desse mesmo lado;	*II* – as que se formarem entre essa linha e uma das margens consideram-se acréscimos aos terrenos ribeirinhos fronteiros desse mesmo lado;
III – as que se formarem pelo desdobramento de um novo braço do rio continuam a pertencer aos	*III* – as que se formarem pelo desdobramento de um novo braço do rio continuam a pertencer aos

Código Civil 2002	Código Civil 1916
proprietários dos terrenos à custa dos quais se constituíram.	proprietários dos terrenos à custa dos quais se constituíram.
Subseção II **Da Aluvião**	
Art. 1.250. Os acréscimos formados, sucessiva e imperceptivelmente, por depósitos e aterros naturais ao longo das margens das correntes, ou pelo desvio das águas destas, pertencem aos donos dos terrenos marginais, sem indenização.	*Art. 538.* Os acréscimos formados por depósitos e aterros naturais, ou pelo desvio das águas dos rios, ainda que estes sejam navegáveis, pertencem aos donos dos terrenos marginais.
Parágrafo único. O terreno aluvial, que se formar em frente de prédios de proprietários diferentes, dividir-se-á entre eles, na proporção da testada de cada um sobre a antiga margem.	*Art. 540.* Quando o terreno aluvial se formar em frente a prédios de proprietários diferentes, dividir-se-á entre eles, na proporção da testada de cada um sobre a antiga margem; respeitadas as disposições concernentes à navegação.
Subseção III **Da Avulsão**	
Art. 1.251. Quando, por força natural violenta, uma porção de terra se destacar de um prédio e se juntar a outro, o dono deste adquirirá a propriedade do acréscimo, se indenizar o dono do primeiro ou, sem indenização, se, em um ano, ninguém houver reclamado.	*Art. 541.* Quando, por força natural violenta, uma porção de terra se destacar de um prédio e se juntar a outro, poderá o dono do primeiro reclamá-lo do segundo; cabendo a este a opção entre aquiescer a que se remova a parte acrescida, ou indenizar ao reclamante (art. 178, § 6º, XI).
Parágrafo único. Recusando-se ao pagamento de indenização, o dono do prédio a que se juntou a porção de terra deverá aquiescer a que se remova a parte acrescida.	*Art. 541 (ver acima), Art. 542.* Se ninguém reclamar dentro de 1 (um) ano, considerar-se-á definitivamente incorporada essa porção de terra ao prédio, onde se acha, perdendo o antigo dono o direito a reivindicá-la, ou ser indenizado (art. 178, § 6º, XI).
Subseção IV **Do Álveo Abandonado**	
Art. 1.252. O álveo abandonado de corrente pertence aos proprietários ribeirinhos das duas margens, sem que tenham indenização os donos dos terrenos por onde as águas abrirem novo curso, entendendo-se que os prédios marginais se estendem até o meio do álveo.	*Art. 544.* O álveo abandonado do rio público, ou particular, pertence aos proprietários ribeirinhos das duas margens, sem que tenham direito a indenização alguma os donos dos terrenos por onde as águas abrirem novo curso. Entende-se que os prédios marginais se estendem até ao meio do álveo.
Subseção V **Das Construções e Plantações**	
Art. 1.253. Toda construção ou plantação existente em um terreno presume-se feita pelo proprietário e à sua custa, até que se prove o contrário.	*Art. 545.* Toda construção, ou plantação, existente em um terreno, se presume feita pelo proprietário e à sua custa, até que o contrário se prove.

Código Civil 2002	Código Civil 1916
Art. 1.254. Aquele que semeia, planta ou edifica em terreno próprio com sementes, plantas ou materiais alheios, adquire a propriedade destes; mas fica obrigado a pagar-lhes o valor, além de responder por perdas e danos, se agiu de má-fé.	*Art. 546.* Aquele que semeia, planta ou edifica em terreno próprio, com sementes, plantas ou materiais alheios, adquire a propriedade destes; mas fica obrigado a pagar-lhes o valor, além de responder por perdas e danos, se obrou de má-fé.
Art. 1.255. Aquele que semeia, planta ou edifica em terreno alheio perde, em proveito do proprietário, as sementes, plantas e construções; se procedeu de boa-fé, terá direito a indenização.	*Art. 547.* Aquele que semeia, planta ou edifica em terreno alheio perde, em proveito do proprietário, as sementes, plantas e construções, mas tem direito à indenização. Não o terá, porém, se procedeu de má-fé, caso em que poderá ser constrangido a repor as coisas no estado anterior e a pagar os prejuízos.
Parágrafo único. Se a construção ou a plantação exceder consideravelmente o valor do terreno, aquele que, de boa-fé, plantou ou edificou, adquirirá a propriedade do solo, mediante pagamento da indenização fixada judicialmente, se não houver acordo.	
Art. 1.256. Se de ambas as partes houve má-fé, adquirirá o proprietário as sementes, plantas e construções, devendo ressarcir o valor das acessões.	*Art. 548.* Se de ambas as partes houve má-fé, adquirirá o proprietário as sementes, plantas e construções, com encargo, porém, de ressarcir o valor das benfeitorias.
Parágrafo único. Presume-se má-fé no proprietário, quando o trabalho de construção, ou lavoura, se fez em sua presença e sem impugnação sua.	*Parágrafo único.* Presume-se má-fé no proprietário, quando o trabalho de construção, ou lavoura se fez em sua presença e sem impugnação sua.
Art. 1.257. O disposto no artigo antecedente aplica-se ao caso de não pertencerem as sementes, plantas ou materiais a quem de boa-fé os empregou em solo alheio.	*Art. 549.* O disposto no artigo antecedente aplica-se também ao caso de não pertencerem as sementes, plantas, ou materiais a quem de boa-fé os empregou em solo alheio.
Parágrafo único. O proprietário das sementes, plantas ou materiais poderá cobrar do proprietário do solo a indenização devida, quando não puder havê-la do plantador ou construtor.	*Parágrafo único.* O proprietário das sementes, plantas ou materiais poderá cobrar do proprietário do solo a indenização devida, quando não puder havê-la do plantador, ou construtor.
Art. 1.258. Se a construção, feita parcialmente em solo próprio, invade solo alheio em proporção não superior à vigésima parte deste, adquire o construtor de boa-fé a propriedade da parte do solo invadido, se o valor da construção exceder o dessa parte, e responde por indenização que represente, também, o valor da área perdida e a desvalorização da área remanescente.	

Código Civil 2002	Código Civil 1916
Parágrafo único. Pagando em décuplo as perdas e danos previstos neste artigo, o construtor de má-fé adquire a propriedade da parte do solo que invadiu, se em proporção à vigésima parte deste e o valor da construção exceder consideravelmente o dessa parte e não se puder demolir a porção invasora sem grave prejuízo para a construção.	
Art. 1.259. Se o construtor estiver de boa-fé, e a invasão do solo alheio exceder a vigésima parte deste, adquire a propriedade da parte do solo invadido, e responde por perdas e danos que abranjam o valor que a invasão acrescer à construção, mais o da área perdida e o da desvalorização da área remanescente; se de má-fé, é obrigado a demolir o que nele construiu, pagando as perdas e danos apurados, que serão devidos em dobro.	
Capítulo III **Da Aquisição da Propriedade Móvel** **Seção I** **Da Usucapião**	
Art. 1.260. Aquele que possuir coisa móvel como sua, contínua e incontestadamente durante três anos, com justo título e boa-fé, adquirir-lhe-á a propriedade.	*Art. 618.* Adquirirá o domínio da coisa móvel o que a possuir como sua, sem interrupção, nem oposição, durante 3 (três) anos. *Parágrafo único.* Não gera usucapião a posse, que se não firme em justo título, bem como a inquinada, original ou supervenientemente, de má-fé.
Art. 1.261. Se a posse da coisa móvel se prolongar por cinco anos, produzirá usucapião, independentemente de título ou boa-fé.	*Art. 619.* Se a posse da coisa móvel se prolongar por 5 (cinco) anos, produzirá usucapião independentemente de título e boa-fé.
Art. 1.262. Aplica-se à usucapião das coisas móveis o disposto nos arts. 1.243 e 1.244.	*Art. 619, Parágrafo único.* As disposições dos arts. 552 e 553 são aplicáveis ao usucapião das coisas móveis.
Seção II **Da Ocupação**	
Art. 1.263. Quem se assenhorear de coisa sem dono para logo lhe adquire a propriedade, não sendo essa ocupação defesa por lei.	*Art. 592.* Quem se assenhorear de coisa abandonada, ou ainda não apropriada, para logo lhe adquire a propriedade, não sendo essa ocupação defesa por lei.

Código Civil 2002	Código Civil 1916
Seção III **Do Achado do Tesouro**	
Art. 1.264. O depósito antigo de coisas preciosas, oculto e de cujo dono não haja memória, será dividido por igual entre o proprietário do prédio e o que achar o tesouro casualmente.	*Art. 607.* O depósito antigo de moeda ou coisas preciosas, enterrado, ou oculto, de cujo dono não haja memória, se alguém casualmente o achar em prédio alheio, dividir-se-á por igual entre o proprietário deste e o inventor.
Art. 1.265. O tesouro pertencerá por inteiro ao proprietário do prédio, se for achado por ele, ou em pesquisa que ordenou, ou por terceiro não autorizado.	*Art. 608.* Se o que achar for o senhor do prédio, algum operário seu, mandado em pesquisa, ou terceiro não autorizado pelo dono do prédio, a este pertencerá por inteiro o tesoiro.
Art. 1.266. Achando-se em terreno aforado, o tesouro será dividido por igual entre o descobridor e o enfiteuta, ou será deste por inteiro quando ele mesmo seja o descobridor.	*Art. 609.* Deparando-se em terreno aforado, partir-se-á igualmente entre o inventor e o enfiteuta, ou será deste por inteiro, quando ele mesmo seja o inventor.
Seção IV **Da Tradição**	
Art. 1.267. A propriedade das coisas não se transfere pelos negócios jurídicos antes da tradição.	*Art. 620.* O domínio das coisas não se transfere pelos contratos antes da tradição. Mas esta se subentende, quando o transmitente continua a possuir pelo constituto possessório (art. 675).
Parágrafo único. Subentende-se a tradição quando o transmitente continua a possuir pelo constituto possessório; quando cede ao adquirente o direito à restituição da coisa, que se encontra em poder de terceiro; ou quando o adquirente já está na posse da coisa, por ocasião do negócio jurídico.	*Art. 621.* Se a coisa alienada estiver na posse de terceiro, obterá o adquirente a posse indireta pela cessão que lhe fizer o alienante de seu direito à restituição da coisa.
Art. 1.268. Feita por quem não seja proprietário, a tradição não aliena a propriedade, exceto se a coisa, oferecida ao público, em leilão ou estabelecimento comercial, for transferida em circunstâncias tais que, ao adquirente de boa-fé, como a qualquer pessoa, o alienante se afigurar dono.	*Art. 622.* Feita por quem não seja proprietário, a tradição não alheia a propriedade. Mas, se o adquirente estiver de boa-fé, e o alienante adquirir depois o domínio, considera-se revalidada a transferência e operado o efeito da tradição, desde o momento do seu ato.
§ 1º Se o adquirente estiver de boa-fé e o alienante adquirir depois a propriedade, considera-se realizada a transferência desde o momento em que ocorreu a tradição.	*Art. 622 caput (ver acima).*
§ 2º Não transfere a propriedade a tradição, quando tiver por título um negócio jurídico nulo.	*Parágrafo único.* Também não transfere o domínio a tradição, quando tiver por título um ato nulo.

CÓDIGO CIVIL 2002	CÓDIGO CIVIL 1916
Seção V **Da Especificação**	
Art. 1.269. Aquele que, trabalhando em matéria-prima em parte alheia, obtiver espécie nova, desta será proprietário, se não se puder restituir à forma anterior.	*Art. 611.* Aquele que, trabalhando em matéria-prima, obtiver espécie nova, desta será proprietário se a matéria era sua, ainda que só em parte, e não se puder restituir à forma anterior.
Art. 1.270. Se toda a matéria for alheia, e não se puder reduzir à forma precedente, será do especificador de boa-fé a espécie nova.	*Art. 612.* Se toda a matéria for alheia, e não se puder reduzir à forma precedente, será do especificador de boa-fé a espécie nova.
§ 1º Sendo praticável a redução, ou quando impraticável, se a espécie nova se obteve de má-fé, pertencerá ao dono da matéria-prima.	*§ 1º* Mas, sendo praticável a redução, ou, quando impraticável, se a espécie nova se obteve de má-fé, pertencerá ao dono da matéria-prima.
§ 2º Em qualquer caso, inclusive o da pintura em relação à tela, da escultura, escritura e outro qualquer trabalho gráfico em relação à matéria-prima, a espécie nova será do especificador, se o seu valor exceder consideravelmente o da matéria-prima.	*§ 2º* Em qualquer caso, porém, se o preço da mão-de-obra exceder consideravelmente o valor da matéria-prima, a espécie nova será do especificador.
Art. 1.271. Aos prejudicados, nas hipóteses dos arts. 1.269 e 1.270, se ressarcirá o dano que sofrerem, menos ao especificador de má-fé, no caso do § 1º do artigo antecedente, quando irredutível a especificação.	*Art. 613.* Aos prejudicados nas hipóteses dos dois artigos precedentes, menos a última do art. 612, § 1º, concernente à especificação irredutível obtida em má-fé, se ressarcirá o dano, que sofrerem.
Seção VI **Da Confusão, da Comissão e da Adjunção**	
Art. 1.272. As coisas pertencentes a diversos donos, confundidas, misturadas ou adjuntadas sem o consentimento deles, continuam a pertencer-lhes, sendo possível separá-las sem deterioração.	*Art. 615.* As coisas pertencentes a diversos donos, confundidas, misturadas, ou ajuntadas, sem o consentimento deles, continuam a pertencer-lhes, sendo possível separá-las sem deterioração.
§ 1º Não sendo possível a separação das coisas, ou exigindo dispêndio excessivo, subsiste indiviso o todo, cabendo a cada um dos donos quinhão proporcional ao valor da coisa com que entrou para a mistura ou agregado.	*§ 1º* Não o sendo, ou exigindo a separação dispêndio excessivo, subsiste indiviso o todo, cabendo a cada um dos donos quinhão proporcional ao valor da coisa, com que entrou para a mistura ou agregado.
§ 2º Se uma das coisas puder considerar-se principal, o dono sê-lo-á do todo, indenizando os outros.	*§ 2º* Se, porém, uma das coisas puder considerar-se principal, o dono sê-lo-á do todo, indenizando os outros.
Art. 1.273. Se a confusão, comissão ou adjunção se operou de má-fé, à outra parte caberá escolher entre adquirir a propriedade do todo, pagan-	*Art. 616.* Se a confusão, adjunção, ou mistura se operou de má-fé, à outra parte caberá escolher entre guardar o todo, pagando a porção, que não

Código Civil 2002	Código Civil 1916
do o que não for seu, abatida a indenização que lhe for devida, ou renunciar ao que lhe pertencer, caso em que será indenizado.	for sua, ou renunciar a que lhe pertencer, mediante indenização completa.
Art. 1.274. Se da união de matérias de natureza diversa se formar espécie nova, à confusão, comissão ou adjunção aplicam-se as normas dos arts. 1.272 e 1.273.	*Art. 617.* Se da mistura de matérias de natureza diversa se formar nova espécie, a confusão terá a natureza de especificação para o efeito de atribuir o domínio ao respectivo autor.
Capítulo IV **Da Perda da Propriedade**	
Art. 1.275. Além das causas consideradas neste Código, perde-se a propriedade:	*Art. 589.* Além das causas de extinção consideradas neste Código, também se perde a propriedade imóvel:
I – por alienação;	*I* – pela alienação;
II – pela renúncia;	*II* – pela renúncia;
III – por abandono;	*III* – pelo abandono;
IV – por perecimento da coisa;	*IV* – pelo perecimento do imóvel.
V – por desapropriação.	
Parágrafo único. Nos casos dos incisos I e II, os efeitos da perda da propriedade imóvel serão subordinados ao registro do título transmissivo ou do ato renunciativo no Registro de Imóveis.	*§ 1º* Nos dois primeiros casos deste artigo, os efeitos da perda do domínio serão subordinados a transcrição do título transmissivo, ou do ato renunciativo, no registro do lugar do imóvel.
Art. 1.276. O imóvel urbano que o proprietário abandonar, com a intenção de não mais o conservar em seu patrimônio, e que se não encontrar na posse de outrem, poderá ser arrecadado, como bem vago, e passar, três anos depois, à propriedade do Município ou à do Distrito Federal, se se achar nas respectivas circunscrições.	*Art. 589, § 2º* O imóvel abandonado arrecadar-se-á como bem vago e passará ao domínio do Estado, do Território ou do Distrito Federal se se achar nas respectivas circunscrições; *a)* 10 (dez) anos depois, quando se tratar de imóvel localizado em zona urbana.
§ 1º O imóvel situado na zona rural, abandonado nas mesmas circunstâncias, poderá ser arrecadado, como bem vago, e passar, três anos depois, à propriedade da União, onde quer que ele se localize.	*b)* 3 (três) anos depois, quando se tratar de imóvel localizado em zona rural.
§ 2º Presumir-se-á de modo absoluto a intenção a que se refere este artigo, quando, cessados os atos de posse, deixar o proprietário de satisfazer os ônus fiscais.	

Código Civil 2002	Código Civil 1916
Capítulo V **Dos Direitos de Vizinhança** **Seção I** **Do Uso Anormal da Propriedade**	
Art. 1.277. O proprietário ou o possuidor de um prédio tem o direito de fazer cessar as interferências prejudiciais à segurança, ao sossego e à saúde dos que o habitam, provocadas pela utilização de propriedade vizinha.	*Art. 554.* O proprietário, ou inquilino de um prédio tem o direito de impedir que o mau uso da propriedade vizinha possa prejudicar a segurança, o sossego e a saúde dos que o habitam.
Parágrafo único. Proíbem-se as interferências considerando-se a natureza da utilização, a localização do prédio, atendidas as normas que distribuem as edificações em zonas, e os limites ordinários de tolerância dos moradores da vizinhança.	
Art. 1.278. O direito a que se refere o artigo antecedente não prevalece quando as interferências forem justificadas por interesse público, caso em que o proprietário ou o possuidor, causador delas, pagará ao vizinho indenização cabal.	
Art. 1.279. Ainda que por decisão judicial devam ser toleradas as interferências, poderá o vizinho exigir a sua redução, ou eliminação, quando estas se tornarem possíveis.	
Art. 1.280. O proprietário ou o possuidor tem direito a exigir do dono do prédio vizinho a demolição, ou a reparação deste, quando ameace ruína, bem como que lhe preste caução pelo dano iminente.	*Art. 555.* O proprietário tem direito a exigir do dono do prédio vizinho a demolição, ou reparação necessária, quando este ameace ruína, bem como que preste caução pelo dano iminente.
Art. 1.281. O proprietário ou o possuidor de um prédio, em que alguém tenha direito de fazer obras, pode, no caso de dano iminente, exigir do autor delas as necessárias garantias contra o prejuízo eventual.	*Art. 529.* O proprietário, ou o inquilino de um prédio, em que alguém tem direito de fazer obras, pode, no caso de dano iminente, exigir do autor delas as precisas seguranças contra o prejuízo eventual.
Seção II **Das Árvores Limítrofes**	
Art. 1.282. A árvore, cujo tronco estiver na linha divisória, presume-se pertencer em comum aos donos dos prédios confinantes.	*Art. 556.* A árvore, cujo tronco estiver na linha divisória, presume-se pertencer em comum aos donos dos prédios confinantes.
Art. 1.283. As raízes e os ramos de árvore, que ultrapassarem a estrema do prédio, poderão ser	*Art. 558.* As raízes e ramos de árvores, que ultrapassarem a extrema do prédio, poderão ser

CÓDIGO CIVIL 2002	CÓDIGO CIVIL 1916
cortados, até o plano vertical divisório, pelo proprietário do terreno invadido.	cortados, até o plano vertical divisório, pelo proprietário do terreno invadido.
Art. 1.284. Os frutos caídos de árvore do terreno vizinho pertencem ao dono do solo onde caíram, se este for de propriedade particular.	*Art. 557.* Os frutos caídos de árvore do terreno vizinho pertencem ao dono do solo onde caíram, se este for de propriedade particular.
Seção III **Da Passagem Forçada**	
Art. 1.285. O dono do prédio que não tiver acesso a via pública, nascente ou porto, pode, mediante pagamento de indenização cabal, constranger o vizinho a lhe dar passagem, cujo rumo será judicialmente fixado, se necessário.	*Art. 559.* O dono do prédio rústico, ou urbano, que se achar encravado em outro, sem saída pela via pública, fonte ou porto, tem direito a reclamar do vizinho que lhe deixe passagem, fixando-se a esta judicialmente o rumo, quando necessário. *Art. 560.* Os donos dos prédios por onde se estabelece a passagem para o prédio encravado têm direito a indenização cabal.
§ 1º Sofrerá o constrangimento o vizinho cujo imóvel mais natural e facilmente se prestar à passagem.	
§ 2º Se ocorrer alienação parcial do prédio, de modo que uma das partes perca o acesso a via pública, nascente ou porto, o proprietário da outra deve tolerar a passagem.	
§ 3º Aplica-se o disposto no parágrafo antecedente ainda quando, antes da alienação, existia passagem através de imóvel vizinho, não estando o proprietário deste constrangido, depois, a dar uma outra.	
Seção IV **Da Passagem de Cabos e Tubulações**	
Art. 1.286. Mediante recebimento de indenização que atenda, também, à desvalorização da área remanescente, o proprietário é obrigado a tolerar a passagem, através de seu imóvel, de cabos, tubulações e outros condutos subterrâneos de serviços de utilidade pública, em proveito de proprietários vizinhos, quando de outro modo for impossível ou excessivamente onerosa. **Parágrafo único.** O proprietário prejudicado pode exigir que a instalação seja feita de modo menos gravoso ao prédio onerado, bem como, depois, seja removida, à sua custa, para outro local do imóvel.	

CÓDIGO CIVIL 2002	CÓDIGO CIVIL 1916
Art. 1.287. Se as instalações oferecerem grave risco, será facultado ao proprietário do prédio onerado exigir a realização de obras de segurança.	
Seção V **Das Águas**	
Art. 1.288. O dono ou o possuidor do prédio inferior é obrigado a receber as águas que correm naturalmente do superior, não podendo realizar obras que embaracem o seu fluxo; porém a condição natural e anterior do prédio inferior não pode ser agravada por obras feitas pelo dono ou possuidor do prédio superior.	*Art. 563.* O dono do prédio inferior é obrigado a receber as águas que correm naturalmente do superior. Se o dono deste fizer obras de arte, para facilitar o escoamento, procederá de modo que não piore a condição natural e anterior do outro.
Art. 1.289. Quando as águas, artificialmente levadas ao prédio superior, ou aí colhidas, correrem dele para o inferior, poderá o dono deste reclamar que se desviem, ou se lhe indenize o prejuízo que sofrer. **Parágrafo único.** Da indenização será deduzido o valor do benefício obtido.	*Art. 564.* Quando as águas, artificialmente levadas ao prédio superior, correrem dele para o inferior, poderá o dono deste reclamar que se desviem, ou se lhe indenize o prejuízo que sofrer.
Art. 1.290. O proprietário de nascente, ou do solo onde caem águas pluviais, satisfeitas as necessidades de seu consumo, não pode impedir, ou desviar o curso natural das águas remanescentes pelos prédios inferiores.	*Art. 565.* O proprietário de fonte não captada, satisfeitas as necessidades de seu consumo, não pode impedir o curso natural das águas pelos prédios inferiores.
Art. 1.291. O possuidor do imóvel superior não poderá poluir as águas indispensáveis às primeiras necessidades da vida dos possuidores dos imóveis inferiores; as demais, que poluir, deverá recuperar, ressarcindo os danos que estes sofrerem, se não for possível a recuperação ou o desvio do curso artificial das águas.	
Art. 1.292. O proprietário tem direito de construir barragens, açudes, ou outras obras para represamento de água em seu prédio; se as águas represadas invadirem prédio alheio, será o seu proprietário indenizado pelo dano sofrido, deduzido o valor do benefício obtido.	
Art. 1.293. É permitido a quem quer que seja, mediante prévia indenização aos proprietários prejudicados, construir canais, através de prédios alheios, para receber as águas a que tenha direi-	*Art. 567.* É permitido a quem quer que seja, mediante previa indenização aos proprietários prejudicados, canalizar, em proveito agrícola ou industrial, as águas a que tenha direito, através de pré-

Código Civil 2002	Código Civil 1916
to, indispensáveis às primeiras necessidades da vida, e, desde que não cause prejuízo considerável à agricultura e à indústria, bem como para o escoamento de águas supérfluas ou acumuladas, ou a drenagem de terrenos.	dios rústicos alheios, não sendo chácaras ou sítios murados, quintais, pátios, hortas, ou jardins.
§ 1º Ao proprietário prejudicado, em tal caso, também assiste direito a ressarcimento pelos danos que de futuro lhe advenham da infiltração ou irrupção das águas, bem como da deterioração das obras destinadas a canalizá-las.	*Parágrafo único.* Ao proprietário prejudicado, em tal caso, também assiste o direito de indenização pelos danos, que de futuro lhe advenham com a infiltração ou a irrupção das águas, bem como a deterioração das obras destinadas a canalizá-las.
§ 2º O proprietário prejudicado poderá exigir que seja subterrânea a canalização que atravessa áreas edificadas, pátios, hortas, jardins ou quintais.	
§ 3º O aqueduto será construído de maneira que cause o menor prejuízo aos proprietários dos imóveis vizinhos, e a expensas do seu dono, a quem incumbem também as despesas de conservação.	
Art. 1.294. Aplica-se ao direito de aqueduto o disposto nos arts. 1.286 e 1.287.	
Art. 1.295. O aqueduto não impedirá que os proprietários cerquem os imóveis e construam sobre ele, sem prejuízo para a sua segurança e conservação; os proprietários dos imóveis poderão usar das águas do aqueduto para as primeiras necessidades da vida.	
Art. 1.296. Havendo no aqueduto águas supérfluas, outros poderão canalizá-las, para os fins previstos no art. 1.293, mediante pagamento de indenização aos proprietários prejudicados e ao dono do aqueduto, de importância equivalente às despesas que então seriam necessárias para a condução das águas até o ponto de derivação. **Parágrafo único.** Têm preferência os proprietários dos imóveis atravessados pelo aqueduto.	
Seção VI **Dos Limites entre Prédios e do Direito de Tapagem**	
Art. 1.297. O proprietário tem direito a cercar, murar, valar ou tapar de qualquer modo o seu	*Art. 569.* Todo proprietário pode obrigar o seu confinante a proceder com ele à demarcação en-

Código Civil 2002	Código Civil 1916
prédio, urbano ou rural, e pode constranger o seu confinante a proceder com ele à demarcação entre os dois prédios, a aviventar rumos apagados e a renovar marcos destruídos ou arruinados, repartindo-se proporcionalmente entre os interessados as respectivas despesas.	tre os dois prédios, a aviventar rumos apagados e a renovar marcos destruídos ou arruinados, repartindo-se proporcionalmente entre os interessados as respectivas despesas. *Art. 588.* O proprietário tem direito a cercar, murar, valar, ou tapar de qualquer modo o seu prédio, urbano ou rural, conformando-se com estas disposições.
§ 1º Os intervalos, muros, cercas e os tapumes divisórios, tais como sebes vivas, cercas de arame ou de madeira, valas ou banquetas, presumem-se, até prova em contrário, pertencer a ambos os proprietários confinantes, sendo estes obrigados, de conformidade com os costumes da localidade, a concorrer, em partes iguais, para as despesas de sua construção e conservação.	*Art. 571.* Do intervalo, muro, vala, cerca ou qualquer outra obra divisória entre dois prédios, tem direito a usar em comum os proprietários confinantes, presumindo-se, até prova em contrário, pertencer a ambos. *Art. 588, § 1º* Os tapumes divisórios entre propriedades presumem-se comuns, sendo obrigados a concorrer, em partes iguais, para as despesas de sua construção e conservação, os proprietários dos imóveis confinantes. *§ 2º* Por "tapumes" entendem-se as sebes vivas, as cercas de arame ou de madeira, as valas ou banquetas, ou quaisquer outros meios de separação dos terrenos, observadas as dimensões estabelecidas em posturas municipais, de acordo com os costumes de cada localidade, contanto que impeçam a passagem de animais de grande porte, como sejam gado vacum, cavalar e muar.
§ 2º As sebes vivas, as árvores, ou plantas quaisquer, que servem de marco divisório, só podem ser cortadas, ou arrancadas, de comum acordo entre proprietários.	
§ 3º A construção de tapumes especiais para impedir a passagem de animais de pequeno porte, ou para outro fim, pode ser exigida de quem provocou a necessidade deles, pelo proprietário, que não está obrigado a concorrer para as despesas.	*Art. 588, § 3º* A obrigação de cercar as propriedades para deter nos seus limites aves domésticas e animais, tais como cabritos, porcos e carneiros, que exigem tapumes especiais, cabe exclusivamente aos proprietários e detentores.
Art. 1.298. Sendo confusos, os limites, em falta de outro meio, se determinarão de conformidade com a posse justa; e, não se achando ela provada, o terreno contestado se dividirá por partes iguais entre os prédios, ou, não sendo possível a divisão cômoda, se adjudicará a um deles, mediante indenização ao outro.	*Art. 570.* No caso de confusão, os limites, em falta de outro meio, se determinarão de conformidade com a posse; e, não se achando ela provada, o terreno contestado se repartirá proporcionalmente entre os prédios, ou não sendo possível a divisão cômoda, se adjudicará a um deles, mediante indenização ao proprietário prejudicado.

CÓDIGO CIVIL 2002	CÓDIGO CIVIL 1916
Seção VII **Do Direito de Construir**	
Art. 1.299. O proprietário pode levantar em seu terreno as construções que lhe aprouver, salvo o direito dos vizinhos e os regulamentos administrativos.	*Art. 572.* O proprietário pode levantar em seu terreno as construções que lhe aprouver, salvo o direito dos vizinhos e os regulamentos administrativos.
Art. 1.300. O proprietário construirá de maneira que o seu prédio não despeje águas, diretamente, sobre o prédio vizinho.	*Art. 575.* O proprietário edificará de maneira que o beiral do seu telhado não despeje sobre o prédio vizinho, deixando entre este e o beiral, quando por outro modo o não possa evitar, um intervalo de 10 (dez) centímetros, pelo menos.
Art. 1.301. É defeso abrir janelas, ou fazer eirado, terraço ou varanda, a menos de metro e meio do terreno vizinho.	*Art. 573.* O proprietário pode embargar a construção do prédio que invada a área do seu, ou sobre este deite goteiras, bem como a daquele, em que, a menos de metro e meio do seu, se abra janela, ou se faça eirado, terraço, ou varanda.
§ 1º As janelas cuja visão não incida sobre a linha divisória, bem como as perpendiculares, não poderão ser abertas a menos de setenta e cinco centímetros.	
§ 2º As disposições deste artigo não abrangem as aberturas para luz ou ventilação, não maiores de dez centímetros de largura sobre vinte de comprimento e construídas a mais de dois metros de altura de cada piso.	*§ 1º* A disposição deste artigo não abrange as frestas, seteiras, ou óculos para luz, não maiores de 10 (dez) centímetros de largura sobre 20 (vinte) de comprimento.
Art. 1.302. O proprietário pode, no lapso de ano e dia após a conclusão da obra, exigir que se desfaça janela, sacada, terraço ou goteira sobre o seu prédio; escoado o prazo, não poderá, por sua vez, edificar sem atender ao disposto no artigo antecedente, nem impedir, ou dificultar, o escoamento das águas da goteira, com prejuízo para o prédio vizinho.	*Art. 576.* O proprietário que anuir em janela, sacada, terraço, ou goteira sobre o seu prédio, só até o lapso de ano e dia após a conclusão da obra poderá exigir que se desfaça.
Parágrafo único. Em se tratando de vãos, ou aberturas para luz, seja qual for a quantidade, altura e disposição, o vizinho poderá, a todo tempo, levantar a sua edificação, ou contramuro, ainda que lhes vede a claridade.	*Art. 573, § 2º* Os vãos, ou aberturas para luz não prescrevem contra o vizinho, que, a todo tempo, levantará, querendo, a sua casa, ou contramuro, ainda que lhes vede a claridade.
Art. 1.303. Na zona rural, não será permitido levantar edificações a menos de três metros do terreno vizinho.	*Art. 577.* Em prédio rústico, não se poderão, sem licença do vizinho, fazer novas construções, ou acréscimos às existentes, a menos de metro e meio do limite comum.

CÓDIGO CIVIL 2002	CÓDIGO CIVIL 1916
Art. 1.304. Nas cidades, vilas e povoados cuja edificação estiver adstrita a alinhamento, o dono de um terreno pode nele edificar, madeirando na parede divisória do prédio contíguo, se ela suportar a nova construção; mas terá de embolsar ao vizinho metade do valor da parede e do chão correspondentes.	*Art. 579.* Nas cidades, vilas e povoados, cuja edificação estiver adstrita a alinhamento, o dono de um terreno vago pode edificá-lo, madeirando na parede divisória do prédio contíguo, se ela agüentar a nova construção; mas terá de embolsar ao vizinho meio valor da parede e do chão correspondente.
Art. 1.305. O confinante, que primeiro construir, pode assentar a parede divisória até meia espessura no terreno contíguo, sem perder por isso o direito a haver meio valor dela se o vizinho a travejar, caso em que o primeiro fixará a largura e a profundidade do alicerce.	*Art. 580.* O confinante, que primeiro construir, pode assentar a parede divisória até meia espessura no terreno contíguo, sem perder por isso o direito a haver meio valor dela, se o vizinho a travejar (art. 579). Neste caso, o primeiro fixará a largura do alicerce, assim como a profundidade, se o terreno não for de rocha.
Parágrafo único. Se a parede divisória pertencer a um dos vizinhos, e não tiver capacidade para ser travejada pelo outro, não poderá este fazer-lhe alicerce ao pé sem prestar caução àquele, pelo risco a que expõe a construção anterior.	*Parágrafo único.* Se a parede divisória pertencer a um dos vizinhos, e não tiver capacidade para ser travejada pelo outro, não poderá este fazer-lhe alicerce ao pé, sem prestar caução àquele, pelo risco a que a insuficiência da nova obra exponha a construção anterior.
Art. 1.306. O condômino da parede-meia pode utilizá-la até ao meio da espessura, não pondo em risco a segurança ou a separação dos dois prédios, e avisando previamente o outro condômino das obras que ali tenciona fazer; não pode sem consentimento do outro, fazer, na parede-meia, armários, ou obras semelhantes, correspondendo a outras, da mesma natureza, já feitas do lado oposto.	*Art. 581.* O condômino da parede-meia pode utilizá-la até ao meio da espessura, não pondo em risco a segurança ou a separação dos dois prédios, e avisando previamente o outro consorte das obras, que ali tencione fazer. Não pode, porém, sem consentimento do outro, fazer, na parede-meia, armários, ou obras semelhantes, correspondendo a outras, da mesma natureza, já feitas do lado oposto.
Art. 1.307. Qualquer dos confinantes pode altear a parede divisória, se necessário reconstruindo-a, para suportar o alteamento; arcará com todas as despesas, inclusive de conservação, ou com metade, se o vizinho adquirir meação também na parte aumentada.	
Art. 1.308. Não é lícito encostar à parede divisória chaminés, fogões, fornos ou quaisquer aparelhos ou depósitos suscetíveis de produzir infiltrações ou interferências prejudiciais ao vizinho.	*Art. 583.* Não é lícito encostar à parede-meia, ou à parede do vizinho, sem permissão sua, fornalhas, fornos de forja ou de fundição, aparelhos higiênicos, fossos, cano de esgoto, depósito de sal, ou de quaisquer substâncias corrosivas, ou suscetíveis de produzir infiltrações daninhas.

Código Civil 2002	Código Civil 1916
Parágrafo único. A disposição anterior não abrange as chaminés ordinárias e os fogões de cozinha.	*Parágrafo único.* Não se incluem na proibição deste e do artigo antecedente as chaminés ordinárias, nem os fornos de cozinha.
Art. 1.309. São proibidas construções capazes de poluir, ou inutilizar, para uso ordinário, a água do poço, ou nascente alheia, a elas preexistentes.	*Art. 584.* São proibidas construções capazes de poluir, ou inutilizar para o uso ordinário, a água de poço ou fonte alheia, a elas preexistente.
Art. 1.310. Não é permitido fazer escavações ou quaisquer obras que tirem ao poço ou à nascente de outrem a água indispensável às suas necessidades normais.	*Art. 585.* Não é permitido fazer escavações que tirem ao poço ou à fonte de outrem a água necessária. É, porém, permitido fazê-las, se apenas diminuírem o suprimento do poço ou da fonte do vizinho, e não forem mais profundas que as deste, em relação ao nível do lençol d'água.
Art. 1.311. Não é permitida a execução de qualquer obra ou serviço suscetível de provocar desmoronamento ou deslocação de terra, ou que comprometa a segurança do prédio vizinho, senão após haverem sido feitas as obras acautelatórias. **Parágrafo único.** O proprietário do prédio vizinho tem direito a ressarcimento pelos prejuízos que sofrer, não obstante haverem sido realizadas as obras acautelatórias.	
Art. 1.312. Todo aquele que violar as proibições estabelecidas nesta Seção é obrigado a demolir as construções feitas, respondendo por perdas e danos.	*Art. 586.* Todo aquele que violar as disposições dos arts. 580 e segs. é obrigado a demolir as construções feitas, respondendo por perdas danos.
Art. 1.313. O proprietário ou ocupante do imóvel é obrigado a tolerar que o vizinho entre no prédio, mediante prévio aviso, para:	*Art. 587.* Todo o proprietário é obrigado a consentir que entre no seu prédio, e dele temporariamente use, mediante prévio aviso, o vizinho, quando seja indispensável à reparação ou limpeza, construção e reconstrução de sua casa. Mas, se daí lhe provier dano, terá direito a ser indenizado.
I – dele temporariamente usar, quando indispensável à reparação, construção, reconstrução ou limpeza de sua casa ou do muro divisório;	*Art. 587 (ver acima).*
II – apoderar-se de coisas suas, inclusive animais que aí se encontrem casualmente.	
§ 1º O disposto neste artigo aplica-se aos casos de limpeza ou reparação de esgotos, goteiras, aparelhos higiênicos, poços e nascentes e ao aparo de cerca viva.	*Art. 587, Parágrafo único.* As mesmas disposições aplicam-se aos casos de limpeza ou reparação dos esgotos, goteiras e aparelhos higiênicos, assim como dos poços e fontes já existentes.

Código Civil 2002	Código Civil 1916
§ 2º Na hipótese do inciso II, uma vez entregues as coisas buscadas pelo vizinho, poderá ser impedida a sua entrada no imóvel.	
§ 3º Se do exercício do direito assegurado neste artigo provier dano, terá o prejudicado direito a ressarcimento.	*Art. 587 (ver página anterior).*
Capítulo VI **Do Condomínio Geral** **Seção I** **Do Condomínio Voluntário** **Subseção I** **Dos Direitos e Deveres dos Condôminos**	
Art. 1.314. Cada condômino pode usar da coisa conforme sua destinação, sobre ela exercer todos os direitos compatíveis com a indivisão, reivindicá-la de terceiro, defender a sua posse e alhear a respectiva parte ideal, ou gravá-la.	*Art. 623.* Na propriedade em comum, compropriedade, ou condomínio, cada condômino ou consorte pode: *I* – usar livremente da coisa conforme seu destino, e sobre ela exercer todos os direitos compatíveis com a indivisão; *II* – reivindicá-la de terceiro; *III* – alhear a respectiva parte indivisa, ou gravá-la (art. 1.139).
Parágrafo único. Nenhum dos condôminos pode alterar a destinação da coisa comum, nem dar posse, uso ou gozo dela a estranhos, sem o consenso dos outros.	*Art. 628.* Nenhum dos comproprietários pode alterar a coisa comum, sem o consenso dos outros. *Art. 633.* Nenhum condômino pode, sem prévio consenso dos outros, dar posse, uso, ou gozo da propriedade a estranhos.
Art. 1.315. O condômino é obrigado, na proporção de sua parte, a concorrer para as despesas de conservação ou divisão da coisa, e a suportar os ônus a que estiver sujeita.	*Art. 624.* O condômino é obrigado a concorrer na proporção de sua parte, para as despesas de conservação ou divisão da coisa e suportar na mesma razão os ônus, a que estiver sujeita.
Parágrafo único. Presumem-se iguais as partes ideais dos condôminos.	
Art. 1.316. Pode o condômino eximir-se do pagamento das despesas e dívidas, renunciando à parte ideal. **§ 1º** Se os demais condôminos assumem as despesas e as dívidas, a renúncia lhes aproveita, adquirindo a parte ideal de quem renunciou, na proporção dos pagamentos que fizerem. **§ 2º** Se não há condômino que faça os pagamentos, a coisa comum será dividida.	
Art. 1.317. Quando a dívida houver sido contraída por todos os condôminos, sem se discriminar	*Art. 626.* Quando a dívida houver sido contraída por todos os condôminos, sem se discriminar

Código Civil 2002	Código Civil 1916
a parte de cada um na obrigação, nem se estipular solidariedade, entende-se que cada qual se obrigou proporcionalmente ao seu quinhão na coisa comum.	a parte de cada um na obrigação coletiva, nem se estipular solidariedade, entende-se que cada qual se obrigou proporcionalmente ao seu quinhão, ou sorte, na coisa comum.
Art. 1.318. As dívidas contraídas por um dos condôminos em proveito da comunhão, e durante ela, obrigam o contratante; mas terá este ação regressiva contra os demais.	*Art. 625.* As dívidas contraídas por um dos condôminos em proveito da comunhão, e durante ela, obrigam o contraente; mas asseguram-lhe ação regressiva contra os demais.
Art. 1.319. Cada condômino responde aos outros pelos frutos que percebeu da coisa e pelo dano que lhe causou.	*Art. 627.* Cada consorte responde aos outros pelos frutos que percebeu da coisa comum, e pelo dano que lhe causou.
Art. 1.320. A todo tempo será lícito ao condômino exigir a divisão da coisa comum, respondendo o quinhão de cada um pela sua parte nas despesas da divisão.	*Art. 629.* A todo tempo será lícito ao condômino exigir a divisão da coisa comum.
§ 1º Podem os condôminos acordar que fique indivisa a coisa comum por prazo não maior de cinco anos, suscetível de prorrogação ulterior.	*Parágrafo único.* Podem, porém, os consortes acordar que fique indivisa por termo não maior de 5 (cinco) anos, suscetível de prorrogação ulterior.
§ 2º Não poderá exceder de cinco anos a indivisão estabelecida pelo doador ou pelo testador.	*Art. 630.* Se a indivisão for condição estabelecida pelo doador, ou testador, entende-se que o foi somente por 5 (cinco) anos.
§ 3º A requerimento de qualquer interessado e se graves razões o aconselharem, pode o juiz determinar a divisão da coisa comum antes do prazo.	
Art. 1.321. Aplicam-se à divisão do condomínio, no que couber, as regras de partilha de herança (arts. 2.013 a 2.022).	
Art. 1.322. Quando a coisa for indivisível, e os consortes não quiserem adjudicá-la a um só, indenizando os outros, será vendida e repartido o apurado, preferindo-se, na venda, em condições iguais de oferta, o condômino ao estranho, e entre os condôminos aquele que tiver na coisa benfeitorias mais valiosas, e, não as havendo, o de quinhão maior.	*Art. 632.* Quando a coisa for indivisível, ou se tornar, pela divisão, imprópria ao seu destino, e os consortes não quiserem adjudicá-la a um só, indenizando os outros, será vendida e repartido o preço, preferindo-se, na venda, em condições iguais de oferta, o condômino ao estranho, entre os condôminos o que tiver na coisa benfeitorias mais valiosas, e, não as havendo, o de quinhão maior.
Parágrafo único. Se nenhum dos condôminos tem benfeitorias na coisa comum e participam todos do condomínio em partes iguais, realizar-se-á licitação entre estranhos e, antes de adjudicada a	

CÓDIGO CIVIL 2002	CÓDIGO CIVIL 1916
coisa àquele que ofereceu maior lanço, proceder-se-á à licitação entre os condô-minos, a fim de que a coisa seja adjudicada a quem afinal oferecer melhor lanço, preferindo, em condições iguais, o condômino ao estranho.	
Subseção II **Da Administração do Condomínio** **Art. 1.323.** Deliberando a maioria sobre a administração da coisa comum, escolherá o administrador, que poderá ser estranho ao condomínio; resolvendo alugá-la, preferir-se-á, em condições iguais, o condômino ao que não o é.	
Art. 1.324. O condômino que administrar sem oposição dos outros presume-se representante comum.	*Art. 640.* O condômino, que administrar sem oposição dos outros, presume-se mandatário comum.
Art. 1.325. A maioria será calculada pelo valor dos quinhões.	*Art. 637.* A maioria será calculada não pelo número, senão pelo valor dos quinhões.
§ 1º As deliberações serão obrigatórias, sendo tomadas por maioria absoluta.	*§ 1º* As deliberações não obrigarão, não sendo tomadas por maioria absoluta, isto é, por votos que representem mais de meio do valor total.
§ 2º Não sendo possível alcançar maioria absoluta, decidirá o juiz, a requerimento de qualquer condômino, ouvidos os outros.	*§ 2º* Havendo empate, decidirá o juiz, a requerimento de qualquer condômino, ouvidos os outros.
§ 3º Havendo dúvida quanto ao valor do quinhão, será este avaliado judicialmente.	
Art. 1.326. Os frutos da coisa comum, não havendo em contrário estipulação ou disposição de última vontade, serão partilhados na proporção dos quinhões.	*Art. 638.* Os frutos da coisa comum, não havendo em contrário estipulação ou disposição de última vontade, serão partilhados na proporção dos quinhões.
Seção II **Do Condomínio Necessário** **Art. 1.327.** O condomínio por meação de paredes, cercas, muros e valas regula-se pelo disposto neste Código (arts. 1.297 e 1.298; 1.304 a 1.307).	*Art. 642.* O condomínio por meação de paredes, cercas, muros e valas regula-se pelo disposto neste Código, arts. 569 a 589 e 623 a 634.
Art. 1.328. O proprietário que tiver direito a estremar um imóvel com paredes, cercas, muros, valas ou valados, tê-lo-á igualmente a adquirir meação na parede, muro, valado ou cerca do vizinho, embolsando-lhe metade do que atualmente	*Art. 643.* O proprietário que tiver direito a estremar um imóvel com paredes, cercas, muros, valas ou valados, tê-lo-á igualmente a adquirir meação na parede, muro, vala, valado, ou cerca do vizinho, embolsando-lhe metade do que

Código Civil 2002	Código Civil 1916
valer a obra e o terreno por ela ocupado (art. 1.297).	atualmente valer a obra e o terreno por ela ocupado (art. 727).
Art. 1.329. Não convindo os dois no preço da obra, será este arbitrado por peritos, a expensas de ambos os confinantes.	*Art. 644.* Não convindo os dois no preço da obra, será este arbitrado por peritos, a expensas de ambos os confinantes.
Art. 1.330. Qualquer que seja o valor da meação, enquanto aquele que pretender a divisão não o pagar ou depositar, nenhum uso poderá fazer na parede, muro, vala, cerca ou qualquer outra obra divisória.	*Art. 645.* Qualquer que seja o preço da meação, enquanto o que pretender a divisão não o pagar ou depositar, nenhum uso poderá fazer da parede, muro, vala, cerca, ou qualquer outra obra divisória.

Capítulo VII
Do Condomínio Edilício

Seção I
Disposições Gerais

Art. 1.331. Pode haver, em edificações, partes que são propriedade exclusiva, e partes que são propriedade comum dos condôminos.

§ 1º As partes suscetíveis de utilização independente, tais como apartamentos, escritórios, salas, lojas, sobrelojas ou abrigos para veículos, com as respectivas frações ideais no solo e nas outras partes comuns, sujeitam-se a propriedade exclusiva, podendo ser alienadas e gravadas livremente por seus proprietários.

§ 2º O solo, a estrutura do prédio, o telhado, a rede geral de distribuição de água, esgoto, gás e eletricidade, a calefação e refrigeração centrais, e as demais partes comuns, inclusive o acesso ao logradouro público, são utilizados em comum pelos condôminos, não podendo ser alienados separadamente, ou divididos.

§ 3º A fração ideal no solo e nas outras partes comuns é proporcional ao valor da unidade imobiliária, o qual se calcula em relação ao conjunto da edificação.

§ 4º Nenhuma unidade imobiliária pode ser privada do acesso ao logradouro público.

§ 5º O terraço de cobertura é parte comum, salvo disposição contrária da escritura de constituição do condomínio.

Art. 1.332. Institui-se o condomínio edilício por ato entre vivos ou testamento, registrado no Cartório de Registro de Imóveis, devendo constar daquele ato, além do disposto em lei especial:

Código Civil 2002	Código Civil 1916
I – a discriminação e individualização das unidades de propriedade exclusiva, estremadas uma das outras e das partes comuns; **II** – a determinação da fração ideal atribuída a cada unidade, relativamente ao terreno e partes comuns; **III** – o fim a que as unidades se destinam.	
Art. 1.333. A convenção que constitui o condomínio edilício deve ser subscrita pelos titulares de, no mínimo, dois terços das frações ideais e torna-se, desde logo, obrigatória para os titulares de direito sobre as unidades, ou para quantos sobre elas tenham posse ou detenção. **Parágrafo único.** Para ser oponível contra terceiros, a convenção do condomínio deverá ser registrada no Cartório de Registro de Imóveis.	
Art. 1.334. Além das cláusulas referidas no art. 1.332 e das que os interessados houverem por bem estipular, a convenção determinará: **I** – a quota proporcional e o modo de pagamento das contribuições dos condôminos para atender às despesas ordinárias e extraordinárias do condomínio; **II** – sua forma de administração; **III** – a competência das assembléias, forma de sua convocação e quorum exigido para as deliberações; **IV** – as sanções a que estão sujeitos os condôminos, ou possuidores; **V** – o regimento interno. **§ 1º** A convenção poderá ser feita por escritura pública ou por instrumento particular. **§ 2º** São equiparados aos proprietários, para os fins deste artigo, salvo disposição em contrário, os promitentes compradores e os cessionários de direitos relativos às unidades autônomas.	
Art. 1.335. São direitos do condômino: **I** – usar, fruir e livremente dispor das suas unidades; **II** – usar das partes comuns, conforme a sua destinação, e contanto que não exclua a utilização dos demais compossuidores; **III** – votar nas deliberações da assembléia e delas participar, estando quite.	
Art. 1.336. São deveres do condômino:	

Código Civil 2002	Código Civil 1916
I – contribuir para as despesas do condomínio, na proporção de suas frações ideais; **II –** não realizar obras que comprometam a segurança da edificação; **III –** não alterar a forma e a cor da fachada, das partes e esquadrias externas; **IV –** dar às suas partes a mesma destinação que tem a edificação, e não as utilizar de maneira prejudicial ao sossego, salubridade e segurança dos possuidores, ou aos bons costumes. **§ 1º** O condômino que não pagar a sua contribuição ficará sujeito aos juros moratórios convencionados ou, não sendo previstos, os de um por cento ao mês e multa de até dois por cento sobre o débito. **§ 2º** O condômino, que não cumprir qualquer dos deveres estabelecidos nos incisos II a IV, pagará a multa prevista no ato constitutivo ou na convenção, não podendo ela ser superior a cinco vezes o valor de suas contribuições mensais, independentemente das perdas e danos que se apurarem; não havendo disposição expressa, caberá à assembléia geral, por dois terços no mínimo dos condôminos restantes, deliberar sobre a cobrança da multa.	
Art. 1337. O condômino, ou possuidor, que não cumpre reiteradamente com os seus deveres perante o condomínio poderá, por deliberação de três quartos dos condôminos restantes, ser constrangido a pagar multa correspondente até ao quíntuplo do valor atribuído à contribuição para as despesas condominiais, conforme a gravidade das faltas e a reiteração, independentemente das perdas e danos que se apurem. **Parágrafo único.** O condômino ou possuidor que, por seu reiterado comportamento anti-social, gerar incompatibilidade de convivência com os demais condôminos ou possuidores, poderá ser constrangido a pagar multa correspondente ao décuplo do valor atribuído à contribuição para as despesas condominiais, até ulterior deliberação da assembléia.	
Art. 1.338. Resolvendo o condômino alugar área no abrigo para veículos, preferir-se-á, em condições iguais, qualquer dos condôminos a estranhos, e, entre todos, os possuidores.	

Código Civil 2002	Código Civil 1916
Art. 1.339. Os direitos de cada condômino às partes comuns são inseparáveis de sua propriedade exclusiva; são também inseparáveis das frações ideais correspondentes as unidades imobiliárias, com as suas partes acessórias. **§ 1º** Nos casos deste artigo é proibido alienar ou gravar os bens em separado. **§ 2º** É permitido ao condômino alienar parte acessória de sua unidade imobiliária a outro condômino, só podendo fazê-lo a terceiro se essa faculdade constar do ato constitutivo do condomínio, e se a ela não se opuser a respectiva assembléia geral.	
Art. 1.340. As despesas relativas a partes comuns de uso exclusivo de um condômino, ou de alguns deles, incumbem a quem delas se serve.	
Art. 1.341. A realização de obras no condomínio depende: **I** – se voluptuárias, de voto de dois terços dos condôminos; **II** – se úteis, de voto da maioria dos condôminos. **§ 1º** As obras ou reparações necessárias podem ser realizadas, independentemente de autorização, pelo síndico, ou, em caso de omissão ou impedimento deste, por qualquer condômino. **§ 2º** Se as obras ou reparos necessários forem urgentes e importarem em despesas excessivas, determinada sua realização, o síndico ou o condômino que tomou a iniciativa delas dará ciência à assembléia, que deverá ser convocada imediatamente. **§ 3º** Não sendo urgentes, as obras ou reparos necessários, que importarem em despesas excessivas, somente poderão ser efetuadas após autorização da assembléia, especialmente convocada pelo síndico, ou, em caso de omissão ou impedimento deste, por qualquer dos condôminos. **§ 4º** O condômino que realizar obras ou reparos necessários será reembolsado das despesas que efetuar, não tendo direito à restituição das que fizer com obras ou reparos de outra natureza, embora de interesse comum.	
Art. 1.342. A realização de obras, em partes comuns, em acréscimo às já existentes, a fim de lhes facilitar ou aumentar a utilização, depende da aprovação de dois terços dos votos dos	

Código Civil 2002	Código Civil 1916
condôminos, não sendo permitidas construções, nas partes comuns, suscetíveis de prejudicar a utilização, por qualquer dos condôminos, das partes próprias, ou comuns.	
Art. 1.343. A construção de outro pavimento, ou, no solo comum, de outro edifício, destinado a conter novas unidades imobiliárias, depende da aprovação da unanimidade dos condôminos.	
Art. 1.344. Ao proprietário do terraço de cobertura incumbem as despesas da sua conservação, de modo que não haja danos às unidades imobiliárias inferiores.	
Art. 1.345. O adquirente de unidade responde pelos débitos do alienante, em relação ao condomínio, inclusive multas e juros moratórios.	
Art. 1.346. É obrigatório o seguro de toda a edificação contra o risco de incêndio ou destruição, total ou parcial.	
Seção II **Da Administração do Condomínio** **Art. 1.347.** A assembléia escolherá um síndico, que poderá não ser condômino, para administrar o condomínio, por prazo não superior a dois anos, o qual poderá renovar-se.	
Art. 1.348. Compete ao síndico: **I** – convocar a assembléia dos condôminos; **II** – representar, ativa e passivamente, o condomínio, praticando, em juízo ou fora dele, os atos necessários à defesa dos interesses comuns; **III** – dar imediato conhecimento à assembléia da existência de procedimento judicial ou administrativo, de interesse do condomínio; **IV** – cumprir e fazer cumprir a convenção, o regimento interno e as determinações da assembléia; **V** – diligenciar a conservação e a guarda das partes comuns e zelar pela prestação dos serviços que interessem aos possuidores; **VI** – elaborar o orçamento da receita e da despesa relativa a cada ano; **VII** – cobrar dos condôminos as suas contribuições, bem como impor e cobrar as multas devidas; **VIII** – prestar contas à assembléia, anualmente e quando exigidas;	

Código Civil 2002	Código Civil 1916
IX – realizar o seguro da edificação. **§ 1º** Poderá a assembléia investir outra pessoa, em lugar do síndico, em poderes de representação. **§ 2º** O síndico pode transferir a outrem, total ou parcialmente, os poderes de representação ou as funções administrativas, mediante aprovação da assembléia, salvo disposição em contrário da convenção.	
Art. 1.349. A assembléia, especialmente convocada para o fim estabelecido no § 2º do artigo antecedente, poderá, pelo voto da maioria absoluta de seus membros, destituir o síndico que praticar irregularidades, não prestar contas, ou não administrar convenientemente o condomínio.	
Art. 1.350. Convocará o síndico, anualmente, reunião da assembléia dos condôminos, na forma prevista na convenção, a fim de aprovar o orçamento das despesas, as contribuições dos condôminos e a prestação de contas, e eventualmente eleger-lhe o substituto e alterar o regimento interno. **§ 1º** Se o síndico não convocar a assembléia, um quarto dos condôminos poderá fazê-lo. **§ 2º** Se a assembléia não se reunir, o juiz decidirá, a requerimento de qualquer condômino.	
Art. 1.351. Depende da aprovação de dois terços dos votos dos condôminos a alteração da convenção e do regimento interno; a mudança da destinação do edifício, ou da unidade imobiliária, depende de aprovação pela unanimidade dos condôminos.	
Art. 1.352. Salvo quando exigido quorum especial, as deliberações da assembléia serão tomadas, em primeira convocação, por maioria de votos dos condôminos presentes que representem pelo menos metade das frações ideais. **Parágrafo único.** Os votos serão proporcionais às frações ideais no solo e nas outras partes comuns pertencentes a cada condômino, salvo disposição diversa da convenção de constituição do condomínio.	
Art. 1.353. Em segunda convocação, a assembléia poderá deliberar por maioria dos votos dos presentes, salvo quando exigido quorum especial.	

Código Civil 2002	Código Civil 1916
Art. 1.354. A assembléia não poderá deliberar se todos os condôminos não forem convocados para a reunião.	
Art. 1.355. Assembléias extraordinárias poderão ser convocadas pelo síndico ou por um quarto dos condôminos.	
Art. 1.356. Poderá haver no condomínio um conselho fiscal, composto de três membros, eleitos pela assembléia, por prazo não superior a dois anos, ao qual compete dar parecer sobre as contas do síndico.	
Seção III **Da Extinção do Condomínio** **Art. 1.357.** Se a edificação for total ou consideravelmente destruída, ou ameace ruína, os condôminos deliberarão em assembléia sobre a reconstrução, ou venda, por votos que representem metade mais uma das frações ideais. **§ 1º** Deliberada a reconstrução, poderá o condômino eximir-se do pagamento das despesas respectivas, alienando os seus direitos a outros condôminos, mediante avaliação judicial. **§ 2º** Realizada a venda, em que se preferirá, em condições iguais de oferta, o condômino ao estranho, será repartido o apurado entre os condôminos, proporcionalmente ao valor das suas unidades imobiliárias.	
Art. 1.358. Se ocorrer desapropriação, a indenização será repartida na proporção a que se refere o § 2º do artigo antecedente.	
Capítulo VIII **Da Propriedade Resolúvel** **Art. 1.359.** Resolvida a propriedade pelo implemento da condição ou pelo advento do termo, entendem-se também resolvidos os direitos reais concedidos na sua pendência, e o proprietário, em cujo favor se opera a resolução, pode reivindicar a coisa do poder de quem a possua ou detenha.	*Art. 647.* Resolvido o domínio pelo implemento da condição ou pelo advento do termo, entendem-se também resolvidos os direitos reais concedidos na sua pendência, e o proprietário, em cujo favor se opera a resolução, pode reivindicar a coisa do poder de quem a detenha.
Art. 1.360. Se a propriedade se resolver por outra causa superveniente, o possuidor, que a tiver adquirido por título anterior à sua resolução, será considerado proprietário perfeito, restando à pes-	*Art. 648.* Se, porém, o domínio se resolver por outra causa superveniente, o possuidor, que o tiver adquirido por título anterior à resolução, será considerado proprietário perfeito, restando à pes-

Código Civil 2002	Código Civil 1916
soa, em cujo benefício houve a resolução, ação contra aquele cuja propriedade se resolveu para haver a própria coisa ou o seu valor.	soa em cujo benefício houve a resolução ação contra aquele cujo domínio se resolveu para haver a própria coisa, ou seu valor.
Capítulo IX **Da Propriedade Fiduciária** **Art. 1.361.** Considera-se fiduciária a propriedade resolúvel de coisa móvel infungível que o devedor, com escopo de garantia, transfere ao credor. **§ 1º** Constitui-se a propriedade fiduciária com o registro do contrato, celebrado por instrumento público ou particular, que lhe serve de título, no Registro de Títulos e Documentos do domicílio do devedor, ou, em se tratando de veículos, na repartição competente para o licenciamento, fazendo-se a anotação no certificado de registro. **§ 2º** Com a constituição da propriedade fiduciária, dá-se o desdobramento da posse, tornando-se o devedor possuidor direto da coisa. **§ 3º** A propriedade superveniente, adquirida pelo devedor, torna eficaz, desde o arquivamento, a transferência da propriedade fiduciária.	
Art. 1.362. O contrato, que serve de título à propriedade fiduciária, conterá: **I –** o total da dívida, ou sua estimativa; **II –** o prazo, ou a época do pagamento; **III –** a taxa de juros, se houver; **IV –** a descrição da coisa objeto da transferência, com os elementos indispensáveis à sua identificação.	
Art. 1.363. Antes de vencida a dívida, o devedor, a suas expensas e risco, pode usar a coisa segundo sua destinação, sendo obrigado, como depositário: **I –** a empregar na guarda da coisa a diligência exigida por sua natureza; **II –** a entregá-la ao credor, se a dívida não for paga no vencimento.	
Art. 1.364. Vencida a dívida, e não paga, fica o credor obrigado a vender, judicial ou extrajudicialmente, a coisa a terceiros, a aplicar o preço no pagamento de seu crédito e das despesas de	

Código Civil 2002	Código Civil 1916
cobrança, e a entregar o saldo, se houver, ao devedor.	
Art. 1.365. É nula a cláusula que autoriza o proprietário fiduciário a ficar com a coisa alienada em garantia, se a dívida não for paga no vencimento. **Parágrafo único.** O devedor pode, com a anuência do credor, dar seu direito eventual à coisa em pagamento da dívida, após o vencimento desta.	
Art. 1.366. Quando, vendida a coisa, o produto não bastar para o pagamento da dívida e das despesas de cobrança, continuará o devedor obrigado pelo restante.	
Art. 1.367. Aplica-se à propriedade fiduciária, no que couber, o disposto nos arts. 1.421, 1.425, 1.426, 1.427 e 1.436.	
Art. 1.368. O terceiro, interessado ou não, que pagar a dívida, se sub-rogará de pleno direito no crédito e na propriedade fiduciária.	
Título IV **Da Superfície** **Art. 1.369.** O proprietário pode conceder a outrem o direito de construir ou de plantar em seu terreno, por tempo determinado, mediante escritura pública devidamente registrada no Cartório de Registro de Imóveis. **Parágrafo único.** O direito de superfície não autoriza obra no subsolo, salvo se for inerente ao objeto da concessão.	
Art. 1.370. A concessão da superfície será gratuita ou onerosa; se onerosa, estipularão as partes se o pagamento será feito de uma só vez, ou parceladamente.	
Art. 1.371. O superficiário responderá pelos encargos e tributos que incidirem sobre o imóvel.	
Art. 1.372. O direito de superfície pode transferir-se a terceiros e, por morte do superficiário, aos seus herdeiros.	

Código Civil 2002	Código Civil 1916
Parágrafo único. Não poderá ser estipulado pelo concedente, a nenhum título, qualquer pagamento pela transferência.	
Art. 1.373. Em caso de alienação do imóvel ou do direito de superfície, o superficiário ou o proprietário tem direito de preferência, em igualdade de condições.	
Art. 1.374. Antes do termo final, resolver-se-á a concessão se o superficiário der ao terreno destinação diversa daquela para que foi concedida.	
Art. 1.375. Extinta a concessão, o proprietário passará a ter a propriedade plena sobre o terreno, construção ou plantação, independentemente de indenização, se as partes não houverem estipulado o contrário.	
Art. 1.376. No caso de extinção do direito de superfície em conseqüência de desapropriação, a indenização cabe ao proprietário e ao superficiário, no valor correspondente ao direito real de cada um.	
Art. 1.377. O direito de superfície, constituído por pessoa jurídica de direito público interno, rege-se por este Código, no que não for diversamente disciplinado em lei especial.	
TÍTULO V **DAS SERVIDÕES** **CAPÍTULO I** **Da Constituição das Servidões** **Art. 1.378.** A servidão proporciona utilidade para o prédio dominante, e grava o prédio serviente, que pertence a diverso dono, e constitui-se mediante declaração expressa dos proprietários, ou por testamento, e subseqüente registro no Cartório de Registro de Imóveis.	*Art. 695.* Impõe-se a servidão predial a um prédio em favor de outro, pertencente a diverso dono. Por ela perde o proprietário do prédio serviente o exercício de alguns de seus direitos dominicais, ou fica obrigado a tolerar que dele se utilize, para certo fim, o dono do prédio dominante. *Art. 697.* As servidões não aparentes só podem ser estabelecidas por meio de transcrição no Registro de Imóveis.
Art. 1.379. O exercício incontestado e contínuo de uma servidão aparente, por dez anos, nos termos do art. 1.242, autoriza o interessado a	*Art. 698.* A posse incontestada e contínua de uma servidão por 10 (dez) ou 15 (quinze) anos, nos termos do art. 551, autoriza o possuidor a

Código Civil 2002	Código Civil 1916
registrá-la em seu nome no Registro de Imóveis, valendo-lhe como título a sentença que julgar consumado a usucapião.	transcrevê-la em seu nome no Registro de Imóveis, servindo-lhe de título a sentença que julgar consumado o usucapião.
Parágrafo único. Se o possuidor não tiver título, o prazo da usucapião será de vinte anos.	*Parágrafo único.* Se o possuidor não tiver título, o prazo do usucapião será de 20 (vinte) anos.
Capítulo II **Do Exercício das Servidões**	
Art. 1.380. O dono de uma servidão pode fazer todas as obras necessárias à sua conservação e uso, e, se a servidão pertencer a mais de um prédio, serão as despesas rateadas entre os respectivos donos.	*Art. 699.* O dono de uma servidão tem direito a fazer todas as obras necessárias à sua conservação e uso. Se a servidão pertencer a mais de um prédio, serão as despesas rateadas entre os respectivos donos.
Art. 1.381. As obras a que se refere o artigo antecedente devem ser feitas pelo dono do prédio dominante, se o contrário não dispuser expressamente o título.	*Art. 700.* As obras a que se refere o artigo antecedente devem ser feitas pelo dono do prédio dominante, se o contrário não dispuser o título expressamente.
Art. 1.382. Quando a obrigação incumbir ao dono do prédio serviente, este poderá exonerar-se, abandonando, total ou parcialmente, a propriedade ao dono do dominante.	*Art. 701.* Quando a obrigação incumbir ao dono do prédio serviente, este poderá exonerar-se, abandonando a propriedade ao dono do dominante.
Parágrafo único. Se o proprietário do prédio dominante se recusar a receber a propriedade do serviente, ou parte dela, caber-lhe-á custear as obras.	
Art. 1.383. O dono do prédio serviente não poderá embaraçar de modo algum o exercício legítimo da servidão.	*Art. 702.* O dono do prédio serviente não poderá embaraçar de modo algum o uso legítimo da servidão.
Art. 1.384. A servidão pode ser removida, de um local para outro, pelo dono do prédio serviente e à sua custa, se em nada diminuir as vantagens do prédio dominante, ou pelo dono deste e à sua custa, se houver considerável incremento da utilidade e não prejudicar o prédio serviente.	*Art. 703.* Pode o dono do prédio serviente remover de um local para outro a servidão, contanto que o faça à sua custa, e não diminua em nada as vantagens do prédio dominante.
Art. 1.385. Restringir-se-á o exercício da servidão às necessidades do prédio dominante, evitando-se, quanto possível, agravar o encargo ao prédio serviente.	*Art. 704.* Restringir-se-á o uso da servidão às necessidades do prédio dominante, evitando, quanto possível, agravar o encargo ao prédio serviente.
§ 1º Constituída para certo fim, a servidão não se pode ampliar a outro.	*Parágrafo único.* Constituída para certo fim, a servidão não se pode ampliar a outro, salvo o disposto no artigo seguinte.

Código Civil 2002	Código Civil 1916
§ 2º Nas servidões de trânsito, a de maior inclui a de menor ônus, e a menor exclui a mais onerosa.	*Art. 705.* Nas servidões de trânsito a de maior inclui a de menor ônus, e a menor exclui a mais onerosa.
§ 3º Se as necessidades da cultura, ou da indústria, do prédio dominante impuserem à servidão maior largueza, o dono do serviente é obrigado a sofrê-la; mas tem direito a ser indenizado pelo excesso.	*Art. 706.* Se as necessidades da cultura do prédio dominante impuserem à servidão maior largueza, o dono do serviente é obrigado a sofrê-la; mas tem direito a ser indenizado pelo excesso.
Art. 1.386. As servidões prediais são indivisíveis, e subsistem, no caso de divisão dos imóveis, em benefício de cada uma das porções do prédio dominante, e continuam a gravar cada uma das do prédio serviente, salvo se, por natureza, ou destino, só se aplicarem a certa parte de um ou de outro.	*Art. 707.* As servidões prediais são indivisíveis. Subsistem, no caso de partilha, em benefício de cada um dos quinhões do prédio dominante, e continua a gravar cada um dos do prédio serviente, salvo se, por natureza, ou destino, só se aplicarem a certa parte de um, ou de outro.
Capítulo III **Da Extinção das Servidões**	
Art. 1.387. Salvo nas desapropriações, a servidão, uma vez registrada, só se extingue, com respeito a terceiros, quando cancelada.	*Art. 708.* Salvo nas desapropriações, a servidão, uma vez transcrita, só se extingue, com respeito a terceiros, quando cancelada.
Parágrafo único. Se o prédio dominante estiver hipotecado, e a servidão se mencionar no título hipotecário, será também preciso, para a cancelar, o consentimento do credor.	*Art. 712.* Se o prédio dominante estiver hipotecado, e a servidão se mencionar no título hipotecário, será também preciso, para a cancelar, o consentimento do credor.
Art. 1.388. O dono do prédio serviente tem direito, pelos meios judiciais, ao cancelamento do registro, embora o dono do prédio dominante lho impugne:	*Art. 709.* O dono do prédio serviente tem direito, pelos meios judiciais, ao cancelamento da transcrição, embora o dono do prédio dominante lho impugne:
I – quando o titular houver renunciado a sua servidão;	*I* – quando o titular houver renunciado a sua servidão;
II – quando tiver cessado, para o prédio dominante, a utilidade ou a comodidade, que determinou a constituição da servidão;	*II* – quando a servidão for de passagem, que tenha cessado pela abertura de estrada pública, acessível ao prédio dominante;
III – quando o dono do prédio serviente resgatar a servidão.	*III* – quando o dono do prédio serviente resgatar a servidão.
Art. 1.389. Também se extingue a servidão, ficando ao dono do prédio serviente a faculdade de fazê-la cancelar, mediante a prova da extinção:	*Art. 710.* As servidões prediais extinguem-se:
I – pela reunião dos dois prédios no domínio da mesma pessoa;	*I* – pela reunião dos dois prédios no domínio da mesma pessoa;
II – pela supressão das respectivas obras por efeito de contrato, ou de outro título expresso;	*II* – pela supressão das respectivas obras por efeito do contrato, ou de outro título expresso;

Código Civil 2002	Código Civil 1916
III – pelo não uso, durante dez anos contínuos.	*Art. 710, III* – pelo não uso, durante 10 (dez) anos contínuos.
Título VI **Do Usufruto** **Capítulo I** **Disposições Gerais**	
Art. 1.390. O usufruto pode recair em um ou mais bens, móveis ou imóveis, em um patrimônio inteiro, ou parte deste, abrangendo-lhe, no todo ou em parte, os frutos e utilidades.	*Art. 714.* O usufruto pode recair em um ou mais bens, móveis ou imóveis, em um patrimônio inteiro, ou parte deste, abrangendo-lhe, no todo ou em parte, os frutos e utilidades.
Art. 1.391. O usufruto de imóveis, quando não resulte de usucapião, constituir-se-á mediante registro no Cartório de Registro de Imóveis.	*Art. 715.* O usufruto de imóveis, quando não resulte do direito de família, dependerá de transcrição no respectivo registro.
Art. 1.392. Salvo disposição em contrário, o usufruto estende-se aos acessórios da coisa e seus acrescidos.	*Art. 716.* Salvo disposição em contrário, o usufruto estende-se aos acessórios da coisa e seus acrescidos.
§ 1º Se, entre os acessórios e os acrescidos, houver coisas consumíveis, terá o usufrutuário o dever de restituir, findo o usufruto, as que ainda houver e, das outras, o equivalente em gênero, qualidade e quantidade, ou, não sendo possível, o seu valor, estimado ao tempo da restituição.	*Art. 726.* As coisas que se consomem pelo uso caem para logo no domínio do usufrutuário, ficando, porém, este, obrigado a restituir, findo o usufruto, o equivalente em gênero, qualidade e quantidade, ou, não sendo possível, o seu valor, pelo preço corrente ao tempo da restituição.
§ 2º Se há no prédio em que recai o usufruto florestas ou os recursos minerais a que se refere o art. 1.230, devem o dono e o usufrutuário prefixar-lhe a extensão do gozo e a maneira de exploração.	*Art. 725.* Se o usufruto recai em florestas, ou minas, podem o dono e o usufrutuário prefixar-lhe a extensão do gozo e a maneira da exploração.
§ 3º Se o usufruto recai sobre universalidade ou quota-parte de bens, o usufrutuário tem direito à parte do tesouro achado por outrem, e ao preço pago pelo vizinho do prédio usufruído, para obter meação em parede, cerca, muro, vala ou valado.	*Art. 727.* O usufrutuário não tem direito à parte do tesouro achado por outrem, nem ao preço pago pelo vizinho do prédio usufruído, para obter meação em parede, cerca, muro, vala ou valado (art. 643). *Art. 728.* Não procede o disposto na segunda parte do artigo anterior, quando o usufruto recair sobre universalidade ou quota-parte de bens.
Art. 1.393. Não se pode transferir o usufruto por alienação; mas o seu exercício pode ceder-se por título gratuito ou oneroso.	*Art. 717.* O usufruto só se pode transferir, por alienação, ao proprietário da coisa; mas o seu exercício pode ceder-se por título gratuito ou oneroso.
Capítulo II **Dos Direitos do Usufrutuário**	
Art. 1.394. O usufrutuário tem direito à posse, uso, administração e percepção dos frutos.	*Art. 718.* O usufrutuário tem direito à posse, uso, administração e percepção dos frutos.

Código Civil 2002	Código Civil 1916
Art. 1.395. Quando o usufruto recai em títulos de crédito, o usufrutuário tem direito a perceber os frutos e a cobrar as respectivas dívidas.	*Art. 719.* Quando o usufruto recai em títulos de crédito, o usufrutuário tem direito, não só a cobrar as respectivas dívidas, mas ainda a empregar-lhes a importância recebida. Essa aplicação, porém, corre por sua conta e risco; e, cessando o usufruto, o proprietário pode recusar os novos títulos, exigindo em espécie o dinheiro.
Parágrafo único. Cobradas as dívidas, o usufrutuário aplicará, de imediato, a importância em títulos da mesma natureza, ou em títulos da dívida pública federal, com cláusula de atualização monetária segundo índices oficiais regularmente estabelecidos.	
Art. 1.396. Salvo direito adquirido por outrem, o usufrutuário faz seus os frutos naturais, pendentes ao começar o usufruto, sem encargo de pagar as despesas de produção.	*Art. 721.* Salvo direito adquirido por outrem, o usufrutuário faz seus os frutos naturais, pendentes ao começar o usufruto, sem encargo de pagar as despesas de produção.
Parágrafo único. Os frutos naturais, pendentes ao tempo em que cessa o usufruto, pertencem ao dono, também sem compensação das despesas.	*Parágrafo único.* Os frutos naturais, porém, pendentes ao tempo em que cessa o usufruto, pertencem ao dono, também sem compensação das despesas.
Art. 1.397. As crias dos animais pertencem ao usufrutuário, deduzidas quantas bastem para inteirar as cabeças de gado existentes ao começar o usufruto.	*Art. 722.* As crias dos animais pertencem ao usufrutuário, deduzidas quantas bastem para inteirar as cabeças de gado existentes ao começar o usufruto.
Art. 1.398. Os frutos civis, vencidos na data inicial do usufruto, pertencem ao proprietário, e ao usufrutuário os vencidos na data em que cessa o usufruto.	*Art. 723.* Os frutos civis, vencidos na data inicial do usufruto, pertencem ao proprietário, e ao usufrutuário os vencidos na data em que cessa o usufruto.
Art. 1.399. O usufrutuário pode usufruir em pessoa, ou mediante arrendamento, o prédio, mas não mudar-lhe a destinação econômica, sem expressa autorização do proprietário.	
Capítulo III **Dos Deveres do Usufrutuário**	
Art. 1.400. O usufrutuário, antes de assumir o usufruto, inventariará, à sua custa, os bens que receber, determinando o estado em que se acham, e dará caução, fidejussória ou real, se lha exigir o dono, de velar-lhes pela conservação, e entregá-los findo o usufruto.	*Art. 729.* O usufrutuário, antes de assumir o usufruto, inventariará, à sua custa, os bens, que receber, determinando o estado em que se acham, e dará caução, fidejussória ou real, se lha exigir o dono, de velar-lhes pela conservação, e entregá-los findo o usufruto.

Código Civil 2002	Código Civil 1916
Parágrafo único. Não é obrigado à caução o doador que se reservar o usufruto da coisa doada.	*Art. 731.* Não são obrigados à caução: *I* – o doador, que se reservar o usufruto da coisa doada.
Art. 1.401. O usufrutuário que não quiser ou não puder dar caução suficiente perderá o direito de administrar o usufruto; e, neste caso, os bens serão administrados pelo proprietário, que ficará obrigado, mediante caução, a entregar ao usufrutuário o rendimento deles, deduzidas as despesas de administração, entre as quais se incluirá a quantia fixada pelo juiz como remuneração do administrador.	*Art. 730.* O usufrutuário, que não quiser ou não puder dar caução suficiente, perderá o direito de administrar o usufruto; e, neste caso, os bens serão administrados pelo proprietário, que ficará obrigado, mediante caução, a entregar ao usufrutuário o rendimento deles, deduzidas as despesas da administração, entre as quais se incluirá a quantia taxada pelo juiz em remuneração do administrador.
Art. 1.402. O usufrutuário não é obrigado a pagar as deteriorações resultantes do exercício regular do usufruto.	*Art. 732.* O usufrutuário não é obrigado a pagar as deteriorações resultantes do exercício regular do usufruto.
Art. 1.403. Incumbem ao usufrutuário:	*Art. 733.* Incumbem ao usufrutuário:
I – as despesas ordinárias de conservação dos bens no estado em que os recebeu;	*I* – as despesas ordinárias de conservação dos bens no estado em que os recebeu;
II – as prestações e os tributos devidos pela posse ou rendimento da coisa usufruída.	*II* – os foros, as pensões e os impostos reais devidos pela posse, ou rendimento da coisa usufruída.
Art. 1.404. Incumbem ao dono as reparações extraordinárias e as que não forem de custo módico; mas o usufrutuário lhe pagará os juros do capital despendido com as que forem necessárias à conservação, ou aumentarem o rendimento da coisa usufruída.	*Art. 734.* Incumbem ao dono as reparações extraordinárias e as que não forem de custo módico; mas o usufrutuário lhe pagará os juros do capital despendido com as que forem necessárias à conservação, ou aumentarem o rendimento da coisa usufruída.
§ 1º Não se consideram módicas as despesas superiores a dois terços do líquido rendimento em um ano.	*Parágrafo único.* Não se consideram módicas as despesas superiores a dois terços do líquido rendimento em 1 (um) ano.
§ 2º Se o dono não fizer as reparações a que está obrigado, e que são indispensáveis à conservação da coisa, o usufrutuário pode realizá-las, cobrando daquele a importância despendida.	
Art. 1.405. Se o usufruto recair num patrimônio, ou parte deste, será o usufrutuário obrigado aos juros da dívida que onerar o patrimônio ou a parte dele.	*Art. 736.* Se o usufruto recair em coisa singular, ou parte dela, só responderá o usufrutuário pelo juro da dívida, que ela garantir, quando esse ônus for expresso no título respectivo. Se recair num patrimônio, ou parte deste, será o usufrutuário obrigado aos juros da dívida que onerar o patrimônio ou a parte dele, sobre que recaia o usufruto.

Código Civil 2002	Código Civil 1916
Art. 1.406. O usufrutuário é obrigado a dar ciência ao dono de qualquer lesão produzida contra a posse da coisa, ou os direitos deste.	
Art. 1.407. Se a coisa estiver segurada, incumbe ao usufrutuário pagar, durante o usufruto, as contribuições do seguro.	*Art. 735.* Se a coisa estiver segura, incumbe ao usufrutuário pagar, durante o usufruto, as contribuições do seguro.
§ 1º Se o usufrutuário fizer o seguro, ao proprietário caberá o direito dele resultante contra o segurador.	*§ 1º* Se o usufrutuário fizer o seguro, ao proprietário caberá o direito dele resultante contra o segurador.
§ 2º Em qualquer hipótese, o direito do usufrutuário fica sub-rogado no valor da indenização do seguro.	*§ 2º* Em qualquer hipótese, o direito do usufrutuário fica sub-rogado no valor da indenização do seguro.
Art. 1.408. Se um edifício sujeito a usufruto for destruído sem culpa do proprietário, não será este obrigado a reconstruí-lo, nem o usufruto se restabelecerá, se o proprietário reconstruir à sua custa o prédio; mas se a indenização do seguro for aplicada à reconstrução do prédio, restabelecer-se-á o usufruto.	*Art. 737.* Se um edifício sujeito a usufruto for destruído sem culpa do proprietário, não será este obrigado a reconstruí-lo, nem o usufruto se restabelecerá, se o proprietário reconstruir à sua custa o prédio; mas, se ele estava seguro, a indenização paga fica sujeita ao ônus do usufruto. Se a indenização do seguro for aplicada à reconstrução do prédio, restabelecer-se-á o usufruto.
Art. 1.409. Também fica sub-rogada no ônus do usufruto, em lugar do prédio, a indenização paga, se ele for desapropriado, ou a importância do dano, ressarcido pelo terceiro responsável no caso de danificação ou perda.	*Art. 738.* Também fica sub-rogada no ônus do usufruto, em lugar do prédio, a indenização paga, se ele for desapropriado, ou a importância do dano, ressarcido pelo terceiro responsável, no caso de danificação, ou perda.
CAPÍTULO IV **Da Extinção do Usufruto**	
Art. 1.410. O usufruto extingue-se, cancelando-se o registro no Cartório de Registro de Imóveis:	*Art. 739.* O usufruto extingue-se:
I – pela renúncia ou morte do usufrutuário;	*I* – pela morte do usufrutuário;
II – pelo termo de sua duração;	*II* – pelo termo de sua duração;
III – pela extinção da pessoa jurídica, em favor de quem o usufruto foi constituído, ou, se ela perdurar, pelo decurso de trinta anos da data em que se começou a exercer;	*Art. 741.* O usufruto constituído em favor de pessoa jurídica extingue-se com esta, ou, se ela perdurar, aos 100 (cem) anos da data em que se começou a exercer.
IV – pela cessação do motivo de que se origina;	*Art. 739.* O usufruto extingue-se: *III* – pela cessação da causa de que se origina;
V – pela destruição da coisa, guardadas as disposições dos arts. 1.407, 1.408, 2ª parte, e 1.409;	*IV* – pela destruição da coisa, não sendo fungível, guardadas as disposições dos arts. 735, 737, 2ª parte, e 738;
VI – pela consolidação;	*V* – pela consolidação;

Código Civil 2002	Código Civil 1916
VII – por culpa do usufrutuário, quando aliena, deteriora, ou deixa arruinar os bens, não lhes acudindo com os reparos de conservação, ou quando, no usufruto de títulos de crédito, não dá às importâncias recebidas a aplicação prevista no parágrafo único do art. 1.395;	*Art. 739, VII* – por culpa do usufrutuário, quando aliena, deteriora, ou deixa arruinar os bens, não lhes acudindo com os reparos de conservação.
VIII – Pelo não uso, ou não fruição, da coisa em que o usufruto recai (arts. 1.390 e 1.399).	
Art. 1.411. Constituído o usufruto em favor de duas ou mais pessoas, extinguir-se-á a parte em relação a cada uma das que falecerem, salvo se, por estipulação expressa, o quinhão desses couber ao sobrevivente.	*Art. 740.* Constituído o usufruto em favor de dois ou mais indivíduos, extinguir-se-á parte a parte, em relação a cada um dos que falecerem, salvo se, por estipulação expressa, o quinhão desses couber aos sobreviventes.
Título VII **Do Uso**	
Art. 1.412. O usuário usará da coisa e perceberá os seus frutos, quanto o exigirem as necessidades suas e de sua família.	*Art. 742.* O usuário fruirá a utilidade da coisa dada em uso, quanto o exigirem as necessidades pessoais suas e de sua família.
§ 1º Avaliar-se-ão as necessidades pessoais do usuário conforme a sua condição social e o lugar onde viver.	*Art. 743.* Avaliar-se-ão as necessidades pessoais do usuário, conforme a sua condição social e o lugar onde viver.
§ 2º As necessidades da família do usuário compreendem as de seu cônjuge, dos filhos solteiros e das pessoas de seu serviço doméstico.	*Art. 744.* As necessidades da família do usuário compreendem: *I* – as de seu cônjuge; *II* – as dos filhos solteiros, ainda que ilegítimos; *III* – as das pessoas de seu serviço doméstico.
Art. 1.413. São aplicáveis ao uso, no que não for contrário à sua natureza, as disposições relativas ao usufruto.	*Art. 745.* São aplicáveis ao uso, no que não for contrário à sua natureza, as disposições relativas ao usufruto.
Título VIII **Da Habitação**	
Art. 1.414. Quando o uso consistir no direito de habitar gratuitamente casa alheia, o titular deste direito não a pode alugar, nem emprestar, mas simplesmente ocupá-la com sua família.	*Art. 746.* Quando o uso consistir no direito de habitar gratuitamente casa alheia, o titular deste direito não a pode alugar, nem emprestar, mas simplesmente ocupá-la com sua família.
Art. 1.415. Se o direito real de habitação for conferido a mais de uma pessoa, qualquer delas que sozinha habite a casa não terá de pagar aluguel à outra, ou às outras, mas não as pode inibir de exercerem, querendo, o direito, que também lhes compete, de habitá-la.	*Art. 747.* Se o direito real da habitação for conferido a mais de uma pessoa, qualquer delas, que habite, sozinha, a casa, não terá de pagar aluguel à outra, ou às outras, mas não as pode inibir de exercerem, querendo, o direito, que também lhes compete, de habitá-la.

Código Civil 2002	Código Civil 1916
Art. 1.416. São aplicáveis à habitação, no que não for contrário à sua natureza, as disposições relativas ao usufruto.	*Art. 748.* São aplicáveis à habitação, no que lhe não contrariarem a natureza, as disposições concernentes ao usufruto.
Título IX **Do Direito do Promitente Comprador**	
Art. 1.417. Mediante promessa de compra e venda, em que se não pactuou arrependimento, celebrada por instrumento público ou particular, e registrada no Cartório de Registro de Imóveis, adquire o promitente comprador direito real à aquisição do imóvel.	
Art. 1.418. O promitente comprador, titular de direito real, pode exigir do promitente vendedor, ou de terceiros, a quem os direitos deste forem cedidos, a outorga da escritura definitiva de compra e venda, conforme o disposto no instrumento preliminar; e, se houver recusa, requerer ao juiz a adjudicação do imóvel.	
Título X **Do Penhor, da Hipoteca e da Anticrese** **Capítulo I** **Disposições Gerais**	
Art. 1.419. Nas dívidas garantidas por penhor, anticrese ou hipoteca, o bem dado em garantia fica sujeito, por vínculo real, ao cumprimento da obrigação.	*Art. 755.* Nas dívidas garantidas por penhor, anticrese ou hipoteca, a coisa dada em garantia fica sujeita, por vínculo real, ao cumprimento da obrigação.
Art. 1.420. Só aquele que pode alienar poderá empenhar, hipotecar ou dar em anticrese; só os bens que se podem alienar poderão ser dados em penhor, anticrese ou hipoteca.	*Art. 756.* Só aquele que pode alienar poderá hipotecar, dar em anticrese, ou empenhar. Só as coisas que se podem alienar poderão ser dadas em penhor, anticrese, ou hipoteca.
§ 1º A propriedade superveniente torna eficaz, desde o registro, as garantias reais estabelecidas por quem não era dono.	*Parágrafo único.* O domínio superveniente revalida, desde a inscrição, as garantias reais estabelecidas por quem possuía a coisa a título de proprietário.
§ 2º A coisa comum a dois ou mais proprietários não pode ser dada em garantia real, na sua totalidade, sem o consentimento de todos; mas cada um pode individualmente dar em garantia real a parte que tiver.	*Art. 757.* A coisa comum a dois ou mais proprietários não pode ser dada em garantia real, na sua totalidade, sem o consentimento de todos; mas cada um pode individualmente dar em garantia real a parte que tiver, se for divisível a coisa, e só a respeito dessa parte vigorará a indivisibilidade da garantia.

Código Civil 2002	Código Civil 1916
Art. 1.421. O pagamento de uma ou mais prestações da dívida não importa exoneração correspondente da garantia, ainda que esta compreenda vários bens, salvo disposição expressa no título ou na quitação.	*Art. 758.* O pagamento de uma ou mais prestações da dívida não importa exoneração correspondente da garantia, ainda que esta compreenda vários bens, salvo disposição expressa no título, ou na quitação.
Art. 1.422. O credor hipotecário e o pignoratício têm o direito de excutir a coisa hipotecada ou empenhada, e preferir, no pagamento, a outros credores, observada, quanto à hipoteca, a prioridade no registro.	*Art. 759.* O credor hipotecário e o pignoratício têm o direito de excutir a coisa hipotecada, ou empenhada, e preferir, no pagamento, a outros credores, observada, quanto à hipoteca, a prioridade na inscrição.
Parágrafo único. Excetuam-se da regra estabelecida neste artigo as dívidas que, em virtude de outras leis, devam ser pagas precipua-mente a quaisquer outros créditos.	*Parágrafo único.* Excetua-se desta regra a dívida proveniente de salários do trabalhador agrícola, que será paga, precipuamente a quaisquer outros créditos, pelo produto da colheita para a qual houver concorrido com o seu trabalho.
Art. 1.423. O credor anticrético tem direito a reter em seu poder o bem, enquanto a dívida não for paga; extingue-se esse direito decorridos quinze anos da data de sua constituição.	*Art. 760.* O credor anticrético tem direito a reter em seu poder a coisa, enquanto a dívida não for paga. Extingue-se, porém, esse direito, decorridos 15 (quinze) anos do dia da transcrição.
Art. 1.424. Os contratos de penhor, anticrese ou hipoteca declararão, sob pena de não terem eficácia:	*Art. 761.* Os contratos de penhor, anticrese e hipoteca declararão, sob pena de não valerem contra terceiros:
I – o valor do crédito, sua estimação, ou valor máximo;	*I* – o total da dívida, ou sua estimação;
II – o prazo fixado para pagamento;	*II* – o prazo fixado para pagamento;
III – a taxa dos juros, se houver;	*III* – a taxa dos juros, se houver;
IV – o bem dado em garantia com as suas especificações.	*IV* – a coisa dada em garantia, com as suas especificações.
Art. 1.425. A dívida considera-se vencida:	*Art. 762.* A dívida considera-se vencida:
I – se, deteriorando-se, ou depreciando-se o bem dado em segurança, desfalcar a garantia, e o devedor, intimado, não a reforçar ou substituir;	*I* – se, deteriorando-se, ou depreciando-se a coisa dada em segurança, desfalcar a garantia, e o devedor, intimado, a não reforçar;
II – se o devedor cair em insolvência ou falir;	*II* – se o devedor cair em insolvência, ou falir;
III – se as prestações não forem pontualmente pagas, toda vez que deste modo se achar estipulado o pagamento. Neste caso, o recebimento posterior da prestação atrasada importa renúncia do credor ao seu direito de execução imediata;	*III* – se as prestações não forem pontualmente pagas, toda vez que deste modo se achar estipulado o pagamento. Neste caso, o recebimento posterior da prestação atrasada importa renúncia do credor ao seu direito de execução imediata;

Código Civil 2002	Código Civil 1916
IV – se perecer o bem dado em garantia, e não for substituído;	*IV* – se perecer o objeto dado em garantia;
V – se se desapropriar o bem dado em garantia, hipótese na qual se depositará a parte do preço que for necessária para o pagamento integral do credor.	*V* – se se desapropriar a coisa dada em garantia, depositando-se a parte do preço, que for necessária para o pagamento integral do credor.
§ 1º Nos casos de perecimento da coisa dada em garantia, esta se sub-rogará na indenização do seguro, ou no ressarcimento do dano, em benefício do credor, a quem assistirá sobre ela preferência até seu completo reembolso.	*§ 1º* Nos casos de perecimento ou deterioração do objeto dado em garantia, a indenização, estando ele seguro ou havendo alguém responsável pelo dano, se sub-rogará na coisa destruída ou deteriorada, em benefício do credor, a quem assistirá sobre ela preferência até o seu completo reembolso.
§ 2º Nos casos dos incisos IV e V, só se vencerá a hipoteca antes do prazo estipulado, se o perecimento, ou a desapropriação recair sobre o bem dado em garantia, e esta não abranger outras; subsistindo, no caso contrário, a dívida reduzida, com a respectiva garantia sobre os demais bens, não desapropriados ou destruídos.	*§ 2º* Nos casos dos ns. IV e V, só se vencerá a hipoteca antes do prazo estipulado, se o sinistro, ou a desapropriação recair sobre o objeto dado em garantia, e esta não abranger outros; subsistindo, no caso contrário, a dívida reduzida, com a respectiva garantia sobre os demais bens, não desapropriados, danificados, ou destruídos.
Art. 1.426. Nas hipóteses do artigo anterior, de vencimento antecipado da dívida, não se compreendem os juros correspondentes ao tempo ainda não decorrido.	*Art. 763.* O antecipado vencimento da dívida nas hipóteses do artigo anterior não importa o dos juros correspondentes ao prazo convencional por decorrer.
Art. 1.427. Salvo cláusula expressa, o terceiro que presta garantia real por dívida alheia não fica obrigado a substituí-la, ou reforçá-la, quando, sem culpa sua, se perca, deteriore, ou desvalorize.	*Art. 764.* Salvo cláusula expressa, o terceiro que presta garantia real por dívida alheia não fica obrigado a substituí-la, ou reforçá-la, quando, sem culpa sua, se perca, deteriore, ou desvalie.
Art. 1.428. É nula a cláusula que autoriza o credor pignoratício, anticrético ou hipotecário a ficar com o objeto da garantia, se a dívida não for paga no vencimento.	*Art. 765.* É nula a cláusula que autoriza o credor pignoratício, anticrético ou hipotecário a ficar com o objeto da garantia, se a dívida não for paga no vencimento.
Parágrafo único. Após o vencimento, poderá o devedor dar a coisa em pagamento da dívida.	
Art. 1.429. Os sucessores do devedor não podem remir parcialmente o penhor ou a hipoteca na proporção dos seus quinhões; qualquer deles, porém, pode fazê-lo no todo.	*Art. 766.* Os sucessores do devedor não podem remir parcialmente o penhor ou a hipoteca na proporção dos seus quinhões; qualquer deles, porém, pode fazê-lo no todo.
Parágrafo único. O herdeiro ou sucessor que fizer a remição fica sub-rogado nos direitos do credor pelas quotas que houver satisfeito.	*Parágrafo único.* O herdeiro ou sucessor que fizer a remissão fica sub-rogado nos direitos do credor pelas quotas que houver satisfeito.

Código Civil 2002	Código Civil 1916
Art. 1.430. Quando, excutido o penhor, ou executada a hipoteca, o produto não bastar para pagamento da dívida e despesas judiciais, continuará o devedor obrigado pessoalmente pelo restante.	*Art. 767.* Quando, excutido o penhor, ou executada a hipoteca, o produto não bastar para pagamento da dívida e despesas judiciais, continuará o devedor obrigado pessoalmente pelo restante.
Capítulo II **Do Penhor** **Seção I** **Da Constituição do Penhor**	
Art. 1.431. Constitui-se o penhor pela transferência efetiva da posse que, em garantia do débito ao credor ou a quem o represente, faz o devedor, ou alguém por ele, de uma coisa móvel, suscetível de alienação.	*Art. 768.* Constitui-se o penhor pela tradição efetiva, que, em garantia do débito, ao credor, ou a quem o represente, faz o devedor, ou alguém por ele, de um objeto móvel, suscetível de alienação.
Parágrafo único. No penhor rural, industrial, mercantil e de veículos, as coisas empenhadas continuam em poder do devedor, que as deve guardar e conservar.	*Art. 769.* Só se pode constituir o penhor com a posse da coisa móvel pelo credor, salvo no caso de penhor agrícola ou pecuário, em que os objetos continuam em poder do devedor, por efeito da cláusula *constituti*.
Art. 1.432. O instrumento do penhor deverá ser levado a registro, por qualquer dos contratantes; o do penhor comum será registrado no Cartório de Títulos e Documentos.	
Seção II **Dos Direitos do Credor Pignoratício** **Art. 1.433.** O credor pignoratício tem direito:	
I – à posse da coisa empenhada;	
II – à retenção dela, até que o indenizem das despesas devidamente justificadas, que tiver feito, não sendo ocasionadas por culpa sua;	*Art. 772.* O credor pignoratício não pode, paga a dívida, recusar a entrega da coisa a quem a empenhou. Pode retê-la, porém, até que o indenizem das despesas, devidamente justificadas, que tiver feito, não sendo ocasionadas por culpa sua.
III – ao ressarcimento do prejuízo que houver sofrido por vício da coisa empenhada;	*Art. 773.* Pode igualmente o credor exigir do devedor a satisfação do prejuízo que houver sofrido por vício da coisa empenhada.
IV – a promover a execução judicial, ou a venda amigável, se lhe permitir expressamente o contrato, ou lhe autorizar o devedor mediante procuração;	
V – a apropriar-se dos frutos da coisa empenhada que se encontra em seu poder;	

Código Civil 2002	Código Civil 1916
VI – a promover a venda antecipada, mediante prévia autorização judicial, sempre que haja receio fundado de que a coisa empenhada se perca ou deteriore, devendo o preço ser depositado. O dono da coisa empenhada pode impedir a venda antecipada, substituindo-a, ou oferecendo outra garantia real idônea.	
Art. 1.434. O credor não pode ser constrangido a devolver a coisa empenhada, ou uma parte dela, antes de ser integralmente pago, podendo o juiz, a requerimento do proprietário, determinar que seja vendida apenas uma das coisas, ou parte da coisa empenhada, suficiente para o pagamento do credor.	*Art. 772.* O credor pignoratício não pode, paga a dívida, recusar a entrega da coisa a quem a empenhou. Pode retê-la, porém, até que o indenizem das despesas, devidamente justificadas, que tiver feito, não sendo ocasionadas por culpa sua.
Seção III **Das Obrigações do Credor Pignoratício** **Art. 1.435.** O credor pignoratício é obrigado:	*Art. 774.* O credor pignoratício é obrigado, como depositário:
I – à custódia da coisa, como depositário, e a ressarcir ao dono a perda ou deterioração de que for culpado, podendo ser compensada na dívida, até a concorrente quantia, a importância da responsabilidade;	*I* – a empregar na guarda do penhor a diligência exigida pela natureza da coisa; *IV* – a ressarcir ao dono a perda ou deterioração, de que for culpado. *Art. 775.* No caso do artigo antecedente, nº IV, pode compensar-se na dívida, até à concorrente quantia, a importância da responsabilidade do credor.
II – à defesa da posse da coisa empenhada e a dar ciência, ao dono dela, das circunstâncias que tornarem necessário o exercício de ação possessória;	
III – a imputar o valor dos frutos, de que se apropriar (art. 1.433, inciso V) nas despesas de guarda e conservação, nos juros e no capital da obrigação garantida, sucessivamente;	
IV – a restituí-la, com os respectivos frutos e acessões, uma vez paga a dívida;	*Art. 774, II* – a entregá-lo com os respectivos frutos e acessões, uma vez paga a dívida, observadas as disposições dos artigos antecedentes;
V – a entregar o que sobeje do preço, quando a dívida for paga, no caso do inciso IV do art. 1.433.	*Art. 774, III* – a entregar o que sobeje do preço, quando a dívida for paga, seja por excussão judicial, ou por venda amigável, se lha permitir expressamente o contrato, ou lha autorizar o devedor mediante procuração especial;

Código Civil 2002	Código Civil 1916
Seção IV **Da Extinção do Penhor**	
Art. 1.436. Extingue-se o penhor:	*Art. 802.* Resolve-se o penhor:
I – extinguindo-se a obrigação;	*I* – extinguindo-se a obrigação;
II – perecendo a coisa;	*II* – perecendo a coisa;
III – renunciando o credor;	*III* – renunciando o credor;
IV – confundindo-se na mesma pessoa as qualidades de credor e de dono da coisa;	*V* – confundindo-se na mesma pessoa as qualidades de credor e dono da coisa;
V – dando-se a adjudicação judicial, a remissão ou a venda da coisa empenhada, feita pelo credor ou por ele autorizada.	*VI* – dando-se a adjudicação judicial, a remissão, ou a venda amigável do penhor, se a permitir expressamente o contrato, ou for autorizada pelo devedor (art. 774, III), ou pelo credor (art. 785);
§ 1º Presume-se a renúncia do credor quando consentir na venda particular do penhor sem reserva de preço, quando restituir a sua posse ao devedor, ou quando anuir à sua substituição por outra garantia.	*Art. 803.* Presume-se a renúncia do credor, quando consentir na venda particular do penhor sem reserva de preço, quando restituir a sua posse ao devedor, ou quando anuir à sua substituição por outra garantia.
§ 2º Operando-se a confusão tão-somente quanto a parte da dívida pignoratícia, subsistirá inteiro o penhor quanto ao resto.	*Art. 804.* Operando-se a confusão tão-somente quanto à parte da dívida pignoratícia, subsistirá inteiro o penhor quanto ao resto.
Art. 1.437. Produz efeitos a extinção do penhor depois de averbado o cancelamento do registro, à vista da respectiva prova.	
Seção V **Do Penhor Rural** **Subseção I** **Disposições Gerais**	
Art. 1.438. Constitui-se o penhor rural mediante instrumento público ou particular, registrado no Cartório de Registro de Imóveis da circunscrição em que estiverem situadas as coisas empenhadas.	*Art. 796.* O penhor agrícola será transcrito no Registro de Imóveis.
Parágrafo único. Prometendo pagar em dinheiro a dívida, que garante com penhor rural, o devedor poderá emitir, em favor do credor, cédula rural pignoratícia, na forma determinada em lei especial.	
Art. 1.439. O penhor agrícola e o penhor pecuário somente podem ser convencionados, respectivamente, pelos prazos máximos de três e quatro anos, prorrogáveis, uma só vez, até o limite de igual tempo.	*Art. 782.* O penhor agrícola só se pode convencionar pelo prazo de 1 (um) ano, ulteriormente prorrogável por 6 (seis) meses. *Art. 788.* O penhor de animais não admite prazo maior de 2 (dois) anos, mas pode ser prorrogado por igual período, averbando-se a prorrogação no título respectivo.

Código Civil 2002	Código Civil 1916
§ 1º Embora vencidos os prazos, permanece a garantia, enquanto subsistirem os bens que a constituem.	
§ 2º A prorrogação deve ser averbada à margem do registro respectivo, mediante requerimento do credor e do devedor.	
Art. 1.440. Se o prédio estiver hipotecado, o penhor rural poderá constituir-se independentemente da anuência do credor hipotecário, mas não lhe prejudica o direito de preferência, nem restringe a extensão da hipoteca, ao ser executada.	*Art. 783.* Se o prédio estiver hipotecado, não se poderá, pena de nulidade, sobre ele constituir penhor agrícola, sem anuência do credor hipotecário, por este dada no próprio instrumento de constituição do penhor.
Art. 1.441. Tem o credor direito a verificar o estado das coisas empenhadas, inspecionando-as onde se acharem, por si ou por pessoa que cre-denciar.	
Subseção II **Do Penhor Agrícola**	
Art. 1.442. Podem ser objeto de penhor:	*Art. 781.* Podem ser objeto de penhor agrícola:
I – máquinas e instrumentos de agricultura;	*I* – máquinas e instrumentos aratórios, ou de locomoção;
II – colheitas pendentes, ou em via de formação;	*II* – colheitas pendentes, ou em via de formação no ano do contrato, quer resultem de prévia cultura, quer de produção espontânea do solo;
III – frutos acondicionados ou armazenados;	*III* – frutos armazenados, em ser, ou beneficiados e acondicionados para a venda;
IV – lenha cortada e carvão vegetal;	*IV* – lenha cortada ou madeira das matas preparada para o corte;
V – animais do serviço ordinário de estabelecimento agrícola.	*V* – animais do serviço ordinário de estabelecimento agrícola.
Art. 1.443. O penhor agrícola que recai sobre colheita pendente, ou em via de formação, abrange a imediatamente seguinte, no caso de frustrar-se ou ser insuficiente a que se deu em garantia. Parágrafo único. Se o credor não financiar a nova safra, poderá o devedor constituir com outrem novo penhor, em quantia máxima equivalente à do primeiro; o segundo penhor terá preferência sobre o primeiro, abrangendo este apenas o excesso apurado na colheita seguinte.	

Código Civil 2002	Código Civil 1916
Subseção III **Do Penhor Pecuário**	
Art. 1.444. Podem ser objeto de penhor os animais que integram a atividade pastoril, agrícola ou de lacticínios.	
Art. 1.445. O devedor não poderá alienar os animais empenhados sem prévio consentimento, por escrito, do credor.	*Art. 785.* O devedor não poderá vender o gado empenhado, sem prévio consentimento escrito do credor.
Parágrafo único. Quando o devedor pretende alienar o gado empenhado ou, por negligência, ameace prejudicar o credor, poderá este requerer se depositem os animais sob a guarda de terceiro, ou exigir que se lhe pague a dívida de imediato.	*Art. 786.* Quando o devedor pretenda vender o gado empenhado, ou por negligente, ameace prejudicar o credor, poderá este requerer se depositem os animais sob a guarda de terceiro, ou exigir que se lhe pague a dívida *incontinenti*.
Art. 1.446. Os animais da mesma espécie, comprados para substituir os mortos, ficam sub-rogados no penhor.	*Art. 787.* Os animais da mesma espécie, comprados para substituir os mortos, ficam sub-rogados no penhor.
Parágrafo único. Presume-se a substituição prevista neste artigo, mas não terá eficácia contra terceiros, se não constar de menção adicional ao respectivo contrato, a qual deverá ser averbada.	*Parágrafo único.* Esta substituição presume-se, mas não valerá contra terceiros, se não constar de menção adicional ao respectivo contrato.
Seção VI **Do Penhor Industrial e Mercantil**	
Art. 1.447. Podem ser objeto de penhor máquinas, aparelhos, materiais, instrumentos, instalados e em funcionamento, com os acessórios ou sem eles; animais, utilizados na indústria; sal e bens destinados à exploração das salinas; produtos de suinocultura, animais destinados à industrialização de carnes e derivados; matérias-primas e produtos industrializados. **Parágrafo único.** Regula-se pelas disposições relativas aos armazéns gerais o penhor das mercadorias neles depositadas.	
Art. 1.448. Constitui-se o penhor industrial, ou o mercantil, mediante instrumento público ou particular, registrado no Cartório de Registro de Imóveis da circunscrição onde estiverem situadas as coisas empenhadas. **Parágrafo único.** Prometendo pagar em dinheiro a dívida, que garante com penhor industrial ou mercantil, o devedor poderá emitir, em favor do credor, cédula do respectivo crédito, na forma e para os fins que a lei especial determinar.	

Código Civil 2002	Código Civil 1916
Art. 1.449. O devedor não pode, sem o consentimento por escrito do credor, alterar as coisas empenhadas ou mudar-lhes a situação, nem delas dispor. O devedor que, anuindo o credor, alienar as coisas empenhadas, deverá repor outros bens da mesma natureza, que ficarão sub-rogados no penhor.	
Art. 1.450. Tem o credor direito a verificar o estado das coisas empenhadas, inspecionando-as onde se acharem, por si ou por pessoa que credenciar.	
Seção VII **Do Penhor de Direitos e Títulos de Crédito** **Art. 1.451.** Podem ser objeto de penhor direitos, suscetíveis de cessão, sobre coisas móveis.	
Art. 1.452. Constitui-se o penhor de direito mediante instrumento público ou particular, registrado no Registro de Títulos e Documentos. **Parágrafo único.** O titular de direito empenhado deverá entregar ao credor pignoratício os documentos comprobatórios desse direito, salvo se tiver interesse legítimo em conservá-los.	
Art. 1.453. O penhor de crédito não tem eficácia senão quando notificado ao devedor; por notificado tem-se o devedor que, em instrumento público ou particular, declarar-se ciente da existência do penhor.	
Art. 1.454. O credor pignoratício deve praticar os atos necessários à conservação e defesa do direito empenhado e cobrar os juros e mais prestações acessórias compreendidas na garantia.	
Art. 1.455. Deverá o credor pignoratício cobrar o crédito empenhado, assim que se torne exigível. Se este consistir numa prestação pecuniária, depositará a importância recebida, de acordo com o devedor pignoratício, ou onde o juiz determinar; se consistir na entrega da coisa, nesta se sub-rogará o penhor. **Parágrafo único.** Estando vencido o crédito pignoratício, tem o credor direito a reter, da quantia recebida, o que lhe é devido, restituindo o restante ao devedor; ou a excutir a coisa a ele entregue.	

Código Civil 2002	Código Civil 1916
Art. 1.456. Se o mesmo crédito for objeto de vários penhores, só ao credor pignoratício, cujo direito prefira aos demais, o devedor deve pagar; responde por perdas e danos aos demais credores o credor preferente que, notificado por qualquer um deles, não promover oportunamente a cobrança.	
Art. 1.457. O titular do crédito empenhado só pode receber o pagamento com a anuência, por escrito, do credor pignoratício, caso em que o penhor se extinguirá.	
Art. 1.458. O penhor, que recai sobre título de crédito, constitui-se mediante instrumento público ou particular ou endosso pignoratício, com a tradição do título ao credor, regendo-se pelas Disposições Gerais deste Título e, no que couber, pela presente Seção.	
Art. 1.459. Ao credor, em penhor de título de crédito, compete o direito de:	*Art. 792.* Ao credor por esta caução compete o direito de:
I – conservar a posse do título e recuperá-la de quem quer que o detenha;	*I* – conservar e recuperar a posse dos títulos caucionados, por todos os meios cíveis ou criminais, contra qualquer detentor, inclusive o próprio dono;
II – usar dos meios judiciais convenientes para assegurar os seus direitos, e os do credor do título empenhado;	*III* – usar das ações, recursos e exceções convenientes, para assegurar os seus direitos, bem como os do credor caucionante, como se deste fora procurador especial;
III – fazer intimar ao devedor do título que não pague ao seu credor, enquanto durar o penhor;	*II* – fazer intimar ao devedor dos títulos caucionados, que não pague ao seu credor, enquanto durar a caução (art. 794);
IV – receber a importância consubstanciada no título e os respectivos juros, se exigíveis, restituindo o título ao devedor, quando este solver a obrigação.	*IV* – receber a importância dos títulos caucionados, e restituí-los ao devedor, quando este solver a obrigação por eles garantida.
Art. 1.460. O devedor do título empenhado que receber a intimação prevista no inciso III do artigo antecedente, ou se der por ciente do penhor, não poderá pagar ao seu credor. Se o fizer, responderá solidariamente por este, por perdas e danos, perante o credor pignoratício.	*Art. 794.* O devedor do título caucionado, tanto que receba a intimação do art. 792, II, ou se dê por ciente da caução, não poderá receber quitação do seu credor.
Parágrafo único. Se o credor der quitação ao devedor do título empenhado, deverá saldar ime-	*Art. 795.* Aquele que, sendo credor num título de crédito, depois de o ter caucionado, quitar o deve-

Código Civil 2002	Código Civil 1916
diatamente a dívida, em cuja garantia se constituiu o penhor.	dor, ficará, por esse fato, obrigado a saldar imediatamente a dívida, em cuja garantia prestou a caução; e o devedor que, ciente de estar caucionado o seu título de débito, aceitar quitação do credor caucionante, responderá solidariamente, com este, por perdas e danos ao caucionado.
Seção VIII **Do Penhor de Veículos** **Art. 1.461.** Podem ser objeto de penhor os veículos empregados em qualquer espécie de transporte ou condução.	
Art. 1.462. Constitui-se o penhor, a que se refere o artigo antecedente, mediante instrumento público ou particular, registrado no Cartório de Títulos e Documentos do domicílio do devedor, e anotado no certificado de propriedade. **Parágrafo único.** Prometendo pagar em dinheiro a dívida garantida com o penhor, poderá o devedor emitir cédula de crédito, na forma e para os fins que a lei especial determinar.	
Art. 1.463. Não se fará o penhor de veículos sem que estejam previamente segurados contra furto, avaria, perecimento e danos causados a terceiros.	
Art. 1.464. Tem o credor direito a verificar o estado do veículo empenhado, inspecionando-o onde se achar, por si ou por pessoa que credenciar.	
Art. 1.465. A alienação, ou a mudança, do veículo empenhado sem prévia comunicação ao credor importa no vencimento antecipado do crédito pignoratício.	
Art. 1.466. O penhor de veículos só se pode convencionar pelo prazo máximo de dois anos, prorrogável até o limite de igual tempo, averbada a prorrogação à margem do registro respectivo.	
Seção IX **Do Penhor Legal** **Art. 1.467.** São credores pignoratícios, independentemente de convenção:	*Art. 776.* São credores pignoratícios, independentemente de convenção:
I – os hospedeiros, ou fornecedores de pousada ou alimento, sobre as bagagens, móveis, jóias	*I* – os hospedeiros, estalajadeiros ou fornecedores de pousada ou alimento, sobre as bagagens,

CÓDIGO CIVIL 2002	CÓDIGO CIVIL 1916
ou dinheiro que os seus consumidores ou fregueses tiverem consigo nas respectivas casas ou estabelecimentos, pelas despesas ou consumo que aí tiverem feito;	móveis, jóias ou dinheiro que os seus consumidores ou fregueses tiverem consigo nas respectivas casas ou estabelecimentos, pelas despesas ou consumo que ali tiverem feito;
II – o dono do prédio rústico ou urbano, sobre os bens móveis que o rendeiro ou inquilino tiver guarnecendo o mesmo prédio, pelos aluguéis ou rendas.	*II* – o dono do prédio rústico ou urbano, sobre os bens móveis que o rendeiro ou inquilino tiver guarnecendo o mesmo prédio, pelos algueres ou rendas.
Art. 1.468. A conta das dívidas enumeradas no inciso I do artigo antecedente será extraída conforme a tabela impressa, prévia e ostensivamente exposta na casa, dos preços de hospedagem, da pensão ou dos gêneros fornecidos, sob pena de nulidade do penhor.	*Art. 777.* A conta das dívidas enumeradas no artigo antecedente, n. I, será extraída conforme a tabela impressa, prévia e ostensivamente exposta na casa, dos preços da hospedagem, da pensão ou dos gêneros fornecidos, sob pena de nulidade do penhor.
Art. 1.469. Em cada um dos casos do art. 1.467, o credor poderá tomar em garantia um ou mais objetos até o valor da dívida.	*Art. 778.* Em cada um dos casos do art. 776, o credor poderá tomar em garantia um ou mais objeto até o valor da dívida.
Art. 1.470. Os credores, compreendidos no art. 1.467, podem fazer efetivo o penhor, antes de recorrerem à autoridade judiciária, sempre que haja perigo na demora, dando aos devedores comprovante dos bens de que se apossarem.	*Art. 779.* Os credores compreendidos no referido artigo podem fazer efetivo o penhor, antes de recorrerem à autoridade judiciária, sempre que haja perigo na demora.
Art. 1.471. Tomado o penhor, requererá o credor, ato contínuo, a sua homologação judicial.	*Art. 780.* Tomado o penhor, requererá o credor, ato contínuo, a homologação, apresentando, com a conta por menor das despesas do devedor, a tabela dos preços, junta à relação dos objetos retidos, e pedindo a citação dele para, em 24 (vinte e quatro) horas, pagar, ou alegar defesa.
Art. 1.472. Pode o locatário impedir a constituição do penhor mediante caução idônea.	
CAPÍTULO III **Da Hipoteca** **Seção I** **Disposições Gerais**	
Art. 1.473. Podem ser objeto de hipoteca:	*Art. 810.* Podem ser objeto de hipoteca:
I – os imóveis e os acessórios dos imóveis conjuntamente com eles;	*I* – os imóveis; *II* – os acessórios dos imóveis conjuntamente com eles;

CÓDIGO CIVIL 2002	CÓDIGO CIVIL 1916
II – o domínio direto;	*III* – o domínio direto;
III – o domínio útil;	*IV* – o domínio útil;
IV – as estradas de ferro;	*V* – as estradas de ferro;
V – os recursos naturais a que se refere o art. 1.230, independentemente do solo onde se acham;	*VI* – as minas e pedreiras, independentemente do solo onde se acham;
VI – os navios;	*VII* – os navios (art. 825).
VII – as aeronaves.	
Parágrafo único. A hipoteca dos navios e das aeronaves reger-se-á pelo disposto em lei especial.	
Art. 1.474. A hipoteca abrange todas as acessões, melhoramentos ou construções do imóvel. Subsistem os ônus reais constituídos e registrados, anteriormente à hipoteca, sobre o mesmo imóvel.	*Art. 811.* A hipoteca abrange todas as acessões, melhoramentos ou construções do imóvel. Subsistem os ônus reais constituídos e transcritos, anteriormente à hipoteca, sobre o mesmo imóvel.
Art. 1.475. É nula a cláusula que proíbe ao proprietário alienar imóvel hipotecado. **Parágrafo único.** Pode convencionar-se que vencerá o crédito hipotecário, se o imóvel for alienado.	
Art. 1.476. O dono do imóvel hipotecado pode constituir outra hipoteca sobre ele, mediante novo título, em favor do mesmo ou de outro credor.	*Art. 812.* O dono do imóvel hipotecado pode constituir sobre ele, mediante novo título, outra hipoteca, em favor do mesmo, ou de outro credor.
Art. 1.477. Salvo o caso de insolvência do devedor, o credor da segunda hipoteca, embora vencida, não poderá executar o imóvel antes de vencida a primeira.	*Art. 813.* Salvo o caso de insolvência do devedor, o credor da segunda hipoteca, embora vencida, não poderá executar o imóvel antes de vencida a primeira.
Parágrafo único. Não se considera insolvente o devedor por faltar ao pagamento das obrigações garantidas por hipotecas posteriores à primeira.	*Parágrafo único.* Não se considera insolvente o devedor por, faltar ao pagamento das obrigações garantidas por hipotecas posteriores à primeira.
Art. 1.478. Se o devedor da obrigação garantida pela primeira hipoteca não se oferecer, no vencimento, para pagá-la, o credor da segunda pode promover-lhe a extinção, consignando a importância e citando o primeiro credor para recebê-la e o devedor para pagá-la; se este não pagar, o segundo credor, efetuando o pagamento, se sub-rogará nos direitos da hipoteca anterior, sem prejuízo dos que lhe competirem contra o devedor comum.	*Art. 814.* A hipoteca anterior pode ser remida, em se vencendo, pelo credor da segunda, se o devedor não se oferecer a remi-la. Subsistem os ônus reais constituídos e transcritos, anteriormente à hipoteca, sobre o mesmo imóvel. *§ 2º* O segundo credor, que remir a hipoteca anterior, ficara *ipso facto* sub-rogado nos direitos desta, sem prejuízo dos que lhe competirem contra o devedor comum.

Código Civil 2002	Código Civil 1916
Parágrafo único. Se o primeiro credor estiver promovendo a execução da hipoteca, o credor da segunda depositará a importância do débito e as despesas judiciais.	*§ 1º* Para a remissão, neste caso, consignará o segundo credor a importância do débito e das despesas judiciais, caso se esteja promovendo a execução, intimando o credor anterior para levantá-la e o devedor para remi-la, se quiser.
Art. 1.479. O adquirente do imóvel hipotecado, desde que não se tenha obrigado pessoalmente a pagar as dívidas aos credores hipotecários, poderá exonerar-se da hipoteca, abandonando-lhes o imóvel.	
Art. 1.480. O adquirente notificará o vendedor e os credores hipotecários, deferindo-lhes, conjuntamente, a posse do imóvel, ou o depositará em juízo. **Parágrafo único.** Poderá o adquirente exercer a faculdade de abandonar o imóvel hipotecado, até as vinte e quatro horas subseqüentes à citação, com que se inicia o procedimento executivo.	
Art. 1.481. Dentro em trinta dias, contados do registro do título aquisitivo, tem o adquirente do imóvel hipotecado o direito de remi-lo, citando os credores hipotecários e propondo importância não inferior ao preço por que o adquiriu.	*Art. 815.* Ao adquirente do imóvel hipotecado cabe igualmente o direito de remi-lo. *§ 1º* Se o adquirente quiser forrar-se aos efeitos da execução da hipoteca, notificará judicialmente, dentro em 30 (trinta) dias, o seu contrato, aos credores hipotecários, propondo, para a remissão, no mínimo, o preço por que adquiriu o imóvel. A notificação executar-se-á no domicílio inscrito (art. 846, parágrafo único), ou por editais, se ali não estiver o credor.
§ 1º Se o credor impugnar o preço da aquisição ou a importância oferecida, realizar-se-á licitação, efetuando-se a venda judicial a quem oferecer maior preço, assegurada preferência ao adquirente do imóvel.	*§ 2º* O credor notificado pode, no prazo assinado para a oposição, requerer que o imóvel seja licitado.
§ 2º Não impugnado pelo credor, o preço da aquisição ou o preço proposto pelo adquirente, haver-se-á por definitivamente fixado para a remissão do imóvel, que ficará livre de hipoteca, uma vez pago ou depositado o preço.	*Art. 816, § 1º* Não sendo requerida a licitação, o preço da aquisição ou aquele que o adquirente propuser, haver-se-á por definitivamente fixado para a remissão do imóvel, que, pago ou depositado o dito preço, ficará livre de hipotecas.
§ 3º Se o adquirente deixar de remir o imóvel, sujeitando-o a execução, ficará obrigado a ressarcir os credores hipotecários da desvalorização que, por sua culpa, o mesmo vier a sofrer, além das despesas judiciais da execução.	
§ 4º Disporá de ação regressiva contra o vendedor o adquirente que ficar privado do imóvel em conseqüência de licitação ou penhora, o que pagar a hipoteca, o que, por causa de adjudicação	*Art. 816, § 4º* Disporá de ação regressiva contra o vendedor o adquirente que sofrer expropriação do imóvel mediante licitação, ou penhora, o que pagar a hipoteca, o que por causa da adjudicação,

Código Civil 2002	Código Civil 1916
ou licitação, desembolsar com o pagamento da hipoteca importância excedente à da compra e o que suportar custas e despesas judiciais.	ou licitação, desembolsar com o pagamento da hipoteca importância excedente à da compra e o que suportar custas e despesas judiciais.
Art. 1.482. Realizada a praça, o executado poderá, até a assinatura do auto de arrematação ou até que seja publicada a sentença de adjudicação, remir o imóvel hipotecado, oferecendo preço igual ao da avaliação, se não tiver havido licitantes, ou ao do maior lance oferecido. Igual direito caberá ao cônjuge, aos descendentes ou ascendentes do executado.	
Art. 1.483. No caso de falência, ou insolvência, do devedor hipotecário, o direito de remição defere-se à massa, ou aos credores em concurso, não podendo o credor recusar o preço da avaliação do imóvel.	*Art. 821.* No caso de falência do devedor hipotecário, o direito de remissão devolve-se à massa, em prejuízo da qual não poderá o credor impedir o pagamento do preço por que foi avaliado o imóvel. O restante da dívida hipotecária entrará em concurso com as quirografárias. No caso de insolvência, cabe aquele direito aos credores em concurso.
Parágrafo único. Pode o credor hipotecário, para pagamento de seu crédito, requerer a adjudicação do imóvel avaliado em quantia inferior àquele, desde que dê quitação pela sua totalidade.	*Art. 822.* Pode o credor hipotecário, no caso de insolvência ou falência do devedor, para pagamento de sua dívida, requerer a adjudicação do imóvel, avaliado em quantia inferior a esta, desde que dê quitação pela sua totalidade.
Art. 1.484. É lícito aos interessados fazer constar das escrituras o valor entre si ajustado dos imóveis hipotecados, o qual, devidamente atualizado, será a base para as arrematações, adjudicações e remições, dispensada a avaliação.	*Art. 818.* E lícito aos interessados fazer constar das escrituras o valor entre si ajustado dos imóveis hipotecados, o qual será a base para as arrematações, adjudicações e remissões, dispensada a avaliação. As remissões não serão permitidas antes de realizada a primeira praça nem depois da assinatura do auto de arrematação.
Art. 1.485. Mediante simples averbação, reque-rida por ambas as partes, poderá prorrogar-se a hipoteca, até perfazer vinte anos, da data do contrato. Desde que perfaça esse prazo, só poderá subsistir o contrato de hipoteca, reconstituindo-se por novo título e novo registro; e, nesse caso, lhe será mantida a precedência, que então lhe competir.	*Art. 817.* Mediante simples averbação requerida por ambas as partes, poderá prorrogar-se a hipoteca, até perfazer 30 (trinta) anos da data do contrato. Desde que perfaça 30 (trinta) anos, só poderá subsistir o contrato de hipoteca, reconsti-tuindo-se por nova inscrição; e, neste caso, lhe será mantida a procedência, que então lhe competir.
Art. 1.486. Podem o credor e o devedor, no ato constitutivo da hipoteca, autorizar a emissão da correspondente cédula hipotecária, na forma e para os fins previstos em lei especial.	
Art. 1.487. A hipoteca pode ser constituída para garantia de dívida futura ou condicionada, desde	

Código Civil 2002	Código Civil 1916
que determinado o valor máximo do crédito a ser garantido. **§ 1º** Nos casos deste artigo, a execução da hipoteca dependerá de prévia e expressa concordância do devedor quanto à verificação da condição, ou ao montante da dívida. **§ 2º** Havendo divergência entre o credor e o devedor, caberá àquele fazer prova de seu crédito. Reconhecido este, o devedor responderá, inclusive, por perdas e danos, em razão da superveniente desvalorização do imóvel.	
Art. 1.488. Se o imóvel, dado em garantia hipotecária, vier a ser loteado, ou se nele se constituir condomínio edilício, poderá o ônus ser dividido, gravando cada lote ou unidade autônoma, se o requererem ao juiz o credor, o devedor ou os donos, obedecida a proporção entre o valor de cada um deles e o crédito. **§ 1º** O credor só poderá se opor ao pedido de desmembramento do ônus, provando que o mesmo importa em diminuição de sua garantia. **§ 2º** Salvo convenção em contrário, todas as despesas judiciais ou extrajudiciais necessárias ao desmembramento do ônus correm por conta de quem o requerer. **§ 3º** O desmembramento do ônus não exonera o devedor originário da responsabilidade a que se refere o art. 1.430, salvo anuência do credor.	
Seção II **Da Hipoteca Legal** **Art. 1.489.** A lei confere hipoteca:	*Art. 827.* A lei confere hipoteca:
I – às pessoas de direito público interno (art. 41) sobre os imóveis pertencentes aos encarregados da cobrança, guarda ou administração dos respectivos fundos e rendas;	*V* – à Fazenda Pública federal, estadual ou municipal, sobre os imóveis dos tesoureiros, coletores, administradores, exatores, prepostos, rendeiros e contratadores de rendas e fiadores;
II – aos filhos, sobre os imóveis do pai ou da mãe que passar a outras núpcias, antes de fazer o inventário do casal anterior;	*III* – aos filhos, sobre os imóveis do pai, ou da mãe, que passar a outras núpcias, antes de fazer o inventário do casal anterior (art. 183, XIII);
III – ao ofendido, ou aos seus herdeiros, sobre os imóveis do delinqüente, para satisfação do dano causado pelo delito e pagamento das despesas judiciais;	*VI* – ao ofendido, ou aos seus herdeiros, sobre os imóveis do delinqüente, para a satisfação do dano causado pelo delito e pagamento das custas (art. 842, I);

Código Civil 2002	Código Civil 1916
IV – ao co-herdeiro, para garantia do seu quinhão ou torna da partilha, sobre o imóvel adjudicado ao herdeiro reponente;	*VIII* – ao co-herdeiro para garantia do seu quinhão ou torna da partilha, sobre o imóvel adjudicado ao herdeiro reponente.
V – ao credor sobre o imóvel arrematado, para garantia do pagamento do restante do preço da arrematação.	
Art. 1.490. O credor da hipoteca legal, ou quem o represente, poderá, provando a insuficiência dos imóveis especializados, exigir do devedor que seja reforçado com outros.	*Art. 819.* O credor da hipoteca legal, ou quem o represente, poderá, mostrando a insuficiência dos imóveis especializados, exigir que seja reforçada com outros, posteriormente adquiridos pelo responsável.
Art. 1.491. A hipoteca legal pode ser substituída por caução de títulos da dívida pública federal ou estadual, recebidos pelo valor de sua cotação mínima no ano corrente; ou por outra garantia, a critério do juiz, a requerimento do devedor.	
Seção III **Do Registro da Hipoteca**	
Art. 1.492. As hipotecas serão registradas no cartório do lugar do imóvel, ou no de cada um deles, se o título se referir a mais de um.	*Art. 831.* Todas as hipotecas serão inscritas no registro do lugar do imóvel, ou no de cada um deles, se o título se referir a mais de um.
Parágrafo único. Compete aos interessados, exibido o título, requerer o registro da hipoteca.	*Art. 838.* Compete aos interessados, exibindo o traslado da escritura, requerer a inscrição da hipoteca; incumbindo especialmente promover a da legal às pessoas determinadas nos artigos seguintes.
Art. 1.493. Os registros e averbações seguirão a ordem em que forem requeridas, verificando-se ela pela da sua numeração sucessiva no protocolo.	*Art. 833.* As inscrições e averbações, nos livros de hipotecas, seguirão a ordem, em que foram requeridas, verificando-se ela pela sua numeração sucessiva no protocolo.
Parágrafo único. O número de ordem determina a prioridade, e esta a preferência entre as hipotecas.	*Parágrafo único.* O número de ordem determina a prioridade, e esta a preferência entre as hipotecas.
Art. 1.494. Não se registrarão no mesmo dia duas hipotecas, ou uma hipoteca e outro direito real, sobre o mesmo imóvel, em favor de pessoas diversas, salvo se as escrituras, do mesmo dia, indicarem a hora em que foram lavradas.	*Art. 836.* Não se inscreverão no mesmo dia duas hipotecas, ou uma hipoteca e outro direito real, sobre o mesmo imóvel, em favor de pessoas diversas, salvo determinando-se precisamente a hora, em que se lavrou cada uma das escrituras.
Art. 1.495. Quando se apresentar ao oficial do registro título de hipoteca que mencione a constituição de anterior, não registrada, sobrestará ele na inscrição da nova, depois de a prenotar, até trinta dias, aguardando que o interessado inscreva a precedente; esgotado o prazo, sem que se re-	*Art. 837.* Quando, antes de inscrita a primeira, se apresentar ao oficial do registro, para inscrever, segunda hipoteca, sobrestará ele na inscrição desta, depois de a prenotar, até 30 (trinta) dias, aguardando que o interessado inscreva primeiro a precedente.

CÓDIGO CIVIL 2002	CÓDIGO CIVIL 1916
queira a inscrição desta, a hipoteca ulterior será registrada e obterá preferência.	
Art. 1.496. Se tiver dúvida sobre a legalidade do registro requerido, o oficial fará, ainda assim, a prenotação do pedido. Se a dúvida, dentro em noventa dias, for julgada improcedente, o registro efetuar-se-á com o mesmo número que teria na data da prenotação; no caso contrário, cancelada esta, receberá o registro o número correspondente à data em que se tornar a requerer.	*Art. 834.* Quando o oficial tiver dúvida sobre a legalidade da inscrição requerida, declará-la-á por escrito ao requerente, depois de mencionar, em forma de prenotação, o pedido no respectivo livro. *Art. 835.* Se a dúvida, dentro em 30 (trinta) dias, for julgada improcedente, a inscrição far-se-á com o mesmo número que teria na data da prenotação. No caso contrário, desprezada esta, receberá a inscrição o número correspondente à data, em que se tornar a requerer.
Art. 1.497. As hipotecas legais, de qualquer natureza, deverão ser registradas e especializadas.	*Art. 843.* Os interessados na inscrição das referidas hipotecas podem pessoalmente promovê-la, ou solicitar a sua promoção oficial ao Ministério Público.
§ 1º O registro e a especialização das hipotecas legais incumbem a quem está obrigado a prestar a garantia, mas os interessados podem promover a inscrição delas, ou solicitar ao Ministério Público que o faça.	*Art. 843 (ver acima).*
§ 2º As pessoas, às quais incumbir o registro e a especialização das hipotecas legais, estão sujeitas a perdas e danos pela omissão.	*Art. 845.* As pessoas a quem incumbir a inscrição e a especialização das hipotecas legais ficarão sujeitas a perdas e danos pela omissão.
Art. 1.498. Vale o registro da hipoteca, enquanto a obrigação perdurar; mas a especialização, em completando vinte anos, deve ser renovada.	*Art. 830.* Vale a inscrição da hipoteca, enquanto a obrigação perdurar; mas a especialização, em completando 30 (trinta) anos, deve ser renovada.
Seção IV **Da Extinção da Hipoteca**	
Art. 1.499. A hipoteca extingue-se:	*Art. 849.* A hipoteca extingue-se:
I – pela extinção da obrigação principal;	*I –* pelo desaparecimento da obrigação principal;
II – pelo perecimento da coisa;	*II –* pela destruição da coisa ou resolução do domínio;
III – pela resolução da propriedade;	*II – (ver acima).*
IV – pela renúncia do credor;	*III –* pela renúncia do credor;
V – pela remição;	*IV –* pela remissão;
VI – pela arrematação ou adjudicação.	*VII –* pela arrematação ou adjudicação.
Art. 1.500. Extingue-se ainda a hipoteca com a averbação, no Registro de Imóveis, do cancelamento do registro, à vista da respectiva prova.	*Art. 851.* A inscrição cancelar-se-á, em cada um dos casos de extinção de hipoteca, à vista da respectiva prova ou, independente desta, a requerimento de ambas as partes, se forem capazes, e conhecidas do oficial do registro.

Código Civil 2002	Código Civil 1916
Art. 1.501. Não extinguirá a hipoteca, devidamente registrada, a arrematação ou adjudicação, sem que tenham sido notificados judicialmente os respectivos credores hipotecários, que não forem de qualquer modo partes na execução.	*Art. 826.* A execução do imóvel hipotecado far-se-á por ação executiva. Não será válida a venda judicial de imóveis gravados por hipotecas, devidamente inscritas, sem que tenham sido notificados judicialmente os respectivos credores hipotecários que não forem de qualquer modo partes na execução.
Seção V **Da Hipoteca de Vias Férreas**	
Art. 1.502. As hipotecas sobre as estradas de ferro serão registradas no Município da estação inicial da respectiva linha.	*Art. 852.* As hipotecas sobre as estradas de ferro serão inscritas no município da estação inicial da respectiva linha.
Art. 1.503. Os credores hipotecários não podem embaraçar a exploração da linha, nem contrariar as modificações, que a administração deliberar, no leito da estrada, em suas dependências, ou no seu material.	*Art. 853.* Os credores hipotecários não podem embaraçar a exploração da linha, nem contrariar as modificações, que a administração deliberar, no leito da estrada, em suas dependências, ou no seu material.
Art. 1.504. A hipoteca será circunscrita à linha ou às linhas especificadas na escritura e ao respectivo material de exploração, no estado em que ao tempo da execução estiverem; mas os credores hipotecários poderão opor-se à venda da estrada, à de suas linhas, de seus ramais ou de parte considerável do material de exploração; bem como à fusão com outra empresa, sempre que com isso a garantia do débito enfraquecer.	*Art. 854.* A hipoteca será circunscrita à linha ou linhas especificadas na escritura e ao respectivo material de exploração, no estado em que ao tempo da execução estiverem. Não obstante, os credores hipotecários poderão opor-se à venda da estrada, à de suas linhas, de seus ramais, ou de parte considerável do material de exploração; bem como à fusão com outra empresa, sempre que a garantia do débito lhes parecer com isso enfraquecida.
Art. 1.505. Na execução das hipotecas será intimado o representante da União ou do Estado, para, dentro em quinze dias, remir a estrada de ferro hipotecada, pagando o preço da arrematação ou da adjudicação.	*Art. 855.* Nas execuções dessas hipotecas não se passará carta ao maior licitante, nem ao credor adjudicatário, antes de se intimar o representante da Fazenda Nacional, ou do Estado, a que tocar a preferência, para, dentro em 15 (quinze) dias, utilizá-la, se quiser, pagando o preço da arrematação, ou da adjudicação fixada.
Capítulo IV **Da Anticrese**	
Art. 1.506. Pode o devedor ou outrem por ele, com a entrega do imóvel ao credor, ceder-lhe o direito de perceber, em compensação da dívida, os frutos e rendimentos.	*Art. 805.* Pode o devedor, ou outrem por ele, entregando ao credor um imóvel, ceder-lhe o direito de perceber, em compensação da dívida, os frutos e rendimentos.
§ 1º É permitido estipular que os frutos e rendimentos do imóvel sejam percebidos pelo credor à conta de juros, mas se o seu valor ultrapassar a taxa	*§ 1º* É permitido estipular que os frutos e rendimentos do imóvel, na sua totalidade, sejam percebidos pelo credor, somente à conta de juros.

Código Civil 2002	Código Civil 1916
máxima permitida em lei para as operações financeiras, o remanescente será imputado ao capital.	
§ 2º Quando a anticrese recair sobre bem imóvel, este poderá ser hipotecado pelo devedor ao credor anticrético, ou a terceiros, assim como o imóvel hipotecado poderá ser dado em anticrese.	*§ 2º* O imóvel hipotecado pode ser dado em anticrese pelo devedor ao credor hipotecário, assim como o imóvel sujeito à anticrese pode ser hipotecado pelo devedor ao credor anticrético.
Art. 1.507. O credor anticrético pode administrar os bens dados em anticrese e fruir seus frutos e utilidades, mas deverá apresentar anualmente balanço, exato e fiel, de sua administração.	*Art. 806.* O credor anticrético pode fruir diretamente o imóvel ou arrendá-lo a terceiro, salvo pacto em contrário, mantendo, no último caso, até ser pago, o direito de retenção do imóvel.
§ 1º Se o devedor anticrético não concordar com o que se contém no balanço, por ser inexato, ou ruinosa a administração, poderá impugná-lo, e, se o quiser, requerer a transformação em arrendamento, fixando o juiz o valor mensal do aluguel, o qual poderá ser corrigido anualmente.	
§ 2º O credor anticrético pode, salvo pacto em sentido contrário, arrendar os bens dados em anticrese a terceiro, mantendo, até ser pago, direito de retenção do imóvel, embora o aluguel desse arrendamento não seja vinculativo para o devedor.	*Art. 806 (ver acima).*
Art. 1.508. O credor anticrético responde pelas deteriorações que, por culpa sua, o imóvel vier a sofrer, e pelos frutos e rendimentos que, por sua negligência, deixar de perceber.	*Art. 807.* O credor anticrético responde pelas deteriorações, que, por culpa sua, o imóvel sofrer, e pelos frutos que, por sua negligência, deixar de perceber.
Art. 1.509. O credor anticrético pode vindicar os seus direitos contra o adquirente dos bens, os credores quirografários e os hipotecários posteriores ao registro da anticrese.	*Art. 808.* O credor anticrético pode vindicar os seus direitos contra o adquirente do imóvel, os credores quirografários e os hipotecários posteriores à transcrição da anticrese.
§ 1º Se executar os bens por falta de pagamento da dívida, ou permitir que outro credor o execute, sem opor o seu direito de retenção ao exeqüente, não terá preferência sobre o preço.	*§ 1º* Se, porém, executar o imóvel por não-pagamento da dívida, ou permitir que outro credor o execute, sem opor o seu direito de retenção ao exeqüente, não terá preferência sobre o preço.
§ 2º O credor anticrético não terá preferência sobre a indenização do seguro, quando o prédio seja destruído, nem, se forem desapropriados os bens, com relação à desapropriação.	*§ 2º* Também não a terá sobre a indenização de seguro, quando o prédio seja destruído, nem, se for desapropriado, sobre a da desapropriação.
Art. 1.510. O adquirente dos bens dados em anticrese poderá remi-los, antes do vencimento da dívida, pagando a sua totalidade à data do pedido de remição e imitir-se-á, se for o caso, na sua posse.	

Código Civil 2002	Código Civil 1916
LIVRO IV **DO DIREITO DE FAMÍLIA** **Título I** **Do Direito Pessoal** **Subtítulo I** **Do Casamento** **Capítulo I** **Disposições Gerais** **Art. 1.511.** O casamento estabelece comunhão plena de vida, com base na igualdade de direitos e deveres dos cônjuges.	**PARTE ESPECIAL** **LIVRO I** **DO DIREITO DE FAMÍLIA**
Art. 1.512. O casamento é civil e gratuita a sua celebração. **Parágrafo único.** A habilitação para o casamento, o registro e a primeira certidão serão isentos de selos, emolumentos e custas, para as pessoas cuja pobreza for declarada, sob as penas da lei.	
Art. 1.513. É defeso a qualquer pessoa, de direito público ou privado, interferir na comunhão de vida instituída pela família.	
Art. 1.514. O casamento se realiza no momento em que o homem e a mulher manifestam, perante o juiz, a sua vontade de estabelecer vínculo conjugal, e o juiz os declara casados.	*Art. 194.* Presentes os contraentes, em pessoa ou por procurador especial, juntamente com as testemunhas e o oficial do registro, o presidente do ato, ouvida aos nubentes afirmação de que persistem no propósito de casar por livre e espontânea vontade, declarará efetuado o casamento, nestes termos: "De acordo com a vontade que ambos acabais de afirmar perante mim, de vos receberdes por marido e mulher, eu, em nome da lei, vos declaro casados".
Art. 1.515. O casamento religioso, que atender às exigências da lei para a validade do casamento civil, equipara-se a este, desde que registrado no registro próprio, produzindo efeitos a partir da data de sua celebração.	
Art. 1.516. O registro do casamento religioso submete-se aos mesmos requisitos exigidos para o casamento civil. **§ 1º** O registro civil do casamento religioso deverá ser promovido dentro de noventa dias de sua	

Código Civil 2002	Código Civil 1916
realização, mediante comunicação do celebrante ao ofício competente, ou por iniciativa de qualquer interessado, desde que haja sido homologada previamente a habilitação regulada neste Código. Após o referido prazo, o registro dependerá de nova habilitação. **§ 2º** O casamento religioso, celebrado sem as formalidades exigidas neste Código, terá efeitos civis se, a requerimento do casal, for registrado, a qualquer tempo, no registro civil, mediante prévia habilitação perante a autoridade competente e observado o prazo do art. 1.532. **§ 3º** Será nulo o registro civil do casamento religioso se, antes dele, qualquer dos consorciados houver contraído com outrem casamento civil.	
Capítulo II **Da Capacidade para o Casamento**	
Art. 1.517. O homem e a mulher com dezesseis anos podem casar, exigindo-se autorização de ambos os pais, ou de seus representantes legais, enquanto não atingida a maioridade civil.	*Art. 185.* Para o casamento dos menores de 21 (vinte e um) anos, sendo filhos legítimos, é mister o consentimento de ambos os pais.
Parágrafo único. Se houver divergência entre os pais, aplica-se o disposto no parágrafo único do art. 1.631.	*Art. 186.* Discordando eles entre si, prevalecerá a vontade paterna, ou sendo o casal separado, divorciado ou tiver sido o seu casamento anulado, a vontade do cônjuge, com quem estiverem os filhos.
Art. 1.518. Até à celebração do casamento podem os pais, tutores ou curadores revogar a autorização.	*Art. 187.* Até a celebração do matrimônio podem os pais, tutores e curadores retratar o seu consentimento.
Art. 1.519. A denegação do consentimento, quando injusta, pode ser suprida pelo juiz.	*Art. 188.* A denegação do consentimento, quando injusta, pode ser suprida pelo juiz, com recurso para a instância superior.
Art. 1.520. Excepcionalmente, será permitido o casamento de quem ainda não alcançou a idade núbil (art. 1517), para evitar imposição ou cumprimento de pena criminal ou em caso de gravidez.	*Art. 214.* Podem, entretanto, casar-se os referidos menores para evitar a imposição ou o cumprimento da pena criminal.
Capítulo III **Dos Impedimentos**	
Art. 1.521. Não podem casar: **I** – os ascendentes com os descendentes, seja o parentesco natural ou civil;	*Art. 183.* Não podem casar (arts. 207 e 209): *I* – os ascendentes com os descendentes, seja o parentesco legítimo ou ilegítimo, natural ou civil;

Código Civil 2002	Código Civil 1916
II – os afins em linha reta;	*II* – os afins em linha reta, seja o vínculo legítimo ou ilegítimo;
III – o adotante com quem foi cônjuge do adotado e o adotado com quem o foi do adotante;	*III* – o adotante com o cônjuge do adotado e o adotado com o cônjuge do adotante (art. 376);
IV – os irmãos, unilaterais ou bilaterais, e demais colaterais, até o terceiro grau inclusive;	*IV* – os irmãos, legítimos ou ilegítimos, germanos ou não, e os colaterais, legítimos ou ilegítimos, até o terceiro grau inclusive;
V – o adotado com o filho do adotante;	*V* – o adotado com o filho superveniente ao pai ou à mãe adotiva (art. 376);
VI – as pessoas casadas;	*VI* – as pessoas casadas (art. 203);
VII – o cônjuge sobrevivente com o condenado por homicídio ou tentativa de homicídio contra o seu consorte.	*VIII* – o cônjuge sobrevivente com o condenado como delinqüente no homicídio, ou tentativa de homicídio, contra o seu consorte;
Art. 1.522. Os impedimentos podem ser opostos, até o momento da celebração do casamento, por qualquer pessoa capaz.	*Art. 189.* Os impedimentos do art. 183, I a XII, podem ser opostos: *I* – pelo oficial do registro civil (art. 227, III); *II* – por quem presidir à celebração do casamento; *III* – por qualquer pessoa maior, que, sob sua assinatura, apresente declaração escrita, instruída com as provas do fato que alegar.
Parágrafo único. Se o juiz, ou o oficial de registro, tiver conhecimento da existência de algum impedimento, será obrigado a declará-lo.	
Capítulo IV **Das Causas Suspensivas**	
Art. 1.523. Não devem casar:	*Art. 183.* Não podem casar (arts. 207 e 209):
I – o viúvo ou a viúva que tiver filho do cônjuge falecido, enquanto não fizer inventário dos bens do casal e der partilha aos herdeiros;	*XIII* – o viúvo ou a viúva que tiver filho do cônjuge falecido, enquanto não fizer inventário dos bens do casal (art. 225) e der partilha aos herdeiros;
II – a viúva, ou a mulher cujo casamento se desfez por ser nulo ou ter sido anulado, até dez meses depois do começo da viuvez, ou da dissolução da sociedade conjugal;	*XIV* – a viúva, ou a mulher cujo casamento se desfez por ser nulo ou ter sido anulado, até 10 (dez) meses depois do começo da viuvez, ou da dissolução da sociedade conjugal, salvo se antes de findo esse prazo der à luz algum filho;
III – o divorciado, enquanto não houver sido homologada ou decidida a partilha dos bens do casal;	
IV – o tutor ou o curador e os seus descendentes, ascendentes, irmãos, cunhados ou sobrinhos, com a pessoa tutelada ou curatelada, enquanto	*XV* – o tutor ou curador e os seus descendentes, ascendentes, irmãos, cunhados ou sobrinhos, com a pessoa tutelada ou curatelada, enquanto não

Código Civil 2002	Código Civil 1916
não cessar a tutela ou curatela, e não estiverem saldadas as respectivas contas.	cessar a tutela ou curatela, e não estiverem saldadas as respectivas contas, salvo permissão paterna ou materna manifestada em escrito autêntico ou em testamento;
Parágrafo único. É permitido aos nubentes solicitar ao juiz que não lhes sejam aplicadas as causas suspensivas previstas nos incisos I, III e IV deste artigo, provando-se a inexistência de prejuízo, respectivamente, para o herdeiro, para o ex-cônjuge e para a pessoa tutelada ou curatelada; no caso do inciso II, a nubente deverá provar nascimento de filho, ou inexistência de gravidez, na fluência do prazo.	
Art. 1.524. As causas suspensivas da celebração do casamento podem ser argüidas pelos parentes em linha reta de um dos nubentes, sejam consangüíneos ou afins, e pelos colaterais em segundo grau, sejam também consangüíneos ou afins.	*Art. 190.* Os outros impedimentos só poderão ser opostos: *I* – pelos parentes, em linha reta, de um dos nubentes, sejam consangüíneos ou afins; II – pelos colaterais, em segundo grau, sejam consangüíneos ou afins.
Capítulo V **Do Processo de Habilitação para o Casamento**	
Art. 1.525. O requerimento de habilitação para o casamento será firmado por ambos os nubentes, de próprio punho, ou, a seu pedido, por procurador, e deve ser instruído com os seguintes documentos:	*Art. 180.* A habilitação para casamento faz-se perante o oficial do registro civil, apresentando-se os seguintes documentos:
I – certidão de nascimento ou documento equivalente;	*I* – certidão de idade ou prova equivalente;
II – autorização por escrito das pessoas sob cuja dependência legal estiverem, ou ato judicial que a supra;	*III* – autorização das pessoas sob cuja dependência legal estiverem, ou ato judicial que a supra (arts. 183, XI, 188 e 196);
III – declaração de duas testemunhas maiores, parentes ou não, que atestem conhecê-los e afirmem não existir impedimento que os iniba de casar;	*IV* – declaração de duas testemunhas maiores, parentes, ou estranhos, que atestem conhecê-los e afirmem não existir impedimento, que os iniba de casar;
IV – declaração do estado civil, do domicílio e da residência atual dos contraentes e de seus pais, se forem conhecidos;	*II* – declaração do estado, do domicílio e da residência atual dos contraentes e de seus pais, se forem conhecidos;
V – certidão de óbito do cônjuge falecido, de sentença declaratória de nulidade ou de anulação de casamento, transitada em julgado, ou do registro da sentença de divórcio.	*V* – certidão de óbito do cônjuge falecido, da anulação do casamento anterior ou do registro da sentença de divórcio.

Código Civil 2002	Código Civil 1916
Art. 1.526. A habilitação será feita perante o oficial do Registro Civil e, após a audiência do Ministério Público, será homologada pelo juiz.	
Art. 1.527. Estando em ordem a documentação, o oficial extrairá o edital, que se afixará durante quinze dias nas circunscrições do Registro Civil de ambos os nubentes, e, obrigatoriamente, se publicará na imprensa local, se houver.	*Art. 181.* À vista desses documentos apresentados pelos pretendentes, ou seus procuradores, o oficial do registro lavrará os proclamas de casamento, mediante edital, que se afixará durante 15 (quinze) dias, em lugar ostensivo do edifício, onde se celebrarem os casamentos, e se publicará pela imprensa, onde a houver (art. 182, parágrafo único).
Parágrafo único. A autoridade competente, havendo urgência, poderá dispensar a publicação.	*Art. 182. Parágrafo único.* A autoridade competente, havendo urgência, poderá dispensar-lhes a publicação, desde que se lhe apresentem os documentos exigidos no art. 180.
Art. 1.528. É dever do oficial do registro esclarecer os nubentes a respeito dos fatos que podem ocasionar a invalidade do casamento, bem como sobre os diversos regimes de bens.	
Art. 1.529. Tanto os impedimentos quanto as causas suspensivas serão opostos em declaração escrita e assinada, instruída com as provas do fato alegado, ou com a indicação do lugar onde possam ser obtidas.	
Art. 1.530. O oficial do registro dará aos nubentes ou a seus representantes nota da oposição, indicando os fundamentos, as provas e o nome de quem a ofereceu.	*Art. 191.* O oficial do registro civil dará aos nubentes, ou seus representantes, nota do impedimento oposto, indicando os fundamentos, as provas, e, se o impedimento não se opôs *ex officio*, o nome do oponente.
Parágrafo único. Podem os nubentes requerer prazo razoável para fazer prova contrária aos fatos alegados, e promover as ações civis e criminais contra o oponente de má-fé.	*Parágrafo único.* Fica salvo aos nubentes fazer a prova contrária ao impedimento e promover as ações civis e criminais contra o oponente de má-fé.
Art. 1.531. Cumpridas as formalidades dos arts. 1.526 e 1.527 e verificada a inexistência de fato obstativo, o oficial do registro extrairá o certificado de habilitação.	*Art. 181, § 1º* Se, decorrido esse prazo, não aparecer quem imponha impedimento, nem lhe constar algum dos que de ofício lhe cumpre declarar, o oficial do registro certificará aos pretendentes que estão habilitados para casar dentro nos 3 (três) meses imediatos (art. 192).
Art. 1.532. A eficácia da habilitação será de noventa dias, a contar da data em que foi extraído o certificado.	*Art. 181, § 1º (ver acima).*

Código Civil 2002	Código Civil 1916
Capítulo VI **Da Celebração do Casamento**	
Art. 1.533. Celebrar-se-á o casamento, no dia, hora e lugar previamente designados pela autoridade que houver de presidir o ato, mediante petição dos contraentes, que se mostrem habilitados com a certidão do art. 1.531.	*Art. 192.* Celebrar-se-á o casamento no dia, hora e lugar previamente designados pela autoridade que houver de presidir ao ato, mediante petição dos contraentes, que se mostrem habilitados com a certidão do art. 181, § 1º.
Art. 1.534. A solenidade realizar-se-á na sede do cartório, com toda publicidade, a portas abertas, presentes pelo menos duas testemunhas, parentes ou não dos contraentes, ou, querendo as partes e consentindo a autoridade celebrante, noutro edifício público ou particular.	*Art. 193.* A solenidade celebrar-se-á na casa das audiências, com toda a publicidade, a portas abertas, presentes, pelo menos, duas testemunhas, parentes ou não dos contraentes, ou, em caso de força maior, querendo as partes, e consentindo o juiz, noutro edifício, público, ou particular.
§ 1º Quando o casamento for em edifício particular, ficará este de portas abertas durante o ato.	*Parágrafo único.* Quando o casamento for em casa particular, ficará esta de portas abertas durante o ato, e, se algum dos contraentes não souber escrever, serão quatro as testemunhas.
§ 2º Serão quatro as testemunhas na hipótese do parágrafo anterior e se algum dos contraentes não souber ou não puder escrever.	*Art. 193, Parágrafo único (ver acima).*
Art. 1.535. Presentes os contraentes, em pessoa ou por procurador especial, juntamente com as testemunhas e o oficial do registro, o presidente do ato, ouvida aos nubentes a afirmação de que pretendem casar por livre e espontânea vontade, declarará efetuado o casamento, nestes termos: "De acordo com a vontade que ambos acabais de afirmar perante mim, de vos receberdes por marido e mulher, eu, em nome da lei, vos declaro casados."	*Art. 194.* Presentes os contraentes, em pessoa ou por procurador especial, juntamente com as testemunhas e o oficial do registro, o presidente do ato, ouvida aos nubentes afirmação de que persistem no propósito de casar por livre e espontânea vontade, declarará efetuado o casamento, nestes termos: "De acordo com a vontade que ambos acabais de afirmar perante mim, de vos receberdes por marido e mulher, eu, em nome da lei, vos declaro casados".
Art. 1.536. Do casamento, logo depois de celebrado, lavrar-se-á o assento no livro de registro. No assento, assinado pelo presidente do ato, pelos cônjuges, as testemunhas, e o oficial do registro, serão exarados:	*Art. 195.* Do matrimônio, logo depois de celebrado, se lavrará o assento no livro de registro (art. 202). No assento, assinado pelo presidente do ato, os cônjuges, as testemunhas e o oficial do registro, serão exarados:
I – os prenomes, sobrenomes, datas de nascimento, profissão, domicílio e residência atual dos cônjuges;	*I –* os nomes, prenomes, datas de nascimento, profissão, domicílio e residência atual dos cônjuges;
II – os prenomes, sobrenomes, datas de nascimento ou de morte, domicílio e residência atual dos pais;	*II –* os nomes, prenomes, datas de nascimento ou de morte, domicílio e residência atual dos pais;

Código Civil 2002	Código Civil 1916
III – o prenome e sobrenome do cônjuge precedente e a data da dissolução do casamento anterior;	*III* – os nomes e prenomes do cônjuge precedente e a data da dissolução do casamento anterior;
IV – a data da publicação dos proclamas e da celebração do casamento;	*IV* – a data da publicação dos proclamas e da celebração do casamento;
V – a relação dos documentos apresentados ao oficial do registro;	*V* – a relação dos documentos apresentados ao oficial do registro (art. 180);
VI – o prenome, sobrenome, profissão, domicílio e residência atual das testemunhas;	*VI* – os nomes, prenomes, profissão, domicílio e residência atual das testemunhas;
VII – o regime do casamento, com a declaração da data e do cartório em cujas notas foi lavrada a escritura antenupcial, quando o regime não for o da comunhão parcial, ou o obrigatoriamente estabelecido.	*VII* – o regime do casamento, com a declaração da data e do cartório em cujas notas foi passada a escritura antenupcial, quando o regime não for o de comunhão parcial, ou o legal estabelecido no Título III deste Livro, para outros casamentos.
Art. 1.537. O instrumento da autorização para casar transcrever-se-á integralmente na escritura antenupcial.	*Art. 196.* O instrumento da autorização para casar transcrever-se-á integralmente na escritura antenupcial.
Art. 1.538. A celebração do casamento será imediatamente suspensa se algum dos contraentes:	*Art. 197.* A celebração do casamento será imediatamente suspensa, se algum dos contraentes:
I – recusar a solene afirmação da sua vontade;	*I* – recusar a solene afirmação da sua vontade;
II – declarar que esta não é livre e espontânea;	*II* – declarar que esta não é livre e espontânea;
III – manifestar-se arrependido.	*III* – manifestar-se arrependido.
Parágrafo único. O nubente que, por algum dos fatos mencionados neste artigo, der causa à suspensão do ato, não será admitido a retratar-se no mesmo dia.	*Parágrafo único.* O nubente que, por algum destes fatos, der causa à suspensão do ato, não será admitido a retratar-se no mesmo dia.
Art. 1.539. No caso de moléstia grave de um dos nubentes, o presidente do ato irá celebrá-lo onde se encontrar o impedido, sendo urgente, ainda que à noite, perante duas testemunhas que saibam ler e escrever.	*Art. 198.* No caso de moléstia grave de um dos nubentes, o presidente do ato irá celebrá-lo na casa do impedido e, sendo urgente, ainda à noite, perante quatro testemunhas, que saibam ler e escrever.
§ 1º A falta ou impedimento da autoridade competente para presidir o casamento suprir-se-á por qualquer dos seus substitutos legais, e a do oficial do Registro Civil por outro *ad hoc*, nomeado pelo presidente do ato.	*§ 1º* A falta ou impedimento da autoridade competente para presidir ao casamento suprir-se-á por qualquer dos seus substitutos legais, e a do oficial do registro civil por outro *ad hoc*, nomeado pelo presidente do ato.
§ 2º O termo avulso, lavrado pelo oficial *ad hoc*, será registrado no respectivo registro dentro em cinco dias, perante duas testemunhas, ficando arquivado.	*§ 2º* O termo avulso, que o oficial *ad hoc* lavrar, será levado ao registro no mais breve prazo possível.

Código Civil 2002	Código Civil 1916
Art. 1.540. Quando algum dos contraentes estiver em iminente risco de vida, não obtendo a presença da autoridade à qual incumba presidir o ato, nem a de seu substituto, poderá o casamento ser celebrado na presença de seis testemunhas, que com os nubentes não tenham parentesco em linha reta, ou, na colateral, até segundo grau.	*Art. 199.* O oficial do registro, mediante despacho da autoridade competente, à vista dos documentos exigidos no art. 180 e independentemente do edital de proclamas (art. 181), dará a certidão ordenada no art. 181, § 1º: *I* – quando ocorrer motivo urgente que justifique a imediata celebração do casamento; *II* – quando algum dos contraentes estiver em eminente risco de vida. *Parágrafo único.* Neste caso, não obtendo os contraentes a presença da autoridade, a quem incumba presidir ao ato, nem a de seu substituto, poderão celebrá-lo em presença de seis testemunhas, que com os nubentes não tenham parentesco em linha reta, ou, na colateral, em segundo grau.
Art. 1.541. Realizado o casamento, devem as testemunhas comparecer perante a autoridade judicial mais próxima, dentro em dez dias, pedindo que lhes tome por termo a declaração de:	*Art. 200.* Essas testemunhas comparecerão dentro em 5 (cinco) dias ante a autoridade judicial mais próxima, pedindo que se lhes tomem por termo as seguintes declarações:
I – que foram convocadas por parte do enfermo;	*I* – que foram convocadas por parte do enfermo;
II – que este parecia em perigo de vida, mas em seu juízo;	*II* – que este parecia em perigo de vida, mas em seu juízo;
III – que, em sua presença, declararam os contraentes, livre e espontaneamente, receber-se por marido e mulher.	*III* – que em sua presença, declararam os contraentes livre e espontaneamente receber-se por marido e mulher.
§ 1º Autuado o pedido e tomadas as declarações, o juiz procederá às diligências necessárias para verificar se os contraentes podiam ter-se habilitado, na forma ordinária, ouvidos os interessados que o requererem, dentro em quinze dias.	*§ 1º* Autuado o pedido e tomadas as declarações, o juiz procederá às diligências necessárias para verificar se os contraentes podiam ter-se habilitado para o casamento, na forma ordinária, ouvidos os interessados, que o requererem, dentro em 15 (quinze) dias.
§ 2º Verificada a idoneidade dos cônjuges para o casamento, assim o decidirá a autoridade competente, com recurso voluntário às partes.	*§ 2º* Verificada a idoneidade dos cônjuges para o casamento, assim o decidirá a autoridade competente, com recurso voluntário às partes.
§ 3º Se da decisão não se tiver recorrido, ou se ela passar em julgado, apesar dos recursos interpostos, o juiz mandará registrá-la no livro do Registro dos Casamentos.	*§ 3º* Se da decisão não se tiver recorrido, ou se ela passar em julgado, apesar dos recursos interpostos, o juiz mandará transcrevê-la no livro do registro dos casamentos.
§ 4º O assento assim lavrado retrotrairá os efeitos do casamento, quanto ao estado dos cônjuges, à data da celebração.	*§ 4º* O assento assim lavrado retrotrairá os efeitos do casamento, quanto ao estado dos cônjuges, à data da celebração e, quanto aos filhos comuns, à data do nascimento.

Código Civil 2002	Código Civil 1916
§ 5º Serão dispensadas as formalidades deste e do artigo antecedente, se o enfermo convalescer e puder ratificar o casamento na presença da autoridade competente e do oficial do registro.	*§ 5º* Serão dispensadas as formalidades deste e do artigo anterior, se o enfermo convalescer e puder ratificar o casamento em presença da autoridade competente e do oficial do registro.
Art. 1.542. O casamento pode celebrar-se mediante procuração, por instrumento público, com poderes especiais.	*Art. 201.* O casamento pode celebrar-se mediante procuração, que outorgue poderes especiais ao mandatário para receber, em nome do outorgante, o outro contraente.
§ 1º A revogação do mandato não necessita chegar ao conhecimento do mandatário; mas, celebrado o casamento sem que o mandatário ou o outro contraente tivessem ciência da revogação, responderá o mandante por perdas e danos.	
§ 2º O nubente que não estiver em iminente risco de vida poderá fazer-se representar no casamento nuncupativo.	
§ 3º A eficácia do mandato não ultrapassará noventa dias.	
§ 4º Só por instrumento público se poderá revogar o mandato.	
Capítulo VII **Das Provas do Casamento**	
Art. 1.543. O casamento celebrado no Brasil prova-se pela certidão do registro.	*Art. 202.* O casamento celebrado no Brasil prova-se pela certidão do registro, feito ao tempo de sua celebração (art. 195).
Parágrafo único. Justificada a falta ou perda do registro civil, é admissível qualquer outra espécie de prova.	*Parágrafo único.* Justificada a falta ou perda do registro civil, é admissível qualquer outra espécie de prova.
Art. 1.544. O casamento de brasileiro, celebrado no estrangeiro, perante as respectivas autoridades ou os cônsules brasileiros, deverá ser registrado em cento e oitenta dias, a contar da volta de um ou de ambos os cônjuges ao Brasil, no cartório do respectivo domicílio, ou, em sua falta, no 1º Ofício da Capital do Estado em que passarem a residir.	*Art. 204.* O casamento celebrado fora do Brasil prova-se de acordo com a lei do país, onde se celebrou. *Parágrafo único.* Se, porém, se contraiu perante agente consular, provar-se-á por certidão do assento no registro do consulado.
Art. 1.545. O casamento de pessoas que, na posse do estado de casadas, não possam manifestar vontade, ou tenham falecido, não se pode contestar em prejuízo da prole comum, salvo	*Art. 203.* O casamento de pessoas que faleceram na posse do estado de casadas não se pode contestar em prejuízo da prole comum, salvo mediante certidão do registro civil, que prove que já

Código Civil 2002	Código Civil 1916
mediante certidão do Registro Civil que prove que já era casada alguma delas, quando contraiu o casamento impugnado.	era casada alguma delas, quando contraiu o matrimônio impugnado (art. 183, VI).
Art. 1.546. Quando a prova da celebração legal do casamento resultar de processo judicial, o registro da sentença no livro do Registro Civil produzirá, tanto no que toca aos cônjuges como no que respeita aos filhos, todos os efeitos civis desde a data do casamento.	*Art. 205.* Quando a prova de celebração legal do casamento resultar de processo judicial, a inscrição da sentença no livro do registro civil produzira, assim no que toca aos cônjuges, como no que respeita aos filhos, todos os efeitos civis desde a data do casamento.
Art. 1.547. Na dúvida entre as provas favoráveis e contrárias, julgar-se-á pelo casamento, se os cônjuges, cujo casamento se impugna, viverem ou tiverem vivido na posse do estado de casados.	*Art. 206.* Na dúvida entre as provas pró e contra, julgar-se-á pelo casamento, se os cônjuges, cujo matrimônio se impugna, viverem ou tiverem vivido na posse do estado de casados.
Capítulo VIII **Da Invalidade do Casamento**	
Art. 1.548. É nulo o casamento contraído:	*Art. 207.* É nulo e de nenhum efeito, quanto aos contraentes e aos filhos, o casamento contraído com infração de qualquer dos ns. I a VIII do art. 183.
I – pelo enfermo mental sem o necessário discernimento para os atos da vida civil;	
II – por infringência de impedimento.	
Art. 1.549. A decretação de nulidade de casamento, pelos motivos previstos no artigo antecedente, pode ser promovida mediante ação direta, por qualquer interessado, ou pelo Ministério Público.	*Art. 208.* É também nulo o casamento contraído perante autoridade incompetente (arts. 192, 194, 195 e 198). Mas esta nulidade se considerará sanada, se não se alegar dentro em 2 (dois) anos da celebração. *Parágrafo único.* Antes de vencido esse prazo, a declaração da nulidade poderá ser requerida: *I* – por qualquer interessado; *II* – pelo Ministério Público, salvo se já houver falecido algum dos cônjuges.
Art. 1.550. É anulável o casamento:	*Art. 209.* É anulável o casamento contraído com infração de qualquer dos ns. IX a XII do art. 183.
I – de quem não completou a idade mínima para casar;	
II – do menor em idade núbil, quando não autorizado por seu representante legal;	
III – por vício da vontade, nos termos dos arts. 1.556 a 1.558;	

Código Civil 2002	Código Civil 1916
IV – do incapaz de consentir ou manifestar, de modo inequívoco, o consentimento;	
V – realizado pelo mandatário, sem que ele ou o outro contraente soubesse da revogação do mandato, e não sobrevindo coabitação entre os cônjuges;	
VI – por incompetência da autoridade celebrante.	
Parágrafo único. Equipara-se à revogação a invalidade do mandato judicialmente decretada.	
Art. 1.551. Não se anulará, por motivo de idade, o casamento de que resultou gravidez.	*Art. 215.* Por defeito de idade não se anulará o casamento de que resultou gravidez.
Art. 1.552. A anulação do casamento dos menores de dezesseis anos será requerida:	*Art. 213.* A anulação do casamento da menor de 16 (dezesseis) anos ou do menor de 18 (dezoito) será requerida:
I – pelo próprio cônjuge menor;	*I* – pelo próprio cônjuge menor;
II – por seus representantes legais;	*II* – pelos seus representantes legais;
III – por seus ascendentes.	*III* – pelas pessoas designadas no art. 190, naquela mesma ordem.
Art. 1.553. O menor que não atingiu a idade núbil poderá, depois de completá-la, confirmar seu casamento, com a autorização de seus representantes legais, se necessária, ou com suprimento judicial.	*Art. 211.* O que contraiu casamento, enquanto incapaz, pode ratificá-lo, quando adquirir a necessária capacidade, e esta ratificação retrotrairá os seus efeitos à data da celebração.
Art. 1.554. Subsiste o casamento celebrado por aquele que, sem possuir a competência exigida na lei, exercer publicamente as funções de juiz de casamentos e, nessa qualidade, tiver registrado o ato no Registro Civil.	
Art. 1.555. O casamento do menor em idade núbil, quando não autorizado por seu representante legal, só poderá ser anulado se a ação for proposta em cento e oitenta dias, por iniciativa do incapaz, ao deixar de sê-lo, de seus representantes legais ou de seus herdeiros necessários.	*Art. 178.* Prescreve: *§ 5º* Em (seis) meses: *III* – a ação para anular o casamento da menor de 16 (dezesseis) e do menor de 18 (dezoito) anos; contado o prazo do dia em que o menor perfez essa idade, se a ação for por ele movida, e da data do matrimônio, quando o for por seus representantes legais (arts. 213 e 216) ou pelos parentes designados no art. 190;
§ 1º O prazo estabelecido neste artigo será contado do dia em que cessou a incapacidade, no	

Código Civil 2002	Código Civil 1916
primeiro caso; a partir do casamento, no segundo; e, no terceiro, da morte do incapaz.	
§ 2º Não se anulará o casamento quando à sua celebração houverem assistido os representantes legais do incapaz, ou tiverem, por qualquer modo, manifestado sua aprovação.	
Art. 1.556. O casamento pode ser anulado por vício da vontade, se houve por parte de um dos nubentes, ao consentir, erro essencial quanto à pessoa do outro.	*Art. 218.* É também anulável o casamento, se houver por parte de um dos nubentes, ao consentir, erro essencial quanto à pessoa do outro.
Art. 1.557. Considera-se erro essencial sobre a pessoa do outro cônjuge:	*Art. 219.* Considera-se erro essencial sobre a pessoa do outro cônjuge:
I – o que diz respeito à sua identidade, sua honra e boa fama, sendo esse erro tal que o seu conhecimento ulterior torne insuportável a vida em comum ao cônjuge enganado;	*I* – o que diz respeito à identidade do outro cônjuge, sua honra e boa fama, sendo esse erro tal, que o seu conhecimento ulterior torne insuportável a vida em comum ao cônjuge enganado;
II – a ignorância de crime, anterior ao casamento, que, por sua natureza, torne insuportável a vida conjugal;	*II* – a ignorância de crime inafiançável, anterior ao casamento e definitivamente julgado por sentença condenatória;
III – a ignorância, anterior ao casamento, de defeito físico irremediável, ou de moléstia grave e transmissível, pelo contágio ou herança, capaz de pôr em risco a saúde do outro cônjuge ou de sua descendência;	*III* – a ignorância, anterior ao casamento, de defeito físico irremediável ou de moléstia grave e transmissível, por contágio ou herança, capaz de por em risco a saúde do outro cônjuge ou de sua descendência;
IV – a ignorância, anterior ao casamento, de doença mental grave que, por sua natureza, torne insuportável a vida em comum ao cônjuge enganado.	
Art. 1.558. É anulável o casamento em virtude de coação, quando o consentimento de um ou de ambos os cônjuges houver sido captado mediante fundado temor de mal considerável e iminente para a vida, a saúde e a honra, sua ou de seus familiares.	
Art. 1.559. Somente o cônjuge que incidiu em erro, ou sofreu coação, pode demandar a anulação do casamento; mas a coabitação, havendo ciência do vício, valida o ato, ressalvadas as hipóteses dos incisos III e IV do art. 1.557.	*Art. 210.* A anulação do casamento contraído pelo coacto ou pelo incapaz de consentir, só pode ser promovida: *I* – pelo próprio coacto;

Código Civil 2002	Código Civil 1916
Art. 1.560. O prazo para ser intentada a ação de anulação do casamento, a contar da data da celebração, é de:	
I – cento e oitenta dias, no caso do inciso IV do art. 1.550;	*Art. 178.* Prescreve: *§ 5º* Em (seis) meses: *II* – a ação para anular o casamento do incapaz de consentir, promovida por este, quando se torne capaz, por seus representantes legais, ou pelos herdeiros; contado o prazo do dia em que cessou a incapacidade, no primeiro caso, do casamento, no segundo, e, no terceiro, da morte do incapaz, quando esta ocorra durante a incapacidade (art. 212);
II – dois anos, se incompetente a autoridade celebrante;	*Art. 208.* É também nulo o casamento contraído perante autoridade incompetente (arts. 192, 194, 195 e 198). Mas esta nulidade se considerará sanada, se não se alegar dentro em 2 (dois) anos da celebração.
III – três anos, nos casos dos incisos I a IV do art. 1.557;	
IV – quatro anos, se houver coação.	
§ 1º Extingue-se, em cento e oitenta dias, o direito de anular o casamento dos menores de dezesseis anos, contado o prazo para o menor do dia em que perfez essa idade; e da data do casamento, para seus representantes legais ou ascendentes.	*Art. 178.* Prescreve: *§ 5º* Em (seis) meses: *III* – a ação para anular o casamento da menor de 16 (dezesseis) e do menor de 18 (dezoito) anos; contado o prazo do dia em que o menor perfez essa idade, se a ação for por ele movida, e da data do matrimônio, quando o for por seus representantes legais (arts. 213 e 216) ou pelos parentes designados no art. 190;
§ 2º Na hipótese do inciso V do art. 1.550, o prazo para anulação do casamento é de cento e oitenta dias, a partir da data em que o mandante tiver conhecimento da celebração.	
Art. 1.561. Embora anulável ou mesmo nulo, se contraído de boa-fé por ambos os cônjuges, o casamento, em relação a estes como aos filhos, produz todos os efeitos até o dia da sentença anulatória.	*Art. 221.* Embora anulável, ou mesmo nulo, se contraído de boa-fé por ambos os cônjuges, o casamento, em relação a estes como aos filhos, produz todos os efeitos civis até o dia da sentença anulatória.
§ 1º Se um dos cônjuges estava de boa-fé ao celebrar o casamento, os seus efeitos civis só a ele e aos filhos aproveitarão.	*Parágrafo único.* Se um dos cônjuges estava de boa-fé, ao celebrar o casamento, os seus efeitos civis só a esse e aos filhos aproveitarão.

Código Civil 2002	Código Civil 1916
§ 2º Se ambos os cônjuges estavam de má-fé ao celebrar o casamento, os seus efeitos civis só aos filhos aproveitarão.	
Art. 1.562. Antes de mover a ação de nulidade do casamento, a de anulação, a de separação judicial, a de divórcio direto ou a de dissolução de união estável, poderá requerer a parte, comprovando sua necessidade, a separação de corpos, que será concedida pelo juiz com a possível brevidade.	*Art. 223.* Antes de mover a ação de nulidade do casamento, a de anulação, ou a de desquite, requererá o autor, com documento que a autorize, a separação de corpos, que será concedida pelo juiz com a possível brevidade.
Art. 1.563. A sentença que decretar a nulidade do casamento retroagirá à data da sua celebração, sem prejudicar a aquisição de direitos, a título oneroso, por terceiros de boa-fé, nem a resultante de sentença transitada em julgado.	
Art. 1.564. Quando o casamento for anulado por culpa de um dos cônjuges, este incorrerá:	*Art. 232.* Quando o casamento for anulado por culpa de um dos cônjuges, este incorrerá:
I – na perda de todas as vantagens havidas do cônjuge inocente;	*I* – na perda de todas as vantagens havidas do cônjuge inocente;
II – na obrigação de cumprir as promessas que lhe fez no contrato antenupcial.	*II* – na obrigação de cumprir as promessas, que lhe fez, no contrato antenupcial (arts. 256 e 312).
Capítulo IX **Da Eficácia do Casamento**	
Art. 1.565. Pelo casamento, homem e mulher assumem mutuamente a condição de consortes, companheiros e responsáveis pelos encargos da família.	*Art. 240.* A mulher, com o casamento, assume a condição de companheira, consorte e colaboradora do marido nos encargos de família, cumprindo-lhe velar pela direção material e moral desta.
§ 1º Qualquer dos nubentes, querendo, poderá acrescer ao seu o sobrenome do outro.	*Parágrafo único.* A mulher poderá acrescer aos seus os apelidos do marido.
§ 2º O planejamento familiar é de livre decisão do casal, competindo ao Estado propiciar recursos educacionais e financeiros para o exercício desse direito, vedado qualquer tipo de coerção por parte de instituições privadas ou públicas.	
Art. 1.566. São deveres de ambos os cônjuges:	*Art. 231.* São deveres de ambos os cônjuges:
I – fidelidade recíproca;	*I* – fidelidade recíproca;
II – vida em comum, no domicílio conjugal;	*II* – vida em comum, no domicílio conjugal (arts. 233, IV, e 234);

Código Civil 2002	Código Civil 1916
III – mútua assistência;	*III* – mútua assistência;
IV – sustento, guarda e educação dos filhos;	*IV* – sustento, guarda e educação dos filhos.
V – respeito e consideração mútuos.	
Art. 1.567. A direção da sociedade conjugal será exercida, em colaboração, pelo marido e pela mulher, sempre no interesse do casal e dos filhos.	*Art. 233.* O marido é o chefe da sociedade conjugal, função que exerce com a colaboração da mulher, no interesse comum do casal e dos filhos (arts. 240, 247 e 251).
Parágrafo único. Havendo divergência, qualquer dos cônjuges poderá recorrer ao juiz, que decidirá tendo em consideração aqueles interesses.	
Art. 1.568. Os cônjuges são obrigados a concorrer, na proporção de seus bens e dos rendimentos do trabalho, para o sustento da família e a educação dos filhos, qualquer que seja o regime patrimonial.	*Art. 233, IV* – prover a manutenção da família, guardada as disposições dos arts. 275 e 277.
Art. 1.569. O domicílio do casal será escolhido por ambos os cônjuges, mas um e outro podem ausentar-se do domicílio conjugal para atender a encargos públicos, ao exercício de sua profissão, ou a interesses particulares relevantes.	*Art. 233, III* – o direito de fixar o domicílio da família, ressalvada a possibilidade de recorrer a mulher ao juiz, no caso de deliberação que a prejudique;
Art. 1.570. Se qualquer dos cônjuges estiver em lugar remoto ou não sabido, encarcerado por mais de cento e oitenta dias, interditado judicialmente ou privado, episodicamente, de consciência, em virtude de enfermidade ou de acidente, o outro exercerá com exclusividade a direção da família, cabendo-lhe a administração dos bens.	*Art. 251.* À mulher compete a direção e administração do casal, quando o marido: *I* – estiver em lugar remoto, ou não sabido; *II* – estiver em cárcere por mais de 2 (dois) anos; *III* – for judicialmente declarado interdito. *Parágrafo único.* Nestes casos, cabe à mulher: *I* – administrar os bens comuns; *II* – dispor dos particulares e alienar os móveis comuns e os do marido; *III* – administrar os do marido; *IV* – alienar os imóveis comuns e os do marido mediante autorização especial do juiz.
Capítulo X **Da Dissolução da Sociedade e do Vínculo Conjugal** **Art. 1.571.** A sociedade conjugal termina: **I –** pela morte de um dos cônjuges; **II –** pela nulidade ou anulação do casamento; **III –** pela separação judicial; **IV –** pelo divórcio. **§ 1º** O casamento válido só se dissolve pela morte de um dos cônjuges ou pelo divórcio, aplicando-se a presunção estabelecida neste Código quanto ao ausente.	

Código Civil 2002	Código Civil 1916
§ 2º Dissolvido o casamento pelo divórcio direto ou por conversão, o cônjuge poderá manter o nome de casado; salvo, no segundo caso, dispondo em contrário a sentença de separação judicial.	
Art. 1.572. Qualquer dos cônjuges poderá propor a ação de separação judicial, imputando ao outro qualquer ato que importe grave violação dos deveres do casamento e torne insuportável a vida em comum. **§ 1º** A separação judicial pode também ser pedida se um dos cônjuges provar ruptura da vida em comum há mais de um ano e a impossibilidade de sua reconstituição. **§ 2º** O cônjuge pode ainda pedir a separação judicial quando o outro estiver acometido de doença mental grave, manifestada após o casamento, que torne impossível a continuação da vida em comum, desde que, após uma duração de dois anos, a enfermidade tenha sido reconhecida de cura improvável. **§ 3º** No caso do parágrafo 2º, reverterão ao cônjuge enfermo, que não houver pedido a separação judicial, os remanescentes dos bens que levou para o casamento, e se o regime dos bens adotado o permitir, a meação dos adquiridos na constância da sociedade conjugal.	
Art. 1.573. Podem caracterizar a impossibilidade da comunhão de vida a ocorrência de algum dos seguintes motivos: **I** – adultério; **II** – tentativa de morte; **III** – sevícia ou injúria grave; **IV** – abandono voluntário do lar conjugal, durante um ano contínuo; **V** – condenação por crime infamante; **VI** – conduta desonrosa. **Parágrafo único.** O juiz poderá considerar outros fatos que tornem evidente a impossibilidade da vida em comum.	
Art. 1.574. Dar-se-á a separação judicial por mútuo consentimento dos cônjuges se forem casados por mais de um ano e o manifestarem perante o juiz, sendo por ele devidamente homologada a convenção.	

Código Civil 2002	Código Civil 1916
Parágrafo único. O juiz pode recusar a homologação e não decretar a separação judicial se apurar que a convenção não preserva suficientemente os interesses dos filhos ou de um dos cônjuges.	
Art. 1.575. A sentença de separação judicial importa a separação de corpos e a partilha de bens. **Parágrafo único.** A partilha de bens poderá ser feita mediante proposta dos cônjuges e homologada pelo juiz ou por este decidida.	
Art. 1.576. A separação judicial põe termo aos deveres de coabitação e fidelidade recíproca e ao regime de bens. **Parágrafo único.** O procedimento judicial da separação caberá somente aos cônjuges, e, no caso de incapacidade, serão representados pelo curador, pelo ascendente ou pelo irmão.	
Art. 1.577. Seja qual for a causa da separação judicial e o modo como esta se faça, é lícito aos cônjuges restabelecer, a todo tempo, a sociedade conjugal, por ato regular em juízo. **Parágrafo único.** A reconciliação em nada prejudicará o direito de terceiros, adquirido antes e durante o estado de separado, seja qual for o regime de bens.	
Art. 1.578. O cônjuge declarado culpado na ação de separação judicial perde o direito de usar o sobrenome do outro, desde que expressamente requerido pelo cônjuge inocente e se a alteração não acarretar: **I** – evidente prejuízo para a sua identificação; **II** – manifesta distinção entre o seu nome de família e o dos filhos havidos da união dissolvida; **III** – dano grave reconhecido na decisão judicial. **§ 1º** O cônjuge inocente na ação de separação judicial poderá renunciar, a qualquer momento, ao direito de usar o sobrenome do outro. **§ 2º** Nos demais casos caberá a opção pela conservação do nome de casado.	
Art. 1.579. O divórcio não modificará os direitos e deveres dos pais em relação aos filhos. **Parágrafo único.** Novo casamento de qualquer dos pais, ou de ambos, não poderá importar restrições aos direitos e deveres previstos neste artigo.	

Código Civil 2002	Código Civil 1916
Art. 1.580. Decorrido um ano do trânsito em julgado da sentença que houver decretado a separação judicial, ou da decisão concessiva da medida cautelar de separação de corpos, qualquer das partes poderá requerer sua conversão em divórcio. **§ 1º** A conversão em divórcio da separação judicial dos cônjuges será decretada por sentença, da qual não constará referência à causa que a determinou. **§ 2º** O divórcio poderá ser requerido, por um ou por ambos os cônjuges, no caso de comprovada separação de fato por mais de dois anos.	
Art. 1.581. O divórcio pode ser concedido sem que haja prévia partilha de bens.	
Art. 1.582. O pedido de divórcio somente competirá aos cônjuges. **Parágrafo único.** Se o cônjuge for incapaz para propor a ação ou defender-se, poderá fazê-lo o curador, o ascendente ou o irmão.	
Capítulo XI **Da Proteção da Pessoa dos Filhos** **Art. 1.583.** No caso de dissolução da sociedade ou do vínculo conjugal pela separação judicial por mútuo consentimento ou pelo divórcio direto consensual, observar-se-á o que os cônjuges acordarem sobre a guarda dos filhos.	
Art. 1.584. Decretada a separação judicial ou o divórcio, sem que haja entre as partes acordo quanto à guarda dos filhos, será ela atribuída a quem revelar melhores condições para exercê-la. **Parágrafo único.** Verificando que os filhos não devem permanecer sob a guarda do pai ou da mãe, o juiz deferirá a sua guarda à pessoa que revele compatibilidade com a natureza da medida, de preferência levando em conta o grau de parentesco e relação de afinidade e afetividade, de acordo com o disposto na lei específica.	
Art. 1.585. Em sede de medida cautelar de separação de corpos, aplica-se quanto à guarda dos filhos as disposições do artigo antecedente.	

Código Civil 2002	Código Civil 1916
Art. 1.586. Havendo motivos graves, poderá o juiz, em qualquer caso, a bem dos filhos, regular de maneira diferente da estabelecida nos artigos antecedentes a situação deles para com os pais.	
Art. 1.587. No caso de invalidade do casamento, havendo filhos comuns, observar-se-á o disposto nos arts. 1.584 e 1.586.	
Art. 1.588. O pai ou a mãe que contrair novas núpcias não perde o direito de ter consigo os filhos, que só lhe poderão ser retirados por mandado judicial, provado que não são tratados convenientemente.	
Art. 1.589. O pai ou a mãe, em cuja guarda não estejam os filhos, poderá visitá-los e tê-los em sua companhia, segundo o que acordar com o outro cônjuge, ou for fixado pelo juiz, bem como fiscalizar sua manutenção e educação.	
Art. 1.590. As disposições relativas à guarda e prestação de alimentos aos filhos menores estendem-se aos maiores incapazes.	
Subtítulo II **Das Relações de Parentesco** **Capítulo I** **Disposições Gerais**	
Art. 1.591. São parentes em linha reta as pessoas que estão umas para com as outras na relação de ascendentes e descendentes.	*Art. 330.* São parentes, em linha reta, as pessoas que estão umas para com as outras na relação de ascendentes e descendentes.
Art. 1.592. São parentes em linha colateral ou transversal, até o quarto grau, as pessoas provenientes de um só tronco, sem descenderem uma da outra.	*Art. 331.* São parentes, em linha colateral, ou transversal, até o sexto grau, as pessoas que provêm de um só tronco, sem descenderem uma da outra.
Art. 1.593. O parentesco é natural ou civil, conforme resulte de consangüinidade ou outra origem.	
Art. 1.594. Contam-se, na linha reta, os graus de parentesco pelo número de gerações, e, na colateral, também pelo número delas, subindo de um dos parentes até ao ascendente comum, e descendo até encontrar o outro parente.	*Art. 333.* Contam-se, na linha reta, os graus de parentesco pelo número de gerações, e, na colateral, também pelo número delas, subindo, porém, de um dos parentes até ao ascendente comum, e descendo, depois, até encontrar o outro parente.

Código Civil 2002	Código Civil 1916
Art. 1.595. Cada cônjuge ou companheiro é aliado aos parentes do outro pelo vínculo da afinidade.	*Art. 334.* Cada cônjuge é aliado aos parentes do outro pelo vínculo da afinidade.
§ 1º O parentesco por afinidade limita-se aos ascendentes, aos descendentes e aos irmãos do cônjuge ou companheiro.	
§ 2º Na linha reta, a afinidade não se extingue com a dissolução do casamento ou da união estável.	*Art. 335.* A afinidade, na linha reta, não se extingue com a dissolução do casamento, que a originou.
Capítulo II **Da Filiação** **Art. 1.596.** Os filhos, havidos ou não da relação de casamento, ou por adoção, terão os mesmos direitos e qualificações, proibidas quaisquer designações discriminatórias relativas à filiação.	
Art. 1.597. Presumem-se concebidos na constância do casamento os filhos:	*Art. 338.* Presumem-se concebidos na constância do casamento:
I – nascidos cento e oitenta dias, pelo menos, depois de estabelecida a convivência conjugal;	*I* – os filhos nascidos 180 (cento e oitenta) dias, pelo menos, depois de estabelecida a convivência conjugal (art. 339);
II – nascidos nos trezentos dias subsequentes à dissolução da sociedade conjugal, por morte, separação judicial, nulidade e anulação do casamento;	*II* – os nascidos dentro nos 300 (trezentos) dias subseqüentes à dissolução da sociedade conjugal por morte, desquite, ou anulação.
III – havidos por fecundação artificial homóloga, mesmo que falecido o marido;	
IV – havidos, a qualquer tempo, quando se tratar de embriões excedentários, decorrentes de concepção artificial homóloga;	
V – havidos por inseminação artificial heteróloga, desde que tenha prévia autorização do marido.	
Art. 1.598. Salvo prova em contrário, se, antes de decorrido o prazo previsto no inciso II do art. 1.523, a mulher contrair novas núpcias e lhe nascer algum filho, este se presume do primeiro marido, se nascido dentro dos trezentos dias a contar da data do falecimento deste e, do segundo, se o nascimento ocorrer após esse período e já decorrido o prazo a que se refere o inciso I do art. 1.597.	*Art. 340.* A legitimidade do filho concebido na constância do casamento, ou presumido tal (arts. 337 e 338), só se pode contestar, provando-se: *I* – que o marido se achava fisicamente impossibilitado de coabitar com a mulher nos primeiros 121 (cento e vinte e um) dias, ou mais, dos 300 (trezentos) que houverem precedido ao nascimento do filho; *II* – que a esse tempo estavam os cônjuges legalmente separados.

Código Civil 2002	Código Civil 1916
Art. 1.599. A prova da impotência do cônjuge para gerar, à época da concepção, ilide a presunção da paternidade.	*Art. 342.* Só em sendo absoluta a impotência, vale a sua alegação contra a legitimidade do filho.
Art. 1.600. Não basta o adultério da mulher, ainda que confessado, para ilidir a presunção legal da paternidade.	*Art. 343.* Não basta o adultério da mulher, com quem o marido vivia sob o mesmo teto, para elidir a presunção legal de legitimidade da prole.
Art. 1.601. Cabe ao marido o direito de contestar a paternidade dos filhos nascidos de sua mulher, sendo tal ação imprescritível.	*Art. 344.* Cabe privativamente ao marido o direito de contestar a legitimidade dos filhos nascidos de sua mulher (art. 178, § 3º).
Parágrafo único. Contestada a filiação, os herdeiros do impugnante têm direito de prosseguir na ação.	*Art. 345.* A ação de que trata o artigo antecedente, uma vez iniciada, passa aos herdeiros do marido.
Art. 1.602. Não basta a confissão materna para excluir a paternidade.	*Art. 346.* Não basta a confissão materna para excluir a paternidade.
Art. 1.603. A filiação prova-se pela certidão do termo de nascimento registrada no Registro Civil.	
Art. 1.604. Ninguém pode vindicar estado contrário ao que resulta do registro de nascimento, salvo provando-se erro ou falsidade do registro.	*Art. 348.* Ninguém pode vindicar estado contrário ao que resulta do registro de nascimento, salvo provando-se erro ou falsidade do registro.
Art. 1.605. Na falta, ou defeito, do termo de nascimento, poderá provar-se a filiação por qualquer modo admissível em direito:	*Art. 349.* Na falta, ou defeito do termo de nascimento, poderá provar-se a filiação legítima, por qualquer modo admissível em direito:
I – quando houver começo de prova por escrito, proveniente dos pais, conjunta ou separadamente;	*I –* quando houver começo de prova por escrito, proveniente dos pais, conjunta ou separadamente;
II – quando existirem veementes presunções resultantes de fatos já certos.	*II –* quando existirem veementes presunções resultantes de fatos já certos.
Art. 1.606. A ação de prova de filiação compete ao filho, enquanto viver, passando aos herdeiros, se ele morrer menor ou incapaz.	*Art. 350.* A ação de prova da filiação legítima compete ao filho, enquanto viver, passando aos herdeiros, se ele morrer menor, ou incapaz.
Parágrafo único. Se iniciada a ação pelo filho, os herdeiros poderão continuá-la, salvo se julgado extinto o processo.	*Art. 351.* Se a ação tiver sido iniciada pelo filho, poderão continuá-la os herdeiros, salvo se o autor desistiu, ou a instância foi perempta.
Capítulo III **Do Reconhecimento dos Filhos**	
Art. 1.607. O filho havido fora do casamento pode ser reconhecido pelos pais, conjunta ou separadamente.	*Art. 355.* O filho ilegítimo pode ser reconhecido pelos pais, conjunta ou separadamente.

Código Civil 2002	Código Civil 1916
Art. 1.608. Quando a maternidade constar do termo do nascimento do filho, a mãe só poderá contestá-la, provando a falsidade do termo, ou das declarações nele contidas.	*Art. 356.* Quando a maternidade constar do termo de nascimento do filho, a mãe só a poderá contestar, provando a falsidade do termo, ou das declarações nele contidas.
Art. 1.609. O reconhecimento dos filhos havidos fora do casamento é irrevogável e será feito: **I** – no registro do nascimento; **II** – por escritura pública ou escrito particular, a ser arquivado em cartório; **III** – por testamento, ainda que incidentalmente manifestado; **IV** – por manifestação direta e expressa perante o juiz, ainda que o reconhecimento não haja sido o objeto único e principal do ato que o contém.	*Art. 357.* O reconhecimento voluntário do filho ilegítimo pode fazer-se ou no próprio termo de nascimento, ou mediante escritura pública, ou por testamento (art. 184, parágrafo único).
Parágrafo único. O reconhecimento pode preceder o nascimento do filho ou ser posterior ao seu falecimento, se ele deixar descendentes.	*Parágrafo único.* O reconhecimento pode preceder o nascimento do filho, ou suceder-lhe ao falecimento, se deixar descendentes.
Art. 1.610. O reconhecimento não pode ser revogado, nem mesmo quando feito em testamento.	
Art. 1.611. O filho havido fora do casamento, reconhecido por um dos cônjuges, não poderá residir no lar conjugal sem o consentimento do outro.	*Art. 359.* O filho ilegítimo, reconhecido por um dos cônjuges, não poderá residir no lar conjugal sem o consentimento do outro.
Art. 1.612. O filho reconhecido, enquanto menor, ficará sob a guarda do genitor que o reconheceu, e, se ambos o reconheceram e não houver acordo, sob a de quem melhor atender aos interesses do menor.	*Art. 360.* O filho reconhecido, enquanto menor, ficará sob poder do progenitor, que o reconheceu, e, se ambos o reconheceram, sob o do pai.
Art. 1.613. São ineficazes a condição e o termo apostos ao ato de reconhecimento do filho.	*Art. 361.* Não se pode subordinar a condição, ou a termo, o reconhecimento do filho.
Art. 1.614. O filho maior não pode ser reconhecido sem o seu consentimento, e o menor pode impugnar o reconhecimento, nos quatro anos que se seguirem à maioridade, ou à emancipação.	*Art. 362.* O filho maior não pode ser reconhecido sem o seu consentimento, e o menor pode impugnar o reconhecimento, dentro nos 4 (quatro) anos que se seguirem à maioridade, ou emancipação.
Art. 1.615. Qualquer pessoa, que justo interesse tenha, pode contestar a ação de investigação de paternidade, ou maternidade.	*Art. 365.* Qualquer pessoa, que justo interesse tenha, pode contestar a ação de investigação da paternidade, ou maternidade.
Art. 1.616. A sentença que julgar procedente a ação de investigação produzirá os mesmos efeitos do reconhecimento; mas poderá ordenar que o filho	*Art. 366.* A sentença, que julgar procedente a ação de investigação, produzirá os mesmos efeitos do reconhecimento; podendo, porém, orde-

Código Civil 2002	Código Civil 1916
se crie e eduque fora da companhia dos pais ou daquele que lhe contestou essa qualidade.	nal que o filho se crie e eduque fora da companhia daquele dos pais, que negou esta qualidade.
Art. 1.617. A filiação materna ou paterna pode resultar de casamento declarado nulo, ainda mesmo sem as condições do putativo.	*Art. 367.* A filiação paterna e a materna podem resultar de casamento declarado nulo, ainda mesmo sem as condições do putativo.
Capítulo IV **Da Adoção**	
Art. 1.618. Só a pessoa maior de dezoito anos pode adotar.	*Art. 368.* Só os maiores de 30 (trinta) anos podem adotar.
Parágrafo único. A adoção por ambos os cônjuges ou companheiros poderá ser formalizada, desde que um deles tenha completado dezoito anos de idade, comprovada a estabilidade da família.	*Parágrafo único.* Ninguém pode adotar, sendo casado, senão decorridos 5 (cinco) anos após o casamento.
Art. 1.619. O adotante há de ser pelo menos dezesseis anos mais velho que o adotado.	*Art. 369.* O adotante há de ser, pelo menos, 16 (dezesseis) anos mais velho que o adotado.
Art. 1.620. Enquanto não der contas de sua administração e não saldar o débito, não poderá o tutor ou o curador adotar o pupilo ou o curatelado.	*Art. 371.* Enquanto não der contas de sua administração, e saldar o seu alcance, não pode o tutor, ou curador, adotar o pupilo, ou o curatelado.
Art. 1.621. A adoção depende de consentimento dos pais ou dos representantes legais, de quem se deseja adotar, e da concordância deste, se contar mais de doze anos.	*Art. 372.* Não se pode adotar sem o consentimento do adotado ou de seu representante legal se for incapaz ou nascituro.
§ 1º O consentimento será dispensado em relação à criança ou adolescente cujos pais sejam desconhecidos ou tenham sido destituídos do poder familiar.	
§ 2º O consentimento previsto no *caput* é revogável até a publicação da sentença constitutiva da adoção.	
Art. 1.622. Ninguém pode ser adotado por duas pessoas, salvo se forem marido e mulher, ou se viverem em união estável.	*Art. 370.* Ninguém pode ser adotado por duas pessoas, salvo se forem marido e mulher.
Parágrafo único. Os divorciados e os judicialmente separados poderão adotar conjuntamente, contanto que acordem sobre a guarda e o regime de visitas, e desde que o estágio de convivência tenha sido iniciado na constância da sociedade conjugal.	

Código Civil 2002	Código Civil 1916
Art. 1.623. A adoção obedecerá a processo judicial, observados os requisitos estabelecidos neste Código. **Parágrafo único.** A adoção de maiores de dezoito anos dependerá, igualmente, da assistência efetiva do Poder Público e de sentença constitutiva.	
Art. 1.624. Não há necessidade do consentimento do representante legal do menor, se provado que se trata de infante exposto, ou de menor cujos pais sejam desconhecidos, estejam desaparecidos, ou tenham sido destituídos do poder familiar, sem nomeação de tutor; ou de órfão não reclamado por qualquer parente, por mais de um ano.	
Art. 1.625. Somente será admitida a adoção que constituir efetivo benefício para o adotando.	
Art. 1.626. A adoção atribui a situação de filho ao adotado, desligando-o de qualquer vínculo com os pais e parentes consangüíneos, salvo quanto aos impedimentos para o casamento.	*Art. 376.* O parentesco resultante da adoção (art. 336) limita-se ao adotante e ao adotado, salvo quanto aos impedimentos matrimoniais, a cujo respeito se observará o disposto no art. 183, III e V.
Parágrafo único. Se um dos cônjuges ou companheiros adota o filho do outro, mantêm-se os vínculos de filiação entre o adotado e o cônjuge ou companheiro do adotante e os respectivos parentes.	
Art. 1.627. A decisão confere ao adotado o sobrenome do adotante, podendo determinar a modificação de seu prenome, se menor, a pedido do adotante ou do adotado.	
Art. 1.628. Os efeitos da adoção começam a partir do trânsito em julgado da sentença, exceto se o adotante vier a falecer no curso do procedimento, caso em que terá força retroativa à data do óbito. As relações de parentesco se estabelecem não só entre o adotante e o adotado, como também entre aquele e os descendentes deste e entre o adotado e todos os parentes do adotante.	
Art. 1.629. A adoção por estrangeiro obedecerá aos casos e condições que forem estabelecidos em lei.	

CÓDIGO CIVIL 2002	CÓDIGO CIVIL 1916
CAPÍTULO V **Do Poder Familiar** **Seção I** **Disposições Gerais**	
Art. 1.630. Os filhos estão sujeitos ao poder familiar, enquanto menores.	*Art. 379.* Os filhos legítimos, ou legitimados, os legalmente reconhecidos e os adotivos estão sujeitos ao pátrio poder, enquanto menores.
Art. 1.631. Durante o casamento e a união estável, compete o poder familiar aos pais; na falta ou impedimento de um deles, o outro o exercerá com exclusividade.	*Art. 380.* Durante o casamento compete o pátrio poder aos pais, exercendo-o o marido com a colaboração da mulher. Na falta ou impedimento de um dos progenitores, passará o outro a exercê-lo com exclusividade.
Parágrafo único. Divergindo os pais quanto ao exercício do poder familiar, é assegurado a qualquer deles recorrer ao juiz para solução do desacordo.	*Parágrafo único.* Divergindo os progenitores quanto ao exercício do pátrio poder, prevalecerá a decisão do pai, ressalvado à mãe o direito de recorrer ao juiz para solução da divergência.
Art. 1.632. A separação judicial, o divórcio e a dissolução da união estável não alteram as relações entre pais e filhos senão quanto ao direito, que aos primeiros cabe, de terem em sua companhia os segundos.	*Art. 381.* O desquite não altera as relações entre pais e filhos senão quanto ao direito, que aos primeiros cabe, de terem em sua companhia os segundos (arts. 326 e 327).
Art. 1.633. O filho, não reconhecido pelo pai, fica sob poder familiar exclusivo da mãe; se a mãe não for conhecida ou capaz de exercê-lo, dar-se-á tutor ao menor.	*Art. 383.* O filho ilegítimo não reconhecido pelo pai fica sob o poder materno. Se, porém, a mãe não for conhecida, ou capaz de exercer o pátrio poder, dar-se-á tutor ao menor.
Seção II **Do Exercício do Poder Familiar**	
Art. 1.634. Compete aos pais, quanto à pessoa dos filhos menores:	*Art. 384.* Compete aos pais, quanto à pessoa dos filhos menores:
I – dirigir-lhes a criação e educação;	*I* – dirigir-lhes a criação e educação;
II – tê-los em sua companhia e guarda;	*II* – tê-los em sua companhia e guarda;
III – conceder-lhes ou negar-lhes consentimento para casarem;	*III* – conceder-lhes, ou negar-lhes consentimento para casarem;
IV – nomear-lhes tutor por testamento ou documento autêntico, se o outro dos pais não lhe sobreviver, ou o sobrevivo não puder exercer o poder familiar;	*IV* – nomear-lhes tutor, por testamento ou documento autêntico, se o outro dos pais lhe não sobreviver, ou o sobrevivo não puder exercitar o pátrio poder;
V – representá-los, até aos dezesseis anos, nos atos da vida civil, e assisti-los, após essa idade,	*V* – representá-los, até aos 16 (dezesseis) anos, nos atos da vida civil, e assisti-los, após essa ida-

Código Civil 2002	Código Civil 1916
nos atos em que forem partes, suprindo-lhes o consentimento;	de, nos atos em que forem partes, suprindo-lhes o consentimento;
VI – reclamá-los de quem ilegalmente os detenha;	*VI* – reclamá-los de quem ilegalmente os detenha;
VII – exigir que lhes prestem obediência, respeito e os serviços próprios de sua idade e condição.	*VII* – exigir que lhes prestem obediência, respeito e os serviços próprios de sua idade e condição.
Seção III **Da Suspensão e Extinção do Poder Familiar**	
Art. 1.635. Extingue-se o poder familiar:	*Art. 392.* Extingue-se o pátrio poder:
I – pela morte dos pais ou do filho;	*I* – pela morte dos pais ou do filho;
II – pela emancipação, nos termos do art. 5º, parágrafo único;	*II* – pela emancipação, nos termos do parágrafo único do art. 9º, Parte Geral;
III – pela maioridade;	*III* – pela maioridade;
IV – pela adoção;	*IV* – pela adoção.
V – por decisão judicial, na forma do artigo 1.638.	
Art 1.636. O pai ou a mãe que contrai novas núpcias, ou estabelece união estável, não perde, quanto aos filhos do relacionamento anterior, os direitos ao poder familiar, exercendo-os sem qualquer interferência do novo cônjuge ou companheiro.	*Art. 393.* A mãe que contrai novas núpcias não perde, quanto aos filhos de leito anterior, os direitos ao pátrio poder, exercendo-os sem qualquer interferência do marido.
Parágrafo único. Igual preceito ao estabelecido neste artigo aplica-se ao pai ou à mãe solteiros que casarem ou estabelecerem união estável.	
Art. 1.637. Se o pai, ou a mãe, abusar de sua autoridade, faltando aos deveres a eles inerentes ou arruinando os bens dos filhos, cabe ao juiz, requerendo algum parente, ou o Ministério Público, adotar a medida que lhe pareça reclamada pela segurança do menor e seus haveres, até suspendendo o poder familiar, quando convenha.	*Art. 394.* Se o pai, ou mãe, abusar do seu poder, faltando aos deveres paternos, ou arruinando os bens dos filhos, cabe ao juiz, requerendo algum parente, ou o Ministério Público, adotar a medida, que lhe parece reclamada pela segurança do menor e seus haveres, suspendendo até, quando convenha, o pátrio poder.
Parágrafo único. Suspende-se igualmente o exercício do poder familiar ao pai ou à mãe condenados por sentença irrecorrível, em virtude de crime cuja pena exceda a dois anos de prisão.	*Parágrafo único.* Suspende-se igualmente o exercício do pátrio poder, ao pai ou mãe condenados por sentença irrecorrível, em crime cuja pena exceda de 2 (dois) anos de prisão.
Art. 1.638. Perderá por ato judicial o poder familiar o pai ou a mãe que:	*Art. 395.* Perderá por ato judicial o pátrio poder o pai, ou mãe:
I – castigar imoderadamente o filho;	*I* – que castigar imoderadamente o filho;

CÓDIGO CIVIL 2002	CÓDIGO CIVIL 1916
II – deixar o filho em abandono;	*II* – que o deixar em abandono;
III – praticar atos contrários à moral e aos bons costumes;	*III* – que praticar atos contrários à moral e aos bons costumes.
IV – incidir, reiteradamente, nas faltas previstas no artigo antecedente.	
TÍTULO II **DO DIREITO PATRIMONIAL** **Subtítulo I** **Do Regime de Bens entre os Cônjuges** **CAPÍTULO I** **Disposições Gerais**	
Art. 1.639. É lícito aos nubentes, antes de celebrado o casamento, estipular, quanto aos seus bens, o que lhes aprouver.	*Art. 256.* É lícito aos nubentes, antes de celebrado o casamento, estipular, quanto aos seus bens, o que lhes aprouver (arts. 261, 273, 277, 283, 287 e 312).
§ 1º O regime de bens entre os cônjuges começa a vigorar desde a data do casamento.	*Art. 230.* O regime dos bens entre cônjuges começa a vigorar desde a data do casamento, e é irrevogável.
§ 2º É admissível alteração do regime de bens, mediante autorização judicial em pedido motivado de ambos os cônjuges, apurada a procedência das razões invocadas e ressalvados os direitos de terceiros.	
Art. 1.640. Não havendo convenção, ou sendo ela nula ou ineficaz, vigorará, quanto aos bens entre os cônjuges, o regime da comunhão parcial.	*Art. 258.* Não havendo convenção, ou sendo nula, vigorará, quanto aos bens entre os cônjuges, o regime de comunhão parcial.
Parágrafo único. Poderão os nubentes, no processo de habilitação, optar por qualquer dos regimes que este código regula. Quanto à forma, reduzir-se-á a termo a opção pela comunhão parcial, fazendo-se o pacto antenupcial por escritura pública, nas demais escolhas.	
Art. 1.641. É obrigatório o regime da separação de bens no casamento:	*Art. 258, Parágrafo único.* É, porém, obrigatório o da separação de bens do casamento:
I – das pessoas que o contraírem com inobservância das causas suspensivas da celebração do casamento;	*I* – das pessoas que o celebrarem com infração do estatuído no art. 183, XI a XVI (art. 216);
II – da pessoa maior de sessenta anos;	*II* – do maior de 60 (sessenta) e da maior de 50 (cinqüenta) anos;

Código Civil 2002	Código Civil 1916
III – de todos os que dependerem, para casar, de suprimento judicial.	*IV* – de todos os que dependerem, para casar, de autorização judicial (arts. 183, XI, 384, III, 426, I, e 453).
Art. 1.642. Qualquer que seja o regime de bens, tanto o marido quanto a mulher podem livremente:	
I – praticar todos os atos de disposição e de administração necessários ao desempenho de sua profissão, com as limitações estabelecida no inciso I do art. 1.647;	
II – administrar os bens próprios;	
III – desobrigar ou reivindicar os imóveis que tenham sido gravados ou alienados sem o seu consentimento ou sem suprimento judicial;	*Art. 248.* A mulher casada pode livremente: *II* – Desobrigar ou reivindicar os imóveis do casal que o marido tenha gravado ou alienado sem sua outorga ou suprimento do juiz (art. 235, I);
IV – demandar a rescisão dos contratos de fiança e doação, ou a invalidação do aval, realizados pelo outro cônjuge com infração do disposto nos incisos III e IV do art. 1.647;	*III* – Anular as fianças ou doações feitas pelo marido com infração do disposto nos ns. III e IV do art. 235;
V – reivindicar os bens comuns, móveis ou imóveis, doados ou transferidos pelo outro cônjuge ao concubino, desde que provado que os bens não foram adquiridos pelo esforço comum destes, se o casal estiver separado de fato por mais de cinco anos;	*IV* – Reivindicar os bens comuns, móveis ou imóveis, doados ou transferidos pelo marido à concubina (art. 1.177).
VI – praticar todos os atos que não lhes forem vedados expressamente.	*VII* – Praticar quaisquer outros atos não vedados por lei,
Art. 1.643. Podem os cônjuges, independentemente de autorização um do outro:	
I – comprar, ainda a crédito, as coisas necessárias à economia doméstica;	*Art. 247.* Presume-se a mulher autorizada pelo marido: *I* – para a compra, ainda a crédito, das coisas necessárias à economia doméstica;
II – obter, por empréstimo, as quantias que a aquisição dessas coisas possa exigir.	*II* – para obter, por empréstimo, as quantias que a aquisição dessas coisas possa exigir;
Art. 1.644. As dívidas contraídas para os fins do artigo antecedente obrigam solidariamente ambos os cônjuges.	

Código Civil 2002	Código Civil 1916
Art. 1.645. As ações fundadas nos incisos III, IV e V do art. 1.642 competem ao cônjuge prejudicado e a seus herdeiros.	*Art. 249.* As ações fundadas nos ns. II, III, IV e VI do artigo antecedente competem à mulher e aos seus herdeiros.
Art. 1.646. No caso dos incisos III e IV do art. 1.642, o terceiro, prejudicado com a sentença favorável ao autor, terá direito regressivo contra o cônjuge, que realizou o negócio jurídico, ou seus herdeiros.	*Art. 250.* Salvo o caso do nº IV do art. 248, fica ao terceiro, prejudicado com a sentença favorável à mulher, o direito regressivo contra o marido ou seus herdeiros.
Art. 1.647. Ressalvado o disposto no art. 1.648, nenhum dos cônjuges pode, sem autorização do outro, exceto no regime da separação absoluta:	
I – alienar ou gravar de ônus real os bens imóveis;	*Art. 235.* O marido não pode, sem consentimento da mulher, qualquer que seja o regime de bens: *I* – alienar, hipotecar ou gravar de ônus os bens imóveis ou direitos reais sobre imóveis alheios (art. 178, § 9º, I, a, 237, 276 e 293);
II – pleitear, como autor ou réu, acerca desses bens ou direitos;	*II* – pleitear, como autor ou réu, acerca desses bens e direitos;
III – prestar fiança ou aval;	*III* – prestar fiança (arts. 178, § 9º, I, b, e 263, X);
IV – fazer doação, não sendo remuneratória, de bens comuns, ou dos que possam integrar futura meação.	*IV* – fazer doação, não sendo remuneratória ou de pequeno valor, com os bens ou rendimentos comuns (art. 178, § 9º, I, b).
Parágrafo único. São válidas as doações nupciais feitas aos filhos quando casarem ou estabelecerem economia separada.	*Art. 236.* Valerão, porém, os dotes ou doações nupciais feitas às filhas e as doações feitas aos filhos por ocasião de se casarem, ou estabelecerem economia separada (art. 313).
Art. 1.648. Cabe ao juiz, nos casos do artigo antecedente, suprir a outorga, quando um dos cônjuges a denegue sem motivo justo, ou lhe seja impossível concedê-la.	*Art. 237.* Cabe ao juiz suprir a outorga da mulher, quando esta a denegue sem motivo justo, ou lhe seja impossível dá-la (arts. 235, 238 e 239).
Art. 1.649. A falta de autorização, não suprida pelo juiz, quando necessária (art. 1.647), tornará anulável o ato praticado, podendo o outro cônjuge pleitear-lhe a anulação, até dois anos depois de terminada a sociedade conjugal. **Parágrafo único.** A aprovação torna válido o ato, desde que feita por instrumento público, ou particular, autenticado.	
Art. 1.650. A decretação de invalidade dos atos praticados sem outorga, sem consentimento, ou	*Art. 239.* A anulação dos atos do marido praticados sem outorga da mulher, ou sem suprimen-

CÓDIGO CIVIL 2002	CÓDIGO CIVIL 1916
sem suprimento do juiz, só poderá ser demandada pelo cônjuge a quem cabia concedê-la, ou por seus herdeiros.	to do juiz, só poderá ser demandada por ela, ou seus herdeiros (art. 178, § 9º, I, a, e II).
Art. 1.651. Quando um dos cônjuges não puder exercer a administração dos bens que lhe incumbe, segundo o regime de bens, caberá ao outro:	
I – gerir os bens comuns e os do consorte;	*Art. 251.* À mulher compete a direção e administra ção do casal, quando o marido: *Parágrafo único.* Nestes casos, cabe à mulher: *I* – administrar os bens comuns; *III* – administrar os do marido;
II – alienar os bens móveis comuns;	*II* – dispor dos particulares e alienar os móveis comuns e os do marido;
III – alienar os imóveis comuns e os móveis ou imóveis do consorte, mediante autorização judicial.	*IV* – alienar os imóveis comuns e os do marido mediante autorização especial do juiz.
Art. 1.652. O cônjuge, que estiver na posse dos bens particulares do outro, será para com este e seus herdeiros responsável:	*Art. 260.* O marido, que estiver na posse de bens particulares da mulher, será para com ela e seus herdeiros responsável:
I – como usufrutuário, se o rendimento for comum;	*I* – como usufrutuário, se o rendimento for comum (arts. 262, 265, 271, V, e 289, II);
II – como procurador, se tiver mandato expresso ou tácito para os administrar;	*II* – como procurador, se tiver mandato, expresso ou tácito, para os administrar (art. 311);
III – como depositário, se não for usufrutuário, nem administrador.	*III* – como depositário, se não for usufrutuário, nem administrador (arts. 269, II, 276 e 310).
CAPÍTULO II **Do Pacto Antenupcial**	
Art. 1.653. É nulo o pacto antenupcial se não for feito por escritura pública, e ineficaz se não lhe seguir o casamento.	*Art. 256.* É lícito aos nubentes, antes de celebrado o casamento, estipular, quanto aos seus bens, o que lhes aprouver (arts. 261, 273, 277, 283, 287 e 312). *Parágrafo único.* Serão nulas tais convenções: *I* – não se fazendo por escritura pública; *II* – não se lhes seguindo o casamento.
Art. 1.654. A eficácia do pacto antenupcial, realizado por menor, fica condicionada à aprovação de seu representante legal, salvo as hipóteses de regime obrigatório de separação de bens.	

Código Civil 2002	Código Civil 1916
Art. 1.655. É nula a convenção ou cláusula dela que contravenha disposição absoluta de lei.	*Art. 257.* Ter-se-á por não escrita a convenção, ou a cláusula: *II* – que contravenha disposição absoluta da lei.
Art. 1.656. No pacto antenupcial, que adotar o regime de participação final nos aqüestos, poder-se-á convencionar a livre disposição dos bens imóveis, desde que particulares.	
Art. 1.657. As convenções antenupciais não terão efeito perante terceiros senão depois de registradas, em livro especial, pelo oficial do Registro de Imóveis do domicílio dos cônjuges.	*Art. 261.* As convenções antenupciais não terão efeito para com terceiros senão depois de transcritas, em livro especial, pelo oficial do registro de imóveis do domicílio dos cônjuges (art. 256).
Capítulo III **Do Regime de Comunhão Parcial** **Art. 1.658.** No regime de comunhão parcial, comunicam-se os bens que sobrevierem ao casal, na constância do casamento, com as exceções dos artigos seguintes.	
Art. 1.659. Excluem-se da comunhão:	*Art. 269.* No regime de comunhão limitada ou parcial, excluem-se da comunhão:
I – os bens que cada cônjuge possuir ao casar, e os que lhe sobrevierem, na constância do casamento, por doação ou sucessão, e os sub-rogados em seu lugar;	*I* – os bens que cada cônjuge possuir ao casar, e os que lhe sobrevierem, na constância do matrimônio por doação ou por sucessão;
II – os bens adquiridos com valores exclusivamente pertencentes a um dos cônjuges em subrogação dos bens particulares;	*II* – os adquiridos com valores exclusivamente pertencentes a um dos cônjuges, em sub-rogação dos bens particulares;
III – as obrigações anteriores ao casamento;	*Art. 270.* Igualmente não se comunicam: *I* – as obrigações anteriores ao casamento;
IV – as obrigações provenientes de atos ilícitos, salvo reversão em proveito do casal;	*Art. 270, II* – as provenientes de atos ilícitos.
V – os bens de uso pessoal, os livros e instrumentos de profissão;	
VI – os proventos do trabalho pessoal de cada cônjuge;	
VII – as pensões, meios-soldos, montepios e outras rendas semelhantes.	
Art. 1.660. Entram na comunhão:	*Art. 271.* Entram na comunhão:

Código Civil 2002	Código Civil 1916
I – os bens adquiridos na constância do casamento por título oneroso, ainda que só em nome de um dos cônjuges;	*I* – os bens adquiridos na constância do casamento por título oneroso, ainda que só em nome de um dos cônjuges;
II – os bens adquiridos por fato eventual, com ou sem o concurso de trabalho ou despesa anterior;	*II* – os adquiridos por fato eventual, com ou sem concurso de trabalho ou despesa anterior;
III – os bens adquiridos por doação, herança ou legado, em favor de ambos os cônjuges;	*III* – os adquiridos por doação, herança ou legado, em favor de ambos os cônjuges (art. 269, I);
IV – as benfeitorias em bens particulares de cada cônjuge;	*IV* – as benfeitorias em bens particulares de cada cônjuge;
V – os frutos dos bens comuns, ou dos particulares de cada cônjuge, percebidos na constância do casamento, ou pendentes ao tempo de cessar a comunhão.	*V* – os frutos dos bens comuns, ou dos particulares de cada cônjuge, percebidos na constância do casamento, ou pendentes ao tempo de cessar a comunhão dos adquiridos.
Art. 1.661. São incomunicáveis os bens cuja aquisição tiver por título uma causa anterior ao casamento.	*Art. 272.* São incomunicáveis os bens cuja aquisição tiver por título uma causa anterior ao casamento.
Art. 1.662. No regime da comunhão parcial, presumem-se adquiridos na constância do casamento os bens móveis, quando não se provar que o foram em data anterior.	*Art. 273.* No regime da comunhão parcial presumem-se adquiridos na constância do casamento os móveis, quando não se provar com documento autêntico que o foram em data anterior.
Art. 1.663. A administração do patrimônio comum compete a qualquer dos cônjuges.	*Art. 274.* A administração dos bens do casal compete ao marido, e as dívidas por este contraídas obrigam, não só os bens comuns, senão ainda, em falta destes, os particulares de um e outro cônjuge, na razão do proveito que cada qual houver lucrado.
§ 1º As dívidas contraídas no exercício da administração obrigam os bens comuns e particulares do cônjuge que os administra, e os do outro na razão do proveito que houver auferido.	*Art. 274 (ver acima).*
§ 2º A anuência de ambos os cônjuges é necessária para os atos, a título gratuito, que impliquem cessão do uso ou gozo dos bens comuns.	
§ 3º Em caso de malversação dos bens, o juiz poderá atribuir a administração a apenas um dos cônjuges.	
Art. 1.664. Os bens da comunhão respondem pelas obrigações contraídas pelo marido ou pela mulher para atender aos encargos da família, às	

Código Civil 2002	Código Civil 1916
despesas de administração e às decorrentes de imposição legal.	
Art. 1.665. A administração e a disposição dos bens constitutivos do patrimônio particular competem ao cônjuge proprietário, salvo convenção diversa em pacto antenupcial.	
Art. 1.666. As dívidas, contraídas por qualquer dos cônjuges na administração de seus bens particulares e em benefício destes, não obrigam os bens comuns.	
Capítulo IV **Do Regime de Comunhão Universal**	
Art. 1.667. O regime de comunhão universal importa a comunicação de todos os bens presentes e futuros dos cônjuges e suas dívidas passivas, com as exceções do artigo seguinte.	*Art. 262.* O regime da comunhão universal importa a comunicação de todos os bens presentes e futuros dos cônjuges e suas dívidas passivas, com as exceções dos artigos seguintes.
Art. 1.668. São excluídos da comunhão:	*Art. 263.* São excluídos da comunhão:
I – os bens doados ou herdados com a cláusula de incomunicabilidade e os sub-rogados em seu lugar;	*II* – os bens doados ou legados com a cláusula de incomunicabilidade e os sub-rogados em seu lugar;
II – os bens gravados de fideicomisso e o direito do herdeiro fideicomissário, antes de realizada a condição suspensiva;	*III* – os bens gravados de fideicomisso e o direito do herdeiro fideicomissário, antes de realizar a condição suspensiva;
III – as dívidas anteriores ao casamento, salvo se provierem de despesas com seus aprestos, ou reverterem em proveito comum;	*VII* – as dívidas anteriores ao casamento, salvo se provierem de despesas com seus aprestos, ou reverterem em proveito comum;
IV – as doações antenupciais feitas por um dos cônjuges ao outro com a cláusula de incomunicabilidade;	*VIII* – as doações antenupciais feitas por um dos cônjuges ao outro com a cláusula de incomunicabilidade (art. 312);
V – Os bens referidos nos incisos V a VII do art. 1.659.	
Art. 1.669. A incomunicabilidade dos bens enumerados no artigo antecedente não se estende aos frutos, quando se percebam ou vençam durante o casamento.	*Art. 265.* A incomunicabilidade dos bens enumerados no art. 263 não se lhes estende aos frutos, quando se percebam ou vençam durante o casamento.
Art. 1.670. Aplica-se ao regime da comunhão universal o disposto no Capítulo antecedente, quanto à administração dos bens.	

CÓDIGO CIVIL 2002	CÓDIGO CIVIL 1916
Art. 1.671. Extinta a comunhão, e efetuada a divisão do ativo e do passivo, cessará a responsabilidade de cada um dos cônjuges para com os credores do outro.	*Art. 268.* Extinta a comunhão, e efetuada a divisão do ativo e passivo, cessará a responsabilidade de cada um dos cônjuges para com os credores do outro por dívidas que este houver contraído.
CAPÍTULO V **Do Regime de Participação Final nos Aqüestos** **Art. 1.672.** No regime de participação final nos aqüestos, cada cônjuge possui patrimônio próprio, consoante disposto no artigo seguinte, e lhe cabe, à época da dissolução da sociedade conjugal, direito à metade dos bens adquiridos pelo casal, a título oneroso, na constância do casamento.	
Art. 1.673. Integram o patrimônio próprio os bens que cada cônjuge possuía ao casar e os por ele adquiridos, a qualquer título, na constância do casamento. **Parágrafo único.** A administração desses bens é exclusiva de cada cônjuge, que os poderá livremente alienar, se forem móveis.	
Art. 1.674. Sobrevindo a dissolução da sociedade conjugal, apurar-se-á o montante dos aqüestos, excluindo-se da soma dos patrimônios próprios: **I** – os bens anteriores ao casamento e os que em seu lugar se sub-rogaram; **II** – os que sobrevieram a cada cônjuge por sucessão ou liberalidade; **III** – as dívidas relativas a esses bens. **Parágrafo único.** Salvo prova em contrário, presumem-se adquiridos durante o casamento os bens móveis.	
Art. 1.675. Ao determinar-se o montante dos aqüestos, computar-se-á o valor das doações feitas por um dos cônjuges, sem a necessária autorização do outro; nesse caso, o bem poderá ser reivindicado pelo cônjuge prejudicado ou por seus herdeiros, ou declarado no monte partilhável, por valor equivalente ao da época da dissolução.	
Art. 1.676. Incorpora-se ao monte o valor dos bens alienados em detrimento da meação, se não houver preferência do cônjuge lesado, ou de seus herdeiros, de os reivindicar.	

Código Civil 2002	Código Civil 1916
Art. 1.677. Pelas dívidas posteriores ao casamento, contraídas por um dos cônjuges, somente este responderá, salvo prova de terem revertido, parcial ou totalmente, em benefício do outro.	
Art. 1.678. Se um dos cônjuges solveu uma dívida do outro com bens do seu patrimônio, o valor do pagamento deve ser atualizado e imputado, na data da dissolução, à meação do outro cônjuge.	
Art. 1.679. No caso de bens adquiridos pelo trabalho conjunto, terá cada um dos cônjuges uma quota igual no condomínio ou no crédito por aquele modo estabelecido.	
Art. 1.680. As coisas móveis, em face de terceiros, presumem-se do domínio do cônjuge devedor, salvo se o bem for de uso pessoal do outro.	
Art. 1.681. Os bens imóveis são de propriedade do cônjuge cujo nome constar no registro. **Parágrafo único.** Impugnada a titularidade, caberá ao cônjuge proprietário provar a aquisição regular dos bens.	
Art. 1.682. O direito à meação não é renunciável, cessível ou penhorável na vigência do regime matrimonial.	
Art. 1.683. Na dissolução do regime de bens por separação judicial ou por divórcio, verificar-se-á o montante dos aqüestos à data em que cessou a convivência.	
Art. 1.684. Se não for possível nem conveniente a divisão de todos os bens em natureza, calcular-se-á o valor de alguns ou de todos para reposição em dinheiro ao cônjuge não-proprietário. **Parágrafo único.** Não se podendo realizar a reposição em dinheiro, serão avaliados e, mediante autorização judicial, alienados tantos bens quantos bastarem.	
Art. 1.685. Na dissolução da sociedade conjugal por morte, verificar-se-á a meação do cônjuge sobrevivente de conformidade com os artigos antecedentes, deferindo-se a herança aos herdeiros na forma estabelecida neste Código.	

Código Civil 2002	Código Civil 1916
Art. 1.686. As dívidas de um dos cônjuges, quando superiores à sua meação, não obrigam ao outro, ou a seus herdeiros.	
Capítulo VI **Do Regime de Separação de Bens**	
Art. 1.687. Estipulada a separação de bens, estes permanecerão sob a administração exclusiva de cada um dos cônjuges, que os poderá livremente alienar ou gravar de ônus real.	*Art. 276.* Quando os contraentes casarem, estipulando separação de bens, permanecerão os de cada cônjuge sob a administração exclusiva dele, que os poderá livremente alienar, se forem móveis (arts. 235, I, 242, II, e 310).
Art. 1.688. Ambos os cônjuges são obrigados a contribuir para as despesas do casal na proporção dos rendimentos de seu trabalho e de seus bens, salvo estipulação em contrário no pacto antenupcial.	*Art. 277.* A mulher é obrigada a contribuir para as despesas do casal com os rendimentos de seus bens, na proporção de seu valor, relativamente ao dos marido, salvo estipulação em contrário no contrato antenupcial (arts. 256 e 312).
Subtítulo II **Do Usufruto e da Administração dos Bens de Filhos Menores**	
Art. 1.689. O pai e a mãe, enquanto no exercício do poder familiar:	*Art. 385.* O pai, e na sua falta, a mãe são os administradores legais dos bens dos filhos que se achem sob o seu poder, salvo o disposto no art. 225.
I – são usufrutuários dos bens dos filhos;	*Art. 389.* O usufruto dos bens dos filhos é inerente ao exercício do pátrio poder salvo a disposição do art. 225.
II – têm a administração dos bens dos filhos menores sob sua autoridade.	*Art. 385 (ver acima).*
Art. 1.690. Compete aos pais, e na falta de um deles ao outro, com exclusividade, representar os filhos menores de dezesseis anos, bem como assisti-los até completarem a maioridade ou serem emancipados.	*Art. 384.* Compete aos pais, quanto à pessoa dos filhos menores: *V* – representá-los, até aos 16 (dezesseis) anos, nos atos da vida civil, e assisti-los, após essa idade, nos atos em que forem partes, suprindo-lhes o consentimento;
Parágrafo único. Os pais devem decidir em comum as questões relativas aos filhos e a seus bens; havendo divergência, poderá qualquer deles recorrer ao juiz para a solução necessária.	*Art. 380, Parágrafo único.* Divergindo os progenitores quanto ao exercício do pátrio poder, prevalecerá a decisão do pai, ressalvado à mãe o direito de recorrer ao juiz para solução da divergência.
Art. 1.691. Não podem os pais alienar, ou gravar de ônus real os imóveis dos filhos, nem contrair,	*Art. 386.* Não podem, porém, alienar, hipotecar, ou gravar de ônus reais, os imóveis dos filhos,

Código Civil 2002	Código Civil 1916
em nome deles, obrigações que ultrapassem os limites da simples administração, salvo por necessidade ou evidente interesse da prole, mediante prévia autorização do juiz.	nem contrair, em nome deles, obrigações que ultrapassem os limites da simples administração, exceto por necessidade, ou evidente utilidade da prole, mediante prévia autorização do juiz (art. 178, § 6º, III).
Parágrafo único. Podem pleitear a declaração de nulidade dos atos previstos neste artigo:	*Art. 388.* Só têm direito de opor a nulidade aos atos praticados com infração dos artigos antecedentes:
I – os filhos;	*I –* o filho (art. 178, § 6º, III);
II – os herdeiros;	*II –* os herdeiros (art. 178, § 6º, IV);
III – o representante legal.	*III –* o representante legal do filho, se durante a menoridade cessar o pátrio poder (arts. 178, § 6º, IV, e 392).
Art. 1.692. Sempre que no exercício do poder familiar colidir o interesse dos pais com o do filho, a requerimento deste ou do Ministério Público o juiz lhe dará curador especial.	*Art. 387.* Sempre que no exercício do pátrio poder colidirem os interesses dos pais com os do filho, a requerimento deste ou do Ministério Público, o juiz lhe dará curador especial.
Art. 1.693. Excluem-se do usufruto e da administração dos pais:	*Art. 391.* Excluem-se assim do usufruto como da administração dos pais:
I – os bens adquiridos pelo filho havido fora do casamento, antes do reconhecimento;	*I –* os bens adquiridos pelo filho ilegítimo, antes do reconhecimento;
II – os valores auferidos pelo filho maior de dezesseis anos, no exercício de atividade profissional e os bens com tais recursos adquiridos;	*II –* os adquiridos pelo filho em serviço militar, de magistério, ou em qualquer outra função pública;
III – os bens deixados ou doados ao filho, sob a condição de não serem usufruídos, ou administrados, pelos pais;	*III –* os deixados ou doados ao filho, sob a condição de não serem administrados pelos pais;
IV – os bens que aos filhos couberem na herança, quando os pais forem excluídos da sucessão.	*IV –* os bens que ao filho couberem na herança (art. 1.599), quando os pais forem excluídos da sucessão (art. 1.602).
Subtítulo III **Dos Alimentos**	
Art. 1.694. Podem os parentes, os cônjuges ou companheiros pedir uns aos outros os alimentos de que necessitem para viver de modo compatível com a sua condição social, inclusive para atender às necessidades de sua educação.	*Art. 396.* De acordo com o prescrito neste Capítulo podem os parentes exigir uns dos outros os alimentos de que necessitem para subsistir.
§ 1º Os alimentos devem ser fixados na proporção das necessidades do reclamante e dos recursos da pessoa obrigada.	*Art. 400.* Os alimentos devem ser fixados na proporção das necessidades do reclamante e dos recursos da pessoa obrigada.

Código Civil 2002	Código Civil 1916
§ 2º Os alimentos serão apenas os indispensáveis à subsistência, quando a situação de necessidade resultar de culpa de quem os pleiteia.	
Art. 1.695. São devidos os alimentos quando quem os pretende não tem bens suficientes, nem pode prover, pelo seu trabalho, à própria mantença, e aquele, de quem se reclamam, pode fornecê-los, sem desfalque do necessário ao seu sustento.	*Art. 399.* São devidos os alimentos quando o parente, que os pretende, não tem bens, nem pode prover, pelo seu trabalho, à própria mantença, e o de quem se reclamam, pode fornecê-los, sem desfalque do necessário ao seu sustento.
Art. 1.696. O direito à prestação de alimentos é recíproco entre pais e filhos, e extensivo a todos os ascendentes, recaindo a obrigação nos mais próximos em grau, uns em falta de outros.	*Art. 397.* O direito à prestação de alimentos é recíproco entre pais e filhos, e extensivo a todos os ascendentes, recaindo a obrigação nos mais próximos em grau, uns em falta de outros.
Art. 1.697. Na falta dos ascendentes cabe a obrigação aos descendentes, guardada a ordem de sucessão e, faltando estes, aos irmãos, assim germanos como unilaterais.	*Art. 398.* Na falta dos ascendentes cabe a obrigação aos descendentes, guardada a ordem da sucessão e, faltando estes, aos irmãos, assim germanos, como unilaterais.
Art. 1.698. Se o parente, que deve alimentos em primeiro lugar, não estiver em condições de suportar totalmente o encargo, serão chamados a concorrer os de grau imediato; sendo várias as pessoas obrigadas a prestar alimentos, todas devem concorrer na proporção dos respectivos recursos, e, intentada ação contra uma delas, poderão as demais ser chamadas a integrar a lide.	
Art. 1.699. Se, fixados os alimentos, sobrevier mudança na situação financeira de quem os supre, ou na de quem os recebe, poderá o interessado reclamar ao juiz, conforme as circunstâncias, exoneração, redução ou majoração do encargo.	*Art. 401.* Se, fixados os alimentos, sobrevier mudança na fortuna de quem os supre, ou na de quem os recebe, poderá o interessado reclamar do juiz, conforme as circunstâncias, exoneração, redução, ou agravação do encargo.
Art. 1.700. A obrigação de prestar alimentos transmite-se aos herdeiros do devedor, na forma do art. 1.694.	*Art. 402.* A obrigação de prestar alimentos não se transmite aos herdeiros do devedor.
Art. 1.701. A pessoa obrigada a suprir alimentos poderá pensionar o alimentando, ou dar-lhe hospedagem e sustento, sem prejuízo do dever de prestar o necessário à sua educação, quando menor.	*Art. 403.* A pessoa obrigada a suprir alimentos poderá pensionar o alimentado, ou dar-lhe em casa hospedagem e sustento.
Parágrafo único. Compete ao juiz, se as circunstâncias o exigirem, fixar a forma do cumprimento da prestação.	*Parágrafo único.* Compete, porém, ao juiz, se as circunstâncias exigirem, fixar a maneira da prestação devida.

Código Civil 2002	Código Civil 1916
Art. 1.702. Na separação judicial litigiosa, sendo um dos cônjuges inocente e desprovido de recursos, prestar-lhe-á o outro a pensão alimentícia que o juiz fixar, obedecidos os critérios estabelecidos no art. 1.694.	
Art. 1.703. Para a manutenção dos filhos, os cônjuges separados judicialmente contribuirão na proporção de seus recursos.	
Art. 1.704. Se um dos cônjuges separados judicialmente vier a necessitar de alimentos, será o outro obrigado a prestá-los mediante pensão a ser fixada pelo juiz, caso não tenha sido declarado culpado na ação de separação judicial. **Parágrafo único.** Se o cônjuge declarado culpado vier a necessitar de alimentos, e não tiver parentes em condições de prestá-los, nem aptidão para o trabalho, o outro cônjuge será obrigado a assegurá-los, fixando o juiz o valor indispensável à sobrevivência.	
Art. 1.705. Para obter alimentos, o filho havido fora do casamento pode acionar o genitor, sendo facultado ao juiz determinar, a pedido de qualquer das partes, que a ação se processe em segredo de justiça.	
Art. 1.706. Os alimentos provisionais serão fixados pelo juiz, nos termos da lei processual.	
Art. 1.707. Pode o credor não exercer, porém lhe é vedado renunciar o direito a alimentos, sendo o respectivo crédito insuscetível de cessão, compensação ou penhora.	*Art. 404.* Pode-se deixar de exercer, mas não se pode renunciar o direito a alimentos.
Art. 1.708. Com o casamento, a união estável ou o concubinato do credor, cessa o dever de prestar alimentos. **Parágrafo único.** Com relação ao credor cessa, também, o direito a alimentos, se tiver procedimento indigno em relação ao devedor.	
Art. 1.709. O novo casamento do cônjuge devedor não extingue a obrigação constante da sentença de divórcio.	

Código Civil 2002	Código Civil 1916
Art. 1.710. As prestações alimentícias, de qualquer natureza, serão atualizadas segundo índice oficial regularmente estabelecido.	
Subtítulo IV **Do Bem de Família** **Art. 1.711.** Podem os cônjuges, ou a entidade familiar, mediante escritura pública ou testamento, destinar parte de seu patrimônio para instituir bem de família, desde que não ultrapasse um terço do patrimônio líquido existente ao tempo da instituição, mantidas as regras sobre a impenhorabilidade do imóvel residencial estabelecida em lei especial. **Parágrafo único.** O terceiro poderá igualmente instituir bem de família por testamento ou doação, dependendo a eficácia do ato da aceitação expressa de ambos os cônjuges beneficiados ou da entidade familiar beneficiada.	
Art. 1.712. O bem de família consistirá em prédio residencial urbano ou rural, com suas pertenças e acessórios, destinando-se em ambos os casos a domicílio familiar, e poderá abranger valores mobiliários, cuja renda será aplicada na conservação do imóvel e no sustento da família.	
Art. 1.713. Os valores mobiliários, destinados aos fins previstos no artigo antecedente, não poderão exceder o valor do prédio instituído em bem de família, à época de sua instituição. **§ 1º** Deverão os valores mobiliários ser devidamente individualizados no instrumento de instituição do bem de família. **§ 2º** Se se tratar de títulos nominativos, a sua instituição como bem de família deverá constar dos respectivos livros de registro. **§ 3º** O instituidor poderá determinar que a administração dos valores mobiliários seja confiada a instituição financeira, bem como disciplinar a forma de pagamento da respectiva renda aos beneficiários, caso em que a responsabilidade dos administradores obedecerá às regras do contrato de depósito.	
Art. 1.714. O bem de família, quer instituído pelos cônjuges ou por terceiro, constitui-se pelo registro de seu título no Registro de Imóveis.	

Código Civil 2002	Código Civil 1916
Art. 1.715. O bem de família é isento de execução por dívidas posteriores à sua instituição, salvo as que provierem de tributos relativos ao prédio, ou de despesas de condomínio.	*Art. 70.* É permitido aos chefes de família destinar um prédio para domicílio desta, com a cláusula de ficar isento de execução por dívidas, salvo as que provierem de impostos relativos ao mesmo prédio.
Parágrafo único. No caso de execução pelas dívidas referidas neste artigo, o saldo existente será aplicado em outro prédio, como bem de família, ou em títulos da dívida pública, para sustento familiar, salvo se motivos relevantes aconselharem outra solução, a critério do juiz.	
Art. 1.716. A isenção de que trata o artigo antecedente durará enquanto viver um dos cônjuges, ou, na falta destes, até que os filhos completem a maioridade.	*Art. 70, Parágrafo único.* Essa isenção durará enquanto viverem os cônjuges e até que os filhos completem sua maioridade.
Art. 1.717. O prédio e os valores mobiliários, constituídos como bem da família, não podem ter destino diverso do previsto no art. 1.712 ou serem alienados sem o consentimento dos interessados e seus representantes legais, ouvido o Ministério Público.	*Art. 72.* O prédio, nas condições acima ditas, não poderá ter outro destino, ou ser alienado, sem o consentimento dos interessados e dos seus representantes legais.
Art. 1.718. Qualquer forma de liquidação da entidade administradora, a que se refere o § 3º do art. 1.713, não atingirá os valores a ela confiados, ordenando o juiz a sua transferência para outra instituição semelhante, obedecendo-se, no caso de falência, ao disposto sobre pedido de restituição.	
Art. 1.719. Comprovada a impossibilidade da manutenção do bem de família nas condições em que foi instituído, poderá o juiz, a requerimento dos interessados, extingui-lo ou autorizar a sub-rogação dos bens que o constituem em outros, ouvidos o instituidor e o Ministério Público.	
Art. 1.720. Salvo disposição em contrário do ato de instituição, a administração do bem de família compete a ambos os cônjuges, resolvendo o juiz em caso de divergência. **Parágrafo único.** Com o falecimento de ambos os cônjuges, a administração passará ao filho mais velho, se for maior, e, do contrário, a seu tutor.	

CÓDIGO CIVIL 2002	CÓDIGO CIVIL 1916
Art. 1.721. A dissolução da sociedade conjugal não extingue o bem de família. **Parágrafo único.** Dissolvida a sociedade conjugal pela morte de um dos cônjuges, o sobrevivente poderá pedir a extinção do bem de família, se for o único bem do casal.	
Art. 1.722. Extingue-se, igualmente, o bem de família com a morte de ambos os cônjuges e a maioridade dos filhos, desde que não sujeitos a curatela.	
TÍTULO III **DA UNIÃO ESTÁVEL** **Art. 1.723.** É reconhecida como entidade familiar a união estável entre o homem e a mulher, configurada na convivência pública, contínua e duradoura e estabelecida com o objetivo de constituição de família. **§ 1º** A união estável não se constituirá se ocorrerem os impedimentos do art. 1.521; não se aplicando a incidência do inciso VI no caso de a pessoa casada se achar separada de fato ou judicialmente. **§ 2º** As causas suspensivas do art. 1.523 não impedirão a caracterização da união estável.	
Art. 1.724. As relações pessoais entre os companheiros obedecerão aos deveres de lealdade, respeito e assistência, e de guarda, sustento e educação dos filhos.	
Art. 1.725. Na união estável, salvo contrato escrito entre os companheiros, aplica-se às relações patrimoniais, no que couber, o regime da comunhão parcial de bens.	
Art. 1.726. A união estável poderá converter-se em casamento, mediante pedido dos companheiros ao juiz e assento no Registro Civil.	
Art. 1.727. As relações não eventuais entre o homem e a mulher, impedidos de casar, constituem concubinato.	

Código Civil 2002	Código Civil 1916
Título IV **Da Tutela e da Curatela** **Capítulo I** **Da Tutela** **Seção I** **Dos Tutores**	
Art. 1.728. Os filhos menores são postos em tutela:	*Art. 406.* Os filhos menores são postos em tutela:
I – com o falecimento dos pais, ou sendo estes julgados ausentes;	*I* – falecendo os pais, ou sendo julgados ausentes;
II – em caso de os pais decaírem do poder familiar.	*II* – decaindo os pais do pátrio poder.
Art. 1.729. O direito de nomear tutor compete aos pais, em conjunto.	*Art. 407.* O direito de nomear tutor compete ao pai, à mãe, ao avô paterno e ao materno. Cada uma destas pessoas o exercerá no caso de falta ou incapacidade das que lhes antecederem na ordem aqui estabelecida.
Parágrafo único. A nomeação deve constar de testamento ou de qualquer outro documento autêntico.	*Parágrafo único.* A nomeação deve constar de testamento ou de qualquer outro documento autêntico.
Art. 1.730. É nula a nomeação de tutor pelo pai ou pela mãe que, ao tempo de sua morte, não tinha o poder familiar.	*Art. 408.* Nula é a nomeação de tutor pelo pai, ou pela mãe, que, ao tempo de sua morte, não tenha o pátrio poder.
Art. 1.731. Em falta de tutor nomeado pelos pais incumbe a tutela aos parentes consangüíneos do menor, por esta ordem:	*Art. 409.* Em falta de tutor nomeado pelos pais, incumbe a tutela aos parentes consangüíneos do menor, por esta ordem:
I – aos ascendentes, preferindo o de grau mais próximo ao mais remoto;	*I* – ao avô paterno, depois ao materno, e, na falta deste, à avó paterna, ou materna;
II – aos colaterais até o terceiro grau, preferindo os mais próximos aos mais remotos, e, no mesmo grau, os mais velhos aos mais moços; em qualquer dos casos, o juiz escolherá entre eles o mais apto a exercer a tutela em benefício do menor.	*II* – aos irmãos, preferindo os bilaterais aos unilaterais, o do sexo masculino ao do feminino, o mais velho ao mais moço.
Art. 1.732. O juiz nomeará tutor idôneo e residente no domicílio do menor:	*Art. 410.* O juiz nomeará tutor idôneo e residente no domicílio do menor:
I – na falta de tutor testamentário ou legítimo;	*I* – na falta de tutor testamentário, ou legítimo;
II – quando estes forem excluídos ou escusados da tutela;	*II* – quando estes forem excluídos ou escusados da tutela;
III – quando removidos por não idôneos o tutor legítimo e o testamentário.	*III* – quando removidos por não idôneos o tutor legítimo e o testamentário.
Art. 1.733. Aos irmãos órfãos dar-se-á um só tutor.	*Art. 411.* Aos irmãos órfãos se dará um só tutor. No caso, porém, de ser nomeado mais de um, por disposição testamentária, entende-se que a tutela foi cometida ao primeiro e que os outros

Código Civil 2002	Código Civil 1916
	lhe hão de suceder pela ordem da nomeação, dado o caso de morte, incapacidade, escusa ou qualquer outro impedimento legal.
§ 1º No caso de ser nomeado mais de um tutor por disposição testamentária sem indicação de precedência, entende-se que a tutela foi cometida ao primeiro, e que os outros lhe sucederão pela ordem de nomeação, se ocorrer morte, incapacidade, escusa ou qualquer outro impedimento.	*Art. 411 (ver acima).*
§ 2º Quem institui um menor herdeiro, ou legatário seu, poderá nomear-lhe curador especial para os bens deixados, ainda que o beneficiário se encontre sob o poder familiar, ou tutela.	*Parágrafo único.* Quem institui um menor herdeiro, ou legatário seu, poderá nomear-lhe curador especial para os bens deixados, ainda que o menor se ache sob o pátrio poder, ou sob tutela.
Art. 1.734. Os menores abandonados terão tutores nomeados pelo juiz, ou serão recolhidos a estabelecimento público para este fim destinado, e, na falta desse estabelecimento, ficam sob a tutela das pessoas que, voluntária e gratuitamente, se encarregarem da sua criação.	*Art. 412.* Os menores abandonados terão tutores nomeados pelo juiz, ou serão recolhidos a estabelecimentos públicos para este fim destinados. Na falta desses estabelecimentos, ficam sob a tutela das pessoas que, voluntária e gratuitamente, se encarregarem da sua criação.
Seção II **Dos Incapazes de Exercer a Tutela**	
Art. 1.735. Não podem ser tutores e serão exonerados da tutela, caso a exerçam:	*Art. 413.* Não podem ser tutores e serão exonerados da tutela, caso a exerçam:
I – aqueles que não tiverem a livre administração de seus bens;	*I* – os que não tiverem a livre administração de seus bens;
II – aqueles que, no momento de lhes ser deferida a tutela, se acharem constituídos em obrigação para com o menor, ou tiverem que fazer valer direitos contra este, e aqueles cujos pais, filhos ou cônjuges tiverem demanda contra o menor;	*II* – os que, no momento de lhes ser deferida a tutela, se acharem constituídos em obrigação para com o menor, ou tiverem que fazer valer direitos contra este; e aqueles cujos pais, filhos, ou cônjuges tiverem demanda com o menor;
III – os inimigos do menor, ou de seus pais, ou que tiverem sido por estes expressamente excluídos da tutela;	*III* – os inimigos do menor, ou de seus pais, ou que tiverem sido por estes expressamente excluídos da tutela;
IV – os condenados por crime de furto, roubo, estelionato, falsidade, contra a família ou os costumes, tenham ou não cumprido pena;	*IV* – os condenados por crime de furto, roubo, estelionato ou falsidade, tenham ou não cumprido a pena;
V – as pessoas de mau procedimento, ou falhas em probidade, e as culpadas de abuso em tutorias anteriores;	*V* – as pessoas de mau procedimento, ou falhas em probidade, e as culpadas de abuso em tutorias anteriores;
VI – aqueles que exercerem função pública incompatível com a boa administração da tutela.	*VI* – os que exercem função pública incompatível com a boa administração da tutela.
Seção III **Da Escusa dos Tutores**	
Art. 1.736. Podem escusar-se da tutela:	*Art. 414.* Podem escusar-se da tutela:

Código Civil 2002	Código Civil 1916
I – mulheres casadas;	*I* – as mulheres;
II – maiores de sessenta anos;	*II* – os maiores de 60 (sessenta) anos;
III – aqueles que tiverem sob sua autoridade mais de três filhos;	*III* – os que tiverem em seu poder mais de cinco filhos;
IV – os impossibilitados por enfermidade;	*IV* – os impossibilitados por enfermidade;
V – aqueles que habitarem longe do lugar onde se haja de exercer a tutela;	*V* – os que habitarem longe do lugar onde se haja de exercer a tutela;
VI – aqueles que já exercerem tutela ou curatela;	*VI* – os que já exercerem tutela, ou curatela;
VII – militares em serviço.	*VII* – os militares, em serviço.
Art. 1.737. Quem não for parente do menor não poderá ser obrigado a aceitar a tutela, se houver no lugar parente idôneo, consangüíneo ou afim, em condições de exercê-la.	*Art. 415.* Quem não for parente do menor não poderá ser obrigado a aceitar a tutela, se houver no lugar parente idôneo, consangüíneo ou afim, em condições de exercê-la.
Art. 1.738. A escusa apresentar-se-á nos dez dias subseqüentes à designação, sob pena de entender-se renunciado o direito de alegá-la; se o motivo escusatório ocorrer depois de aceita a tutela, os dez dias contar-se-ão do em que ele sobrevier.	*Art. 416.* A escusa apresentar-se-á nos 10 (dez) dias subseqüentes à intimação do nomeado, sob pena de entender-se renunciado o direito de alegá-la. Se o motivo escusatório ocorrer depois de aceita a tutela, os 10 (dez) dias contar-se-ão do em que ele sobrevier.
Art. 1.739. Se o juiz não admitir a escusa, exercerá o nomeado a tutela, enquanto o recurso interposto não tiver provimento, e responderá desde logo pelas perdas e danos que o menor venha a sofrer.	*Art. 417.* Se o juiz não admitir a escusa, exercerá o nomeado a tutela, enquanto o recurso interposto não tiver provimento, e responderá desde logo pelas perdas e danos que o menor venha a sofrer.
Seção IV **Do Exercício da Tutela**	
Art. 1.740. Incumbe ao tutor, quanto à pessoa do menor:	*Art. 424.* Cabe ao tutor, quanto à pessoa do menor:
I – dirigir-lhe a educação, defendê-lo e prestar-lhe alimentos, conforme os seus haveres e condição;	*I* – dirigir-lhe a educação, defendê-lo e prestar-lhe alimentos, conforme os seus haveres e condição;
II – reclamar do juiz que providencie, como houver por bem, quando o menor haja mister correção;	*II* – reclamar do juiz que providencie, como houver por bem, quando o menor haja mister correção.
III – adimplir os demais deveres que normalmente cabem aos pais, ouvida a opinião do menor, se este já contar doze anos de idade.	
Art. 1.741. Incumbe ao tutor, sob a inspeção do juiz, administrar os bens do tutelado, em proveito deste, cumprindo seus deveres com zelo e boa-fé.	*Art. 422.* Incumbe ao tutor sob a inspeção do juiz reger a pessoa do menor, velar por ele, e administrar-lhe os bens.
Art. 1.742. Para fiscalização dos atos do tutor, pode o juiz nomear um protutor.	

Código Civil 2002	Código Civil 1916
Art. 1.743. Se os bens e interesses administrativos exigirem conhecimentos técnicos, forem complexos, ou realizados em lugares distantes do domicílio do tutor, poderá este, mediante aprovação judicial, delegar a outras pessoas físicas ou jurídicas o exercício parcial da tutela.	
Art. 1.744. A responsabilidade do juiz será:	
I – direta e pessoal, quando não tiver nomeado o tutor, ou não o houver feito oportunamente;	*Art. 421.* A responsabilidade será pessoal e direta, quando o juiz não tiver nomeado tutor, ou quando a nomeação não houver sido oportuna.
II – subsidiária, quando não tiver exigido garantia legal do tutor, nem o removido, tanto que se tornou suspeito.	
Art. 1.745. Os bens do menor serão entregues ao tutor mediante termo especificado deles e seus valores, ainda que os pais o tenham dispensado.	*Art. 423.* Os bens do menor serão entregues ao tutor mediante termo especificado dos bens e seus valores, ainda que os pais o tenham dispensado.
Parágrafo único. Se o patrimônio do menor for de valor considerável, poderá o juiz condicionar o exercício da tutela à prestação de caução bastante, podendo dispensá-la se o tutor for de reconhecida idoneidade.	
Art. 1.746. Se o menor possuir bens, será sustentado e educado a expensas deles, arbitrando o juiz para tal fim as quantias que lhe pareçam necessárias, considerado o rendimento da fortuna do pupilo quando o pai ou a mãe não as houver fixado.	*Art. 425.* Se o menor possuir bens, será sustentado e educado a expensas suas, arbitrando o juiz, para tal fim, as quantias que lhe pareçam necessárias, atento o rendimento da fortuna do pupilo, quando o pai, ou a mãe, não as houver taxado.
Art. 1.747. Compete mais ao tutor:	*Art. 426.* Compete mais ao tutor:
I – representar o menor, até os dezesseis anos, nos atos da vida civil, e assisti-lo, após essa idade, nos atos em que for parte;	*I* – representar o menor, até os 16 (dezesseis) anos, nos atos da vida civil, e assisti-lo, após essa idade, nos atos em que for parte, suprindo-lhe o consentimento;
II – receber as rendas e pensões do menor, e as quantias a ele devidas;	*II* – receber as rendas e pensões do menor;
III – fazer-lhe as despesas de subsistência e educação, bem como as de administração, conservação e melhoramentos de seus bens;	*III* – fazer-lhe as despesas de subsistência e educação, bem como as da administração de seus bens (art. 433, I);
IV – alienar os bens do menor destinados a venda;	*IV* – alienar os bens do menor destinados a venda.
V – promover-lhe, mediante preço conveniente, o arrendamento de bens de raiz.	*Art. 427.* Compete-lhe, também, com autorização do juiz: *V* – promover-lhe, mediante praça pública, o arrendamento dos bens de raiz;

Código Civil 2002	Código Civil 1916
Art. 1.748. Compete também ao tutor, com autorização do juiz:	*Art. 427.* Compete-lhe, também, com autorização do juiz:
I – pagar as dívidas do menor;	*II* – receber as quantias devidas ao órfão, e pagar-lhes as dívidas;
II – aceitar por ele heranças, legados ou doações, ainda que com encargos;	*III* – aceitar por ele heranças, legados, ou doações, com ou sem encargos;
III – transigir;	*IV* – transigir;
IV – vender-lhe os bens móveis, cuja conservação não convier, e os imóveis nos casos em que for permitido;	*VI* – vender-lhe em praça os móveis, cuja conservação não convier, e os imóveis, nos casos em que for permitido (art. 429);
V – propor em juízo as ações, ou nelas assistir o menor, e promover todas as diligências a bem deste, assim como defendê-lo nos pleitos contra ele movidos.	*VII* – propor em juízo as ações e promover todas as diligências a bem do menor, assim como defendê-lo nos pleitos contra ele movidos, segundo o disposto no art. 84.
Parágrafo único. No caso de falta de autorização, a eficácia de ato do tutor depende da aprovação ulterior do juiz.	
Art. 1.749. Ainda com a autorização judicial, não pode o tutor, sob pena de nulidade:	*Art. 428.* Ainda com autorização judicial não pode o tutor, sob pena de nulidade:
I – adquirir por si, ou por interposta pessoa, mediante contrato particular, bens móveis ou imóveis pertencentes ao menor;	*I* – adquirir por si, ou por interposta pessoa, por contrato particular, ou em hasta pública, bens móveis, ou de raiz pertencentes ao menor;
II – dispor dos bens do menor a título gratuito;	*II* – dispor dos bens do menor a título gratuito;
III – constituir-se cessionário de crédito ou de direito, contra o menor.	*III* – constituir-se cessionário de crédito, ou direito, contra o menor.
Art. 1.750. Os imóveis pertencentes aos menores sob tutela somente podem ser vendidos quando houver manifesta vantagem, mediante prévia avaliação judicial e aprovação do juiz.	*Art. 429.* Os imóveis pertencentes aos menores só podem ser vendidos quando houver manifesta vantagem, e sempre em hasta pública.
Art. 1.751. Antes de assumir a tutela, o tutor declarará tudo o que o menor lhe deva, sob pena de não lhe poder cobrar, enquanto exerça a tutoria, salvo provando que não conhecia o débito quando a assumiu.	*Art. 430.* Antes de assumir a tutela, o tutor declarará tudo o que lhe deva o menor, sob pena de lho não poder cobrar, enquanto exerça a tutoria, salvo provando que não conhecia o débito, quando a assumiu.
Art. 1.752. O tutor responde pelos prejuízos que, por culpa, ou dolo, causar ao tutelado; mas tem direito a ser pago pelo que realmente despender no exercício da tutela, salvo no caso do art. 1.734, e a perceber remuneração proporcional à importância dos bens administrados.	*Art. 431.* O tutor responde pelos prejuízos, que, por negligência, culpa, ou dolo, causar ao pupilo; mas tem direito a ser pago do que legalmente despender no exercício da tutela, e, salvo no caso do art. 412, a perceber uma gratificação por seu trabalho.
§ 1º Ao protutor será arbitrada uma gratificação módica pela fiscalização efetuada.	

Código Civil 2002	Código Civil 1916
§ 2º São solidariamente responsáveis pelos prejuízos as pessoas às quais competia fiscalizar a atividade do tutor, e as que concorreram para o dano.	
Seção V **Dos Bens do Tutelado**	
Art. 1.753. Os tutores não podem conservar em seu poder dinheiro dos tutelados, além do necessário para as despesas ordinárias com o seu sustento, a sua educação e a administração de seus bens.	*Art. 432.* Os tutores não podem conservar em seu poder dinheiros de seus tutelados, além do necessário, para as despesas ordinárias com o seu sustento, a sua educação e a administração de seus bens.
§ 1º Se houver necessidade, os objetos de ouro e prata, pedras preciosas e móveis serão avaliados por pessoa idônea e, após autorização judicial, alienados, e o seu produto convertido em títulos, obrigações e letras de responsabilidade direta ou indireta da União ou dos Estados, atendendo-se preferentemente à rentabilidade, e recolhidos ao estabelecimento bancário oficial ou aplicado na aquisição de imóveis, conforme for determinado pelo juiz.	*§ 1º* Os objetos de ouro, prata, pedras preciosas e móveis desnecessários, serão vendidos em hasta pública, e seu produto convertido em títulos de responsabilidade da União, ou dos Estados, recolhidos às Caixas Econômicas Federais ou aplicado na aquisição de imóveis, conforme for determinado pelo juiz. O mesmo destino terá o dinheiro proveniente de qualquer outra procedência.
§ 2º O mesmo destino previsto no parágrafo antecedente terá o dinheiro proveniente de qualquer outra procedência.	*Art. 432, § 1º (ver acima).*
§ 3º Os tutores respondem pela demora na aplicação dos valores acima referidos, pagando os juros legais desde o dia em que deveriam dar esse destino, o que não os exime da obrigação, que o juiz fará efetiva, da referida aplicação.	*§ 2º* Os tutores respondem pela demora na aplicação dos valores acima ditos, pagando os juros legais desde o dia em que lhes deveriam dar esse destino, o que não os exime da obrigação, que o juiz fará efetiva, da referida aplicação.
Art. 1.754. Os valores que existirem em estabelecimento bancário oficial, na forma do artigo antecedente, não se poderão retirar, senão mediante ordem do juiz, e somente:	*Art. 433.* Os valores que existirem nas Caixas Econômicas Federais, na forma do artigo anterior, não se poderão retirar, senão mediante ordem do juiz, e somente:
I – para as despesas com o sustento e educação do tutelado, ou a administração de seus bens;	*I* – para as despesas com o sustento e educação do pupilo, ou a administração de seus bens (art. 427, I);
II – para se comprarem bens imóveis e títulos, obrigações ou letras, nas condições previstas no § 1º do artigo antecedente;	*II* – para se comprarem bens de raiz e títulos da dívida pública da União, ou dos Estados;
III – para se empregarem em conformidade com o disposto por quem os houver doado, ou deixado;	*III* – para se empregarem em conformidade com o disposto por quem os houver doado, ou deixado;
IV – para se entregarem aos órfãos, quando emancipados, ou maiores, ou, mortos eles, aos seus herdeiros.	*IV* – para se entregarem aos órfãos, quando emancipados, ou maiores, ou, mortos eles, aos seus herdeiros.

CÓDIGO CIVIL 2002	CÓDIGO CIVIL 1916
Seção VI **Da Prestação de Contas**	
Art. 1.755. Os tutores, embora o contrário tivessem disposto os pais dos tutelados, são obrigados a prestar contas da sua administração.	*Art. 434.* Os tutores, embora o contrário dispusessem os pais dos tutelados, são obrigados a prestar contas da sua administração.
Art. 1.756. No fim de cada ano de administração, os tutores submeterão ao juiz o balanço respectivo, que, depois de aprovado, se anexará aos autos do inventário.	*Art. 435.* No fim de cada ano de administração, os tutores submeterão ao juiz o balanço respectivo, que, depois de aprovado, se anexará aos autos do inventário.
Art. 1.757. Os tutores prestarão contas de dois em dois anos, e também quando, por qualquer motivo, deixarem o exercício da tutela ou toda vez que o juiz achar conveniente.	*Art. 436.* Os tutores prestarão contas de dois em dois anos, e bem assim quando, por qualquer motivo, deixarem o exercício da tutela, ou toda vez que o juiz o houver por conveniente.
Parágrafo único. As contas serão prestadas em juízo, e julgadas depois da audiência dos interessados, recolhendo o tutor imediatamente a estabelecimento bancário oficial os saldos, ou adquirindo bens imóveis, ou títulos, obrigações ou letras, na forma do § 1º do art. 1.753.	*Parágrafo único.* As contas serão prestadas em juízo, e julgadas depois de audiência dos interessados; recolhendo o tutor imediatamente em Caixas Econômicas os saldos, ou adquirindo bens imóveis, ou títulos da dívida pública.
Art. 1.758. Finda a tutela pela emancipação ou maioridade, a quitação do menor não produzirá efeito antes de aprovadas as contas pelo juiz, subsistindo inteira, até então, a responsabilidade do tutor.	*Art. 437.* Finda a tutela pela emancipação, ou maioridade, a quitação do menor não produzirá efeito antes de aprovadas as contas pelo juiz, subsistindo inteira, até então, a responsabilidade do tutor.
Art. 1.759. Nos casos de morte, ausência, ou interdição do tutor, as contas serão prestadas por seus herdeiros ou representantes.	*Art. 438.* Nos casos de morte, ausência, ou interdição do tutor, as contas serão prestadas por seus herdeiros, ou representantes.
Art. 1.760. Serão levadas a crédito do tutor todas as despesas justificadas e reconhecidamente proveitosas ao menor.	*Art. 439.* Serão levadas a crédito do tutor todas as despesas justificadas e reconhecidamente proveitosas ao menor.
Art. 1.761. As despesas com a prestação das contas serão pagas pelo tutelado.	*Art. 440.* As despesas com a prestação das contas serão pagas pelo tutelado.
Art. 1.762. O alcance do tutor, bem como o saldo contra o tutelado, são dívidas de valor e vencem juros desde o julgamento definitivo das contas.	*Art. 441.* O alcance do tutor, bem como o saldo contra o tutelado, vencerão juros desde o julgamento definitivo das contas.
Seção VII **Da Cessação da Tutela**	
Art. 1.763. Cessa a condição de tutelado:	*Art. 442.* Cessa a condição de pupilo:
I – com a maioridade ou a emancipação do menor;	*I* – com a maioridade, ou a emancipação do menor;

Código Civil 2002	Código Civil 1916
II – ao cair o menor sob o poder familiar, no caso de reconhecimento ou adoção.	*II* – caindo o menor sob o pátrio poder, no caso de legitimação, reconhecimento, ou adoção.
Art. 1.764. Cessam as funções do tutor:	*Art. 443.* Cessam as funções do tutor:
I – ao expirar o termo, em que era obrigado a servir;	*I* – expirando o termo, em que era obrigado a servir (art. 444);
II – ao sobrevir escusa legítima;	*II* – sobrevindo escusa legítima (arts. 414 a 416);
III – ao ser removido.	*III* – sendo removido (arts. 413 e 445).
Art. 1.765. O tutor é obrigado a servir por espaço de dois anos.	*Art. 444.* Os tutores são obrigados a servir por espaço de 2 (dois) anos.
Parágrafo único. Pode o tutor continuar no exercício da tutela, além do prazo previsto neste artigo, se o quiser e o juiz julgar conveniente ao menor.	*Parágrafo único.* Podem, porém, continuar além desse prazo, no exercício da tutela, se o quiserem, e o juiz tiver por conveniente ao menor.
Art. 1.766. Será destituído o tutor, quando negligente, prevaricador ou incurso em incapacidade.	*Art. 445.* Será destituído o tutor, quando negligente, prevaricador ou incurso em incapacidade.
Capítulo II **Da Curatela** **Seção I** **Dos Interditos**	
Art. 1.767. Estão sujeitos a curatela:	*Art. 446.* Estão sujeitos à curatela:
I – aqueles que, por enfermidade ou deficiência mental, não tiverem o necessário discernimento para os atos da vida civil;	*I* – os loucos de todo o gênero (arts. 448, I, 450 e 457);
II – aqueles que, por outra causa duradoura, não puderem exprimir a sua vontade;	*II* – os surdos-mudos, sem educação que os habilite a enunciar precisamente a sua vontade (arts. 451 e 456);
III – os deficientes mentais, os ébrios habituais e os viciados em tóxicos;	
IV – os excepcionais sem completo desenvolvimento mental;	
V – os pródigos.	*III* – os pródigos (arts. 459 e 461).
Art. 1.768. A interdição deve ser promovida:	*Art. 447.* A interdição deve ser promovida:
I – pelos pais ou tutores;	*I* – pelo pai, mãe, ou tutor;
II – pelo cônjuge, ou por qualquer parente;	*II* – pelo cônjuge, ou algum parente próximo;
III – pelo Ministério Público.	*III* – pelo Ministério Público.

Código Civil 2002	Código Civil 1916
Art. 1.769. O Ministério Público só promoverá interdição:	*Art. 448.* O Ministério Público só promoverá a interdição:
I – em caso de doença mental grave;	*I* – no caso da loucura furiosa;
II – se não existir ou não promover a interdição alguma das pessoas designadas nos incisos I e II do artigo antecedente;	*II* – se não existir, ou não promover a interdição alguma das pessoas designadas no artigo antecedente, ns. I e II;
III – se, existindo, forem incapazes as pessoas mencionadas no inciso antecedente.	*III* – se, existindo, forem menores, ou incapazes.
Art. 1.770. Nos casos em que a interdição for promovida pelo Ministério Público, o juiz nomeará defensor ao suposto incapaz; nos demais casos o Ministério Público será o defensor.	*Art. 449.* Nos casos em que a interdição for promovida pelo Ministério Público, o juiz nomeará defensor ao suposto incapaz. Nos demais casos o Ministério Público será defensor.
Art. 1.771. Antes de pronunciar-se acerca da interdição, o juiz, assistido por especialistas, examinará pessoalmente o argüido de incapacidade.	*Art. 450.* Antes de se pronunciar acerca da interdição, examinará pessoalmente o juiz o argüido de incapacidade, ouvindo profissionais.
Art. 1.772. Pronunciada a interdição das pessoas a que se referem os incisos III e IV do art. 1.767, o juiz assinará, segundo o estado ou o desenvolvimento mental do interdito, os limites da curatela, que poderão circunscrever-se às restrições constantes do art. 1.782.	*Art. 451.* Pronunciada a interdição do surdo-mudo, o juiz assinará, segundo o desenvolvimento mental do interdito, os limites da curatela.
Art. 1.773. A sentença que declara a interdição produz efeitos desde logo, embora sujeita a recurso.	*Art. 452.* A sentença que declara a interdição produz efeitos, desde logo, embora sujeita a recurso.
Art. 1.774. Aplicam-se à curatela as disposições concernentes à tutela, com as modificações dos artigos seguintes.	*Art. 453.* Decretada a interdição, fica o interdito sujeito à curatela, à qual se aplica o disposto no capítulo antecedente, com a restrição do art. 451 e as modificações dos artigos seguintes.
Art. 1.775. O cônjuge ou companheiro, não separado judicialmente ou de fato, é, de direito, curador do outro, quando interdito.	*Art. 454.* O cônjuge, não separado judicialmente, é, de direito, curador do outro, quando interdito (art. 455).
§1º Na falta do cônjuge ou companheiro, é curador legítimo o pai ou a mãe; na falta destes, o descendente que se demonstrar mais apto.	*§ 1º* Na falta do cônjuge, é curador legítimo o pai; na falta deste, a mãe; e, na desta, o descendente maior.
§ 2º Entre os descendentes, os mais próximos precedem aos mais remotos.	*§ 2º* Entre os descendentes, os mais próximos precedem aos mais remotos, e, dentre os do mesmo grau, os varões às mulheres.
§ 3º Na falta das pessoas mencionadas neste artigo, compete ao juiz a escolha do curador.	*§ 3º* Na falta das pessoas mencionadas, compete ao juiz a escolha do curador.

Código Civil 2002	Código Civil 1916
Art. 1.776. Havendo meio de recuperar o interdito, o curador promover-lhe-á o tratamento em estabelecimento apropriado.	*Art. 456.* Havendo meio de educar o surdo-mudo, o curador promover-lhe-á o ingresso em estabelecimento apropriado.
Art. 1.777. Os interditos referidos nos incisos I, III e IV do art. 1.767 serão recolhidos em estabelecimentos adequados, quando não se adaptarem ao convívio doméstico.	*Art. 457.* Os loucos, sempre que parecer inconveniente conservá-los em casa, ou o exigir o seu tratamento, serão também recolhidos em estabelecimento adequado.
Art. 1.778. A autoridade do curador estende-se à pessoa e aos bens dos filhos do curatelado, observado o art. 5º.	*Art. 458.* A autoridade do curador estende-se à pessoa e bens dos filhos do curatelado, nascidos ou nascituros (art. 462, parágrafo único).
Seção II **Da Curatela do Nascituro e do Enfermo ou Portador de Deficiência Física**	
Art. 1.779. Dar-se-á curador ao nascituro, se o pai falecer estando grávida a mulher, e não tendo o poder familiar.	*Art. 462.* Dar-se-á curador ao nascituro, se o pai falecer, estando a mulher gravida, e não tendo o pátrio poder.
Parágrafo único. Se a mulher estiver interdita, seu curador será o do nascituro.	*Parágrafo único.* Se a mulher estiver interdita, seu curador será o do nascituro (art. 458).
Art. 1.780. A requerimento do enfermo ou portador de deficiência física, ou, na impossibilidade de fazê-lo, de qualquer das pessoas a que se refere o art. 1.768, dar-se-lhe-á curador para cuidar de todos ou alguns de seus negócios ou bens.	
Seção III **Do Exercício da Curatela**	
Art. 1.781. As regras a respeito do exercício da tutela aplicam-se ao da curatela, com a restrição do art. 1.772 e as desta Seção.	
Art. 1.782. A interdição do pródigo só o privará de, sem curador, emprestar, transigir, dar quitação, alienar, hipotecar, demandar ou ser demandado, e praticar, em geral, os atos que não sejam de mera administração.	*Art. 459.* A interdição do pródigo só o privará de, sem curador, de emprestar, transigir, dar quitação, alienar, hipotecar, demandar ou ser demandado, e praticar, em geral, atos que não sejam de mera administração.
Art. 1.783. Quando o curador for o cônjuge e o regime de bens do casamento for de comunhão universal, não será obrigado à prestação de contas, salvo determinação judicial.	*Art. 455.* Quando o curador for o cônjuge, não será obrigado a apresentar os balanços anuais, nem a fazer inventário, se o regime do casamento for o da comunhão, ou se os bens do incapaz se acharem descritos em instrumento público, qualquer que seja o regime do casamento.

Código Civil 2002	Código Civil 1916
LIVRO V **DO DIREITO DAS SUCESSÕES** **Título I** **Da Sucessão em Geral** **Capítulo I** **Disposições Gerais**	**LIVRO IV** **DO DIREITO DAS SUCESSÕES**
Art. 1.784. Aberta a sucessão, a herança transmite-se, desde logo, aos herdeiros legítimos e testamentários.	*Art. 1.572.* Aberta a sucessão, o domínio e a posse da herança transmitem-se, desde logo, aos herdeiros legítimos e testamentários.
Art. 1.785. A sucessão abre-se no lugar do último domicílio do falecido.	*Art. 1.578.* A sucessão abre-se no lugar do último domicílio do falecido.
Art. 1.786. A sucessão dá-se por lei ou por disposição de última vontade.	*Art. 1.573.* A sucessão dá-se por disposição de última vontade, ou em virtude da lei.
Art. 1.787. Regula a sucessão e a legitimação para suceder a lei vigente ao tempo da abertura daquela.	*Art. 1.577.* A capacidade para suceder é a do tempo da abertura da sucessão, que se regulará conforme a lei então em vigor.
Art. 1.788. Morrendo a pessoa sem testamento, transmite a herança aos herdeiros legítimos; o mesmo ocorrerá quanto aos bens que não forem compreendidos no testamento; e subsiste a sucessão legítima se o testamento caducar, ou for julgado nulo.	*Art. 1.574.* Morrendo a pessoa sem testamento, transmite-se a herança a seus herdeiros legítimos. Ocorrerá outro tanto quanto aos bens que não forem compreendidos no testamento. *Art. 1.575.* Também subsiste a sucessão legítima se o testamento caducar, ou for julgado nulo.
Art. 1.789. Havendo herdeiros necessários, o testador só poderá dispor da metade da herança.	*Art. 1.576.* Havendo herdeiros necessários, o testador só poderá dispor da metade da herança.
Art. 1.790. A companheira ou o companheiro participará da sucessão do outro, quanto aos bens adquiridos onerosamente na vigência da união estável, nas condições seguintes: **I** – se concorrer com filhos comuns, terá direito a uma quota equivalente à que por lei for atribuída ao filho; **II** – se concorrer com descendentes só do autor da herança, tocar-lhe-á a metade do que couber a cada um daqueles; **III** – se concorrer com outros parentes sucessíveis, terá direito a um terço da herança; **IV** – não havendo parentes sucessíveis, terá direito à totalidade da herança.	
Capítulo II **Da Herança e de sua Administração** **Art. 1.791.** A herança defere-se como um todo unitário, ainda que vários sejam os herdeiros.	*Art. 1.580.* Sendo chamadas simultaneamente, a uma herança, duas ou mais pessoas, será indivisível

Código Civil 2002	Código Civil 1916
	o seu direito, quanto à posse e ao domínio até se ultimar a partilha.
Parágrafo único. Até a partilha, o direito dos co-herdeiros, quanto à propriedade e posse da herança, será indivisível, e regular-se-á pelas normas relativas ao condomínio.	*Parágrafo único.* Qualquer dos co-herdeiros pode reclamar a universalidade da herança ao terceiro, que indevidamente a possua, não podendo este opor-lhe, em exceção, o caráter parcial do seu direito nos bens da sucessão.
Art. 1.792. O herdeiro não responde por encargos superiores às forças da herança; incumbe-lhe, porém, a prova do excesso, salvo se houver inventário que a escuse, demostrando o valor dos bens herdados.	*Art. 1.587.* O herdeiro não responde por encargos superiores às forças da herança; incumbe-lhe, porém, a prova do excesso, salvo se existir inventário, que a escuse, demonstrando o valor dos bens herdados.
Art. 1.793. O direito à sucessão aberta, bem como o quinhão de que disponha o co-herdeiro, pode ser objeto de cessão por escritura pública. **§ 1º** Os direitos, conferidos ao herdeiro em conseqüência de substituição ou de direito de acrescer, presumem-se não abrangidos pela cessão feita anteriormente. **§ 2º** É ineficaz a cessão, pelo co-herdeiro, de seu direito hereditário sobre qualquer bem da herança considerado singularmente. **§ 3º** Ineficaz é a disposição, sem prévia autorização do juiz da sucessão, por qualquer herdeiro, de bem componente do acervo hereditário, pendente a indivisibilidade.	
Art. 1.794. O co-herdeiro não poderá ceder a sua quota hereditária a pessoa estranha à sucessão, se outro co-herdeiro a quiser, tanto por tanto.	
Art. 1.795. O co-herdeiro, a quem não se der conhecimento da cessão, poderá, depositado o preço, haver para si a quota cedida a estranho, se o requerer até cento e oitenta dias após a transmissão. **Parágrafo único.** Sendo vários os co-herdeiros a exercer a preferência, entre eles se distribuirá o quinhão cedido, na proporção das respectivas quotas hereditárias.	
Art. 1.796. No prazo de trinta dias, a contar da abertura da sucessão, instaurar-se-á inventário do patrimônio hereditário, perante o juízo competente no lugar da sucessão, para fins de liquidação e, quando for o caso, de partilha da herança.	*Art. 1.770.* Proceder-se-á ao inventário e partilha judiciais na forma das leis em vigor no domicílio do falecido, observado o que se dispõe no art. 1.603, começando-se dentro em 1 (um) mês, a contar da abertura da sucessão, e ultimando-se nos 3 (três)

Código Civil 2002	Código Civil 1916
	meses subseqüentes, prazo este que o juiz poderá dilatar, a requerimento do inventariante, por motivo justo.
Art. 1.797. Até o compromisso do inventariante, a administração da herança caberá, sucessivamente: **I** – ao cônjuge ou companheiro, se com o outro convivia ao tempo da abertura da sucessão; **II** – ao herdeiro que estiver na posse e administração dos bens, e, se houver mais de um nessas condições, ao mais velho; **III** – ao testamenteiro; **IV** – a pessoa de confiança do juiz, na falta ou escusa das indicadas nos incisos antecedentes, ou quando tiverem de ser afastadas por motivo grave levado ao conhecimento do juiz.	
Capítulo III **Da Vocação Hereditária** **Art. 1.798.** Legitimam-se a suceder as pessoas nascidas ou já concebidas no momento da abertura da sucessão.	
Art. 1.799. Na sucessão testamentária podem ainda ser chamados a suceder: **I** – os filhos, ainda não concebidos, de pessoas indicadas pelo testador, desde que vivas estas ao abrir-se a sucessão; **II** – as pessoas jurídicas; **III** – as pessoas jurídicas, cuja organização for determinada pelo testador sob a forma de fundação.	
Art. 1.800. No caso do inciso I do artigo antecedente, os bens da herança serão confiados, após a liquidação ou partilha, a curador nomeado pelo juiz. **§ 1º** Salvo disposição testamentária em contrário, a curatela caberá à pessoa cujo filho o testador esperava ter por herdeiro, e, sucessivamente, às pessoas indicadas no art. 1.775. **§ 2º** Os poderes, deveres e responsabilidades do curador, assim nomeado, regem-se pelas disposições concernentes à curatela dos incapazes, no que couber.	

Código Civil 2002	Código Civil 1916
§ 3º Nascendo com vida o herdeiro esperado, ser-lhe-á deferida a sucessão, com os frutos e rendimentos relativos à deixa, a partir da morte do testador. **§ 4º** Se, decorridos dois anos após a abertura da sucessão, não for concebido o herdeiro esperado, os bens reservados, salvo disposição em contrário do testador, caberão aos herdeiros legítimos.	
Art. 1.801. Não podem ser nomeados herdeiros nem legatários:	*Art. 1.719.* Não podem também ser nomeados herdeiros, nem legatários:
I – a pessoa que, a rogo, escreveu o testamento, nem o seu cônjuge ou companheiro, ou os seus ascendentes e irmãos;	*I* – a pessoa que, a rogo, escreveu o testamento (art. 1.638, I, 1.656 e 1.657), nem o seu cônjuge, ou os seus ascendentes, descendentes, e irmãos;
II – as testemunhas do testamento;	*II* – as testemunhas do testamento;
III – o concubino do testador casado, salvo se este, sem culpa sua, estiver separado de fato do cônjuge há mais de cinco anos;	*III* – a concubina do testador casado;
IV – o tabelião, civil ou militar, ou o comandante ou escrivão, perante quem se fizer, assim como o que fizer ou aprovar o testamento.	*IV* – o oficial público, civil ou militar, nem o comandante, ou escrivão, perante quem se fizer, assim como o que fizer, ou aprovar o testamento.
Art. 1.802. São nulas as disposições testamentárias em favor de pessoas não legitimadas a suceder, ainda quando simuladas sob a forma de contrato oneroso, ou feitas mediante interposta pessoa.	*Art. 1.720.* São nulas as disposições em favor dos incapazes (arts. 1.718 e 1.719), ainda quando simulem a forma de contrato oneroso, ou os beneficiem por interposta pessoa. Reputam-se pessoas interpostas o pai, a mãe, os descendentes e o cônjuge do incapaz.
Parágrafo único. Presumem-se pessoas interpostas os ascendentes, os descendentes, os irmãos e o cônjuge ou companheiro do não legitimado a suceder.	
Art. 1.803. É lícita a deixa ao filho do concubino, quando também o for do testador.	
Capítulo IV **Da Aceitação e Renúncia da Herança** **Art. 1.804.** Aceita a herança, torna-se definitiva a sua transmissão ao herdeiro, desde a abertura da sucessão. **Parágrafo único.** A transmissão tem-se por não verificada quando o herdeiro renuncia à herança.	

Código Civil 2002	Código Civil 1916
Art. 1.805. A aceitação da herança, quando expressa, faz-se por declaração escrita; quando tácita, há de resultar tão-somente de atos próprios da qualidade de herdeiro.	*Art. 1.581.* A aceitação da herança pode ser expressa ou tácita; a renúncia, porém, deverá constar, expressamente, de escritura pública, ou termo judicial. *§ 1º* É expressa a aceitação, quando se faz por declaração escrita; tácita, quando resulta de atos compatíveis somente com o caráter de herdeiros.
§ 1º Não exprimem aceitação de herança os atos oficiosos, como o funeral do finado, os meramente conservatórios, ou os de administração e guarda provisória.	*§ 2º* Não exprimem aceitação da herança os atos oficiosos, como o funeral do finado, os meramente conservatórios, ou os de administração e guarda interina.
§ 2º Não importa igualmente aceitação a cessão gratuita, pura e simples, da herança, aos demais co-herdeiros.	*Art. 1.582.* Não importa igualmente aceitação a cessão gratuita, pura e simples, da herança, aos demais co-herdeiros.
Art. 1.806. A renúncia da herança deve constar expressamente de instrumento público ou termo judicial.	*Art. 1.581.* A aceitação da herança pode ser expressa ou tácita; a renúncia, porém, deverá constar, expressamente, de escritura pública, ou termo judicial.
Art. 1.807. O interessado em que o herdeiro declare se aceita, ou não, a herança, poderá, vinte dias após aberta a sucessão, requerer ao juiz prazo razoável, não maior de trinta dias, para, nele, se pronunciar o herdeiro, sob pena de se haver a herança por aceita.	*Art. 1.584.* O interessado em que o herdeiro declare se aceita, ou não, a herança, poderá, 20 (vinte) dias depois de aberta a sucessão, requerer ao juiz prazo razoável não maior de 30 (trinta) dias, para, dentro nele, se pronunciar o herdeiro, sob pena de se haver a herança por aceita.
Art. 1.808. Não se pode aceitar ou renunciar a herança em parte, sob condição ou a termo.	*Art. 1.583.* Não se pode aceitar ou renunciar a herança em parte, sob condição, ou a termo; mas o herdeiro, a quem se testaram legados, pode aceitá-los, renunciando a herança, ou, aceitando-a, repudiá-los.
§ 1º O herdeiro, a quem se testarem legados, pode aceitá-los, renunciando a herança; ou, aceitando-a, repudiá-los.	*Art. 1.583 (ver acima).*
§ 2º O herdeiro, chamado, na mesma sucessão, a mais de um quinhão hereditário, sob títulos sucessórios diversos, pode livremente deliberar quanto aos quinhões que aceita e aos que renuncia.	
Art. 1.809. Falecendo o herdeiro antes de declarar se aceita a herança, o poder de aceitar passa-lhe aos herdeiros, a menos que se trate de	*Art. 1.585.* Falecendo o herdeiro, antes de declarar se aceita a herança, o direito de aceitar passa-lhe aos herdeiros, a menos que se trate de

Código Civil 2002	Código Civil 1916
vocação adstrita a uma condição suspensiva, ainda não verificada.	instituição adstrita a uma condição suspensiva, ainda não verificada.
Parágrafo único. Os chamados à sucessão do herdeiro falecido antes da aceitação, desde que concordem em receber a segunda herança, poderão aceitar ou renunciar a primeira.	
Art. 1.810. Na sucessão legítima, a parte do renunciante acresce à dos outros herdeiros da mesma classe e, sendo ele o único desta, devolve-se aos da subseqüente.	*Art. 1.589.* Na sucessão legítima, a parte do renunciante acresce à dos outros herdeiros da mesma classe, e, sendo ele o único desta, devolve-se aos da subseqüente.
Art. 1.811. Ninguém pode suceder, representando herdeiro renunciante. Se, porém, ele for o único legítimo da sua classe, ou se todos os outros da mesma classe renunciarem a herança, poderão os filhos vir à sucessão, por direito próprio, e por cabeça.	*Art. 1.588.* Ninguém pode suceder, representando herdeiro renunciante. Se, porém, ele for o único legítimo da sua classe, ou se todos os outros da mesma classe renunciarem a herança, poderão os filhos vir à sucessão, por direito próprio, e por cabeça.
Art. 1.812. São irrevogáveis os atos de aceitação ou de renúncia da herança.	*Art. 1.590.* É retratável a renúncia, quando proveniente de violência, erro ou dolo, ouvidos os interessados. A aceitação pode retratar-se, se não resultar prejuízo a credores, sendo lícito a estes, no caso contrário, reclamar a providência referida no art. 1.586.
Art. 1.813. Quando o herdeiro prejudicar os seus credores, renunciando à herança, poderão eles, com autorização do juiz, aceitá-la em nome do renunciante.	*Art. 1.586.* Quando o herdeiro prejudicar os seus credores, renunciando a herança, poderão eles, com autorização do juiz, aceitá-la em nome do renunciante. Nesse caso, e depois de pagas as dívidas do renunciante, o remanescente será dissolvido aos outros herdeiros.
§ 1º A habilitação dos credores se fará no prazo de trinta dias seguintes ao conhecimento do fato.	
§ 2º Pagas as dívidas do renunciante, prevalece a renúncia quanto ao remanescente, que será devolvido aos demais herdeiros.	*Art. 1.586 (ver acima).*
Capítulo V **Dos Excluídos da Sucessão**	
Art. 1.814. São excluídos da sucessão os herdeiros ou legatários:	*Art. 1.595.* São excluídos da sucessão (arts. 1.708, IV, e 1.741 a 1.745), os herdeiros, ou legatários:
I – que houverem sido autores, co-autores ou partícipes de homicídio doloso, ou tentativa deste, contra a pessoa de cuja sucessão se tratar,	*I* – que houverem sido autores ou cúmplices em crime de homicídio voluntário, ou tentativa deste, contra a pessoa de cuja sucessão se tratar;

Código Civil 2002	Código Civil 1916
seu cônjuge, companheiro, ascendente ou descendente;	
II – que houverem acusado caluniosamente em juízo o autor da herança ou incorrerem em crime contra a sua honra, ou de seu cônjuge ou companheiro;	*II* – que a acusaram caluniosamente em juízo, ou incorreram em crime contra a sua honra;
III – que, por violência ou meios fraudulentos, inibirem ou obstarem o autor da herança de dispor livremente de seus bens por ato de última vontade.	III – que, por violência ou fraude, a inibiram de livremente dispor dos seus bens em testamento ou codicilo, ou lhe obstaram a execução dos atos de última vontade.
Art. 1.815. A exclusão do herdeiro ou legatário, em qualquer desses casos de indignidade, será declarada por sentença.	*Art. 1.596.* A exclusão do herdeiro, ou legatário, em qualquer desses casos de indignidade, será declarada por sentença, em ação ordinária, movida por quem tenha interesse na sucessão.
Parágrafo único. O direito de demandar a exclusão do herdeiro ou legatário extingue-se em quatro anos, contados da abertura da sucessão.	*Art. 178.* Prescreve: *§ 9º* Em 4 (quatro) anos: *IV* – a ação do interessado em pleitear a exclusão do herdeiro (arts. 1.595 e 1.596), ou provar a causa da sua deserdação (arts. 1.741 a 1.745), e bem assim a ação do deserdado para a impugnar; contado o prazo da abertura da sucessão.
Art. 1.816. São pessoais os efeitos da exclusão; os descendentes do herdeiro excluído sucedem, como se ele morto fosse antes da abertura da sucessão.	*Art. 1.599.* São pessoais os efeitos da exclusão. Os descendentes do herdeiro excluído sucedem, como se ele morto fosse (art. 1.602).
Parágrafo único. O excluído da sucessão não terá direito ao usufruto ou à administração dos bens que a seus sucessores couberem na herança, nem à sucessão eventual desses bens.	*Art. 1.602.* O excluído da sucessão não terá direito ao usufruto e à administração dos bens, que a seus filhos couberem na herança (art. 1.599), ou à sucessão eventual desses bens.
Art. 1.817. São válidas as alienações onerosas de bens hereditários a terceiros de boa-fé, e os atos de administração legalmente praticados pelo herdeiro, antes da sentença de exclusão; mas aos herdeiros subsiste, quando prejudicados, o direito de demandar-lhe perdas e danos.	*Art. 1.600.* São válidas as alienações de bens hereditários, e os atos de administração legalmente praticados pelo herdeiro excluído, antes da sentença de exclusão; mas aos co-herdeiros subsiste, quando prejudicados, o direito de demandar-lhe perdas e danos.
Parágrafo único. O excluído da sucessão é obrigado a restituir os frutos e rendimentos que dos bens da herança houver percebido, mas tem direito a ser indenizado das despesas com a conservação deles.	*Art. 1.598.* O excluído da sucessão é obrigado a restituir os frutos e rendimentos que dos bens da herança houver percebido.
Art. 1.818. Aquele que incorreu em atos que determinem a exclusão da herança será admitido a	*Art. 1.597.* O indivíduo incurso em atos que determinem a exclusão da herança (art. 1.595) a

CÓDIGO CIVIL 2002	CÓDIGO CIVIL 1916
suceder, se o ofendido o tiver expressamente reabilitado em testamento, ou em outro ato autêntico.	ela será, não obstante, admitido, se a pessoa ofendida, cujo herdeiro ele for, assim o resolveu por ato autêntico, ou testamento.
Parágrafo único. Não havendo reabilitação expressa, o indigno, contemplado em testamento do ofendido, quando o testador, ao testar, já conhecia a causa da indignidade, pode suceder no limite da disposição testamentária.	
CAPÍTULO VI **Da Herança Jacente**	
Art. 1.819. Falecendo alguém sem deixar testamento nem herdeiro legítimo notoriamente conhecido, os bens da herança, depois de arrecadados, ficarão sob a guarda e administração de um curador, até a sua entrega ao sucessor devidamente habilitado ou à declaração de sua vacância.	*Art. 1.591.* Não havendo testamento, a herança é jacente, e ficará sob a guarda, conservação e administração de um curador: *I* – se o falecido não deixar cônjuge, nem herdeiros, descendente ou ascendente, nem colateral sucessível, notoriamente conhecido.
Art. 1.820. Praticadas as diligências de arrecadação e ultimado o inventário, serão expedidos editais na forma da lei processual, e, decorrido um ano de sua primeira publicação, sem que haja herdeiro habilitado, ou penda habilitação, será a herança declarada vacante.	*Art. 1.593.* Serão declarados vacantes os bens da herança jacente, se, praticadas todas as diligências legais, não aparecerem herdeiros. *Parágrafo único.* Esta declaração não se fará senão 1 (um) ano depois de concluído o inventário.
Art. 1.821. É assegurado aos credores o direito de pedir o pagamento das dívidas reconhecidas, nos limites das forças da herança.	*Art. 1.587.* O herdeiro não responde por encargos superiores às forças da herança; incumbe-lhe, porém, a prova do excesso, salvo se existir inventário, que a escuse, demonstrando o valor dos bens herdados.
Art. 1.822. A declaração de vacância da herança não prejudicará os herdeiros que legalmente se habilitarem; mas, decorridos cinco anos da abertura da sucessão, os bens arrecadados passarão ao domínio do Município ou do Distrito Federal, se localizados nas respectivas circunscrições, incorporando-se ao domínio da União quando situados em território federal.	*Art. 1.594.* A declaração de vacância da herança não prejudicará os herdeiros que legalmente se habilitarem; mas, decorridos 5 (cinco) anos da abertura da sucessão, os bens arrecadados passarão ao domínio do Município ou do Distrito Federal, se localizado nas respectivas circunscrições, incorporando-se ao domínio da União, quando situados em território federal.
Parágrafo único. Não se habilitando até a declaração de vacância, os colaterais ficarão excluídos da sucessão.	*Parágrafo único.* Se não forem notoriamente conhecidos, os colaterais ficarão excluídos da sucessão legítima após a declaração de vacância.

Código Civil 2002	Código Civil 1916
Art. 1.823. Quando todos os chamados a suceder renunciarem à herança, será esta desde logo declarada vacante.	*Art. 1.591.* Não havendo testamento, a herança é jacente, e ficará sob a guarda, conservação e administração de um curador:
Capítulo VII **Da Petição de Herança** **Art. 1.824.** O herdeiro pode, em ação de petição de herança, demandar o reconhecimento de seu direito sucessório, para obter a restituição da herança, ou de parte dela, contra quem, na qualidade de herdeiro, ou mesmo sem título, a possua.	
Art. 1.825. A ação de petição de herança, ainda que exercida por um só dos herdeiros, poderá compreender todos os bens hereditários.	
Art. 1.826. O possuidor da herança está obrigado à restituição dos bens do acervo, fixando-se-lhe a responsabilidade segundo a sua posse, observado o disposto nos arts. 1.214 a 1.222. **Parágrafo único.** A partir da citação, a responsabilidade do possuidor se há de aferir pelas regras concernentes à posse de má-fé e à mora.	
Art. 1.827. O herdeiro pode demandar os bens da herança, mesmo em poder de terceiros, sem prejuízo da responsabilidade do possuidor originário pelo valor dos bens alienados. **Parágrafo único.** São eficazes as alienações feitas, a título oneroso, pelo herdeiro aparente a terceiro de boa-fé.	
Art. 1.828. O herdeiro aparente, que de boa-fé houver pago um legado, não está obrigado a prestar o equivalente ao verdadeiro sucessor, ressalvado a este o direito de proceder contra quem o recebeu.	
Título II **Da Sucessão Legítima** **Capítulo I** **Da Ordem da Vocação Hereditária** **Art. 1.829.** A sucessão legítima defere-se na ordem seguinte:	*Art. 1.603.* A sucessão legítima defere-se na ordem seguinte:
I – aos descendentes, em concorrência com o cônjuge sobrevivente, salvo se casado este com o falecido no regime da comunhão universal, ou no da separação obrigatória de bens (art. 1.640,	*I* – aos descendentes;

Código Civil 2002	Código Civil 1916
parágrafo único); ou se, no regime da comunhão parcial, o autor da herança não houver deixado bens particulares;	
II – aos ascendentes, em concorrência com o cônjuge;	*II* – aos ascendentes;
III – ao cônjuge sobrevivente;	*III* – ao cônjuge sobrevivente;
IV – aos colaterais.	*IV* – aos colaterais.
Art. 1.830. Somente é reconhecido direito sucessório ao cônjuge sobrevivente se, ao tempo da morte do outro, não estavam separados judicialmente, nem separados de fato há mais de dois anos, salvo prova, neste caso, de que essa convivência se tornara impossível sem culpa do sobrevivente.	
Art. 1.831. Ao cônjuge sobrevivente, qualquer que seja o regime de bens, será assegurado, sem prejuízo da participação que lhe caiba na herança, o direito real de habitação relativamente ao imóvel destinado à residência da família, desde que seja o único daquela natureza a inventariar.	*Art. 1.611.* À falta de descendentes ou ascendentes será deferida a sucessão ao cônjuge sobrevivente, se, ao tempo da morte do outro, não estava dissolvida a sociedade conjugal. *§ 2º* Ao cônjuge sobrevivente, casado sob regime de comunhão universal, enquanto viver e permanecer viúvo, será assegurado, sem prejuízo da participação que lhe caiba na herança, o direito real de habitação relativamente ao imóvel destinado à residência da família, desde que seja o único bem daquela natureza a inventariar.
Art. 1.832. Em concorrência com os descendentes (art. 1.829, inciso I) caberá ao cônjuge quinhão igual ao dos que sucederem por cabeça, não podendo a sua quota ser inferior à quarta parte da herança, se for ascendente dos herdeiros com que concorrer.	
Art. 1.833. Entre os descendentes, os em grau mais próximo excluem os mais remotos, salvo o direito de representação.	
Art. 1.834. Os descendentes da mesma classe têm os mesmos direitos à sucessão de seus ascendentes.	
Art. 1.835. Na linha descendente, os filhos sucedem por cabeça, e os outros descendentes, por cabeça ou por estirpe, conforme se achem ou não no mesmo grau.	*Art. 1.604.* Na linha descendente, os filhos sucedem por cabeça, e os outros descendentes, por cabeça ou por estirpe, conforme se achem, ou não, no mesmo grau.

Código Civil 2002	Código Civil 1916
Art. 1.836. Na falta de descendentes, são chamados à sucessão os ascendentes, em concorrência com o cônjuge sobrevivente.	*Art. 1.606.* Não havendo herdeiros da classe dos descendentes, são chamados à sucessão os ascendentes.
§ 1º Na classe dos ascendentes, o grau mais próximo exclui o mais remoto, sem distinção de linhas.	*Art. 1.607.* Na classe dos ascendentes, o grau mais próximo exclui o mais remoto, sem distinção de linhas.
§ 2º Havendo igualdade em grau e diversidade em linha, os ascendentes da linha paterna herdam a metade, cabendo a outra aos da linha materna.	*Art. 1.608.* Havendo igualdade em grau e diversidade em linha, a herança partir-se-á entre as duas linhas meio pelo meio.
Art. 1.837. Concorrendo com ascendente em primeiro grau, ao cônjuge tocará um terço da herança; caber-lhe-á a metade desta se houver um só ascendente, ou se maior for aquele grau.	
Art. 1.838. Em falta de descendentes e ascendentes, será deferida a sucessão por inteiro ao cônjuge sobrevivente.	*Art. 1.611.* À falta de descendentes ou ascendentes será deferida a sucessão ao cônjuge sobrevivente, se, ao tempo da morte do outro, não estava dissolvida a sociedade conjugal.
Art. 1.839. Se não houver cônjuge sobrevivente, nas condições estabelecidas no art. 1.830, serão chamados a suceder os colaterais até o quarto grau.	*Art. 1.612.* Se não houver cônjuge sobrevivente, ou ele incorrer na incapacidade do art. 1.611, serão chamados a suceder os colaterais até o quarto grau.
Art. 1.840. Na classe dos colaterais, os mais próximos excluem os mais remotos, salvo o direito de representação concedido aos filhos de irmãos.	*Art. 1.613.* Na classe dos colaterais, os mais próximos excluem os mais remotos, salvo o direito de representação concedido aos filhos de irmãos.
Art. 1.841. Concorrendo à herança do falecido irmãos bilaterais com irmãos unilaterais, cada um destes herdará metade do que cada um daqueles herdar.	*Art. 1.614.* Concorrendo à herança do falecido irmãos bilaterais com irmãos unilaterais, cada um destes herdará metade do que cada um daqueles herdar.
Art. 1.842. Não concorrendo à herança irmão bilateral, herdarão, em partes iguais, os unilaterais.	*Art. 1.616.* Não concorrendo à herança irmão germano, herdarão, em partes iguais entre si, os unilaterais.
Art. 1.843. Na falta de irmãos, herdarão os filhos destes e, não os havendo, os tios.	*Art. 1.617.* Em falta de irmãos, herdarão os filhos destes.
§ 1º Se concorrerem à herança somente filhos de irmãos falecidos, herdarão por cabeça.	*§ 1º* Se só concorrerem à herança filhos de irmãos falecidos, herdarão por cabeça.

Código Civil 2002	Código Civil 1916
§ 2º Se concorrem filhos de irmãos bilaterais com filhos de irmãos unilaterais, cada um destes herdará a metade do que herdar cada um daqueles.	*§ 2º* Se concorrerem filhos de irmãos bilaterais, com filhos de irmãos unilaterais, cada um destes herdará a metade do que herdar cada um daqueles.
§ 3º Se todos forem filhos de irmãos bilaterais, ou todos de irmãos unilaterais, herdarão por igual.	*§ 3º* Se todos forem filhos de irmãos germanos, ou todos de irmãos unilaterais, herdarão todos por igual.
Art. 1.844. Não sobrevivendo cônjuge, ou companheiro, nem parente algum sucessível, ou tendo eles renunciado a herança, esta se devolve ao Município ou ao Distrito Federal, se localizada nas respectivas circunscrições, ou à União, quando situada em território federal.	*Art. 1.619.* Não sobrevivendo cônjuge, nem parente algum sucessível, ou tendo eles renunciado à herança, esta se devolve ao Município ou ao Distrito Federal, se localizada nas respectivas circunscrições, ou à União, quando situada em território federal.
Capítulo II **Dos Herdeiros Necessários** **Art. 1.845.** São herdeiros necessários os descendentes, os ascendentes e o cônjuge.	
Art. 1.846. Pertence aos herdeiros necessários, de pleno direito, a metade dos bens da herança, constituindo a legítima.	*Art. 1.721.* O testador que tiver descendente ou ascendente sucessível não poderá dispor de mais da metade de seus bens; a outra pertencerá de pleno direito ao descendente e, em sua falta, ao ascendente, dos quais constitui a legítima, segundo o disposto neste Código (arts. 1.603 a 1.619 e 1.723).
Art. 1.847. Calcula-se a legítima sobre o valor dos bens existentes na abertura da sucessão, abatidas as dívidas e as despesas do funeral, adicionando-se, em seguida, o valor dos bens sujeitos a colação.	*Art. 1.722.* Calcula-se a metade disponível (art. 1.721) sobre o total dos bens existentes ao falecer o testador, abatidas as dívidas e as despesas do funeral. *Parágrafo único.* Calculam-se as legítimas sobre a soma que resultar, adicionando-se à metade dos bens que então possuía o testador a importância das doações por ele feitas aos seus descendentes (art. 1.785).
Art. 1.848. Salvo se houver justa causa, declarada no testamento, não pode o testador estabelecer cláusula de inalienabilidade, impenhorabilidade, e de incomunicabilidade, sobre os bens da legítima.	*Art. 1.723.* Não obstante o direito reconhecido aos descendentes e ascendentes no art. 1.721, pode o testador determinar a conversão dos bens da legítima em outras espécies, prescrever-lhes a incomunicabilidade, confiá-los à livre administração da mulher herdeira, e estabelecer-lhes condições de inalienabilidade temporária ou vitalícia. A cláusula de inalienabilidade, entretanto, não obstará a livre disposição dos bens por testamento e, em falta deste, à sua transmissão, desembaraçados de qualquer ônus, aos herdeiros legítimos.

Código Civil 2002	Código Civil 1916
§ 1º Não é permitido ao testador estabelecer a conversão dos bens da legítima em outros de espécie diversa.	
§ 2º Mediante autorização judicial e havendo justa causa, podem ser alienados os bens gravados, convertendo-se o produto em outros bens, que ficarão sub-rogados nos ônus dos primeiros.	
Art. 1.849. O herdeiro necessário, a quem o testador deixar a sua parte disponível, ou algum legado, não perderá o direito à legítima.	*Art. 1.724.* O herdeiro necessário, a quem o testador deixar a sua metade disponível, ou algum legado, não perderá o direito à legítima.
Art. 1.850. Para excluir da sucessão os herdeiros colaterais, basta que o testador disponha de seu patrimônio sem os contemplar.	*Art. 1.725.* Para excluir da sucessão o cônjuge ou os parentes colaterais, basta que o testador disponha do seu patrimônio, sem os contemplar.
Capítulo III **Do Direito de Representação**	
Art. 1.851. Dá-se o direito de representação, quando a lei chama certos parentes do falecido a suceder em todos os direitos, em que ele sucederia, se vivo fosse.	*Art. 1.620.* Dá-se o direito de representação, quando a lei chama certos parentes do falecido a suceder em todos os direitos, em que ele sucederia, se vivesse.
Art. 1.852. O direito de representação dá-se na linha reta descendente, mas nunca na ascendente.	*Art. 1.621.* O direito de representação dá-se na linha reta descendente, mas nunca na ascendente.
Art. 1.853. Na linha transversal, somente se dá o direito de representação em favor dos filhos de irmãos do falecido, quando com irmãos deste concorrerem.	*Art. 1.622.* Na linha transversal, só se dá o direito de representação em favor dos filhos de irmãos do falecido, quando com irmão deste concorrerem.
Art. 1.854. Os representantes só podem herdar, como tais, o que herdaria o representado, se vivo fosse.	*Art. 1.623.* Os representantes só podem herdar, como tais, o que herdaria o representado, se vivesse.
Art. 1.855. O quinhão do representado partir-se-á por igual entre os representantes.	*Art. 1.624.* O quinhão do representado partir-se-á por igual entre os representantes.
Art. 1.856. O renunciante à herança de uma pessoa poderá representá-la na sucessão de outra.	*Art. 1.625.* O renunciante à herança de uma pessoa poderá representá-la na sucessão de outra.
Título III **Da Sucessão Testamentária** **Capítulo I** **Do Testamento em Geral**	
Art. 1.857. Toda pessoa capaz pode dispor, por testamento, da totalidade dos seus bens, ou de parte deles, para depois de sua morte.	*Art. 1.626.* Considera-se testamento o ato revogável pelo qual alguém, de conformidade com a lei, dispõe, no todo ou em parte, do seu patrimônio, para depois da sua morte.

Código Civil 2002	Código Civil 1916
§ 1º A legítima dos herdeiros necessários não poderá ser incluída no testamento.	
§ 2º São válidas as disposições testamentárias de caráter não patrimonial, ainda que o testador somente a elas se tenha limitado.	
Art. 1.858. O testamento é ato personalíssimo, podendo ser mudado a qualquer tempo.	
Art. 1.859. Extingue-se em cinco anos o direito de impugnar a validade do testamento, contado o prazo da data do seu registro.	
Capítulo II **Da Capacidade de Testar**	
Art. 1.860. Além dos incapazes, não podem testar os que, no ato de fazê-lo, não tiverem pleno discernimento.	*Art. 1.627.* São incapazes de testar: *III* – os que, ao testar, não estejam em seu perfeito juízo.
Parágrafo único. Podem testar os maiores de dezesseis anos.	
Art. 1.861. A incapacidade superveniente do testador não invalida o testamento, nem o testamento do incapaz se valida com a superveniência da capacidade.	*Art. 1.628.* A incapacidade superveniente não invalida o testamento eficaz, nem o testamento do incapaz se valida com a superveniência da capacidade.
Capítulo III **Das Formas Ordinárias do Testamento** **Seção I** **Disposições Gerais**	
Art. 1.862. São testamentos ordinários:	*Art. 1.629.* Este Código reconhece como testamentos ordinários:
I – o público;	*I* – o público;
II – o cerrado;	*II* – o cerrado;
III – o particular.	*III* – o particular.
Art. 1.863. É proibido o testamento conjuntivo, seja simultâneo, recíproco ou correspectivo.	*Art. 1.630.* É proibido o testamento conjuntivo, seja simultâneo, recíproco ou correspectivo.
Seção II **Do Testamento Público**	
Art. 1.864. São requisitos essenciais do testamento público:	*Art. 1.632.* São requisitos essenciais do testamento público:
I – ser escrito por tabelião ou por seu substituto legal em seu livro de notas, de acordo com as	*I* – que seja escrito por oficial público em seu livro de notas, de acordo com o ditado ou as de-

Código Civil 2002	Código Civil 1916
declarações do testador, podendo este servir-se de minuta, notas ou apontamentos;	clarações do testador, em presença de cinco testemunhas;
II – lavrado o instrumento, ser lido em voz alta pelo tabelião ao testador e a duas testemunhas, a um só tempo; ou pelo testador, se o quiser, na presença destas e do oficial;	*III* – que, depois de escrito, seja lido pelo oficial, na presença do testador e das testemunhas, ou pelo testador, se o quiser, na presença destas e do oficial;
III – ser o instrumento, em seguida à leitura, assinado pelo testador, pelas testemunhas e pelo tabelião.	*IV* – que, em seguida à leitura, seja o ato assinado pelo testador, pelas testemunhas e pelo oficial.
Parágrafo único. O testamento público pode ser escrito manualmente ou mecanicamente, bem como ser feito pela inserção da declaração de vontade em partes impressas de livro de notas, desde que rubricadas todas as páginas pelo testador, se mais de uma.	
Art. 1.865. Se o testador não souber, ou não puder assinar, o tabelião ou seu substituto legal assim o declarará, assinando, neste caso, pelo testador, e, a seu rogo, uma das testemunhas instrumentárias.	*Art. 1.633.* Se o testador não souber, ou não puder assinar, o oficial assim o declarará, assinando, neste caso, pelo testador, e a seu rogo, uma das testemunhas instrumentárias.
Art. 1.866. O indivíduo inteiramente surdo, sabendo ler, lerá o seu testamento, e, se não o souber, designará quem o leia em seu lugar, presentes as testemunhas.	*Art. 1.636.* O indivíduo inteiramente surdo, sabendo ler, lerá o seu testamento, e, se o não souber, designará quem o leia em seu lugar, presentes as testemunhas.
Art. 1.867. Ao cego só se permite o testamento público, que lhe será lido, em voz alta, duas vezes, uma pelo tabelião ou por seu substituto legal, e a outra por uma das testemunhas, designada pelo testador, fazendo-se de tudo circunstanciada menção no testamento.	*Art. 1.637.* Ao cego só se permite o testamento público, que lhe será lido, em alta voz, duas vezes, uma pelo oficial, e a outra por uma das testemunhas designada pelo testador; fazendo-se de tudo circunstanciada menção no testamento.
Seção III **Do Testamento Cerrado**	
Art. 1.868. O testamento escrito pelo testador, ou por outra pessoa, a seu rogo, e por aquele assinado, será válido se aprovado pelo tabelião ou seu substituto legal, observadas as seguintes formalidades:	*Art. 1.638.* São requisitos essenciais do testamento cerrado: *I* – que seja escrito pelo testador, ou por outra pessoa, a seu rogo; *II* – que seja assinado pelo testador; *III* – que não sabendo, ou não podendo o testador assinar, seja assinado pela pessoa que lho escreveu;
I – que o testador o entregue ao tabelião em presença de duas testemunhas;	*IV* – que o testador o entregue ao oficial em presença, quando menos, de cinco testemunhas;
II – que o testador declare que aquele é o seu testamento e quer que seja aprovado;	*V* – que o oficial, perante as testemunhas, pergunte ao testador se aquele é o seu testamento, e

Código Civil 2002	Código Civil 1916
	quer que seja aprovado, quando o testador não se tenha antecipado em declará-lo;
III – que o tabelião lavre, desde logo, o auto de aprovação, na presença de duas testemunhas, e o leia, em seguida, ao testador e testemunhas;	*VI* – que para logo, em presença das testemunhas, o oficial exare o auto de aprovação, declarando nele que o testador lhe entregou o testamento e o tinha por seu, bom, firme e valioso;
IV – que o auto de aprovação seja assinado pelo tabelião, pelas testemunhas e pelo testador.	*IX* – que o instrumento ou auto de aprovação seja lido pelo oficial, assinando ele, as testemunhas e o testador, se souber e puder;
Parágrafo único. O testamento cerrado pode ser escrito mecanicamente, desde que seu subscritor numere e autentique, com a sua assinatura, todas as páginas.	
Art. 1.869. O tabelião deve começar o auto de aprovação imediatamente depois da última palavra do testador, declarando, sob sua fé, que o testador lhe entregou para ser aprovado na presença das testemunhas; passando a cerrar e coser o instrumento aprovado.	*Art. 1.638.* São requisitos essenciais do testamento cerrado: *VII* – que imediatamente depois da sua última palavra comece o instrumento de aprovação; *XI* – que o tabelião o cerre e cosa, depois de concluído o instrumento de aprovação.
Parágrafo único. Se não houver espaço na última folha do testamento, para início da aprovação, o tabelião aporá nele o seu sinal público, mencionando a circunstância no auto.	*VIII* – que, não sendo isto possível, por falta absoluta de espaço na última folha escrita, o oficial ponha nele o seu sinal público e assim o declare no instrumento;
Art. 1.870. Se o tabelião tiver escrito o testamento a rogo do testador, poderá, não obstante, aprová-lo.	*Art. 1.639.* Se o oficial tiver escrito o testamento a rogo do testador, podê-lo-á, não obstante, aprovar.
Art. 1.871. O testamento pode ser escrito em língua nacional ou estrangeira, pelo próprio testador, ou por outrem, a seu rogo.	*Art. 1.640.* O testamento pode ser escrito, em língua nacional ou estrangeira, pelo próprio testador, ou por outrem, a seu rogo. A assinatura será sempre do próprio testador, ou de quem lhe escreveu o testamento (art. 1.638, I).
Art. 1.872. Não pode dispor de seus bens em testamento cerrado quem não saiba ou não possa ler.	*Art. 1.641.* Não poderá dispor de seus bens em testamento cerrado quem não saiba, ou não possa ler.
Art. 1.873. Pode fazer testamento cerrado o surdo-mudo, contanto que o escreva todo, e o assine de sua mão, e que, ao entregá-lo ao oficial público, ante as duas testemunhas, escreva, na face externa do papel ou do envoltório, que aquele é o seu testamento, cuja aprovação lhe pede.	*Art. 1.642.* Pode fazer testamento cerrado o surdo-mudo, contanto que o escreva todo, e o assine de sua mão, e que, ao entregá-lo ao oficial público, ante as cinco testemunhas, escreva, na face externa do papel, ou do envoltório, que aquele é o seu testamento, cuja aprovação lhe pede.
Art. 1.874. Depois de aprovado e cerrado, será o testamento entregue ao testador, e o tabelião lan-	*Art. 1.643.* Depois de aprovado e cerrado, será o testamento entregue ao testador, e o oficial lan-

CÓDIGO CIVIL 2002	CÓDIGO CIVIL 1916
çará, no seu livro, nota do lugar, dia, mês e ano em que o testamento foi aprovado e entregue.	çará, no seu livro, nota do lugar, dia, mês e ano em que o testamento foi aprovado e entregue.
Art. 1.875. Falecido o testador, o testamento será apresentado ao juiz, que o abrirá e o fará registrar, ordenando seja cumprido, se não achar vício externo que o torne eivado de nulidade ou suspeito de falsidade.	*Art. 1.644.* O testamento será aberto pelo juiz, que o fará registrar e arquivar no cartório a que tocar, ordenando que seja cumprido, se lhe não achar vício externo que o torne suspeito de nulidade, ou falsidade.
Seção IV **Do Testamento Particular**	
Art. 1.876. O testamento particular pode ser escrito de próprio punho ou mediante processo mecânico.	*Art. 1.645.* São requisitos essenciais do testamento particular: *I* – que seja escrito e assinado pelo testador;
§ 1º Se escrito de próprio punho, são requisitos essenciais à sua validade seja lido e assinado por quem o escreveu, na presença de pelo menos três testemunhas, que o devem subscrever.	*II* – que nele intervenham cinco testemunhas, além do testador; *III* – que seja lido perante as testemunhas, e, depois de lido, por elas assinado.
§ 2º Se elaborado por processo mecânico, não pode conter rasuras ou espaços em branco, devendo ser assinado pelo testador, depois de o ter lido na presença de pelo menos três testemunhas, que o subscreverão.	
Art. 1.877. Morto o testador, publicar-se-á em juízo o testamento, com citação dos herdeiros legítimos.	*Art. 1.646.* Morto o testador, publicar-se-á em juízo o testamento, com citação dos herdeiros legítimos.
Art. 1.878. Se as testemunhas forem contestes sobre o fato da disposição, ou, ao menos, sobre a sua leitura perante elas, e se reconhecerem as próprias assinaturas, assim como a do testador, o testamento será confirmado.	*Art. 1.647.* Se as testemunhas forem contestes sobre o fato da disposição, ou, ao menos, sobre a sua leitura perante elas, e se reconhecerem as próprias assinaturas, assim como a do testador, será confirmado o testamento.
Parágrafo único. Se faltarem testemunhas, por morte ou ausência, e se pelo menos uma delas o reconhecer, o testamento poderá ser confirmado, se, a critério do juiz, houver prova suficiente de sua veracidade.	*Art. 1.648.* Faltando até duas das testemunhas, por morte, ou ausência em lugar não sabido, o testamento pode ser confirmado, se as três restantes forem contestes, nos termos do artigo antecedente.
Art. 1.879. Em circunstâncias excepcionais declaradas na cédula, o testamento particular de próprio punho e assinado pelo testador, sem testemunhas, poderá ser confirmado, a critério do juiz.	
Art. 1.880. O testamento particular pode ser escrito em língua estrangeira, contanto que as testemunhas a compreendam.	*Art. 1.649.* O testamento particular pode ser escrito em língua estrangeira, contanto que as testemunhas a compreendam.

Código Civil 2002	Código Civil 1916
Capítulo IV **Dos Codicilos**	
Art. 1.881. Toda pessoa capaz de testar poderá, mediante escrito particular seu, datado e assinado, fazer disposições especiais sobre o seu enterro, sobre esmolas de pouca monta a certas e determinadas pessoas, ou, indeterminadamente, aos pobres de certo lugar, assim como legar móveis, roupas ou jóias, de pouco valor, de seu uso pessoal.	*Art. 1.651.* Toda pessoa capaz de testar poderá, mediante escrito particular seu, datado e assinado, fazer disposições especiais sobre o seu enterro, sobre esmolas de pouca monta a certas e determinadas pessoas, ou, indeterminadamente, aos pobres de certo lugar, assim como legar móveis, roupas ou jóias, não mui valiosas, de seu uso pessoal (art. 1.797).
Art. 1.882. Os atos a que se refere o artigo antecedente, salvo direito de terceiro, valerão como codicilos, deixe ou não testamento o autor.	*Art. 1.652.* Esses atos, salvo direito de terceiros, valerão como codicilos, deixe, ou não, testamento o autor.
Art. 1.883. Pelo modo estabelecido no art. 1.881, poder-se-ão nomear ou substituir testamenteiros.	*Art. 1.653.* Pelo modo estabelecido no art. 1.651, se poderão nomear ou substituir testamenteiros.
Art. 1.884. Os atos previstos nos artigos antecedentes revogam-se por atos iguais, e consideram-se revogados, se, havendo testamento posterior, de qualquer natureza, este os não confirmar ou modificar.	*Art. 1.654.* Os atos desta espécie revogam-se por atos iguais, e consideram-se revogados, se, havendo testamento posterior, de qualquer natureza, este os não confirmar, ou modificar.
Art. 1.885. Se estiver fechado o codicilo, abrir-se-á do mesmo modo que o testamento cerrado.	*Art. 1.655.* Se estiver fechado o codicilo, abrir-se-á do mesmo modo que o testamento cerrado (art. 1.644).
Capítulo V **Dos Testamentos Especiais** **Seção I** **Disposições Gerais** **Art. 1.886.** São testamentos especiais: **I** – o marítimo; **II** – o aeronáutico; **III** – o militar.	
Art. 1.887. Não se admitem outros testamentos especiais além dos contemplados neste Código.	*Art. 1.631.* Não se admitem outros testamentos especiais, além dos contemplados neste Código (arts. 1.656 a 1.663).
Seção II **Do Testamento Marítimo e do Testamento Aeronáutico** **Art. 1.888.** Quem estiver em viagem, a bordo de navio nacional, de guerra ou mercante, pode testar perante o comandante, em presença de duas testemunhas, por forma que corresponda ao testamento público ou ao cerrado.	*Art. 1.656.* O testamento, nos navios nacionais, de guerra, ou mercantes, em viagem de alto-mar, será lavrado pelo comandante, ou pelo escrivão de bordo, que redigirá as declarações do testador, ou as escreverá, por ele ditadas, ante duas

CÓDIGO CIVIL 2002	CÓDIGO CIVIL 1916
	testemunhas idôneas, de preferência escolhidas entre os passageiros, e presentes a todo o ato, cujo instrumento assinarão depois do testador.
Parágrafo único. O registro do testamento será feito no diário de bordo.	
Art. 1.889. Quem estiver em viagem, a bordo de aeronave militar ou comercial, pode testar perante pessoa designada pelo comandante, observado o disposto no artigo antecedente.	
Art. 1.890. O testamento marítimo ou aeronáutico ficará sob a guarda do comandante, que o entregará às autoridades administrativas do primeiro porto ou aeroporto nacional, contra recibo averbado no diário de bordo.	*Art. 1.657, § 1º* O testamento assim feito será pelo testador entregue ao comandante ou escrivão de bordo, perante duas testemunhas, que reconheçam e entendam o testador, declarando este, no mesmo ato, ser seu testamento o escrito apresentado.
Art. 1.891. Caducará o testamento marítimo, ou aeronáutico, se o testador não morrer na viagem, nem nos noventa dias subseqüentes ao seu desembarque em terra, onde possa fazer, na forma ordinária, outro testamento.	*Art. 1.658.* O testamento marítimo caducará, se o testador não morrer na viagem, nem nos 3 (três) meses subseqüentes ao seu desembarque em terra, onde possa fazer, na forma ordinária, outro testamento.
Art. 1.892. Não valerá o testamento marítimo, ainda que feito no curso de uma viagem, se, ao tempo em que se fez, o navio estava em porto onde o testador pudesse desembarcar e testar na forma ordinária.	*Art. 1.659.* Não valerá o testamento marítimo, bem que feito no curso de uma viagem, se, ao tempo em que se fez, o navio estava em porto, onde o testador pudesse desembarcar, e testar na forma ordinária.
Seção III **Do Testamento Militar**	
Art. 1.893. O testamento dos militares e demais pessoas a serviço das Forças Armadas em campanha, dentro do País ou fora dele, assim como em praça sitiada, ou que esteja de comunicações interrompidas, poderá fazer-se, não havendo tabelião ou seu substituto legal, ante duas, ou três testemunhas, se o testador não puder, ou não souber assinar, caso em que assinará por ele uma delas.	*Art. 1.660.* O testamento dos militares e mais pessoas ao serviço do Exército em campanha, dentro ou fora do País, assim como em praça sitiada, ou que esteja de comunicações cortadas, poderá fazer-se, não havendo oficial público, ante duas testemunhas, ou três, se o testador não puder, ou não souber assinar, caso em que assinará por ele a terceira.
§ 1º Se o testador pertencer a corpo ou seção de corpo destacado, o testamento será escrito pelo respectivo comandante, ainda que de graduação ou posto inferior.	*§ 1º* Se o testador pertencer a corpo ou seção de corpo destacado, o testamento será escrito pelo respectivo comandante, ainda que oficial inferior.
§ 2º Se o testador estiver em tratamento em hospital, o testamento será escrito pelo respectivo oficial de saúde, ou pelo diretor do estabelecimento.	*§ 2º* Se o testador estiver em tratamento no hospital, o testamento será escrito pelo respectivo oficial de saúde, ou pelo diretor do estabelecimento.

Código Civil 2002	Código Civil 1916
§ 3º Se o testador for o oficial mais graduado, o testamento será escrito por aquele que o substituir.	*§ 3º* Se o testador for oficial mais graduado, o testamento será escrito por aquele que o substituir.
Art. 1.894. Se o testador souber escrever, poderá fazer o testamento de seu punho, contanto que o date e assine por extenso, e o apresente aberto ou cerrado, na presença de duas testemunhas ao auditor, ou ao oficial de patente, que lhe faça as vezes neste mister.	*Art. 1.661.* Se o testador souber escrever, poderá fazer o testamento de seu punho, contanto que o date e assine por extenso, e o apresente aberto ou cerrado, na presença de duas testemunhas ao auditor, ou ao oficial de patente, que lhe faça as vezes neste mister.
Parágrafo único. O auditor, ou o oficial a quem o testamento se apresente notará, em qualquer parte dele, lugar, dia, mês e ano, em que lhe for apresentado, nota esta que será assinada por ele e pelas testemunhas.	*Parágrafo único.* O auditor, ou oficial, a quem o testamento se apresente, notará, em qualquer parte dele, o lugar, dia, mês e ano, em que lhe for apresentado. Esta nota será assinada por ele e pelas ditas testemunhas.
Art. 1.895. Caduca o testamento militar, desde que, depois dele, o testador esteja, noventa dias seguidos, em lugar onde possa testar na forma ordinária, salvo se esse testamento apresentar as solenidades prescritas no parágrafo único do artigo antecedente.	*Art. 1.662.* Caduca o testamento militar, desde que, depois dele, o testador esteja 3 (três) meses seguidos em lugar onde possa testar na forma ordinária, salvo se esse testamento apresentar as solenidades prescritas no parágrafo único do artigo antecedente.
Art. 1.896. As pessoas designadas no art. 1.893, estando empenhadas em combate, ou feridas, podem testar oralmente, confiando a sua última vontade a duas testemunhas.	*Art. 1.663.* As pessoas designadas no art. 1.660, estando empenhadas em combate, ou feridas, podem testar nuncupativamente, confiando a sua última vontade a duas testemunhas.
Parágrafo único. Não terá efeito o testamento se o testador não morrer na guerra ou convalescer do ferimento.	*Parágrafo único.* Não terá, porém, efeito esse testamento, se o testador não morrer na guerra, e convalescer do ferimento.
Capítulo VI **Das Disposições Testamentárias**	
Art. 1.897. A nomeação de herdeiro, ou legatário, pode fazer-se pura e simplesmente, sob condição, para certo fim ou modo, ou por certo motivo.	*Art. 1.664.* A nomeação de herdeiro, ou legatário, pode fazer-se pura e simplesmente, sob condição, para certo fim ou modo, ou por certa causa.
Art. 1.898. A designação do tempo em que deva começar ou cessar o direito do herdeiro, salvo nas disposições fideicomissárias, ter-se-á por não escrita.	*Art. 1.665.* A designação do tempo em que deva começar ou cessar o direito do herdeiro, salvo nas disposições fideicomissárias, ter-se-á por não escrita.
Art. 1.899. Quando a cláusula testamentária for suscetível de interpretações diferentes, prevalecerá a que melhor assegure a observância da vontade do testador.	*Art. 1.666.* Quando a cláusula testamentária for suscetível de interpretações diferentes, prevalecerá a que melhor assegure a observância da vontade do testador.
Art. 1.900. É nula a disposição:	*Art. 1.667.* É nula a disposição:
I – que institua herdeiro ou legatário sob a condição captatória de que este disponha, também	*I* – que institua herdeira, ou legatário, sob a condição captatória de que este disponha, também

Código Civil 2002	Código Civil 1916
por testamento, em benefício do testador, ou de terceiro;	por testamento, em benefício do testador, ou de terceiro;
II – que se refira a pessoa incerta, cuja identidade não se possa averiguar;	*II* – que se refira a pessoa incerta, cuja identidade se não possa averiguar;
III – que favoreça a pessoa incerta, cometendo a determinação de sua identidade a terceiro;	*III* – que favoreça a pessoa incerta, cometendo a determinação de sua identidade a terceiro;
IV – que deixe a arbítrio do herdeiro, ou de outrem, fixar o valor do legado;	*IV* – que deixe a arbítrio do herdeiro, ou de outrem, fixar o valor do legado.
V – que favoreça as pessoas a que se referem os arts. 1.801 e 1.802.	
Art. 1.901. Valerá a disposição:	*Art. 1.668.* Valerá, porém, a disposição:
I – em favor de pessoa incerta que deva ser determinada por terceiro, dentre duas ou mais pessoas mencionadas pelo testador, ou pertencentes a uma família, ou a um corpo coletivo, ou a um estabelecimento por ele designado;	*I* – em favor de pessoa incerta que deva ser determinada por terceiro, dentre duas ou mais pessoas mencionadas pelo testador, ou pertencentes a uma família, ou a um corpo coletivo, ou a um estabelecimento por ele designado;
II – em remuneração de serviços prestados ao testador, por ocasião da moléstia de que faleceu, ainda que fique ao arbítrio do herdeiro ou de outrem determinar o valor do legado.	*II* – em remuneração de serviços prestados ao testador, por ocasião da moléstia de que faleceu, ainda que fique ao arbítrio do herdeiro, ou de outrem, determinar o valor do legado.
Art. 1.902. A disposição geral em favor dos pobres, dos estabelecimentos particulares de caridade, ou dos de assistência pública, entender-se-á relativa aos pobres do lugar do domicílio do testador ao tempo de sua morte, ou dos estabelecimentos aí sitos, salvo se manifestamente constar que tinha em mente beneficiar os de outra localidade.	*Art. 1.669.* A disposição geral em favor dos pobres, dos estabelecimentos particulares de caridade, ou de assistência pública, entender-se-á relativa aos pobres do lugar do domicílio do testador ao tempo de sua morte, ou dos estabelecimentos aí sitos, salvo se manifestamente constar que tinha em mente beneficiar os de outra localidade.
Parágrafo único. Nos casos deste artigo, as instituições particulares preferirão sempre às públicas.	*Parágrafo único.* Nestes casos, as instituições particulares preferirão sempre às públicas.
Art. 1.903. O erro na designação da pessoa do herdeiro, do legatário, ou da coisa legada anula a disposição, salvo se, pelo contexto do testamento, por outros documentos, ou por fatos inequívocos, se puder identificar a pessoa ou coisa a que o testador queria referir-se.	*Art. 1.670.* O erro na designação da pessoa do herdeiro, do legatário, ou da coisa legada anula a disposição, salvo se, pelo contexto do testamento, por outros documentos, ou por fatos inequívocos, se puder identificar a pessoa ou coisa, a que o testador queria referir-se.
Art. 1.904. Se o testamento nomear dois ou mais herdeiros, sem discriminar a parte de cada um, partilhar-se-á por igual, entre todos, a porção disponível do testador.	*Art. 1.671.* Se o testamento nomear dois ou mais herdeiros, sem discriminar a parte de cada um, partilhar-se-á por igual, entre todos, a porção disponível do testador
Art. 1.905. Se o testador nomear certos herdeiros individualmente e outros coletivamente, a	*Art. 1.672.* Se o testador nomear certos herdeiros individualmente, e outros coletivamente, a

Código Civil 2002	Código Civil 1916
herança será dividida em tantas quotas quantos forem os indivíduos e os grupos designados.	herança será dividida em tantas quotas quantos forem os indivíduos e os grupos designados.
Art. 1.906. Se forem determinadas as quotas de cada herdeiro, e não absorverem toda a herança, o remanescente pertencerá aos herdeiros legítimos, segundo a ordem da vocação hereditária.	*Art. 1.673.* Se forem determinadas as quotas de cada herdeiro, e não absorverem toda a herança, o remanescente pertencerá aos herdeiros legítimos, segundo a ordem da sucessão hereditária.
Art. 1.907. Se forem determinados os quinhões de uns e não os de outros herdeiros, distribuir-se-á por igual a estes últimos o que restar, depois de completas as porções hereditárias dos primeiros.	*Art. 1.674.* Se forem determinados os quinhões de uns e não os de outros herdeiros, quinhoar-se-á, distribuidamente, por igual, a estes últimos o que restar, depois de completas as porções hereditárias dos primeiros.
Art. 1.908. Dispondo o testador que não caiba ao herdeiro instituído certo e determinado objeto, dentre os da herança, tocará ele aos herdeiros legítimos.	*Art. 1.675.* Dispondo o testador que não caiba ao herdeiro instituído certo e determinado objeto, dentre os da herança, tocará ele aos herdeiros legítimos.
Art. 1.909. São anuláveis as disposições testamentárias inquinadas de erro, dolo ou coação. **Parágrafo único.** Extingue-se em quatro anos o direito de anular a disposição, contados de quando o interessado tiver conhecimento do vício.	
Art. 1.910. A ineficácia de uma disposição testamentária importa a das outras que, sem aquela, não teriam sido determinadas pelo testador.	
Art. 1.911. A cláusula de inalienabilidade, imposta aos bens por ato de liberalidade, implica impenhorabilidade e incomunicabilidade.	*Art. 1.676.* A cláusula de inalienabilidade temporária, ou vitalícia, imposta aos bens pelos testadores ou doadores, não poderá, em caso algum, salvo os de expropriação por necessidade ou utilidade pública, e de execução por dívidas provenientes de impostos relativos aos respectivos imóveis, ser invalidada ou dispensada por atos judiciais de qualquer espécie, sob pena de nulidade.
Parágrafo único. No caso de desapropriação de bens clausulados, ou de sua alienação, por conveniência econômica do donatário ou do herdeiro, mediante autorização judicial, o produto da venda converter-se-á em outros bens, sobre os quais incidirão as restrições apostas aos primeiros.	*Art. 1.677.* Quando, nas hipóteses do artigo antecedente, se der alienação de bens clausulados, o produto se converterá em outros bens, que ficarão sub-rogados nas obrigações dos primeiros.
Capítulo VII **Dos Legados** **Seção I** **Disposições Gerais**	
Art. 1.912. É ineficaz o legado de coisa certa que não pertença ao testador no momento da abertura da sucessão.	*Art. 1.678.* É nulo o legado de coisa alheia. Mas, se a coisa legada, não pertencendo ao testador, quando testou, se houver depois tornado

Código Civil 2002	Código Civil 1916
	sua, por qualquer título, terá efeito a disposição, como se sua fosse a coisa, ao tempo em que ele fez o testamento.
Art. 1.913. Se o testador ordenar que o herdeiro ou legatário entregue coisa de sua propriedade a outrem, não o cumprindo ele, entender-se-á que renunciou à herança ou ao legado.	*Art. 1.679.* Se o testador ordenar que o herdeiro, ou legatário, entregue coisa de sua propriedade a outrem, não o cumprindo ele, entender-se-á que renunciou a herança, ou o legado (art. 1.704).
Art. 1.914. Se tão-somente em parte a coisa legada pertencer ao testador, ou, no caso do artigo antecedente, ao herdeiro ou ao legatário, só quanto a essa parte valerá o legado.	*Art. 1.680.* Se tão-somente em parte pertencer ao testador, ou, no caso do artigo antecedente, ao herdeiro, ou ao legatário, a coisa legada, só quanto a esta parte valerá o legado.
Art. 1.915. Se o legado for de coisa que se determine pelo gênero, será o mesmo cumprido, ainda que tal coisa não exista entre os bens deixados pelo testador.	*Art. 1.681.* Se o legado for de coisa móvel, que se determine pelo gênero, ou pela espécie, será cumprido, ainda que tal coisa não exista entre os bens deixados pelo testador.
Art. 1.916. Se o testador legar coisa sua, singularizando-a, só terá eficácia o legado se, ao tempo do seu falecimento, ela se achava entre os bens da herança; se a coisa legada existir entre os bens do testador, mas em quantidade inferior à do legado, este será eficaz apenas quanto à existente.	*Art. 1.682.* Se o testador legar coisa sua, singularizando-a, só valerá o legado, se, ao tempo do seu falecimento, ela se achava entre os bens da herança. Se, porém, a coisa legada existir entre os bens do testador, mas em quantidade inferior à do legado, este só valerá quanto à existente.
Art. 1.917. O legado de coisa que deva encontrar-se em determinado lugar só terá eficácia se nele for achada, salvo se removida a título transitório.	*Art. 1.683.* O legado de coisa, ou quantidade, que deva tirar-se de certo lugar, só valerá se nele for achada, e até à quantidade, que ali se achar.
Art. 1.918. O legado de crédito, ou de quitação de dívida, terá eficácia somente até a importância desta, ou daquele, ao tempo da morte do testador.	*Art. 1.685.* O legado de crédito, ou de quitação de dívida, valerá tão-somente até à importância desta, ou daquele, ao tempo da morte do testador.
§ 1º Cumpre-se o legado, entregando o herdeiro ao legatário o título respectivo.	*§ 1º* Cumpre-se este legado, entregando o herdeiro ao legatário o título respectivo.
§ 2º Este legado não compreende as dívidas posteriores à data do testamento.	*§ 2º* Este legado não compreende as dívidas posteriores à data do testamento.
Art. 1.919. Não o declarando expressamente o testador, não se reputará compensação da sua dívida o legado que ele faça ao credor.	*Art. 1.686.* Não o declarando expressamente o testador, não se reputará compensação da sua dívida o legado que ele faça ao credor. Subsistirá do mesmo modo integralmente esse legado, se a dívida lhe foi posterior, e o testador a solveu antes de morrer.
Parágrafo único. Subsistirá integralmente o legado, se a dívida lhe foi posterior, e o testador a solveu antes de morrer.	*Art. 1.686 (ver acima).*
Art. 1.920. O legado de alimentos abrange o sustento, a cura, o vestuário e a casa, enquanto o	*Art. 1.687.* O legado de alimentos abrange o sustento, a cura, o vestuário e a casa, enquanto o

Código Civil 2002	Código Civil 1916
legatário viver, além da educação, se ele for menor.	legatário viver, além da educação, se ele for menor.
Art. 1.921. O legado de usufruto, sem fixação de tempo, entende-se deixado ao legatário por toda a sua vida.	*Art. 1.688.* O legado de usufruto, sem fixação de tempo, entende-se deixado ao legatário por toda a sua vida.
Art. 1.922. Se aquele que legar um imóvel lhe ajuntar depois novas aquisições, estas, ainda que contíguas, não se compreendem no legado, salvo expressa declaração em contrário do testador.	*Art. 1.689.* Se aquele que legar alguma propriedade, lhe ajuntar depois novas aquisições, estas, ainda que contíguas, não se compreendem no imóvel legado, salvo expressa declaração em contrário do testador.
Parágrafo único. Não se aplica o disposto neste artigo às benfeitorias necessárias, úteis ou voluptuárias feitas no prédio legado.	*Parágrafo único.* Não se aplica o disposto neste artigo às benfeitorias necessárias, úteis ou voluptuárias feitas no prédio legado.
Seção II **Dos Efeitos do Legado e do seu Pagamento**	
Art. 1.923. Desde a abertura da sucessão, pertence ao legatário a coisa certa, existente no acervo, salvo se o legado estiver sob condição suspensiva.	*Art. 1.692.* Desde o dia da morte do testador pertence ao legatário a coisa legada, com os frutos que produzir.
	Art. 1.690. O legado puro e simples confere, desde a morte do testador, ao legatário, o direito transmissível aos seus sucessores, de pedir aos herdeiros instituídos a coisa legada.
§ 1º Não se defere de imediato a posse da coisa, nem nela pode o legatário entrar por autoridade própria.	*Parágrafo único.* Não pode, porém, o legatário entrar, por autoridade própria, na posse da coisa legada.
§ 2º O legado de coisa certa existente na herança transfere também ao legatário os frutos que produzir, desde a morte do testador, exceto se dependente de condição suspensiva, ou de termo inicial.	*Art. 1.692 (ver acima).*
Art. 1.924. O direito de pedir o legado não se exercerá, enquanto se litigue sobre a validade do testamento, e, nos legados condicionais, ou a prazo, enquanto esteja pendente a condição ou o prazo não se vença.	*Art. 1.691.* O direito de pedir o legado não se exercerá, enquanto se litigue sobre a validade do testamento, e, nos legados condicionais, ou a prazo, enquanto penda a condição, ou o prazo se não vença.
Art. 1.925. O legado em dinheiro só vence juros desde o dia em que se constituir em mora a pessoa obrigada a prestá-lo.	*Art. 1.693.* O legado em dinheiro só vence juros desde o dia em que se constituir em mora a pessoa obrigada a prestá-lo.
Art. 1.926. Se o legado consistir em renda vitalícia ou pensão periódica, esta ou aquela correrá da morte do testador.	*Art. 1.694.* Se o legado consistir em renda vitalícia, ou pensão periódica, esta, ou aquela, correrá da morte do testador.

Código Civil 2002	Código Civil 1916
Art. 1.927. Se o legado for de quantidades certas, em prestações periódicas, datará da morte do testador o primeiro período, e o legatário terá direito a cada prestação, uma vez encetado cada um dos períodos sucessivos, ainda que venha a falecer antes do termo dele.	*Art. 1.695.* Se o legado for de quantidades certas, em prestações periódicas, datará da morte do testador o primeiro período, e o legatário terá direito a cada prestação, uma vez encetado cada um dos períodos sucessivos, ainda que antes do termo dele venha a falecer.
Art. 1.928. Sendo periódicas as prestações, só no termo de cada período se poderão exigir.	*Art. 1.696.* Sendo periódica as prestações, só no termo de cada período se poderão exigir.
Parágrafo único. Se as prestações forem deixadas a título de alimentos, pagar-se-ão no começo de cada período, sempre que outra coisa não tenha disposto o testador.	*Parágrafo único.* Se, porém, forem deixadas a título de alimentos, pagar-se-ão no começo de cada período, sempre que o contrário não disponha o testador.
Art. 1.929. Se o legado consiste em coisa determinada pelo gênero, ao herdeiro tocará escolhê-la, guardando o meio-termo entre as congêneres da melhor e pior qualidade.	*Art. 1.697.* Se o legado consiste em coisa determinada pelo gênero, ou pela espécie, ao herdeiro tocará escolhê-la, guardando, porém, o meio-termo entre as congêneres da melhor e pior qualidade (art. 1.699).
Art. 1.930. O estabelecido no artigo antecedente será observado, quando a escolha for deixada a arbítrio de terceiro; e, se este não a quiser ou não a puder exercer, ao juiz competirá fazê-la, guardado o disposto na última parte do artigo antecedente.	*Art. 1.698.* A mesma regra observar-se-á, quando a escolha for deixada a arbítrio de terceiro; e, se este a não quiser, ou não puder exercer, ao juiz competirá fazê-la, guardado o disposto no artigo anterior, última parte.
Art. 1.931. Se a opção foi deixada ao legatário, este poderá escolher, do gênero determinado, a melhor coisa que houver na herança; e, se nesta não existir coisa de tal gênero, dar-lhe-á de outra congênere o herdeiro, observada a disposição na última parte do art. 1.929.	*Art. 1.699.* Se a opção foi deixada ao legatário, este poderá escolher, do gênero, ou espécie, determinado, a melhor coisa, que houver na herança; e, se nesta não existir coisa de tal espécie, dar-lha-á de outra congênere o herdeiro, observada a disposição do art. 1.697, última parte.
Art. 1.932. No legado alternativo, presume-se deixada ao herdeiro a opção.	*Art. 1.700.* No legado alternativo, presume-se deixada ao herdeiro a opção.
Art. 1.933. Se o herdeiro ou legatário a quem couber a opção falecer antes de exercê-la, passará este poder aos seus herdeiros.	*Art. 1.701.* Se o herdeiro, ou legatário, a quem couber a opção, falecer antes de exercê-la, passará este direito aos seus herdeiros.
Art. 1.934. No silêncio do testamento, o cumprimento dos legados incumbe aos herdeiros e, não os havendo, aos legatários, na proporção do que herdaram.	
Parágrafo único. O encargo estabelecido neste artigo, não havendo disposição testamentária em contrário, caberá ao herdeiro ou legatário incumbido pelo testador da execução do legado; quando indicados mais de um, os onerados dividirão	*Art. 1.702.* Instituindo o testador mais de um herdeiro, sem designar os que hão de executar os legados, por estes responderão, proporcionalmente ao que herdarem, todos os herdeiros instituídos.

Código Civil 2002	Código Civil 1916
entre si o ônus, na proporção do que recebam da herança.	
Art. 1.935. Se algum legado consistir em coisa pertencente a herdeiro ou legatário (art. 1.913), só a ele incumbirá cumpri-lo, com regresso contra os co-herdeiros, pela quota de cada um, salvo se o contrário expressamente dispôs o testador.	*Art. 1.704.* Se algum legado consistir em coisa pertencente a herdeiro ou legatário (art. 1.679), só a ele incumbirá cumpri-lo, com regresso contra os co-herdeiros, pela quota de cada um, salvo se o contrário expressamente dispôs o testador.
Art. 1.936. As despesas e os riscos da entrega do legado correm à conta do legatário, se não dispuser diversamente o testador.	*Art. 1.705.* As despesas e os riscos da entrega do legado correm por conta do legatário, se não dispuser diversamente o testador.
Art. 1.937. A coisa legada entregar-se-á, com seus acessórios, no lugar e estado em que se achava ao falecer o testador, passando ao legatário com todos os encargos que a onerarem.	*Art. 1.706.* A coisa legada entregar-se-á, com seus acessórios, no lugar e estado em que se achava ao falecer o testador, passando ao legatário com todos os encargos que a onerarem.
Art. 1.938. Nos legados com encargo, aplica-se ao legatário o disposto neste Código quanto às doações de igual natureza.	*Art. 1.707.* Ao legatário, nos legados com encargo, se aplica o disposto no art. 1.180.
Seção III **Da Caducidade dos Legados**	
Art. 1.939. Caducará o legado:	*Art. 1.708.* Caducará o legado:
I – se, depois do testamento, o testador modificar a coisa legada, ao ponto de já não ter a forma nem lhe caber a denominação que possuía;	*I* – se, depois do testamento, o testador modificar a coisa legada, ao ponto de já não ter a forma, nem lhe caber a denominação que tinha;
II – se o testador, por qualquer título, alienar no todo ou em parte a coisa legada; nesse caso, caducará até onde ela deixou de pertencer ao testador;	*II* – se o testador alienar, por qualquer título, no todo, ou em parte, a coisa legada. Em tal caso, caducará o legado, até onde ela deixou de pertencer ao testador;
III – se a coisa perecer ou for evicta, vivo ou morto o testador, sem culpa do herdeiro ou legatário incumbido do seu cumprimento;	*III* – se a coisa perecer, ou for evicta, vivo ou morto o testador, sem culpa do herdeiro;
IV – se o legatário for excluído da sucessão, nos termos do art. 1.815;	*IV* – se o legatário for excluído da sucessão, nos termos do art. 1.595;
V – se o legatário falecer antes do testador.	*V* – se o legatário falecer antes do testador.
Art. 1.940. Se o legado for de duas ou mais coisas alternativamente, e algumas delas perecerem, subsistirá quanto às restantes; perecendo parte de uma, valerá, quanto ao seu remanescente, o legado.	*Art. 1.709.* Se o legado for de duas ou mais coisas alternativamente, e algumas delas perecerem, subsistirá quanto às restantes. Perecendo parte de uma, valerá, quanto ao seu remanescente, o legado.

Código Civil 2002	Código Civil 1916
Capítulo VIII **Do Direito de Acrescer entre Herdeiros e Legatários**	
Art. 1.941. Quando vários herdeiros, pela mesma disposição testamentária, forem conjuntamente chamados à herança em quinhões não determinados, e qualquer deles não puder ou não quiser aceitá-la, a sua parte acrescerá à dos co-herdeiros, salvo o direito do substituto.	*Art. 1.710.* Verifica-se o direito de acrescer entre co-herdeiros, quando estes, pela mesma disposição de um testamento, são conjuntamente chamados à herança em quinhões não determinados (art. 1.712).
Art. 1.942. O direito de acrescer competirá aos co-legatários, quando nomeados conjuntamente a respeito de uma só coisa, determinada e certa, ou quando o objeto do legado não puder ser dividido sem risco de desvalorização.	*Art. 1.710, Parágrafo único.* Aos co-legatários competirá também este direito, quando nomeados conjuntamente a respeito de uma só coisa, determinada e certa, ou quando não se possa dividir o objeto legado, sem risco de se deteriorar.
Art. 1.943. Se um dos co-herdeiros ou co-legatários, nas condições do artigo antecedente, morrer antes do testador; se renunciar a herança ou legado, ou destes for excluído, e, se a condição sob a qual foi instituído não se verificar, acrescerá o seu quinhão, salvo o direito do substituto, à parte dos co-herdeiros ou co-legatários conjuntos.	*Art. 1.712.* Se um dos herdeiros nomeados morrer antes do testador, renunciar à herança, ou dela for excluído, e bem assim se a condição, sob o qual foi instituído, não se verificar, acrescerá o seu quinhão, salvo o direito do substituto, à parte dos co-herdeiros conjuntos (art. 1.710).
Parágrafo único. Os co-herdeiros ou co-legatários, aos quais acresceu o quinhão daquele que não quis ou não pôde suceder, ficam sujeitos às obrigações ou encargos que o oneravam.	*Art. 1.714.* Os co-herdeiros, a quem acrescer o quinhão do que deixou de herdar, ficam sujeitos às obrigações e encargos, que o oneravam.
Art. 1.944. Quando não se efetua o direito de acrescer, transmite-se aos herdeiros legítimos a quota vaga do nomeado.	*Art. 1.713.* Quando se não efetua o direito de acrescer, nos termos do artigo antecedente, transmite-se aos herdeiros legítimos a quota vaga do nomeado.
Parágrafo único. Não existindo o direito de acrescer entre os co-legatários, a quota do que faltar acresce ao herdeiro ou ao legatário incumbido de satisfazer esse legado, ou a todos os herdeiros, na proporção dos seus quinhões, se o legado se deduziu da herança.	*Art. 1.715.* Não existindo o direito de acrescer entre os co-legatários, a quota do que faltar acresce ao herdeiro, ou legatário, incumbido de satisfazer esse legado, ou a todos os herdeiros, em proporção dos seus quinhões, se o legado se deduziu da herança.
Art. 1.945. Não pode o beneficiário do acréscimo repudiá-lo separadamente da herança ou legado que lhe caiba, salvo se o acréscimo comportar encargos especiais impostos pelo testador; nesse caso, uma vez repudiado, reverte o acréscimo para a pessoa a favor de quem os encargos foram instituídos.	
Art. 1.946. Legado um só usufruto conjuntamente a duas ou mais pessoas, a parte da que faltar acresce aos co-legatários.	*Art. 1.716.* Legado um só usufruto conjuntamente a duas ou mais pessoas, a parte da que faltar acresce aos co-legatários. Se, porém, não houve

Código Civil 2002	Código Civil 1916
	conjunção entre estes, ou se, apesar de conjuntos, só lhes foi legada certa parte do usufruto, as quotas dos que faltarem consolidar-se-ão na propriedade, à medida que eles forem faltando.
Parágrafo único. Se não houver conjunção entre os co-legatários, ou se, apesar de conjuntos, só lhes foi legada certa parte do usufruto, consolidar-se-ão na propriedade as quotas dos que faltarem, à medida que eles forem faltando.	*Art. 1.716 (ver acima)*
Capítulo IX **Das Substituições** **Seção I** **Da Substituição Vulgar e da Recíproca**	
Art. 1.947. O testador pode substituir outra pessoa ao herdeiro ou ao legatário nomeado, para o caso de um ou outro não querer ou não poder aceitar a herança ou o legado, presumindo-se que a substituição foi determinada para as duas alternativas, ainda que o testador só a uma se refira.	*Art. 1.729.* O testador pode substituir outra pessoa ao herdeiro, ou legatário, nomeado para o caso de um ou outro não querer ou não poder aceitar a herança, ou o legado. Presume-se que a substituição foi determinada para as duas alternativas, ainda que o testador só a uma se refira.
Art. 1.948. Também é lícito ao testador substituir muitas pessoas por uma só, ou vice-versa, e ainda substituir com reciprocidade ou sem ela.	*Art. 1.730.* Também lhe é lícito substituir muitas pessoas a uma só, ou vice-versa, e ainda substituir com reciprocidade ou sem ela.
Art. 1.949. O substituto fica sujeito à condição ou encargo imposto ao substituído, quando não for diversa a intenção manifestada pelo testador, ou não resultar outra coisa da natureza da condição ou do encargo.	*Art. 1.731.* O substituto fica sujeito ao encargo ou condição impostos ao substituído, quando não for diversa a intenção manifestada pelo testador, ou não resultar outra coisa da natureza da condição, ou do encargo.
Art. 1.950. Se, entre muitos co-herdeiros ou legatários de partes desiguais, for estabelecida substituição recíproca, a proporção dos quinhões fixada na primeira disposição entender-se-á mantida na segunda; se, com as outras anteriormente nomeadas, for incluída mais alguma pessoa na substituição, o quinhão vago pertencerá em partes iguais aos substitutos.	*Art. 1.732.* Se, entre muitos co-herdeiros ou legatários de partes desiguais, for estabelecida substituição recíproca, a proporção dos quinhões, fixada na primeira disposição, entender-se-á mantida na segunda. Se, porém, com as outras anteriormente nomeadas, for incluída mais alguma pessoa na substituição, o quinhão vago pertencerá em partes iguais aos substitutos.
Seção II **Da Substituição Fideicomissária**	
Art. 1.951. Pode o testador instituir herdeiros ou legatários, estabelecendo que, por ocasião de sua morte, a herança ou o legado se transmita ao fiduciário, resolvendo-se o direito deste, por sua	*Art. 1.733.* Pode também o testador instituir herdeiros ou legatários por meio de fideicomisso, impondo a um deles, o gravado ou fiduciário, a obrigação de, por sua morte, a certo tempo, ou sob

Código Civil 2002	Código Civil 1916
morte, a certo tempo ou sob certa condição, em favor de outrem, que se qualifica de fideicomissário.	certa condição, transmitir ao outro, que se qualifica de fideicomissário, a herança, ou o legado.
Art. 1.952. A substituição fideicomissária somente se permite em favor dos não concebidos ao tempo da morte do testador. **Parágrafo único.** Se, ao tempo da morte do testador, já houver nascido o fideicomissário, adquirirá este a propriedade dos bens fideicometidos, convertendo-se em usufruto o direito do fiduciário.	
Art. 1.953. O fiduciário tem a propriedade da herança ou legado, mas restrita e resolúvel.	*Art. 1.734.* O fiduciário tem a propriedade da herança ou legado, mas restrita e resolúvel.
Parágrafo único. O fiduciário é obrigado a proceder ao inventário dos bens gravados, e a prestar caução de restituí-los se o exigir o fideicomissário.	*Parágrafo único.* É obrigado, porém, a proceder ao inventário dos bens gravados, e, se lho exigir o fideicomissário, a prestar caução de restituí-los.
Art. 1.954. Salvo disposição em contrário do testador, se o fiduciário renunciar a herança ou o legado, defere-se ao fideicomissário o poder de aceitar.	
Art. 1.955. O fideicomissário pode renunciar a herança ou o legado, e, neste caso, o fideicomisso caduca, deixando de ser resolúvel a propriedade do fiduciário, se não houver disposição contrária do testador.	*Art. 1.735.* O fideicomissário pode renunciar a herança, ou legado, e, neste caso, o fideicomisso caduca, ficando os bens propriedade pura do fiduciário, se não houver disposição contrária do testador.
Art. 1.956. Se o fideicomissário aceitar a herança ou o legado, terá direito à parte que, ao fiduciário, em qualquer tempo acrescer.	*Art. 1.736.* Se o fideicomissário aceitar a herança ou legado, terá direito à parte que, ao fiduciário, em qualquer tempo acrescer.
Art. 1.957. Ao sobrevir a sucessão, o fideicomissário responde pelos encargos da herança que ainda restarem.	*Art. 1.737.* O fideicomissário responde pelos encargos da herança que ainda restarem, quando vier à sucessão.
Art. 1.958. Caduca o fideicomisso se o fideicomissário morrer antes do fiduciário, ou antes de realizar-se a condição resolutória do direito deste último; nesse caso, a propriedade consolida-se no fiduciário, nos termos do art. 1.955.	*Art. 1.738.* Caduca o fideicomisso, se o fideicomissário morrer antes do fiduciário, ou antes de realizar-se a condição resolutória do direito deste último. Neste caso a propriedade consolida-se no fiduciário nos termos do art. 1.735.
Art. 1.959. São nulos os fideicomissos além do segundo grau.	*Art. 1.739.* São nulos os fideicomissos além do segundo grau.
Art. 1.960. A nulidade da substituição ilegal não prejudica a instituição, que valerá sem o encargo resolutório.	*Art. 1.740.* A nulidade da substituição ilegal não prejudica a instituição, que valerá sem o encargo resolutório.

Código Civil 2002	Código Civil 1916
Capítulo X **Da Deserdação**	
Art. 1.961. Os herdeiros necessários podem ser privados de sua legítima, ou deserdados, em todos os casos em que podem ser excluídos da sucessão.	*Art. 1.741.* Os herdeiros necessários podem ser privados de sua legítima, ou deserdados, em todos os casos em que podem ser excluídos da sucessão.
Art. 1.962. Além das causas mencionadas no art. 1.814, autorizam a deserdação dos descendentes por seus ascendentes:	*Art. 1.744.* Além das causas mencionadas no art. 1.595, autorizam a deserdação dos descendentes por seus ascendentes:
I – ofensa física;	*I* – ofensas físicas;
II – injúria grave;	*II* – injúria grave;
III – relações ilícitas com a madrasta ou com o padrasto;	*IV* – relações ilícitas com a madrasta, ou o padrasto;
IV – desamparo do ascendente em alienação mental ou grave enfermidade.	*V* – desamparo do ascendente em alienação mental ou grave enfermidade.
Art. 1.963. Além das causas enumeradas no art. 1.814, autorizam a deserdação dos ascendentes pelos descendentes:	*Art. 1.745.* Semelhantemente, além das causas enumeradas no art. 1.595, autorizam a deserdação dos ascendentes pelos descendentes:
I – ofensa física;	*I* – ofensas físicas;
II – injúria grave;	*II* – injúria grave;
III – relações ilícitas com a mulher ou companheira do filho ou a do neto, ou com o marido ou companheiro da filha ou o da neta;	*III* – relações ilícitas com a mulher do filho ou neto, ou com o marido da filha ou neta;
IV – desamparo do filho ou neto com deficiência mental ou grave enfermidade.	*IV* – desamparo do filho ou neto em alienação mental ou grave enfermidade.
Art. 1.964. Somente com expressa declaração de causa pode a deserdação ser ordenada em testamento.	*Art. 1.742.* A deserdação só pode ser ordenada em testamento, com expressa declaração de causa.
Art. 1.965. Ao herdeiro instituído, ou àquele a quem aproveite a deserdação, incumbe provar a veracidade da causa alegada pelo testador.	*Art. 1.743.* Ao herdeiro instituído, ou àquele a quem aproveite a deserdação, incumbe provar a veracidade da causa alegada pelo testador (art. 1.742).
Parágrafo único. O direito de provar a causa da deserdação extingue-se no prazo de quatro anos, a contar da data da abertura do testamento.	*Art. 178.* Prescreve: *§ 9º* Em 4 (quatro) anos: *IV* – a ação do interessado em pleitear a exclusão do herdeiro (arts. 1.595 e 1.596), ou provar a causa da sua deserdação (arts. 1.741 a 1.745), e bem assim a ação do deserdado para a impugnar; contado o prazo da abertura da sucessão;

Código Civil 2002	Código Civil 1916
Capítulo XI **Da Redução das Disposições Testamentárias**	
Art. 1.966. O remanescente pertencerá aos herdeiros legítimos, quando o testador só em parte dispuser da quota hereditária disponível.	*Art. 1.726.* Quando o testador só em parte dispuser da sua metade disponível, entender-se-á que instituiu os herdeiros legítimos no remanescente.
Art. 1.967. As disposições que excederem a parte disponível reduzir-se-ão aos limites dela, de conformidade com o disposto nos parágrafos seguintes.	*Art. 1.727.* As disposições, que excederem a metade disponível, reduzir-se-ão aos limites dela, em conformidade com o disposto nos parágrafos seguintes.
§ 1º Em se verificando excederem as disposições testamentárias a porção disponível, serão proporcionalmente reduzidas as quotas do herdeiro ou herdeiros instituídos, até onde baste, e, não bastando, também os legados, na proporção do seu valor.	*§ 1º* Em se verificando excederem as disposições testamentárias a porção disponível, serão proporcionalmente reduzidas as quotas do herdeiro ou herdeiros instituídos, até onde baste, e, não bastando, também os legados, na proporção do seu valor.
§ 2º Se o testador, prevenindo o caso, dispuser que se inteirem, de preferência, certos herdeiros e legatários, a redução far-se-á nos outros quinhões ou legados, observando-se a seu respeito a ordem estabelecida no parágrafo antecedente.	*§ 2º* Se o testador, prevenindo o caso, dispuser que se inteirem, de preferência, certos herdeiros e legatários, a redução far-se-á nos outros quinhões ou legados, observando-se, a seu respeito, a ordem estabelecida no parágrafo anterior.
Art. 1.968. Quando consistir em prédio divisível o legado sujeito a redução, far-se-á esta dividindo-o proporcionalmente.	*Art. 1.728.* Quando consistir em prédio divisível o legado sujeito à redução, far-se-á esta, dividindo-o proporcionalmente.
§ 1º Se não for possível a divisão, e o excesso do legado montar a mais de um quarto do valor do prédio, o legatário deixará inteiro na herança o imóvel legado, ficando com o direito de pedir aos herdeiros o valor que couber na parte disponível; se o excesso não for de mais de um quarto, aos herdeiros fará tornar em dinheiro o legatário, que ficará com o prédio.	*§ 1º* Se não for possível a divisão, e o excesso do legado montar a mais de um quarto do valor do prédio, o legatário deixará inteiro na herança o imóvel legado, ficando com o direito de pedir aos herdeiros o valor que couber na metade disponível. Se o excesso não for de mais de um quarto, aos herdeiros torná-lo-á em dinheiro o legatário, que ficará com o prédio.
§ 2º Se o legatário for ao mesmo tempo herdeiro necessário, poderá inteirar sua legítima no mesmo imóvel, de preferência aos outros, sempre que ela e a parte subsistente do legado lhe absorverem o valor.	*§ 2º* Se o legatário for ao mesmo tempo herdeiro necessário, poderá inteirar sua legítima no mesmo imóvel, de preferência aos outros, sempre que ela e a parte subsistente do legado lhe absorverem o valor.
Capítulo XII **Da Revogação do Testamento**	
Art. 1.969. O testamento pode ser revogado pelo mesmo modo e forma como pode ser feito.	*Art. 1.746.* O testamento pode ser revogado pelo mesmo modo e forma por que pode ser feito.
Art. 1.970. A revogação do testamento pode ser total ou parcial.	*Art. 1.747.* A revogação do testamento pode ser total ou parcial.

Código Civil 2002	Código Civil 1916
Parágrafo único. Se parcial, ou se o testamento posterior não contiver cláusula revogatória expressa, o anterior subsiste em tudo que não for contrário ao posterior.	*Parágrafo único.* Se a revogação for parcial, ou se o testamento posterior não contiver cláusula revogatória expressa, o anterior subsiste em tudo que não for contrário ao posterior.
Art. 1.971. A revogação produzirá seus efeitos, ainda quando o testamento, que a encerra, vier a caducar por exclusão, incapacidade ou renúncia do herdeiro nele nomeado; não valerá, se o testamento revogatório for anulado por omissão ou infração de solenidades essenciais ou por vícios intrínsecos.	*Art. 1.748.* A revogação produzirá seus efeitos, ainda quando o testamento, que a encerra, caduque por exclusão, incapacidade, ou renúncia do herdeiro, nele nomeado; mas não valerá, se o testamento revogatório for anulado por omissão ou infração de solenidades essenciais, ou por vícios intrínsecos.
Art. 1.972. O testamento cerrado que o testador abrir ou dilacerar, ou for aberto ou dilacerado com seu consentimento, haver-se-á como revogado.	*Art. 1.749.* O testamento cerrado que o testador abrir ou dilacerar, ou for aberto ou dilacerado com seu consentimento, haver-se-á como revogado.
Capítulo XIII **Do Rompimento do Testamento**	
Art. 1.973. Sobrevindo descendente sucessível ao testador, que não o tinha ou não o conhecia quando testou, rompe-se o testamento em todas as suas disposições, se esse descendente sobreviver ao testador.	*Art. 1.750.* Sobrevindo descendente sucessível ao testador, que o não tinha, ou não o conhecia, quando testou, rompe-se o testamento em todas as suas disposições, se esse descendente sobreviver ao testador.
Art. 1.974. Rompe-se também o testamento feito na ignorância de existirem outros herdeiros necessários.	*Art. 1.751.* Rompe-se também o testamento feito na ignorância de existirem outros herdeiros necessários.
Art. 1.975. Não se rompe o testamento, se o testador dispuser da sua metade, não contemplando os herdeiros necessários de cuja existência saiba, ou quando os exclua dessa parte.	*Art. 1.752.* Não se rompe, porém, o testamento, em que o testador dispuser da sua metade, não contemplando os herdeiros necessários, de cuja existência saiba, ou deserdando-os, nessa parte, sem menção de causa legal (arts. 1.741 e 1.742).
Capítulo XIV **Do Testamenteiro**	
Art. 1.976. O testador pode nomear um ou mais testamenteiros, conjuntos ou separados, para lhe darem cumprimento às disposições de última vontade.	*Art. 1.753.* O testador pode nomear um ou mais testamenteiros conjuntos ou separados, para lhe darem cumprimento às disposições de última vontade.
Art. 1.977. O testador pode conceder ao testamenteiro a posse e a administração da herança, ou de parte dela, não havendo cônjuge ou herdeiros necessários.	*Art. 1.754.* O testador pode também conceder ao testamenteiro a posse e administração da herança, ou de parte dela, não havendo cônjuge ou herdeiros necessários.
Parágrafo único. Qualquer herdeiro pode requerer partilha imediata, ou devolução da herança, habilitando o testamenteiro com os meios neces-	*Parágrafo único.* Qualquer herdeiro pode, entretanto, requerer partilha imediata, ou devolução da herança, habilitando o testamenteiro com

Código Civil 2002	Código Civil 1916
sários para o cumprimento dos legados, ou dando caução de prestá-los.	os meios necessários para o cumprimento dos legados, ou dando caução de prestá-los.
Art. 1.978. Tendo o testamenteiro a posse e a administração dos bens, incumbe-lhe requerer inventário e cumprir o testamento.	*Art. 1.755.* Tendo o testamenteiro a posse e administração dos bens, incumbe-lhe requerer inventário e cumprir o testamento.
Art. 1.979. O testamenteiro nomeado, ou qualquer parte interessada, pode requerer, assim como o juiz pode ordenar, de ofício, ao detentor do testamento, que o leve a registro.	*Art. 1.756.* O testamenteiro nomeado, ou qualquer parte interessada, pode requerer, assim como o juiz pode ordenar, de ofício, ao detentor do testamento que o leve a registro.
Art. 1.980. O testamenteiro é obrigado a cumprir as disposições testamentárias, no prazo marcado pelo testador, e a dar contas do que recebeu e despendeu, subsistindo sua responsabilidade enquanto durar a execução do testamento.	*Art. 1.757.* O testamenteiro é obrigado a cumprir as disposições testamentárias, no prazo marcado pelo testador, e a dar contas do que recebeu e despendeu, subsistindo sua responsabilidade enquanto durar a execução do testamento.
Art. 1.981. Compete ao testamenteiro, com ou sem o concurso do inventariante e dos herdeiros instituídos, defender a validade do testamento.	*Art. 1.760.* Compete ao testamenteiro, com ou sem o concurso do inventariante e dos herdeiros instituídos, propugnar a validade do testamento.
Art. 1.982. Além das atribuições exaradas nos artigos antecedentes, terá o testamenteiro as que lhe conferir o testador, nos limites da lei.	*Art. 1.761.* Além das atribuições exaradas nos artigos anteriores, terá o testamento as que lhe conferir o testador, nos limites da lei.
Art. 1.983. Não concedendo o testador prazo maior, cumprirá o testamenteiro o testamento e prestará contas em cento e oitenta dias, contados da aceitação da testamentaria.	*Art. 1.762.* Não concedendo o testador prazo maior, cumprirá o testamenteiro o testamento e prestará contas no lapso de 1 (um) ano, contado da aceitação da testamentaria.
Parágrafo único. Pode esse prazo ser prorrogado se houver motivo suficiente.	*Parágrafo único.* Pode esse prazo prorrogar-se, porém, ocorrendo motivo cabal.
Art. 1.984. Na falta de testamenteiro nomeado pelo testador, a execução testamentária compete a um dos cônjuges, e, em falta destes, ao herdeiro nomeado pelo juiz.	*Art. 1.763.* Na falta de testamenteiro nomeado pelo testador, a execução testamentária compete ao cabeça-de-casal, e, em falta deste, ao herdeiro nomeado pelo juiz.
Art. 1.985. O encargo da testamentaria não se transmite aos herdeiros do testamenteiro, nem é delegável; mas o testamenteiro pode fazer-se representar em juízo e fora dele, mediante mandatário com poderes especiais.	*Art. 1.764.* O encargo da testamentaria não se transmite aos herdeiros do testamenteiro, nem é delegável. Mas o testamenteiro pode fazer-se representar em juízo e fora dele, mediante procurador com poderes especiais.
Art. 1.986. Havendo simultaneamente mais de um testamenteiro, que tenha aceitado o cargo, poderá cada qual exercê-lo, em falta dos outros; mas todos ficam solidariamente obrigados a dar conta dos bens que lhes forem confiados, salvo	*Art. 1.765.* Havendo simultaneamente mais de um testamenteiro, que tenha aceitado o cargo, poderá cada qual exercê-lo, em falta dos outros. Mas todos ficam solidariamente obrigados a dar conta dos bens, que lhes forem confiados, salvo

Código Civil 2002	Código Civil 1916
se cada um tiver, pelo testamento, funções distintas, e a elas se limitar.	se cada um tiver, pelo testamento, funções distintas, e a elas se limitar.
Art. 1.987. Salvo disposição testamentária em contrário, o testamenteiro, que não seja herdeiro ou legatário, terá direito a um prêmio, que, se o testador não o houver fixado, será de um a cinco por cento, arbitrado pelo juiz, sobre a herança líquida, conforme a importância dela e maior ou menor dificuldade na execução do testamento.	*Art. 1.766.* Quando o testamenteiro não for herdeiro, nem legatário, terá direito a um prêmio, que, se o testador o não houver taxado, será de 1% (um por cento) a 5% (cinco por cento), arbitrado pelo juiz, sobre toda a herança líquida, conforme a importância dela, e a maior ou menor dificuldade na execução do testamento (arts. 1.759 e 1.768).
Parágrafo único. O prêmio arbitrado será pago à conta da parte disponível, quando houver herdeiro necessário.	*Parágrafo único.* Este prêmio deduzir-se-á somente da metade disponível, quando houver herdeiro necessário.
Art. 1.988. O herdeiro ou o legatário nomeado testamenteiro poderá preferir o prêmio à herança ou ao legado.	*Art. 1.767.* O testamenteiro que for legatário poderá preferir o prêmio ao legado.
Art. 1.989. Reverterá à herança o prêmio que o testamenteiro perder, por ser removido ou por não ter cumprido o testamento.	*Art. 1.768.* Reverterá à herança o prêmio, que o testamenteiro perder, por ser removido, ou não ter cumprido o testamento (arts. 1.759 e 1.766).
Art. 1.990. Se o testador tiver distribuído toda a herança em legados, exercerá o testamenteiro as funções de inventariante.	*Art. 1.769.* Se o testador tiver distribuído toda a herança em legados, o testamenteiro exercerá as funções de cabeça-de-casal.
Título IV **Do Inventário e da Partilha** **Capítulo I** **Do Inventário** **Art. 1.991.** Desde a assinatura do compromisso até a homologação da partilha, a administração da herança será exercida pelo inventariante.	
Capítulo II **Dos Sonegados** **Art.1.992.** O herdeiro que sonegar bens da herança, não os descrevendo no inventário quando estejam em seu poder, ou, com o seu conhecimento, no de outrem, ou que os omitir na colação, a que os deva levar, ou que deixar de restituí-los, perderá o direito que sobre eles lhe cabia.	*Art. 1.780.* O herdeiro que sonegar bens da herança, não os descrevendo no inventário, quando estejam em seu poder, ou, com ciência sua, no de outrem, o que os omitir na colação, a que os deva levar, ou o que deixar de restituí-los, perderá o direito, que sobre eles lhe cabia.
Art. 1.993. Além da pena cominada no artigo antecedente, se o sonegador for o próprio inventariante, remover-se-á, em se provando a sonega-	*Art. 1.781.* Além da pena cominada no artigo antecedente, se o sonegador for o próprio inventariante, remover-se-á, em se provando a sonega-

Código Civil 2002	Código Civil 1916
ção, ou negando ele a existência dos bens, quando indicados.	ção, ou negando ele a existência dos bens, quando indicados.
Art.1.994. A pena de sonegados só se pode requerer e impor em ação movida pelos herdeiros ou pelos credores da herança.	*Art. 1.782.* A pena de sonegados só se pode requerer e impor em ação ordinária, movida pelos herdeiros, ou pelos credores da herança.
Parágrafo único. A sentença que se proferir na ação de sonegados, movida por qualquer dos herdeiros ou credores, aproveita aos demais interessados.	*Parágrafo único.* A sentença que se proferir na ação de sonegados, movida por qualquer dos herdeiros, ou credores, aproveita aos demais interessados.
Art. 1.995. Se não se restituírem os bens sonegados, por já não os ter o sonegador em seu poder, pagará ele a importância dos valores que ocultou, mais as perdas e danos.	*Art. 1.783.* Se não se restituírem os bens sonegados, por já os não ter o sonegador em seu poder, pagará ele a importância dos valores, que ocultou, mais as perdas e danos.
Art. 1.996. Só se pode argüir de sonegação o inventariante depois de encerrada a descrição dos bens, com a declaração, por ele feita, de não existirem outros por inventariar e partir, assim como argüir o herdeiro, depois de declarar-se no inventário que não os possui.	*Art. 1.784.* Só se pode argüir de sonegação o inventariante depois de encerrada a descrição dos bens, com a declaração, por ele feita, de não existirem outros por inventariar e partir, e o herdeiro, depois de declarar no inventário que os não possui.
Capítulo III **Do Pagamento das Dívidas**	
Art. 1.997. A herança responde pelo pagamento das dívidas do falecido; mas, feita a partilha, só respondem os herdeiros, cada qual em proporção da parte que na herança lhe coube.	*Art. 1.796.* A herança responde pelo pagamento das dívidas do falecido; mas, feita a partilha, só respondem os herdeiros, cada qual em proporção da parte, que na herança lhes coube.
§ 1º Quando, antes da partilha, for requerido no inventário o pagamento de dívidas constantes de documentos, revestidos de formalidades legais, constituindo prova bastante da obrigação, e houver impugnação, que não se funde na alegação de pagamento, acompanhada de prova valiosa, o juiz mandará reservar, em poder do inventariante, bens suficientes para solução do débito, sobre os quais venha a recair oportunamente a execução.	*§ 1º* Quando, antes da partilha, for requerido no inventário o pagamento de dívidas constantes de documentos, revestidos de formalidades legais, constituindo prova bastante da obrigação, e houver impugnação, que se não funde na alegação de pagamento, acompanhada de prova valiosa, o juiz mandará reservar, em poder do inventariante, bens suficientes para solução do débito, sobre os quais venha a recair oportunamente a execução.
§ 2º No caso previsto no parágrafo antecedente, o credor será obrigado a iniciar a ação de cobrança no prazo de trinta dias, sob pena de se tornar de nenhum efeito a providência indicada.	*§ 2º* No caso figurado no parágrafo antecedente, o credor será obrigado a iniciar a ação de cobrança dentro no prazo de 30 (trinta) dias, sob pena de se tornar de nenhum efeito a providência indicada.

Código Civil 2002	Código Civil 1916
Art. 1.998. As despesas funerárias, haja ou não herdeiros legítimos, sairão do monte da herança; mas as de sufrágios por alma do falecido só obrigarão a herança quando ordenadas em testamento ou codicilo.	*Art. 1.797.* As despesas funerárias, haja ou não herdeiros legítimos, sairão do monte da herança. Mas as de sufrágios por alma do finado só obrigarão a herança, quando ordenadas em testamento ou codicilo (art. 1.651).
Art. 1.999. Sempre que houver ação regressiva de uns contra outros herdeiros, a parte do co-herdeiro insolvente dividir-se-á em proporção entre os demais.	*Art. 1.798.* Sempre que houver ação regressiva de uns contra outros herdeiros, a parte do co-herdeiro insolvente dividir-se-á em proporção entre os demais.
Art. 2.000. Os legatários e credores da herança podem exigir que do patrimônio do falecido se discrimine o do herdeiro, e, em concurso com os credores deste, ser-lhes-ão preferidos no pagamento.	*Art. 1.799.* Os legatários e credores da herança podem exigir que do patrimônio do falecido se discrimine o do herdeiro, e, em concurso com os credores deste, ser-lhes-ão preferidos no pagamento.
Art. 2.001. Se o herdeiro for devedor ao espólio, sua dívida será partilhada igualmente entre todos, salvo se a maioria consentir que o débito seja imputado inteiramente no quinhão do devedor.	*Art. 1.800.* Se o herdeiro for devedor ao espólio, sua dívida será partilhada igualmente entre todos, salvo se a maioria consentir que o débito seja imputado inteiramente no quinhão do devedor.
Capítulo IV **Da Colação**	
Art. 2.002. Os descendentes que concorrerem à sucessão do ascendente comum são obrigados, para igualar as legítimas, a conferir o valor das doações que dele em vida receberam, sob pena de sonegação.	*Art. 1.786.* Os descendentes, que concorrerem à sucessão do ascendente comum, são obrigados a conferir as doações e os dotes, que dele em vida receberam.
Parágrafo único. Para cálculo da legítima, o valor dos bens conferidos será computado na parte indisponível, sem aumentar a disponível.	*Art. 1.785.* A colação tem por fim igualar as legítimas dos herdeiros. Os bens conferidos não aumentam a metade disponível (arts. 1.721 e 1.722).
Art. 2.003. A colação tem por fim igualar, na proporção estabelecida neste Código, as legítimas dos descendentes e do cônjuge sobrevivente, obrigando também os donatários que, ao tempo do falecimento do doador, já não possuírem os bens doados.	*Art. 1.785.* A colação tem por fim igualar as legítimas dos herdeiros. Os bens conferidos não aumentam a metade disponível (arts. 1.721 e 1.722). *Art. 1.787.* No caso do artigo antecedente, se ao tempo do falecimento do doador, os donatários já não possuírem os bens doados, trarão à colação o seu valor.
Parágrafo único. Se, computados os valores das doações feitas em adiantamento de legítima, não houver no acervo bens suficientes para igualar as legítimas dos descendentes e do cônjuge, os bens assim doados serão conferidos em espé-	

Código Civil 2002	Código Civil 1916
cie, ou, quando deles já não disponha o donatário, pelo seu valor ao tempo da liberalidade.	
Art. 2.004. O valor de colação dos bens doados será aquele, certo ou estimativo, que lhes atribuir o ato de liberalidade.	*Art. 1.792.* Os bens doados, ou dotados, imóveis ou móveis, serão conferidos pelo valor certo, ou pela estimação que deles houver sido feita na data da doação.
§ 1º Se do ato de doação não constar valor certo, nem houver estimação feita naquela época, os bens serão conferidos na partilha pelo que então se calcular valessem ao tempo da liberalidade.	*§ 1º* Se do ato de doação, ou do dote, não constar valor certo, nem houver estimação feita naquela época, os bens serão conferidos na partilha pelo que então se calcular valessem ao tempo daqueles atos.
§ 2º Só o valor dos bens doados entrará em colação; não assim o das benfeitorias acrescidas, as quais pertencerão ao herdeiro donatário, correndo também à conta deste os rendimentos ou lucros, assim como os danos e perdas que eles sofrerem.	*§ 2º* Só o valor dos bens doados ou dotados entrará em colação; não assim o das benfeitorias acrescidas, as quais pertencerão ao herdeiro donatário, correndo também por conta deste os danos e perdas, que eles sofrerem.
Art. 2.005. São dispensadas da colação as doações que o doador determinar saiam da parte disponível, contanto que não a excedam, computado o seu valor ao tempo da doação.	*Art. 1.788.* São dispensados da colação os dotes ou as doações que o doador determinar que saiam de sua metade, contanto que não a excedam, computado o seu valor ao tempo da doação.
Parágrafo único. Presume-se imputada na parte disponível a liberalidade feita a descendente que, ao tempo do ato, não seria chamado à sucessão na qualidade de herdeiro necessário.	
Art. 2.006. A dispensa da colação pode ser outorgada pelo doador em testamento, ou no próprio título de liberalidade.	*Art. 1.789.* A dispensa de colação pode ser outorgada pelo doador, ou dotador, em testamento, ou no próprio título da liberalidade.
Art. 2.007. São sujeitas à redução as doações em que se apurar excesso quanto ao que o doador poderia dispor, no momento da liberalidade.	
§ 1º O excesso será apurado com base no valor que os bens doados tinham, no momento da liberalidade.	
§ 2º A redução da liberalidade far-se-á pela restituição ao monte do excesso assim apurado; a restituição será em espécie, ou, se não mais existir o bem em poder do donatário, em dinheiro, segundo o seu valor ao tempo da abertura da sucessão, observadas, no que forem aplicáveis,	

Código Civil 2002	Código Civil 1916
as regras deste Código sobre a redução das disposições testamentárias.	
§ 3º Sujeita-se a redução, nos termos do parágrafo antecedente, a parte da doação feita a herdeiros necessários que exceder a legítima e mais a quota disponível.	
§ 4º Sendo várias as doações a herdeiros necessários, feitas em diferentes datas, serão elas reduzidas a partir da última, até a eliminação do excesso.	
Art. 2.008. Aquele que renunciou a herança ou dela foi excluído, deve, não obstante, conferir as doações recebidas, para o fim de repor o que exceder o disponível.	*Art. 1.790.* O que renunciou à herança, ou foi dela excluído, deve, não obstante, conferir as doações recebidas, para o fim de repor a parte inoficiosa.
Art. 2.009. Quando os netos, representando os seus pais, sucederem aos avós, serão obrigados a trazer à colação, ainda que não o hajam herdado, o que os pais teriam de conferir.	*Art. 1.791.* Quando os netos, representando seus pais, sucederem aos avós, serão obrigados a trazer à colação, ainda que o não hajam herdado, o que os pais teriam de conferir.
Art. 2.010. Não virão à colação os gastos ordinários do ascendente com o descendente, enquanto menor, na sua educação, estudos, sustento, vestuário, tratamento nas enfermidades, enxoval, assim como as despesas de casamento, ou as feitas no interesse de sua defesa em processo-crime.	*Art. 1.793.* Não virão também à colação os gastos ordinários do ascendente com o descendente, enquanto menor, na sua educação, estudos, sustento, vestuário, tratamento nas enfermidades, enxoval e despesas de casamento e livramento em processo-crime, de que tenha sido absolvido.
Art. 2.011. As doações remuneratórias de serviços feitos ao ascendente também não estão sujeitas a colação.	*Art. 1.794.* As doações remuneratórias de serviços feitos ao ascendente também não estão sujeitas à colação.
Art. 2.012. Sendo feita a doação por ambos os cônjuges, no inventário de cada um se conferirá por metade.	*Art. 1.795.* Sendo feita a doação por ambos os cônjuges, no inventário de cada um se conferirá por metade.
Capítulo V **Da Partilha**	
Art. 2.013. O herdeiro pode sempre requerer a partilha, ainda que o testador o proíba, cabendo igual faculdade aos seus cessionários e credores.	*Art. 1.772.* O herdeiro pode requerer a partilha, embora lhe seja defeso pelo testador.
Art. 2.014. Pode o testador indicar os bens e valores que devem compor os quinhões hereditários,	

Código Civil 2002	Código Civil 1916
deliberando ele próprio a partilha, que prevalecerá, salvo se o valor dos bens não corresponder às quotas estabelecidas.	
Art. 2.015. Se os herdeiros forem capazes, poderão fazer partilha amigável, por escritura pública, termo nos autos do inventário, ou escrito particular, homologado pelo juiz.	*Art. 1.773.* Se os herdeiros forem maiores e capazes, poderão fazer partilha amigável, por escritura pública, termo nos autos do inventário, ou escrito particular, homologado pelo juiz.
Art. 2.016. Será sempre judicial a partilha, se os herdeiros divergirem, assim como se algum deles for incapaz.	*Art. 1.774.* Será sempre judicial a partilha, se os herdeiros divergirem, assim como se algum deles for menor, ou incapaz.
Art. 2.017. No partilhar os bens, observar-se-á, quanto ao seu valor, natureza e qualidade, a maior igualdade possível.	*Art. 1.775.* No partilhar os bens, observar-se-á, quanto ao seu valor, natureza e qualidade, a maior igualdade possível.
Art. 2.018. É válida a partilha feita por ascendente, por ato entre vivos ou de última vontade, contanto que não prejudique a legítima dos herdeiros necessários.	*Art. 1.776.* É válida a partilha feita pelo pai, por ato entre vivos ou de última vontade, contanto que não prejudique a legítima dos herdeiros necessários.
Art. 2.019. Os bens insuscetíveis de divisão cômoda, que não couberem na meação do cônjuge sobrevivente ou no quinhão de um só herdeiro, serão vendidos judicialmente, partilhando-se o valor apurado, a não ser que haja acordo para serem adjudicados a todos.	*Art. 1.777.* O imóvel que não couber no quinhão de um só herdeiro, ou não admitir divisão cômoda, será vendido em hasta pública, dividindo-se-lhe o preço, exceto se um ou mais herdeiros requererem lhes seja adjudicado, repondo aos outros, em dinheiro, o que sobrar.
§ 1º Não se fará a venda judicial se o cônjuge sobrevivente ou um ou mais herdeiros requererem lhes seja adjudicado o bem, repondo aos outros, em dinheiro, a diferença, após avaliação atualizada.	
§ 2º Se a adjudicação for requerida por mais de um herdeiro, observar-se-á o processo da licitação.	
Art. 2.020. Os herdeiros em posse dos bens da herança, o cônjuge sobrevivente e o inventariante são obrigados a trazer ao acervo os frutos que perceberam, desde a abertura da sucessão; têm direito ao reembolso das despesas necessárias e úteis que fizeram, e respondem pelo dano a que, por dolo ou culpa, deram causa.	*Art. 1.778.* Os herdeiros em posse dos bens da herança, o cabeça-de-casal e o inventariante são obrigados a trazer ao acervo os frutos que, desde a abertura da sucessão, perceberam; têm direito ao reembolso das despesas necessárias e úteis, que fizeram, e respondem pelo dano, a que, por dolo, ou culpa, deram causa.

Código Civil 2002	Código Civil 1916
Art. 2.021. Quando parte da herança consistir em bens remotos do lugar do inventário, litigiosos, ou de liquidação morosa ou difícil, poderá proceder-se, no prazo legal, à partilha dos outros, reservando-se aqueles para uma ou mais sobrepartilhas, sob a guarda e a administração do mesmo ou diverso inventariante, e consentimento da maioria dos herdeiros.	*Art. 1.779.* Quando parte da herança consistir em bens remotos do lugar do inventário, litigiosos, ou de liquidação morosa, ou difícil, poderá proceder-se, no prazo legal, à partilha dos outros, reservando-se aqueles para uma ou mais sobrepartilhas, sob a guarda e a administração do mesmo, ou diverso inventariante, a aprazimento da maioria dos herdeiros. Também ficam sujeitos à sobrepartilha os sonegados e quaisquer outros bens da herança que se descobrirem depois da partilha.
Art. 2.022. Ficam sujeitos a sobrepartilha os bens sonegados e quaisquer outros bens da herança de que se tiver ciência após a partilha.	*Art. 1.779 (ver acima).*
Capítulo VI **Da Garantia dos Quinhões Hereditários**	
Art. 2.023. Julgada a partilha, fica o direito de cada um dos herdeiros circunscrito aos bens do seu quinhão.	*Art. 1.801.* Julgada a partilha, fica o direito de cada um dos herdeiros circunscrito aos bens do seu quinhão.
Art. 2.024. Os co-herdeiros são reciprocamente obrigados a indenizar-se no caso de evicção dos bens aquinhoados.	*Art. 1.802.* Os co-herdeiros são reciprocamente obrigados a indenizar-se, no caso de evicção, dos bens aquinhoados.
Art. 2.025. Cessa a obrigação mútua estabelecida no artigo antecedente, havendo convenção em contrário, e bem assim dando-se a evicção por culpa do evicto, ou por fato posterior à partilha.	*Art. 1.803.* Cessa essa obrigação mútua, havendo convenção em contrário, e bem assim dando-se a evicção por culpa do evicto, ou por fato posterior à partilha.
Art. 2.026. O evicto será indenizado pelos co-herdeiros na proporção de suas quotas hereditárias, mas, se algum deles se achar insolvente, responderão os demais na mesma proporção, pela parte desse, menos a quota que corresponderia ao indenizado.	*Art. 1.804.* O evicto será indenizado pelos co-herdeiros na proporção de suas quotas hereditárias; mas, se algum deles se achar insolvente, responderão os demais, na mesma proporção, pela parte desse, menos a quota que corresponderia ao indenizado.
Capítulo VII **Da Anulação da Partilha**	
Art. 2.027. A partilha, uma vez feita e julgada, só é anulável pelos vícios e defeitos que invalidam, em geral, os negócios jurídicos.	*Art. 1.805.* A partilha, uma vez feita e julgada, só é anulável pelos vícios e defeitos que invalidam, em geral, os atos jurídicos (art. 178, § 6º, V).
Parágrafo único. Extingue-se em um ano o direito de anular a partilha.	

Código Civil 2002	Código Civil 1916
LIVRO COMPLEMENTAR DAS DISPOSIÇÕES FINAIS E TRANSITÓRIAS	**LIVRO COMPLEMENTAR DAS DISPOSIÇÕES FINAIS E TRANSITÓRIAS***
Art. 2.028. Serão os da lei anterior os prazos, quando reduzidos por este Código, e se, na data de sua entrada em vigor, já houver transcorrido mais da metade do tempo estabelecido na lei revogada.	
Art. 2.029. Até dois anos após a entrada em vigor deste Código, os prazos estabelecidos no parágrafo único do art. 1.238 e no parágrafo único do art. 1.242 serão acrescidos de dois anos, qualquer que seja o tempo transcorrido na vigência do anterior, Lei 3.071, de 1º de janeiro de 1916.	
Art. 2.030. O acréscimo de que trata o artigo antecedente, será feito nos casos a que se refere o § 4º do art. 1.228.	
Art. 2.031. As associações, sociedades e fundações, constituídas na forma das leis anteriores, terão o prazo de um ano para se adaptarem às disposições deste Código, a partir de sua vigência; igual prazo é concedido aos empresários.	
Art. 2.032. As fundações, instituídas segundo a legislação anterior, inclusive as de fins diversos dos previstos no parágrafo único do art. 62, subordinam-se, quanto ao seu funcionamento, ao disposto neste Código.	
Art. 2.033. Salvo o disposto em lei especial, as modificações dos atos constitutivos das pessoas jurídicas referidas no art. 44, bem como a sua transformação, incorporação, cisão ou fusão, regem-se desde logo por este Código.	
Art. 2.034. A dissolução e a liquidação das pessoas jurídicas referidas no artigo antecedente, quando iniciadas antes da vigência deste Código, obedecerão ao disposto nas leis anteriores.	
Art. 2.035. A validade dos negócios e demais atos jurídicos, constituídos antes da entrada em vigor deste Código, obedece ao disposto nas leis anteriores, referidas no art. 2.045, mas os seus efei-	

*Pela natureza da matéria, este livro não tem correspondência com o novo Código Civil de 2002.

Código Civil 2002	Código Civil 1916
tos, produzidos após a vigência deste Código, aos preceitos dele se subordinam, salvo se houver sido prevista pelas partes determinada forma de execução. **Parágrafo único.** Nenhuma convenção prevalecerá se contrariar preceitos de ordem pública, tais como os estabelecidos por este Código para assegurar a função social da propriedade e dos contratos.	
Art. 2.036. A locação de prédio urbano, que esteja sujeita à lei especial, por esta continua a ser regida.	
Art. 2.037. Salvo disposição em contrário, aplicam-se aos empresários e sociedades empresárias as disposições de lei não revogadas por este Código, referentes a comerciantes, ou a sociedades comerciais, bem como a atividades mercantis.	
Art. 2.038. Fica proibida a constituição de enfiteuses e subenfiteuses, subordinando-se as existentes, até sua extinção, às disposições do Código Civil anterior, Lei 3.071, de 1º de janeiro de 1916, e leis posteriores. **§ 1º** Nos aforamentos a que se refere este artigo é defeso: **I –** cobrar laudêmio ou prestação análoga nas transmissões de bem aforado, sobre o valor das construções ou plantações; **II –** constituir subenfiteuse. **§ 2º** A enfiteuse dos terrenos de marinha e acrescidos regula-se por lei especial.	
Art. 2.039. O regime de bens nos casamentos celebrados na vigência do Código Civil anterior, Lei 3.071, de 1º de janeiro de 1916, é o por ele estabelecido.	
Art. 2.040. A hipoteca legal dos bens do tutor ou curador, inscrita em conformidade com o inciso IV do art. 827 do Código Civil anterior, Lei 3.071, de 1º de janeiro de 1916, poderá ser cancelada, obedecido o disposto no parágrafo único do art. 1.745 deste Código.	
Art. 2.041. As disposições deste Código relativas à ordem da vocação hereditária (arts. 1.829 a 1.844) não se aplicam à sucessão aberta antes de sua vigência, prevalecendo o disposto na lei anterior (Lei 3.071, de 1º de janeiro de 1916).	

CÓDIGO CIVIL 2002	CÓDIGO CIVIL 1916
Art. 2.042. Aplica-se o disposto no *caput* do art. 1.848, quando aberta a sucessão no prazo de um ano após a entrada em vigor deste Código, ainda que o testamento tenha sido feito na vigência do anterior, Lei 3.071, de 1º de janeiro de 1916; se, no prazo, o testador não aditar o testamento para declarar a justa causa de cláusula aposta à legítima, não subsistirá a restrição.	
Art. 2.043. Até que por outra forma se disciplinem, continuam em vigor as disposições de natureza processual, administrativa ou penal, constantes de leis cujos preceitos de natureza civil hajam sido incorporados a este Código.	
Art. 2.044. Este Código entrará em vigor 1 (um) ano após a sua publicação.	
Art. 2.045. Revogam-se a Lei 3.071, de 1º de janeiro de 1916 – Código Civil e a Parte Primeira do Código Comercial, Lei 556, de 25 de junho de 1850.	
Art. 2.046. Todas as remissões, em diplomas legislativos, aos Códigos referidos no artigo antecedente, consideram-se feitas às disposições correspondentes deste Código.	
Brasília, 10 de janeiro de 2002; 181º da Independência e 114º da República. FERNANDO HENRIQUE CARDOSO	Rio de Janeiro, 1º de janeiro de 1916; 95º da Independência e 28º da República. WENCESLAU BRAZ P. GOMES

Código Civil 1916

LEI 3.071, DE 1º DE JANEIRO DE 1916

Código Civil

PARTE GERAL
DISPOSIÇÃO PRELIMINAR

Art. 1º Este Código regula os direitos e obrigações de ordem privada concernentes às pessoas, aos bens e às suas relações.

• *Código Civil de 2002: sem correspondente.*

LIVRO I
DAS PESSOAS

Título I
Da Divisão das Pessoas

Capítulo I
Das Pessoas Naturais

Art. 2º Todo homem é capaz de direitos e obrigações na ordem civil.

• *Código Civil de 2002: art. 1º.*

Art. 3º A lei não distingue entre nacionais e estrangeiros quanto à aquisição e ao gozo dos direitos civis.

• *Código Civil de 2002: sem correspondente.*

Art. 4º A personalidade civil do homem começa do nascimento com vida; mas a lei põe a salvo desde a concepção os direitos do nascituro.

• *Código Civil de 2002: art. 2º.*

Art. 5º São absolutamente incapazes de exercer pessoalmente os atos da vida civil:

• *Código Civil de 2002: art. 3º, caput.*

I – os menores de 16 (dezesseis) anos;

• *Código Civil de 2002: art. 3º, I.*

II – os loucos de todo o gênero;

• *Código Civil de 2002: art. 3º, II.*

III – os surdos-mudos, que não puderem exprimir a sua vontade;

• *Código Civil de 2002: art. 3º, III.*

IV – os ausentes, declarados tais por ato do juiz.

• *Código Civil de 2002: sem correspondente.*

Art. 6º São incapazes, relativamente a certos atos (art. 147, I), ou à maneira de os exercer:

• *Código Civil de 2002: art. 4º, caput.*

I – os maiores de 16 (dezesseis) e os menores de 21 (vinte e um) anos (arts. 154 a 156);

• *Código Civil de 2002: art. 4º, I.*

II – os pródigos;

• *Código Civil de 2002: art. 4º, IV.*

III – os silvícolas.

• *Código Civil de 2002: sem correspondente.*

Parágrafo único. Os silvícolas ficarão sujeitos ao regime tutelar, estabelecido em leis e regulamentos especiais, o qual cessará à medida que se forem adaptando à civilização do País.

• *Código Civil de 2002: art. 4º, parágrafo único.*

Art. 7º Supre-se a incapacidade, absoluta, ou relativa, pelo modo instituído neste Código, Parte Especial.

• *Código Civil de 2002: sem correspondente.*

Art. 8º Na proteção que o Código Civil confere aos incapazes não se compreende o benefício de restituição.

• *Código Civil de 2002: sem correspondente.*

Art. 9º Aos 21 (vinte e um) anos completos acaba a menoridade, ficando habilitado o indivíduo para todos os atos da vida civil.

• *Código Civil de 2002: art. 5º, caput.*

§ 1º Cessará, para os menores, a incapacidade:

• *Código Civil de 2002: sart. 5º, parágrafo único.*

I – por concessão do pai, ou, se for morto, da mãe, e por sentença do juiz, ouvido o tutor, se o menor tiver 18 (dezoito) anos cumpridos;

• *Código Civil de 2002: art. 5º, parágrafo único, I.*

II – pelo casamento;

• *Código Civil de 2002: art. 5º, parágrafo único, II.*

III – pelo exercício de emprego público efetivo;

• *Código Civil de 2002: art. 5º, parágrafo único, III.*

IV – pela colação de grau científico em curso de ensino superior;

• *Código Civil de 2002: art. 5º, parágrafo único, IV.*

V – pelo estabelecimento civil ou comercial, com economia própria.

• *Código Civil de 2002: art. 5º, parágrafo único, V.*

§ 2º Para efeito do alistamento e do sorteio militar cessará a incapacidade do menor que houver completado 18 (dezoito) anos de idade.

• *Código Civil de 2002: sem correspondente.*

Art. 10. A existência da pessoa natural termina com a morte. Presume-se esta, quanto aos ausentes, nos casos dos arts. 481 e 482.

• *Código Civil de 2002: art. 6º.*

Art. 11. Se dois ou mais indivíduos falecerem na mesma ocasião, não se podendo averiguar se algum dos comorientes precedeu aos outros, presumir-se-ão simultaneamente mortos.

• *Código Civil de 2002: art. 8º.*

Art. 12. Serão inscritos em registro público:

• *Código Civil de 2002: art. 9º, caput.*

I – os nascimentos, casamentos, separações judiciais, divórcios e óbitos;

• *Código Civil de 2002: art. 9º, I.*

II – a emancipação por outorga do pai ou mãe, ou por sentença do juiz (art. 9º, § 1º, I);

• *Código Civil de 2002: art. 9º, II.*

III – a interdição dos loucos, dos surdos-mudos e dos pródigos;

• *Código Civil de 2002: art. 9º, III.*

IV – a sentença declaratória da ausência.

• *Código Civil de 2002: art. 9º, IV.*

Capítulo II
Das Pessoas Jurídicas

Seção I
Disposições Gerais

Art. 13. As pessoas jurídicas são de direito público interno, ou externo, e de direito privado.

• *Código Civil de 2002: art. 40.*

Art. 14. São pessoas jurídicas de direito público interno:

• *Código Civil de 2002: art. 41, caput.*

I – a União;

• *Código Civil de 2002: art. 41, I.*

II – cada um dos seus Estados e o Distrito Federal;

• *Código Civil de 2002: art. 41, II.*

III – cada um dos Municípios legalmente constituídos.

• *Código Civil de 2002: art. 41, III.*

Art. 15. As pessoas jurídicas de direito público são civilmente responsáveis por atos dos seus representantes que nessa qualidade causem danos a terceiros, procedendo de modo contrário ao direito ou faltando a dever prescrito por lei, salvo o direito regressivo contra os causadores do dano.

• *Código Civil de 2002: art. 43.*

Art. 16. São pessoas jurídicas de direito privado:

• *Código Civil de 2002: art. 44, caput.*

I – as sociedades civis, religiosas, pias, morais, científicas ou literárias, as associações de utilidade pública e as fundações;

• *Código Civil de 2002: art. 44, I, II e III.*

II – as sociedades mercantis;

• *Código Civil de 2002: art. 44, I e II.*

III – os partidos políticos.

• *Código Civil de 2002: sem correspondente.*

§ 1º As sociedades mencionadas no nº I só se poderão constituir por escrito, lançado no registro geral (art. 20, § 2º), e reger-se-ão pelo disposto a seu respeito neste Código, Parte Especial.

• *Código Civil de 2002: sem correspondente.*

§ 2º As sociedades mercantis continuarão a reger-se pelo estatuído nas leis comerciais.

• *Código Civil de 2002: sem correspondente.*

§ 3º Os partidos políticos reger-se-ão pelo disposto, no que lhes for aplicável, nos arts. 17 a 22 deste Código e em lei específica.

• *Código Civil de 2002: sem correspondente.*

Art. 17. As pessoas jurídicas serão representadas, ativa e passivamente, nos atos judiciais e extrajudiciais, por quem os respectivos estatutos designarem, ou, não o designando, pelos seus diretores.

• *Código Civil de 2002: sem correspondente.*

Seção II
Do Registro Civil das Pessoas Jurídicas

Art. 18. Começa a existência legal das pessoas jurídicas de direito privado com a inscrição dos seus contratos, atos constitutivos, estatutos ou compromissos no seu registro peculiar, regulado por lei especial, ou com a autorização ou aprovação do Governo, quando precisa.

• *Código Civil de 2002: art. 45, caput.*

Parágrafo único. Serão averbadas no registro as alterações que esses atos sofrerem.

• *Código Civil de 2002: art. 45, caput.*

Art. 19. O registro declarará:

• *Código Civil de 2002: art. 46, caput.*

I – a denominação, os fins e a sede da associação ou fundação;

• *Código Civil de 2002: art. 46, I.*

II – o modo por que se administra e representa ativa e passiva, judicial e extrajudicialmente;

• *Código Civil de 2002: art. 46, III.*

III – se os estatutos, o contrato ou o compromisso são reformáveis no tocante à administração, e de que modo;

• *Código Civil de 2002: art. 46, IV.*

IV – se os membros respondem, ou não, subsidiariamente pelas obrigações sociais;

• *Código Civil de 2002: art. 46, V.*

V – as condições de extinção da pessoa jurídica e o destino do seu patrimônio neste caso.

• *Código Civil de 2002: art. 46, VI.*

Seção III
Das Sociedades ou Associações Civis

Art. 20. As pessoas jurídicas tem existência distinta da dos seus membros.

• *Código Civil de 2002: sem correspondente.*

§ 1º Não se poderão constituir, sem prévia autorização, as sociedades, as agências ou os estabelecimentos de seguros, montepio e caixas econômicas, salvo as cooperativas e os sindicatos profissionais e agrícolas, legalmente organizados. Se tiverem de funcionar no Distrito Federal, ou em mais de um Estado, ou em territórios não constituídos em Estados, a autorização será do Governo Federal; se em um só Estado, do governo deste.

• *Código Civil de 2002: sem correspondente.*

§ 2º As sociedades enumeradas no art. 16, que, por falta de autorização ou de registro, se não reputarem pessoas jurídicas, não poderão acionar a seus membros, nem a terceiros; mas estes poderão responsabilizá-las por todos os seus atos.

• *Código Civil de 2002: sem correspondente.*

Art. 21. Termina a existência da pessoa jurídica:

• *Código Civil de 2002: sem correspondente.*

I – pela sua dissolução, deliberada entre os seus membros, salvo o direito da minoria e de terceiros;

• *Código Civil de 2002: sem correspondente.*

II – pela sua dissolução, quando a lei determine;

• *Código Civil de 2002: sem correspondente.*

III – pela sua dissolução em virtude de ato do Governo, que lhe casse a autorização para funcionar, quando a pessoa jurídica incorra em atos opostos aos seus fins ou nocivos ao bem público.

• *Código Civil de 2002: sem correspondente.*

Art. 22. Extinguindo-se uma associação de intuitos não econômicos, cujos estatutos não disponham quanto ao destino ulterior dos seus bens, e não tendo os sócios adotado a tal respeito deliberação eficaz, devolver-se-á o patrimônio social a um estabelecimento municipal, estadual ou federal, de fins idênticos ou semelhantes.

• *Código Civil de 2002: art. 61, caput.*

Parágrafo único. Não havendo no Município ou no Estado, no Distrito Federal ou no Território ainda não constituído em Estado, em que a associação teve sua sede, estabelecimento nas condições indicadas, o patrimônio se devolverá à Fazenda do Estado, à do Distrito Federal, ou à da União.

• *Código Civil de 2002: art. 61, § 2º.*

Art. 23. Extinguindo-se uma sociedade de fins econômicos, o remanescente do patrimônio social compartir-se-á entre os sócios ou seus herdeiros.

• *Código Civil de 2002: sem correspondente.*

Seção IV
Das Fundações

Art. 24. Para criar uma fundação, far-lhe-á o seu instituidor, por escritura pública ou testamento, dotação especial de bens livres, especificando o fim a que se destina, e declarando, se quiser, a maneira de administrá-la.

• *Código Civil de 2002: art. 62.*

Art. 25. Quando insuficientes para constituir a fundação, os bens doados serão convertidos em títulos da dívida pública, se outra coisa não dispuser o instituidor, até que, aumentados com os rendimentos ou novas dotações, perfaçam capital bastante.

• *Código Civil de 2002: art. 63.*

Art. 26. Velará pelas fundações o Ministério Público do Estado, onde situadas.

• *Código Civil de 2002: art. 66, caput.*

§ 1º Se estenderem a atividade a mais de um Estado, caberá em cada um deles ao Ministério Público esse encargo.

• *Código Civil de 2002: art. 66, § 2º.*

§ 2º Aplica-se ao Distrito Federal e aos Territórios não constituídos em Estados o aqui disposto quanto a estes.

• *Código Civil de 2002: sem correspondente.*

Art. 27. Aqueles a quem o instituidor cometer a aplicação do patrimônio, em tendo ciência do encargo, formularão logo, de acordo com as suas bases (art. 24), os estatutos da fundação projetada, submetendo-os, em seguida, à aprovação da autoridade competente.

• *Código Civil de 2002: art. 65, caput.*

Parágrafo único. Se esta lha denegar, supri-la-á o juiz competente no Estado, no Distrito Federal ou nos Territórios, com os recursos da lei.

• *Código Civil de 2002: sem correspondente.*

Art. 28. Para se poderem alterar os estatutos da fundação, é mister:

• *Código Civil de 2002: art. 67, caput.*

I – que a reforma seja deliberada pela maioria absoluta dos competentes para gerir e representar a fundação;

• *Código Civil de 2002: art. 67, I.*

II – que não contrarie o fim desta;

• *Código Civil de 2002: art. 67, II.*

III – que seja aprovada pela autoridade competente.

• *Código Civil de 2002: art. 67, III.*

Art. 29. A minoria vencida na modificação dos estatutos poderá, dentro em 1 (um) ano, promover-lhe a nulidade, recorrendo ao juiz competente, salvo o direito de terceiros.

• *Código Civil de 2002: sem correspondente.*

Art. 30. Verificado ser nociva, ou impossível, a mantença de uma fundação, ou vencido o prazo de sua existência, o patrimônio, salvo disposição em contrário no ato constitutivo, ou nos estatutos, será incorporado em outras fundações, que se proponham a fins iguais ou semelhantes.

• *Código Civil de 2002: art. 69.*

Parágrafo único. Essa verificação poderá ser promovida judicialmente pela minoria de que trata o art. 29, ou pelo Ministério Público.

• *Código Civil de 2002: art. 69.*

Título II
Do Domicílio Civil

Art. 31. O domicílio civil da pessoa natural é o lugar onde ela estabelece a sua residência com ânimo definitivo.

• *Código Civil de 2002: art. 70.*

Art. 32. Se, porém, a pessoa natural tiver diversas residências onde alternadamente viva, ou vários centros de ocupações habituais, considerar-se-á domicílio seu qualquer destes ou daquelas.

• *Código Civil de 2002: art. 71.*

Art. 33. Ter-se-á por domicílio da pessoa natural, que não tenha residência habitual (art. 32), ou empregue a vida em viagens, sem ponto central de negócios, o lugar onde for encontrada.

• *Código Civil de 2002: art.73.*

Art. 34. Muda-se o domicílio, transferindo a residência, com intenção manifesta de o mudar.

• *Código Civil de 2002: art. 74, caput.*

Parágrafo único. A prova da intenção resultará do que declarar a pessoa mudada às municipalidades dos lugares, que deixa, e para onde vai, ou, se tais declarações não fizer, da própria mudança, com as circunstâncias que a acompanharem.

• *Código Civil de 2002: art. 74, parágrafo único.*

Art. 35. Quanto as pessoas jurídicas, o domicílio é:

• *Código Civil de 2002: art. 75, caput.*

I – da União, o Distrito Federal;

• *Código Civil de 2002: art. 75, I.*

II – dos Estados, as respectivas capitais;

• *Código Civil de 2002: art. 75, II.*

III – do Município, o lugar onde funcione a administração municipal;

• *Código Civil de 2002: art. 75, III.*

IV – das demais pessoas jurídicas, o lugar onde funcionarem as respectivas diretorias e administrações, ou onde elegerem domicílio especial nos seus estatutos ou atos constitutivos.

• *Código Civil de 2002: art. 75, IV.*

§ 1º Quando o direito pleiteado se originar de um fato ocorrido, ou de um ato praticado, ou que deva produzir os seus efeitos, fora do Distrito Federal, a União será demandada na seção judicial em que o fato ocorreu, ou onde tiver sua sede a autoridade de quem o ato emanou, ou este tenha de ser executado.

• *Código Civil de 2002: sem correspondente.*

§ 2º Nos Estados, observar-se-á, quanto às causas de natureza local, oriundas de fatos ocorridos, ou atos praticados por suas autoridades, ou dados à execução, fora das capitais, o que dispuser a respectiva legislação.

• *Código Civil de 2002: sem correspondente.*

§ 3º Tendo, a pessoa jurídica de direito privado diversos estabelecimentos em lugares diferentes, cada um será considerado domicílio para os atos nele praticados.

• *Código Civil de 2002: art. 75,§ 1º.*

§ 4º Se a administração, ou diretoria, tiver a sede no estrangeiro, haver-se-á por domicílio da pessoa jurídica, no tocante às obrigações contraídas por cada uma das suas agências, o lugar do estabelecimento, sito no Brasil, a que ela corresponder.

• *Código Civil de 2002: art. 75,§ 2º.*

Art. 36. Os incapazes têm por domicílio o dos seus representantes.

• *Código Civil de 2002: art. 76, caput e parágrafo único.*

Parágrafo único. A mulher casada tem por domicílio o do marido, salvo se estiver desquitada (art. 315), ou lhe competir a administração do casal (art. 251).

• *Código Civil de 2002: sem correspondente.*

Art. 37. Os funcionários públicos reputam-se domiciliados onde exercem as suas funções, não sendo temporárias, periódicas, ou de simples comissão, porque, nestes casos, elas não operam mudança no domicílio anterior.

• *Código Civil de 2002: art. 76, caput e parágrafo único.*

Art. 38. O domicílio do militar em serviço ativo é o lugar onde servir.

• *Código Civil de 2002: art. 76, caput e parágrafo único.*

Parágrafo único. As pessoas com praça na armada têm o seu domicílio na respectiva estação naval, ou na sede do emprego que estiverem exercendo, em terra.

• *Código Civil de 2002: art. 76, caput e parágrafo único.*

Art. 39. O domicílio dos oficiais e tripulantes da marinha mercante é o lugar onde estiver matriculado o navio.

• *Código Civil de 2002: art. 76, caput e parágrafo único.*

Art. 40. O preso, ou o desterrado, tem o domicílio no lugar onde cumpre a sentença, ou desterro (art. 80, § 2º, nº 2, da Constituição Federal).

• *Código Civil de 2002: art. 76, caput e parágrafo único.*

Art. 41. O ministro ou agente diplomático do Brasil, que, citado no estrangeiro, alegar exterritorialidade sem designar onde tem, no País, o seu domicílio, poderá ser demandado no Distrito Federal ou no último ponto do território brasileiro onde o teve.

• *Código Civil de 2002: art. 77.*

Art. 42. Nos contratos escritos poderão os contraentes especificar domicílio onde se exercitem e cumpram os direitos e obrigações deles resultantes.

• *Código Civil de 2002: art. 78.*

LIVRO II
DOS BENS

Título Único
Das Diferentes Classes de Bens

Capítulo I
Dos Bens Considerados em Si Mesmos

Seção I
Dos Bens Imóveis

Art. 43. São bens imóveis:

• *Código Civil de 2002: art. 79.*

I – o solo com a sua superfície, os seus acessórios e adjacências naturais, compreendendo as árvores e frutos pendentes, o espaço aéreo e o subsolo;

• *Código Civil de 2002: art. 79.*

II – tudo quanto o homem incorporar permanentemente ao solo, como a semente lançada à terra, os edifícios e construções, de modo que se não possa retirar sem destruição, modificação, fratura, ou dano;

• *Código Civil de 2002: art. 79.*

III – tudo quanto no imóvel o proprietário mantiver intencionalmente empregado em sua exploração industrial, aformoseamento ou comodidade.

• *Código Civil de 2002: art. 79.*

Art. 44. Consideram-se imóveis para os efeitos legais:

• *Código Civil de 2002: art. 80, caput.*

I – os direitos reais sobre imóveis, inclusive o penhor agrícola, e as ações que os asseguram;

• *Código Civil de 2002: art. 80, I.*

II – as apólices da dívida pública oneradas com a cláusula de inalienabilidade;

• *Código Civil de 2002: sem correspondente.*

III – o direito à sucessão aberta.

• *Código Civil de 2002: art. 80, II.*

Art. 45. Os bens, de que trata o art. 43, III, podem ser, em qualquer tempo, mobilizados.

• *Código Civil de 2002: sem correspondente.*

Art. 46. Não perdem o caráter de imóveis os materiais provisoriamente separados de um prédio, para nele mesmo se reempregarem.

• *Código Civil de 2002: art. 81, caput e II.*

Seção II
Dos Bens Móveis

Art. 47. São móveis os bens suscetíveis de movimento próprio, ou de remoção por força alheia.

• *Código Civil de 2002: art. 82.*

Art. 48. Consideram-se móveis para os efeitos legais:

• *Código Civil de 2002: art. 83, caput.*

I – os direitos reais sobre objetos móveis e as ações correspondentes;

• *Código Civil de 2002: art. 83, II.*

II – os direitos de obrigação e as ações respectivas;

• *Código Civil de 2002: art. 83, III.*

III – os direitos de autor.

• *Código Civil de 2002: sem correspondente.*

Art. 49. Os materiais destinados a alguma construção, enquanto não forem empregados, conservam a sua qualidade de móveis. Readquirem essa qualidade os provenientes da demolição de algum prédio.

• *Código Civil de 2002: art. 84.*

Seção III
Das Coisas Fungíveis e Consumíveis

Art. 50. São fungíveis os móveis que podem, e não fungíveis os que não podem substituir-se por outros da mesma espécie, qualidade e quantidade.

• *Código Civil de 2002: art. 85.*

Art. 51. São consumíveis os bens móveis, cujo uso importa destruição imediata da própria substância, sendo também considerados tais os destinados a alienação.

• *Código Civil de 2002: art. 86.*

Seção IV
Das Coisas Divisíveis e Indivisíveis

Art. 52. Coisas divisíveis são as que se podem partir em porções reais e distintas, formando cada qual um todo perfeito.

• *Código Civil de 2002: art. 87.*

Art. 53. São indivisíveis:

• *Código Civil de 2002: sem correspondente.*

I – os bens que se não podem partir sem alteração na sua substância;

• *Código Civil de 2002: sem correspondente.*

II – os que, embora naturalmente divisíveis, se consideram indivisíveis por lei, ou vontade das partes.

• *Código Civil de 2002: art. 88.*

Seção V
Das Coisas Singulares e Coletivas

Art. 54. As coisas simples ou compostas, materiais ou imateriais, são singulares ou coletivas:

• *Código Civil de 2002: sem correspondente.*

I – singulares, quando, embora reunidas, se consideram de per si, independentemente das demais;

• *Código Civil de 2002: art. 89.*

II – coletivas, ou universais, quando se encaram agregadas em todo.

• *Código Civil de 2002: art. 90, caput.*

Art. 55. Nas coisas coletivas, em desaparecendo todos os indivíduos, menos um, se tem por extinta a coletividade.

• *Código Civil de 2002: sem correspondente.*

Art. 56. Na coletividade, fica sub-rogado ao indivíduo o respectivo valor, e vice-versa.

• *Código Civil de 2002: sem correspondente.*

Art. 57. O patrimônio e a herança constituem coisas universais, ou universalidades, e como tais subsistem, embora não constem de objetos materiais.

• *Código Civil de 2002: art. 91.*

Capítulo II
Dos Bens Reciprocamente Considerados

Art. 58. Principal é a coisa que existe sobre si, abstrata ou concretamente. Acessória, aquela cuja existência supõe a da principal.

• *Código Civil de 2002: art. 92.*

Art. 59. Salvo disposição especial em contrário, a coisa acessória segue a principal.

• *Código Civil de 2002: sem correspondente.*

Art. 60. Entram na classe das coisas acessórias os frutos, produtos e rendimentos.

• *Código Civil de 2002: sem correspondente.*

Art. 61. São acessórios do solo:

• *Código Civil de 2002: sem correspondente.*

I – os produtos orgânicos da superfície;

• *Código Civil de 2002: sem correspondente.*

II – Os minerais contidos no subsolo;

• *Código Civil de 2002: sem correspondente.*

III – as obras de aderência permanente, feitas acima ou abaixo da superfície.

• *Código Civil de 2002: sem correspondente.*

Art. 62. Também se consideram acessórias da coisa todas as benfeitorias, qualquer que seja o seu valor, exceto:

• *Código Civil de 2002: sem correspondente.*

I – a pintura em relação à tela;

• *Código Civil de 2002: sem correspondente.*

II – a escultura em relação à matéria-prima;

• *Código Civil de 2002: sem correspondente.*

III – a escritura e outro qualquer trabalho gráfico, em relação à matéria-prima que os recebe (art. 614).

• *Código Civil de 2002: sem correspondente.*

Art. 63. As benfeitorias podem ser voluptuárias, úteis ou necessárias.

• *Código Civil de 2002: art. 96, caput.*

§ 1º São voluptuárias as de mero deleite ou recreio, que não aumentam o uso habitual da coisa, ainda que a tornem mais agradável ou sejam de elevado valor.

• *Código Civil de 2002: art. 96, § 1º.*

§ 2º São úteis as que aumentam ou facilitam o uso da coisa.

• *Código Civil de 2002: art. 96, § 2º.*

§ 3º São necessárias as que têm por fim conservar a coisa ou evitar que se deteriore.

• *Código Civil de 2002: art. 96, § 3º.*

Art. 64. Não se consideram benfeitorias os melhoramentos sobrevindos à coisa sem a intervenção do proprietário, possuidor ou detentor.

• *Código Civil de 2002: art. 97.*

Capítulo III
Dos Bens Públicos e Particulares

Art. 65. São públicos os bens do domínio nacional pertencentes à União, aos Estados, ou aos Municípios. Todos os outros são particulares, seja qual for a pessoa a que pertencerem.

• *Código Civil de 2002: art. 98.*

Art. 66. Os bens públicos são:

• *Código Civil de 2002: art. 99, caput.*

I – de uso comum do povo, tais como os mares, rios, estradas, ruas e praças;

• *Código Civil de 2002: art. 99, I.*

II – os de uso especial, tais como os edifícios ou terrenos aplicados a serviço ou estabelecimento federal, estadual ou municipal;

• *Código Civil de 2002: art. 99, II.*

III – os dominicais, isto é, os que constituem o patrimônio da União, dos Estados, ou dos Municípios, como objeto de direito pessoal, ou real de cada uma dessas entidades.

• *Código Civil de 2002: art. 99, III.*

Art. 67. Os bens de que trata o artigo antecedente só perderão a inalienabilidade, que lhes é peculiar, nos casos e forma que a lei prescrever.

• *Código Civil de 2002: arts. 100 e 101.*

Art. 68. O uso comum dos bens públicos pode ser gratuito, ou retribuído, conforme as leis da União, dos Estados, ou dos Municípios, a cuja administração pertencerem.

• *Código Civil de 2002: art. 103.*

Capítulo IV
Das Coisas que Estão Fora do Comércio

Art. 69. São coisas fora do comércio as insuscetíveis de apropriação, e as legalmente inalienáveis.

• *Código Civil de 2002: sem correspondente.*

Capítulo V
Do Bem de Família

Art. 70. É permitido aos chefes de família destinar um prédio para domicílio desta, com a cláusula de ficar isento de execução por dívidas, salvo as que provierem de impostos relativos ao mesmo prédio.

• *Código Civil de 2002: art. 1.715, caput.*

Parágrafo único. Essa isenção durará enquanto viverem os cônjuges e até que os filhos completem sua maioridade.

• *Código Civil de 2002: art. 1.716.*

Art. 71. Para o exercício desse direito é necessário que os instituidores no ato da instituição não tenham dívidas, cujo pagamento possa por ele ser prejudicado.

• *Código Civil de 2002: sem correspondente.*

Parágrafo único. A isenção se refere a dívidas posteriores ao ato, e não às anteriores, se se verificar que a solução destas se tornou inexeqüível em virtude do ato da instituição.

• *Código Civil de 2002: sem correspondente.*

Art. 72. O prédio, nas condições acima ditas, não poderá ter outro destino, ou ser alienado, sem o consentimento dos interessados e dos seus representantes legais.

• *Código Civil de 2002: art. 1.717.*

Art. 73. A instituição deverá constar de escritura pública transcrita no registro de imóveis e publicada na imprensa local e, na falta desta, na da Capital do Estado.

• *Código Civil de 2002: sem correspondente.*

LIVRO III
DOS FATOS JURÍDICOS

DISPOSIÇÕES PRELIMINARES

Art. 74. Na aquisição dos direitos se observarão estas regras:

• *Código Civil de 2002: sem correspondente.*

I – adquirem-se os direitos mediante ato do adquirente ou por intermédio de outrem;

• *Código Civil de 2002: sem correspondente.*

II – pode uma pessoa adquiri-los para si, ou para terceiros;

• *Código Civil de 2002: sem correspondente.*

III – dizem-se atuais os direitos completamente adquiridos, e futuros os cuja aquisição não se acabou de operar.

• *Código Civil de 2002: sem correspondente.*

Parágrafo único. Chama-se deferido o direito futuro, quando sua aquisição pende somente do arbítrio do sujeito; não deferido, quando se subordina a fatos ou condições falíveis.

• *Código Civil de 2002: sem correspondente.*

Art. 75. A todo o direito corresponde uma ação, que o assegura.

• *Código Civil de 2002: sem correspondente.*

Art. 76. Para propor, ou contestar uma ação, é necessário ter legítimo interesse econômico, ou moral.

• *Código Civil de 2002: sem correspondente.*

Parágrafo único. O interesse moral só autoriza a ação quando toque diretamente ao autor, ou à sua família.

• *Código Civil de 2002: sem correspondente.*

Art. 77. Perece o direito, perecendo o seu objeto.

• *Código Civil de 2002: sem correspondente.*

Art. 78. Entende-se que pereceu o objeto do direito:

• *Código Civil de 2002: sem correspondente.*

I – quando perde as qualidades essenciais, ou o valor econômico;

• *Código Civil de 2002: sem correspondente.*

II – quando se confunde com outro, de modo que se não possa distinguir;

• *Código Civil de 2002: sem correspondente.*

III – quando fica em lugar de onde não pode ser retirado.

• *Código Civil de 2002: sem correspondente.*

Art. 79. Se a coisa perecer por fato alheio à vontade do dono, terá este ação, pelos prejuízos contra o culpado.

• *Código Civil de 2002: sem correspondente.*

Art. 80. A mesma ação de perdas e danos terão dono contra aquele que, incumbido de conservar a coisa, por negligência a deixe perecer; cabendo a este, por sua vez, direito regressivo contra o terceiro culpado.

• *Código Civil de 2002: sem correspondente.*

Título I
Dos Atos Jurídicos

Capítulo I
Disposições Gerais

Art. 81. Todo o ato lícito, que tenha por fim imediato adquirir, resguardar, transferir, modificar ou extinguir direitos, se denomina ato jurídico.

• *Código Civil de 2002: sem correspondente.*

Art. 82. A validade do ato jurídico requer agente capaz (art. 145, I), objeto lícito e forma prescrita ou não defesa em lei (arts. 129, 130 e 145).

• *Código Civil de 2002: arts. 104, I a III.*

Art. 83. A incapacidade de uma das partes não pode ser invocada pela outra em proveito próprio, salvo se for indivisível o objeto do direito ou da obrigação comum.

• *Código Civil de 2002: art. 105.*

Art. 84. As pessoas absolutamente incapazes serão representadas pelos pais, tutores, ou curadores em todos os atos jurídicos; as relativamente incapazes, pelas pessoas e nos atos que este Código determina.

• *Código Civil de 2002: sem correspondente.*

Art. 85. Nas declarações de vontade se atenderá mais à sua intenção que ao sentido literal da linguagem.

• *Código Civil de 2002: art. 112.*

CAPÍTULO II
Dos Defeitos dos Atos Jurídicos

Seção I
Do Erro ou Ignorância

Art. 86. São anuláveis os atos jurídicos, quando as declarações de vontade emanarem de erro substancial.

• *Código Civil de 2002: art. 138.*

Art. 87. Considera-se erro substancial o que interessa à natureza do ato, o objeto principal da declaração, ou alguma das qualidades a ele essenciais.

• *Código Civil de 2002: art. 139, caput e I.*

Art. 88. Tem-se igualmente por erro substancial o que disser respeito a qualidades essenciais da pessoa, a quem se refira a declaração de vontade.

• *Código Civil de 2002: art. 139, II.*

Art. 89. A transmissão errônea da vontade por instrumento, ou por interposta pessoa, pode argüir-se de nulidade nos mesmos casos em que a declaração direta.

• *Código Civil de 2002: art. 141.*

Art. 90. Só vicia o ato a falsa causa, quando expressa como razão determinante ou sob forma de condição.

• *Código Civil de 2002: art. 140.*

Art. 91. O erro na indicação da pessoa, ou coisa, a que se referir a declaração de vontade, não viciará o ato, quando, por seu contexto e pelas circunstâncias, se puder identificar a coisa ou pessoa cogitada.

• *Código Civil de 2002: art. 142.*

Seção II
Do Dolo

Art. 92. Os atos jurídicos são anuláveis por dolo, quando este for a sua causa.

• *Código Civil de 2002: art. 145.*

Art. 93. O dolo acidental só obriga à satisfação das perdas e danos. É acidental o dolo, quando a seu despeito o ato se teria praticado, embora por outro modo.

• *Código Civil de 2002: art. 146.*

Art. 94. Nos atos bilaterais o silêncio intencional de uma das partes a respeito de fato ou qualidade que a outra parte haja ignorado, constitui omissão dolosa, provando-se que sem ela se não teria celebrado o contrato.

• *Código Civil de 2002: art. 147.*

Art. 95. Pode também ser anulado o ato por dolo de terceiro, se uma das partes o soube.

• *Código Civil de 2002: art. 148.*

Art. 96. O dolo do representante de uma das partes só obriga o representado a responder civilmente até à importância do proveito que teve.

• *Código Civil de 2002: art. 149.*

Art. 97. Se ambas as partes procederam com dolo, nenhuma pode alegá-lo, para anular o ato, ou reclamar indenização.

• *Código Civil de 2002: art. 150.*

Seção III
Da Coação

Art. 98. A coação, para viciar a manifestação da vontade, há de ser tal, que incuta ao paciente fundado temor de dano à sua pessoa, à sua família, ou a seus bens, iminente e igual, pelo menos, ao receável do ato extorquido.

• *Código Civil de 2002: art. 151, caput.*

Art. 99. No apreciar a coação, se terá em conta o sexo, a idade, a condição, a saúde, o temperamento do paciente e todas as demais circunstâncias, que lhe possam influir na gravidade.

• *Código Civil de 2002: art. 152.*

Art. 100. Não se considera coação a ameaça do exercício normal de um direito, nem o simples temor reverencial.

• *Código Civil de 2002: art. 153.*

Art. 101. A coação vicia o ato, ainda quando exercida por terceiro.

• *Código Civil de 2002: art. 154.*

§ 1º Se a coação exercida por terceiro for previamente conhecida à parte, a quem aproveite, responderá esta solidariamente com aquele por todas as perdas e danos.

• *Código Civil de 2002: art. 154 e 155.*

§ 2º Se a parte prejudicada com a anulação do ato não soube da coação exercida por terceiro, só este responderá pelas perdas e danos.

• *Código Civil de 2002: art. 155.*

Seção IV
Da Simulação

Art. 102. Haverá simulação nos atos jurídicos em geral:

• *Código Civil de 2002: art. 167, §1º.*

I – quando aparentarem conferir ou transmitir direitos a pessoas diversas das a quem realmente se conferem, ou transmitem;

• *Código Civil de 2002: art. 167, §1º, I.*

II – quando contiverem declaração, confissão, condição, ou cláusula não verdadeira;

• *Código Civil de 2002: art. 167, §1º, II.*

III – quando os instrumentos particulares forem antedatados, ou pós-datados.

• *Código Civil de 2002: art. 167, §1º, III.*

Art. 103. A simulação não se considerará defeito em qualquer dos casos do artigo antecedente, quando não houver intenção de prejudicar a terceiros, ou de violar disposição de lei.

• *Código Civil de 2002: sem correspondente.*

Art. 104. Tendo havido intuito de prejudicar a terceiros ou infringir preceito de lei, nada poderão alegar, ou requerer os contraentes em juízo quanto à simulação do ato, em litígio de um contra o outro, ou contra terceiros.

• *Código Civil de 2002: sem correspondente.*

Art. 105. Poderão demandar a nulidade dos atos simulados os terceiros lesados pela simulação, ou os representantes do poder público, a bem da lei, ou da Fazenda.

• *Código Civil de 2002: sem correspondente.*

Seção V
Da Fraude Contra Credores

Art. 106. Os atos de transmissão gratuita de bens, ou remissão de dívida, quando os pratique o devedor já insolvente, ou por eles reduzido à insolvência, poderão ser anulados pelos credores quirografários como lesivos dos seus direitos (art. 109).

• *Código Civil de 2002: art. 158, caput.*

Parágrafo único. Só os credores, que já o eram ao tempo desses atos, podem pleitear-lhes a anulação.

• *Código Civil de 2002: art. 158, §2º.*

Art. 107. Serão igualmente anuláveis os contratos onerosos do devedor insolvente, quando a insolvência for notória ou houver motivo para ser conhecida do outro contraente.

• *Código Civil de 2002: art. 159.*

Art. 108. Se o adquirente dos bens do devedor insolvente ainda não tiver pago o preço e este for, aproximadamente, o corrente, desobrigar-se-á depositando-o em juízo, com citação edital de todos os interessados.

• *Código Civil de 2002: art. 160, caput.*

Art. 109. A ação, nos casos dos arts. 106 e 107, poderá ser intentada contra o devedor insolvente, a pessoa que com ele celebrou a estipulação considerada fraudulenta, ou terceiros adquirentes que há procedido de má-fé.

• *Código Civil de 2002: art. 161.*

Art. 110. O credor quirografário, que receber do devedor insolvente o pagamento da dívida ainda não vencida, ficará obrigado a repor, em proveito do acervo sobre que se tenha de efetuar o concurso de credores, aquilo que recebeu.

• *Código Civil de 2002: art. 162.*

Art. 111. Presumem-se fraudatórias dos direitos dos outros credores as garantias de dívidas que o devedor insolvente tiver dado a algum credor.

• *Código Civil de 2002: art. 163.*

Art. 112. Presumem-se, porém, de boa-fé e valem os negócios ordinários indispensáveis à manutenção de estabelecimento mercantil, agrícola, ou industrial do devedor.

• *Código Civil de 2002: art. 164.*

Art. 113. Anulados os atos fraudulentos, a vantagem resultante reverterá em proveito do acervo sobre que se tenha de efetuar o concurso de credores.

• *Código Civil de 2002: art. 165, caput.*

Parágrafo único. Se os atos revogados tinham por único objeto atribuir direitos preferenciais, mediante hipoteca, anticrese, ou penhor, sua nulidade importará somente na anulação da preferência ajustada.

• *Código Civil de 2002: art. 165, parágrafo único.*

Capítulo III
Das Modalidades dos Atos Jurídicos

Art. 114. Considera-se condição a cláusula, que subordina o efeito do ato jurídico a evento futuro e incerto.

• *Código Civil de 2002: art. 121.*

Art. 115. São lícitas, em geral, todas as condições, que a lei não vedar expressamente. Entre as condições defesas se incluem as que privarem de todo efeito o ato, ou o sujeitarem ao arbítrio de uma das partes.

• *Código Civil de 2002: art. 122.*

Art. 116. As condições fisicamente impossíveis, bem como as de não fazer coisa impossível, tem-se por inexistentes. As juridicamente impossíveis invalidam os atos a elas subordinados.

• *Código Civil de 2002: arts. 123, caput e I, e 124.*

Art. 117. Não se considera condição a cláusula, que não derive exclusivamente da vontade das partes, mas decorra necessariamente da natureza do direito, a que acede.

• *Código Civil de 2002: sem correspondente.*

Art. 118. Subordinando-se a eficácia do ato à condição suspensiva, enquanto esta se não verificar, não se terá adquirido o direito, a que ele visa.

• *Código Civil de 2002: art. 125.*

Art. 119. Se for resolutiva a condição, enquanto esta não se realizar, vigorará o ato jurídico, podendo exercer-se desde o momento deste o direito por ele estabelecido; mas, verificada a condição, para todos os efeitos, se extingue o direito a que ela se opõe.

• *Código Civil de 2002: arts. 127 e 128.*

Parágrafo único. A condição resolutiva da obrigação pode ser expressa, ou tácita; operando, no primeiro caso, de pleno direito, e por interpelação judicial, no segundo.

• *Código Civil de 2002: sem correspondente.*

Art. 120. Reputa-se verificada, quanto aos efeitos jurídicos, a condição, cujo implemento for maliciosamente obstado pela parte, a quem desfavorecer.

Considera-se, ao contrário, não verificada a condição maliciosamente levada a efeito por aquele, a quem aproveita o seu implemento.

• *Código Civil de 2002: art. 129.*

Art. 121. Ao titular do direito eventual, no caso de condição suspensiva, é permitido exercer os atos destinados a conservá-lo.

• *Código Civil de 2002: art. 130.*

Art. 122. Se alguém dispuser de uma coisa sob condição suspensiva, e, pendente esta, fizer quanto àquela novas disposições, estas não terão valor, realizada a condição, se com ela forem incompatíveis.

• *Código Civil de 2002: art. 126.*

Art. 123. O termo inicial suspende o exercício, mas não a aquisição do direito.

• *Código Civil de 2002: art. 131.*

Art. 124. Ao termo inicial se aplica o disposto, quanto à condição suspensiva, nos arts. 121 e 122, e ao termo final, o disposto acerca da condição resolutiva no art. 119.

• *Código Civil de 2002: art. 135.*

Art. 125. Salvo disposição em contrário, computam-se os prazos, excluindo o dia do começo, e incluindo o do vencimento.

• *Código Civil de 2002: art. 132, caput.*

§ 1º Se este cair em dia feriado, considerar-se-á prorrogado o prazo até o seguinte dia útil.

• *Código Civil de 2002: art. 132, § 1º.*

§ 2º Meado considera-se, em qualquer mês, seu décimo quinto dia.

• *Código Civil de 2002: art. 132, § 2º.*

§ 3º Considera-se mês o período sucessivo de 30 (trinta) dias completos.

• *Código Civil de 2002: art. 132, § 3º.*

§ 4º Os prazos fixados por hora contar-se-ão de minuto a minuto.

• *Código Civil de 2002: art. 132, § 4º.*

Art. 126. Nos testamentos o prazo se presume em favor do herdeiro, e, nos contratos, em proveito do devedor, salvo quanto a esses, se do teor do instrumento, ou das circunstâncias, resultar que se estabeleceu a benefício do credor, ou de ambos os contraentes.

• *Código Civil de 2002: art. 133.*

Art. 127. Os atos entre vivos, sem prazo, são exeqüíveis desde logo, salvo se a execução tiver de ser feita em lugar diverso ou depender de tempo.

• *Código Civil de 2002: art. 134.*

Art. 128. O encargo não suspende a aquisição, nem o exercício do direito, salvo quando expressamente imposto no ato, pelo disponente, como condição suspensiva.

• *Código Civil de 2002: art. 136.*

Capítulo IV
Da Forma dos Atos Jurídicos e da sua Prova

Art. 129. A validade das declarações de vontade não dependerá de forma especial, senão quando a lei expressamente a exigir (art. 82).

• *Código Civil de 2002: art. 107.*

Art. 130. Não vale o ato, que deixar de revestir a forma especial, determinada em lei (art. 82), salvo quando esta comine sanção diferente contra a preterição da forma exigida.

• *Código Civil de 2002: sem correspondente.*

Art. 131. As declarações constantes de documentos assinados presumem-se verdadeiras em relação aos signatários.

• *Código Civil de 2002: art 219, caput.*

Parágrafo único. Não tendo relação direta, porém, com as disposições principais, ou com a legitimidade das partes, as declarações enunciativas não eximem os interessados em sua veracidade do ônus de prová-las.

• *Código Civil de 2002: art. 219, parágrafo único.*

Art. 132. A anuência, ou a autorização de outrem, necessárias à validade de um ato, provar-se-á do mesmo modo que este e constará, sempre que se possa, do próprio instrumento.

• *Código Civil de 2002: art. 220.*

Art. 133. No contrato celebrado com a cláusula de não valer sem instrumento público, este é da substância do ato.

• *Código Civil de 2002: art. 109.*

Art. 134. É, outrossim, da substância do ato a escritura pública:

• *Código Civil de 2002: art. 108.*

I – nos pactos antenupciais e nas adoções;

• *Código Civil de 2002: art. 108.*

II – nos contratos constitutivos ou translativos de direitos reais sobre imóveis de valor superior a Cr$ 50.000,00 (cinqüenta mil cruzeiros), excetuado o penhor agrícola.

• *Código Civil de 2002: art. 108.*

§ 1º A escritura pública, lavrada em notas de tabelião, é documento dotado de fé pública, fazendo prova plena, e, além de outros requisitos previstos em lei especial, deve conter:

• *Código Civil de 2002: art. 215, caput e § 1º.*

a) data e lugar de sua realização;

• *Código Civil de 2002: art. 215, § 1º, I.*

b) reconhecimento da identidade e capacidade das partes e de quantos hajam comparecido ao ato;

• *Código Civil de 2002: art. 215, § 1º, II.*

c) nome, nacionalidade, estado civil, profissão, domicílio e residência das partes e demais comparecentes, com a indicação, quando necessário, do regime de bens do casamento, nome do cônjuge e filiação;

• *Código Civil de 2002: art. 215, § 1º, III.*

d) manifestação da vontade das partes e dos intervenientes;

• *Código Civil de 2002: art. 215, § 1º, IV.*

e) declaração de ter sido lida às partes e demais comparecentes, ou de que todas a leram;

• *Código Civil de 2002: art. 215, § 1º, VI.*

f) assinatura das partes e dos demais comparecentes, bem como a do tabelião, encerrando o ato.

• *Código Civil de 2002: art. 215, § 1º, VII.*

§ 2º Se algum comparecente não puder ou não souber assinar, outra pessoa capaz assinará por ele, a seu rogo.

• *Código Civil de 2002: art. 215, § 2º.*

§ 3º A escritura será redigida em língua nacional.

• *Código Civil de 2002: art. 215, § 3º.*

§ 4º Se qualquer dos comparecentes não souber a língua nacional e o tabelião não entender o idioma em que se expressa, deverá comparecer tradutor público para servir de intérprete ou, não o havendo na localidade, outra pessoa capaz, que, a juízo do tabelião, tenha idoneidade e conhecimentos bastantes.

• *Código Civil de 2002: art. 215, § 4º.*

§ 5º Se algum dos comparecentes não for conhecido do tabelião, nem puder identificar-se por documento, deverão participar do ato pelo menos 2 (duas) testemunhas que o conheçam e atestem sua identidade.

• *Código Civil de 2002: art. 215, § 5º.*

§ 6º O valor previsto no inciso II deste artigo será reajustado em janeiro de cada ano, em função da variação nominal das Obrigações do Tesouro Nacional – OTN (Lei nº 6.423, de 17 de Junho de 1977).

• *Código Civil de 2002: sem correspondente.*

Art. 135. O instrumento particular, feito e assinado, ou somente assinado por quem esteja na disposição e administração livre de seus bens, sendo subscrito por 2 (duas) testemunhas, prova as obrigações convencionais de qualquer valor. Mas os seus efeitos, bem como os da cessão, não se operam, a respeito de terceiros (art. 1.067), antes de transcrito no Registro Público.

• *Código Civil de 2002: art. 221, caput.*

Parágrafo único. A prova do instrumento particular pode suprir-se pelas outras de caráter legal.

• *Código Civil de 2002: art. 221, paragráfo único.*

Art. 136. Os atos jurídicos, a que se não impõe forma especial, poderão provar-se mediante:

• *Código Civil de 2002: art. 212, caput.*

I – confissão;

• *Código Civil de 2002: art. 212, I.*

II – atos processados em juízo;

• *Código Civil de 2002: sem correspondente.*

III – documentos públicos ou particulares;

• *Código Civil de 2002: art. 212, II.*

IV – testemunhas;

• *Código Civil de 2002: art. 212, III.*

V – presunção;

• *Código Civil de 2002: art. 212, IV.*

VI – exames e vistorias;

• *Código Civil de 2002: art. 212, V.*

VII – arbitramento.

• *Código Civil de 2002: art. 212, V.*

Art. 137. Farão a mesma prova que os originais as certidões textuais de qualquer peça judicial, do protocolo das audiências, ou de outro qualquer livro, a cargo do escrivão, sendo extraídas por ele, ou sob a sua vigilância, e por ele subscritas, assim como os traslados de autos, quando por outro escrivão concertados.

• *Código Civil de 2002: art. 216.*

Art. 138. Terão também a mesma força probante os traslados e as certidões extraídas por oficial público, de instrumentos ou documentos lançados em suas notas.

• *Código Civil de 2002: art. 217.*

Art. 139. Os traslados, ainda que não concertados, e as certidões considerar-se-ão instrumentos públicos, se os originais se houverem produzido em juízo como prova de algum ato.

• *Código Civil de 2002: art. 218.*

Art. 140. Os escritos de obrigação redigidos em língua estrangeira serão, para ter efeitos legais no país, vertidos em português.

• *Código Civil de 2002: art. 224.*

Art. 141. Salvo os casos expressos, a prova exclusivamente testemunhal só se admite nos contratos, cujo valor não passe de Cr$ 10.000,00 (dez mil cruzeiros).

• *Código Civil de 2002: art. 227, caput.*

Parágrafo único. Qualquer que seja o valor do contrato, a prova testemunhal é admissível como subsidiária ou complementar da prova por escrito.

• *Código Civil de 2002: art. 227, parágrafo único.*

Art. 142. Não podem ser admitidos como testemunhas:

• *Código Civil de 2002: art. 228, caput.*

I – os loucos de todo o gênero;

• *Código Civil de 2002: art. 228, II.*

II – os cegos e surdos, quando a ciência do fato, que se quer provar, dependa dos sentidos, que lhes faltam;

• *Código Civil de 2002: art. 228, III.*

III – os menores de 16 (dezesseis) anos;

• *Código Civil de 2002: art. 228, I.*

IV – o interessado no objeto do litígio, bem como o ascendente e o descendente, ou o colateral, até o terceiro grau, de alguma das partes, por consangüinidade, ou afinidade;

• *Código Civil de 2002: art. 228, IV e V.*

V – os cônjuges.

• *Código Civil de 2002: art. 228, V.*

Art. 143. Os ascendentes por consangüinidade, ou afinidade, podem ser admitidos como testemunhas, em questões em que se trate de verificar o nascimento, ou o óbito dos filhos.

• *Código Civil de 2002: sem orrespondente.*

Art. 144. Ninguém pode ser obrigado a depor de fatos, a cujo respeito, por estado ou profissão, deva guardar segredo.

• *Código Civil de 2002: art. 229, caput e I.*

Capítulo V
Das Nulidades

Art. 145. É nulo o ato jurídico:

• *Código Civil de 2002: art. 166, caput.*

I – quando praticado por pessoa absolutamente incapaz (art. 5º);

• *Código Civil de 2002: art. 166, I.*

II – quando for ilícito, ou impossível, o seu objeto;

• *Código Civil de 2002: art. 166, II.*

III – quando não revestir a forma prescrita em lei (arts. 82 e 130);

• *Código Civil de 2002: art. 166, IV.*

IV – quando for preterida alguma solenidade que a lei considere essencial para a sua validade;

• *Código Civil de 2002: art. 166, V.*

V – quando a lei taxativamente o declarar nulo ou lhe negar efeito.

• *Código Civil de 2002: art. 166, VII.*

Art. 146. As nulidades do artigo antecedente podem ser alegadas por qualquer interessado, ou pelo Ministério Público, quando lhe couber intervir.

• *Código Civil de 2002: art. 168, caput.*

Parágrafo único. Devem ser pronunciadas pelo juiz, quando conhecer do ato ou dos seus efeitos e as encontrar provadas, não lhe sendo permitido supri-las ainda a requerimento das partes.

• *Código Civil de 2002: art. 168, parágrafo único.*

Art. 147. É anulável o ato jurídico:

• *Código Civil de 2002: art. 171, caput.*

I – por incapacidade relativa do agente (art. 6º);

• *Código Civil de 2002: art. 171, I.*

II – por vício resultante de erro, dolo, coação, simulação, ou fraude (arts. 86 a 113).

• *Código Civil de 2002: art. 171, II.*

Art. 148. O ato anulável pode ser ratificado pelas partes, salvo direito de terceiro.

A ratificação retroage à data do ato.

• *Código Civil de 2002: art. 172.*

Art. 149. O ato de ratificação deve conter a substância da obrigação ratificada e a vontade expressa de ratificá-la.

• *Código Civil de 2002: art. 173.*

Art. 150. É escusada a ratificação expressa, quando a obrigação já foi cumprida em parte pelo devedor, ciente do vício que a inquinava.

• *Código Civil de 2002: art. 174.*

Art. 151. A ratificação expressa, ou a execução voluntária da obrigação anulável, nos termos dos arts. 148 a 150, importa renúncia a todas as ações, ou exceções, de que dispusesse contra o ato o devedor.

• *Código Civil de 2002: art. 175.*

Art. 152. As nulidades do art. 147 não tem efeito antes de julgadas por sentença, nem se pronunciam de ofício.
Só os interessados as podem alegar, e aproveitam exclusivamente aos que as alegarem, salvo o caso de solidariedade, ou indivisibilidade.

• *Código Civil de 2002: art. 177.*

Parágrafo único. A nulidade do instrumento não induz a do ato, sempre que este puder provar-se por outro meio.

• *Código Civil de 2002: art. 183.*

Art. 153. A nulidade parcial de um ato não o prejudicará na parte válida, se esta for separável. A nulidade da obrigação principal implica a das obrigações acessórias, mas a destas não induz a da obrigação principal.

• *Código Civil de 2002: art. 184.*

Art. 154. As obrigações contraídas por menores, entre 16 (dezesseis) e 21 (vinte e um) anos, são anuláveis (arts. 6º e 84), quando resultem de atos por eles praticados:

• *Código Civil de 2002: sem correspondente.*

I – sem autorização de seus legítimos representantes (art. 84);

• *Código Civil de 2002: sem correspondente.*

II – sem assistência do curador, que neles houvesse de intervir.

• *Código Civil de 2002: sem correspondente.*

Art. 155. O menor, entre 16 (dezesseis) e 21 (vinte e um) anos, não pode, para se eximir de uma obrigação, invocar a sua idade, se dolosamente a ocultou, inquirido pela outra parte, ou se, no ato de se obrigar, espontaneamente se declarou maior.

• *Código Civil de 2002: art. 180.*

Art. 156. O menor, entre 16 (dezesseis) e 21 (vinte e um) anos, equipara-se ao maior quanto às obrigações resultantes de atos ilícitos, em que for culpado.

• *Código Civil de 2002: sem correspondente.*

Art. 157. Ninguém pode reclamar o que, por uma obrigação anulada, pagou a um incapaz, se não provar que reverteu em proveito dele a importância paga.

• *Código Civil de 2002: art. 181.*

Art. 158. Anulado o ato, restituir-se-ão as partes ao estado, em que antes dele se achavam, e não sendo possível restituí-las, serão indenizadas com o equivalente.

• *Código Civil de 2002: art. 182.*

Título II
Dos Atos Ilícitos

Art. 159. Aquele que, por ação ou omissão voluntária, negligência, ou imprudência, violar direito, ou causar prejuízo a outrem, fica obrigado a reparar o dano.
A verificação da culpa e a avaliação da responsabilidade regulam-se pelo disposto neste Código, arts. 1.518 a 1.532 e 1.537 a 1.553.

• *Código Civil de 2002: art. 186 e 927, caput.*

Art. 160. Não constituem atos ilícitos:

• *Código Civil de 2002: art. 188, caput.*

I – os praticados em legítima defesa ou no exercício regular de um direito reconhecido;

• *Código Civil de 2002: art. 188, I.*

II – a deterioração ou destruição da coisa alheia, a fim de remover perigo iminente (arts. 1.519 e 1.520).

• *Código Civil de 2002: art. 188, II.*

Parágrafo único. Neste último caso, o ato será legítimo, somente quando as circunstâncias o tornarem absolutamente necessário, não excedendo os limites do indispensável para a remoção do perigo.

• *Código Civil de 2002: art. 188, parágrafo único.*

Título III
Da Prescrição

Capítulo I
Disposições Gerais

Art. 161. A renúncia da prescrição pode ser expressa, ou tácita, e só valerá, sendo feita, sem prejuízo de terceiro, depois que a prescrição se consumar.
Tácita é a renúncia, quando se presume de fatos do interessado, incompatíveis com a prescrição.

• *Código Civil de 2002: art. 191.*

Art. 162. A prescrição pode ser alegada, em qualquer instância, pela parte a quem aproveita.

• *Código Civil de 2002: art. 193.*

Art. 163. As pessoas jurídicas estão sujeitas aos efeitos da prescrição e podem invocá-los sempre que lhes aproveitar.

• *Código Civil de 2002: sem correspondente.*

Art. 164. As pessoas que a lei priva de administrar os próprios bens, tem ação regressiva contra os seus representantes legais, quando estes, por dolo, ou negligência, derem causa à prescrição.

• *Código Civil de 2002: art. 195.*

Art. 165. A prescrição iniciada contra uma pessoa continua a correr contra o seu herdeiro.

• *Código Civil de 2002: art. 196.*

Art. 166. O juiz não pode conhecer da prescrição de direitos patrimoniais, se não foi invocada pelas partes.

• *Código Civil de 2002: art. 194.*

Art. 167. Com o principal prescrevem os direitos acessórios.

• *Código Civil de 2002: sem correspondente.*

Capítulo II
Das Causas que Impedem ou Suspendem a Prescrição

Art. 168. Não corre a prescrição:

• *Código Civil de 2002: art. 197, caput.*

I – entre cônjuges, na constância do matrimônio;

• *Código Civil de 2002: art. 197, I.*

II – entre ascendentes e descendentes, durante o pátrio poder;

• *Código Civil de 2002: art. 197, II.*

III – entre tutelados ou curatelados e seus tutores e curadores, durante a tutela ou curatela;

• *Código Civil de 2002: art. 197, III.*

IV – em favor do credor pignoratício, do mandatário, e, em geral, das pessoas que lhe são equiparadas, contra o depositante, o devedor, o mandante e as pessoas representadas, ou seus herdeiros, quanto ao direito e obrigações relativas aos bens confiados à sua guarda.

• *Código Civil de 2002: sem correspondente.*

Art. 169. Também não ocorre a prescrição:

• *Código Civil de 2002: art. 198, caput.*

I – contra os incapazes de que trata o art. 5º;

• *Código Civil de 2002: art. 198, I.*

II – contra os ausentes do Brasil em serviço público da União, dos Estados, ou dos Municípios;

• *Código Civil de 2002: art. 198, II.*

III – contra os que se acharem servindo na armada e no exército nacionais, em tempo de guerra.

• *Código Civil de 2002: art. 198, III.*

Art. 170. Não corre igualmente:

• *Código Civil de 2002: art. 199, caput.*

I – pendendo condição suspensiva;

• *Código Civil de 2002: art. 199, I.*

II – não estando vencido o prazo;

• *Código Civil de 2002: art. 199, II.*

III – pendendo ação de evicção.

• *Código Civil de 2002: art. 199, III.*

Art. 171. Suspensa a prescrição em favor de um dos credores solidários, só aproveitam os outros, se o objeto da obrigação for indivisível.

• *Código Civil de 2002: art. 201.*

Capítulo III
Das Causas que Interrompem a Prescrição

Art. 172. A prescrição interrompe-se:

• *Código Civil de 2002: art. 202, caput.*

I – pela citação pessoal feita ao devedor, ainda que ordenada por juiz incompetente;

• *Código Civil de 2002: art. 202, I.*

II – pelo protesto, nas condições do número anterior;

• *Código Civil de 2002: art. 202, II.*

III – pela apresentação do título de crédito em juízo de inventário, ou em concurso de credores;

• *Código Civil de 2002: art. 202, IV.*

IV – por qualquer ato judicial que constitua em mora o devedor;

• *Código Civil de 2002: art. 202, V.*

V – por qualquer ato inequívoco, ainda que extrajudicial, que importe reconhecimento do direito pelo devedor.

• *Código Civil de 2002: art. 202, VI.*

Art. 173. A prescrição interrompida recomeça a correr da data do ato que a interrompeu, ou do último do processo para a interromper.

• *Código Civil de 2002: art. 202, parágrafo único.*

Art. 174. Em cada um dos casos do art. 172, a interrupção pode ser promovida:

• *Código Civil de 2002: art. 203.*

I – pelo próprio titular do direito em via de prescrição;

• *Código Civil de 2002: art. 203.*

II – por quem legalmente o represente;

• *Código Civil de 2002: art. 203.*

III – por terceiro que tenha legítimo interesse.

• *Código Civil de 2002: art. 203.*

Art. 175. A prescrição não se interrompe com a citação nula por vício de forma, por circunducta, ou por se achar perempta a instância, ou a ação.

• *Código Civil de 2002: sem correspondente.*

Art. 176. A interrupção da prescrição por um credor não aproveita aos outros. Semelhantemente, a interrupção operada contra o co-devedor, ou seu herdeiro, não prejudica aos demais coobrigados.

• *Código Civil de 2002: art. 204, caput.*

§ 1º A interrupção, porém, aberta por um dos credores solidários aproveita aos outros; assim como a interrupção efetuada contra o devedor solidário envolve os demais e seus herdeiros.

• *Código Civil de 2002: art. 204, § 1º.*

§ 2º A interrupção operada contra um dos herdeiros do devedor solidário não prejudica aos outros herdeiros ou devedores, senão quando se trate de obrigações e direitos indivisíveis.

• *Código Civil de 2002: art. 204, § 2º.*

§ 3º A interrupção produzida contra o principal devedor prejudica o fiador.

• *Código Civil de 2002: art. 204, § 3º.*

Capítulo IV
Dos Prazos da Prescrição

Art. 177. As ações pessoais prescrevem, ordinariamente, em 20 (vinte) anos, as reais em 10 (dez), entre presentes, e entre ausentes, em 15 (quinze), contados da data em que poderiam ter sido propostas.

• *Código Civil de 2002: art. 205.*

Art. 178. Prescreve:

• *Código Civil de 2002: art. 206, caput.*

§ 1º Em 10 (dez) dias, contados do casamento, a ação do marido para anular o matrimônio contraído com a mulher já deflorada (arts. 218, 219, IV, e 220).

• *Código Civil de 2002: sem correspondente.*

§ 2º Em 15 (quinze) dias, contados da tradição da coisa, a ação para haver abatimento do preço da coisa móvel, recebida com vício redibitório, ou para rescindir o contrato e reaver o preço pago, mais perdas e danos.

• *Código Civil de 2002: art. 445, caput e § 1º.*

§ 3º Em 2 (dois) meses, contados do nascimento, se era presente o marido, a ação para este contestar a legitimidade do filho de sua mulher (art. 338 e 344).

• *Código Civil de 2002: sem correspondente.*

§ 4º Em 3 (três) meses:

• *Código Civil de 2002: sem correspondente.*

I – a mesma ação do parágrafo anterior, se o marido se achava ausente, ou lhe ocultaram o nascimento; contado o prazo do dia de sua volta à casa conjugal, no primeiro caso, e da data do conhecimento do fato, no segundo;

• *Código Civil de 2002: sem correspondente.*

II – a ação do pai, tutor, ou curador para anular o casamento do filho, pupilo, ou curatelado, contraído sem o consentimento daqueles, nem o seu suprimento pelo juiz; contado o prazo em que tiveram ciência do casamento (arts. 180, III, 183, XI, 209 e 213).

• *Código Civil de 2002: sem correspondente.*

§ 5º Em (seis) meses:

• *Código Civil de 2002: sem correspondente.*

I – A ação do cônjuge coato para anular o casamento; contado o prazo do dia em que cessou a coação (arts. 183, IX, e 209);

• *Código Civil de 2002: sem correspondente.*

II – a ação para anular o casamento do incapaz de consentir, promovida por este, quando se torne capaz, por seus representantes legais, ou pelos herdeiros; contado o prazo do dia em que cessou a incapacidade, no primeiro caso, do casamento, no segundo, e, no terceiro, da morte do incapaz, quando esta ocorra durante a incapacidade (art. 212);

• *Código Civil de 2002: art. 1.560, I.*

III – a ação para anular o casamento da menor de 16 (dezesseis) e do menor de 18 (dezoito) anos; contado o prazo do dia em que o menor perfez essa idade, se a ação for por ele movida, e da data do matrimônio, quando o for por seus representantes legais (arts. 213 e 216) ou pelos parentes designados no art. 190;

• *Código Civil de 2002: art. 1.555, caput e 1.560, § 1º.*

IV – a ação para haver o abatimento do preço da coisa imóvel, recebida com vício redibitório, ou para rescindir o contrato comutativo, e haver o preço pago, mais perdas e danos; contado o prazo da tradição da coisa;

• *Código Civil de 2002: art. 445, caput e § 1º.*

V – a ação dos hospedeiros, estalajadeiros ou fornecedores de víveres destinados ao consumo no próprio estabelecimento, pelo preço da hospedagem ou dos alimentos fornecidos; contado o prazo do último pagamento.

• *Código Civil de 2002: art. 206, § 1º, I.*

§ 6º Em 1 (um) ano:

• *Código Civil de 2002: art. 206, § 1º.*

I – a ação do doador para revogar a doação; contado o prazo do dia em que souber do fato, que o autoriza a revogá-la (arts. 1.181 a 1.187);

• *Código Civil de 2002: sem correspondente.*

II – a ação do segurado contra o segurador e vice-versa, se o fato que a autoriza se verificar no país; contado o prazo do dia em que o interessado tiver conhecimento do mesmo fato (art. 178, § 7º, V);

• *Código Civil de 2002: art. 206, §1º, II, b.*

III – a ação do filho, para desobrigar e reivindicar os imóveis de sua propriedade, alienados ou gravados pelo pai fora dos casos expressamente legais; contado o prazo do dia em que chegar à maioridade (arts. 386 e 388, I);

• *Código Civil de 2002: sem correspondente.*

IV – a ação dos herdeiros do filho, no caso do número anterior, contando-se o prazo do dia do falecimento, se o filho morreu menor, e bem assim a de seu representante legal, se o pai decaiu do pátrio poder, correndo o prazo da data em que houver decaído (arts. 386 e 388, II e III);

• *Código Civil de 2002: sem correspondente.*

V – a ação de nulidade da partilha; contado o prazo da data em que a sentença da partilha passou em julgado (art. 1.805);

• *Código Civil de 2002: sem correspondente.*

VI – a ação dos professores, mestres ou repetidores de ciência, literatura, ou arte, pelas lições que derem, pagáveis por períodos não excedentes a 1 (um) mês; contado o prazo do termo de cada período vencido;

• *Código Civil de 2002: art. 206, § 5º, II.*

VII – a ação dos donos de casa de pensão, educação, ou ensino, pelas prestações dos seus pensionistas, alunos ou aprendizes; contado o prazo do vencimento de cada uma;

• *Código Civil de 2002: sem correspondente.*

VIII – a ação dos tabeliães e outros oficiais do juízo, porteiros do auditório e escrivães, pelas custas dos atos que praticarem; contado o prazo da data daqueles por que elas se deverem;

• *Código Civil de 2002: art. 206, § 1º, III.*

IX – a ação dos médicos, cirurgiões ou farmacêuticos, por suas visitas, operações ou medicamentos, contado o prazo da data do último serviço prestado;

• *Código Civil de 2002: art. 206, § 5º, II.*

X – a ação dos advogados, solicitadores, curadores, peritos e procuradores judiciais, para o pagamento de seus honorários; contado o prazo do vencimento do contrato, da decisão final do processo ou da revogação do mandato.

• *Código Civil de 2002: art. 206, § 5º, II.*

XI – a ação do proprietário do prédio desfalcado contra o do prédio aumentado pela avulsão, nos termos do art. 541; contado o prazo do dia em que ela ocorreu;

• *Código Civil de 2002: sem correspondente.*

XII – a ação dos herdeiros do filho para prova da legitimidade da filiação; contado o prazo da data do seu falecimento se houver morrido ainda menor ou incapaz;

• *Código Civil de 2002: sem correspondente.*

XIII – a ação do adotado para se desligar da adoção, realizada quando ele era menor ou se achava interdito; contado o prazo do dia em que cessar a menoridade ou a interdição.

• *Código Civil de 2002: sem correspondente.*

§ 7º Em 2 (dois) anos:

• *Código Civil de 2002: sem correspondente.*

I – a ação do cônjuge para anular o casamento nos casos do art. 219, I, II e III; contado o prazo da data da celebração do casamento; e da data da execução deste Código para os casamentos anteriormente celebrados;

• *Código Civil de 2002: sem correspondente.*

II – a ação dos credores por dívida inferior a cem mil-réis, salvo as contempladas nos números VI a VIII do parágrafo anterior; contado o prazo do vencimento respectivo, se estiver prefixado, e, no caso contrário, do dia em que foi contraída;

• *Código Civil de 2002: sem correspondente.*

III – a ação dos professores, mestres e repetidores de ciência, literatura ou arte, cujos honorários sejam estipulados em prestações correspondentes a períodos maiores de 1 (um) mês; contado o prazo do vencimento da última prestação;

• *Código Civil de 2002: sem correspondente.*

IV – a ação dos engenheiros, arquitetos, agrimensores e estereômetras, por seus honorários; contado o prazo do termo do seus trabalhos;

• *Código Civil de 2002: sem correspondente.*

V – a ação do segurado contra o segurador e, vice-versa, se o fato que a autoriza se verificar fora do Brasil; contado o prazo do dia em que desse fato soube o interessado (art. 178, § 6º, II);

• *Código Civil de 2002: art. 206, § 1º, II.*

VI – a ação do cônjuge ou seus herdeiros necessários para anular a doação feita pelo cônjuge adúltero ao seu cúmplice; contado o prazo da dissolução da sociedade conjugal (art. 1.177);

• *Código Civil de 2002: sem correspondente.*

VII – a ação do marido ou dos seus herdeiros, para anular atos da mulher, praticados sem o seu consentimento, ou sem o suprimento do juiz; contado o prazo do dia em que se dissolver a sociedade conjugal (arts. 252 e 315).

• *Código Civil de 2002: sem correspondente.*

§ 8º Em 3 (três) anos:

A ação do vendedor para resgatar o imóvel vendido; contado o prazo da data da escritura, quando se não fixou no contrato prazo menor (art. 1.141).

• *Código Civil de 2002: art. 206, § 3º.*

§ 9º Em 4 (quatro) anos:

• *Código Civil de 2002: sem correspondente.*

I – contados da dissolução da sociedade conjugal, a ação da mulher para:

• *Código Civil de 2002: sem correspondente.*

a) desobrigar ou reivindicar os imóveis do casal, quando o marido os gravou, ou alienou sem outorga uxória, ou suprimento dela pelo juiz (arts. 235 e 237);

• *Código Civil de 2002: sem correspondente.*

b) anular as fianças prestadas e as doações feitas pelo marido fora dos casos legais (arts. 235, III e IV, e 236);

• *Código Civil de 2002: sem correspondente.*

c) reaver do marido o dote (art. 300), ou os outros bens seus confiados à administração marital (arts. 233, II, 263, VIII e IX, 269, 289, I, 300 e 311, III);

• *Código Civil de 2002: sem correspondente.*

II – a ação dos herdeiros da mulher, nos casos das letras a, b e c do número anterior, quando ela faleceu, sem propor a que ali se lhe assegura; contado o prazo da data do falecimento (arts. 239, 295, II, 300 e 311, III);

• *Código Civil de 2002: sem correspondente.*

III – a ação da mulher ou seus herdeiros para desobrigar ou reivindicar os bens dotais alienados ou gravados pelo marido; contado o prazo da dissolução da sociedade conjugal (arts. 293 a 296);

• *Código Civil de 2002: sem correspondente.*

IV – a ação do interessado em pleitear a exclusão do herdeiro (arts. 1.595 e 1.596), ou provar a causa da sua deserdação (arts. 1.741 a 1.745), e bem assim a ação do deserdado para a impugnar; contado o prazo da abertura da sucessão;

• *Código Civil de 2002: art. 1.815, parágrafo único.*

V – a ação de anular ou rescindir os contratos, para a qual se não tenha estabelecido menor prazo; contado este:

• *Código Civil de 2002: art. 178, caput, e 1.965, parágrafo único.*

a) no caso de coação, do dia em que ela cessar;

• *Código Civil de 2002: art. 178, I.*

b) no de erro, dolo, simulação ou fraude, do dia em que se realizar o ato ou o contrato;

• *Código Civil de 2002: art. 178, II.*

c) quanto aos atos dos incapazes, do dia em que cessar a incapacidade;

• *Código Civil de 2002: art. 178, III.*

VI – a ação do filho natural para impugnar o reconhecimento; contado o prazo do dia em que atingir a maioridade ou se emancipar;

• *Código Civil de 2002: sem correspondente.*

§ 10. Em 5 (cinco) anos:

• *Código Civil de 2002: art. 206, § 5º.*

I – As prestações de pensões alimentícias;

• *Código Civil de 2002: art. 206, § 2º.*

II – As prestações de rendas temporárias ou vitalícias;

• *Código Civil de 2002: art. 206, § 3º, II.*

III – Os juros, ou quaisquer outras prestações acessórias pagáveis anualmente, ou em períodos mais curtos;

• *Código Civil de 2002: art. 206, § 3º, III.*

IV – Os alugueres de prédio rústico ou urbano;

• *Código Civil de 2002: art. 206, § 3º, I.*

V – A ação dos serviçais, operários e jornaleiros, pelo pagamento dos seus salários;

• *Código Civil de 2002: sem correspondente.*

VI – As dívidas passivas da União, dos Estados e dos Municípios, e bem assim toda e qualquer ação contra a Fazenda Federal, Estadual ou Municipal; devendo o prazo da prescrição correr da data do ato ou fato do qual se originar a mesma ação.

Os prazos dos números anteriores serão contados do dia em que cada prestação, juro, aluguel ou salário for exigível;

• *Código Civil de 2002: sem correspondente.*

VII – A ação civil por ofensa a direitos de autor; contado o prazo da data da contrafação;

• *Código Civil de 2002: sem correspondente.*

VIII – O direito de propor ação rescisória;

• *Código Civil de 2002: sem correspondente.*

IX – A ação por ofensa ou dano causados ao direito de propriedade; contado o prazo da data em que se deu a mesma ofensa ou dano.

• *Código Civil de 2002: sem correspondente.*

Art. 179. Os casos de prescrição não previstos neste Código serão regulados, quanto ao prazo, pelo art. 177.

• *Código Civil de 2002: art. 205.*

PARTE ESPECIAL

LIVRO I
DO DIREITO DE FAMÍLIA

TÍTULO I
DO CASAMENTO

CAPÍTULO I
Das Formalidades Preliminares

Art. 180. A habilitação para casamento faz-se perante o oficial do registro civil, apresentando-se os seguintes documentos:

• *Código Civil de 2002: art. 1.525, caput.*

I – certidão de idade ou prova equivalente;

• *Código Civil de 2002: art. 1.525, I.*

II – declaração do estado, do domicílio e da residência atual dos contraentes e de seus pais, se forem conhecidos;

• *Código Civil de 2002: art. 1.525, IV.*

III – autorização das pessoas sob cuja dependência legal estiverem, ou ato judicial que a supra (arts. 183, XI, 188 e 196);

• *Código Civil de 2002: art. 1.525, II.*

IV – declaração de duas testemunhas maiores, parentes, ou estranhos, que atestem conhecê-los e afirmem não existir impedimento, que os iniba de casar;

• *Código Civil de 2002: art. 1.525, III.*

V – certidão de óbito do cônjuge falecido, da anulação do casamento anterior ou do registro da sentença de divórcio.

• *Código Civil de 2002: art. 1.525, V.*

Parágrafo único. Se algum dos contraentes houver residido a maior parte do último ano em outro Estado, apresentará prova de que o deixou sem impedimento para casar, ou de que cessou o existente.

• *Código Civil de 2002: sem correspondente.*

Art. 181. À vista desses documentos apresentados pelos pretendentes, ou seus procuradores, o oficial do registro lavrará os proclamas de casamento, mediante edital, que se afixará durante 15 (quinze) dias, em lugar ostensivo do edifício, onde se celebrarem os casamentos, e se publicará pela imprensa, onde a houver (art. 182, parágrafo único).

• *Código Civil de 2002: art. 1.527, caput.*

§ 1º Se, decorrido esse prazo, não aparecer quem imponha impedimento, nem lhe constar algum dos que de ofício lhe cumpre declarar, o oficial do registro certificará aos pretendentes que estão habilitados para casar dentro nos 3 (três) meses imediatos (art. 192).

• *Código Civil de 2002: art. 1.531 e 1.532.*

§ 2º Se os nubentes residirem em diversas circunscrições do Registro Civil, em uma e em outra se publicarão os editais.

• *Código Civil de 2002: sem correspondente.*

Art. 182. O registro dos editais far-se-á no cartório do oficial, que os houver publicado, dando-se deles certidão a quem pedir.

• *Código Civil de 2002: sem correspondente.*

Parágrafo único. A autoridade competente, havendo urgência, poderá dispensar-lhes a publicação, desde que se lhe apresentem os documentos exigidos no art. 180.

• *Código Civil de 2002: art. 1.527, parágrafo único.*

Capítulo II
Dos Impedimentos

Art. 183. Não podem casar (arts. 207 e 209):

• *Código Civil de 2002: art. 1.521, caput.*

I – os ascendentes com os descendentes, seja o parentesco legítimo ou ilegítimo, natural ou civil;

• *Código Civil de 2002: art. 1.521, I.*

II – os afins em linha reta, seja o vínculo legítimo ou ilegítimo;

• *Código Civil de 2002: art. 1.521, II.*

III – o adotante com o cônjuge do adotado e o adotado com o cônjuge do adotante (art. 376);

• *Código Civil de 2002: art. 1.521, III.*

IV – os irmãos, legítimos ou ilegítimos, germanos ou não, e os colaterais, legítimos ou ilegítimos, até o terceiro grau inclusive;

• *Código Civil de 2002: art. 1.521, IV.*

V – o adotado com o filho superveniente ao pai ou à mãe adotiva (art. 376);

• *Código Civil de 2002: art. 1.521, V.*

VI – as pessoas casadas (art. 203);

• *Código Civil de 2002: art. 1.521, VI.*

VII – o cônjuge adúltero com o seu co-réu, por tal condenado;

• *Código Civil de 2002: sem correspondente.*

VIII – o cônjuge sobrevivente com o condenado como delinqüente no homicídio, ou tentativa de homicídio, contra o seu consorte;

• *Código Civil de 2002: art. 1.521, VII.*

IX – as pessoas por qualquer motivo coactas e as incapazes de consentir;

• *Código Civil de 2002: sem correspondente.*

X – o raptor com a raptada, enquanto esta não se ache fora do seu poder e em lugar seguro;

• *Código Civil de 2002: sem correspondente.*

XI – os sujeitos ao pátrio poder, tutela ou curatela, enquanto não obtiverem, ou lhes não for suprido o consentimento do pai, tutor, ou curador (art. 212);

• *Código Civil de 2002: sem correspondente.*

XII – as mulheres menores de 16 (dezesseis) anos e os homens menores de 18 (dezoito);

• *Código Civil de 2002: sem correspondente.*

XIII – o viúvo ou a viúva que tiver filho do cônjuge falecido, enquanto não fizer inventário dos bens do casal (art. 225) e der partilha aos herdeiros;

• *Código Civil de 2002: art. 1.523, I.*

XIV – a viúva, ou a mulher cujo casamento se desfez por ser nulo ou ter sido anulado, até 10 (dez) meses depois do começo da viuvez, ou da dissolução da sociedade conjugal, salvo se antes de findo esse prazo der à luz algum filho;

• *Código Civil de 2002: art. 1.523, II.*

XV – o tutor ou curador e os seus descendentes, ascendentes, irmãos, cunhados ou sobrinhos, com a pessoa tutelada ou curatelada, enquanto não cessar a tutela ou curatela, e não estiverem saldadas as respectivas contas, salvo permissão paterna ou materna manifestada em escrito autêntico ou em testamento;

• *Código Civil de 2002: art. 1.523, IV.*

XVI – o juiz, ou escrivão e seus descendentes, ascendentes, irmãos, cunhados ou sobrinhos, com órfão ou viúva, da circunscrição territorial onde um ou outro tiver exercício, salvo licença especial da autoridade judiciária superior.

• *Código Civil de 2002: sem correspondente.*

Art. 184. A afinidade resultante de filiação espúria poderá provar-se por confissão espontânea dos ascendentes da pessoa impedida, os quais, se o quiserem, terão o direito de fazê-la em segredo de justiça.

• *Código Civil de 2002: sem correspondente.*

Parágrafo único. A resultante da filiação natural poderá ser também provada por confissão espontânea dos ascendentes, se da filiação não existir a prova prescrita no art. 357.

• *Código Civil de 2002: sem correspondente.*

Art. 185. Para o casamento dos menores de 21 (vinte e um) anos, sendo filhos legítimos, é mister o consentimento de ambos os pais.

• *Código Civil de 2002: art. 1.517, caput.*

Art. 186. Discordando eles entre si, prevalecerá a vontade paterna, ou sendo o casal separado, divorciado ou tiver sido o seu casamento anulado, a vontade do cônjuge, com quem estiverem os filhos.

• *Código Civil de 2002: art. 1.517, parágrafo único.*

Parágrafo único. Sendo, porém, ilegítimos os filhos, bastará o consentimento do que houver reconhecido o menor, ou, se este não for reconhecido, o consentimento materno.

• *Código Civil de 2002: sem correspondente.*

Art. 187. Até a celebração do matrimônio podem os pais, tutores e curadores retratar o seu consentimento.

• *Código Civil de 2002: art. 1.518.*

Art. 188. A denegação do consentimento, quando injusta, pode ser suprida pelo juiz, com recurso para a instância superior.

• *Código Civil de 2002: art. 1.519.*

Capítulo III
Da Oposição dos Impedimentos

Art. 189. Os impedimentos do art. 183, I a XII, podem ser opostos:

• *Código Civil de 2002: sem correspondente.*

I – pelo oficial do registro civil (art. 227, III);

• *Código Civil de 2002: art. 1.522, caput.*

II – por quem presidir à celebração do casamento;

• *Código Civil de 2002: art. 1.522, caput.*

III – por qualquer pessoa maior, que, sob sua assinatura, apresente declaração escrita, instruída com as provas do fato que alegar.

• *Código Civil de 2002: art. 1.522, caput.*

Parágrafo único. Se não puder instruir a oposição com as provas, precisará o oponente o lugar, onde existam, ou nomeará, pelo menos, duas testemunhas, residentes no Município, que atestem o impedimento.

• *Código Civil de 2002: sem correspondente.*

Art. 190. Os outros impedimentos só poderão ser opostos:

• *Código Civil de 2002: sem correspondente.*

I – pelos parentes, em linha reta, de um dos nubentes, sejam consangüíneos ou afins;

• *Código Civil de 2002: art. 1.524.*

II – pelos colaterais, em segundo grau, sejam consangüíneos ou afins.

• *Código Civil de 2002: art. 1.524.*

Art. 191. O oficial do registro civil dará aos nubentes, ou seus representantes, nota do impedimento oposto, indicando os fundamentos, as provas, e, se o impedimento não se opôs ex officio, o nome do oponente.

• *Código Civil de 2002: art. 1.530, caput.*

Parágrafo único. Fica salvo aos nubentes fazer a prova contrária ao impedimento e promover as ações civis e criminais contra o oponente de má-fé.

• *Código Civil de 2002: art. 1.530, parágrafo único.*

Capítulo IV
Da Celebração do Casamento

Art. 192. Celebrar-se-á o casamento no dia, hora e lugar previamente designados pela autoridade que houver de presidir ao ato, mediante petição dos contraentes, que se mostrem habilitados com a certidão do art. 181, § 1º.

• *Código Civil de 2002: art. 1.533.*

Art. 193. A solenidade celebrar-se-á na casa das audiências, com toda a publicidade, a portas abertas, presentes, pelo menos, duas testemunhas, parentes ou não dos contraentes, ou, em caso de força maior, querendo as partes, e consentindo o juiz, noutro edifício, público, ou particular.

• *Código Civil de 2002: art. 1.534, caput.*

Parágrafo único. Quando o casamento for em casa particular, ficará esta de portas abertas durante o ato, e, se algum dos contraentes não souber escrever, serão quatro as testemunhas.

• *Código Civil de 2002: art. 1.534, §§ 1º e 2º.*

Art. 194. Presentes os contraentes, em pessoa ou por procurador especial, juntamente com as testemunhas e o oficial do registro, o presidente do ato, ouvida aos nubentes afirmação de que persistem no propósito de casar por livre e espontânea vontade, declarará efetuado o casamento, nestes termos: "De acordo com a vontade que ambos acabais de afirmar perante mim, de vos receberdes por marido e mulher, eu, em nome da lei, vos declaro casados".

• *Código Civil de 2002: arts. 1.514 e 1.535.*

Art. 195. Do matrimônio, logo depois de celebrado, se lavrará o assento no livro de registro (art. 202).

No assento, assinado pelo presidente do ato, os cônjuges, as testemunhas e o oficial do registro, serão exarados:

• *Código Civil de 2002: art. 1.536, caput.*

I – os nomes, prenomes, datas de nascimento, profissão, domicílio e residência atual dos cônjuges;

• *Código Civil de 2002: art. 1.536, I.*

II – os nomes, prenomes, datas de nascimento ou de morte, domicílio e residência atual dos pais;

• *Código Civil de 2002: art. 1.536, II.*

III – os nomes e prenomes do cônjuge precedente e a data da dissolução do casamento anterior;

• *Código Civil de 2002: art. 1.536, III.*

IV – a data da publicação dos proclamas e da celebração do casamento;

• *Código Civil de 2002: art. 1.536, IV.*

V – a relação dos documentos apresentados ao oficial do registro (art. 180);

• *Código Civil de 2002: art. 1.536, V.*

VI – os nomes, prenomes, profissão, domicílio e residência atual das testemunhas;

• *Código Civil de 2002: art. 1.536, VI.*

VII – o regime do casamento, com a declaração da data e do cartório em cujas notas foi passada a escritura antenupcial, quando o regime não for o de comunhão parcial, ou o legal estabelecido no Título III deste Livro, para outros casamentos.

• *Código Civil de 2002: art. 1.536, VII.*

Art. 196. O instrumento da autorização para casar transcrever-se-á integralmente na escritura antenupcial.

• *Código Civil de 2002: art. 1.537.*

Art. 197. A celebração do casamento será imediatamente suspensa, se algum dos contraentes:

• *Código Civil de 2002: art. 1.538, caput.*

I – recusar a solene afirmação da sua vontade;

• *Código Civil de 2002: art. 1.538, I.*

II – declarar que esta não é livre e espontânea;

• *Código Civil de 2002: art. 1.538, II.*

III – manifestar-se arrependido.

• *Código Civil de 2002: art. 1.538, III.*

Parágrafo único. O nubente que, por algum destes fatos, der causa à suspensão do ato, não será admitido a retratar-se no mesmo dia.

• *Código Civil de 2002: art. 1.538, parágrafo único.*

Art. 198. No caso de moléstia grave de um dos nubentes, o presidente do ato irá celebrá-lo na casa do impedido e, sendo urgente, ainda à noite, perante quatro testemunhas, que saibam ler e escrever.

• *Código Civil de 2002: art. 1.539, caput.*

§ 1º A falta ou impedimento da autoridade competente para presidir ao casamento suprir-se-á por qualquer dos seus substitutos legais, e a do oficial do registro civil por outro ad hoc, nomeado pelo presidente do ato.

• *Código Civil de 2002: art. 1.539, § 1º.*

§ 2º O termo avulso, que o oficial ad hoc lavrar, será levado ao registro no mais breve prazo possível.

• *Código Civil de 2002: art. 1.539, § 2º.*

Art. 199. O oficial do registro, mediante despacho da autoridade competente, à vista dos documentos exigidos no art. 180 e independentemente do edital de proclamas (art. 181), dará a certidão ordenada no art. 181, § 1º:

• *Código Civil de 2002: sem correspondente.*

I – quando ocorrer motivo urgente que justifique a imediata celebração do casamento;

• *Código Civil de 2002: sem correspondente.*

II – quando algum dos contraentes estiver em eminente risco de vida.

• *Código Civil de 2002: sem correspondente.*

Parágrafo único. Neste caso, não obtendo os contraentes a presença da autoridade, a quem incumba presidir ao ato, nem a de seu substituto, poderão celebrá-lo em presença de seis testemunhas, que com os nubentes não tenham parentesco em linha reta, ou, na colateral, em segundo grau.

• *Código Civil de 2002: art. 1.540.*

Art. 200. Essas testemunhas comparecerão dentro em 5 (cinco) dias ante a autoridade judicial mais próxima, pedindo que se lhes tomem por termo as seguintes declarações:

• *Código Civil de 2002: art. 1.541, caput.*

I – que foram convocadas por parte do enfermo;

• *Código Civil de 2002: art. 1.541, I.*

II – que este parecia em perigo de vida, mas em seu juízo;

• *Código Civil de 2002: art. 1.541, II.*

III – que em sua presença, declararam os contraentes livre e espontaneamente receber-se por marido e mulher.

• *Código Civil de 2002: art. 1.541, III.*

§ 1º Autuado o pedido e tomadas as declarações, o juiz procederá às diligências necessárias para verificar se os contraentes podiam ter-se habilitado para o casamento, na forma ordinária, ouvidos os interessados, que o requererem, dentro em 15 (quinze) dias.

• *Código Civil de 2002: art. 1.541, § 1º.*

§ 2º Verificada a idoneidade dos cônjuges para o casamento, assim o decidirá a autoridade competente, com recurso voluntário às partes.

• *Código Civil de 2002: art. 1.541, § 2º.*

§ 3º Se da decisão não se tiver recorrido, ou se ela passar em julgado, apesar dos recursos interpostos, o juiz mandará transcrevê-la no livro do registro dos casamentos.

• *Código Civil de 2002: art. 1.541, § 3º.*

§ 4º O assento assim lavrado retrotrairá os efeitos do casamento, quanto ao estado dos cônjuges, à data da celebração e, quanto aos filhos comuns, à data do nascimento.

• *Código Civil de 2002: art. 1.541, § 4º.*

§ 5º Serão dispensadas as formalidades deste e do artigo anterior, se o enfermo convalescer e puder ratificar o casamento em presença da autoridade competente e do oficial do registro.

• *Código Civil de 2002: art. 1.541, § 5º.*

Art. 201. O casamento pode celebrar-se mediante procuração, que outorgue poderes especiais ao mandatário para receber, em nome do outorgante, o outro contraente.

• *Código Civil de 2002: art. 1.542, caput.*

Parágrafo único. Pode casar por procuração o preso, ou o condenado, quando lhe não permita comparecer em pessoa a autoridade, sob cuja guarda estiver.

• *Código Civil de 2002: sem correspondente.*

Capítulo V
Das Provas do Casamento

Art. 202. O casamento celebrado no Brasil prova-se pela certidão do registro, feito ao tempo de sua celebração (art. 195).

• *Código Civil de 2002: art. 1.543, caput.*

Parágrafo único. Justificada a falta ou perda do registro civil, é admissível qualquer outra espécie de prova.

• *Código Civil de 2002: art. 1.543, parágrafo único.*

Art. 203. O casamento de pessoas que faleceram na posse do estado de casadas não se pode contestar em prejuízo da prole comum, salvo mediante certidão do registro civil, que prove que já era casada alguma delas, quando contraiu o matrimônio impugnado (art. 183, VI).

• *Código Civil de 2002: art. 1.545.*

Art. 204. O casamento celebrado fora do Brasil prova-se de acordo com a lei do país, onde se celebrou.

• *Código Civil de 2002: sem correspondente.*

Parágrafo único. Se, porém, se contraiu perante agente consular, provar-se-á por certidão do assento no registro do consulado.

• *Código Civil de 2002: art. 1.544.*

Art. 205. Quando a prova de celebração legal do casamento resultar de processo judicial, a inscrição da sentença no livro do registro civil produzirá, assim no que toca aos cônjuges, como no que respeita aos filhos, todos os efeitos civis desde a data do casamento.

• *Código Civil de 2002: art. 1.546.*

Art. 206. Na dúvida entre as provas pró e contra, julgar-se-á pelo casamento, se os cônjuges, cujo matrimônio se impugna, viverem ou tiverem vívido na posse do estado de casados.

• *Código Civil de 2002: art. 1.547.*

Capítulo VI
Do Casamento Nulo e Anulável

Art. 207. É nulo e de nenhum efeito, quanto aos contraentes e aos filhos, o casamento contraído com infração de qualquer dos ns. I a VIII do art. 183.

• *Código Civil de 2002: art. 1.548, caput.*

Art. 208. É também nulo o casamento contraído perante autoridade incompetente (arts. 192, 194, 195 e 198). Mas esta nulidade se considerará sanada, se não se alegar dentro em 2 (dois) anos da celebração.

• *Código Civil de 2002: art. 1.560, II.*

Parágrafo único. Antes de vencido esse prazo, a declaração da nulidade poderá ser requerida:

• *Código Civil de 2002: art. 1.549.*

I – por qualquer interessado;

• *Código Civil de 2002: art. 1.549.*

II – pelo Ministério Público, salvo se já houver falecido algum dos cônjuges.

• *Código Civil de 2002: art. 1.549.*

Art. 209. É anulável o casamento contraído com infração de qualquer dos ns. IX a XII do art. 183.

• *Código Civil de 2002: art. 1.550, caput.*

Art. 210. A anulação do casamento contraído pelo coacto ou pelo incapaz de consentir, só pode ser promovida:

• *Código Civil de 2002: sem correspondente.*

I – pelo próprio coacto;

• *Código Civil de 2002: art. 1.559.*

II – pelo incapaz;

• *Código Civil de 2002: sem correspondente.*

III – por seus representantes legais.

• *Código Civil de 2002: sem correspondente.*

Art. 211. O que contraiu casamento, enquanto incapaz, pode ratificá-lo, quando adquirir a necessária capacidade, e esta ratificação retrotrairá os seus efeitos à data da celebração.

• *Código Civil de 2002: art. 1.553.*

Art. 212. A anulação do casamento contraído com infração do n. XI do art. 183 só pode ser requerida pelas pessoas que tinham o direito de consentir e não assistiram ao ato.

• *Código Civil de 2002: sem correspondente.*

Art. 213. A anulação do casamento da menor de 16 (dezesseis) anos ou do menor de 18 (dezoito) será requerida:

• *Código Civil de 2002: art. 1.552, caput.*

I – pelo próprio cônjuge menor;

• *Código Civil de 2002: art. 1.552, I.*

II – pelos seus representantes legais;

• *Código Civil de 2002: art. 1.552, II.*

III – pelas pessoas designadas no art. 190, naquela mesma ordem.

• *Código Civil de 2002: art. 1.552, III.*

Art. 214. Podem, entretanto, casar-se os referidos menores para evitar a imposição ou o cumprimento da pena criminal.

• *Código Civil de 2002: art. 1.520.*

Parágrafo único. Em tal caso o juiz poderá ordenar a separação de corpos, até que os cônjuges alcance a idade legal.

• *Código Civil de 2002: sem correspondente.*

Art. 215. Por defeito de idade não se anulará o casamento de que resultou gravidez.

• *Código Civil de 2002: art. 1.551.*

Art. 216. Quando requerida por terceiros a anulação do casamento (art. 213, II e III), poderão os cônjuges ratificá-lo, em perfazendo a idade fixada no art. 183, XII, ante o juiz e o oficial do registro civil. A ratificação terá efeito retroativo, subsistindo, entretanto, o regime da separação de bens.

• *Código Civil de 2002: sem correspondente.*

Art. 217. A anulação do casamento não obsta à legitimidade do filho concebido ou havido antes ou na constância dele.

• *Código Civil de 2002: sem correspondente.*

Art. 218. É também anulável o casamento, se houver por parte de um dos nubentes, ao consentir, erro essencial quanto à pessoa do outro.

• *Código Civil de 2002: art. 1.556.*

Art. 219. Considera-se erro essencial sobre a pessoa do outro cônjuge:

• *Código Civil de 2002: art. 1.557, caput.*

I – o que diz respeito à identidade do outro cônjuge, sua honra e boa fama, sendo esse erro tal, que o seu conhecimento ulterior torne insuportável a vida em comum ao cônjuge enganado;

• *Código Civil de 2002: art. 1.557, I.*

II – a ignorância de crime inafiançável, anterior ao casamento e definitivamente julgado por sentença condenatória;

• *Código Civil de 2002: art. 1.557, II.*

III – a ignorância, anterior ao casamento, de defeito físico irremediável ou de moléstia grave e transmissível, por contágio ou herança, capaz de por em risco a saúde do outro cônjuge ou de sua descendência;

• *Código Civil de 2002: art. 1.557, III.*

IV – o defloramento da mulher, ignorado pelo marido.

• *Código Civil de 2002: sem correspondente.*

Art. 220. A anulação do casamento, nos casos do artigo antecedente, só a poderá demandar o cônjuge enganado.

• *Código Civil de 2002: sem correspondente.*

Art. 221. Embora anulável, ou mesmo nulo, se contraído de boa-fé por ambos os cônjuges, o casamento, em relação a estes como aos filhos, produz todos os efeitos civis até o dia da sentença anulatória.

• *Código Civil de 2002: art. 1.561, caput.*

Parágrafo único. Se um dos cônjuges estava de boa-fé, ao celebrar o casamento, os seus efeitos civis só a esse e aos filhos aproveitarão.

• *Código Civil de 2002: art. 1.561, § 1º.*

Art. 222. A nulidade do casamento processar-se-á por ação ordinária, na qual será nomeado curador que o defenda.

• *Código Civil de 2002: sem correspondente.*

Art. 223. Antes de mover a ação de nulidade do casamento, a de anulação, ou a de desquite, requererá o autor, com documento que a autorize, a separação de corpos, que será concedida pelo juiz com a possível brevidade.

• *Código Civil de 2002: art. 1.562.*

Art. 224. Concedida a separação, a mulher poderá pedir os alimentos provisionais, que lhe serão arbitrados, na forma do art. 400.

• *Código Civil de 2002: sem correspondente.*

Capítulo VII
Disposições Penais

Art. 225. O viúvo, ou a viúva, com filhos do cônjuge falecido, que se casar antes de fazer inventário do casal e dar partilha aos herdeiros, perderá o direito ao usufruto dos bens dos mesmos filhos.

• *Código Civil de 2002: sem correspondente.*

Art. 226. No casamento com infração do art. 183, XI a XVI, é obrigatório o regime da separação de bens, não podendo o cônjuge infrator fazer doações ao outro.

• *Código Civil de 2002: sem correspondente.*

Parágrafo único. Considera-se culpado o tutor que não puder apresentar em seu favor a escusa da cláusula final do art. 183, XV.

• *Código Civil de 2002: sem correspondente.*

Art. 227. Incorre na multa de cem mil-réis a quinhentos mil-réis, além da responsabilidade penal aplicável ao caso, o oficial do registro:

• *Código Civil de 2002: sem correspondente.*

I – que publicar o edital do art. 181, não sendo solicitado por ambos os contraentes;

• *Código Civil de 2002: sem correspondente.*

II – que der a certidão do art. 181, § 1º, antes de apresentados os documentos do art. 180, ou pendente a oposição de algum impedimento.

• *Código Civil de 2002: sem correspondente.*

III – que não declarar os impedimentos, cuja oposição se lhe fizer, ou cuja existência, sendo aplicáveis de ofício, lhe constar com certeza (art. 189, I).

• *Código Civil de 2002: sem correspondente.*

Art. 228. Nas mesmas penas incorrerá o juiz:

• *Código Civil de 2002: sem correspondente.*

I – que celebrar o casamento antes de levantados os impedimentos opostos contra algum dos contraentes;

• *Código Civil de 2002: sem correspondente.*

II – que deixar de recebê-los, quando oportunamente opostos, nos termos dos arts. 189 a 191;

• *Código Civil de 2002: sem correspondente.*

III – que se abstiver de opô-los, quando lhe constarem, e forem dos que se opõem ex officio (art. 189, II);

• *Código Civil de 2002: sem correspondente.*

IV – que se recusar a presidir ao casamento, sem justa causa.

• *Código Civil de 2002: sem correspondente.*

Parágrafo único. Cabe aos interessados promover a aplicação das penas cominadas nos arts. 225 e 226. A das deste e do art. 227 será promovida pelo Ministério Público, e poderá sê-lo pelos interessados.

• *Código Civil de 2002: sem correspondente.*

Título II
Dos Efeitos Jurídicos do Casamento

Capítulo I
Disposições Gerais

Art. 229. Criando a família legítima, o casamento legitima os filhos comuns, antes dele nascidos ou concebidos (arts. 352 a 354).

• *Código Civil de 2002: sem correspondente.*

Art. 230. O regime dos bens entre cônjuges começa a vigorar desde a data do casamento, e é irrevogável.

• *Código Civil de 2002: art. 1.639, § 1º.*

Art. 231. São deveres de ambos os cônjuges:

• *Código Civil de 2002: art. 1.566, caput.*

I – fidelidade recíproca;

• *Código Civil de 2002: art. 1.566, I.*

II – vida em comum, no domicílio conjugal (arts. 233, IV, e 234);

• *Código Civil de 2002: art. 1.566, II.*

III – mútua assistência;

• *Código Civil de 2002: art. 1.566, III.*

IV – sustento, guarda e educação dos filhos.

• *Código Civil de 2002: art. 1.566, IV.*

Art. 232. Quando o casamento for anulado por culpa de um dos cônjuges, este incorrerá:

• *Código Civil de 2002: art. 1.564, caput.*

I – na perda de todas as vantagens havidas do cônjuge inocente;

• *Código Civil de 2002: art. 1.564, I.*

II – na obrigação de cumprir as promessas, que lhe fez, no contrato antenupcial (arts. 256 e 312).

• *Código Civil de 2002: art. 1.564, II.*

Capítulo II
Dos Direitos e Deveres do Marido

Art. 233. O marido é o chefe da sociedade conjugal, função que exerce com a colaboração da mulher, no interesse comum do casal e dos filhos (arts. 240, 247 e 251).

Compete-lhe:

• *Código Civil de 2002: art. 1.567, caput.*

I – a representação legal da família;

• *Código Civil de 2002: sem correspondente.*

II – a administração dos bens comuns e dos particulares da mulher que ao marido incumbir administrar, em virtude do regime matrimonial adotado, ou de pacto antenupcial (arts. 178, § 9º, I, c, 274, 289, I e 311);

• *Código Civil de 2002: sem correspondente.*

III – o direito de fixar o domicílio da família, ressalvada a possibilidade de recorrer a mulher ao juiz, no caso de deliberação que a prejudique;

• *Código Civil de 2002: art. 1.569.*

IV – prover a manutenção da família, guardada as disposições dos arts. 275 e 277.

• *Código Civil de 2002: art. 1.568.*

Art. 234. A obrigação de sustentar a mulher cessa, para o marido, quando ela abandona sem justo motivo a habitação conjugal, e a esta recusa voltar. Neste caso, o juiz pode, segundo as circunstâncias, ordenar, em proveito do marido e dos filhos, o seqüestro temporário de parte dos rendimentos particulares da mulher.

• *Código Civil de 2002: sem correspondente.*

Art. 235. O marido não pode, sem consentimento da mulher, qualquer que seja o regime de bens:

• *Código Civil de 2002: sem correspondente.*

I – alienar, hipotecar ou gravar de ônus os bens imóveis ou direitos reais sobre imóveis alheios (art. 178, § 9º, I, a, 237, 276 e 293);

• *Código Civil de 2002: art. 1.647, I.*

II – pleitear, como autor ou réu, acerca desses bens e direitos;

• *Código Civil de 2002: art. 1.647, II.*

III – prestar fiança (arts. 178, § 9°, I, b, e 263, X);

• *Código Civil de 2002: art. 1.647, III.*

IV – fazer doação, não sendo remuneratória ou de pequeno valor, com os bens ou rendimentos comuns (art. 178, § 9º, I, b).

• *Código Civil de 2002: art. 1647, IV.*

Art. 236. Valerão, porém, os dotes ou doações nupciais feitas às filhas e as doações feitas aos filhos por ocasião de se casarem, ou estabelecerem economia separada (art. 313).

• *Código Civil de 2002: art. 1.647, parágrafo único.*

Art. 237. Cabe ao juiz suprir a outorga da mulher, quando esta a denegue sem motivo justo, ou lhe seja impossível dá-la (arts. 235, 238 e 239).

• *Código Civil de 2002: art. 1.648.*

Art. 238. O suprimento judicial da outorga autoriza o ato do marido, mas não obriga os bens próprios da mulher (arts. 247, parágrafo único, 269, 274 e 275)

• *Código Civil de 2002: sem correspondente.*

Art. 239. A anulação dos atos do marido praticados sem outorga da mulher, ou sem suprimento do juiz, só poderá ser demandada por ela, ou seus herdeiros (art. 178, § 9º, I, a, e II).

• *Código Civil de 2002: art. 1.650.*

CAPÍTULO III
Dos Direitos e Deveres da Mulher

Art. 240. A mulher, com o casamento, assume a condição de companheira, consorte e colaboradora do marido nos encargos de família, cumprindo-lhe velar pela direção material e moral desta.

• *Código Civil de 2002: art. 1.565, caput.*

Parágrafo único. A mulher poderá acrescer aos seus os apelidos do marido.

• *Código Civil de 2002: art. 1.565, § 1º.*

Art. 241. Se o regime de bens não for o da comunhão universal, o marido recobrará da mulher as despesas, que com a defesa dos bens e direitos particulares desta houver feito.

• *Código Civil de 2002: sem correspondente.*

Art. 242. A mulher não pode, sem autorização do marido (art. 251):

• *Código Civil de 2002: sem correspondente.*

I – praticar os atos que este não poderia sem o consentimento da mulher (art. 235);

• *Código Civil de 2002: sem correspondente.*

II – alienar ou gravar de ônus real os imóveis de seu domínio particular, qualquer que seja o regime dos bens (arts. 263, II, III e VIII, 269, 275 e 310);

• *Código Civil de 2002: sem correspondente.*

III – alienar os seus direitos reais sobre imóveis de outrem;

• *Código Civil de 2002: sem correspondente.*

IV – contrair obrigações que possam importar em alheação de bens do casal. (Inciso VIII renumerado e alterado pela Lei 4.121, de 27.8.1962)

• *Código Civil de 2002: sem correspondente.*

Art. 243. A autorização do marido pode ser geral ou especial, mas deve constar de instrumento público ou particular previamente autenticado.

• *Código Civil de 2002: sem correspondente.*

Art. 244. Esta autorização é revogável a todo o tempo, respeitados os direitos de terceiros e os efeitos necessários dos atos iniciados.

• *Código Civil de 2002: sem correspondente.*

Art. 245. A autorização marital pode suprir-se judicialmente:

• *Código Civil de 2002: sem correspondente.*

I – nos casos do art. 242, I a V;

• *Código Civil de 2002: sem correspondente.*

II – nos casos do art. 242, VII e VIII, se o marido não ministrar os meios de subsistência à mulher e aos filhos.

• *Código Civil de 2002: sem correspondente.*

Parágrafo único. O suprimento judicial da autorização valida os atos da mulher, mas não obriga os bens próprios do marido.

• *Código Civil de 2002: sem correspondente.*

Art. 246. A mulher que exercer profissão lucrativa, distinta da do marido, terá direito de praticar todos os atos inerentes ao seu exercício e à sua defesa. O produto do seu trabalho assim auferido, e os bens com ele adquiridos, constituem, salvo estipulação diversa em pacto antenupcial, bens reservados, dos quais poderá dispor livremente com observância, porém, do preceituado na parte final do art. 240 e nos ns. II e III do art. 242.

• *Código Civil de 2002: sem correspondente.*

Parágrafo único. Não responde, o produto do trabalho da mulher, nem os bens a que se refere este artigo, pelas dívidas do marido, exceto as contraídas em benefício da família.

• *Código Civil de 2002: sem correspondente.*

Art. 247. Presume-se a mulher autorizada pelo marido:

• *Código Civil de 2002: sem correspondente.*

I – para a compra, ainda a crédito, das coisas necessárias à economia doméstica;

• *Código Civil de 2002: art. 1.643, I.*

II – para obter, por empréstimo, as quantias que a aquisição dessas coisas possa exigir;

• *Código Civil de 2002: art. 1.643, II.*

III – para contrair as obrigações concernentes à indústria, ou profissão que exercer com autorização do marido, ou suprimento do juiz.

• *Código Civil de 2002: sem correspondente.*

Parágrafo único. Considerar-se-á sempre autorizada pelo marido a mulher que ocupar cargo público, ou, por mais de 6 (seis) meses, se entregar a profissão exercida fora do lar conjugal.

• *Código Civil de 2002: sem correspondente.*

Art. 248. A mulher casada pode livremente:

• *Código Civil de 2002: sem correspondente.*

I – Exercer o direito que lhe competir sobre as pessoas e os bens dos filhos do leito anterior (art. 393);

• *Código Civil de 2002: sem correspondente.*

II – Desobrigar ou reivindicar os imóveis do casal que o marido tenha gravado ou alienado sem sua outorga ou suprimento do juiz (art. 235, I);

• *Código Civil de 2002: art. 1.642, III.*

III – Anular as fianças ou doações feitas pelo marido com infração do disposto nos ns. III e IV do art. 235;

• *Código Civil de 2002: art. 1.642, IV.*

IV – Reivindicar os bens comuns, móveis ou imóveis, doados ou transferidos pelo marido à concubina (art. 1.177).

• *Código Civil de 2002: art. 1.642, V.*

Parágrafo único. Este direito prevalece, esteja ou não a mulher em companhia do marido, e ainda que a doação se dissimule em venda ou outro contrato;

• *Código Civil de 2002: sem correspondente.*

V – Dispor dos bens adquiridos na conformidade do número anterior e de quaisquer outros que possua, livres da administração do marido, não sendo imóveis;

• *Código Civil de 2002: sem correspondente.*

VI – Promover os meios assecuratórios e as ações que, em razão do dote ou de outros bens seus sujeitos à administração do marido, contra este lhe competirem;

• *Código Civil de 2002: sem correspondente.*

VII – Praticar quaisquer outros atos não vedados por lei;

• *Código Civil de 2002: art. 1.642, VI.*

VIII – Propor a separação judicial e o divórcio.

• *Código Civil de 2002: sem correspondente.*

Art. 249. As ações fundadas nos ns. II, III, IV e VI do artigo antecedente competem à mulher e aos seus herdeiros.

• *Código Civil de 2002: art. 1.645.*

Art. 250. Salvo o caso do n. IV do art. 248, fica ao terceiro, prejudicado com a sentença favorável à mulher, o direito regressivo contra o marido ou seus herdeiros.

• *Código Civil de 2002: art. 1.646.*

Art. 251. À mulher compete a direção e administração do casal, quando o marido:

• *Código Civil de 2002: art. 1.570.*

I – estiver em lugar remoto, ou não sabido;

• *Código Civil de 2002: art. 1.570.*

II – estiver em cárcere por mais de 2 (dois) anos;

• *Código Civil de 2002: art. 1.570.*

III – for judicialmente declarado interdito.

• *Código Civil de 2002: art. 1.570.*

Parágrafo único. Nestes casos, cabe à mulher:

• *Código Civil de 2002: sem correspondente.*

I – administrar os bens comuns;

• *Código Civil de 2002: arts. 1.570 e 1.651, I.*

II – dispor dos particulares e alienar os móveis comuns e os do marido;

• *Código Civil de 2002: art. 1.651, II.*

III – administrar os do marido;

• *Código Civil de 2002: art. 1.651, I.*

IV – alienar os imóveis comuns e os do marido mediante autorização especial do juiz.

• *Código Civil de 2002: art. 1.651, III.*

Art. 252. A falta não suprida pelo juiz, de autorização do marido, quando necessária (art. 242), invalidará o ato da mulher; podendo esta nulidade ser alegada pelo outro cônjuge, até 2 (dois) anos depois de terminada a sociedade conjugal.

• *Código Civil de 2002: sem correspondente.*

Parágrafo único. A ratificação do marido, provada por instrumento público ou particular autenticado, revalida o ato.

• *Código Civil de 2002: sem correspondente.*

Art. 253. Os atos da mulher autorizados pelo marido obrigam todos os bens do casal, se o regime matrimonial for o da comunhão, e somente os particulares dela, se outro for o regime e o marido não assumir conjuntamente a responsabilidade do ato.

• *Código Civil de 2002: sem correspondente.*

Art. 254. Qualquer que seja o regime do casamento, os bens de ambos os cônjuges ficam obrigados igualmente pelos atos que a mulher praticar na conformidade do art. 247.

• *Código Civil de 2002: sem correspondente.*

Art. 255. A anulação dos atos de um cônjuge, por falta da outorga indispensável do outro, importa ficar o primeiro obrigado pela importância da vantagem que do ato anulado lhe haja advindo, a ele, ao consorte ou ao casal.

• *Código Civil de 2002: sem correspondente.*

Parágrafo único. Quando o cônjuge responsável pelo ato anulado não tiver bens particulares, que bastem, o dano aos terceiros de boa-fé se comporá pelos bens comuns, na razão do proveito que lucrar o casal.

• *Código Civil de 2002: sem correspondente.*

Título III
Do Regime dos Bens Entre os Cônjuges

Capítulo I
Disposições Gerais

Art. 256. É lícito aos nubentes, antes de celebrado o casamento, estipular, quanto aos seus bens, o que lhes aprouver (arts. 261, 273, 277, 283, 287 e 312).

• *Código Civil de 2002: art. 1.639, caput.*

Parágrafo único. Serão nulas tais convenções:

• *Código Civil de 2002: art. 1.653.*

I – não se fazendo por escritura pública;

• *Código Civil de 2002: art. 1.653.*

II – não se lhes seguindo o casamento.

• *Código Civil de 2002: art. 1.653.*

Art. 257. Ter-se-á por não escrita a convenção, ou a cláusula:

• *Código Civil de 2002: sem correspondente.*

I – que prejudique os direitos conjugais, ou os paternos;

• *Código Civil de 2002: sem correspondente.*

II – que contravenha disposição absoluta da lei.

• *Código Civil de 2002: art. 1.655.*

Art. 258. Não havendo convenção, ou sendo nula, vigorará, quanto aos bens entre os cônjuges, o regime de comunhão parcial.

• *Código Civil de 2002: art. 1.640, caput.*

Parágrafo único. É, porém, obrigatório o da separação de bens do casamento:

• *Código Civil de 2002: art. 1.641, caput.*

I – das pessoas que o celebrarem com infração do estatuído no art. 183, XI a XVI (art. 216);

• *Código Civil de 2002: art. 1.641, I.*

II – do maior de 60 (sessenta) e da maior de 50 (cinqüenta) anos;

• *Código Civil de 2002: art. 1.641, II.*

III – do órfão de pai e mãe, ou do menor, nos termos dos arts. 394 e 395, embora case, no termos do art. 183, XI, com o consentimento do tutor;

• *Código Civil de 2002: sem correspondente.*

IV – de todos os que dependerem, para casar, de autorização judicial (arts. 183, XI, 384, III, 426, I, e 453).

• *Código Civil de 2002: art. 1.641, III.*

Art. 259. Embora o regime não seja o da comunhão de bens, prevalecerão, no silêncio do contrato, os princípios dela, quanto à comunicação dos adquiridos na constância do casamento.

• *Código Civil de 2002: sem correspondente.*

Art. 260. O marido, que estiver na posse de bens particulares da mulher, será para com ela e seus herdeiros responsável:

• *Código Civil de 2002: art. 1.652, caput.*

I – como usufrutuário, se o rendimento for comum (arts. 262, 265, 271, V, e 289, II);

• *Código Civil de 2002: art. 1.652, I.*

II – como procurador, se tiver mandato, expresso ou tácito, para os administrar (art. 311);

• *Código Civil de 2002: art. 1.652, II.*

III – como depositário, se não for usufrutuário, nem administrador (arts. 269, II, 276 e 310).

• *Código Civil de 2002: art. 1.652, III.*

Art. 261. As convenções antenupciais não terão efeito para com terceiros senão depois de transcritas, em livro especial, pelo oficial do registro de imóveis do domicílio dos cônjuges (art. 256).

• *Código Civil de 2002: art. 1.657.*

CAPÍTULO II
Do Regime da Comunhão Universal

Art. 262. O regime da comunhão universal importa a comunicação de todos os bens presentes e futuros dos cônjuges e suas dívidas passivas, com as exceções dos artigos seguintes.

• *Código Civil de 2002: art. 1.667.*

Art. 263. São excluídos da comunhão:

• *Código Civil de 2002: art. 1.668, caput.*

I – as pensões, meios-soldos, montepios, tenças, e outras rendas semelhantes;

• *Código Civil de 2002: sem correspondente.*

II – os bens doados ou legados com a cláusula de incomunicabilidade e os sub-rogados em seu lugar;

• *Código Civil de 2002: art. 1.668, I.*

III – os bens gravados de fideicomisso e o direito do herdeiro fideicomissário, antes de realizar a condição suspensiva;

• *Código Civil de 2002: art. 1.668, II.*

IV – o dote prometido ou constituído a filhos de outro leito;

• *Código Civil de 2002: sem correspondente.*

V – o dote prometido ou constituído expressamente por um só dos cônjuges a filho comum;

• *Código Civil de 2002: sem correspondente.*

VI – as obrigações provenientes de atos ilícitos (arts. 1.518 e 1.532);

• *Código Civil de 2002: sem correspondente.*

VII – as dívidas anteriores ao casamento, salvo se provierem de despesas com seus aprestos, ou reverterem em proveito comum;

• *Código Civil de 2002: art. 1.668, III.*

VIII – as doações antenupciais feitas por um dos cônjuges ao outro com a cláusula de incomunicabilidade (art. 312);

• *Código Civil de 2002: art. 1.668, IV.*

IX – as roupas de uso pessoal, as jóias esponsalícias dadas antes do casamento pelo esposo, os livros e instrumentos de profissão e os retratos da família;

• *Código Civil de 2002: sem correspondente.*

X – a fiança prestada pelo marido sem outorga da mulher (arts. 178, § 9º, I, b, e 235, III);

• *Código Civil de 2002: sem correspondente.*

XI – os bens da herança necessária a que se impuser a cláusula de incomunicabilidade (art. 1.723);

• *Código Civil de 2002: sem correspondente.*

XII – os bens reservados (art. 246, parágrafo único);

• *Código Civil de 2002: sem correspondente.*

XIII – os frutos civis do trabalho ou indústria de cada cônjuge ou de ambos.

• *Código Civil de 2002: sem correspondente.*

Art. 264. As dívidas não compreendidas nas duas exceções do n.VII, do artigo antecedente, só se poderão pagar durante o casamento, pelos bens que o cônjuge devedor trouxer para o casal.

• *Código Civil de 2002: sem correspondente.*

Art. 265. A incomunicabilidade dos bens enumerados no art. 263 não se lhes estende aos frutos, quando se percebam ou vençam durante o casamento.

• *Código Civil de 2002: art. 1.669.*

Art. 266. Na constância da sociedade conjugal, a propriedade e posse dos bens é comum.

• *Código Civil de 2002: sem correspondente.*

Parágrafo único. A mulher, porém, só os administrará por autorização do marido, ou nos casos do art. 248, V, e art. 251.

• *Código Civil de 2002: sem correspondente.*

Art. 267. Dissolve-se a comunhão:

• *Código Civil de 2002: sem correspondente.*

I – pela morte de um dos cônjuges (art. 315, I);

• *Código Civil de 2002: sem correspondente.*

II – pela sentença que anula o casamento (art. 222);

• *Código Civil de 2002: sem correspondente.*

III – pela separação judicial;

• *Código Civil de 2002: sem correspondente.*

IV – pelo divórcio.

• *Código Civil de 2002: sem correspondente.*

Art. 268. Extinta a comunhão, e efetuada a divisão do ativo e passivo, cessará a responsabilidade de cada um dos cônjuges para com os credores do outro por dívidas que este houver contraído.

• *Código Civil de 2002: art. 1.671.*

CAPÍTULO III
Do Regime da Comunhão Parcial

Art. 269. No regime de comunhão limitada ou parcial, excluem-se da comunhão:

• *Código Civil de 2002: art. 1.659, caput.*

I – os bens que cada cônjuge possuir ao casar, e os que lhe sobrevierem, na constância do matrimônio por doação ou por sucessão;

• *Código Civil de 2002: art. 1.659, I.*

II – os adquiridos com valores exclusivamente pertencentes a um dos cônjuges, em sub-rogação dos bens particulares;

• *Código Civil de 2002: art. 1.659, II.*

III – os rendimentos de bens de filhos anteriores ao matrimônio a que tenha direito qualquer dos cônjuges em conseqüência do pátrio poder;

• *Código Civil de 2002: sem correspondente.*

IV – os demais bens que se consideram também excluídos da comunhão universal.

• *Código Civil de 2002: sem correspondente.*

Art. 270. Igualmente não se comunicam:

• *Código Civil de 2002: sem correspondente.*

I – as obrigações anteriores ao casamento;

• *Código Civil de 2002: art. 1.659, III.*

II – as provenientes de atos ilícitos.

• *Código Civil de 2002: art. 1.659, IV.*

Art. 271. Entram na comunhão:

• *Código Civil de 2002: art. 1.660, caput.*

I – os bens adquiridos na constância do casamento por título oneroso, ainda que só em nome de um dos cônjuges;

• *Código Civil de 2002: art. 1.660, I.*

II – os adquiridos por fato eventual, com ou sem concurso de trabalho ou despesa anterior;

• *Código Civil de 2002: art. 1.660, II.*

III – os adquiridos por doação, herança ou legado, em favor de ambos os cônjuges (art. 269, I);

• *Código Civil de 2002: art. 1.660, III.*

IV – as benfeitorias em bens particulares de cada cônjuge;

• *Código Civil de 2002: art. 1.660, IV.*

V – os frutos dos bens comuns, ou dos particulares de cada cônjuge, percebidos na constância do casamento, ou pendentes ao tempo de cessar a comunhão dos adquiridos;

• *Código Civil de 2002: art. 1.660, V.*

VI – os frutos civis do trabalho, ou indústria de cada cônjuge, ou de ambos.

• *Código Civil de 2002: sem correspondente.*

Art. 272. São incomunicáveis os bens cuja aquisição tiver por título uma causa anterior ao casamento.

• *Código Civil de 2002: art. 1.661.*

Art. 273. No regime da comunhão parcial presumem-se adquiridos na constância do casamento os móveis, quando não se provar com documento autêntico que o foram em data anterior.

• *Código Civil de 2002: art. 1.662.*

Art. 274. A administração dos bens do casal compete ao marido, e as dívidas por este contraídas obrigam, não só os bens comuns, senão ainda, em falta destes, os particulares de um e outro cônjuge, na razão do proveito que cada qual houver lucrado.

• *Código Civil de 2002: art. 1.663, caput e § 1º.*

Art. 275. É aplicável a disposição do artigo antecedente às dívidas contraídas pela mulher, no caso em que os seus atos são autorizados pelo marido, se presumem sê-lo, ou escusam autorização (arts. 242 a 244, 247, 248 e 233, IV).

• *Código Civil de 2002: sem correspondente.*

Capítulo IV
Do Regime da Separação

Art. 276. Quando os contraentes casarem, estipulando separação de bens, permanecerão os de cada cônjuge sob a administração exclusiva dele, que os poderá livremente alienar, se forem móveis (arts. 235, I, 242, II, e 310).

• *Código Civil de 2002: art. 1.687.*

Art. 277. A mulher é obrigada a contribuir para as despesas do casal com os rendimentos de seus bens, na proporção de seu valor, relativamente ao dos marido, salvo estipulação em contrário no contrato antenupcial (arts. 256 e 312).

• *Código Civil de 2002: art. 1.688.*

Capítulo V
Do Regime Dotal

Seção I
Da Constituição do Dote

Art. 278. É da essência do regime dotal descreverem-se e estimarem-se cada um de per si, na escritura antenupcial (art. 256), os bens, que constituem o dote, com expressa declaração de que a este regime ficam sujeitos.

• *Código Civil de 2002: sem correspondente.*

Art. 279. O dote pode ser constituído pela própria nubente, por qualquer dos seus antecedentes, ou por outrem.

• *Código Civil de 2002: sem correspondente.*

Parágrafo único. Na celebração do contrato intervirão sempre, em pessoa, ou por procurador, todos os interessados.

• *Código Civil de 2002: sem correspondente.*

Art. 280. O dote pode compreender, no todo, ou em parte, os bens presentes e futuros da mulher.

• *Código Civil de 2002: sem correspondente.*

Parágrafo único. Os bens futuros, porém, só se consideram compreendidos no dote, quando, adquiridos por título gratuito, assim for declarado em cláusula expressa do pacto antenupcial.

• *Código Civil de 2002: sem correspondente.*

Art. 281. Não e lícito aos casados aumentar o dote.

• *Código Civil de 2002: sem correspondente.*

Art. 282. O dote constituído por estranhos durante o matrimônio não altera, quanto aos outros bens, o regime preestabelecido.

• *Código Civil de 2002: sem correspondente.*

Art. 283. É lícito estipular na escritura antenupcial a reversão do dote ao dotador, dissolvida a sociedade conjugal.

• *Código Civil de 2002: sem correspondente.*

Art. 284. Se o dote for prometido pelos pais conjuntamente, sem declaração da parte com que um e outro contribuem, entende-se que cada um se obrigou por metade.

• *Código Civil de 2002: sem correspondente.*

Art. 285. Quando o dote for constituído por qualquer outra pessoa, esta só responderá pela evicção se houver procedido de má-fé, ou se a responsabilidade tiver sido estipulada.

• *Código Civil de 2002: sem correspondente.*

Art. 286. Os frutos do dote são devidos desde a celebração do casamento, e não se estipulou prazo.

• *Código Civil de 2002: sem correspondente.*

Art. 287. É permitido estipular no contrato dotal:

• *Código Civil de 2002: sem correspondente.*

I – que a mulher receba, diretamente, para suas despesas particulares, uma determinada parte dos rendimentos dos bens dotais;

• *Código Civil de 2002: sem correspondente.*

II – que, a par dos bens dotais, haja outros, submetidos a regimes diversos.

• *Código Civil de 2002: sem correspondente.*

Art. 288. Aplica-se, no regime dotal, aos adquiridos o disposto neste Título, Capítulo III (arts. 269 a 275).

• *Código Civil de 2002: sem correspondente.*

Seção II
Dos Direitos e Obrigações do Marido em Relação aos Bens Dotais

Art. 289. Na vigência da sociedade conjugal, é direito do marido:

• *Código Civil de 2002: sem correspondente.*

I – administrar os bens dotais;

• *Código Civil de 2002: sem correspondente.*

II – perceber os seus frutos;

• *Código Civil de 2002: sem correspondente.*

III – usar das ações judiciais a que derem lugar.

• *Código Civil de 2002: sem correspondente.*

Art. 290. Salvo cláusula expressa em contrário, presumir-se-á transferido ao marido o domínio dos bens, sobre que recair o dote, se forem móveis, e não transferidos, se forem imóveis.

• *Código Civil de 2002: sem correspondente.*

Art. 291. O imóvel adquirido com a importância do dote, quando este consistir em dinheiro, será considerado dotal.

• *Código Civil de 2002: sem correspondente.*

Art. 292. Quando o dote importar alheação, o marido considerar-se-á proprietário, e poderá dispor dos bens dotais, correndo por conta sua os riscos e vantagens que lhes sobrevierem.

• *Código Civil de 2002: sem correspondente.*

Art. 293. Os móveis dotais não podem, sob pena de nulidade, ser onerados, nem alienados, salvo em hasta pública, e por autorização do juiz competente, nos casos seguintes:

• *Código Civil de 2002: sem correspondente.*

I – se de acordo o marido e a mulher quiserem dotar suas filhas comuns;

• *Código Civil de 2002: sem correspondente.*

II – em caso de extrema necessidade, por faltarem outros recursos para subsistência da família;

• *Código Civil de 2002: sem correspondente.*

III – no caso da primeira parte do § 2º do art. 299;

• *Código Civil de 2002: sem correspondente.*

IV – para reparos indispensáveis à conservação de outro imóvel ou imóveis dotais;

• *Código Civil de 2002: sem correspondente.*

V – quando se acharem indivisos com terceiros, e a divisão for impossível, ou prejudicial;

• *Código Civil de 2002: sem correspondente.*

VI – no caso de desapropriação por utilidade pública;

• *Código Civil de 2002: sem correspondente.*

VII – quando estiverem situados em lugar distante do domicílio conjugal, e por isso for manifesta a conveniência de vendê-los.

• *Código Civil de 2002: sem correspondente.*

Parágrafo único. Nos três últimos casos, o preço será aplicado em outros bens, nos quais ficará sub-rogado.

• *Código Civil de 2002: sem correspondente.*

Art. 294. Ficará subsidiariamente responsável o juiz que conceder a alienação fora dos casos e sem as formalidades do artigo antecedente, ou não providenciar na sub-rogação do preço em conformidade com o parágrafo único do mesmo artigo.

• *Código Civil de 2002: sem correspondente.*

Art. 295. A nulidade da alienação pode ser promovida:

• *Código Civil de 2002: sem correspondente.*

I – pela mulher;

• *Código Civil de 2002: sem correspondente.*

II – pelos seus herdeiros.

• *Código Civil de 2002: sem correspondente.*

Parágrafo único. A reivindicação dos móveis, porém, só será permitida, se o marido não tiver bens com que responda pelo seu valor, ou se a alienação pelo marido e as subseqüentes entre terceiros tiverem sido feitas por título gratuito, ou de má-fé.

• *Código Civil de 2002: sem correspondente.*

Art. 296. O marido fica obrigado por perdas e danos aos terceiros prejudicados com a nulidade, se no contrato de alienação (arts. 293 e 294) não se declarar a natureza dotal dos imóveis.

• *Código Civil de 2002: sem correspondente.*

Art. 297. Se o marido não tiver imóveis, que se possam hipotecar em garantia do dote, poder-se-á no contrato antenupcial estipular fiança, ou outra caução.

• *Código Civil de 2002: sem correspondente.*

Art. 298. O direito aos imóveis dotais não prescreve durante o matrimônio. Mas prescreve, sob a responsabilidade do marido, o direito aos móveis dotais.

• *Código Civil de 2002: sem correspondente.*

Art. 299. Quanto às dívidas passivas, observar-se-á o seguinte:

• *Código Civil de 2002: sem correspondente.*

§ 1º As do marido, contraídas antes ou depois do casamento, não serão pagas senão por seus bens particulares;

• *Código Civil de 2002: sem correspondente.*

§ 2º As da mulher, anteriores ao casamento, serão pagas pelos seus bens extradotais, ou, em falta destes, pelos frutos dos bens dotais, pelos móveis dotais e, em último caso, pelos imóveis dotais. As contraídas depois do casamento só poderão ser pagas pelos bens extradotais.

• *Código Civil de 2002: sem correspondente.*

§ 3º As contraídas pelo marido e pela mulher conjuntamente poderão ser pagas, ou pelos bens comuns, ou pelos particulares do marido, ou pelos extradotais.

• *Código Civil de 2002: sem correspondente.*

Seção III
Da Restituição do Dote

Art. 300. O dote deve ser restituído pelo marido à mulher, ou aos seus herdeiros, dentro no mês que se seguir à dissolução da sociedade conjugal, se não o puder ser imediatamente (art. 178, § 9º, I, c, e II).

• *Código Civil de 2002: sem correspondente.*

Art. 301. O preço dos bens fungíveis, ou não fungíveis, quando legalmente alienados, só pode ser pedido 6 (seis) meses depois da dissolução da sociedade conjugal.

• *Código Civil de 2002: sem correspondente.*

Art. 302. Se os móveis dotais se tiverem consumido por uso ordinário, o marido será obrigado a restituir somente os que restarem, e no estado em que se acharem ao tempo da dissolução da sociedade conjugal.

• *Código Civil de 2002: sem correspondente.*

Art. 303. A mulher pode, em todo o caso, reter os objetos de seu uso, em conformidade com a disposição do art. 263, IX, deduzindo-se o seu valor do que o marido houver de restituir.

• *Código Civil de 2002: sem correspondente.*

Art. 304. Se o dote compreender capitais ou rendas, que tenham sofrido diminuição ou depreciação eventual, sem culpa do marido, este desonerar-se-á da obrigação de restituí-los, entregando os respectivos títulos.

• *Código Civil de 2002: sem correspondente.*

Parágrafo único. Quando, porém, constituído em usufruto, o marido ou seus herdeiros serão obrigados somente a restituir o título respectivo e os frutos percebidos após a dissolução da sociedade conjugal.

• *Código Civil de 2002: sem correspondente.*

Art. 305. Presume-se recebido o dote:

• *Código Civil de 2002: sem correspondente.*

I – se o casamento se tiver prolongado por 5 (cinco) anos depois do prazo estabelecido para sua entrega;

• *Código Civil de 2002: sem correspondente.*

II – se o devedor for a mulher.

• *Código Civil de 2002: sem correspondente.*

Parágrafo único. Fica, porém, salvo ao marido o direito de provar que o não recebeu, apesar de o ter exigido.

• *Código Civil de 2002: sem correspondente.*

Art. 306. Dada a dissolução da sociedade conjugal, os frutos dotais, que correspondam ao ano corrente, serão divididos entre os dois cônjuges, ou entre um e os herdeiros do outro, proporcionalmente à duração do casamento, no decurso do mesmo ano.

Os anos do casamento contam-se na data de sua celebração.

• *Código Civil de 2002: sem correspondente.*

Parágrafo único. Tratando-se de colheitas obtidas em períodos superiores, ou inferiores a 1 (um) ano, a divisão se efetuará proporcionalmente ao tempo de duração da sociedade conjugal, dentro no período da colheita.

• *Código Civil de 2002: sem correspondente.*

Art. 307. O marido tem direito à indenização das benfeitorias necessárias e úteis, segundo o seu valor ao tempo da restituição, e responde pelos danos de que tiver culpa.

• *Código Civil de 2002: sem correspondente.*

Parágrafo único. Este direito e esta obrigação transmitem-se aos seus herdeiros.

• *Código Civil de 2002: sem correspondente.*

Seção IV
Da Separação do Dote e sua Administração pela Mulher

Art. 308. A mulher pode requerer judicialmente a separação do dote, quando a desordem nos negócios do marido leve a recear que os bens deste não bastem a assegurar os dela; salvo o direito, que aos credores assiste, de se oporem à separação, quando fraudulenta.

• *Código Civil de 2002: sem correspondente.*

Art. 309. Separado o dote, terá por administradora a mulher, mas continuará inalienável, provendo o juiz, quando conceder a separação, a que sejam convertidos em imóveis os valores entregues pelo marido em reposição dos bens dotais.

• *Código Civil de 2002: sem correspondente.*

Parágrafo único. A sentença da separação será averbada no registro de que trata o art. 261, para produzir efeitos em relação a terceiros.

• *Código Civil de 2002: sem correspondente.*

Seção V
Dos Bens Parafernais

Art. 310. A mulher conserva a propriedade, a administração, o gozo e a livre disposição dos bens parafernais; não podendo, porém, alienar os imóveis (art. 276).

• *Código Civil de 2002: sem correspondente.*

Art. 311. Se o marido, como procurador constituído para administrar os bens parafernais ou particulares da mulher, for dispensado, por cláusula expressa, de prestar-lhe contas, será somente obrigado a restituir os frutos existentes:

• *Código Civil de 2002: sem correspondente.*

I – quando ela pedir contas;

• *Código Civil de 2002: sem correspondente.*

II – quando ela lhe revogar o mandato;

• *Código Civil de 2002: sem correspondente.*

III – quando dissolvida a sociedade conjugal.

• *Código Civil de 2002: sem correspondente.*

Capítulo VI
Das Doações Antenupciais

Art. 312. Salvo o caso de separação obrigatória de bens (art. 258, parágrafo único), é livre aos contraentes estipular, na escritura antenupcial, doações recíprocas, ou de um ao outro, contanto que não excedam à metade dos bens do doador (arts. 263, VIII, e 232, II).

• *Código Civil de 2002: sem correspondente.*

Art. 313. As doações para casamento podem também ser feitas por terceiros, no contrato antenupcial, ou em escritura pública anterior ao casamento.

• *Código Civil de 2002: sem correspondente.*

Art. 314. As doações estipuladas nos contratos antenupciais, para depois da morte do doador, aproveitarão aos filhos do donatário, ainda que este faleça antes daquele.

• *Código Civil de 2002: sem correspondente.*

Parágrafo único. No caso, porém, de sobreviver o doador a todos os filhos do donatário, caducará a doação.

• *Código Civil de 2002: sem correspondente.*

Título IV
Da Dissolução da Sociedade Conjugal e da Proteção da Pessoa dos Filhos

Capítulo I
Da Dissolução da Sociedade Conjugal

Arts. 315 a 324. *(Revogados pela Lei 6.515, de 26.12.1977.)*

Capítulo II
Da Proteção da Pessoa dos filhos

Arts. 325 a 328. *(Revogados pela Lei 6.515, de 26.12.1977.)*

Art. 329. A mãe, que contrai novas núpcias, não perde o direito de ter consigo os filhos, que só lhe poderão ser retirados, mandando o juiz, provado que ela, ou o padrasto, não os trata convenientemente (arts. 248, I, e 393).

• *Código Civil de 2002: sem correspondente.*

Título V
Das Relações de Parentesco

Capítulo I
Disposições Gerais

Art. 330. São parentes, em linha reta, as pessoas que estão umas para com as outras na relação de ascendentes e descendentes.

• *Código Civil de 2002: art. 1.591.*

Art. 331. São parentes, em linha colateral, ou transversal, até o sexto grau, as pessoas que provêm de um só tronco, sem descenderem uma da outra.

• *Código Civil de 2002: art. 1.592.*

Art. 332. *(Revogado pela Lei 8.560, de 29.12.1992.)*

Art. 333. Contam-se, na linha reta, os graus de parentesco pelo número de gerações, e, na colateral, também pelo número delas, subindo, porém, de um dos parentes até ao ascendente comum, e descendo, depois, até encontrar o outro parente.

• *Código Civil de 2002: art. 1.594.*

Art. 334. Cada cônjuge é aliado aos parentes do outro pelo vínculo da afinidade.

• *Código Civil de 2002: art. 1.595, caput.*

Art. 335. A afinidade, na linha reta, não se extingue com a dissolução do casamento, que a originou.

• *Código Civil de 2002: art. 1.595, § 2º.*

Art. 336. A adoção estabelece parentesco meramente civil entre o adotante e o adotado (art. 376).

• *Código Civil de 2002: sem correspondente.*

Capítulo II
Da Filiação Legítima

Art. 337. *(Revogado pela Lei 8.560, de 29.12.1992.)*

Art. 338. Presumem-se concebidos na constância do casamento:

• *Código Civil de 2002: art. 1.597, caput.*

I – os filhos nascidos 180 (cento e oitenta) dias, pelo menos, depois de estabelecida a convivência conjugal (art. 339);

• *Código Civil de 2002: art. 1.597, I.*

II – os nascidos dentro nos 300 (trezentos) dias subseqüentes à dissolução da sociedade conjugal por morte, desquite, ou anulação.

• *Código Civil de 2002: art. 1.597, II.*

Art. 339. A legitimidade do filho nascido antes de decorridos os 180 (cento e oitenta) dias de que trata o nº I do artigo antecedente não pode, entretanto, ser contestada:

• *Código Civil de 2002: sem correspondente.*

I – se o marido, antes de casar, tinha ciência da gravidez da mulher;

• *Código Civil de 2002: sem correspondente.*

II – se assistiu, pessoalmente, ou por procurador, a lavrar-se o termo de nascimento do filho, sem contestar a paternidade.

• *Código Civil de 2002: sem correspondente.*

Art. 340. A legitimidade do filho concebido na constância do casamento, ou presumido tal (arts. 337 e 338), só se pode contestar, provando-se:

• *Código Civil de 2002: art. 1.598.*

I – que o marido se achava fisicamente impossibilitado de coabitar com a mulher nos primeiros 121 (cento e vinte e um) dias, ou mais, dos 300 (trezentos) que houverem precedido ao nascimento do filho;

• *Código Civil de 2002: art. 1.598.*

II – que a esse tempo estavam os cônjuges legalmente separados.

• *Código Civil de 2002: art. 1.598.*

Art. 341. Não valerá o motivo do artigo antecedente, nº II, se os cônjuges houverem convivido algum dia sob o teto conjugal.

• *Código Civil de 2002: sem correspondente.*

Art. 342. Só em sendo absoluta a impotência, vale a sua alegação contra a legitimidade do filho.

• *Código Civil de 2002: art. 1.599.*

Art. 343. Não basta o adultério da mulher, com quem o marido vivia sob o mesmo teto, para elidir a presunção legal de legitimidade da prole.

• *Código Civil de 2002: art. 1.600.*

Art. 344. Cabe privativamente ao marido o direito de contestar a legitimidade dos filhos nascidos de sua mulher (art. 178, § 3º).

• *Código Civil de 2002: art. 1.601, caput.*

Art. 345. A ação de que trata o artigo antecedente, uma vez iniciada, passa aos herdeiros do marido.

• *Código Civil de 2002: art. 1.601, parágrafo único.*

Art. 346. Não basta a confissão materna para excluir a paternidade.

• *Código Civil de 2002: art. 1.602.*

Art. 347. *(Revogado pela Lei 8.560, de 29.12.1992.)*

Art. 348. Ninguém pode vindicar estado contrário ao que resulta do registro de nascimento, salvo provando-se erro ou falsidade do registro.

• *Código Civil de 2002: art. 1.604.*

Art. 349. Na falta, ou defeito do termo de nascimento, poderá provar-se a filiação legítima, por qualquer modo admissível em direito:

• *Código Civil de 2002: art. 1.605, caput.*

I – quando houver começo de prova por escrito, proveniente dos pais, conjunta ou separadamente;

• *Código Civil de 2002: art. 1.605, I.*

II – quando existirem veementes presunções resultantes de fatos já certos.

• *Código Civil de 2002: art. 1.605, II.*

Art. 350. A ação de prova da filiação legítima compete ao filho, enquanto viver, passando aos herdeiros, se ele morrer menor, ou incapaz.

• *Código Civil de 2002: art. 1.606, caput.*

Art. 351. Se a ação tiver sido iniciada pelo filho, poderão continuá-la os herdeiros, salvo se o autor desistiu, ou a instância foi perempta.

• *Código Civil de 2002: art. 1.606, parágrafo único.*

Capítulo III
Da Legitimação

Art. 352. Os filhos legitimados são, em tudo, equiparados aos legítimos.

• *Código Civil de 2002: sem correspondente.*

Art. 353. A legitimação resulta do casamento dos pais, estando concebido, ou depois de havido o filho (art. 229).

• *Código Civil de 2002: sem correspondente.*

Art. 354. A legitimação dos filhos falecidos aproveita aos seus descendentes.

• *Código Civil de 2002: sem correspondente.*

Capítulo IV
Do Reconhecimento dos Filhos Ilegítimos

Art. 355. O filho ilegítimo pode ser reconhecido pelos pais, conjunta ou separadamente.

• *Código Civil de 2002: art. 1.607.*

Art. 356. Quando a maternidade constar do termo de nascimento do filho, a mãe só a poderá contestar, provando a falsidade do termo, ou das declarações nele contidas.

• *Código Civil de 2002: art. 1.608.*

Art. 357. O reconhecimento voluntário do filho ilegítimo pode fazer-se ou no próprio termo de nascimento, ou mediante escritura pública, ou por testamento (art. 184, parágrafo único).

• *Código Civil de 2002: art. 1.609, I a IV.*

Parágrafo único. O reconhecimento pode preceder o nascimento do filho, ou suceder-lhe ao falecimento, se deixar descendentes.

• *Código Civil de 2002: art. 1.609, parágrafo único.*

Art. 358. *(Revogado pela Lei 7.841, de 17.10.1989.)*

Art. 359. O filho ilegítimo, reconhecido por um dos cônjuges, não poderá residir no lar conjugal sem o consentimento do outro.

• *Código Civil de 2002: art. 1.611.*

Art. 360. O filho reconhecido, enquanto menor, ficará sob poder do progenitor, que o reconheceu, e, se ambos o reconheceram, sob o do pai.

• *Código Civil de 2002: art. 1.612.*

Art. 361. Não se pode subordinar a condição, ou a termo, o reconhecimento do filho.

• *Código Civil de 2002: art. 1.613.*

Art. 362. O filho maior não pode ser reconhecido sem o seu consentimento, e o menor pode impugnar o reconhecimento, dentro nos 4 (quatro) anos que se seguirem à maioridade, ou emancipação.

• *Código Civil de 2002: art. 1.614.*

Art. 363. Os filhos ilegítimos de pessoas que não caibam no art. 183, I a VI, têm ação contra os pais, ou seus herdeiros, para demandar o reconhecimento da filiação:

• *Código Civil de 2002: sem correspondente.*

I – se ao tempo da concepção a mãe estava concubinada com o pretendido pai;

• *Código Civil de 2002: sem correspondente.*

II – se a concepção do filho reclamante coincidiu com o rapto da mãe pelo suposto pai, ou suas relações sexuais com ela;

• *Código Civil de 2002: sem correspondente.*

III – se existir escrito daquele a quem se atribui a paternidade, reconhecendo-a expressamente.

• *Código Civil de 2002: sem correspondente.*

Art. 364. A investigação da maternidade só se não permite, quando tenha por fim atribuir prole ilegítima à mulher casada, ou incestuosa à solteira (art. 358).

• *Código Civil de 2002: sem correspondente.*

Art. 365. Qualquer pessoa, que justo interesse tenha, pode contestar a ação de investigação da paternidade, ou maternidade.

• *Código Civil de 2002: art. 1.615.*

Art. 366. A sentença, que julgar procedente a ação de investigação, produzirá os mesmos efeitos do reconhecimento; podendo, porém, ordenar que o filho se crie e eduque fora da companhia daquele dos pais, que negou esta qualidade.

• *Código Civil de 2002: art. 1.616.*

Art. 367. A filiação paterna e a materna podem resultar de casamento declarado nulo, ainda mesmo sem as condições do putativo.

• *Código Civil de 2002: art. 1.617.*

Capítulo V
Da Adoção

Art. 368. Só os maiores de 30 (trinta) anos podem adotar.

• *Código Civil de 2002: art. 1.618, caput.*

Parágrafo único. Ninguém pode adotar, sendo casado, senão decorridos 5 (cinco) anos após o casamento.

• *Código Civil de 2002: art. 1.618, parágrafo único.*

Art. 369. O adotante há de ser, pelo menos, 16 (dezesseis) anos mais velho que o adotado.

• *Código Civil de 2002: art. 1.619.*

Art. 370. Ninguém pode ser adotado por duas pessoas, salvo se forem marido e mulher.

• *Código Civil de 2002: art. 1.622, caput.*

Art. 371. Enquanto não der contas de sua administração, e saldar o seu alcance, não pode o tutor, ou curador, adotar o pupilo, ou o curatelado.

• *Código Civil de 2002: art. 1.620.*

Art. 372. Não se pode adotar sem o consentimento do adotado ou de seu representante legal se for incapaz ou nascituro.

• *Código Civil de 2002: art. 1.621, caput.*

Art. 373. O adotado, quando menor, ou interdito, poderá desligar-se da adoção no ano imediato ao em que cessar a interdição, ou a menoridade.

• *Código Civil de 2002: sem correspondente.*

Art. 374. Também se dissolve o vínculo da adoção:

• *Código Civil de 2002: sem correspondente.*

I – quando as duas partes convierem;

• *Código Civil de 2002: sem correspondente.*

II – nos casos em que é admitida a deserdação.

• *Código Civil de 2002: sem correspondente.*

Art. 375. A adoção far-se-á por escritura pública, em que se não admite condição, nem termo.

• *Código Civil de 2002: sem correspondente.*

Art. 376. O parentesco resultante da adoção (art. 336) limita-se ao adotante e ao adotado, salvo quanto aos impedimentos matrimoniais, a cujo respeito se observará o disposto no art. 183, III e V.

• *Código Civil de 2002: art. 1.626, caput.*

Art. 377. Quando o adotante tiver filhos legítimos, legitimados ou reconhecidos, a relação de adoção não envolve a de sucessão hereditária.

• *Código Civil de 2002: sem correspondente.*

Art. 378. Os direitos e deveres que resultam do parentesco natural não se extinguem pela adoção, exceto o pátrio poder, que será transferido do pai natural para o adotivo.

• *Código Civil de 2002: sem correspondente.*

Capítulo VI
Do Pátrio Poder

Seção I
Disposições Gerais

Art. 379. Os filhos legítimos, ou legitimados, os legalmente reconhecidos e os adotivos estão sujeitos ao pátrio poder, enquanto menores.

• *Código Civil de 2002: art. 1.630.*

Art. 380. Durante o casamento compete o pátrio poder aos pais, exercendo-o o marido com a colaboração da mulher. Na falta ou impedimento de um dos progenitores, passará o outro a exercê-lo com exclusividade.

• *Código Civil de 2002: art. 1.631, caput.*

Parágrafo único. Divergindo os progenitores quanto ao exercício do pátrio poder, prevalecerá a decisão do pai, ressalvado à mãe o direito de recorrer ao juiz para solução da divergência.

• *Código Civil de 2002: arts. 1.631, parágrafo único, e 1.690, parágrafo único.*

Art. 381. O desquite não altera as relações entre pais e filhos senão quanto ao direito, que aos primeiros cabe, de terem em sua companhia os segundos (arts. 326 e 327).

• *Código Civil de 2002: art. 1.632.*

Art. 382. Dissolvido o casamento pela morte de um dos cônjuges, o pátrio poder compete ao cônjuge sobrevivente.

• *Código Civil de 2002: sem correspondente.*

Art. 383. O filho ilegítimo não reconhecido pelo pai fica sob o poder materno. Se, porém, a mãe não for conhecida, ou capaz de exercer o pátrio poder, dar-se-á tutor ao menor.

• *Código Civil de 2002: art. 1.633.*

Seção II
Do Pátrio Poder quanto à Pessoa dos Filhos

Art. 384. Compete aos pais, quanto à pessoa dos filhos menores:

• *Código Civil de 2002: art. 1.634, caput.*

I – dirigir-lhes a criação e educação;

• *Código Civil de 2002: art. 1.634, I.*

II – tê-los em sua companhia e guarda;

• *Código Civil de 2002: art. 1.634, II.*

III – conceder-lhes, ou negar-lhes consentimento para casarem;

• *Código Civil de 2002: art. 1.634, III.*

IV – nomear-lhes tutor, por testamento ou documento autêntico, se o outro dos pais lhe não sobreviver, ou o sobrevivo não puder exercitar o pátrio poder;

• *Código Civil de 2002: art. 1.634, IV.*

V – representá-los, até aos 16 (dezesseis) anos, nos atos da vida civil, e assisti-los, após essa idade, nos atos em que forem partes, suprindo-lhes o consentimento;

• *Código Civil de 2002: arts. 1.634, V, e 1.690, caput.*

VI – reclamá-los de quem ilegalmente os detenha;

• *Código Civil de 2002: art. 1.634, VI.*

VII – exigir que lhes prestem obediência, respeito e os serviços próprios de sua idade e condição.

• *Código Civil de 2002: art. 1.634, VII.*

Seção III
Do Pátrio Poder quanto aos Bens dos Filhos

Art. 385. O pai, e na sua falta, a mãe são os administradores legais dos bens dos filhos que se achem sob o seu poder, salvo o disposto no art. 225.

• *Código Civil de 2002: art. 1.689, caput e II.*

Art. 386. Não podem, porém, alienar, hipotecar, ou gravar de ônus reais, os imóveis dos filhos, nem contrair, em nome deles, obrigações que ultrapassem os limites da simples administração, exceto por necessidade, ou evidente utilidade da prole, mediante prévia autorização do juiz (art. 178, § 6º, III).

• *Código Civil de 2002: art. 1.691, caput.*

Art. 387. Sempre que no exercício do pátrio poder colidirem os interesses dos pais com os do filho, a requerimento deste ou do Ministério Público, o juiz lhe dará curador especial.

• *Código Civil de 2002: art. 1.692.*

Art. 388. Só têm direito de opor a nulidade aos atos praticados com infração dos artigos antecedentes:

• *Código Civil de 2002: art. 1.691, parágrafo único.*

I – o filho (art. 178, § 6º, III);

• *Código Civil de 2002: art. 1.691, parágrafo único, I.*

II – os herdeiros (art. 178, § 6º, IV);

• *Código Civil de 2002: art. 1.691, parágrafo único, II.*

III – o representante legal do filho, se durante a menoridade cessar o pátrio poder (arts. 178, § 6º, IV, e 392).

• *Código Civil de 2002: art. 1.691, parágrafo único, III.*

Art. 389. O usufruto dos bens dos filhos é inerente ao exercício do pátrio poder salvo a disposição do art. 225.

• *Código Civil de 2002: art. 1.689, I.*

Art. 390. Excetuam-se:

• *Código Civil de 2002: sem correspondente.*

I – os bens deixados ou doados ao filho com a exclusão do usufruto paterno;

• *Código Civil de 2002: sem correspondente.*

II – os bens deixados ao filho, para fim certo e determinado.

• *Código Civil de 2002: sem correspondente.*

Art. 391. Excluem-se assim do usufruto como da administração dos pais:

• *Código Civil de 2002: art. 1.693, caput.*

I – os bens adquiridos pelo filho ilegítimo, antes do reconhecimento;

• *Código Civil de 2002: art. 1.693, I.*

II – os adquiridos pelo filho em serviço militar, de magistério, ou em qualquer outra função pública;

• *Código Civil de 2002: art. 1.693, II.*

III – os deixados ou doados ao filho, sob a condição de não serem administrados pelos pais;

• *Código Civil de 2002: art. 1.693, III.*

IV – os bens que ao filho couberem na herança (art. 1.599), quando os pais forem excluídos da sucessão (art. 1.602).

• *Código Civil de 2002: art. 1.693, IV.*

Seção IV
Da Suspensão e Extinção do Pátrio Poder

Art. 392. Extingue-se o pátrio poder:

• *Código Civil de 2002: art. 1.635, caput.*

I – pela morte dos pais ou do filho;

• *Código Civil de 2002: art. 1.635, I.*

II – pela emancipação, nos termos do parágrafo único do art. 9º, Parte Geral;

• *Código Civil de 2002: art. 1.635, II.*

III – pela maioridade;

• *Código Civil de 2002: art. 1.635, III.*

IV – pela adoção.

• *Código Civil de 2002: art. 1.635, IV.*

Art. 393. A mãe que contrai novas núpcias não perde, quanto aos filhos de leito anterior, os direitos ao pátrio poder, exercendo-os sem qualquer interferência do marido.

• *Código Civil de 2002: art. 1.636, caput.*

Art. 394. Se o pai, ou mãe, abusar do seu poder, faltando aos deveres paternos, ou arruinando os bens dos filhos, cabe ao juiz, requerendo algum parente, ou o Ministério Público, adotar a medida, que lhe parece reclamada pela segurança do menor e seus haveres, suspendendo até, quando convenha, o pátrio poder.

- *Código Civil de 2002: art. 1.637, caput.*

Parágrafo único. Suspende-se igualmente o exercício do pátrio poder, ao pai ou mãe condenados por sentença irrecorrível, em crime cuja pena exceda de 2 (dois) anos de prisão.

- *Código Civil de 2002: art. 1.637, parágrafo único.*

Art. 395. Perderá por ato judicial o pátrio poder o pai, ou mãe:

- *Código Civil de 2002: art. 1.638, caput.*

I – que castigar imoderadamente o filho;

- *Código Civil de 2002: art. 1.638, I.*

II – que o deixar em abandono;

- *Código Civil de 2002: art. 1.638, II.*

III – que praticar atos contrários à moral e aos bons costumes.

- *Código Civil de 2002: art. 1.638, III.*

Capítulo VII
Dos Alimentos

Art. 396. De acordo com o prescrito neste Capítulo podem os parentes exigir uns dos outros os alimentos de que necessitem para subsistir.

- *Código Civil de 2002: art. 1.694, caput.*

Art. 397. O direito à prestação de alimentos é recíproco entre pais e filhos, e extensivo a todos os ascendentes, recaindo a obrigação nos mais próximos em grau, uns em falta de outros.

- *Código Civil de 2002: art. 1.696.*

Art. 398. Na falta dos ascendentes cabe a obrigação aos descendentes, guardada a ordem da sucessão e, faltando estes, aos irmãos, assim germanos, como unilaterais.

- *Código Civil de 2002: art. 1.697.*

Art. 399. São devidos os alimentos quando o parente, que os pretende, não tem bens, nem pode prover, pelo seu trabalho, à própria mantença, e o de quem se reclamam, pode fornecê-los, sem desfalque do necessário ao seu sustento.

- *Código Civil de 2002: art. 1.695.*

Parágrafo único. No caso de pais que, na velhice, carência ou enfermidade, ficaram sem condições de prover o próprio sustento, principalmente quando se despojaram de bens em favor da prole, cabe, sem perda de tempo e até em caráter provisional, aos filhos maiores e capazes, o dever de ajudá-los e ampará-los, com a obrigação irrenunciável de assisti-los e alimentá-los até o final de suas vidas.

- *Código Civil de 2002: sem correspondente.*

Art. 400. Os alimentos devem ser fixados na proporção das necessidades do reclamante e dos recursos da pessoa obrigada.

- *Código Civil de 2002: art. 1.694, § 1º.*

Art. 401. Se, fixados os alimentos, sobrevier mudança na fortuna de quem os supre, ou na de quem os recebe, poderá o interessado reclamar do juiz, conforme as circunstâncias, exoneração, redução, ou agravação do encargo.

- *Código Civil de 2002: art. 1.699.*

Art. 402. A obrigação de prestar alimentos não se transmite aos herdeiros do devedor.

- *Código Civil de 2002: art. 1.700.*

Art. 403. A pessoa obrigada a suprir alimentos poderá pensionar o alimentado, ou dar-lhe em casa hospedagem e sustento.

- *Código Civil de 2002: art. 1.701, caput.*

Parágrafo único. Compete, porém, ao juiz, se as circunstâncias exigirem, fixar a maneira da prestação devida.

- *Código Civil de 2002: art. 1.701, parágrafo único.*

Art. 404. Pode-se deixar de exercer, mas não se pode renunciar o direito a alimentos.

- *Código Civil de 2002: art. 1.707.*

Art. 405. O casamento, embora nulo, e a filiação espúria, provada quer por sentença irrecorrível, não provocada pelo filho, quer por confissão, ou declaração escrita do pai, fazem certa a paternidade, somente para o efeito da prestação de alimentos.

- *Código Civil de 2002: sem correspondente.*

Título VI
Da Tutela, da Curatela e da Ausência

Capítulo I
Da Tutela

Seção I
Dos Tutores

Art. 406. Os filhos menores são postos em tutela:

- *Código Civil de 2002: art. 1.728, caput.*

I – falecendo os pais, ou sendo julgados ausentes;

- *Código Civil de 2002: art. 1.728, I.*

II – decaindo os pais do pátrio poder.

- *Código Civil de 2002: art. 1.728, II.*

Art. 407. O direito de nomear tutor compete ao pai, à mãe, ao avô paterno e ao materno. Cada uma destas pessoas o exercerá no caso de falta ou incapacidade das que lhes antecederem na ordem aqui estabelecida.

- *Código Civil de 2002: art. 1.729, caput.*

Parágrafo único. A nomeação deve constar de testamento ou de qualquer outro documento autêntico.

- *Código Civil de 2002: art. 1.729, parágrafo único.*

Art. 408. Nula é a nomeação de tutor pelo pai, ou pela mãe, que, ao tempo de sua morte, não tenha o pátrio poder.

- *Código Civil de 2002: art. 1.730.*

Art. 409. Em falta de tutor nomeado pelos pais, incumbe a tutela aos parentes consangüíneos do menor, por esta ordem:

- *Código Civil de 2002: art. 1.731, caput.*

I – ao avô paterno, depois ao materno, e, na falta deste, à avó paterna, ou materna;

- *Código Civil de 2002: art. 1.731, I.*

II – aos irmãos, preferindo os bilaterais aos unilaterais, o do sexo masculino ao do feminino, o mais velho ao mais moço;

- *Código Civil de 2002: art. 1.731, II.*

III – aos tios, sendo preferido o do sexo masculino ao do feminino, o mais velho ao mais moço.

- *Código Civil de 2002: sem correspondente.*

Art. 410. O juiz nomeará tutor idôneo e residente no domicílio do menor:

- *Código Civil de 2002: art. 1.732, caput.*

I – na falta de tutor testamentário, ou legítimo;

- *Código Civil de 2002: art. 1.732, I.*

II – quando estes forem excluídos ou escusados da tutela;

• *Código Civil de 2002: art. 1.732, II.*

III – quando removidos por não idôneos o tutor legítimo e o testamentário.

• *Código Civil de 2002: art. 1.732, III.*

Art. 411. Aos irmãos órfãos se dará um só tutor. No caso, porém, de ser nomeado mais de um, por disposição testamentária, entende-se que a tutela foi cometida ao primeiro e que os outros lhe hão de suceder pela ordem da nomeação, dado o caso de morte, incapacidade, escusa ou qualquer outro impedimento legal.

• *Código Civil de 2002: art. 1.733, caput e § 1º.*

Parágrafo único. Quem institui um menor herdeiro, ou legatário seu, poderá nomear-lhe curador especial para os bens deixados, ainda que o menor se ache sob o pátrio poder, ou sob tutela.

• *Código Civil de 2002: art. 1.733, § 2º.*

Art. 412. Os menores abandonados terão tutores nomeados pelo juiz, ou serão recolhidos a estabelecimentos públicos para este fim destinados.

Na falta desses estabelecimentos, ficam sob a tutela das pessoas que, voluntária e gratuitamente, se encarregarem da sua criação.

• *Código Civil de 2002: art. 1.734.*

Seção II
Dos Incapazes de Exercer a Tutela

Art. 413. Não podem ser tutores e serão exonerados da tutela, caso a exerçam:

• *Código Civil de 2002: art. 1.735, caput.*

I – os que não tiverem a livre administração de seus bens;

• *Código Civil de 2002: art. 1.735, I.*

II – os que, no momento de lhes ser deferida a tutela, se acharem constituídos em obrigação para com o menor, ou tiverem que fazer valer direitos contra este; e aqueles cujos pais, filhos, ou cônjuges tiverem demanda com o menor;

• *Código Civil de 2002: art. 1.735, II.*

III – os inimigos do menor, ou de seus pais, ou que tiverem sido por estes expressamente excluídos da tutela;

• *Código Civil de 2002: art. 1.735, III.*

IV – os condenados por crime de furto, roubo, estelionato ou falsidade, tenham ou não cumprido a pena;

• *Código Civil de 2002: art. 1.735, IV.*

V – as pessoas de mau procedimento, ou falhas em probidade, e as culpadas de abuso em tutorias anteriores;

• *Código Civil de 2002: art. 1.735, V.*

VI – os que exercem função pública incompatível com a boa administração da tutela.

• *Código Civil de 2002: art. 1.735, VI.*

Seção III
Da Escusa dos Tutores

Art. 414. Podem escusar-se da tutela:

• *Código Civil de 2002: art. 1.736, caput.*

I – as mulheres;

• *Código Civil de 2002: art. 1.736, I.*

II – os maiores de 60 (sessenta) anos;

• *Código Civil de 2002: art. 1.736, II.*

III – os que tiverem em seu poder mais de cinco filhos;

• *Código Civil de 2002: art. 1.736, III.*

IV – os impossibilitados por enfermidade;

• *Código Civil de 2002: art. 1.736, IV.*

V – os que habitarem longe do lugar onde se haja de exercer a tutela;

• *Código Civil de 2002: art. 1.736, V.*

VI – os que já exercerem tutela, ou curatela;

• *Código Civil de 2002: art. 1.736, VI.*

VII – os militares, em serviço.

• *Código Civil de 2002: art. 1.736, VII.*

Art. 415. Quem não for parente do menor não poderá ser obrigado a aceitar a tutela, se houver no lugar parente idôneo, consangüíneo ou afim, em condições de exercê-la.

• *Código Civil de 2002: art. 1.737.*

Art. 416. A escusa apresentar-se-á nos 10 (dez) dias subseqüentes à intimação do nomeado, sob pena de entender-se renunciado o direito de alegá-la.

Se o motivo escusatório ocorrer depois de aceita a tutela, os 10 (dez) dias contar-se-ão do em que ele sobrevier.

• *Código Civil de 2002: art. 1.738.*

Art. 417. Se o juiz não admitir a escusa, exercerá o nomeado a tutela, enquanto o recurso interposto não tiver provimento, e responderá desde logo pelas perdas e danos que o menor venha a sofrer.

• *Código Civil de 2002: art. 1.739.*

Seção IV
Da Garantia da Tutela

Art. 418. O tutor, antes de assumir a tutela, é obrigado a especializar, em hipoteca legal, que será inscrita, os imóveis necessários, para acautelar, sob a sua administração, os bens do menor.

• *Código Civil de 2002: sem correspondente.*

Art. 419. Se todos os imóveis de sua propriedade não valerem o patrimônio do menor, reforçará o tutor a hipoteca mediante caução real ou fidejussória; salvo se para tal não tiver meios, ou for de reconhecida idoneidade.

• *Código Civil de 2002: sem correspondente.*

Art. 420. O juiz responde subsidiariamente pelos prejuízos, que sofra o menor em razão da insolvência do tutor, de lhe não ter exigido a garantia legal, ou de o não haver removido, tanto que se tornou suspeito.

• *Código Civil de 2002: sem correspondente.*

Art. 421. A responsabilidade será pessoal e direta, quando o juiz não tiver nomeado tutor, ou quando a nomeação não houver sido oportuna.

• *Código Civil de 2002: art. 1.744, I.*

Seção V
Do Exercício da Tutela

Art. 422. Incumbe ao tutor sob a inspeção do juiz reger a pessoa do menor, velar por ele, e administrar-lhe os bens.

• *Código Civil de 2002: art. 1.741.*

Art. 423. Os bens do menor serão entregues ao tutor mediante termo especificado dos bens e seus valores, ainda que os pais o tenham dispensado.

• *Código Civil de 2002: art. 1.745, caput.*

Art. 424. Cabe ao tutor, quanto à pessoa do menor:

• *Código Civil de 2002: art. 1.740, caput.*

I – dirigir-lhe a educação, defendê-lo e prestar-lhe alimentos, conforme os seus haveres e condição;

• *Código Civil de 2002: art. 1.740, I.*

II – reclamar do juiz que providencie, como houver por bem, quando o menor haja mister correção.

• *Código Civil de 2002: art. 1.740, II.*

Art. 425. Se o menor possuir bens, será sustentado e educado a expensas suas, arbitrando o juiz, para tal fim, as quantias que lhe pareçam necessárias, atento o rendimento da fortuna do pupilo, quando o pai, ou a mãe, não as houver taxado.

• *Código Civil de 2002: art. 1.746.*

Art. 426. Compete mais ao tutor:

• *Código Civil de 2002: art. 1.747, caput.*

I – representar o menor, até os 16 (dezesseis) anos, nos atos da vida civil, e assisti-lo, após essa idade, nos atos em que for parte, suprindo-lhe o consentimento;

• *Código Civil de 2002: art. 1.747, I.*

II – receber as rendas e pensões do menor;

• *Código Civil de 2002: art. 1.747, II.*

III – fazer-lhe as despesas de subsistência e educação, bem como as da administração de seus bens (art. 433, I);

• *Código Civil de 2002: art. 1.747, III.*

IV – alienar os bens do menor destinados a venda.

• *Código Civil de 2002: art. 1.747, IV.*

Art. 427. Compete-lhe, também, com autorização do juiz:

• *Código Civil de 2002: art. 1.748, caput.*

I – fazer as despesas necessárias com a conservação e o melhoramento dos bens;

• *Código Civil de 2002: sem correspondente.*

II – receber as quantias devidas ao órfão, e pagar-lhes as dívidas;

• *Código Civil de 2002: art. 1.748, I.*

III – aceitar por ele heranças, legados, ou doações, com ou sem encargos;

• *Código Civil de 2002: art. 1.748, II.*

IV – transigir;

• *Código Civil de 2002: art. 1.748, III.*

V – promover-lhe, mediante praça pública, o arrendamento dos bens de raiz;

• *Código Civil de 2002: art. 1.747, V.*

VI – vender-lhe em praça os móveis, cuja conservação não convier, e os imóveis, nos casos em que for permitido (art. 429);

• *Código Civil de 2002: art. 1.748, IV.*

VII – propor em juízo as ações e promover todas as diligências a bem do menor, assim como defendê-lo nos pleitos contra ele movidos, segundo o disposto no art. 84.

• *Código Civil de 2002: art. 1.748, V.*

Art. 428. Ainda com autorização judicial não pode o tutor, sob pena de nulidade:

• *Código Civil de 2002: art. 1.749, caput.*

I – adquirir por si, ou por interposta pessoa, por contrato particular, ou em hasta pública, bens móveis, ou de raiz pertencentes ao menor;

• *Código Civil de 2002: art. 1.749, I.*

II – dispor dos bens do menor a título gratuito;

• *Código Civil de 2002: art. 1.749, II.*

III – constituir-se cessionário de crédito, ou direito, contra o menor.

• *Código Civil de 2002: art. 1.749, III.*

Art. 429. Os imóveis pertencentes aos menores só podem ser vendidos quando houver manifesta vantagem, e sempre em hasta pública.

• *Código Civil de 2002: art. 1.750.*

Art. 430. Antes de assumir a tutela, o tutor declarará tudo o que lhe deva o menor, sob pena de lho não poder cobrar, enquanto exerça a tutoria, salvo provando que não conhecia o débito, quando a assumiu.

• *Código Civil de 2002: art. 1.751.*

Art. 431. O tutor responde pelos prejuízos, que, por negligência, culpa, ou dolo, causar ao pupilo; mas tem direito a ser pago do que legalmente despender no exercício da tutela, e, salvo no caso do art. 412, a perceber uma gratificação por seu trabalho.

• *Código Civil de 2002: art. 1.752.*

Parágrafo único. Não tendo os pais do menor fixado essa gratificação, arbitrá-la-á o juiz, até 10% (dez por cento), no máximo, da renda líquida anual dos bens, administrados pelo tutor.

• *Código Civil de 2002: sem correspondente.*

Seção VI
Dos Bens de Órfãos

Art. 432. Os tutores não podem conservar em seu poder dinheiros de seus tutelados, além do necessário, para as despesas ordinárias com o seu sustento, a sua educação e a administração de seus bens.

• *Código Civil de 2002: art. 1.753, caput.*

§ 1º Os objetos de ouro, prata, pedras preciosas e móveis desnecessários, serão vendidos em hasta pública, e seu produto convertido em títulos de responsabilidade da União, ou dos Estados, recolhidos às Caixas Econômicas Federais ou aplicado na aquisição de imóveis, conforme for determinado pelo juiz. O mesmo destino terá o dinheiro proveniente de qualquer outra procedência.

• *Código Civil de 2002: art. 1.753, §§ 1º e 2º.*

§ 2º Os tutores respondem pela demora na aplicação dos valores acima ditos, pagando os juros legais desde o dia em que lhes deveriam dar esse destino, o que não os exime da obrigação, que o juiz fará efetiva, da referida aplicação.

• *Código Civil de 2002: art. 1.753, § 3º.*

Art. 433. Os valores que existirem nas Caixas Econômicas Federais, na forma do artigo anterior, não se poderão retirar, senão mediante ordem do juiz, e somente:

• *Código Civil de 2002: art. 1.754, caput.*

I – para as despesas com o sustento e educação do pupilo, ou a administração de seus bens (art. 427, I);

• *Código Civil de 2002: art. 1.754, I.*

II – para se comprarem bens de raiz e títulos da dívida pública da União, ou dos Estados;

• *Código Civil de 2002: art. 1.754, II.*

III – para se empregarem em conformidade com o disposto por quem os houver doado, ou deixado;

• *Código Civil de 2002: art. 1.754, III.*

IV – para se entregarem aos órfãos, quando emancipados, ou maiores, ou, mortos eles, aos seus herdeiros.

• *Código Civil de 2002: art. 1.754, IV.*

Seção VII
Da Prestação de Contas da Tutela

Art. 434. Os tutores, embora o contrário dispusessem os pais dos tutelados, são obrigados a prestar contas da sua administração.

• *Código Civil de 2002: art. 1.755.*

Art. 435. No fim de cada ano de administração, os tutores submeterão ao juiz o balanço respectivo, que, depois de aprovado, se anexará aos autos do inventário.

• *Código Civil de 2002: art. 1.756.*

Art. 436. Os tutores prestarão contas de dois em dois anos, e bem assim quando, por qualquer motivo, deixarem o exercício da tutela, ou toda vez que o juiz o houver por conveniente.

• *Código Civil de 2002: art. 1.757, caput.*

Parágrafo único. As contas serão prestadas em juízo, e julgadas depois de audiência dos interessados; recolhendo o tutor imediatamente em Caixas Econômicas os saldos, ou adquirindo bens imóveis, ou títulos da dívida pública.

• *Código Civil de 2002: art. 1.757, parágrafo único.*

Art. 437. Finda a tutela pela emancipação, ou maioridade, a quitação do menor não produzirá efeito antes de aprovadas as contas pelo juiz, subsistindo inteira, até então, a responsabilidade do tutor.

• *Código Civil de 2002: art. 1.758.*

Art. 438. Nos casos de morte, ausência, ou interdição do tutor, as contas serão prestadas por seus herdeiros, ou representantes.

• *Código Civil de 2002: art. 1.759.*

Art. 439. Serão levadas a crédito do tutor todas as despesas justificadas e reconhecidamente proveitosas ao menor.

• *Código Civil de 2002: art. 1.760.*

Art. 440. As despesas com a prestação das contas serão pagas pelo tutelado.

• *Código Civil de 2002: art. 1.761.*

Art. 441. O alcance do tutor, bem como o saldo contra o tutelado, vencerão juros desde o julgamento definitivo das contas.

• *Código Civil de 2002: art. 1.762.*

Seção VIII
Da Cessação da Tutela

Art. 442. Cessa a condição de pupilo:

• *Código Civil de 2002: art. 1.763, caput.*

I – com a maioridade, ou a emancipação do menor;

• *Código Civil de 2002: art. 1.763, I.*

II – caindo o menor sob o pátrio poder, no caso de legitimação, reconhecimento, ou adoção.

• *Código Civil de 2002: art. 1.763, II.*

Art. 443. Cessam as funções do tutor:

• *Código Civil de 2002: art. 1.764, caput.*

I – expirando o termo, em que era obrigado a servir (art. 444);

• *Código Civil de 2002: art. 1.764, I.*

II – sobrevindo escusa legítima (arts. 414 a 416);

• *Código Civil de 2002: art. 1.764, II.*

III – sendo removido (arts. 413 e 445).

• *Código Civil de 2002: art. 1.764, III.*

Art. 444. Os tutores são obrigados a servir por espaço de 2 (dois) anos.

• *Código Civil de 2002: art. 1765, caput.*

Parágrafo único. Podem, porém, continuar além desse prazo, no exercício da tutela, se o quiserem, e o juiz tiver por conveniente ao menor.

• *Código Civil de 2002: art. 1.765, parágrafo único.*

Art. 445. Será destituído o tutor, quando negligente, prevaricador ou incurso em incapacidade.

• *Código Civil de 2002: art. 1.766.*

Capítulo II
Da Curatela

Seção I
Disposições Gerais

Art. 446. Estão sujeitos à curatela:

• *Código Civil de 2002: art. 1.767, caput.*

I – os loucos de todo o gênero (arts. 448, I, 450 e 457);

• *Código Civil de 2002: art. 1.767, I.*

II – os surdos-mudos, sem educação que os habilite a enunciar precisamente a sua vontade (arts. 451 e 456);

• *Código Civil de 2002: art. 1.767, II.*

III – os pródigos (arts. 459 e 461).

• *Código Civil de 2002: art. 1.767, V.*

Art. 447. A interdição deve ser promovida:

• *Código Civil de 2002: art. 1.768, caput.*

I – pelo pai, mãe, ou tutor;

• *Código Civil de 2002: art. 1.768, I.*

II – pelo cônjuge, ou algum parente próximo;

• *Código Civil de 2002: art. 1.768, II.*

III – pelo Ministério Público.

• *Código Civil de 2002: art. 1.768, III.*

Art. 448. O Ministério Público só promoverá a interdição:

• *Código Civil de 2002: art. 1.769, caput.*

I – no caso da loucura furiosa;

• *Código Civil de 2002: art. 1.769, I.*

II – se não existir, ou não promover a interdição alguma das pessoas designadas no artigo antecedente, ns. I e II;

• *Código Civil de 2002: art. 1.769, II.*

III – se, existindo, forem menores, ou incapazes.

• *Código Civil de 2002: art. 1.769, III.*

Art. 449. Nos casos em que a interdição for promovida pelo Ministério Público, o juiz nomeará defensor ao suposto incapaz. Nos demais casos o Ministério Público será defensor.

• *Código Civil de 2002: art. 1.770.*

Art. 450. Antes de se pronunciar acerca da interdição, examinará pessoalmente o juiz o argüido de incapacidade, ouvindo profissionais.

• *Código Civil de 2002: art. 1.771.*

Art. 451. Pronunciada a interdição do surdo-mudo, o juiz assinará, segundo o desenvolvimento mental do interdito, os limites da curatela.

• *Código Civil de 2002: art. 1.772.*

Art. 452. A sentença que declara a interdição produz efeitos, desde logo, embora sujeita a recurso.

• *Código Civil de 2002: art. 1.773.*

Art. 453. Decretada a interdição, fica o interdito sujeito à curatela, à qual se aplica o disposto no Capítulo antecedente, com a restrição do art. 451 e as modificações dos artigos seguintes.

• *Código Civil de 2002: art. 1.774.*

Art. 454. O cônjuge, não separado judicialmente, é, de direito, curador do outro, quando interdito (art. 455).

• *Código Civil de 2002: art. 1.775, caput.*

§ 1º Na falta do cônjuge, é curador legítimo o pai; na falta deste, a mãe; e, na desta, o descendente maior.

• *Código Civil de 2002: art. 1.775, § 1º.*

§ 2º Entre os descendentes, os mais próximos precedem aos mais remotos, e, dentre os do mesmo grau, os varões às mulheres.

• *Código Civil de 2002: art. 1.775, § 2º.*

§ 3º Na falta das pessoas mencionadas, compete ao juiz a escolha do curador.

• *Código Civil de 2002: art. 1.775, § 3º.*

Art. 455. Quando o curador for o cônjuge, não será obrigado a apresentar os balanços anuais, nem a fazer inventário, se o regime do casamento for o da comunhão, ou se os bens do incapaz se acharem descritos em instrumento público, qualquer que seja o regime do casamento.

• *Código Civil de 2002: art. 1.783.*

§ 1º Se o curador for o marido, observar-se-á o disposto nos arts. 233 a 239.

• *Código Civil de 2002: sem correspondente.*

§ 2º Se for a mulher a curadora, observar-se-á o disposto no art. 251, parágrafo único.

• *Código Civil de 2002: sem correspondente.*

§ 3º Se for o pai, ou mãe, não terá aplicação o disposto no art. 435.

• *Código Civil de 2002: sem correspondente.*

Art. 456. Havendo meio de educar o surdo-mudo, o curador promover-lhe-á o ingresso em estabelecimento apropriado.

• *Código Civil de 2002: art. 1.776.*

Art. 457. Os loucos, sempre que parecer inconveniente conservá-los em casa, ou o exigir o seu tratamento, serão também recolhidos em estabelecimento adequado.

• *Código Civil de 2002: art. 1.777.*

Art. 458. A autoridade do curador estende-se à pessoa e bens dos filhos do curatelado, nascidos ou nascituros (art. 462, parágrafo único).

• *Código Civil de 2002: art. 1.778.*

Seção II
Dos Pródigos

Art. 459. A interdição do pródigo só o privará de, sem curador, de emprestar, transigir, dar quitação, alienar, hipotecar, demandar ou ser demandado, e praticar, em geral, atos que não sejam de mera administração.

• *Código Civil de 2002: art. 1.782.*

Art. 460. O pródigo só incorrerá em interdição, havendo cônjuge, ou tendo ascendentes ou descendentes legítimos, que a promovam.

• *Código Civil de 2002: sem correspondente.*

Art. 461. Levantar-se-á a interdição, cessando a incapacidade, que a determinou, ou não existindo mais os parentes designados no artigo anterior.

• *Código Civil de 2002: sem correspondente.*

Parágrafo único. Só o mesmo pródigo e as pessoas designadas no art. 460 poderão argüir a nulidade dos atos do interdito durante a interdição.

• *Código Civil de 2002: sem correspondente.*

Seção III
Da Curatela do Nascituro

Art. 462. Dar-se-á curador ao nascituro, se o pai falecer, estando a mulher gravida, e não tendo o pátrio poder.

• *Código Civil de 2002: art. 1.779, caput.*

Parágrafo único. Se a mulher estiver interdita, seu curador será o do nascituro (art. 458).

• *Código Civil de 2002: art. 1.779, parágrafo único.*

Capítulo III
Da Ausência

Seção I
Da Curadoria de Ausentes

Art. 463. Desaparecendo uma pessoa do seu domicílio, sem que dela haja notícia, se não houver deixado representante, ou procurador, a quem toque administrar-lhe os bens, o juiz, a requerimento de qualquer interessado, ou do Ministério Público, nomear-lhe-á curador.

• *Código Civil de 2002: art. 22.*

Art. 464. Também se nomeará curador, quando o ausente deixar mandatário, que não queira, ou não possa exercer ou continuar o mandato.

• *Código Civil de 2002: art. 23.*

Art. 465. O juiz, que nomear o curador, fixar-lhe-á os poderes e obrigações, conforme as circunstâncias, observando, no que for aplicável, o disposto a respeito dos tutores e curadores.

• *Código Civil de 2002: art. 24.*

Art. 466. O cônjuge do ausente, sempre que não esteja separado judicialmente, será o seu legítimo curador.

• *Código Civil de 2002: art. 25, caput.*

Art. 467. Em falta de cônjuge, a curadoria dos bens do ausente incumbe ao pai, à mãe, aos descendentes, nesta ordem, não havendo impedimento que os iniba de exercer o cargo.

• *Código Civil de 2002: art 25, § 1º.*

Parágrafo único. Entre os descendentes, os mais vizinhos precedem os mais remotos, e, entre os do mesmo grau, os varões preferem às mulheres.

• *Código Civil de 2002: art 25, § 2º.*

Art. 468. Nos casos de arrecadação de herança ou quinhão de herdeiros ausentes, observar-se-á, quanto à nomeação do curador, o disposto neste Código, arts. 1.591 a 1.594.

• *Código Civil de 2002: sem correspondente.*

Seção II
Da Sucessão Provisória

Art. 469. Passando-se 2 (dois) anos, sem que se saiba do ausente, se não deixou representante, nem procurador, ou, se os deixou, em passando 4 (quatro) anos, poderão os interessados requerer que se lhes abra provisoriamente a sucessão.

• *Código Civil de 2002: art. 26.*

Art. 470. Consideram-se, para este efeito, interessados:

• *Código Civil de 2002: art. 27, caput.*

I – o cônjuge não separado judicialmente;

• *Código Civil de 2002: art. 27, I.*

II – os herdeiros presumidos legítimos, ou os testamentários;

• *Código Civil de 2002: art. 27, II.*

III – os que tiverem sobre os bens do ausente direito subordinado à condição de morte;

• *Código Civil de 2002: art. 27, III.*

IV – os credores de obrigações vencidas e não pagas.

• *Código Civil de 2002: art. 27, IV.*

Art. 471. A sentença que determinar a abertura da sucessão provisória só produzirá efeito 6 (seis) meses depois de publicada pela imprensa; mas, logo que passe em julgado, se procederá à abertura do testamento, se existir, e ao inventário e partilha dos bens, como se o ausente fosse falecido.

• *Código Civil de 2002: art. 28, caput.*

§ 1º Findo o prazo do art. 469, e não havendo absolutamente interessados na sucessão provisória, cumpre ao Ministério Público requerê-la ao juízo competente.

• *Código Civil de 2002: art. 28, § 1º.*

§ 2º Não comparecendo herdeiro, ou interessado, tanto que passe em julgado a sentença, que mandar abrir a sucessão provisória, proceder-se-á judicialmente à arrecadação dos bens do ausente pela forma estabelecida nos arts. 1.591 a 1.594.

• *Código Civil de 2002: art. 28, § 2º.*

Art. 472. Antes da partilha o juiz ordenará a conversão dos bens móveis, sujeitos a deterioração ou a extravio, em imóveis, ou em títulos da dívida pública da União ou dos Estados (art. 477).

• *Código Civil de 2002: art. 29.*

Art. 473. Os herdeiros imitidos na posse dos bens do ausente darão garantias da restituição deles, mediante penhores, ou hipotecas, equivalentes aos quinhões respectivos.

• *Código Civil de 2002: art. 30, caput.*

Parágrafo único. O que tiver direito à posse provisória, mas não puder prestar a garantia exigida neste artigo, será excluído, mantendo-se os bens que lhe deviam caber sob a administração do curador, ou de outro herdeiro designado pelo juiz, e que preste a dita garantia (art. 478).

• *Código Civil de 2002: art. 30, § 1º.*

Art. 474. Na partilha, os imóveis serão confiados em sua integridade aos sucessores provisórios mais idôneos.

• *Código Civil de 2002: sem correspondente.*

Art. 475. Não sendo por desapropriação, os imóveis do ausente só se poderão alienar, quando o ordene o juiz, para lhes evitar a ruína, ou quando convenha convertê-los em títulos da dívida pública.

• *Código Civil de 2002: art. 31.*

Art. 476. Empossados nos bens, os sucessores provisórios ficarão representando ativa e passivamente o ausente; de modo que contra eles correrão as ações pendentes e as que de futuro àquele se moverem.

• *Código Civil de 2002: art. 32.*

Art. 477. O descendente, ascendente, ou cônjuge que for sucessor provisório do ausente fará seus todos os frutos e rendimentos dos bens que a este couberem. Os outros sucessores, porém, deverão capitalizar metade desses frutos e rendimentos, segundo o disposto no art. 472, de acordo com o representante do Ministério Público, e prestar anualmente contas ao juiz competente.

• *Código Civil de 2002: art. 33, caput.*

Art. 478. O excluído, segundo art. 473, parágrafo único, da posse provisória, poderá, justificando falta de meios, requerer lhe seja entregue metade dos rendimentos do quinhão, que lhe tocaria.

• *Código Civil de 2002: art. 34.*

Art. 479. Se durante a posse provisória se provar a época exata do falecimento do ausente, considerar-se-á, nessa data, aberta a sucessão em favor dos herdeiros, que o eram àquele tempo.

• *Código Civil de 2002: art. 35.*

Art. 480. Se o ausente aparecer, ou se lhe provar a existência, depois de estabelecida a posse provisória, cessarão para logo as vantagens dos sucessores nela imitidos, ficando, todavia, obrigados a tomar as medidas assecuratórias precisas, até à entrega dos bens a seu dono.

• *Código Civil de 2002: art. 36.*

Seção III
Da Sucessão Definitiva

Art. 481. Vinte anos depois de passada em julgado a sentença que concede a abertura da sucessão provisória, poderão os interessados requerer a definitiva e o levantamento das cauções prestadas.

• *Código Civil de 2002: art. 37.*

Art. 482. Também se pode requerer a sucessão definitiva, provando-se que o ausente conta 80 (oitenta) anos de nascido, e que de 5 (cinco) datam as últimas notícias suas.

• *Código Civil de 2002: art. 38.*

Art. 483. Regressando o ausente nos 10 (dez) anos seguintes à abertura da sucessão definitiva, ou algum de seus descendentes, ou ascendentes, aquele ou estes haverão só os bens existentes no estado em que se acharem, os sub-rogados em seu lugar, ou o preço que os herdeiros e demais interessados houverem recebido pelos alienados depois daquele tempo.

• *Código Civil de 2002: art. 39, caput.*

Parágrafo único. Se, nos 10 (dez) anos deste artigo, o ausente não regressar, e nenhum interessado promover a sucessão definitiva, a plena propriedade dos bens arrecadados passará ao Estado, ou ao Distrito Federal, se o ausente era domiciliado nas respectivas circunscrições, ou à União, se o era em território ainda não constituído em Estado.

• *Código Civil de 2002: art. 39, parágrafo único.*

Seção IV
Dos Efeitos da Ausência quanto aos Direitos de Família

Art. 484. Se o ausente deixar filhos menores, e o outro cônjuge houver falecido, ou não tiver direito ao exercício do pátrio poder, proceder-se-á com esses filhos, como se fossem órfãos de pai e mãe.

• *Código Civil de 2002: sem correspondente.*

LIVRO II
DO DIREITO DAS COISAS

TÍTULO I
DA POSSE

CAPÍTULO I
Da Posse e sua Classificação

Art. 485. Considera-se possuidor todo aquele que tem de fato o exercício pleno, ou não, de algum dos poderes inerentes ao domínio, ou propriedade.

• *Código Civil de 2002: art. 1.196.*

Art. 486. Quando, por força de obrigação, ou direito, em casos como o do usufrutuário, do credor pignoratício, do locatário, se exerce temporariamente a posse direta, não anula esta às pessoas, de quem eles a houveram, a posse indireta.

• *Código Civil de 2002: art. 1.197.*

Art. 487. Não é possuidor aquele que, achando-se em relação de dependência para com outro, conserva a posse em nome deste e em cumprimento de ordens ou instruções suas.

• *Código Civil de 2002: art. 1.198, caput.*

Art. 488. Se duas ou mais pessoas possuírem coisa indivisa, ou estiverem no gozo do mesmo direito, poderá cada uma exercer sobre o objeto comum atos possessórios, contanto que não excluam os dos outros compossuidores.

• *Código Civil de 2002: art. 1.199.*

Art. 489. É justa a posse que não for violenta, clandestina, ou precária.

• *Código Civil de 2002: art. 1.200.*

Art. 490. É de boa-fé a posse, se o possuidor ignora o vício, ou o obstáculo que lhe impede a aquisição da coisa, ou do direito, possuído.

• *Código Civil de 2002: art. 1.201, caput.*

Parágrafo único. O possuidor com justo título tem por si a presunção de boa-fé, salvo prova em contrário, ou quando a lei expressamente não admite esta presunção.

• *Código Civil de 2002: art. 1.201, parágrafo único.*

Art. 491. A posse de boa-fé só perde este caráter no caso e desde o momento em que as circunstâncias façam presumir que o possuidor não ignora que possui indevidamente.

• *Código Civil de 2002: art. 1.202.*

Art. 492. Salvo prova em contrário, entende-se manter a posse o mesmo caráter com que foi adquirida.

• *Código Civil de 2002: art. 1.203.*

CAPÍTULO II
Da Aquisição da Posse

Art. 493. Adquire-se a posse:

• *Código Civil de 2002: art. 1.204.*

I – pela apreensão da coisa, ou pelo exercício do direito;

• *Código Civil de 2002: art. 1.204.*

II – pelo fato de se dispor da coisa, ou do direito;

• *Código Civil de 2002: art. 1.204.*

III – por qualquer dos modos de aquisição em geral.

• *Código Civil de 2002: art. 1.204.*

Parágrafo único. É aplicável à aquisição da posse o disposto neste Código, arts. 81 a 85.

• *Código Civil de 2002: art. 1.204.*

Art. 494. A posse pode ser adquirida:

• *Código Civil de 2002: art. 1.205, caput.*

I – pela própria pessoa que a pretende;

• *Código Civil de 2002: art. 1.205, I.*

II – por seu representante, ou procurador;

• *Código Civil de 2002: art. 1.205, I.*

III – por terceiro sem mandato, dependendo de ratificação;

• *Código Civil de 2002: art. 1.205, II.*

IV – pelo constituto possessório.

• *Código Civil de 2002: sem correspondente.*

Art. 495. A posse transmite-se com os mesmos caracteres aos herdeiros e legatários do possuidor.

• *Código Civil de 2002: art. 1.206.*

Art. 496. O sucessor universal continua de direito a posse do seu antecessor; e ao sucessor singular é facultado unir sua posse à do antecessor, para os efeitos legais.

• *Código Civil de 2002: art. 1.207.*

Art. 497. Não induzem posse os atos de mera permissão ou tolerância, assim como não autorizam a sua aquisição os atos violentos, ou clandestinos, senão depois de cessar a violência, ou a clandestinidade.

• *Código Civil de 2002: art. 1.208.*

Art. 498. A posse do imóvel faz presumir, até prova contrária, a dos móveis e objetos que nele estiverem.

• *Código Civil de 2002: art. 1.209.*

CAPÍTULO III
Dos Efeitos da Posse

Art. 499. O possuidor tem direito a ser mantido na posse, em caso de turbação, e restituído, no de esbulho.

• *Código Civil de 2002: art. 1.210, caput.*

Art. 500. Quando mais de uma pessoa se disser possuidora, manter-se-á provisoriamente a que detiver a coisa, não sendo manifesto que a obteve de alguma das outras por modo vicioso.

• *Código Civil de 2002: art. 1.211.*

Art. 501. O possuidor que tenha justo receio de ser molestado na posse, poderá impetrar ao juiz que o segure da violência iminente, cominando pena a quem lhe transgredir o preceito.

• *Código Civil de 2002: sem correspondente.*

Art. 502. O possuidor turbado, ou esbulhado, poderá manter-se, ou restituir-se por sua própria força, contanto que o faça logo.

• *Código Civil de 2002: art. 1.210, § 1º.*

Parágrafo único. Os atos de defesa, ou de desforço, não podem ir além do indispensável à manutenção ou restituição da posse.

• *Código Civil de 2002: art. 1.210, § 1º.*

Art. 503. O possuidor manutenido, ou reintegrado, na posse, tem direito à indenização dos prejuízos sofridos, operando-se a reintegração à custa do esbulhador, no mesmo lugar do esbulho.

• *Código Civil de 2002: sem correspondente.*

Art. 504. O possuidor pode intentar a ação de esbulho, ou a de indenização, contra o terceiro, que recebeu a coisa esbulhada, sabendo que o era.

• *Código Civil de 2002: art. 1.212.*

Art. 505. Não obsta à manutenção, ou reintegração na posse, a alegação de domínio, ou de outro direito sobre a coisa.

Não se deve, entretanto, julgar a posse em favor daquele a quem evidentemente não pertencer o domínio.

• *Código Civil de 2002: art. 1.210, § 2º.*

Art. 506. Quando o possuidor tiver sido esbulhado, será reintegrado na posse, desde que o requeira, sem ser ouvido o autor do esbulho antes da reintegração.

• *Código Civil de 2002: sem correspondente.*

Art. 507. Na posse de menos de ano e dia, nenhum possuidor será manutenido, ou reintegrado judicialmente, senão contra os que não tiverem melhor posse.

• *Código Civil de 2002: sem correspondente.*

Parágrafo único. Entende-se melhor a posse que se fundar em justo título; na falta de título, ou sendo os títulos iguais, a mais antiga; se da mesma data, a posse atual. Mas, se todas forem duvidosas, será seqüestrada a coisa, enquanto se não apurar a quem toque.

• *Código Civil de 2002: sem correspondente.*

Art. 508. Se a posse for de mais de ano e dia, o possuidor será mantido sumariamente, até ser convencido pelos meios ordinários.

• *Código Civil de 2002: sem correspondente.*

Art. 509. O disposto nos artigos antecedentes não se aplica às servidões contínuas não aparentes, nem às descontínuas, salvo quando os respectivos títulos provierem do possuidor do prédio serviente, ou daqueles de quem este o houve.

• *Código Civil de 2002: art. 1.213.*

Art. 510. O possuidor de boa-fé tem direito, enquanto ela durar, aos frutos percebidos.

• *Código Civil de 2002: art. 1.214, caput.*

Art. 511. Os frutos pendentes ao tempo em que cessar a boa-fé devem ser restituídos, depois de deduzidas as despesas da produção e custeio. Devem ser também restituídos os frutos colhidos com antecipação.

• *Código Civil de 2002: art. 1.214, páragrafo único.*

Art. 512. Os frutos naturais e industriais reputam-se colhidos e percebidos, logo que são separados. Os civis reputam-se percebidos dia por dia.

• *Código Civil de 2002: art. 1.215.*

Art. 513. O possuidor de má-fé responde por todos os frutos colhidos e percebidos, bem como pelos que, por culpa sua, deixou de perceber, desde o momento em que se constituiu de má-fé; tem direito, porém, às despesas da produção e custeio.

• *Código Civil de 2002: art. 1.216.*

Art. 514. O possuidor de boa-fé não responde pela perda ou deterioração da coisa, a que não der causa.

• *Código Civil de 2002: art. 1.217.*

Art. 515. O possuidor de má-fé responde pela perda, ou deterio-ração da coisa, ainda que acidentais, salvo se provar que do mesmo modo se teriam dado, estando ela na posse do reivindicante.

• *Código Civil de 2002: art. 1.218.*

Art. 516. O possuidor de boa-fé tem direito à indenização das benfeitorias necessárias e úteis, bem como, quanto às voluptuárias, se lhe não forem pagas, a levantá-las, quando o puder sem detrimento da coisa. Pelo valor das benfeitorias necessárias e úteis, poderá exercer o direito de retenção.

• *Código Civil de 2002: art. 1.219.*

Art. 517. Ao possuidor de má-fé serão ressarcidas somente as benfeitorias necessárias; mas não lhe assiste o direito de retenção pela importância destas, nem o de levantar as voluptuárias.

• *Código Civil de 2002: art. 1.220.*

Art. 518. As benfeitorias compensam-se com os danos, e só obri-gam ao ressarcimento, se ao tempo da evicção ainda existirem.

• *Código Civil de 2002: art. 1.221.*

Art. 519. O reivindicante obrigado a indenizar as benfeitorias tem direito de optar entre o seu valor atual e o seu custo.

• *Código Civil de 2002: art. 1.222.*

Capítulo IV
Da Perda da Posse

Art. 520. Perde-se a posse das coisas:

• *Código Civil de 2002: art. 1.223.*

I – pelo abandono;

• *Código Civil de 2002: art. 1.223.*

II – pela tradição;

• *Código Civil de 2002: art. 1.223.*

III – pela perda, ou destruição delas, ou por serem postas fora do comércio.

• *Código Civil de 2002: art. 1.223.*

IV – pela posse de outrem, ainda contra a vontade do possuidor, se este não foi manutenido, ou reintegrado em tempo competente;

• *Código Civil de 2002: art. 1.223.*

V – pelo constituto possessório.

• *Código Civil de 2002: art. 1.223.*

Parágrafo único. Perde-se a posse dos direitos, em se tornando impossível exercê-los, ou não se exercendo por tempo que baste para prescreverem.

• *Código Civil de 2002: art. 1.223.*

Art. 521. Aquele que tiver perdido, ou a quem houverem sido furtados, coisa móvel, ou título, ao portador, pode reavê-los da pessoa que os detiver, salvo a esta o direito regressivo contra quem lhos transferiu.

• *Código Civil de 2002: sem correspondente.*

Parágrafo único. Sendo o objeto comprado em leilão público, feira ou mercado, o dono, que pretender a restituição, é obrigado a pagar ao possuidor o preço por que o comprou.

• *Código Civil de 2002: sem correspondente.*

Art. 522. Só se considera perdida a posse para o ausente, quando, tendo notícia da ocupação, se abstêm de retomar a coisa, ou, tentando recuperá-la, é violentamente repelido.

• *Código Civil de 2002: art. 1.224.*

Capítulo V
Da Proteção Possessória

Art. 523. As ações de manutenção e as de esbulho serão sumárias, quando intentadas dentro em ano e dia da turbação ou esbulho; e, passado esse prazo, ordinárias, não perdendo, contudo, o caráter possessório.

• *Código Civil de 2002: sem correspondente.*

Parágrafo único. O prazo de ano e dia não corre enquanto o possuidor defende a posse, restabelecendo a situação de fato anterior à turbação, ou ao esbulho.

• *Código Civil de 2002: sem correspondente.*

Título II
DA PROPRIEDADE

Capítulo I
Da Propriedade em Geral

Art. 524. A lei assegura ao proprietário o direito de usar, gozar e dispor de seus bens, e de reavê-los do poder de quem quer que injustamente os possua.

• *Código Civil de 2002: art. 1.228, caput.*

Parágrafo único. A propriedade literária, científica e artística será regulada conforme as disposições do Capítulo VI deste Título.

• *Código Civil de 2002: sem correspondente.*

Art. 525. É plena a propriedade, quando todos os seus direitos elementares se acham reunidos no do proprietário; limitada, quando tem ônus real, ou é resolúvel.

• *Código Civil de 2002: sem correspondente.*

Art. 526. A propriedade do solo abrange a do que lhe está superior e inferior em toda a altura e em toda a profundidade, úteis ao seu exercício, não podendo, todavia, o proprietário opor-se a trabalhos que sejam empreendidos a uma altura ou profundidade tais, que não tenha ele interesse algum em impedi-los.

• *Código Civil de 2002: art. 1.229.*

Art. 527. O domínio presume-se exclusivo e ilimitado, até prova em contrário.

• *Código Civil de 2002: art. 1.231.*

Art. 528. Os frutos e mais produtos da coisa pertencem, ainda quando separados, ao seu proprietário, salvo se, por motivo jurídico, especial, houverem de caber a outrem.

• *Código Civil de 2002: art. 1.232.*

Art. 529. O proprietário, ou o inquilino de um prédio, em que alguém tem direito de fazer obras, pode, no caso de dano iminente, exigir do autor delas as precisas seguranças contra o prejuízo eventual.

• *Código Civil de 2002: art. 1.281.*

Capítulo II
Da Propriedade Imóvel

Seção I
Da Aquisição da Propriedade Imóvel

Art. 530. Adquire-se a propriedade imóvel:

• *Código Civil de 2002: sem correspondente.*

I – pela transcrição do título de transferência no Registro do Imóvel;

• *Código Civil de 2002: art. 1.245, caput.*

II – pela acessão;

• *Código Civil de 2002: sem correspondente.*

III – pelo usucapião;

• *Código Civil de 2002: sem correspondente.*

IV – pelo direito hereditário.

• *Código Civil de 2002: sem correspondente.*

Seção II
Da Aquisição pela Transcrição do Título

Art. 531. Estão sujeitos à transcrição, no respectivo Registro, os títulos translativos da propriedade imóvel, por ato entre vivos.

• *Código Civil de 2002: sem correspondente.*

Art. 532. Serão também transcritos:

• *Código Civil de 2002: sem correspondente.*

I – os julgados, pelos quais, nas ações divisórias, se puser termo à indivisão;

• *Código Civil de 2002: sem correspondente.*

II – as sentenças, que, nos inventários e partilhas, adjudicarem bens de raiz em pagamento das dívidas da herança;

• *Código Civil de 2002: sem correspondente.*

III – a arrematação e as adjudicações em hasta pública.

• *Código Civil de 2002: sem correspondente.*

Art. 533. Os atos sujeitos à transcrição (arts. 531 e 532, II e III) não transferem o domínio, senão da data em que se transcreverem (arts. 856, 860, parágrafo único).

• *Código Civil de 2002: sem correspondente.*

Art. 534. A transcrição datar-se-á do dia em que se apresentar o título ao oficial do registro, e este o prenotar no protocolo.

• *Código Civil de 2002: art. 1.246.*

Art. 535. Sobrevindo falência ou insolvência do alienante entre a prenotação do título e a sua transcrição por atraso do oficial, ou dúvida julgada improcedente, far-se-á, não obstante, a transcrição exigida, que retroage, nesse caso, à data da prenotação.

• *Código Civil de 2002: sem correspondente.*

Parágrafo único. Se, porém, ao tempo da transcrição ainda não estiver pago o imóvel, o adquirente, logo que for notificado da falência, ou tenha conhecimento da insolvência do alienante, depositará em juízo o preço.

• *Código Civil de 2002: sem correspondente.*

Seção III
Da Aquisição por Acessão

Art. 536. A acessão pode dar-se:

• *Código Civil de 2002: art. 1.248, caput.*

I – pela formação de ilhas;

• *Código Civil de 2002: art. 1.248, I.*

II – por aluvião;

• *Código Civil de 2002: art. 1.248, II.*

III – por avulsão;

• *Código Civil de 2002: art. 1.248, III.*

IV – por abandono do álveo;

• *Código Civil de 2002: art. 1.248, IV.*

V – pela construção de obras ou plantações.

• *Código Civil de 2002: art. 1.248, V.*

DAS ILHAS

Art. 537. As ilhas situadas nos rios não navegáveis pertencem aos proprietários ribeirinhos fronteiros, observadas as regras seguintes:

• *Código Civil de 2002: art. 1.249, caput.*

I – As que se formarem no meio do rio consideram-se acréscimos sobrevindos aos terrenos ribeirinhos fronteiros de ambas as margens, na proporção de suas testadas, até a linha que dividir o álveo em duas partes iguais.

• *Código Civil de 2002: art. 1.249, I.*

II – As que se formarem entre essa linha e uma das margens consideram-se acréscimos aos terrenos ribeirinhos fronteiros desse mesmo lado.

• *Código Civil de 2002: art. 1.249, II.*

III – As que se formarem pelo desdobramento de um novo braço do rio continuam a pertencer aos proprietários dos terrenos à custa dos quais se constituíram.

• *Código Civil de 2002: art. 1.249, III.*

DA ALUVIÃO

Art. 538. Os acréscimos formados por depósitos e aterros naturais, ou pelo desvio das águas dos rios, ainda que estes sejam navegáveis, pertencem aos donos dos terrenos marginais.

• *Código Civil de 2002: art. 1.250, caput.*

Art. 539. Os donos de terrenos que confinem com águas dormentes, como as de lagos e tanques, não adquirem o solo descoberto pela retração delas, nem perdem o que elas invadirem.

• *Código Civil de 2002: sem correspondente.*

Art. 540. Quando o terreno aluvial se formar em frente a prédios de proprietários diferentes, dividir-se-á entre eles, na proporção da testada de cada um sobre a antiga margem; respeitadas as disposições concernentes à navegação.

• *Código Civil de 2002: art. 1.250, parágrafo único.*

DA AVULSÃO

Art. 541. Quando, por força natural violenta, uma porção de terra se destacar de um prédio e se juntar a outro, poderá o dono do primeiro reclamá-lo do segundo; cabendo a este a opção entre aquiescer a que se remova a parte acrescida, ou indenizar ao reclamante (art. 178, § 6º, XI).

• *Código Civil de 2002: art. 1.251.*

Art. 542. Se ninguém reclamar dentro de 1 (um) ano, considerar-se-á definitivamente incorporada essa porção de terra ao prédio, onde se acha, perdendo o antigo dono o direito da reivindicá-la, ou ser indenizado (art. 178, § 6º, XI)

• *Código Civil de 2002: art. 1.251, parágrafo único.*

Art. 543. Quando a avulsão for de coisa não suscetível de aderência natural, aplicar-se-á o disposto quanto às coisas perdidas.

• *Código Civil de 2002: sem correspondente.*

DO ÁLVEO ABANDONADO

Art. 544. O álveo abandonado do rio público, ou particular, pertence aos proprietários ribeirinhos das duas margens, sem que tenham direito a indenização alguma os donos dos terrenos por onde as águas abrirem novo curso. Entende-se que os prédios marginais se estendem até ao meio do álveo.

• *Código Civil de 2002: art. 1.252.*

DAS CONSTRUÇÕES E PLANTAÇÕES

Art. 545. Toda construção, ou plantação, existente em um terreno, se presume feita pelo proprietário e à sua custa, até que o contrário se prove.

• *Código Civil de 2002: art. 1.253.*

Art. 546. Aquele que semeia, planta ou edifica em terreno próprio, com sementes, plantas ou materiais alheios, adquire a propriedade destes; mas fica obrigado a pagar-lhes o valor, além de responder por perdas e danos, se obrou de má-fé.

• *Código Civil de 2002: art. 1.254.*

Art. 547. Aquele que semeia, planta ou edifica em terreno alheio perde, em proveito do proprietário, as sementes, plantas e construções, mas tem direito à indenização. Não o terá, porém, se procedeu de má-fé, caso em que poderá ser constrangido a repor as coisas no estado anterior e a pagar os prejuízos.

• *Código Civil de 2002: art. 1.255, caput.*

Art. 548. Se de ambas as partes houve má-fé, adquirirá o proprietário as sementes, plantas e construções, com encargo, porém, de ressarcir o valor das benfeitorias.

• *Código Civil de 2002: art. 1.256, caput.*

Parágrafo único. Presume-se má-fé no proprietário, quando o trabalho de construção, ou lavoura se fez em sua presença e sem impugnação sua.

• *Código Civil de 2002: art. 1.256, parágrafo único.*

Art. 549. O disposto no artigo antecedente aplica-se também ao caso de não pertencerem as sementes, plantas, ou materiais a quem de boa-fé os empregou em solo alheio.

• *Código Civil de 2002: art. 1.257, caput.*

Parágrafo único. O proprietário das sementes, plantas ou materiais poderá cobrar do proprietário do solo a indenização devida, quando não puder havê-la do plantador, ou construtor.

• *Código Civil de 2002: art. 1.257, parágrafo único.*

Seção IV
Do Usucapião

Art. 550. Aquele que, por 20 (vinte) anos, sem interrupção, nem oposição, possuir como seu um imóvel, adquirir-lhe-á o domínio, independentemente de título de boa fé que, em tal caso, se presume, podendo requerer ao juiz que assim o declare por sentença, a qual lhe servirá de título para transcrição no Registro de Imóveis.

• *Código Civil de 2002: art. 1.238, caput.*

Art. 551. Adquire também o domínio do imóvel aquele que, por 10 (dez) anos entre presentes, ou 15 (quinze) entre ausentes, o possuir como seu, contínua e incontestadamente, com justo título e boa-fé.

• *Código Civil de 2002: art. 1.242, caput.*

Parágrafo único. Reputam-se presentes os moradores do mesmo município e ausentes os que habitem município diverso.

• *Código Civil de 2002: sem correspondente.*

Art. 552. O possuidor pode, para o fim de contar o tempo exigido pelos artigos antecedentes, acrescentar à sua posse a do seu antecessor (art. 496), contanto que ambas sejam contínuas e pacíficas.

• *Código Civil de 2002: art. 1.243.*

Art. 553. As causas que obstam, suspendem, ou interrompem a prescrição, também se aplicam ao usucapião (art. 619, parágrafo único), assim como ao possuidor se estende o disposto quanto ao devedor.

• *Código Civil de 2002: art. 1.244.*

Seção V
Dos Direitos de Vizinhança
DO USO NOCIVO DA PROPRIEDADE

Art. 554. O proprietário, ou inquilino de um prédio tem o direito de impedir que o mau uso da propriedade vizinha possa prejudicar a segurança, o sossego e a saúde dos que o habitam.

• *Código Civil de 2002: art. 1.277, caput.*

Art. 555. O proprietário tem direito a exigir do dono do prédio vizinho a demolição, ou reparação necessária, quando este ameace ruína, bem como que preste caução pelo dano iminente.

• *Código Civil de 2002: art. 1.280.*

DAS ÁRVORES LIMÍTROFES

Art. 556. A árvore, cujo tronco estiver na linha divisória, presume-se pertencer em comum aos donos dos prédios confinantes.

• *Código Civil de 2002: art. 1.282.*

Art. 557. Os frutos caídos de árvore do terreno vizinho pertencem ao dono do solo onde caíram, se este for de propriedade particular.

• *Código Civil de 2002: art. 1.284.*

Art. 558. As raízes e ramos de árvores, que ultrapassarem a extrema do prédio, poderão ser cortados, até o plano vertical divisório, pelo proprietário do terreno invadido.

• *Código Civil de 2002: art. 1.283.*

DA PASSAGEM FORÇADA

Art. 559. O dono do prédio rústico, ou urbano, que se achar encravado em outro, sem saída pela via pública, fonte ou porto, tem direito a reclamar do vizinho que lhe deixe passagem, fixando-se a esta judicialmente o rumo, quando necessário.

• *Código Civil de 2002: art. 1.285, caput.*

Art. 560. Os donos dos prédios por onde se estabelece a passagem para o prédio encravado têm direito a indenização cabal.

• *Código Civil de 2002: art. 1.285, caput.*

Art. 561. O proprietário que, por culpa sua, perder o direito de trânsito pelos prédios contíguos, poderá exigir nova comunicação com a via pública, pagando o dobro do valor da primeira indenização.

• *Código Civil de 2002: sem correspondente.*

Art. 562. Não constituem servidão as passagens e atravessadoiros particulares, por propriedades também particulares, que se não dirigem a fontes, pontes, ou lugares públicos, privados de outra serventia.

• *Código Civil de 2002: sem correspondente.*

DAS ÁGUAS

Art. 563. O dono do prédio inferior é obrigado a receber as águas que correm naturalmente do superior. Se o dono deste fizer obras de arte, para facilitar o escoamento, procederá de modo que não piore a condição natural e anterior do outro.

• *Código Civil de 2002: art. 1.288.*

Art. 564. Quando as águas, artificialmente levadas ao prédio superior, correrem dele para o inferior, poderá o dono deste reclamar que se desviem, ou se lhe indenize o prejuízo que sofrer.

• *Código Civil de 2002: art. 1.289, caput.*

Art. 565. O proprietário de fonte não captada, satisfeitas as necessidades de seu consumo, não pode impedir o curso natural das águas pelos prédios inferiores.

• *Código Civil de 2002: art. 1.290.*

Art. 566. As águas pluviais que correm por lugares públicos, assim como as dos rios públicos, podem ser utilizadas por qualquer proprietário dos terrenos por onde passem, observados os regulamentos administrativos.

• *Código Civil de 2002: sem correspondente.*

Art. 567. É permitido a quem quer que seja, mediante prévia indenização aos proprietários prejudicados, canalizar, em proveito agrícola ou industrial, as águas a que tenha direito, através de prédios rústicos alheios, não sendo chácaras ou sítios murados, quintais, pátios, hortas, ou jardins.

• *Código Civil de 2002: art. 1.293, caput.*

Parágrafo único. Ao proprietário prejudicado, em tal caso, também assiste o direito de indenização pelos danos, que de futuro lhe advenham com a infiltração ou a irrupção das águas, bem como a deterioração das obras destinadas a canalizá-las.

• *Código Civil de 2002: art. 1.293, § 1º.*

Art. 568. Serão pleiteadas em ação sumária as questões relativas à servidão de águas e às indenizações correspondentes.

• *Código Civil de 2002: sem correspondente.*

DOS LIMITES ENTRE PRÉDIOS

Art. 569. Todo proprietário pode obrigar o seu confinante a proceder com ele à demarcação entre os dois prédios, a aviventar rumos apagados e a renovar marcos destruídos ou arruinados, repartindo-se proporcionalmente entre os interessados as respectivas despesas.

• *Código Civil de 2002: art. 1.297, caput.*

Art. 570. No caso de confusão, os limites, em falta de outro meio, se determinarão de conformidade com a posse; e, não se achando ela provada, o terreno contestado se repartirá proporcionalmente entre os prédios, ou não sendo possível a divisão cômoda, se adjudicará a um deles, mediante indenização ao proprietário prejudicado.

• *Código Civil de 2002: art. 1.298.*

Art. 571. Do intervalo, muro, vala, cerca ou qualquer outra obra divisória entre dois prédios, tem direito a usar em comum os proprietários confinantes, presumindo-se, até prova em contrário, pertencer a ambos.

• *Código Civil de 2002: art. 1.297, § 1º.*

DO DIREITO DE CONSTRUIR

Art. 572. O proprietário pode levantar em seu terreno as construções que lhe aprouver, salvo o direito dos vizinhos e os regulamentos administrativos.

• *Código Civil de 2002: art. 1.299.*

Art. 573. O proprietário pode embargar a construção do prédio que invada a área do seu, ou sobre este deite goteiras, bem como a daquele, em que, a menos de metro e meio do seu, se abra janela, ou se faça eirado, terraço, ou varanda.

• *Código Civil de 2002: art. 1.301, caput.*

§ 1º A disposição deste artigo não abrange as frestas, seteiras, ou óculos para luz, não maiores de 10 (dez) centímetros de largura sobre 20 (vinte) de comprimento.

• *Código Civil de 2002: art. 1.301, § 2º.*

§ 2º Os vãos, ou aberturas para luz não prescrevem contra o vizinho, que, a todo tempo, levantará, querendo, a sua casa, ou contramuro, ainda que lhes vede a claridade.

• *Código Civil de 2002: art. 1.302, parágrafo único.*

Art. 574. As disposições do artigo precedente não são aplicáveis a prédios separados por estrada, caminho, rua ou qualquer outra passagem pública.

• *Código Civil de 2002: sem correspondente.*

Art. 575. O proprietário edificará de maneira que o beiral do seu telhado não despeje sobre o prédio vizinho, deixando entre este e o beiral, quando por outro modo o não possa evitar, um intervalo de 10 (dez) centímetros, pelo menos.

• *Código Civil de 2002: art. 1.300.*

Art. 576. O proprietário que anuir em janela, sacada, terraço, ou goteira sobre o seu prédio, só até o lapso de ano e dia após a conclusão da obra poderá exigir que se desfaça.

• *Código Civil de 2002: art. 1.302, caput.*

Art. 577. Em prédio rústico, não se poderão, sem licença do vizinho, fazer novas construções, ou acréscimos às existentes, a menos de metro e meio do limite comum.

• *Código Civil de 2002: art. 1.303.*

Art. 578. As estrebarias, currais, pocilgas, estrumeiras, e, em geral, as construções que incomodam ou prejudiquem a vizinhança, guardarão a distância fixada nas posturas municipais e regulamentos de higiene.

• *Código Civil de 2002: sem correspondente.*

Art. 579. Nas cidades, vilas e povoados, cuja edificação estiver adstrita a alinhamento, o dono de um terreno vago pode edificá-lo, madeirando na parede divisória do prédio contíguo, se ela agüentar a nova construção; mas terá de embolsar ao vizinho meio valor da parede e do chão correspondente.

• *Código Civil de 2002: art. 1.304.*

Art. 580. O confinante, que primeiro construir, pode assentar a parede divisória até meia espessura no terreno contíguo, sem perder por isso o direito a haver meio valor dela, se o vizinho a travejar (art. 579). Neste caso, o primeiro fixará a largura do alicerce, assim como a profundidade, se o terreno não for de rocha.

• *Código Civil de 2002: art. 1.305, caput.*

Parágrafo único. Se a parede divisória pertencer a um dos vizinhos, e não tiver capacidade para ser travejada pelo outro, não poderá este fazer-lhe alicerce ao pé, sem prestar caução àquele, pelo risco a que a insuficiência da nova obra exponha a construção anterior.

• *Código Civil de 2002: art. 1.305, parágrafo único.*

Art. 581. O condômino da parede-meia pode utilizá-la até ao meio da espessura, não pondo em risco a segurança ou a separação dos dois prédios, e avisando previamente o outro consorte das obras, que ali tencione fazer. Não pode, porém, sem consentimento do outro, fazer, na parede-meia, armários, ou obras semelhantes, correspondendo a outras, da mesma natureza, já feitas do lado oposto.

• *Código Civil de 2002: art. 1.306.*

Art. 582. O dono de um prédio ameaçado pela construção de chaminés, fogões, ou fornos, no contíguo, ainda que a parede seja comum, pode embargar a obra e exigir caução contra os prejuízos possíveis.

• *Código Civil de 2002: sem correspondente.*

Art. 583. Não é lícito encostar à parede-meia, ou à parede do vizinho, sem permissão sua, fornalhas, fornos de forja ou de fundição, aparelhos higiênicos, fossos, cano de esgoto, depósito de sal, ou de quaisquer substâncias corrosivas, ou suscetíveis de produzir infiltrações daninhas.

• *Código Civil de 2002: art. 1.308, caput.*

Parágrafo único. Não se incluem na proibição deste e do artigo antecedente as chaminés ordinárias, nem os fornos de cozinha.

• *Código Civil de 2002: art. 1.308, parágrafo único.*

Art. 584. São proibidas construções capazes de poluir, ou inutilizar para o uso ordinário, a água de poço ou fonte alheia, a elas preexistente.

• *Código Civil de 2002: art. 1.309.*

Art. 585. Não é permitido fazer escavações que tirem ao poço ou à fonte de outrem a água necessária. É, porém, permitido fazê-las, se apenas diminuírem o suprimento do poço ou da fonte do vizinho, e não forem mais profundas que as deste, em relação ao nível do lençol d'água.

• *Código Civil de 2002: art. 1.310.*

Art. 586. Todo aquele que violar as disposições dos arts. 580 e segs. é obrigado a demolir as construções feitas, respondendo por perdas danos.

• *Código Civil de 2002: art. 1.312.*

Art. 587. Todo o proprietário é obrigado a consentir que entre no seu prédio, e dele temporariamente use, mediante prévio aviso, o vizinho, quando seja indispensável à reparação ou limpeza, construção e reconstrução de sua casa. Mas, se daí lhe provier dano, terá direito a ser indenizado.

• *Código Civil de 2002: art. 1.313, caput, I e § 3º.*

Parágrafo único. As mesmas disposições aplicam-se aos casos de limpeza ou reparação dos esgotos, goteiras e aparelhos higiênicos, assim como dos poços e fontes já existentes.

• *Código Civil de 2002: art. 1.313, § 1º.*

DO DIREITO DE TAPAGEM

Art. 588. O proprietário tem direito a cercar, murar, valar, ou tapar de qualquer modo o seu prédio, urbano ou rural, conformando-se com estas disposições:

• *Código Civil de 2002: art. 1.297, caput.*

§ 1º Os tapumes divisórios entre propriedades presumem-se comuns, sendo obrigados a concorrer, em partes iguais, para as despesas de sua construção e conservação, os proprietários dos imóveis confinantes.

• *Código Civil de 2002: art. 1.297, § 1º.*

§ 2º Por "tapumes" entendem-se as sebes vivas, as cercas de arame ou de madeira, as valas ou banquetas, ou quaisquer outros meios de separação dos terrenos, observadas as dimensões estabelecidas em posturas municipais, de acordo com os costumes de cada localidade, contanto que impeçam a passagem de animais de grande porte, como sejam gado vacum, cavalar e muar.

• *Código Civil de 2002: art. 1.297, § 1º.*

§ 3º A obrigação de cercar as propriedades para deter nos seus limites aves domésticas e animais, tais como cabritos, porcos e carneiros, que exigem tapumes especiais, cabe exclusivamente aos proprietários e detentores.

• *Código Civil de 2002: art. 1.297, § 3º.*

§ 4º Quando for preciso decotar a cerca viva ou reparar o muro divisório, o proprietário terá o direito de entrar no terreno do vizinho, depois de o prevenir. Este direito, porém, não exclui a obrigação de indenizar ao vizinho todo o dano, que a obra lhe ocasione.

• *Código Civil de 2002: sem correspondente.*

§ 5º Serão feitas e conservadas as cercas marginais das vias públicas pela administração, a quem estas incumbirem, ou pelas pessoas, ou empresas, que as explorarem.

• *Código Civil de 2002: sem correspondente.*

Seção VI
Da Perda da Propriedade Imóvel

Art. 589. Além das causas de extinção consideradas neste Código, também se perde a propriedade imóvel:

• *Código Civil de 2002: art. 1.275, caput.*

I – pela alienação;

• *Código Civil de 2002: art. 1.275, I.*

II – pela renúncia;

• *Código Civil de 2002: art. 1.275, II.*

III – pelo abandono;

• *Código Civil de 2002: art. 1.275, III.*

IV – pelo perecimento do imóvel.

• *Código Civil de 2002: art. 1.275, IV.*

§ 1º Nos dois primeiros casos deste artigo, os efeitos da perda do domínio serão subordinados a transcrição do título transmissivo, ou do ato renunciativo, no registro do lugar do imóvel.

• *Código Civil de 2002: art. 1.275, parágrafo único.*

§ 2º O imóvel abandonado arrecadar-se-á como bem vago e passará ao domínio do Estado, do Território ou do Distrito Federal se se achar nas respectivas circunscrições;

• *Código Civil de 2002: art. 1.276, caput.*

a) 10 (dez) anos depois, quando se tratar de imóvel localizado em zona urbana;

• *Código Civil de 2002: art. 1.276, caput.*

b) 3 (três) anos depois, quando se tratar de imóvel localizado em zona rural.

• *Código Civil de 2002: art. 1.276, § 1º.*

Art. 590. Também se perde a propriedade imóvel mediante desapropriação por necessidade ou utilidade pública.

• *Código Civil de 2002: sem correspondente.*

§ 1º Consideram-se casos de necessidade pública:

• *Código Civil de 2002: sem correspondente.*

I – a defesa do território nacional;

• *Código Civil de 2002: sem correspondente.*

II – a segurança pública;

• *Código Civil de 2002: sem correspondente.*

III – os socorros públicos, nos casos de calamidade;

• *Código Civil de 2002: sem correspondente.*

IV – a salubridade pública.

• *Código Civil de 2002: sem correspondente.*

§ 2º – Consideram-se casos de utilidade pública:

• *Código Civil de 2002: sem correspondente.*

I – a fundação de povoações e de estabelecimentos de assistência, educação ou instrução pública;

• *Código Civil de 2002: sem correspondente.*

II – a abertura, alargamento ou prolongamento de ruas, praças, canais, estradas de ferro e, em geral, de quaisquer vias públicas;

• *Código Civil de 2002: sem correspondente.*

III – a construção de obras, ou estabelecimentos destinados ao bem geral de uma localidade, sua decoração e higiene;

• *Código Civil de 2002: sem correspondente.*

IV – a exploração de minas

• *Código Civil de 2002: sem correspondente.*

Art. 591. Em caso de perigo iminente, como guerra ou comoção intestina (Constituição Federal, art. 80), poderão as autoridades competentes usar da propriedade particular até onde o bem público o exija, garantido ao proprietário o direito à indenização posterior.

• *Código Civil de 2002: sem correspondente.*

Parágrafo único. Nos demais casos o proprietário será previamente indenizado, e, se recusar a indenização, consignar-se-lhe-á judicialmente o valor.

• *Código Civil de 2002: sem correspondente.*

Capítulo III
Da Aquisição e Perda da Propriedade Móvel

Seção I
Da Ocupação

Art. 592. Quem se assenhorear de coisa abandonada, ou ainda não apropriada, para logo lhe adquire a propriedade, não sendo essa ocupação defesa por lei.

• *Código Civil de 2002: art. 1.263.*

Parágrafo único. Volvem a não ter dono as coisas móveis, quando o seu as abandona, com intenção de renunciá-las.

• *Código Civil de 2002: sem correspondente.*

Art. 593. São coisas sem dono e sujeitas à apropriação:

• *Código Civil de 2002: sem correspondente.*

I – os animais bravios, enquanto entregues à sua natural liberdade;

• *Código Civil de 2002: sem correspondente.*

II – os mansos e domesticados que não forem assinalados, se tiverem perdido o hábito de voltar ao lugar onde costumam recolher-se, salvo a hipótese do art. 596;

• *Código Civil de 2002: sem correspondente.*

III – os enxames de abelhas, anteriormente apropriados, se o dono da colmeia, a que pertenciam, os não reclamar imediatamente;

• *Código Civil de 2002: sem correspondente.*

IV – as pedras, conchas e outras substâncias minerais, vegetais ou animais arrojadas às praias pelo mar, se não apresentarem sinal de domínio anterior.

• *Código Civil de 2002: sem correspondente.*

DA CAÇA

Art. 594. Observados os regulamentos administrativos da caça, poderá ela exercer-se nas terras públicas, ou nas particulares, com licença de seu dono.

• *Código Civil de 2002: sem correspondente.*

Art. 595. Pertence ao caçador o animal por ele apreendido. Se o caçador for no encalço do animal e o tiver ferido, este lhe pertencerá, embora outrem o tenha apreendido.

• *Código Civil de 2002: sem correspondente.*

Art. 596. Não se reputam animais de caça os domesticados que fugirem a seus donos, enquanto estes lhes andarem à procura.

• *Código Civil de 2002: sem correspondente.*

Art. 597. Se a caça ferida se acolher a terreno cercado, murado, valado, ou cultivado, o dono deste, não querendo permitir a entrada do caçador, terá que a entregar, ou a expelir.

• *Código Civil de 2002: sem correspondente.*

Art. 598. Aquele que penetrar em terreno alheio, sem licença do dono, para caçar, perderá para este a caça, que apanhe, e responder-lhe-á pelo dano que lhe cause.

• *Código Civil de 2002: sem correspondente.*

DA PESCA

Art. 599. Observados os regulamentos administrativos, lícito é pescar em águas públicas, ou nas particulares, com o consentimento do seu dono.

• *Código Civil de 2002: sem correspondente.*

Art. 600. Pertence ao pescador o peixe, que pescar, e o que arpoado, ou farpado, perseguir, embora outrem o colha.

• *Código Civil de 2002: sem correspondente.*

Art. 601. Aquele que, sem permissão do proprietário, pescar, em águas alheias, perderá para ele o peixe que apanhe, e responder-lhe-á pelo dano que lhe faça.

• *Código Civil de 2002: sem correspondente.*

Art. 602. Nas águas particulares, que atravessem terrenos de muitos donos, cada um dos ribeirinhos tem direito a pescar de seu lado, até ao meio delas.

• *Código Civil de 2002: sem correspondente.*

DA INVENÇÃO

Art. 603. Quem quer que ache coisa alheia perdida, há de restituí-la ao dono ou legítimo possuidor.

• *Código Civil de 2002: art. 1.233, caput.*

Parágrafo único. Não o conhecendo, o inventor fará por descobri-lo, e, quando se lhe não depare, entregará o objeto achado a autoridade competente do lugar.

• *Código Civil de 2002: art. 1.233, parágrafo único.*

Art. 604. O que restituir a coisa achada, nos termos do artigo precedente, terá direito a uma recompensa e à indenização pelas despesas que houver feito com a conservação e transporte da coisa, se o dono não preferir abandoná-la.

• *Código Civil de 2002: art. 1.234, caput.*

Art. 605. O inventor responde pelos prejuízos causados ao proprietário ou possuidor legítimo, quando tiver procedido com dolo.

• *Código Civil de 2002: art. 1.235.*

Art. 606. Decorridos 6 (seis) meses do aviso à autoridade, não se apresentando ninguém que mostre domínio sobre a coisa, será esta vendida em hasta pública, e, deduzidas do preço as despesas, mais a recompensa do inventor (art. 604), pertencerá o remanescente ao Estado, ou ao Distrito Federal, se nas respectivas circunscrições se deparou o objeto perdido, ou à União, se foi achado em território ainda não constituído em Estado.

• *Código Civil de 2002: art. 1.237, caput.*

DO TESOIRO

Art. 607. O depósito antigo de moeda ou coisas preciosas, enterrado, ou oculto, de cujo dono não haja memória, se alguém casualmente o achar em prédio alheio, dividir-se-á por igual entre o proprietário deste e o inventor.

• *Código Civil de 2002: art. 1.264.*

Art. 608. Se o que achar for o senhor do prédio, algum operário seu, mandado em pesquisa, ou terceiro não autorizado pelo dono do prédio, a este pertencerá por inteiro o tesoiro.

• *Código Civil de 2002: art. 1.265.*

Art. 609. Deparando-se em terreno aforado, partir-se-á igualmente entre o inventor e o enfiteuta, ou será deste por inteiro, quando ele mesmo seja o inventor.

• *Código Civil de 2002: art. 1.266.*

Art. 610. Deixa-se de considerar-se tesoiro o depósito achado, se alguém mostrar que lhe pertence.

• *Código Civil de 2002: sem correspondente.*

Seção II
Da Especificação

Art. 611. Aquele que, trabalhando em matéria-prima, obtiver espécie nova, desta será proprietário se a matéria era sua, ainda que só em parte, e não se puder restituir à forma anterior.

• *Código Civil de 2002: art. 1.269.*

Art. 612. Se toda a matéria for alheia, e não se puder reduzir à forma precedente, será do especificador de boa-fé a espécie nova.

• *Código Civil de 2002: art. 1.270, caput.*

§ 1º Mas, sendo praticável a redução, ou, quando impraticável, se a espécie nova se obteve de má-fé, pertencerá ao dono da matéria-prima.

• *Código Civil de 2002: art. 1.270, § 1º.*

§ 2º Em qualquer caso, porém, se o preço da mão-de-obra exceder consideravelmente o valor da matéria-prima, a espécie nova será do especificador.

• *Código Civil de 2002: art. 1.270, § 2º.*

Art. 613. Aos prejudicados nas hipóteses dos dois artigos precedentes, menos a última do art. 612, § 1º, concernente à especificação irredutível obtida em má-fé, se ressarcirá o dano, que sofrerem.

• *Código Civil de 2002: art. 1.271.*

Art. 614. A especificação obtida por alguma das maneiras do art. 62 atribui a propriedade ao especificador, mas não o exime à indenização.

• *Código Civil de 2002: sem correspondente.*

Seção III
Da Confusão, Comistão e Adjunção

Art. 615. As coisas pertencentes a diversos donos, confundidas, misturadas, ou ajuntadas, sem o consentimento deles, continuam a pertencer-lhes, sendo possível separá-las sem deterioração.

• *Código Civil de 2002: art. 1.272, caput.*

§ 1º Não o sendo, ou exigindo a separação dispêndio excessivo, subsiste indiviso o todo, cabendo a cada um dos donos quinhão proporcional ao valor da coisa, com que entrou para a mistura ou agregado.

• *Código Civil de 2002: art. 1.272, § 1º.*

§ 2º Se, porém, uma das coisas puder considerar-se principal, o dono sê-lo-á do todo, indenizando os outros.

• *Código Civil de 2002: art. 1.272, § 2º.*

Art. 616. Se a confusão, adjunção, ou mistura se operou de má-fé, à outra parte caberá escolher entre guardar o todo, pagando a porção, que não for sua, ou renunciar a que lhe pertencer, mediante indenização completa.

• *Código Civil de 2002: art. 1.273.*

Art. 617. Se da mistura de matérias de natureza diversa se formar nova espécie, a confusão terá a natureza de especificação para o efeito de atribuir o domínio ao respectivo autor.

• *Código Civil de 2002: art. 1.274.*

Seção IV
Do Usucapião

Art. 618. Adquirirá o domínio da coisa móvel o que a possuir como sua, sem interrupção, nem oposição, durante 3 (três) anos.

• *Código Civil de 2002: art. 1.260.*

Parágrafo único. Não gera usucapião a posse, que se não firme em justo título, bem como a inquinada, original ou supervenientemente, de má-fé.

• *Código Civil de 2002: art. 1.260.*

Art. 619. Se a posse da coisa móvel se prolongar por 5 (cinco) anos, produzirá usucapião independentemente de título e boa-fé.

• *Código Civil de 2002: art. 1.261.*

Parágrafo único. As disposições dos arts. 552 e 553 são aplicáveis ao usucapião das coisas móveis.

• *Código Civil de 2002: art. 1.262.*

Seção V
Da Tradição

Art. 620. O domínio das coisas não se transfere pelos contratos antes da tradição. Mas esta se subentende, quando o transmitente continua a possuir pelo constituto possessório (art. 675).

• *Código Civil de 2002: art. 1.267, caput.*

Art. 621. Se a coisa alienada estiver na posse de terceiro, obterá o adquirente a posse indireta pela cessão que lhe fizer o alienante de seu direito à restituição da coisa.

• *Código Civil de 2002: art. 1.267, parágrafo único.*

Parágrafo único. Nos casos deste artigo e do antecedente, parte final, a aquisição da posse indireta equivale à tradição.

• *Código Civil de 2002: art. 1.267, parágrafo único.*

Art. 622. Feita por quem não seja proprietário, a tradição não alheia a propriedade. Mas, se o adquirente estiver de boa-fé, e o alienante adquirir depois o domínio, considera-se revalidada a transferência e operado o efeito da tradição, desde o momento do seu ato.

• *Código Civil de 2002: art. 1.268, caput e § 1º.*

Parágrafo único. Também não transfere o domínio a tradição, quando tiver por título um ato nulo.

• *Código Civil de 2002: art. 1.268, § 2º.*

Capítulo IV
Do Condomínio

Seção I
Dos Direitos e Deveres dos Condôminos

Art. 623. Na propriedade em comum, compropriedade, ou condomínio, cada condômino ou consorte pode:

• *Código Civil de 2002: art. 1.314, caput.*

I – usar livremente da coisa conforme seu destino, e sobre ela exercer todos os direitos compatíveis com a indivisão;

• *Código Civil de 2002: art. 1.314, caput.*

II – reivindicá-la de terceiro;

• *Código Civil de 2002: art. 1.314, caput.*

III – alhear a respectiva parte indivisa, ou gravá-la (art. 1.139).

• *Código Civil de 2002: art. 1.314, caput.*

Art. 624. O condômino é obrigado a concorrer na proporção de sua parte, para as despesas de conservação ou divisão da coisa e suportar na mesma razão os ônus, a que estiver sujeita.

• *Código Civil de 2002: art. 1.315, caput.*

Parágrafo único. Se com isso não se conformar algum dos condôminos, será dividida a coisa, respondendo o quinhão de cada um pela sua parte nas despesas da divisão.

• *Código Civil de 2002: sem correspondente.*

Art. 625. As dívidas contraídas por um dos condôminos em proveito da comunhão, e durante ela, obrigam o contraente; mas asseguram-lhe ação regressiva contra os demais.

• *Código Civil de 2002: art. 1.318.*

Parágrafo único. Se algum deles não anuir, proceder-se-á conforme o parágrafo único do artigo anterior.

• *Código Civil de 2002: sem correspondente.*

Art. 626. Quando a dívida houver sido contraída por todos os condôminos, sem se discriminar a parte de cada um na obrigação coletiva, nem se estipular solidariedade, entende-se que cada qual se obrigou proporcionalmente ao seu quinhão, ou sorte, na coisa comum.

• *Código Civil de 2002: art. 1.317.*

Art. 627. Cada consorte responde aos outros pelos frutos que percebeu da coisa comum, e pelo dano que lhe causou.

• *Código Civil de 2002: art. 1.319.*

Art. 628. Nenhum dos comproprietários pode alterar a coisa comum, sem o consenso dos outros.

• *Código Civil de 2002: art. 1.314, parágrafo único.*

Art. 629. A todo tempo será lícito ao condômino exigir a divisão da coisa comum.

• *Código Civil de 2002: art. 1.320, caput.*

Parágrafo único. Podem, porém, os consortes acordar que fique indivisa por termo não maior de 5 (cinco) anos, suscetível de prorrogação ulterior.

• *Código Civil de 2002: art. 1.320, § 1º.*

Art. 630. Se a indivisão for condição estabelecida pelo doador, ou testador, entende-se que o foi somente por 5 (cinco) anos.

• *Código Civil de 2002: art. 1.320, § 2º.*

Art. 631. A divisão entre condôminos é simplesmente declaratória e não atributiva da propriedade. Essa poderá, entretanto, ser julgada preliminarmente no mesmo processo.

• *Código Civil de 2002: sem correspondente.*

Art. 632. Quando a coisa for indivisível, ou se tornar, pela divisão, imprópria ao seu destino, e os consortes não quiserem adjudicá-la a um só, indenizando os outros, será vendida e repartido o preço, preferindo-se, na venda, em condições iguais de oferta, o condômino ao estranho, entre os condôminos o que tiver na coisa benfeitorias mais valiosas, e, não as havendo, o de quinhão maior.

• *Código Civil de 2002: art. 1.322, caput.*

Art. 633. Nenhum condômino pode, sem prévio consenso dos outros, dar posse, uso, ou gozo da propriedade a estranhos.

• *Código Civil de 2002: art. 1.314, parágrafo único.*

Art. 634. O condômino, como qualquer outro possuidor, poderá defender a sua posse contra outrem.

• *Código Civil de 2002: sem correspondente.*

Seção II
Da Administração do Condomínio

Art. 635. Quando, por circunstância de fato ou por desacordo, não for possível o uso e gozo em comum, resolverão os condôminos se a coisa deve ser administrada, vendida ou alugada.

• *Código Civil de 2002: art. 1.323.*

§ 1º Se todos concordarem que se não venda, à maioria (art. 637) competirá deliberar sobre a administração ou locação da coisa comum.

• *Código Civil de 2002: art. 1.323.*

§ 2º Pronunciando-se a maioria pela administração escolherá também o administrador.

• *Código Civil de 2002: art. 1.323.*

Art. 636. Resolvendo-se alugar a coisa comum (art. 637), preferir-se-á, em condições iguais, o condômino ao estranho.

• *Código Civil de 2002: art. 1.323.*

Art. 637. A maioria será calculada não pelo número, senão pelo valor dos quinhões.

• *Código Civil de 2002: art. 1.325, caput.*

§ 1º As deliberações não obrigarão, não sendo tomadas por maioria absoluta, isto é, por votos que representem mais de meio do valor total.

• *Código Civil de 2002: art. 1.325, § 1º.*

§ 2º Havendo empate, decidirá o juiz, a requerimento de qualquer condômino, ouvidos os outros.

• *Código Civil de 2002: art. 1.325, § 2º.*

Art. 638. Os frutos da coisa comum, não havendo em contrário estipulação ou disposição de última vontade, serão partilhados na proporção dos quinhões.

• *Código Civil de 2002: art. 1.326.*

Art. 639. Nos casos de dúvida, presumem-se iguais os quinhões.

• *Código Civil de 2002: sem correspondente.*

Art. 640. O condômino, que administrar sem oposição dos outros, presume-se mandatário comum.

• *Código Civil de 2002: art. 1.324.*

Art. 641. Aplicam-se, nos casos omissos, à divisão do condomínio as regras de partilha da herança (arts. 1.772 e segs.).

• *Código Civil de 2002: sem correspondente.*

Seção III
Do Condomínio em Paredes, Cercas, Muros e Valas

Art. 642. O condomínio por meação de paredes, cercas, muros e valas regula-se pelo disposto neste Código, arts. 569 a 589 e 623 a 634.

• *Código Civil de 2002: art. 1.327.*

Art. 643. O proprietário que tiver direito a estremar um imóvel com paredes, cercas, muros, valas ou valados, tê-lo-á igualmente a adquirir meação na parede, muro, vala, valado, ou cerca do vizinho, embolsando-lhe metade do que atualmente valer a obra e o terreno por ela ocupado (art. 727).

• *Código Civil de 2002: art. 1.328.*

Art. 644. Não convindo os dois no preço da obra, será este arbitrado por peritos, a expensas de ambos os confinantes.

• *Código Civil de 2002: art. 1.329.*

Art. 645. Qualquer que seja o preço da meação, enquanto o que pretender a divisão não o pagar ou depositar, nenhum uso poderá fazer da parede, muro, vala, cerca, ou qualquer outra obra divisória.

• *Código Civil de 2002: art. 1.330.*

Seção IV
Do Compáscuo

Art. 646. Se o compáscuo em prédios particulares for estabelecido por servidão, reger-se-á pelas normas desta. Se não, observar-se-á, no que lhe for aplicável, o disposto neste Capítulo, caso outra coisa não estipule o título de onde resulte a comunhão de pastos.

• *Código Civil de 2002: sem correspondente.*

Parágrafo único. O compáscuo em terrenos baldios e públicos regular-se-á pelo disposto na legislação municipal.

• *Código Civil de 2002: sem correspondente.*

Capítulo V
Da Propriedade Resolúvel

Art. 647. Resolvido o domínio pelo implemento da condição ou pelo advento do termo, entendem-se também resolvidos os direitos reais concedidos na sua pendência, e o proprietário, em cujo favor se opera a resolução, pode reivindicar a coisa do poder de quem a detenha.

• *Código Civil de 2002: art. 1.359.*

Art. 648. Se, porém, o domínio se resolver por outra causa superveniente, o possuidor, que o tiver adquirido por título anterior à resolução, será considerado proprietário perfeito, restando à pessoa em cujo benefício houve a resolução ação contra aquele cujo domínio se resolveu para haver a própria coisa, ou seu valor.

• *Código Civil de 2002: art. 1.360.*

Capítulo VI
Da Propriedade Literária, Científica e Artística

Arts. 649 a 673. *(Revogados pela Lei 9.610, de 19.2.1998.)*

Título III
Dos Direitos Reais sobre Coisas Alheias

Capítulo I
Disposições Gerais

Art. 674. São direitos reais, além da propriedade:
• *Código Civil de 2002: art. 1.225, caput.*
I – a enfiteuse;
• *Código Civil de 2002: sem correspondente.*
II – as servidões;
• *Código Civil de 2002: art. 1.225, III.*
III – o usufruto;
• *Código Civil de 2002: art. 1.225, IV.*
IV – o uso;
• *Código Civil de 2002: art. 1.225, V.*
V – a habitação;
• *Código Civil de 2002: art. 1.225, VI.*
VI – as rendas expressamente constituídas sobre imóveis;
• *Código Civil de 2002: sem correspondente.*
VII – o penhor;
• *Código Civil de 2002: art. 1.225, VIII.*
VIII – a anticrese;
• *Código Civil de 2002: art. 1.225, X.*
IX – a hipoteca.
• *Código Civil de 2002: art. 1.225, IX.*

Art. 675. Os direitos reais sobre coisas móveis, quando constituídos, ou transmitidos por atos entre vivos, só se adquirem com a tradição (art. 620).
• *Código Civil de 2002: art. 1.226.*

Art. 676. Os direitos reais sobre imóveis constituídos ou transmitidos por atos entre vivos só se adquirem depois da transcrição, ou da inscrição, no Registro de Imóveis, dos referidos títulos (arts. 530, I, e 856), salvo os casos expressos neste Código.
• *Código Civil de 2002: art. 1.227.*

Art. 677. Os direitos reais passam com o imóvel para o domínio do adquirente.
• *Código Civil de 2002: sem correspondente.*
Parágrafo único. O ônus dos impostos sobre prédio transmite-se aos adquirentes, salvo constando da escritura as certidões do recebimento, pelo fisco, dos impostos devidos e, em caso de venda em praça, até o equivalente do preço da arrematação.
• *Código Civil de 2002: sem correspondente.*

Capítulo II
Da Enfiteuse

Art. 678. Dá-se a enfiteuse, aforamento, ou emprazamento, quando por ato entre vivos, ou de última vontade, o proprietário atribui a outrem o domínio útil do imóvel, pagando a pessoa, que o adquire, e assim se constitui enfiteuta, ao senhorio direto uma pensão, ou foro, anual, certo e invariável.
• *Código Civil de 2002: sem correspondente.*

Art. 679. O contrato de enfiteuse é perpétuo. A enfiteuse por tempo limitado considera-se arrendamento, e como tal se rege.
• *Código Civil de 2002: sem correspondente.*

Art. 680. Só podem ser objeto de enfiteuse terras não cultivadas ou terrenos que se destinem a edificação.
• *Código Civil de 2002: sem correspondente.*

Art. 681. Os bens enfitêuticos transmitem-se por herança na mesma ordem estabelecida a respeito dos alodiais neste Código, arts. 1.603 a 1.619; mas, não podem ser divididos em glebas sem consentimento do senhorio.
• *Código Civil de 2002: sem correspondente.*

Art. 682. É obrigado o enfiteuta a satisfazer os impostos e os ônus reais que gravarem o imóvel.
• *Código Civil de 2002: sem correspondente.*

Art. 683. O enfiteuta, ou foreiro, não pode vender nem dar em pagamento o domínio útil, sem prévio aviso ao senhorio direto, para que este exerça o direito de opção; e o senhorio direto tem 30 (trinta) dias para declarar, por escrito, datado e assinado, que quer a preferência na alienação, pelo mesmo preço e nas mesmas condições.
Se, dentro no prazo indicado, não responder ou não oferecer o preço da alienação, poderá o foreiro efetuá-la com quem entender.
• *Código Civil de 2002: sem correspondente.*

Art. 684. Compete igualmente ao foreiro o direito de preferência, no caso de querer o senhorio vender o domínio direto ou dá-lo em pagamento. Para este efeito, ficará o dito senhorio sujeito à mesma obrigação imposta, em semelhantes circunstâncias, ao foreiro.
• *Código Civil de 2002: sem correspondente.*

Art. 685. Se o enfiteuta não cumprir o disposto no art. 683, poderá o senhorio direto usar, não obstante, de seu direito de preferência, havendo do adquirente o prédio pelo preço da aquisição.
• *Código Civil de 2002: sem correspondente.*

Art. 686. Sempre que se realizar a transferência do domínio útil, por venda ou dação em pagamento, o senhorio direto, que não usar da opção, terá direito de receber do alienante o laudêmio, que será de 2,5% (dois e meio por cento) sobre o preço da alienação, se outro não se tiver fixado no título de aforamento.
• *Código Civil de 2002: sem correspondente.*

Art. 687. O foreiro não tem direito à remissão do foro, por esterilidade ou destruição parcial do prédio enfitêutico, nem pela perda total de seus frutos; pode, em tais casos, porém, abandoná-lo ao senhorio direto, e, independentemente do seu consenso, fazer inscrever o ato da renúncia (art. 691).
• *Código Civil de 2002: sem correspondente.*

Art. 688. É lícito ao enfiteuta doar, dar em dote, ou trocar por coisa não fungível o prédio aforado, avisando o senhorio direto, dentro em 60 (sessenta) dias, contados do ato da transmissão, sob pena de continuar responsável pelo pagamento do foro.
• *Código Civil de 2002: sem correspondente.*

Art. 689. Fazendo-se penhora, por dívidas do enfiteuta, sobre o prédio emprazado, será citado o senhorio direto, para assistir à praça, e terá preferência, quer, no caso de arrematação, sobre os demais lançadores, em condições iguais, quer, em falta deles, no caso de adjudicação.
• *Código Civil de 2002: sem correspondente.*

Art. 690. Quando o prédio emprazado vier a pertencer a várias pessoas, estas, dentro em 6 (seis) meses, elegerão um cabecel, sob pena de se devolver ao senhorio o direito de escolha.
• *Código Civil de 2002: sem correspondente.*

§ 1º Feita a escolha, todas as ações do senhorio contra os foreiros serão propostas contra o cabecel, salvo a este o direito regressivo contra os outros pelas respectivas quotas.

• *Código Civil de 2002: sem correspondente.*

§ 2º Se, porém, o senhorio direto convier na divisão do prazo, cada uma das glebas em que for dividido constituirá prazo distinto.

• *Código Civil de 2002: sem correspondente.*

Art. 691. Se o enfiteuta pretender abandonar gratuitamente ao senhorio o prédio aforado, poderão opor-se os credores prejudicados com o abandono, prestando caução pelas pensões futuras, até que sejam pagos de suas dívidas.

• *Código Civil de 2002: sem correspondente.*

Art. 692. A enfiteuse extingue-se:

• *Código Civil de 2002: sem correspondente.*

I – pela natural deterioração do prédio aforado, quando chegue a não valer o capital correspondente ao foro e mais um quinto deste;

• *Código Civil de 2002: sem correspondente.*

II – pelo comisso, deixando o foreiro de pagar as pensões devidas, por 3 (três) anos consecutivos, caso em que o senhorio o indenizará das benfeitorias necessárias;

• *Código Civil de 2002: sem correspondente.*

III – falecendo o enfiteuta, sem herdeiros, salvo o direito dos credores.

• *Código Civil de 2002: sem correspondente.*

Art. 693. Todos os aforamentos, inclusive os constituídos anteriormente a este Código, salvo acordo entre as partes, são resgatáveis 10 (dez) anos depois de constituídos, mediante pagamento de um laudêmio, que será de 2,5% (dois e meio por cento) sobre o valor atual da propriedade plena, e de 10 (dez) pensões anuais pelo foreiro, que não poderá no seu contrato renunciar ao direito de resgate, nem contrariar as disposições imperativas deste Capítulo .

• *Código Civil de 2002: sem correspondente.*

Art. 694. A subenfiteuse está sujeita às mesmas disposições que a enfiteuse. A dos terrenos de marinha e acrescidos será regulada em lei especial.

• *Código Civil de 2002: sem correspondente.*

Capítulo III
Das Servidões Prediais

Seção I
Da Constituição das Servidões

Art. 695. Impõe-se a servidão predial a um prédio em favor de outro, pertencente a diverso dono. Por ela perde o proprietário do prédio serviente o exercício de alguns de seus direitos dominicais, ou fica obrigado a tolerar que dele se utilize, para certo fim, o dono do prédio dominante.

• *Código Civil de 2002: art. 1.378.*

Art. 696. A servidão não se presume.

• *Código Civil de 2002: sem correspondente.*

Art. 697. As servidões não aparentes só podem ser estabelecidas por meio de transcrição no Registro de Imóveis.

• *Código Civil de 2002: art. 1.378.*

Art. 698. A posse incontestada e contínua de uma servidão por 10 (dez) ou 15 (quinze) anos, nos termos do art. 551, autoriza o possuidor a transcrevê-la em seu nome no Registro de Imóveis, servindo-lhe de título a sentença que julgar consumado o usucapião.

• *Código Civil de 2002: art. 1.379, caput.*

Parágrafo único. Se o possuidor não tiver título, o prazo do usucapião será de 20 (vinte) anos.

• *Código Civil de 2002: art. 1.379, parágrafo único.*

Art. 699. O dono de uma servidão tem direito a fazer todas as obras necessárias à sua conservação e uso. Se a servidão pertencer a mais de um prédio, serão as despesas rateadas entre os respectivos donos.

• *Código Civil de 2002: art. 1.380.*

Art. 700. As obras a que se refere o artigo antecedente devem ser feitas pelo dono do prédio dominante, se o contrário não dispuser o título expressamente.

• *Código Civil de 2002: art. 1.381.*

Art. 701. Quando a obrigação incumbir ao dono do prédio serviente, este poderá exonerar-se, abandonando a propriedade ao dono do dominante.

• *Código Civil de 2002: art. 1.382, caput.*

Art. 702. O dono do prédio serviente não poderá embaraçar de modo algum o uso legítimo da servidão.

• *Código Civil de 2002: art. 1.383.*

Art. 703. Pode o dono do prédio serviente remover de um local para outro a servidão, contanto que o faça à sua custa, e não diminua em nada as vantagens do prédio dominante.

• *Código Civil de 2002: art. 1.384.*

Art. 704. Restringir-se-á o uso da servidão às necessidades do prédio dominante, evitando, quanto possível, agravar o encargo ao prédio serviente.

• *Código Civil de 2002: art. 1.385, caput.*

Parágrafo único. Constituída para certo fim, a servidão não se pode ampliar a outro, salvo o disposto no artigo seguinte.

• *Código Civil de 2002: art. 1.385, § 1º.*

Art. 705. Nas servidões de trânsito a de maior inclui a de menor ônus, e a menor exclui a mais onerosa.

• *Código Civil de 2002: art. 1.385, § 2º.*

Art. 706. Se as necessidades da cultura do prédio dominante impuserem à servidão maior largueza, o dono do serviente é obrigado a sofrê-la; mas tem direito a ser indenizado pelo excesso.

• *Código Civil de 2002: art. 1.385, § 3º.*

Parágrafo único. Se, porém, esse acréscimo de encargo for devido a mudança na maneira de exercer a servidão, como no caso de se pretender edificar em terreno até então destinado a cultura, poderá impedi-lo o dono do prédio serviente.

• *Código Civil de 2002: sem correspondente.*

Art. 707. As servidões prediais são indivisíveis. Subsistem, no caso de partilha, em benefício de cada um dos quinhões do prédio dominante, e continua a gravar cada um dos do prédio serviente, salvo se, por natureza, ou destino, só se aplicarem a certa parte de um, ou de outro.

• *Código Civil de 2002: art. 1.386.*

Seção II
Da Extinção das Servidões

Art. 708. Salvo nas desapropriações, a servidão, uma vez transcrita, só se extingue, com respeito a terceiros, quando cancelada.

• *Código Civil de 2002: art. 1.387, caput.*

Art. 709. O dono do prédio serviente tem direito, pelos meios judiciais, ao cancelamento da transcrição, embora o dono do prédio dominante lho impugne:

• *Código Civil de 2002: art. 1.388, caput.*

I – quando o titular houver renunciado a sua servidão;

• *Código Civil de 2002: art. 1.388, I.*

II – quando a servidão for de passagem, que tenha cessado pela abertura de estrada pública, acessível ao prédio dominante;

• *Código Civil de 2002: art. 1.388, II.*

III – quando o dono do prédio serviente resgatar a servidão.

• *Código Civil de 2002: art. 1.388, III.*

Art. 710. As servidões prediais extinguem-se:

• *Código Civil de 2002: art. 1.389, caput.*

I – pela reunião dos dois prédios no domínio da mesma pessoa;

• *Código Civil de 2002: art. 1.389, I.*

II – pela supressão das respectivas obras por efeito do contrato, ou de outro título expresso;

• *Código Civil de 2002: art. 1.389, II.*

III – pelo não uso, durante 10 (dez) anos contínuos.

• *Código Civil de 2002: art. 1.389, III.*

Art. 711. Extinta, por alguma das causas do artigo anterior, a servidão predial transcrita, fica ao dono do prédio serviente o direito a fazê-la cancelar, mediante a prova da extinção.

• *Código Civil de 2002: art. 1.389, caput.*

Art. 712. Se o prédio dominante estiver hipotecado, e a servidão se mencionar no título hipotecário, será também preciso, para a cancelar, o consentimento do credor.

• *Código Civil de 2002: art. 1.387, parágrafo único.*

Capítulo IV
DO USUFRUTO

Seção I
Disposições Gerais

Art. 713. Constitui usufruto o direito real de fruir as utilidades e frutos de uma coisa, enquanto temporariamente destacado da propriedade.

• *Código Civil de 2002: sem correspondente.*

Art. 714. O usufruto pode recair em um ou mais bens, móveis ou imóveis, em um patrimônio inteiro, ou parte deste, abrangendo-lhe, no todo ou em parte, os frutos e utilidades.

• *Código Civil de 2002: art. 1.390.*

Art. 715. O usufruto de imóveis, quando não resulte do direito de família, dependerá de transcrição no respectivo registro.

• *Código Civil de 2002: art. 1.391.*

Art. 716. Salvo disposição em contrário, o usufruto estende-se aos acessórios da coisa e seus acrescidos.

• *Código Civil de 2002: art. 1.392, caput.*

Art. 717. O usufruto só se pode transferir, por alienação, ao proprietário da coisa; mas o seu exercício pode ceder-se por título gratuito ou oneroso.

• *Código Civil de 2002: art. 1.393.*

Seção II
Dos Direitos do Usufrutuário

Art. 718. O usufrutuário tem direito à posse, uso, administração e percepção dos frutos.

• *Código Civil de 2002: art. 1.394.*

Art. 719. Quando o usufruto recai em títulos de crédito, o usufrutuário tem direito, não só a cobrar as respectivas dívidas, mas ainda a empregar-lhes a importância recebida. Essa aplicação, porém, corre por sua conta e risco; e, cessando o usufruto, o proprietário pode recusar os novos títulos, exigindo em espécie o dinheiro.

• *Código Civil de 2002: art. 1.395, caput.*

Art. 720. Quando o usufruto recai sobre apólices da dívida pública ou títulos semelhantes, de cotação variável, a alienação dele só se efetuará mediante prévio acordo entre o usufrutuário e o dono.

• *Código Civil de 2002: sem correspondente.*

Art. 721. Salvo direito adquirido por outrem, o usufrutuário faz seus os frutos naturais, pendentes ao começar o usufruto, sem encargo de pagar as despesas de produção.

• *Código Civil de 2002: art. 1.396, caput.*

Parágrafo único. Os frutos naturais, porém, pendentes ao tempo em que cessa o usufruto, pertencem ao dono, também sem compensação das despesas.

• *Código Civil de 2002: art. 1.396, parágrafo único.*

Art. 722. As crias dos animais pertencem ao usufrutuário, deduzidas quantas bastem para inteirar as cabeças de gado existentes ao começar o usufruto.

• *Código Civil de 2002: art. 1.397.*

Art. 723. Os frutos civis, vencidos na data inicial do usufruto, pertencem ao proprietário, e ao usufrutuário os vencidos na data em que cessa o usufruto.

• *Código Civil de 2002: art. 1.398.*

Art. 724. O usufrutuário pode usufruir em pessoa, ou mediante arrendamento, o prédio, mas não mudar-lhe o gênero de cultura, sem licença do proprietário ou autorização expressa no título; salvo se, por algum outro, como os de pai, ou marido, lhe couber tal direito.

• *Código Civil de 2002: sem correspondente.*

Art. 725. Se o usufruto recai em florestas, ou minas, podem o dono e o usufrutuário prefixar-lhe a extensão do gozo e a maneira da exploração.

• *Código Civil de 2002: art. 1.392, § 2º.*

Art. 726. As coisas que se consomem pelo uso caem para logo no domínio do usufrutuário, ficando, porém, este, obrigado a restituir, findo o usufruto, o equivalente em gênero, qualidade e quantidade, ou, não sendo possível, o seu valor, pelo preço corrente ao tempo da restituição.

• *Código Civil de 2002: art. 1.392, § 1º.*

Parágrafo único. Se, porém, as referidas coisas foram avaliadas no título constitutivo do usufruto, salvo cláusula expressa em contrário, o usufrutuário é obrigado a pagá-las pelo preço da avaliação.

• *Código Civil de 2002: sem correspondente.*

Art. 727. O usufrutuário não tem direito à parte do tesouro achado por outrem, nem ao preço pago pelo vizinho do prédio usufruído, para obter meação em parede, cerca, muro, vala ou valado (art. 643).

• *Código Civil de 2002: art. 1.392, § 3º.*

Art. 728. Não procede o disposto na segunda parte do artigo anterior, quando o usufruto recair sobre universalidade ou quota-parte de bens.

• *Código Civil de 2002: art. 1.392, § 3º.*

Seção III
Das Obrigações do Usufrutuário

Art. 729. O usufrutuário, antes de assumir o usufruto, inventariará, à sua custa, os bens, que receber, determinando o estado em que se acham, e dará caução, fidejussória ou real, se lha exigir o dono, de velar-lhes pela conservação, e entregá-los findo o usufruto.

• *Código Civil de 2002: art. 1.400, caput.*

Art. 730. O usufrutuário, que não quiser ou não puder dar caução suficiente, perderá o direito de administrar o usufruto; e, neste caso, os bens serão administrados pelo proprietário, que ficará obrigado, mediante caução, a entregar ao usufrutuário o rendimento deles, deduzidas as despesas da administração, entre as quais se incluirá a quantia taxada pelo juiz em remuneração do administrador.

• *Código Civil de 2002: art. 1.401.*

Art. 731. Não são obrigados à caução:

• *Código Civil de 2002: sem correspondente.*

I – o doador, que se reservar o usufruto da coisa doada;

• *Código Civil de 2002: art. 1.400, parágrafo único.*

II – os pais, usufrutuários dos bens dos filhos menores.

• *Código Civil de 2002: sem correspondente.*

Art. 732. O usufrutuário não é obrigado a pagar as deteriorações resultantes do exercício regular do usufruto.

• *Código Civil de 2002: art. 1.402.*

Art. 733. Incumbem ao usufrutuário:

• *Código Civil de 2002: art. 1.403, caput.*

I – as despesas ordinárias de conservação dos bens no estado em que os recebeu;

• *Código Civil de 2002: art. 1.403, I.*

II – os foros, as pensões e os impostos reais devidos pela posse, ou rendimento da coisa usufruída.

• *Código Civil de 2002: art. 1.403, II.*

Art. 734. Incumbem ao dono as reparações extraordinárias e as que não forem de custo módico; mas o usufrutuário lhe pagará os juros do capital despendido com as que forem necessárias à conservação, ou aumentarem o rendimento da coisa usufruída.

• *Código Civil de 2002: art. 1.404, caput.*

Parágrafo único. Não se consideram módicas as despesas superiores a dois terços do líquido rendimento em 1 (um) ano.

• *Código Civil de 2002: art. 1.404, § 1º.*

Art. 735. Se a coisa estiver segura, incumbe ao usufrutuário pagar, durante o usufruto, as contribuições do seguro.

• *Código Civil de 2002: art. 1.407, caput.*

§ 1º Se o usufrutuário fizer o seguro, ao proprietário caberá o direito dele resultante contra o segurador.

• *Código Civil de 2002: art. 1.407, § 1º.*

§ 2º Em qualquer hipótese, o direito do usufrutuário fica sub-rogado no valor da indenização do seguro.

• *Código Civil de 2002: art. 1.407, § 2º.*

Art. 736. Se o usufruto recair em coisa singular, ou parte dela, só responderá o usufrutuário pelo juro da dívida, que ela garantir, quando esse ônus for expresso no título respectivo.

Se recair num patrimônio, ou parte deste, será o usufrutuário obrigado aos juros da dívida que onerar o patrimônio ou a parte dele, sobre que recaia o usufruto.

• *Código Civil de 2002: art. 1.405.*

Art. 737. Se um edifício sujeito a usufruto for destruído sem culpa do proprietário, não será este obrigado a reconstruí-lo, nem o usufruto se restabelecerá, se o proprietário reconstruir à sua custa o prédio; mas, se ele estava seguro, a indenização paga fica sujeita ao ônus do usufruto.

Se a indenização do seguro for aplicada à reconstrução do prédio, restabelecer-se-á o usufruto.

• *Código Civil de 2002: art. 1.408.*

Art. 738. Também fica sub-rogada no ônus do usufruto, em lugar do prédio, a indenização paga, se ele for desapropriado, ou a importância do dano, ressarcido pelo terceiro responsável, no caso de danificação, ou perda.

• *Código Civil de 2002: art. 1.409.*

Seção IV
Da Extinção do Usufruto

Art. 739. O usufruto extingue-se:

• *Código Civil de 2002: art. 1.410, caput.*

I – pela morte do usufrutuário;

• *Código Civil de 2002: art. 1.410, I.*

II – pelo termo de sua duração;

• *Código Civil de 2002: art. 1.410, II.*

III – pela cessação da causa de que se origina;

• *Código Civil de 2002: art. 1.410, IV.*

IV – pela destruição da coisa, não sendo fungível, guardadas as disposições dos arts. 735, 737, 2ª parte, e 738;

• *Código Civil de 2002: art. 1.410, V.*

V – pela consolidação;

• *Código Civil de 2002: art. 1.410, VI.*

VI – pela prescrição;

• *Código Civil de 2002: sem correspondente.*

VII – por culpa do usufrutuário, quando aliena, deteriora, ou deixa arruinar os bens, não lhes acudindo com os reparos de conservação.

• *Código Civil de 2002: art. 1.410, VII.*

Art. 740. Constituído o usufruto em favor de dois ou mais indivíduos, extinguir-se-á parte a parte, em relação a cada um dos que falecerem, salvo se, por estipulação expressa, o quinhão desses couber aos sobreviventes.

• *Código Civil de 2002: art. 1.411.*

Art. 741. O usufruto constituído em favor de pessoa jurídica extingue-se com esta, ou, se ela perdurar, aos 100 (cem) anos da data em que se começou a exercer.

• *Código Civil de 2002: art. 1.410, III.*

Capítulo V
Do Uso

Art. 742. O usuário fruirá a utilidade da coisa dada em uso, quanto o exigirem as necessidades pessoais suas e de sua família.

• *Código Civil de 2002: art. 1.412, caput.*

Art. 743. Avaliar-se-ão as necessidades pessoais do usuário, conforme a sua condição social e o lugar onde viver.

• *Código Civil de 2002: art. 1.412, § 1º.*

Art. 744. As necessidades da família do usuário compreendem:

• *Código Civil de 2002: art. 1.412, § 2º.*

I – as de seu cônjuge;

• *Código Civil de 2002: art. 1.412, § 2º.*

II – as dos filhos solteiros, ainda que ilegítimos;

• *Código Civil de 2002: art. 1.412, § 2º.*

III – as das pessoas de seu serviço doméstico.

• *Código Civil de 2002: art. 1.412, § 2º.*

Art. 745. São aplicáveis ao uso, no que não for contrário à sua natureza, as disposições relativas ao usufruto.

• *Código Civil de 2002: art. 1.413.*

Capítulo VI
Da Habitação

Art. 746. Quando o uso consistir no direito de habitar gratuitamente casa alheia, o titular deste direito não a pode alugar, nem emprestar, mas simplesmente ocupá-la com sua família.

• *Código Civil de 2002: art. 1.414.*

Art. 747. Se o direito real da habitação for conferido a mais de uma pessoa, qualquer delas, que habite, sozinha, a casa, não terá de pagar aluguel à outra, ou às outras, mas não as pode inibir de exercerem, querendo, o direito, que também lhes compete, de habitá-la.

• *Código Civil de 2002: art. 1.415.*

Art. 748. São aplicáveis à habitação, no que lhe não contrariarem a natureza, as disposições concernentes ao usufruto.

• *Código Civil de 2002: art. 1.416.*

Capítulo VII
Das Rendas Constituídas sobre Imóveis

Art. 749. No caso de desapropriação, por necessidade ou utilidade pública, de prédio sujeito a constituição de renda (arts. 1.424 a 1.431), aplicar-se-á em constituir outra o preço do imóvel obrigado. O mesmo destino terá, em caso análogo, a indenização do seguro.

• *Código Civil de 2002: sem correspondente.*

Art. 750. O pagamento da renda constituída sobre um imóvel incumbe, de pleno direito, ao adquirente do prédio gravado. Esta obrigação estende-se às rendas vencidas antes da alienação, salvo o direito regressivo do adquirente contra o alienante.

• *Código Civil de 2002: sem correspondente.*

Art. 751. O imóvel sujeito a prestações de renda pode ser resgatado, pagando o devedor um capital em espécie, cujo rendimento, calculado pela taxa legal dos juros, assegure ao credor renda equivalente.

• *Código Civil de 2002: sem correspondente.*

Art. 752. No caso de falência, insolvência ou execução do prédio gravado, o credor da renda tem preferência aos outros credores para haver o capital indicado no artigo antecedente.

• *Código Civil de 2002: sem correspondente.*

Art. 753. A renda constituída por disposição de última vontade começa a ter efeito desde a morte do constituinte, mas não valerá contra terceiros adquirentes, enquanto não transcrita no competente registro.

• *Código Civil de 2002: sem correspondente.*

Art. 754. No caso de transmissão do prédio gravado a muitos sucessores, o ônus real da renda continua a gravá-lo em todas as suas partes.

• *Código Civil de 2002: sem correspondente.*

Capítulo VIII
Dos Direitos Reais de Garantia

Art. 755. Nas dívidas garantidas por penhor, anticrese ou hipoteca, a coisa dada em garantia fica sujeita, por vínculo real, ao cumprimento da obrigação.

• *Código Civil de 2002: art. 1.419.*

Art. 756. Só aquele que pode alienar poderá hipotecar, dar em anticrese, ou empenhar. Só as coisas que se podem alienar poderão ser dadas em penhor, anticrese, ou hipoteca.

• *Código Civil de 2002: art. 1.420, caput.*

Parágrafo único. O domínio superveniente revalida, desde a inscrição, as garantias reais estabelecidas por quem possuía a coisa a título de proprietário.

• *Código Civil de 2002: art. 1.420, § 1º.*

Art. 757. A coisa comum a dois ou mais proprietários não pode ser dada em garantia real, na sua totalidade, sem o consentimento de todos; mas cada um pode individualmente dar em garantia real a parte que tiver, se for divisível a coisa, e só a respeito dessa parte vigorará a indivisibilidade da garantia.

• *Código Civil de 2002: art. 1.420, § 2º.*

Art. 758. O pagamento de uma ou mais prestações da dívida não importa exoneração correspondente da garantia, ainda que esta compreenda vários bens, salvo disposição expressa no título, ou na quitação.

• *Código Civil de 2002: art. 1.421.*

Art. 759. O credor hipotecário e o pignoratício têm o direito de excutir a coisa hipotecada, ou empenhada, e preferir, no pagamento, a outros credores, observada, quanto à hipoteca, a prioridade na inscrição.

• *Código Civil de 2002: art. 1.422, caput.*

Parágrafo único. Excetua-se desta regra a dívida proveniente de salários do trabalhador agrícola, que será paga, precipuamente a quaisquer outros créditos, pelo produto da colheita para a qual houver concorrido com o seu trabalho.

• *Código Civil de 2002: art. 1.422, parágrafo único.*

Art. 760. O credor anticrético tem direito a reter em seu poder a coisa, enquanto a dívida não for paga. Extingue-se, porém, esse direito, decorridos 15 (quinze) anos do dia da transcrição.

• *Código Civil de 2002: art. 1.423.*

Art. 761. Os contratos de penhor, anticrese e hipoteca declararão, sob pena de não valerem contra terceiros:

• *Código Civil de 2002: art. 1.424, caput.*

I – o total da dívida, ou sua estimação;
- *Código Civil de 2002: art. 1.424, I.*

II – o prazo fixado para pagamento;
- *Código Civil de 2002: art. 1.424, II.*

III – a taxa dos juros, se houver;
- *Código Civil de 2002: art. 1.424, III.*

IV – a coisa dada em garantia, com as suas especificações.
- *Código Civil de 2002: art. 1.424, IV.*

Art. 762. A dívida considera-se vencida:
- *Código Civil de 2002: art. 1.425, caput.*

I – Se, deteriorando-se, ou depreciando-se a coisa dada em segurança, desfalcar a garantia, e o devedor, intimado, a não reforçar.
- *Código Civil de 2002: art. 1.425, I.*

II – Se o devedor cair em insolvência, ou falir.
- *Código Civil de 2002: art. 1.425, II.*

III – Se as prestações não forem pontualmente pagas, toda vez que deste modo se achar estipulado o pagamento. Neste caso, o recebimento posterior da prestação atrasada importa renúncia do credor ao seu direito de execução imediata.
- *Código Civil de 2002: art. 1.425, III.*

IV – Se perecer o objeto dado em garantia.
- *Código Civil de 2002: art. 1.425, IV.*

V – Se se desapropriar a coisa dada em garantia, depositando-se a parte do preço, que for necessária para o pagamento integral do credor.
- *Código Civil de 2002: art. 1.425, V.*

§ 1º Nos casos de perecimento ou deterioração do objeto dado em garantia, a indenização, estando ele seguro ou havendo alguém responsável pelo dano, se sub-rogará na coisa destruída ou deteriorada, em benefício do credor, a quem assistirá sobre ela preferência até o seu completo reembolso.
- *Código Civil de 2002: art. 1.425, § 1º.*

§ 2º Nos casos dos ns. IV e V, só se vencerá a hipoteca antes do prazo estipulado, se o sinistro, ou a desapropriação recair sobre o objeto dado em garantia, e esta não abranger outros; subsistindo, no caso contrário, a dívida reduzida, com a respectiva garantia sobre os demais bens, não desapropriados, danificados, ou destruídos.
- *Código Civil de 2002: art. 1.425, § 2º.*

Art. 763. O antecipado vencimento da dívida nas hipóteses do artigo anterior não importa o dos juros correspondentes ao prazo convencional por decorrer.
- *Código Civil de 2002: art. 1.426.*

Art. 764. Salvo cláusula expressa, o terceiro que presta garantia real por dívida alheia não fica obrigado a substituí-la, ou reforçá-la, quando, sem culpa sua, se perca, deteriore, ou desvalie.
- *Código Civil de 2002: art. 1.427.*

Art. 765. É nula a cláusula que autoriza o credor pignoratício, anticrético ou hipotecário a ficar com o objeto da garantia, se a dívida não for paga no vencimento.
- *Código Civil de 2002: art. 1.428, caput.*

Art. 766. Os sucessores do devedor não podem remir parcialmente o penhor ou a hipoteca na proporção dos seus quinhões; qualquer deles, porém, pode fazê-lo no todo.
- *Código Civil de 2002: art. 1.429, caput.*

Parágrafo único. O herdeiro ou sucessor que fizer a remissão fica sub-rogado nos direitos do credor pelas quotas que houver satisfeito.
- *Código Civil de 2002: art. 1.429, parágrafo único.*

Art. 767. Quando, excutido o penhor, ou executada a hipoteca, o produto não bastar para pagamento da dívida e despesas judiciais, continuará o devedor obrigado pessoalmente pelo restante.
- *Código Civil de 2002: art. 1.430.*

Capítulo IX
Do Penhor

Seção I
Disposições Gerais

Art. 768. Constitui-se o penhor pela tradição efetiva, que, em garantia do débito, ao credor, ou a quem o represente, faz o devedor, ou alguém por ele, de um objeto móvel, suscetível de alienação.
- *Código Civil de 2002: art. 1.431, caput.*

Art. 769. Só se pode constituir o penhor com a posse da coisa móvel pelo credor, salvo no caso de penhor agrícola ou pecuário, em que os objetos continuam em poder do devedor, por efeito da cláusula constituti.
- *Código Civil de 2002: art. 1.431, parágrafo único.*

Art. 770. O instrumento do penhor convencional determinará precisamente o valor do débito e o objeto empenhado, em termos que o discriminem dos seus congêneres.
Quando o objeto do penhor for coisa fungível, bastará declarar-lhe a qualidade e quantidade.
- *Código Civil de 2002: sem correspondente.*

Art. 771. Se o contrato se fizer mediante instrumento particular, será firmado pelas partes, e lavrado em duplicata, ficando um exemplar com cada um dos contraentes, qualquer dos quais pode levá-lo à transcrição.
- *Código Civil de 2002: sem correspondente.*

Art. 772. O credor pignoratício não pode, paga a dívida, recusar a entrega da coisa a quem a empenhou.
Pode retê-la, porém, até que o indenizem das despesas, devidamente justificadas, que tiver feito, não sendo ocasionadas por culpa sua.
- *Código Civil de 2002: arts. 1.433, II e 1.434.*

Art. 773. Pode igualmente o credor exigir do devedor a satisfação do prejuízo que houver sofrido por vício da coisa empenhada.
- *Código Civil de 2002: art. 1.433, III.*

Art. 774. O credor pignoratício é obrigado, como depositário:
- *Código Civil de 2002: art. 1.435, caput.*

I – a empregar na guarda do penhor a diligência exigida pela natureza da coisa;
- *Código Civil de 2002: art. 1.435, I.*

II – a entregá-lo com os respectivos frutos e acessões, uma vez paga a dívida, observadas as disposições dos artigos antecedentes;
- *Código Civil de 2002: art. 1.435, IV.*

III – a entregar o que sobeje do preço, quando a dívida for paga, seja por excussão judicial, ou por venda amigável, se lha permitir expressamente o contrato, ou lha autorizar o devedor mediante procuração especial;

• *Código Civil de 2002: art. 1.435, V.*

IV – a ressarcir ao dono a perda ou deterioração, de que for culpado.

• *Código Civil de 2002: art. 1.435, I.*

Art. 775. No caso do artigo antecedente, nº IV, pode compensar-se na dívida, até à concorrente quantia, a importância da responsabilidade do credor.

• *Código Civil de 2002: art. 1.435, I.*

Seção II
Do Penhor Legal

Art. 776. São credores pignoratícios, independentemente de convenção:

• *Código Civil de 2002: art. 1.467, caput.*

I – os hospedeiros, estalajadeiros ou fornecedores de pousada ou alimento, sobre as bagagens, móveis, jóias ou dinheiro que os seus consumidores ou fregueses tiverem consigo nas respectivas casas ou estabelecimentos, pelas despesas ou consumo que ali tiverem feito;

• *Código Civil de 2002: art. 1.467, I.*

II – o dono do prédio rústico ou urbano, sobre os bens móveis que o rendeiro ou inquilino tiver guarnecendo o mesmo prédio, pelos alugueres ou rendas.

• *Código Civil de 2002: art. 1.467, II.*

Art. 777. A conta das dívidas enumeradas no artigo antecedente, n. I, será extraída conforme a tabela impressa, prévia e ostensivamente exposta na casa, dos preços da hospedagem, da pensão ou dos gêneros fornecidos, sob pena de nulidade do penhor.

• *Código Civil de 2002: art. 1.468.*

Art. 778. Em cada um dos casos do art. 776, o credor poderá tomar em garantia um ou mais objeto até o valor da dívida.

• *Código Civil de 2002: art. 1.469.*

Art. 779. Os credores compreendidos no referido artigo podem fazer efetivo o penhor, antes de recorrerem à autoridade judiciária, sempre que haja perigo na demora.

• *Código Civil de 2002: art. 1.470.*

Art. 780. Tomado o penhor, requererá o credor, ato contínuo, a homologação, apresentando, com a conta por menor das despesas do devedor, a tabela dos preços, junta à relação dos objetos retidos, e pedindo a citação dele para, em 24 (vinte e quatro) horas, pagar, ou alegar defesa.

• *Código Civil de 2002: art. 1.471.*

Seção III
Do Penhor Agrícola

Art. 781. Podem ser objeto de penhor agrícola:

• *Código Civil de 2002: art. 1.442, caput.*

I – máquinas e instrumentos aratórios, ou de locomoção;

• *Código Civil de 2002: art. 1.442, I.*

II – colheitas pendentes, ou em via de formação no ano do contrato, quer resultem de prévia cultura, quer de produção espontânea do solo;

• *Código Civil de 2002: art. 1.442, II.*

III – frutos armazenados, em ser, ou beneficiados e acondicionados para a venda;

• *Código Civil de 2002: art. 1.442, III.*

IV – lenha cortada ou madeira das matas preparada para o corte;

• *Código Civil de 2002: art. 1.422, IV.*

V – animais do serviço ordinário de estabelecimento agrícola.

• *Código Civil de 2002: art. 1.442, V.*

Art. 782. O penhor agrícola só se pode convencionar pelo prazo de 1 (um) ano, ulteriormente prorrogável por 6 (seis) meses.

• *Código Civil de 2002: art. 1.439, caput.*

Art. 783. Se o prédio estiver hipotecado, não se poderá, pena de nulidade, sobre ele constituir penhor agrícola, sem anuência do credor hipotecário, por este dada no próprio instrumento de constituição do penhor.

• *Código Civil de 2002: art. 1.440.*

Art. 784. No penhor de animais, sob pena de nulidade, o instrumento designá-los-á com a maior precisão, particularizando o lugar onde se achem, e o destino que tiverem.

• *Código Civil de 2002: sem correspondente.*

Art. 785. O devedor não poderá vender o gado empenhado, sem prévio consentimento escrito do credor.

• *Código Civil de 2002: art. 1.445, caput.*

Art. 786. Quando o devedor pretenda vender o gado empenhado, ou por negligente, ameace prejudicar o credor, poderá este requerer se depositem os animais sob a guarda de terceiro, ou exigir que se lhe pague a dívida incontinenti.

• *Código Civil de 2002: art. 1.445, parágrafo único.*

Art. 787. Os animais da mesma espécie, comprados para substituir os mortos, ficam sub-rogados no penhor.

• *Código Civil de 2002: art. 1.446, caput.*

Parágrafo único. Esta substituição presume-se, mas não valerá contra terceiros, se não constar de menção adicional ao respectivo contrato.

• *Código Civil de 2002: art. 1.446, parágrafo único.*

Art. 788. O penhor de animais não admite prazo maior de 2 (dois) anos, mas pode ser prorrogado por igual período, averbando-se a prorrogação no título respectivo.

• *Código Civil de 2002: art. 1.439, caput.*

Parágrafo único. Vencida a prorrogação, o penhor será excutido, quando não seja reconstituído.

• *Código Civil de 2002: sem correspondente.*

Seção IV
Da Caução de Títulos de Crédito

Art. 789. A caução de títulos nominativos da dívida da União, dos Estados ou dos Municípios equipara-se ao penhor e vale contra terceiros, desde que for transcrita, ainda que esses títulos não hajam sido entregues ao credor.

• *Código Civil de 2002: sem correspondente.*

Art. 790. Também se equipará ao penhor, mas com as modificações dos artigos seguintes, a caução de títulos de crédito pessoal.

• *Código Civil de 2002: sem correspondente.*

Art. 791. Esta caução principia a ter efeito com a tradição do título ao credor, e provar-se-á por escrito, nos termos dos arts. 770 e 771.

• *Código Civil de 2002: sem correspondente.*

Art. 792. Ao credor por esta caução compete o direito de:

• *Código Civil de 2002: art. 1.459, caput.*

I – conservar e recuperar a posse dos títulos caucionados, por todos os meios cíveis ou criminais, contra qualquer detentor, inclusive o próprio dono;

• *Código Civil de 2002: art. 1.459, I.*

II – fazer intimar ao devedor dos títulos caucionados, que não pague ao seu credor, enquanto durar a caução (art. 794);

• *Código Civil de 2002: art. 1.459, III.*

III – usar das ações, recursos e exceções convenientes, para assegurar os seus direitos, bem como os do credor caucionante, como se deste fora procurador especial;

• *Código Civil de 2002: art. 1.459, II.*

IV – receber a importância dos títulos caucionados, e restituí-los ao devedor, quando este solver a obrigação por eles garantida.

• *Código Civil de 2002: art. 1.459, IV.*

Art. 793. No caso do artigo antecedente, nº IV, o credor caucionado ficará, como depositário, responsável ao credor caucionário, pelo que receber além do que este lhe devia.

• *Código Civil de 2002: sem correspondente.*

Art. 794. O devedor do título caucionado, tanto que receba a intimação do art. 792, II, ou se dê por ciente da caução, não poderá receber quitação do seu credor.

• *Código Civil de 2002: art. 1.460, caput.*

Art. 795. Aquele que, sendo credor num título de crédito, depois de o ter caucionado, quitar o devedor, ficará, por esse fato, obrigado a saldar imediatamente a dívida, em cuja garantia prestou a caução; e o devedor que, ciente de estar caucionado o seu título de débito, aceitar quitação do credor caucionante, responderá solidariamente, com este, por perdas e danos ao caucionado.

• *Código Civil de 2002: art. 1.460, parágrafo único.*

Seção V
Da Transcrição do Penhor

Art. 796. O penhor agrícola será transcrito no Registro de Imóveis.

• *Código Civil de 2002: art. 1.438, caput.*

Parágrafo único. Enquanto não cancelada, continua a transcrição a valer contra terceiros.

• *Código Civil de 2002: sem correspondente.*

Art. 797. O penhor de títulos de bolsa averbar-se-á nas repartições competentes, ou na sede da associação emissora.

• *Código Civil de 2002: sem correspondente.*

Art. 798. O credor, que aceitar em caução títulos ainda não integrados, poderá, sobrevindo qualquer das chamadas ulteriores, executar logo o devedor, que não realize a entrada, ou efetuá-las sob protesto.

• *Código Civil de 2002: sem correspondente.*

Art. 799. Se, nos termos do artigo antecedente, se efetuar, sob protesto, a entrada, ao débito se adicionará o valor desta, ressalvado ao credor o seu direito de executar *incontinenti* o devedor.

• *Código Civil de 2002: sem correspondente.*

Art. 800. O credor, ou o devedor, um na ausência do outro contraente, pode fazer transcrever o penhor, apresentando o respectivo instrumento na forma do art. 135, se for particular.

• *Código Civil de 2002: sem correspondente.*

Art. 801. Poderá o devedor fazer cancelar a transcrição do instrumento pignoratício, apresentando, com a firma reconhecida, se o documento for particular, a quitação do credor (art. 1.093).

• *Código Civil de 2002: sem correspondente.*

Parágrafo único. O mesmo direito compete ao adquirente do penhor por adjudicação, compra, sucessão ou remissão, exibindo seu título.

• *Código Civil de 2002: sem correspondente.*

Seção VI
Da Extinção do Penhor

Art. 802. Resolve-se o penhor:

• *Código Civil de 2002: art. 1.436, caput.*

I – extinguindo-se a obrigação;

• *Código Civil de 2002: art. 1.436, I.*

II – perecendo a coisa;

• *Código Civil de 2002: art. 1.436, II.*

III – renunciando o credor;

• *Código Civil de 2002: art. 1.436, III.*

IV – Resolvendo-se a propriedade da pessoa, que o constituiu.

• *Código Civil de 2002: sem correspondente.*

V – confundindo-se na mesma pessoa as qualidades de credor e dono da coisa;

• *Código Civil de 2002: art. 1.436, IV.*

VI – dando-se a adjudicação judicial, a remissão, ou a venda amigável do penhor, se a permitir expressamente o contrato, ou for autorizada pelo devedor (art. 774, III), ou pelo credor (art. 785);

• *Código Civil de 2002: art. 1.436, V.*

Art. 803. Presume-se a renúncia do credor, quando consentir na venda particular do penhor sem reserva de preço, quando restituir a sua posse ao devedor, ou quando anuir à sua substituição por outra garantia.

• *Código Civil de 2002: art. 1.436, § 1º.*

Art. 804. Operando-se a confusão tão-somente quanto à parte da dívida pignoratícia, subsistirá inteiro o penhor quanto ao resto.

• *Código Civil de 2002: art. 1.436, § 2º.*

Capítulo X
Da Anticrese

Art. 805. Pode o devedor, ou outrem por ele, entregando ao credor um imóvel, ceder-lhe o direito de perceber, em compensação da dívida, os frutos e rendimentos.

• *Código Civil de 2002: art. 1.506, caput.*

§ 1º É permitido estipular que os frutos e rendimentos do imóvel, na sua totalidade, sejam percebidos pelo credor, somente à conta de juros.

• *Código Civil de 2002: art. 1.506, § 1º.*

§ 2º O imóvel hipotecado pode ser dado em anticrese pelo devedor ao credor hipotecário, assim como o imóvel sujeito à anticrese pode ser hipotecado pelo devedor ao credor anticrético.

• *Código Civil de 2002: art. 1.506, § 2º.*

Art. 806. O credor anticrético pode fruir diretamente o imóvel ou arrendá-lo a terceiro, salvo pacto em contrário, mantendo, no último caso, até ser pago, o direito de retenção do imóvel.

• *Código Civil de 2002: art. 1.507, caput e § 2º.*

Art. 807. O credor anticrético responde pelas deteriorações, que, por culpa sua, o imóvel sofrer, e pelos frutos que, por sua negligência, deixar de perceber.

• *Código Civil de 2002: art. 1.508.*

Art. 808. O credor anticrético pode vindicar os seus direitos contra o adquirente do imóvel, os credores quirografários e os hipotecários posteriores à transcrição da anticrese.

• *Código Civil de 2002: art. 1.509, caput.*

§ 1º Se, porém, executar o imóvel por não-pagamento da dívida, ou permitir que outro credor o execute, sem opor o seu direito de retenção ao exeqüente, não terá preferência sobre o preço.

• *Código Civil de 2002: art. 1.509, § 1º.*

§ 2º Também não a terá sobre a indenização de seguro, quando o prédio seja destruído, nem, se for desapropriado, sobre a da desapropriação.

• *Código Civil de 2002: art. 1.509, § 2º.*

Capítulo XI
Da Hipoteca

Seção I
Disposições Gerais

Art. 809. A lei da hipoteca é a civil, e civil a sua jurisdição, ainda que a dívida seja comercial, e comerciantes as partes.

• *Código Civil de 2002: sem correspondente.*

Art. 810. Podem ser objeto de hipoteca:

• *Código Civil de 2002: art. 1.473, caput.*

I – os imóveis;

• *Código Civil de 2002: art. 1.473, I.*

II – os acessórios dos imóveis conjuntamente com eles;

• *Código Civil de 2002: art. 1.473, I.*

III – o domínio direto;

• *Código Civil de 2002: art. 1.473, II.*

IV – o domínio útil;

• *Código Civil de 2002: art. 1.473, III.*

V – as estradas de ferro;

• *Código Civil de 2002: art. 1.473, IV.*

VI – as minas e pedreiras, independentemente do solo onde se acham;

• *Código Civil de 2002: art. 1.473, V.*

VII – os navios (art. 825).

• *Código Civil de 2002: art. 1.473, VI.*

Art. 811. A hipoteca abrange todas as acessões, melhoramentos ou construções do imóvel.

Subsistem os ônus reais constituídos e transcritos, anteriormente à hipoteca, sobre o mesmo imóvel.

• *Código Civil de 2002: art. 1.474.*

Art. 812. O dono do imóvel hipotecado pode constituir sobre ele, mediante novo título, outra hipoteca, em favor do mesmo, ou de outro credor.

• *Código Civil de 2002: art. 1.476.*

Art. 813. Salvo o caso de insolvência do devedor, o credor da segunda hipoteca, embora vencida, não poderá executar o imóvel antes de vencida a primeira.

• *Código Civil de 2002: art. 1.477, caput.*

Parágrafo único. Não se considera insolvente o devedor por, faltar ao pagamento das obrigações garantidas por hipotecas posteriores à primeira.

• *Código Civil de 2002: art. 1.477, parágrafo único.*

Art. 814. A hipoteca anterior pode ser remida, em se vencendo, pelo credor da segunda, se o devedor não se oferecer a remi-la.

Subsistem os ônus reais constituídos e transcritos, anteriormente à hipoteca, sobre o mesmo imóvel.

• *Código Civil de 2002: art. 1.478, caput.*

§ 1º Para a remissão, neste caso, consignará o segundo credor a importância do débito e das despesas judiciais, caso se esteja promovendo a execução, intimando o credor anterior para levantá-la e o devedor para remi-la, se quiser.

• *Código Civil de 2002: art. 1.478, parágrafo único.*

§ 2º O segundo credor, que remir a hipoteca anterior, ficara *ipso facto* sub-rogado nos direitos desta, sem prejuízo dos que lhe competirem contra o devedor comum.

• *Código Civil de 2002: art. 1.478, caput.*

Art. 815. Ao adquirente do imóvel hipotecado cabe igualmente o direito de remi-lo.

• *Código Civil de 2002: art. 1.481, caput.*

§ 1º Se o adquirente quiser forrar-se aos efeitos da execução da hipoteca, notificará judicialmente, dentro em 30 (trinta) dias, o seu contrato, aos credores hipotecários, propondo, para a remissão, no mínimo, o preço por que adquiriu o imóvel.

A notificação executar-se-á no domicílio inscrito (art. 846, parágrafo único), ou por editais, se ali não estiver o credor.

• *Código Civil de 2002: art. 1.481, caput.*

§ 2º O credor notificado pode, no prazo assinado para a oposição, requerer que o imóvel seja licitado.

• *Código Civil de 2002: art. 1.481, § 1º.*

Art. 816. São admitidos a licitar:

• *Código Civil de 2002: sem correspondente.*

I – os credores hipotecários;

• *Código Civil de 2002: sem correspondente.*

II – os fiadores;

• *Código Civil de 2002: sem correspondente.*

III – o mesmo adquirente.

• *Código Civil de 2002: sem correspondente.*

§ 1º Não sendo requerida a licitação, o preço da aquisição ou aqueles que o adquirente propuser, haver-se-á por definitivamente fixado para a remissão do imóvel, que, pago ou depositado o dito preço, ficará livre de hipotecas.

• *Código Civil de 2002: art. 1.481, § 2º.*

§ 2º Não notificando o adquirente, nos 30 (trinta) dias do art. 815, § 1º, aos credores hipotecários, fica obrigado:

• *Código Civil de 2002: sem correspondente.*

I – às perdas e danos para com os credores hipotecários;

• *Código Civil de 2002: sem correspondente.*

II – às custas e despesas judiciais;

• *Código Civil de 2002: sem correspondente.*

III – à diferença entre a avaliação e a adjudicação, caso esta se efetue.

• *Código Civil de 2002: sem correspondente.*

§ 3º O imóvel será penhorado e vendido por conta do adquirente, ainda que ele queira pagar, ou depositar o preço da venda, ou da avaliação, exceto se o credor consentir, se o preço da venda ou da avaliação bastar para a solução da hipoteca, ou se o adquirente a resgatar.

A avaliação não será nunca em preço inferior ao da venda.

• *Código Civil de 2002: sem correspondente.*

§ 4º Disporá de ação regressiva contra o vendedor o adquirente que sofrer expropriação do imóvel mediante licitação, ou penhora, o que pagar a hipoteca, o que por causa da adjudicação, ou licitação, desembolsar com o pagamento da hipoteca importância excedente à da compra e o que suportar custas e despesas judiciais.

• *Código Civil de 2002: art. 1.481, § 4º.*

§ 5º A hipoteca legal é remível na forma por que o são as hipotecas especiais, figurando pelas pessoas, a que pertencer, as competentes segundo a legislação em vigor.

• *Código Civil de 2002: sem correspondente.*

Art. 817. Mediante simples averbação requerida por ambas as partes, poderá prorrogar-se a hipoteca, até perfazer 30 (trinta) anos da data do contrato. Desde que perfaça 30 (trinta) anos, só poderá subsistir o contrato de hipoteca, reconstituindo-se por nova inscrição; e, neste caso, lhe será mantida a procedência, que então lhe competir.

• *Código Civil de 2002: art. 1.485.*

Art. 818. E lícito aos interessados fazer constar das escrituras o valor entre si ajustado dos imóveis hipotecados, o qual será a base para as arrematações, adjudicações e remissões, dispensada a avaliação.

As remissões não serão permitidas antes de realizada a primeira praça nem depois da assinatura do auto de arrematação.

• *Código Civil de 2002: art. 1.484.*

Art. 819. O credor da hipoteca legal, ou quem o represente, poderá, mostrando a insuficiência dos imóveis especializados, exigir que seja reforçada com outros, posteriormente adquiridos pelo responsável.

• *Código Civil de 2002: art. 1.490.*

Art. 820. A hipoteca legal pode ser substituída por caução de títulos da dívida pública federal ou estadual, recebidos pelo valor de sua cotação mínima no ano corrente.

• *Código Civil de 2002: sem correspondente.*

Art. 821. No caso de falência do devedor hipotecário, o direito de remissão devolve-se à massa, em prejuízo da qual não poderá o credor impedir o pagamento do preço por que foi avaliado o imóvel. O restante da dívida hipotecária entrará em concurso com as quirografárias. No caso de insolvência, cabe aquele direito aos credores em concurso.

• *Código Civil de 2002: art. 1.483, caput.*

Art. 822. Pode o credor hipotecário, no caso de insolvência ou falência do devedor, para pagamento de sua dívida, requerer a adjudicação do imóvel, avaliado em quantia inferior a esta, desde que dê quitação pela sua totalidade.

• *Código Civil de 2002: art. 1.483, parágrafo único.*

Art. 823. São nulas, em benefício da massa, as hipotecas celebradas, em garantia de débitos anteriores, nos 40 (quarenta) dias precedentes à declaração da quebra ou à instauração do concurso de preferência.

• *Código Civil de 2002: sem correspondente.*

Art. 824. Compete ao exeqüente o direito de prosseguir na execução da sentença contra os adquirentes dos bens do condenado; mas para ser oposto a terceiros, conforme valer, e sem importar preferência, depende de inscrição e especialização.

• *Código Civil de 2002: sem correspondente.*

Art. 825. São suscetíveis do contrato de hipoteca os navios, posto que ainda em construção. As hipotecas de navios reger-se-ão pelo disposto neste Código e nos regulamentos especiais, que sobre o assunto se expedirem.

• *Código Civil de 2002: sem correspondente.*

Art. 826. A execução do imóvel hipotecado far-se-á por ação executiva. Não será válida a venda judicial de imóveis gravados por hipotecas, devidamente inscritas, sem que tenham sido notificados judicialmente os respectivos credores hipotecários que não forem de qualquer modo partes na execução.

• *Código Civil de 2002: art. 1.501.*

Seção II
Da Hipoteca Legal

Art. 827. A lei confere hipoteca:

• *Código Civil de 2002: art. 1.489, caput.*

I – à mulher casada, sobre os imóveis do marido, para garantia do dote e dos outros bens particulares dela, sujeitos à administração marital;

• *Código Civil de 2002: sem correspondente.*

II – aos descendentes, sobre os imóveis do ascendente, que lhes administra os bens;

• *Código Civil de 2002: sem correspondente.*

III – aos filhos, sobre os imóveis do pai, ou da mãe, que passar a outras núpcias, antes de fazer o inventário do casal anterior (art. 183, XIII);

• *Código Civil de 2002: art. 1.489, II.*

IV – às pessoas que não tenham a administração de seus bens, sobre os imóveis de seus tutores ou curadores;

• *Código Civil de 2002: sem correspondente.*

V – à Fazenda Pública federal, estadual ou municipal, sobre os imóveis dos tesoureiros, coletores, administradores, exatores, prepostos, rendeiros e contratadores de rendas e fiadores;

• *Código Civil de 2002: art. 1.489, I.*

VI – ao ofendido, ou aos seus herdeiros, sobre os imóveis do delinqüente, para a satisfação do dano causado pelo delito e pagamento das custas (art. 842, I);

• *Código Civil de 2002: art. 1.489, III.*

VII – à Fazenda Pública federal, estadual ou municipal, sobre os imóveis do delinqüente, para o cumprimento das penas pecuniárias e pagamento das custas (art. 842, II);

• *Código Civil de 2002: sem correspondente.*

VIII – ao co-herdeiro para garantia do seu quinhão ou torna da partilha, sobre o imóvel adjudicado ao herdeiro reponente.

• *Código Civil de 2002: art. 1.489, IV.*

Art. 828. As hipotecas legais, de qualquer natureza, não valerão em caso algum contra terceiros, não estando inscritas e especializadas.

• *Código Civil de 2002: sem correspondente.*

Art. 829. Quando os bens do criminoso não bastarem para a solução integral das obrigações enumeradas no art. 827, VI e VII, a satisfação do ofendido e seus herdeiros preferirá às penas pecuniárias e custas judiciais.

• *Código Civil de 2002: sem correspondente.*

Art. 830. Vale a inscrição da hipoteca, enquanto a obrigação perdurar; mas a especialização, em completando 30 (trinta) anos, deve ser renovada.

• *Código Civil de 2002: art. 1.498.*

Seção III
Da Inscrição da Hipoteca

Art. 831. Todas as hipotecas serão inscritas no registro do lugar do imóvel, ou no de cada um deles, se o título se referir a mais de um.

• *Código Civil de 2002: art. 1.492, caput.*

Art. 832. Para a inscrição das hipotecas haverá em cada cartório de Registro de Imóveis os livros necessários.

• *Código Civil de 2002: sem correspondente.*

Art. 833. As inscrições e averbações, nos livros de hipotecas, seguirão a ordem, em que foram requeridas, verificando-se ela pela sua numeração sucessiva no protocolo.

• *Código Civil de 2002: art. 1.493, caput.*

Parágrafo único. O número de ordem determina a prioridade, e esta a preferência entre as hipotecas.

• *Código Civil de 2002: art. 1.493, parágrafo único.*

Art. 834. Quando o oficial tiver dúvida sobre a legalidade da inscrição requerida, declará-la-á por escrito ao requerente, depois de mencionar, em forma de prenotação, o pedido no respectivo livro.

• *Código Civil de 2002: art. 1.496.*

Art. 835. Se a dúvida, dentro em 30 (trinta) dias, for julgada improcedente, a inscrição far-se-á com o mesmo número que teria na data da prenotação. No caso contrário, desprezada esta, receberá a inscrição o número correspondente à data, em que se tornar a requerer.

• *Código Civil de 2002: art. 1.496.*

Art. 836. Não se inscreverão no mesmo dia duas hipotecas, ou uma hipoteca e outro direito real, sobre o mesmo imóvel, em favor de pessoas diversas, salvo determinando-se precisamente a hora, em que se lavrou cada uma das escrituras.

• *Código Civil de 2002: art. 1.494.*

Art. 837. Quando, antes de inscrita a primeira, se apresentar ao oficial do registro, para inscrever, segunda hipoteca, sobrestará ele na inscrição desta, depois de a prenotar, até 30 (trinta) dias, aguardando que o interessado inscreva primeiro a precedente.

• *Código Civil de 2002: art. 1.495.*

Art. 838. Compete aos interessados, exibindo o traslado da escritura, requerer a inscrição da hipoteca; incumbindo especialmente promover a da legal às pessoas determinadas nos artigos seguintes.

• *Código Civil de 2002: art. 1.492, parágrafo único.*

Art. 839. Incumbe ao marido, ou ao pai, requerer a inscrição e especialização da hipoteca legal da mulher casada.

• *Código Civil de 2002: sem correspondente.*

§ 1º O oficial público que lavrar a escritura de dote, ou lançar em nota a relação dos bens particulares da mulher, comunicá-lo-á ex-officio ao oficial do registro de imóveis.

• *Código Civil de 2002: sem correspondente.*

§ 2º Consideram-se interessados em requerer a inscrição desta hipoteca, no caso de não o fazer o marido ou o pai, o dotador, a própria mulher e qualquer dos seus parentes sucessíveis.

• *Código Civil de 2002: sem correspondente.*

Art. 840. Incumbe requerer a inscrição e especialização da hipoteca legal dos incapazes:

• *Código Civil de 2002: sem correspondente.*

I – ao pai, mãe, tutor, ou curador, antes de assumir a administração dos respectivos bens, e, em falta daqueles, ao Ministério Público;

• *Código Civil de 2002: sem correspondente.*

II – ao inventariante, ou ao testamenteiro, antes de entregar o legado, ou a herança.

• *Código Civil de 2002: sem correspondente.*

Art. 841. O escrivão, em se assinando termo de tutela ou de curatela, remeterá, de ofício, e com a possível brevidade, uma cópia dele ao oficial do registro de imóveis.

• *Código Civil de 2002: sem correspondente.*

Parágrafo único. Na inscrição desta hipoteca se considerará interessado qualquer parente sucessível do incapaz.

• *Código Civil de 2002: sem correspondente.*

Art. 842. A inscrição da hipoteca legal do ofendido compete, além deste:

• *Código Civil de 2002: sem correspondente.*

I – se ele for incapaz, ao seu representante legal, para satisfação do estatuído no art. 827, VI.

• *Código Civil de 2002: sem correspondente.*

II – ao Ministério Público, para o disposto no art. 827, VII.

• *Código Civil de 2002: sem correspondente.*

Art. 843. Os interessados na inscrição das referidas hipotecas podem pessoalmente promovê-la, ou solicitar a sua promoção oficial ao Ministério Público.

• *Código Civil de 2002: art. 1.497, caput e § 1º.*

Art. 844. A inscrição da hipoteca dos bens dos responsáveis para com a Fazenda Pública será requerida por eles mesmos, e, em sua falta, pelos procuradores e representantes fiscais.

• *Código Civil de 2002: sem correspondente.*

Art. 845. As pessoas a quem incumbir a inscrição e a especialização das hipotecas legais ficarão sujeitas a perdas e danos pela omissão.

• *Código Civil de 2002: art. 1.497, § 2º.*

Art. 846. A inscrição da hipoteca, legal ou convencional, declarará:

• *Código Civil de 2002: sem correspondente.*

I – O nome, o domicílio e a profissão do credor e do devedor;

• *Código Civil de 2002: sem correspondente.*

II – A data, a natureza do título, o valor do crédito e o da coisa ou sua estimação, fixada por acordo entre as partes, o prazo e os juros estipulados;

• *Código Civil de 2002: sem correspondente.*

III – A situação, a denominação e os característicos da coisa hipotecada.

• *Código Civil de 2002: sem correspondente.*

Parágrafo único. O credor, além do seu domicílio real, poderá designar outro, onde possa também ser citado.

• *Código Civil de 2002: sem correspondente.*

Art. 847. Os credores quirografários e os por hipoteca não inscrita em primeiro lugar e sem concorrência, só por via de ação ordinária de nulidade ou rescisão poderão invalidar os efeitos da primeira hipoteca, a quem compete a prioridade pelos respectivo registro.

• *Código Civil de 2002: sem correspondente.*

Art. 848. As hipotecas somente valem contra terceiros desde a data da inscrição.

Enquanto não inscritas, as hipotecas só subsistem entre os contraentes.

• *Código Civil de 2002: sem correspondente.*

Seção IV
Da Extinção da Hipoteca

Art. 849. A hipoteca extingue-se:

• *Código Civil de 2002: art. 1.499, caput.*

I – pelo desaparecimento da obrigação principal;

• *Código Civil de 2002: art. 1.499, I.*

II – pela destruição da coisa ou resolução do domínio;

• *Código Civil de 2002: art. 1.499, II e III.*

III – pela renúncia do credor;

• *Código Civil de 2002: art. 1.499, IV.*

IV – pela remissão;

• *Código Civil de 2002: art. 1.499, V.*

V – pela sentença passada em julgado;

• *Código Civil de 2002: sem correspondente.*

VI – pela prescrição;

• *Código Civil de 2002: sem correspondente.*

VII – pela arrematação ou adjudicação.

• *Código Civil de 2002: art. 1.499, VI.*

Art. 850. A extinção da hipoteca só começa a ter efeito contra terceiros depois de averbada no respectivo Registro.

• *Código Civil de 2002: sem correspondente.*

Art. 851. A inscrição cancelar-se-á, em cada um dos casos de extinção de hipoteca, à vista da respectiva prova ou, independente desta, a requerimento de ambas as partes, se forem capazes, e conhecidas do oficial do registro.

• *Código Civil de 2002: art. 1.500.*

Seção V
Da Hipoteca de Vias Férreas

Art. 852. As hipotecas sobre as estradas de ferro serão inscritas no município da estação inicial da respectiva linha.

• *Código Civil de 2002: art. 1.502.*

Art. 853. Os credores hipotecários não podem embaraçar a exploração da linha, nem contrariar as modificações, que a administração deliberar, no leito da estrada, em suas dependências, ou no seu material.

• *Código Civil de 2002: art. 1.503.*

Art. 854. A hipoteca será circunscrita à linha ou linhas especificadas na escritura e ao respectivo material de exploração, no estado em que ao tempo da execução estiverem. Não obstante, os credores hipotecários poderão opor-se à venda da estrada, à de suas linhas, de seus ramais, ou de parte considerável do material de exploração; bem como à fusão com outra empresa, sempre que a garantia do débito lhes parecer com isso enfraquecida.

• *Código Civil de 2002: art. 1.504.*

Art. 855. Nas execuções dessas hipotecas não se passará carta ao maior licitante, nem ao credor adjudicatário, antes de se intimar o representante da Fazenda Nacional, ou do Estado, a que tocar a preferência, para, dentro em 15 (quinze) dias, utilizá-la, se quiser, pagando o preço da arrematação, ou da adjudicação fixada.

• *Código Civil de 2002: art. 1.505.*

Seção VI
Do Registro de Imóveis

Art. 856. O Registro de Imóveis compreende:

• *Código Civil de 2002: sem correspondente.*

I – a transcrição dos títulos de transmissão da propriedade;

• *Código Civil de 2002: sem correspondente.*

II – a transcrição dos títulos enumerados no art. 532;

• *Código Civil de 2002: sem correspondente.*

III – a transcrição dos títulos constitutivos de ônus reais sobre coisas alheias;

• *Código Civil de 2002: sem correspondente.*

IV – a inscrição das hipotecas.

• *Código Civil de 2002: sem correspondente.*

Art. 857. Se o título de transmissão for gratuito, poderá ser promovida a transcrição:

• *Código Civil de 2002: sem correspondente.*

I – pelo próprio adquirente;

• *Código Civil de 2002: sem correspondente.*

II – por quem de direito o represente;

• *Código Civil de 2002: sem correspondente.*

III – pelo próprio transferente com prova da aceitação do beneficiado.

• *Código Civil de 2002: sem correspondente.*

Art. 858. A transcrição do título de transmissão do domínio direto aproveita ao titular do domínio útil, e vice-versa.

• *Código Civil de 2002: sem correspondente.*

Art. 859. Presume-se pertencer o direito real à pessoa, em cujo nome se inscreveu, ou transcreveu.

• *Código Civil de 2002: sem correspondente.*

Art. 860. Se o teor do registro de imóveis não exprimir a verdade, poderá o prejudicado reclamar que se retifique.

• *Código Civil de 2002: sem correspondente.*

Parágrafo único. Enquanto se não transcrever o título de transmissão, o alienante continua a ser havido como dono do imóvel, e responde pelos seus encargos.

• *Código Civil de 2002: sem correspondente.*

Art. 861. Serão feitas as inscrições, ou transcrições, no registro correspondente ao lugar, onde estiver o imóvel.

• *Código Civil de 2002: sem correspondente.*

Art. 862. Salvo convenção em contrário, incumbem ao adquirente as despesas da transcrição dos títulos de transmissão da propriedade e ao devedor as da inscrição, ou transcrição dos ônus reais.

• *Código Civil de 2002: sem correspondente.*

LIVRO III
DO DIREITO DAS OBRIGAÇÕES

Título I
Das Modalidades das Obrigações

Capítulo I
Das Obrigações de Dar

Seção I
Das Obrigações de Dar Coisa Certa

Art. 863. O credor de coisa certa não pode ser obrigado a receber outra, ainda que mais valiosa.

• *Código Civil de 2002: art. 313.*

Art. 864. A obrigação de dar coisa certa abrange-lhe os acessórios, posto não mencionados, salvo se o contrário resultar do título, ou das circunstâncias do caso.

• *Código Civil de 2002: art. 233.*

Art. 865. Se, no caso do artigo antecedente, a coisa se perder, sem culpa do devedor, antes da tradição, ou pendente a condição suspensiva, fica resolvida a obrigação para ambas as partes. Se a perda resultar de culpa do devedor, responderá este pelo equivalente, mas as perdas e danos.

• *Código Civil de 2002: art. 234.*

Art. 866. Deteriorada a coisa, não sendo o devedor culpado, poderá o credor resolver a obrigação, ou aceitar a coisa, abatido ao seu preço o valor que perdeu.

• *Código Civil de 2002: art. 235.*

Art. 867. Sendo culpado o devedor, poderá o credor exigir o equivalente, ou aceitar a coisa no estado em que se acha, com direito a reclamar, em um ou em outro caso, indenização das perdas e danos.

• *Código Civil de 2002: art. 236.*

Art. 868. Até à tradição, pertence ao devedor a coisa, com os seus melhoramentos e acrescidos, pelos quais poderá exigir aumento no preço. Se o credor não anuir, poderá o devedor resolver a obrigação.

• *Código Civil de 2002: art. 237, caput.*

Parágrafo único. Também os frutos percebidos são do devedor, cabendo ao credor os pendentes.

• *Código Civil de 2002: art. 237, parágrafo único.*

Art. 869. Se a obrigação for de restituir coisa certa, e esta, sem culpa do devedor, se perder antes da tradição, sofrerá o credor a perda, e a obrigação se resolverá, salvos, porém, a ele os seus direitos até o dia da perda.

• *Código Civil de 2002: art. 238.*

Art. 870. Se a coisa se perder por culpa do devedor, vigorará o disposto no art. 865, 2ª parte.

• *Código Civil de 2002: art. 239.*

Art. 871. Se a coisa restituível se deteriorar sem culpa do devedor, recebê-la-á, tal qual se ache, o credor, sem direito a indenização; se por culpa do devedor, observar-se-á o disposto no art. 867.

• *Código Civil de 2002: art. 240.*

Art. 872. Se, no caso do art. 869, a coisa tiver melhoramento ou aumento, sem despesa, ou trabalho do devedor, lucrará o credor o melhoramento, ou aumento, sem pagar indenização.

• *Código Civil de 2002: art. 241.*

Art. 873. Se para o melhoramento, ou aumento, empregou o devedor trabalho, ou dispêndio, vigorará o estatuído nos arts. 516 a 519.

• *Código Civil de 2002: art. 242, caput.*

Parágrafo único. Quanto aos frutos percebidos, observar-se-á o disposto nos arts. 510 a 513.

• *Código Civil de 2002: art. 242, parágrafo único.*

Seção II
Das Obrigações de Dar Coisa Incerta

Art. 874. A coisa incerta será indicada, ao menos, pelo gênero e quantidade.

• *Código Civil de 2002: art. 243.*

Art. 875. Nas coisas determinadas pelo gênero e pela quantidade, a escolha pertence ao devedor, se o contrário não resultar do título da obrigação. Mas não poderá dar a coisa pior, nem será obrigado a prestar a melhor.

• *Código Civil de 2002: art. 244.*

Art. 876. Feita a escolha, vigorará o disposto na Seção anterior.

• *Código Civil de 2002: art. 245.*

Art. 877. Antes da escolha, não poderá o devedor alegar perda ou deterioração da coisa, ainda que por força maior, ou caso fortuito.

• *Código Civil de 2002: art. 246.*

Capítulo II
Das Obrigações de Fazer

Art. 878. Na obrigação de fazer, o credor não é obrigado a aceitar de terceiro a prestação, quando for convencionado que o devedor a faça pessoalmente.

• *Código Civil de 2002: sem correspondente.*

Art. 879. Se a prestação do fato se impossibilitar sem culpa do devedor, resolver-se-á a obrigação; se por culpa do devedor, responderá este pelas perdas e danos.

• *Código Civil de 2002: art. 248.*

Art. 880. Incorre também na obrigação de indenizar perdas e danos o devedor que recusar a prestação a ele só imposta, ou só por ele exeqüível.

• *Código Civil de 2002: art. 247.*

Art. 881. Se o fato puder ser executado por terceiro, será livre ao credor mandá-lo executar à custa do devedor, havendo recusa ou mora deste, ou pedir indenização por perdas e danos.

• *Código Civil de 2002: art. 249, caput.*

Capítulo III
Das Obrigações de não Fazer

Art. 882. Extingue-se a obrigação de não fazer, desde que, sem culpa do devedor, se lhe torne impossível abster-se do fato, que se obrigou a não praticar.

• *Código Civil de 2002: art. 250.*

Art. 883. Praticado pelo devedor o ato, a cuja abstenção se obrigara, o credor pode exigir dele que o desfaça, sob pena de se desfazer à sua custa, ressarcindo o culpado perdas e danos.

• *Código Civil de 2002: art. 251, caput.*

Capítulo IV
Das Obrigações Alternativas

Art. 884. Nas obrigações alternativas, a escolha cabe ao devedor, se outra coisa não se estipulou.

• *Código Civil de 2002: art. 252, caput.*

§ 1º Não pode, porém, o devedor obrigar o credor a receber parte em uma prestação e parte em outra.

• *Código Civil de 2002: art. 252, § 1º.*

§ 2º Quando a obrigação for de prestações anuais, subentender-se-á, para o devedor, o direito de exercer cada ano a opção.

• *Código Civil de 2002: art. 252, § 2º.*

Art. 885. Se uma das duas prestações não puder ser objeto de obrigação, ou se tornar inexeqüível, subsistirá o débito quanto à outra.

• *Código Civil de 2002: art. 253.*

Art. 886. Se, por culpa do devedor, não se puder cumprir nenhuma das prestações, não competindo ao credor a escolha, ficará aquele obrigado a pagar o valor da que por último se impossibilitou, mas as perdas e danos que o caso determinar.

• *Código Civil de 2002: art. 254.*

Art. 887. Quando a escolha couber ao credor e uma das prestações se tornar impossível por culpa do devedor, o credor terá direito de exigir ou a prestação subsistente ou o valor da outra, com perdas e danos.

Se, por culpa do devedor, ambas se tornarem inexeqüíveis, poderá o credor reclamar o valor de qualquer das duas, além da indenização pelas perdas e danos.

• *Código Civil de 2002: art. 255.*

Art. 888. Se todas as prestações se tornarem impossíveis, sem culpa do devedor, extinguir-se-á a obrigação.

• *Código Civil de 2002: art. 256.*

Capítulo V
Das Obrigações Divisíveis e Indivisíveis

Art. 889. Ainda que a obrigação tenha por objeto prestação divisível, não pode o credor ser obrigado a receber, nem o devedor a pagar, por parte, se assim não se ajustou.

• *Código Civil de 2002: art. 314.*

Art. 890. Havendo mais de um devedor ou mais de um credor em obrigação divisível, esta presume-se dividida em tantas obrigações, iguais e distintas, quanto os credores, ou devedores.

• *Código Civil de 2002: art. 257.*

Art. 891. Se, havendo dois ou mais devedores, a prestação não for divisível, cada um será obrigado pela dívida toda.

• *Código Civil de 2002: art. 259, caput.*

Parágrafo único. O devedor, que paga a dívida, sub-roga-se no direito do credor em relação aos outros coobrigados.

• *Código Civil de 2002: art. 259, parágrafo único.*

Art. 892. Se a pluralidade for dos credores, poderá cada um destes exigir a dívida inteira. Mas o devedor ou devedores se desobrigarão, pagando:

• *Código Civil de 2002: art. 260, caput.*

I – a todos conjuntamente;

• *Código Civil de 2002: art. 260, I.*

II – a um, dando este caução de ratificação dos outros credores.

• *Código Civil de 2002: art. 260, II.*

Art. 893. Se um só dos credores receber a prestação por inteiro, a cada um dos outros assistirá o direito de exigir dele em dinheiro a parte que lhe caiba no total.

• *Código Civil de 2002: art. 261.*

Art. 894. Se um dos credores remir a dívida, a obrigação não ficará extinta para com os outros; mas estes só a poderão exigir, descontada a quota do credor remitente.

• *Código Civil de 2002: art. 262, caput.*

Parágrafo único. O mesmo se observará no caso de transação, novação, compensação ou confusão.

• *Código Civil de 2002: art. 262, parágrafo único.*

Art. 895. Perde a qualidade de indivisível a obrigação que se resolver em perdas e danos.

• *Código Civil de 2002: art. 263, caput.*

§ 1º Se, para esse efeito, houver culpa de todos os devedores, responderão todos por partes iguais.

• *Código Civil de 2002: art. 263, § 1º.*

§ 2º Se for de um só a culpa, ficarão exonerados os outros, respondendo só esse pelas perdas e danos.

• *Código Civil de 2002: art. 263, § 2º.*

Capítulo VI
Das Obrigações Solidárias

Seção I
Disposições Gerais

Art. 896. A solidariedade não se presume; resulta da lei ou da vontade das partes.

• *Código Civil de 2002: art. 265.*

Parágrafo único. Há solidariedade quando na mesma obrigação concorre mais de um devedor, mais de um credor, cada um com direito, ou obrigado à dívida toda.

• *Código Civil de 2002: art. 264.*

Art. 897. A obrigação solidária pode ser pura e simples para um dos co-credores ou co-devedores, e condicional, ou a prazo, para o outro.

• *Código Civil de 2002: art. 266.*

Seção II
Da Solidariedade Ativa

Art. 898. Cada um dos credores solidários tem direito a exigir do devedor o cumprimento da prestação, por inteiro.

• *Código Civil de 2002: art. 267.*

Art. 899. Enquanto algum dos credores solidários não demandar o devedor comum, a qualquer daqueles poderá este pagar.

• *Código Civil de 2002: art. 268.*

Art. 900. O pagamento feito a um dos credores solidários extingue inteiramente a dívida.

• *Código Civil de 2002: art. 269.*

Parágrafo único. O mesmo efeito resulta da novação, da compensação e da remissão.

• *Código Civil de 2002: sem correspondente.*

Art. 901. Se falecer um dos credores solidários, deixando herdeiros, cada um destes só terá direito a exigir e receber a quota do crédito que corresponder ao seu quinhão hereditário, salvo se a obrigação for indivisível.

• *Código Civil de 2002: art. 270.*

Art. 902. Convertendo-se a prestação em perdas e danos, subsiste a solidariedade, e em proveito de todos os credores correm os juros de mora.

• *Código Civil de 2002: art. 271.*

Art. 903. O credor que tiver remitido a dívida ou recebido o pagamento responderá aos outros pela parte que lhes caiba.

• *Código Civil de 2002: art. 272.*

Seção III
Da Solidariedade Passiva

Art. 904. O credor tem direito a exigir e receber de um ou alguns dos devedores, parcial, ou totalmente, a dívida comum. No primeiro caso, todos os demais devedores continuam obrigados solidariamente pelo resto.

• *Código Civil de 2002: art. 275, caput.*

Art. 905. Se morrer um dos devedores solidários, deixando herdeiros, cada um destes não será obrigado a pagar senão a quota que corresponder ao seu quinhão hereditário, salvo se a obrigação for indivisível; mas todos reunidos serão considerados como um devedor solidário em relação aos demais devedores.

• *Código Civil de 2002: art. 276.*

Art. 906. O pagamento parcial feito por um dos devedores e a remissão por ele obtida não aproveitam aos outros devedores, senão até à concorrência da quantia paga, ou relevada.

• *Código Civil de 2002: art. 277.*

Art. 907. Qualquer cláusula, condição, ou obrigação adicional, estipulada entre um dos devedores solidários e o credor, não poderá agravar a posição dos outros, sem consentimento destes.

• *Código Civil de 2002: art. 278.*

Art. 908. Impossibilitando-se a prestação por culpa de um dos devedores solidários, subsiste para todos os encargos de pagar o equivalente; mas pelas perdas e danos só responde o culpado.

• *Código Civil de 2002: art. 279.*

Art. 909. Todos os devedores respondem pelos juros da mora, ainda que a ação tenha sido proposta somente contra um; mas o culpado responde aos outros pela obrigação acrescida.

• *Código Civil de 2002: art. 280.*

Art. 910. O credor, propondo ação contra um dos devedores solidários, não fica inibido de acionar os outros.

• *Código Civil de 2002: art. 275, parágrafo único.*

Art. 911. O devedor demandado pode opor ao credor as exceções que lhe forem pessoais e as comuns a todos; não lhe aproveitando, porém, as pessoais a outro co-devedor.

• *Código Civil de 2002: art. 281.*

Art. 912. O credor pode renunciar a solidariedade em favor de um, alguns, ou todos os devedores.

• *Código Civil de 2002: art. 282, caput.*

Parágrafo único. Se o credor exonerar da solidariedade um ou mais devedores, aos outros só lhe ficará o direito de acionar, abatendo no débito a parte correspondente aos devedores, cuja obrigação remitiu (art. 914).

• *Código Civil de 2002: art. 282, parágrafo único.*

Art. 913. O devedor que satisfez a dívida por inteiro tem direito a exigir de cada um dos co-devedores a sua quota, dividindo-se igualmente por todos a do insolvente, se o houver. Presumem-se iguais, no débito, as partes de todos os co-devedores.

• *Código Civil de 2002: art. 283.*

Art. 914. No caso de rateio, entre os co-devedores, pela parte na obrigação incumbida ao insolvente (art. 913), contribuirão também os exonerados da solidariedade pelo credor (art. 912).

• *Código Civil de 2002: art. 284.*

Art. 915. Se a dívida solidária interessar exclusivamente a um dos devedores, responderá este por toda ela para com aquele que pagar.

• *Código Civil de 2002: art. 285.*

Capítulo VII
Da Claúsula Penal

Art. 916. A cláusula penal pode ser estipulada conjuntamente com a obrigação ou em ato posterior.

• *Código Civil de 2002: art. 409.*

Art. 917. A cláusula penal pode referir-se à inexecução completa da obrigação, à de alguma cláusula especial ou simplesmente à mora.

• *Código Civil de 2002: art. 409.*

Art. 918. Quando se estipular a cláusula penal para o caso de total inadimplemento da obrigação, esta converter-se-á em alternativa a benefício do credor.

• *Código Civil de 2002: art. 410.*

Art. 919. Quando se estipular a cláusula penal para o caso de mora, ou em segurança especial de outra cláusula determinada, terá o credor o arbítrio de exigir a satisfação da pena cominada, juntamente com o desempenho da obrigação principal.

• *Código Civil de 2002: art. 411.*

Art. 920. O valor da cominação imposta na cláusula penal não pode exceder o da obrigação principal.

• *Código Civil de 2002: art. 412.*

Art. 921. Incorre de pleno direito o devedor na cláusula penal, desde que se vença o prazo da obrigação, ou, se o não há, desde que se constitua em mora.

• *Código Civil de 2002: art. 408.*

Art. 922. A nulidade da obrigação importa a da cláusula penal.

• *Código Civil de 2002: sem correspondente.*

Art. 923. Resolvida a obrigação, não tendo culpa o devedor, resolve-se a cláusula penal.

• *Código Civil de 2002: sem correspondente.*

Art. 924. Quando se cumprir em parte a obrigação, poderá o juiz reduzir proporcionalmente a pena estipulada para o caso de mora, ou de inadimplemento.

• *Código Civil de 2002: art. 413.*

Art. 925. Sendo indivisível a obrigação, todos os devedores e seus herdeiros, caindo em falta um deles, incorrerão na pena; mas esta só se poderá demandar integralmente do culpado. Cada um dos outros só responde pela sua quota.

• *Código Civil de 2002: art. 414, caput.*

Parágrafo único. Aos não culpados fica reservada a ação regressiva contra o que deu causa à aplicação da pena.

• *Código Civil de 2002: art. 414, parágrafo único.*

Art. 926. Quando a obrigação for divisível, só incorre na pena o devedor, ou herdeiro do devedor que a infringir, e proporcionalmente à sua parte na obrigação.

• *Código Civil de 2002: art. 415.*

Art. 927. Para exigir a pena convencional, não é necessário que o credor alegue prejuízo.

O devedor não pode eximir-se de cumpri-la, a pretexto de ser excessiva.

• *Código Civil de 2002: art. 416, caput.*

Título II
Dos Efeitos das Obrigações

Capítulo I
Disposições Gerais

Art. 928. A obrigação, não sendo personalíssima, opera assim entre as partes, como entre seus herdeiros.

• *Código Civil de 2002: sem correspondente.*

Art. 929. Aquele que tiver prometido fato de terceiro responderá por perdas e danos, quando este o não executar.

• *Código Civil de 2002: art. 439, caput.*

Capítulo II
Do Pagamento

Seção I
De quem Deve Pagar

Art. 930. Qualquer interessado na extinção da dívida pode pagá-la, usando, se o credor se opuser, dos meios conducentes à exoneração do devedor.

• *Código Civil de 2002: art. 304, caput.*

Parágrafo único. Igual direito cabe ao terceiro não interessado, se o fizer em nome e por conta do devedor.

• *Código Civil de 2002: art. 304, parágrafo único.*

Art. 931. O terceiro não interessado, que paga a dívida em seu próprio nome, tem direito a reembolsar-se do que pagar; mas não se sub-roga nos direitos do credor.

• *Código Civil de 2002: art. 305, caput.*

Parágrafo único. Se pagar antes de vencida a dívida, só terá direito ao reembolso no vencimento.

• *Código Civil de 2002: art. 305, parágrafo único.*

Art. 932. Opondo-se o devedor, com justo motivo, ao pagamento de sua dívida por outrem, se ele, não obstante, se efetuar, não será o devedor obrigado a reembolsá-lo, senão até à importância em que lhe aproveite.

• *Código Civil de 2002: art. 306.*

Art. 933. Só valerá o pagamento, que importar em transmissão da propriedade, quando feito por quem possa alienar o objeto, em que ele consistiu.

• *Código Civil de 2002: art. 307, caput.*

Parágrafo único. Se, porém, se der em pagamento coisa fungível, não se poderá mais reclamar do credor, que, de boa-fé, a recebeu, e consumiu, ainda que o solvente não tivesse o direito de alheá-la.

• *Código Civil de 2002: art. 307, parágrafo único.*

Seção II
Daqueles a quem se Deve Pagar

Art. 934. O pagamento deve ser feito ao credor ou a quem de direito o represente, sob pena de só valer depois de por ele ratificado, ou tanto quanto reverter em seu proveito.

• *Código Civil de 2002: art. 308.*

Art. 935. O pagamento feito de boa-fé ao credor putativo é válido, ainda provando-se depois que não era credor.

• *Código Civil de 2002: art. 309.*

Art. 936. Não vale, porém, o pagamento cientemente feito ao credor incapaz de quitar, se o devedor não provar que em benefício dele efetivamente reverteu.

• *Código Civil de 2002: art. 310.*

Art. 937. Considera-se autorizado a receber o pagamento o portador da quitação, exceto, se as circunstâncias contrariarem a presunção daí resultante.

• *Código Civil de 2002: art. 311.*

Art. 938. Se o devedor pagar ao credor, apesar de intimado da penhora feita sobre o crédito, ou da impugnação a ele oposta por terceiro, o pagamento não valerá contra estes, que poderão constranger o devedor pagar de novo, ficando-lhe, entretanto, salvo o regresso contra o credor.

• *Código Civil de 2002: art. 312.*

Seção III
Do Objeto do Pagamento e sua Prova

Art. 939. O devedor, que paga, tem direito a quitação regular (art. 940), e pode reter o pagamento, enquanto lhe não for dada.

• *Código Civil de 2002: art. 319.*

Art. 940. A quitação designará o valor e a espécie da dívida quitada, o nome do devedor, ou quem por este pagou, o tempo e o lugar do pagamento, com assinatura do credor, ou do seu representante.

• *Código Civil de 2002: art. 320, caput.*

Art. 941. Recusando o credor a quitação, ou não a dando na devida forma (art. 940), pode o devedor citá-lo para esse fim, e ficará quitado pela sentença, que condenar o credor.

• *Código Civil de 2002: sem correspondente.*

Art. 942. Nos débitos, cuja quitação consista na devolução do título, perdido este, poderá o devedor exigir, retendo o pagamento, declaração do credor, que inutilize o título sumido.

• *Código Civil de 2002: art. 321.*

Art. 943. Quando o pagamento for em quotas periódicas, a quitação da última estabelece, até prova em contrário, a presunção de estarem solvidas as anteriores.

• *Código Civil de 2002: art. 322.*

Art. 944. Sendo a quitação do capital sem reserva dos juros, estes presumem-se pagos.

• *Código Civil de 2002: art. 323.*

Art. 945. A entrega do título ao devedor firma a presunção do pagamento.

• *Código Civil de 2002: art. 324, caput.*

§ 1º Ficará, porém, sem efeito a quitação assim operada se o credor provar, dentro em 60 (sessenta) dias, o não-pagamento.

• *Código Civil de 2002: art. 324, parágrafo único.*

§ 2º Não se permite esta prova, quando se der a quitação por escritura pública.

• *Código Civil de 2002: sem correspondente.*

Art. 946. Presumem-se a cargo do devedor as despesas com o pagamento e quitação. Se, porém, o credor mudar de domicílio ou morrer, deixando herdeiros em lugares diferentes, correrá por conta do credor a despesa acrescida.

• *Código Civil de 2002: art. 325.*

Art. 947. O pagamento em dinheiro, sem determinação da espécie, far-se-á em moeda corrente no lugar do cumprimento da obrigação.

• *Código Civil de 2002: art. 315.*

§ 1º *(Revogado pela Lei 10.192, de 14.2.2001)*

§ 2º *(Revogado pela Lei 10.192, de 14.2.2001)*

§ 3º Quando o devedor incorrer em mora e o ágio tiver variado entre a data do vencimento e a do pagamento, o credor pode optar por um deles, não se havendo estipulado câmbio fixo.

• *Código Civil de 2002: sem correspondente.*

§ 4º Se a cotação variou no mesmo dia, tomar-se-á por base a média do mercado nessa data.

• *Código Civil de 2002: sem correspondente.*

Art. 948. Nas indenizações por fato ilícito prevalecerá o valor mais favorável ao lesado.

• *Código Civil de 2002: sem correspondente.*

Art. 949. Se o pagamento se houver de fazer por medida, ou peso, entender-se-á, no silêncio das partes, que aceitaram os do lugar da execução.

• *Código Civil de 2002: art. 326.*

Seção IV
Do Lugar do Pagamento

Art. 950. Efetuar-se-á o pagamento no domicílio do devedor, salvo se as partes convencionarem diversamente, ou se o contrário dispuserem as circunstâncias, a natureza da obrigação ou a lei.

• *Código Civil de 2002: art. 327, caput.*

Parágrafo único. Designados dois ou mais lugares, cabe ao credor entre eles a escolha.

• *Código Civil de 2002: art. 327, parágrafo único.*

Art. 951. Se o pagamento consistir na tradição de um imóvel, ou em prestações relativas a imóvel, far-se-á no lugar onde este se acha.

• *Código Civil de 2002: art. 328.*

Seção V
Do Tempo do Pagamento

Art. 952. Salvo disposição especial deste Código e não tendo sido ajustada época para o pagamento, o credor pode exigi-lo imediatamente.

• *Código Civil de 2002: art. 331.*

Art. 953. As obrigações condicionais cumprem-se na data do implemento da condição, incumbida ao credor a prova de que deste houve ciência o devedor.

• *Código Civil de 2002: art. 332.*

Art. 954. Ao credor assistirá o direito de cobrar a dívida antes de vencido o prazo estipulado no contrato ou marcado neste Código:

• *Código Civil de 2002: art. 333, caput.*

I – se, executado o devedor, se abrir concurso creditório;

• *Código Civil de 2002: art. 333, I.*

II – se os bens, hipotecados, empenhados, ou dados em anticrese, forem penhorados em execução por outro credor;

• *Código Civil de 2002: art. 333, II.*

III – se cessarem, ou se tornarem insuficientes as garantias do débito, fidejussórias, ou reais, e o devedor, intimado, se negar a reforçá-las.

• *Código Civil de 2002: art. 333, III.*

Parágrafo único. Nos casos deste artigo, se houver, no débito, solidariedade passiva (arts. 904 a 915), não se reputará vencido quanto aos outros devedores solventes.

• *Código Civil de 2002: art. 333, parágrafo único.*

Seção VI
Da Mora

Art. 955. Considera-se em mora o devedor que não efetuar o pagamento, e o credor que o não quiser receber no tempo, lugar e forma convencionados (art. 1.058).

• *Código Civil de 2002: art. 394.*

Art. 956. Responde o devedor pelos prejuízos a que a sua mora der causa (art. 1.058).

• *Código Civil de 2002: art. 395, caput.*

Parágrafo único. Se a prestação, por causa da mora, se tornar inútil ao credor, este poderá enjeitá-la, e exigir a satisfação das perdas e danos.

• *Código Civil de 2002: art. 395, parágrafo único.*

Art. 957. O devedor em mora responde pela impossibilidade da prestação, embora essa impossibilidade resulte de caso fortuito, ou força maior, se estes ocorrerem durante o atraso; salvo se provar isenção de culpa, ou que o dano sobreviria, ainda quando a obrigação fosse oportunamente desempenhada (art. 1.058).

• *Código Civil de 2002: art. 399.*

Art. 958. A mora do credor subtrai o devedor isento de dolo à responsabilidade pela conservação da coisa, obriga o credor a ressarcir as despesas empregadas em conservá-la, e sujeita-o a recebê-la pela sua mais alta estimação, se o seu valor oscilar entre o tempo do contrato e o do pagamento.

• *Código Civil de 2002: art. 400.*

Art. 959. Purga-se a mora:

• *Código Civil de 2002: art. 401, caput.*

I – por parte do devedor, oferecendo este a prestação, mais a importância dos prejuízos decorrentes até o dia da oferta.

• *Código Civil de 2002: art. 401, I.*

II – por parte do credor, oferecendo-se este a receber o pagamento e sujeitando-se aos efeitos da mora até a mesma data;

• *Código Civil de 2002: art. 401, II.*

III – por parte de ambos, renunciando aquele que se julgar por ela prejudicado os direitos que da mesma lhe provierem.

• *Código Civil de 2002: sem correspondente.*

Art. 960. O inadimplemento da obrigação, positiva e líquida, no seu termo constitui de pleno direito em mora o devedor. Não havendo prazo assinado, começa ela desde a interpelação, notificação, ou protesto.

• *Código Civil de 2002: art. 397, caput e parágrafo único.*

Art. 961. Nas obrigações negativas, o devedor fica constituído em mora, desde o dia em que executar o ato de que se devia abster.

• *Código Civil de 2002: art. 390.*

Art. 962. Nas obrigações provenientes de delito, considera-se o devedor em mora desde que o perpetrou.

• *Código Civil de 2002: art. 398.*

Art. 963. Não havendo fato ou omissão imputável ao devedor, não incorre este em mora.

• *Código Civil de 2002: art. 396.*

Seção VII
Do Pagamento Indevido

Art. 964. Todo aquele que recebeu o que lhe não era devido fica obrigado a restituir.

A mesma obrigação incumbe ao que recebe dívida condicional antes de cumprida a condição.

• *Código Civil de 2002: art. 876.*

Art. 965. Ao que voluntariamente pagou o indevido incumbe a prova de tê-lo feito por erro.

• *Código Civil de 2002: art. 877.*

Art. 966. Aos frutos, acessões, benfeitorias e deteriorações sobrevindas à coisa dada em pagamento indevido, aplica-se o disposto nos arts. 510 a 519.

• *Código Civil de 2002: art. 878.*

Art. 967. Se, aquele, que indevidamente recebeu um imóvel, o tiver alienado, deve assistir o proprietário na retificação do registro, nos termos do art. 860.

• *Código Civil de 2002: sem correspondente.*

Art. 968. Se, aquele, que indevidamente recebeu um imóvel, o tiver alienado em boa-fé, por título oneroso, responde somente pelo preço recebido; mas, se obrou de má-fé, além do valor do imóvel, responde por perdas e danos.

• *Código Civil de 2002: art. 879, caput.*

Parágrafo único. Se o imóvel se alheou por título gratuito, ou se, alheando-se por título oneroso, obrou de má-fé o terceiro adquirente, cabe ao que pagou por erro o direito de reivindicação.

• *Código Civil de 2002: art. 879, parágrafo único.*

Art. 969. Fica isento de restituir pagamento indevido aquele que, recebendo-o por conta de dívida verdadeira, inutilizou o título, deixou prescrever a ação ou abriu mão das garantias que asseguravam seu direito; mas o que pagou dispõe de ação regressiva contra o verdadeiro devedor e seu fiador.

• *Código Civil de 2002: art. 880.*

Art. 970. Não se pode repetir o que se pagou para solver dívida prescrita, ou cumprir obrigação natural.

• *Código Civil de 2002: art. 882.*

Art. 971. Não terá direito à repetição aquele que deu alguma coisa para obter fim ilícito, imoral, ou proibido por lei.

• *Código Civil de 2002: art. 883, caput.*

Capítulo III
Do Pagamento por Consignação

Art. 972. Considera-se pagamento, e extingue a obrigação o depósito judicial da coisa devida, nos casos e formas legais.

• *Código Civil de 2002: art. 334.*

Art. 973. A consignação tem lugar:

• *Código Civil de 2002: art. 335, caput.*

I – se o credor, sem justa causa, recusar receber o pagamento, ou dar quitação na devida forma;

• *Código Civil de 2002: art. 335, I.*

II – se o credor não for, nem mandar receber a coisa no lugar, tempo e condições devidas;

• *Código Civil de 2002: art. 335, II.*

III – se o credor for desconhecido, estiver declarado ausente, ou residir em lugar incerto, ou de acesso perigoso ou difícil;

• *Código Civil de 2002: art. 335, III.*

IV – se ocorrer dúvida sobre quem deva legitimamente receber o objeto do pagamento;

• *Código Civil de 2002: art. 335, IV.*

V – se pender litígio sobre o objeto do pagamento;

• *Código Civil de 2002: art. 335, V.*

VI – se houver concurso de preferência aberto contra o credor, ou se este for incapaz de receber o pagamento.

• *Código Civil de 2002: art. 335, III.*

Art. 974. Para que a consignação tenha força de pagamento, será mister concorram, em relação às pessoas, ao objeto, modo e tempo, todos os requisitos sem os quais não é válido o pagamento.

• *Código Civil de 2002: art. 336.*

Art. 975. Nos casos do art. 973, I, II e III, citar-se-á o credor, para vir, ou mandar receber, e no do mesmo artigo, nº IV, para provar o seu direito.

• *Código Civil de 2002: sem correspondente.*

Art. 976. O depósito requerer-se-á no lugar do pagamento, cessando, tanto que se efetue, para o depositante, os juros da dívida e os riscos, salvo se for julgado improcedente.

• *Código Civil de 2002: art. 337.*

Art. 977. Enquanto o credor não declarar que aceita o depósito, ou não o impugnar, poderá o devedor requerer o levantamento, pagando as respectivas despesas, e subsistindo a obrigação para todas as conseqüências de direito.

• *Código Civil de 2002: art. 338.*

Art. 978. Julgado procedente o depósito, o devedor já não poderá levantá-lo, embora o credor consinta, senão de acordo com os outros devedores e fiadores.

• *Código Civil de 2002: art. 339.*

Art. 979. O credor que, depois de contestar a lide ou aceitar o depósito, aquiescer no levantamento, perderá a preferência e garantia que lhe competiam com respeito à coisa consignada, ficando para logo desobrigados os co-devedores e fiadores, que não anuíram.

• *Código Civil de 2002: art. 340.*

Art. 980. Se a coisa devida for corpo certo que deva ser entregue no mesmo lugar onde está, poderá o devedor citar o credor para vir ou mandar recebê-la, sob pena de ser depositada.

• *Código Civil de 2002: art. 341.*

Art. 981. Se a escolha da coisa indeterminada competir ao credor, será ele citado para este fim sob cominação de perder o direito e de ser depositada a coisa que o devedor escolher. Feita a escolha pelo devedor, proceder-se-á como no artigo antecedente.

• *Código Civil de 2002: art. 342.*

Art. 982. As despesas com o depósito, quando julgado procedente, correrão por conta do credor, e, no caso contrário, por conta do devedor.

• *Código Civil de 2002: art. 343.*

Art. 983. O devedor de obrigação litigiosa exonerar-se-á mediante consignação, mas, se pagar a qualquer dos pretendidos credores, tendo conhecimento do litígio, assumirá o risco do pagamento.

• *Código Civil de 2002: art. 344.*

Art. 984. Se a dívida se vencer, pendendo litígio entre credores que se pretendam mutuamente excluir, poderá qualquer deles requerer a consignação.

• *Código Civil de 2002: art. 345.*

Capítulo IV
Do Pagamento com Sub-rogação

Art. 985. A sub-rogação opera-se, de pleno direito, em favor:

• *Código Civil de 2002: art. 346, caput.*

I – do credor que paga a dívida do devedor comum ao credor, a quem competia direito de preferência;

• *Código Civil de 2002: art. 346, I.*

II – do adquirente do imóvel hipotecado, que paga ao credor hipotecário;

• *Código Civil de 2002: art. 346, II.*

III – do terceiro interessado, que paga a dívida pela qual era ou podia ser obrigado, no todo ou em parte.

• *Código Civil de 2002: art. 346, III.*

Art. 986. A sub-rogação é convencional:

• *Código Civil de 2002: art. 347, caput.*

I – quando o credor recebe o pagamento de terceiro e expressamente lhe transfere todos os seus direitos;

• *Código Civil de 2002: art. 347, I.*

II – quando terceira pessoa empresta ao devedor a quantia precisa para solver a dívida, sob a condição expressa de ficar o mutuante sub-rogado nos direitos do credor satisfeito.

• *Código Civil de 2002: art. 347, II.*

Art. 987. Na hipótese do artigo antecedente, nº I, vigorará o disposto quanto à cessão de créditos (arts. 1.065 a 1.078).

• *Código Civil de 2002: art. 348.*

Art. 988. A sub-rogação transfere ao novo credor todos os direitos, ações, privilégios e garantias do primitivo, em relação à dívida, contra o devedor principal e os fiadores.

• *Código Civil de 2002: art. 349.*

Art. 989. Na sub-rogação legal o sub-rogado não poderá exercer os direitos e as ações do credor, senão até à soma, que tiver desembolsado para desobrigar o devedor.

• *Código Civil de 2002: art. 350.*

Art. 990. O credor originário, só em parte reembolsado, terá preferência ao sub-rogado, na cobrança da dívida restante, se os bens do devedor não chegarem para saldar inteiramente o que a um e outro dever.

• *Código Civil de 2002: art. 351.*

Capítulo V
Da Imputação do Pagamento

Art. 991. A pessoa obrigada, por dois ou mais débitos da mesma natureza, a um só credor, tem o direito de indicar a qual deles oferece pagamento, se todos forem líquidos e vencidos.

Sem consentimento do credor, não se fará imputação do pagamento na dívida ilíquida, ou não vencida.

• *Código Civil de 2002: art. 352.*

Art. 992. Não tendo o devedor declarado em qual das dívidas líquidas e vencidas quer imputar o pagamento, se aceitar a quitação de uma delas, não terá direito a reclamar contra a imputação feita pelo credor, salvo provando haver ele cometido violência ou dolo.

• *Código Civil de 2002: art. 353.*

Art. 993. Havendo capital e juros, o pagamento imputar-se-á primeiro nos juros vencidos, e, depois, no capital, salvo estipulação em contrário, ou se o credor passar a quitação por conta do capital.

• *Código Civil de 2002: art. 354.*

Art. 994. Se o devedor não fizer a indicação do art. 991, e a quitação for omissa quanto à imputação, esta se fará nas dívidas líquidas e vencidas em primeiro lugar.

Se as dívidas forem todas líquidas e vencidas ao mesmo tempo, a imputação far-se-á na mais onerosa.

• *Código Civil de 2002: art. 355.*

Capítulo VI
Da Dação em Pagamento

Art. 995. O credor pode consentir em receber coisa que não seja dinheiro, em substituição da prestação que lhe era devida.

• *Código Civil de 2002: art. 356.*

Art. 996. Determinado o preço da coisa dada em pagamento, as relações entre as partes regular-se-ão pelas normas do contrato de compra e venda.

• *Código Civil de 2002: art. 357.*

Art. 997. Se for título de crédito a coisa dada em pagamento, a transferência importará em cessão.

• *Código Civil de 2002: art. 358.*

Art. 998. Se o credor for evicto da coisa recebida em pagamento, restabelecer-se-á a obrigação primitiva, ficando sem efeito a quitação dada.

• *Código Civil de 2002: art. 359.*

Capítulo VII
Da Novação

Art. 999. Dá-se a novação:

• *Código Civil de 2002: art. 360, caput.*

I – quando o devedor contrai com o credor nova dívida, para extinguir e substituir a anterior;

• *Código Civil de 2002: art. 360, I.*

II – quando novo devedor sucede ao antigo, ficando este quite com o credor;

• *Código Civil de 2002: art. 360, II.*

III – quando, em virtude de obrigação nova, outro credor é substituído ao antigo, ficando o devedor quite com este.

• *Código Civil de 2002: art. 360, III.*

Art. 1.000. Não havendo ânimo de novar, a segunda obrigação confirma simplesmente a primeira.

• *Código Civil de 2002: art. 361.*

Art. 1.001. A novação, por substituição do devedor, pode ser efetuada independente de consentimento deste.

• *Código Civil de 2002: art. 362.*

Art. 1.002. Se o novo devedor for insolvente, não tem o credor, que o aceitou, ação regressiva contra o primeiro, salvo se este obteve por má-fé a substituição.

• *Código Civil de 2002: art. 363.*

Art. 1.003. A novação extingue os acessórios e garantias da dívida, sempre que não houver estipulação em contrário.

• *Código Civil de 2002: art. 364.*

Art. 1.004. Não aproveitará, contudo, ao credor ressalvar a hipoteca, anticrese ou penhor, se os bens dados em garantia pertencerem a terceiro, que não foi parte na novação.

• *Código Civil de 2002: art. 364.*

Art. 1.005. Operada a novação entre o credor e um dos devedores solidários, somente sobre os bens do que contrair a nova obrigação subsistem as preferências e garantias do crédito novado.

• *Código Civil de 2002: art. 365.*

Parágrafo único. Os outros devedores solidários ficam por esse fato exonerados.

• *Código Civil de 2002: art. 365.*

Art. 1.006. Importa exoneração do fiador a novação feita sem seu consenso com o devedor principal.

• *Código Civil de 2002: art. 366.*

Art. 1.007. Não se podem validar por novação obrigações nulas ou extintas.

• *Código Civil de 2002: art. 367.*

Art. 1.008. A obrigação simplesmente anulável pode ser confirmada pela novação.

• *Código Civil de 2002: art. 367.*

Capítulo VIII
Da Compensação

Art. 1.009. Se duas pessoas forem ao mesmo tempo credor e devedor uma da outra, as duas obrigações extinguem-se, até onde se compensarem.

• *Código Civil de 2002: art. 368.*

Art. 1.010. A compensação efetua-se entre dívidas líquidas, vencidas e de coisas fungíveis.

• *Código Civil de 2002: art. 369.*

Art. 1.011. Embora sejam do mesmo gênero as coisas fungíveis, objeto das duas prestações, não se compensarão, verificando-se que diferem na qualidade, quando especificada no contrato.

• *Código Civil de 2002: art. 370.*

Art. 1.012. Não são compensáveis as prestações de coisas incertas, quando a escolha pertence aos dois credores, ou a um deles como devedor de uma das obrigações e credor da outra.

• *Código Civil de 2002: sem correspondente.*

Art. 1.013. O devedor só pode compensar com o credor o que este lhe dever; mas o fiador pode compensar sua dívida com a de seu credor ao afiançado.

• *Código Civil de 2002: art. 371.*

Art. 1.014. Os prazos de favor, embora consagrados pelo uso geral, não obstam a compensação.

• *Código Civil de 2002: art. 372.*

Art. 1.015. A diferença de causa nas dívidas não impede a compensação, exceto:

• *Código Civil de 2002: art. 373, caput.*

I – se uma provier de esbulho, furto ou roubo;

• *Código Civil de 2002: art. 373, I.*

II – se uma se originar de comodato, depósito ou alimentos;

• *Código Civil de 2002: art. 373, II.*

III – se uma for de coisa não suscetível de penhora.

• *Código Civil de 2002: art. 373, III.*

Art. 1.016. Não pode realizar-se a compensação, havendo renúncia prévia de um dos devedores.

• *Código Civil de 2002: sem correspondente.*

Art. 1.017. As dívidas fiscais da União, dos Estados e dos Municípios também não podem ser objeto de compensação, exceto nos casos de encontro entre a administração e o devedor, autorizados nas leis e regulamentos da Fazenda.

• *Código Civil de 2002: art. 374.*

Art. 1.018. Não haverá compensação, quando credor e devedor por mútuo acordo a excluírem.

• *Código Civil de 2002: art. 375.*

Art. 1.019. Obrigando-se por terceiro uma pessoa, não pode compensar essa dívida com a que o credor dele lhe dever.

• *Código Civil de 2002: art. 376.*

Art. 1.020. O devedor solidário só pode compensar com o credor o que este deve ao seu coobrigado, até ao equivalente da parte deste na dívida comum.

• *Código Civil de 2002: sem correspondente.*

Art. 1.021. O devedor que, notificado, nada opõe à cessão, que o credor faz a terceiros, dos seus direitos, não pode opor ao cessionário a compensação, que antes da cessão teria podido opor ao cedente. Se, porém, a cessão lhe não tiver sido notificada, poderá opor ao cessionário compensação do crédito que antes tinha contra o cedente.

• *Código Civil de 2002: art. 377.*

Art. 1.022. Quando as duas dívidas não são pagáveis no mesmo lugar, não se podem compensar sem dedução das despesas necessárias à operação.

• *Código Civil de 2002: art. 378.*

Art. 1.023. Sendo a mesma pessoa obrigada por várias dívidas compensáveis, serão observadas, no compensá-las, as regras estabelecidas quanto à imputação de pagamento (arts. 991 a 994).

• *Código Civil de 2002: art. 379.*

Art. 1.024. Não se admite a compensação em prejuízo de direitos de terceiro. O devedor que se torne credor do seu credor, depois de penhorado o crédito deste, não pode opor ao exeqüente a compensação, de que contra o próprio credor disporia.

• *Código Civil de 2002: art. 380.*

Capítulo IX
Da Transação

Art. 1.025. É lícito aos interessados prevenirem, ou terminarem o litígio mediante concessões mútuas.

• *Código Civil de 2002: art. 840.*

Art. 1.026. Sendo nula qualquer das cláusulas da transação, nula será esta.

• *Código Civil de 2002: art. 848, caput.*

Parágrafo único. Quando a transação versar sobre diversos direitos contestados e não prevalecer e não prevalecer em relação a um, fica, não obstante, válida relativamente aos outros.

• *Código Civil de 2002: art. 848, parágrafo único.*

Art. 1.027. A transação interpreta-se restritivamente. Por ela não se transmitem, apenas se declaram ou reconhecem direitos.

• *Código Civil de 2002: art. 843.*

Art. 1.028. Se a transação recair sobre direitos contestados em juízo, far-se-á:

• *Código Civil de 2002: art. 842.*

I – por termo nos autos, assinado pelos transigentes e homologado pelo juiz;

• *Código Civil de 2002: art. 842.*

II – por escritura pública, nas obrigações em que a lei o exige, ou particular, nas em que ela o admite.

• *Código Civil de 2002: art. 842.*

Art. 1.029. Não havendo ainda litígio, a transação realizar-se-á por aquele dos modos indicados no artigo antecedente, nº II, que no caso couber.

• *Código Civil de 2002: sem correspondente.*

Art. 1.030. A transação produz entre as partes o efeito de coisa julgada, e só se rescinde por dolo, violência, ou erro essencial quanto à pessoa ou coisa controversa.

• *Código Civil de 2002: sem correspondente.*

Art. 1.031. A transação não aproveita, nem prejudica senão aos que nela intervieram, ainda que diga respeito a coisa indivisível.

• *Código Civil de 2002: art. 844, caput.*

§ 1º Se for concluída entre o credor e o devedor principal, desobrigará o fiador.

• *Código Civil de 2002: art. 844, § 1º.*

§ 2º Se entre um dos credores solidários e o devedor, extingue a obrigação deste para com os outros credores.

• *Código Civil de 2002: art. 844, § 2º.*

§ 3º Se entre um dos devedores solidários e seu credor, extingue a dívida em relação aos co-devedores.

• *Código Civil de 2002: art. 844, § 3º.*

Art. 1.032. Dada a evicção da coisa renunciada por um dos transigentes, ou por ele transferida à outra parte, não revive a obrigação extinta pela transação; mas ao evicto cabe o direito de reclamar perdas e danos.

• *Código Civil de 2002: art. 845, caput.*

Parágrafo único. Se um dos transigentes adquirir, depois da transação, novo direito sobre a coisa renunciada ou transferida, a transação feita não o inibirá de exercê-lo.

• *Código Civil de 2002: art. 845, parágrafo único.*

Art. 1.033. A transação concernente a obrigações resultantes de delito não perime a ação penal da justiça pública.

• *Código Civil de 2002: art. 846.*

Art. 1.034. É admissível, na transação, a pena convencional.

• *Código Civil de 2002: art. 847.*

Art. 1.035. Só quanto a direitos patrimoniais de caráter privado se permite a transação.

• *Código Civil de 2002: art. 841.*

Art. 1.036. É nula a transação a respeito do litígio decidido por sentença passada em julgado, se dela não tinha ciência algum dos transatores, ou quando, por título ulteriormente descoberto, se verificar que nenhum deles tinha direito sobre o objeto da transação.

• *Código Civil de 2002: art. 850.*

Capítulo X
Do Compromisso

Arts. 1.037 a 1.048. *(Revogados pela Lei 9.307, de 23.9.1996.)*

Capítulo XI
Da Confusão

Art. 1.049. Extingue-se a obrigação, desde que na mesma pessoa se confundam as qualidades de credor e devedor.

• *Código Civil de 2002: art. 381.*

Art. 1.050. A confusão pode verificar-se a respeito de toda a dívida, ou só de parte dela.

• *Código Civil de 2002: art. 382.*

Art. 1.051. A confusão operada na pessoa do credor ou devedor solidário só extingue a obrigação até à concorrência da respectiva parte no crédito, ou na dívida, subsistindo quanto ao mais a solidariedade.

• *Código Civil de 2002: art. 383.*

Art. 1.052. Cessando a confusão, para logo se restabelece, com todos os seus acessórios, a obrigação anterior.

• *Código Civil de 2002: art. 384.*

Capítulo XII
Da Remissão das Dívidas

Art. 1.053. A entrega voluntária do título da obrigação, quando por escrito particular, prova a desoneração do devedor e seus coobrigados, se o credor for capaz de alienar, e o devedor, capaz de adquirir.

• *Código Civil de 2002: art. 386.*

Art. 1.054. A entrega do objeto empenhado prova a renúncia do credor à garantia real, mas não a extinção da dívida.

• *Código Civil de 2002: art. 387.*

Art. 1.055. A remissão concedida a um dos co-devedores extingue a dívida na parte a ele correspondente; de modo que, ainda reservando o credor a solidariedade contra os outros, já lhes não pode cobrar o débito sem dedução da parte remitida.

• *Código Civil de 2002: art. 388.*

Capítulo XIII
Das Conseqüências da Inexecução das Obrigações

Art. 1.056. Não cumprindo a obrigação, ou deixando de cumpri-la pelo modo e no tempo devidos, responde o devedor por perdas e danos.

• *Código Civil de 2002: art. 389.*

Art. 1.057. Nos contratos unilaterais, responde por simples culpa o contraente, a quem o contrato aproveite, e só por dolo, aquele a quem não favoreça.

Nos contratos bilaterais, responde cada uma das partes por culpa.

• *Código Civil de 2002: art. 392.*

Art. 1.058. O devedor não responde pelos prejuízos resultantes de caso fortuito, ou força maior, se expressamente não se houver por eles responsabilizado, exceto nos casos dos arts. 955, 956 e 957.

• *Código Civil de 2002: art. 393, caput.*

Parágrafo único. O caso fortuito, ou de força maior, verifica-se no fato necessário, cujos efeitos não era possível evitar, ou impedir.

• *Código Civil de 2002: art. 393, parágrafo único.*

Capítulo XIV
Das Perdas e Danos

Art. 1.059. Salvo as exceções previstas neste Código, de modo expresso, as perdas e danos devidos ao credor abrangem, além do que ele efetivamente perdeu, o que razoavelmente deixou de lucrar.

• *Código Civil de 2002: art. 402.*

Parágrafo único. O devedor, porém, que não pagou no tempo e forma devidos, só responde pelos lucros, que foram ou podiam ser previstos na data da obrigação.

• *Código Civil de 2002: sem correspondente.*

Art. 1.060. Ainda que a inexecução resulte de dolo do devedor, as perdas e danos só incluem os prejuízos efetivos e os lucros cessantes por efeito dela direto e imediato.

• *Código Civil de 2002: art. 403.*

Art. 1.061. As perdas e danos nas obrigações de pagamento em dinheiro, consistem nos juros da mora e custas, sem prejuízo da pena convencional.

• *Código Civil de 2002: art. 404, caput.*

Capítulo XV
Dos Juros Legais

Art. 1.062. A taxa dos juros moratórios, quando não convencionada (art. 1.262), será de 6% (seis por cento) ao ano.

• *Código Civil de 2002: art. 406.*

Art. 1.063. Serão também de 6% (seis por cento) ao ano os juros devidos por força de lei, ou quando as partes se convencionarem sem taxa estipulada.

• *Código Civil de 2002: art. 406.*

Art. 1.064. Ainda que não se alegue prejuízo, é obrigado o devedor aos juros da mora, que se contarão assim às dívidas em dinheiro, como às prestações de outra natureza, desde que lhes esteja fixado o valor pecuniário por sentença judicial, arbitramento, ou acordo entre as partes.

• *Código Civil de 2002: art. 407.*

Título III
Da Cessão de Crédito

Art. 1.065. O credor pode ceder o seu crédito, se a isso não se opuser a natureza da obrigação, a lei, ou a convenção com o devedor.

• *Código Civil de 2002: art. 286.*

Art. 1.066. Salvo disposição em contrário, na cessão de um crédito se abrangem todos os seus acessórios.

• *Código Civil de 2002: art. 287.*

Art. 1.067. Não vale, em relação a terceiros, a transmissão de um crédito, se se não celebrar mediante instrumento público, ou instrumento particular revestido das solenidades do art. 135 (art. 1.068).

• *Código Civil de 2002: art. 288.*

Parágrafo único. O cessionário de crédito hipotecário tem, como o sub-rogado, o direito de fazer inscrever a seção à margem da inscrição principal.

• *Código Civil de 2002: art. 289.*

Art. 1.068. A disposição do artigo antecedente, parte primeira, não se aplica à transferência de créditos, operada por lei ou sentença.

• *Código Civil de 2002: sem correspondente.*

Art. 1.069. A cessão de crédito não vale em relação ao devedor, senão quando a este notificada; mas por notificado se tem o devedor que, em escrito público ou particular, se declarou ciente da cessão feita.

• *Código Civil de 2002: art. 290.*

Art. 1.070. Ocorrendo várias cessões do mesmo crédito, prevalece a que se completar com a tradição do título do crédito cedido.

• *Código Civil de 2002: art. 291.*

Art. 1.071. Fica desobrigado o devedor que, antes de ter conhecimento da cessão, paga ao credor primitivo, ou que, no caso de mais de uma cessão notificada, paga ao cessionário, que lhe apresenta, com o título da cessão, o da obrigação cedida.

• *Código Civil de 2002: art. 292.*

Art. 1.072. O devedor pode opor tanto ao cessionário como ao cedente as exceções que lhe competirem no momento em que tiver conhecimento da cessão; mas, não pode opor ao cessionário de boa-fé a simulação do cedente.

• *Código Civil de 2002: art. 294.*

Art. 1.073. Na cessão por título oneroso, o cedente, ainda que se não responsabilize, fica responsável ao cessionário pela existência do crédito ao tempo em que lho cedeu. A mesma responsabilidade lhe cabe nas cessões por título gratuito, se tiver procedido de má-fé.

• *Código Civil de 2002: art. 295.*

Art. 1.074. Salvo estipulação em contrário, o cedente não responde pela solvência do devedor.

• *Código Civil de 2002: art. 296.*

Art. 1.075. O cedente, responsável ao cessionário pela solvência do devedor, não responde por mais do que daquele recebeu, com os respectivos juros; mas tem de ressarcir-lhe as despesas da cessão e as que o cessionário houver feito com a cobrança.

• *Código Civil de 2002: art. 297.*

Art. 1.076. Quando a transferência do crédito se opera por força de lei, o credor originário não responde pela realidade da dívida, nem pela solvência do devedor.

• *Código Civil de 2002: sem correspondente.*

Art. 1.077. O crédito, uma vez penhorado, não pode mais ser transferido pelo credor que tiver conhecimento da penhora; mas o devedor que o pagar, não tendo notificação dela, fica exonerado, subsistindo somente contra o credor os direitos de terceiro.

• *Código Civil de 2002: art. 298.*

Art. 1.078. As disposições deste título aplicam-se à cessão de outros direitos para os quais não haja modo especial de transferência.

• *Código Civil de 2002: sem correspondente.*

Título IV
Dos Contratos

Capítulo I
Disposições Gerais

Art. 1.079. A manifestação da vontade, nos contratos, pode ser tácita, quando a lei não exigir que seja expressa.

• *Código Civil de 2002: sem correspondente.*

Art. 1.080. A proposta de contrato obriga o proponente, se o contrário não resultar dos termos dela, da natureza do negócio, ou das circunstâncias do caso.

• *Código Civil de 2002: art. 427.*

Art. 1.081. Deixa de ser obrigatória a proposta:

• *Código Civil de 2002: art. 428, caput.*

I – se, feita sem prazo a uma pessoa presente, não foi imediatamente aceita. Considera-se também presente a pessoa que contrata por meio de telefone.

• *Código Civil de 2002: art. 428, I.*

II – se, feita sem prazo a pessoa ausente, tiver decorrido tempo suficiente para chegar a resposta ao conhecimento do proponente.

• *Código Civil de 2002: art. 428, II.*

III – se, feita a pessoa ausente, não tiver sido expedida a resposta dentro no prazo dado.

• *Código Civil de 2002: art. 428, III.*

IV – se, antes dela, ou simultaneamente, chegar ao conhecimento da outra parte a retratação do proponente.

• *Código Civil de 2002: art. 428, IV.*

Art. 1.082. Se a aceitação, por circunstância imprevista, chegar tarde ao conhecimento do proponente, este comunicá-lo-á imediatamente ao aceitante, sob pena de responder por perdas e danos.

• *Código Civil de 2002: art. 430.*

Art. 1.083. A aceitação fora do prazo, com adições, restrições, ou modificações, importará nova proposta.

• *Código Civil de 2002: art. 431.*

Art. 1.084. Se o negócio for daqueles, em que se não costuma a aceitação expressa, ou o proponente a tiver dispensado, reputar-se-á concluído o contrato, não chegando a tempo a recusa.

• *Código Civil de 2002: art. 432.*

Art. 1.085. Considera-se inexistente a aceitação, se antes dela ou com ela chegar ao proponente a retratação do aceitante.

• *Código Civil de 2002: art. 433.*

Art. 1.086. Os contratos por correspondência epistolar, ou telegráfica, tornam-se perfeitos desde que a aceitação é expedida, exceto:

• *Código Civil de 2002: art. 434, caput.*

I – no caso do artigo antecedente;

• *Código Civil de 2002: art. 434, I.*

II – se o proponente se houver comprometido a esperar resposta;

• *Código Civil de 2002: art. 434, II.*

III – se ela não chegar no prazo convencionado.

• *Código Civil de 2002: art. 434, III.*

Art. 1.087. Reputar-se-á celebrado o contrato no lugar em que foi proposto.

• *Código Civil de 2002: art. 435.*

Art. 1.088. Quando o instrumento público for exigido como prova do contrato, qualquer das partes pode arrepender-se, antes de o assinar, ressarcindo à outra as perdas e danos resultantes do arrependimento, sem prejuízo do estatuído nos arts. 1.095 a 1.097.

• *Código Civil de 2002: sem correspondente.*

Art. 1.089. Não pode ser objeto de contrato a herança de pessoa viva.

• *Código Civil de 2002: art. 426.*

Art. 1.090. Os contratos benéficos interpretar-se-ão estritamente.

• *Código Civil de 2002: art. 114.*

Art. 1.091. A impossibilidade da prestação não invalida o contrato, sendo relativa, ou cessando antes de realizada a condição.

• *Código Civil de 2002: sem correspondente.*

Capítulo II
Dos Contratos Bilaterais

Art. 1.092. Nos contratos bilaterais, nenhum dos contraentes, antes de cumprida a sua obrigação, pode exigir o implemento da do outro.

Se, depois de concluído o contrato sobrevier a uma das partes contratantes diminuição em seu patrimônio, capaz de comprometer ou tornar duvidosa a prestação pela qual se obrigou, pode a parte, a quem incumbe fazer prestação em primeiro lugar, recusar-se a esta, até que a outra satisfaça a que lhe compete ou dê garantia bastante de satisfazê-la.

• *Código Civil de 2002: art. 476 e 477.*

Parágrafo único. A parte lesada pelo inadimplemento pode requerer a rescisão do contrato com perdas e danos.

• *Código Civil de 2002: art 475.*

Art. 1.093. O distrato faz-se pela mesma forma que o contrato. Mas a quitação vale, qualquer que seja a sua forma.

• *Código Civil de 2002: art. 472.*

Capítulo III
Das Arras

Art. 1.094. O sinal, ou arras, dado por um dos contraentes firma a presunção do acordo final, e torna obrigatório o contrato.

• *Código Civil de 2002: sem correspondente.*

Art. 1.095. Podem, porém, as partes estipular o direito de se arrepender, não obstante as arras dadas. Em caso tal, se o arrependido for o que as deu, perdê-las-á em proveito do outro; se o que as recebeu, restituí-las-á em dobro.

• *Código Civil de 2002: art. 420.*

Art. 1.096. Salvo estipulação em contrário, as arras em dinheiro consideram-se princípio de pagamento. Fora esse caso, devem ser restituídas, quando o contrato for concluído, ou ficar desfeito.

• *Código Civil de 2002: sem correspondente.*

Art. 1.097. Se o que deu arras der causa a se impossibilitar a prestação, ou a se rescindir o contrato, perdê-la-ás em benefício do outro.

• *Código Civil de 2002: sem correspondente.*

Capítulo IV
Das Estipulações em Favor de Terceiros

Art. 1.098. O que estipula em favor de terceiro pode exigir o cumprimento da obrigação.

• *Código Civil de 2002: art. 436, caput.*

Parágrafo único. Ao terceiro, em favor de quem se estipulou a obrigação, também é permitido exigi-la, ficando, todavia, sujeito às condições e normas do contrato, se a ele anuir, e o estipulante o não inovar nos termos do art. 1.100.

• *Código Civil de 2002: art. 436, parágrafo único.*

Art. 1.099. Se ao terceiro, em favor de quem se fez o contrato, se deixar o direito de reclamar-lhe a execução, não poderá o estipulante exonerar o devedor.

• *Código Civil de 2002: art. 437.*

Art. 1.100. O estipulante pode reservar-se o direito de substituir o terceiro designado no contrato, independentemente da sua anuência e da do outro contraente (art. 1.098, parágrafo único).

• *Código Civil de 2002: art. 438, caput.*

Parágrafo único. Tal substituição pode ser feita por ato entre vivos ou por disposição de última vontade.

• *Código Civil de 2002: art. 438, parágrafo único.*

Capítulo V
Dos Vícios Redibitórios

Art. 1.101. A coisa recebida em virtude de contrato comutativo pode ser enjeitada por vícios ou defeitos ocultos, que a tornem imprópria ao uso a que é destinada ou lhe diminuam o valor.

• *Código Civil de 2002: art. 441, caput.*

Parágrafo único. É aplicável a disposição deste artigo às doações gravadas de encargo.

• *Código Civil de 2002: art. 441, parágrafo único.*

Art. 1.102. Salvo cláusula expressa no contrato, a ignorância de tais vícios pelo alienante não o exime da responsabilidade (art. 1.103).

• *Código Civil de 2002: sem correspondente.*

Art. 1.103. Se o alienante conhecia o vício, ou o defeito, restituirá o que recebeu com perdas e danos; se o não conhecia, tão-somente restituirá o valor recebido, mais as despesas do contrato.

• *Código Civil de 2002: art. 443.*

Art. 1.104. A responsabilidade do alienante subsiste ainda que a coisa pereça em poder do alienatário, se perecer por vício oculto, já existente ao tempo da tradição.

• *Código Civil de 2002: art. 444.*

Art. 1.105. Em vez de rejeitar a coisa, redibindo o contrato (art. 1.101), pode o adquirente reclamar abatimento no preço (art. 178, § 2º e § 5º, IV).

• *Código Civil de 2002: art. 442.*

Art. 1.106. Se a coisa foi vendida em hasta pública, não cabe a ação redibitória, nem a de pedir abatimento no preço.

• *Código Civil de 2002: sem correspondente.*

Capítulo VI
Da Evicção

Art. 1.107. Nos contratos onerosos, pelos quais se transfere o domínio, posse ou uso, será obrigado o alienante a resguardar o adquirente dos riscos da evicção, toda vez que se não tenha excluído expressamente esta responsabilidade.

• *Código Civil de 2002: art. 447.*

Parágrafo único. As partes podem reforçar ou diminuir esta garantia.

• *Código Civil de 2002: art. 448.*

Art. 1.108. Não obstante a cláusula que exclui a garantia contra a evicção (art. 1.107), se esta se der, tem direito o evicto a recobrar o preço que pagou pela coisa evicta, se não soube do risco da evicção, ou, dele informado, o não assumiu.

• *Código Civil de 2002: art. 449.*

Art. 1.109. Salvo estipulação em contrário, tem direito o evicto, além da restituição integral do preço, ou das quantias, que pagou:

• *Código Civil de 2002: art. 450, caput.*

I – à indenização dos frutos que tiver sido obrigado a restituir;

• *Código Civil de 2002: art. 450, I.*

II – à das despesas dos contratos e dos prejuízos que diretamente resultarem da evicção;

• *Código Civil de 2002: art. 450, II.*

III – às custas judiciais.

• *Código Civil de 2002: art. 450, III.*

Art. 1.110. Subsiste para o alienante esta obrigação, ainda que a coisa alienada esteja deteriorada, exceto havendo dolo do adquirente.

• *Código Civil de 2002: art. 451.*

Art. 1.111. Se o adquirente tiver auferido vantagens das deteriorações, e não tiver sido condenado a indenizá-las, o valor das vantagens será deduzido da quantia que lhe houver de dar o alienante.

• *Código Civil de 2002: art. 452.*

Art. 1.112. As benfeitorias necessárias ou úteis, não abonadas ao que sofreu a evicção, serão pagas pelo alienante.

• *Código Civil de 2002: art. 453.*

Art. 1.113. Se as benfeitorias abonadas ao que sofreu a evicção tiverem sido feitas pelo alienante, o valor delas será levado em conta na restituição devida.

• *Código Civil de 2002: art. 454.*

Art. 1.114. Se a evicção for parcial, mas considerável, poderá o evicto optar entre a rescisão do contrato e a restituição da parte do preço correspondente ao desfalque sofrido.

• *Código Civil de 2002: art. 455.*

Art. 1.115. A importância do desfalque, na hipótese do artigo antecedente, será calculada em proporção do valor da coisa ao tempo em que se evenceu.

• *Código Civil de 2002: art. 450, parágrafo único.*

Art. 1.116. Para poder exercitar o direito, que da evicção lhe resulta, o adquirente notificará do litígio o alienante, quando e como lho determinarem as leis do processo.

• *Código Civil de 2002: art. 456, caput.*

Art. 1.117. Não pode o adquirente demandar pela evicção:

• *Código Civil de 2002: sem correspondente.*

I – se foi privado da coisa, não pelos meios judiciais, mas por caso fortuito, força maior, roubo ou furto;

• *Código Civil de 2002: sem correspondente.*

II – se sabia que a coisa era alheia, ou litigiosa.

• *Código Civil de 2002: art. 457.*

Capítulo VII
Dos Contratos Aleatórios

Art. 1.118. Se o contrato for aleatório, por dizer respeito a coisas futuras, cujo risco de não virem a existir assuma o adquirente, terá direito o alienante a todo o preço, desde que de sua parte não tenha havido culpa, ainda que delas não venha a existir absolutamente nada.

• *Código Civil de 2002: art. 458.*

Art. 1.119. Se for aleatório, por serem objeto dele coisas futuras, tomando o adquirente a si o risco de virem a existir em qualquer quantidade, terá também direito o alienante a todo o preço, desde que de sua parte não tiver concorrido culpa, ainda que a coisa venha a existir em quantidade inferior à esperada.

• *Código Civil de 2002: art. 459, caput.*

Parágrafo único. Mas, se da coisa nada vier a existir, alienação não haverá, e o adquirente restituirá o preço recebido.

• *Código Civil de 2002: art. 459, parágrafo único.*

Art. 1.120. Se for aleatório, por se referir a coisas existentes, mas expostas a risco, assumido pelo adquirente, terá igualmente direito o alienante a todo o preço, posto que a coisa já não existisse, em parte, ou de todo, no dia do contrato.

• *Código Civil de 2002: art. 460.*

Art. 1.121. A alienação aleatória do artigo antecedente poderá ser anulada como dolosa pelo prejudicado, se provar que o outro contraente não ignorava a consumação do risco, a que no contrato se considerava exposta a coisa.

• *Código Civil de 2002: art. 461.*

Título V
Das Várias Espécies de Contratos

Capítulo I
Da Compra e Venda

Seção I
Disposições Gerais

Art. 1.122. Pelo contrato de compra e venda, um dos contratantes se obriga a transferir o domínio de certa coisa, e o outro, a pagar-lhe certo preço em dinheiro.

• *Código Civil de 2002: art. 481.*

Art. 1.123. A fixação do preço pode ser deixada ao arbítrio de terceiro, que os contratantes logo designarem ou prometerem designar. Se o terceiro não aceitar a incumbência, ficará sem efeito o contrato, salvo quando acordarem os contraentes designar outra pessoa.

• *Código Civil de 2002: art. 485.*

Art. 1.124. Também se poderá deixar a fixação do preço à taxa do mercado, ou da bolsa, em certo e determinado dia e lugar.

• *Código Civil de 2002: art. 486.*

Art. 1.125. Nulo é o contrato de compra e venda, quando se deixa ao arbítrio exclusivo de uma das partes a taxação do preço.

• *Código Civil de 2002: art. 489.*

Art. 1.126. A compra e venda, quando pura, considerar-se-á obrigatória e perfeita, desde que as partes acordarem no objeto e no preço.

• *Código Civil de 2002: art. 482.*

Art. 1.127. Até o momento da tradição, os riscos da coisa correm por conta do vendedor, e os do preço por conta do comprador.

• *Código Civil de 2002: art. 492, caput.*

§ 1º Todavia, os casos fortuitos, ocorrentes no ato de contar, marcar, ou assinalar coisas, que comumente se recebem, contando, pesando, mediando ou assinalando, e que já tiverem sido postas à disposição do comprador, correrão por conta deste.

• *Código Civil de 2002: art. 492, § 1º.*

§ 2º Correrão também por conta do comprador os riscos das referidas coisas, se estiver em mora de as receber, quando postas à sua disposição no tempo, lugar e pelo modo ajustados.

• *Código Civil de 2002: art. 492, § 2º.*

Art. 1.128. Se a coisa for expedida para lugar diverso, por ordem do comprador, por sua conta correrão os riscos, uma vez entregue a quem haja de transportá-la, salvo se das instruções dele se afastar o vendedor.

• *Código Civil de 2002: art. 494.*

Art. 1.129. Salvo cláusula em contrário, ficarão as despesas da escritura a cargo do comprador, e a cargo do vendedor as da tradição.

• *Código Civil de 2002: art. 490.*

Art. 1.130. Não sendo a venda a crédito, o vendedor não é obrigado a entregar a coisa, antes de receber o preço.

• *Código Civil de 2002: art. 491.*

Art. 1.131. Não obstante o prazo ajustado para o pagamento, se antes da tradição o comprador cair em insolvência, poderá o vendedor sobrestar na entrega da coisa, até que o comprador lhe dê caução de pagar no tempo ajustado.

• *Código Civil de 2002: art. 495.*

Art. 1.132. Os ascendentes não podem vender aos descendentes, sem que os outros descendentes expressamente consintam.

• *Código Civil de 2002: art. 496, caput.*

Art. 1.133. Não podem ser comprados, ainda em hasta pública:

• *Código Civil de 2002: art. 497, caput.*

I – pelos tutores, curadores, testamenteiros e administradores, os bens confiados à sua guarda ou administração;

• *Código Civil de 2002: art. 497, I.*

II – pelos mandatários, os bens, de cuja administração ou alienação estejam encarregados;

• *Código Civil de 2002: art. 497, IV.*

III – pelos empregados públicos, os bens da União, dos Estados e dos Municípios, que estiverem sob sua administração, direta ou indireta. A mesma disposição aplica-se aos juízes, arbitradores, ou peritos que, de qualquer modo, possam influir no ato ou no preço da venda;

• *Código Civil de 2002: art. 497, II.*

IV – pelos juízes, empregados de fazenda, secretários de tribunais, escrivães e outros oficiais de justiça, os bens ou direitos, sobre que se litigar em tribunal, juízo, ou conselho, no lugar onde esses funcionários servirem, ou a que se estender a sua autoridade.

• *Código Civil de 2002: art. 497, III.*

Art. 1.134. Esta proibição compreende a venda ou cessão de crédito, exceto se for ou entre co-herdeiros, ou em pagamento de dívida, ou para garantia de bens já pertencentes a pessoas designadas no artigo anterior, nº IV.

• *Código Civil de 2002: arts. 497, parágrafo único, e 498.*

Art. 1.135. Se a venda se realizar à vista de amostras, entender-se-á que o vendedor assegura ter a coisa vendida as qualidades por elas apresentadas.

• *Código Civil de 2002: art. 484, caput.*

Art. 1.136. Se, na venda de um imóvel, se estipular o preço por medida de extensão, ou se determinar a respectiva área, e esta não corresponder, em qualquer dos casos, às dimensões dadas, o comprador terá direito de exigir o complemento da área, e não sendo isso possível, o de reclamar a rescisão do contrato ou abatimento proporcional do preço. Não lhe cabe, porém, esse direito, se o imóvel foi vendido como coisa certa e discriminada, tendo sido apenas enunciativa a referência às suas dimensões.

• *Código Civil de 2002: art. 500, caput e § 3º.*

Parágrafo único. Presume-se que a referência às dimensões foi simplesmente enunciativa, quando a diferença encontrada não exceder de um vinte avos da extensão total enunciada.

• *Código Civil de 2002: art. 500, § 1º.*

Art. 1.137. Em toda escritura de transferência de imóveis, serão transcritas as certidões de se acharem eles quites com a Fazenda Federal, Estadual e Municipal, de quaisquer impostos a que possam estar sujeitos.

• *Código Civil de 2002: sem correspondente.*

Parágrafo único. A certidão negativa exonera o imóvel e isenta o adquirente de toda responsabilidade.

• *Código Civil de 2002: sem correspondente.*

Art. 1.138. Nas coisas vendidas conjuntamente, o defeito oculto de uma não autoriza a rejeição de todas.

• *Código Civil de 2002: art. 503.*

Art. 1.139. Não pode um condômino em coisa indivisível vender a sua parte a estranhos, se outro consorte a quiser, tanto por tanto. O condômino, a quem não se der conhecimento da venda, poderá, depositando o preço, haver para si a parte vendida a estranho, se o requerer no prazo de 6 (seis) meses.

• *Código Civil de 2002: art. 504, caput.*

Parágrafo único. Sendo muitos os condôminos, preferirá o que tiver benfeitorias de maior valor e, na falta de benfeitorias, o de quinhão maior. Se os quinhões forem iguais haverão a parte vendida os comproprietários, que a quiserem, depositando previamente o preço.

• *Código Civil de 2002: art. 504, parágrafo único.*

Seção II
Das Cláusulas Especiais à Compra e Venda

DA RETROVENDA

Art. 1.140. O vendedor pode reservar-se o direito de recobrar, em certo prazo, o imóvel, que vendeu, restituindo o preço, mais as despesas feitas pelo comprador.

• *Código Civil de 2002: art. 505.*

Parágrafo único. Além destas, reembolsará também, nesse caso, o vendedor ao comprador as empregadas em melhoramentos do imóvel, até ao valor por esses melhoramentos acrescentado à propriedade.

• *Código Civil de 2002: art. 505.*

Art. 1.141. O prazo para o resgate, ou retrato, não passará de 3 (três) anos, sob pena de se reputar não escrito; presumindo-se estipulado o máximo de tempo, quando as partes o não determinarem.

• *Código Civil de 2002: art. 505.*

Parágrafo único. O prazo do retrato, expresso, ou presumido, prevalece ainda contra o incapaz. Vencido o prazo, extingue-se o direito ao retrato, e torna-se irretratável a venda.

• *Código Civil de 2002: sem correspondente.*

Art. 1.142. Na retrovenda, o vendedor conserva a sua ação contra os terceiros adquirentes da coisa retrovendida, ainda que eles não conhecessem a cláusula de retrato.

• *Código Civil de 2002: art. 507.*

Art. 1.143. Se duas ou mais pessoas tiverem direito ao retrato sobre a mesma coisa, e só uma o exercer, poderá o comprador fazer intimar as outras, para nele acordarem.

• *Código Civil de 2002: art. 508.*

§ 1º Não havendo acordo entre os interessados, ou não querendo um deles entrar com a importância integral do retrato, caducará o direito de todos.

• *Código Civil de 2002: sem correspondente.*

§ 2º Se os diferentes condôminos do prédio alheado o não retrovenderem conjuntamente e no mesmo ato, poderá cada qual, de per si, exercitar sobre o respectivo quinhão o seu direito de retrato, sem que o comprador possa constranger os demais a resgatá-lo por inteiro.

• *Código Civil de 2002: sem correspondente.*

DA VENDA A CONTENTO

Art. 1.144. A venda a contento reputar-se-á feita sob condição suspensiva, se no contrato não se lhe tiver dado expressamente o caráter de condição resolutiva.

• *Código Civil de 2002: art. 509.*

Parágrafo único. Nesta espécie de venda, se classifica a dos gêneros, que se costumam provar, medir, pesar, ou experimentar antes de aceitos.

• *Código Civil de 2002: sem correspondente.*

Art. 1.145. As obrigações do comprador, que recebeu, sob condição suspensiva, a coisa comprada, são as de mero comodatário, enquanto não manifeste aceitá-la.

• *Código Civil de 2002: art. 511.*

Art. 1.146. Se o comprador não fizer declaração alguma dentro no prazo, reputar-se-á perfeita a venda, quer seja suspensiva a condição, quer resolutiva; havendo-se, no primeiro caso, o pagamento do preço como expressão de que aceita a coisa vendida.

• *Código Civil de 2002: sem correspondente.*

Art. 1.147. Não havendo prazo estipulado para a declaração do comprador, o vendedor terá direito a intimá-lo judicialmente, para que o faça em prazo improrrogável, sob pena de considerar-se perfeita a venda.

• *Código Civil de 2002: art. 512.*

Art. 1.148. O direito resultante da venda a contento é simplesmente pessoal.

• *Código Civil de 2002: sem correspondente.*

DA PREEMPÇÃO OU PREFERÊNCIA

Art. 1.149. A preempção, ou preferência, impõe ao comprador a obrigação de oferecer ao vendedor a coisa que aquele vai vender, ou dar em pagamento, para que este use de seu direito de prelação na compra, tanto por tanto.

• *Código Civil de 2002: art. 513.*

Art. 1.150. A União, o Estado, ou o Município, oferecerá ao ex-proprietário o imóvel desapropriado, pelo preço que o foi, caso não tenha o destino, para que se desapropriou.

• *Código Civil de 2002: art. 519.*

Art. 1.151. O vendedor pode também exercer o seu direito de prelação, intimando-o ao comprador, quando lhe constar que este vai vender a coisa.

• *Código Civil de 2002: art. 514.*

Art. 1.152. O direito de peempção não se estende senão às situações indicadas nos arts. 1.149 e 1.150, nem a outro direito real que não a propriedade.

• *Código Civil de 2002: sem correspondente.*

Art. 1.153. O direito de preempção caducará, se a coisa for móvel, não se exercendo nos 3 (três) dias, e, se for imóvel, não se exercendo nos 30 (trinta) subseqüentes àquele, em que o comprador tiver afrontado o vendedor.

• *Código Civil de 2002: art. 516.*

Art. 1.154. Quando o direito de preempção for estipulado a favor de dois ou mais indivíduos em comum, só poderá ser exercido em relação à coisa no seu todo. Se alguma das pessoas, a quem ele toque, perder, ou não exercer o seu direito, poderão as demais utilizá-lo na forma sobredita.

• *Código Civil de 2002: art. 517.*

Art. 1.155. Aquele que exerce a preferência está, sob pena de a perder, obrigado a pagar, em condições iguais, o preço encontrado, ou o ajustado.

• *Código Civil de 2002: art. 515.*

Art. 1.156. Responderá por perdas e danos o comprador, se ao vendedor não der ciência do preço e das vantagens, que lhe oferecem pela coisa.

• *Código Civil de 2002: art. 518.*

Art. 1.157. O direito de preferência não se pode ceder nem passa aos herdeiros.

• *Código Civil de 2002: art. 520.*

DO PACTO DE MELHOR COMPRADOR

Art. 1.158. O contrato de compra e venda pode ser feito com a cláusula de se desfazer, se, dentro em certo prazo, aparecer quem ofereça maior vantagem.

• *Código Civil de 2002: sem correspondente.*

Parágrafo único. Não excederá de 1 (um) ano esse prazo, nem essa cláusula vigorará senão entre os contratantes.

• *Código Civil de 2002: sem correspondente.*

Art. 1.159. O pacto de melhor comprador vale por condição resolutiva, salvo convenção em contrário.

• *Código Civil de 2002: sem correspondente.*

Art. 1.160. Esse pacto não pode existir nas vendas de móveis.

• *Código Civil de 2002: sem correspondente.*

Art. 1.161. O comprador prefere a quem oferecer iguais vantagens.

• *Código Civil de 2002: sem correspondente.*

Art. 1.162. Se, dentro no prazo fixado, o vendedor não aceitar proposta de maior vantagem, a venda se reputará definitiva.

• *Código Civil de 2002: sem correspondente.*

DO PACTO COMISSÓRIO

Art. 1.163. Ajustado que se desfaça a venda, não se pagando o preço até certo dia, poderá o vendedor, não pago, desfazer o contrato, ou pedir o preço.

• *Código Civil de 2002: sem correspondente.*

Parágrafo único. Se, em 10 (dez) dias de vencido o prazo, o vendedor, em tal caso, não reclamar o preço, ficará de pleno direito desfeita a venda.

• *Código Civil de 2002: sem correspondente.*

CAPÍTULO II
Da Troca

Art. 1.164. Aplicam-se à troca as disposições referentes à compra e venda, com as seguintes modificações:

• *Código Civil de 2002: art. 533, caput.*

I – salvo disposição em contrário, cada um dos contratantes pagará por metade as despesas com o instrumento da troca;

• *Código Civil de 2002: art. 533, I.*

II – é nula a troca de valores desiguais entre ascendentes e descendentes, sem consentimento expresso dos outros descendentes.

• *Código Civil de 2002: art. 533, II.*

CAPÍTULO III
Da Doação

Seção I
Disposições Gerais

Art. 1.165. Considera-se doação o contrato em que uma pessoa, por liberalidade, transfere do seu patrimônio bens ou vantagens para o de outra, que os aceita.

• *Código Civil de 2002: art. 538.*

Art. 1.166. O doador pode fixar prazo ao donatário, para declarar se aceita, ou não, a liberalidade. Desde que o donatário, ciente do prazo, não faça dentro dele, a declaração, entender-se-á que aceitou, se a doação não for sujeita a encargo.

• *Código Civil de 2002: art. 539.*

Art. 1.167. A doação feita em contemplação do merecimento do donatário não perde o caráter de liberalidade, como o não perde a doação remuneratória ou gravada, no excedente ao valor dos serviços remunerados, ou ao encargo imposto.

• *Código Civil de 2002: art. 540.*

Art. 1.168. A doação far-se-á por escritura pública, ou instrumento particular (art. 134).

• *Código Civil de 2002: art. 541, caput.*

Parágrafo único. A doação verbal será válida, se, versando sobre bens móveis e de pequeno valor, se lhe seguir *incontinenti* a tradição.

• *Código Civil de 2002: art. 541, parágrafo único.*

Art. 1.169. A doação feita ao nascituro valerá, sendo aceita pelos pais.

• *Código Civil de 2002: art. 542.*

Art. 1.170. Às pessoas que não puderem contratar é facultado, não obstante, aceitar doações puras.

• *Código Civil de 2002: art. 543.*

Art. 1.171. A doação dos pais aos filhos importa adiantamento da legítima.

• *Código Civil de 2002: art. 544.*

Art. 1.172. A doação em forma de subvenção periódica ao beneficiado extingue-se, morrendo o doador, salvo se este outra coisa dispuser.

• *Código Civil de 2002: art. 545.*

Art. 1.173. A doação feita em contemplação do casamento futuro com certa e determinada pessoa, quer pelos nubentes entre si, quer por terceiro a um deles, a ambos, ou aos filhos que, de futuro, houverem um do outro, não pode ser impugnada por falta de aceitação, e só ficará sem efeito se o casamento não se realizar.

• *Código Civil de 2002: art. 546.*

Art. 1.174. O doador pode estipular que os bens doados voltem ao seu patrimônio, se sobreviver ao donatário.

• *Código Civil de 2002: art. 547, caput.*

Art. 1.175. É nula a doação de todos os bens, sem reserva de parte, ou renda suficiente para a subsistência do doador.

• *Código Civil de 2002: art. 548.*

Art. 1.176. Nula é também a doação quanto à parte que exceder a de que o doador, no momento da liberalidade, poderia dispor em testamento.

• *Código Civil de 2002: art. 549.*

Art. 1.177. A doação do cônjuge adúltero ao seu cúmplice pode ser anulada pelo outro cônjuge, ou por seus herdeiros necessários, até 2 (dois) anos depois de dissolvida a sociedade conjugal (arts. 178, § 7º, VI, e 248, IV).

• *Código Civil de 2002: art. 550.*

Art. 1.178. Salvo declaração em contrário, a doação em comum a mais de uma pessoa entende-se distribuída entre elas por igual.

• *Código Civil de 2002: art. 551, caput.*

Parágrafo único. Se os donatários, em tal caso, forem marido e mulher, subsistirá na totalidade a doação para o cônjuge sobrevivo.

• *Código Civil de 2002: art. 551, parágrafo único.*

Art. 1.179. O doador não é obrigado a pagar juros moratórios, nem é sujeito à evicção, exceto no caso do art. 285.

• *Código Civil de 2002: art. 552.*

Art. 1.180. O donatário é obrigado a cumprir os encargos da doação, caso forem a benefício do doador, de terceiro, ou do interesse geral.

• *Código Civil de 2002: art. 553, caput.*

Parágrafo único. Se desta última espécie for o encargo, o Ministério Público poderá exigir sua execução, depois da morte do doador, se este não o tiver feito.

• *Código Civil de 2002: art. 553, parágrafo único.*

Seção II
Da Revogação da Doação

Art. 1.181. Além dos casos comuns a todos os contratos, a doação também se revoga por ingratidão do donatário.

• *Código Civil de 2002: art. 555.*

Parágrafo único. A doação onerosa poder-se-á revogar por inexecução do encargo, desde que o donatário incorrer em mora.

• *Código Civil de 2002: arts. 555 e 562.*

Art. 1.182. Não se pode renunciar antecipadamente o direito de revogar a liberalidade por ingratidão do donatário.

• *Código Civil de 2002: art. 556.*

Art. 1.183. Só se podem revogar por ingratidão as doações:

• *Código Civil de 2002: art. 557, caput.*

I – se o donatário atentou contra a vida do doador;

• *Código Civil de 2002: art. 557, I.*

II – se cometeu contra ele ofensa física;

• *Código Civil de 2002: art. 557, II.*

III – se o injuriou gravemente, ou o caluniou;

• *Código Civil de 2002: art. 557, III.*

IV – se, podendo ministrar-lhos, recusou ao doador os alimentos, de que este necessitava.

• *Código Civil de 2002: art. 557, IV.*

Art. 1.184. A revogação por qualquer desses motivos pleitear-se-á dentro em 1 (um) ano, a contar de quando chegue ao conhecimento do doador o fato que a autorizar (art. 178, § 6º, I).

• *Código Civil de 2002: art. 559.*

Art. 1.185. O direito de que trata o artigo precedente não se transmite aos herdeiros do doador, nem prejudica os do donatário. Mas aqueles podem prosseguir na ação iniciada pelo doador, continuando-a contra os herdeiros do donatário, se este falecer depois de contestada a lide.

• *Código Civil de 2002: art. 560.*

Art. 1.186. A revogação por ingratidão não prejudica os direitos adquiridos por terceiro, nem obriga o donatário a restituir os frutos, que percebeu antes de contestada a lide; mas sujeita-o a pagar os posteriores, e, quando não possa restituir em espécie as coisas doadas, a indenizá-las pelo meio termo do seu valor.

• *Código Civil de 2002: art. 563.*

Art. 1.187. Não se revogam por ingratidão:

• *Código Civil de 2002: art. 564, caput.*

I – as doações puramente remuneratórias;

• *Código Civil de 2002: art. 564, I.*

II – as oneradas por encargo;

• *Código Civil de 2002: art. 564, II.*

III – as que se fizerem em cumprimento de obrigação natural;

• *Código Civil de 2002: art. 564, III.*

IV – as feitas para determinado casamento.

• *Código Civil de 2002: art. 564, IV.*

Capítulo IV
Da Locação
Seção I
Da Locação de Coisas
DISPOSIÇÕES GERAIS

Art. 1.188. Na locação de coisas, uma das partes se obriga a ceder à outra, por tempo determinado, ou não, o uso e gozo de coisa não fungível, mediante certa retribuição.

• *Código Civil de 2002: art. 565.*

Art. 1.189. O locador é obrigado:

• *Código Civil de 2002: art. 566, caput.*

I – a entregar ao locatário a coisa alugada, com suas pertenças, em estado de servir ao uso a que se destina, e a mantê-la nesse esta-do, pelo tempo do contrato, salvo cláusula expressa em contrário;

• *Código Civil de 2002: art. 566, I.*

II – a garantir-lhe, durante o tempo do contrato, o uso pacífico da coisa.

• *Código Civil de 2002: art. 566, II.*

Art. 1.190. Se, durante a locação, se deteriorar a coisa alugada, sem culpa do locatário, a este caberá pedir redução proporcional do aluguer, ou rescindir o contrato, caso já não sirva a coisa para o fim a que se destinava.

• *Código Civil de 2002: art. 567.*

Art. 1.191. O locador resguardará o locatário dos embaraços e turbações de terceiros, que tenham, ou pretendam ter direito sobre a coisa alugada, e responderá pelos seus vícios, ou defeitos, anteriores à locação.

• *Código Civil de 2002: art. 568.*

Art. 1.192. O locatário é obrigado:

• *Código Civil de 2002: art. 569, caput.*

I – a servir-se da coisa alugada para os usos convencionados, ou presumidos, conforme a natureza dela e as circunstâncias, bem como a tratá-la com o mesmo cuidado como se sua fosse;

• *Código Civil de 2002: art. 569, I.*

II – a pagar pontualmente o aluguer nos prazos ajustados, e, em falta de ajuste, segundo o costume do lugar;

• *Código Civil de 2002: art. 569, II.*

III – a levar ao conhecimento do locador as turbações de terceiros, que se pretendam fundadas em direito (art. 1.191);

• *Código Civil de 2002: art. 569, III.*

IV – a restituir a coisa, finda a locação, no estado em que a recebeu, salvas as deteriorações naturais ao uso regular.

• *Código Civil de 2002: art. 569, IV.*

Art. 1.193. Se o locatário empregar a coisa em uso diverso do ajustado, ou do a que se destina ou se ela se danificar por abuso do locatário, poderá o locador, além de rescindir o contrato, exigir perdas e danos.

• *Código Civil de 2002: art. 570.*

Parágrafo único. Havendo prazo estipulado à duração do contrato, antes do vencimento não poderá o locador reaver a coisa alugada, senão ressarcindo ao locatário as perdas e danos resultantes, nem o locatário devolvê-la ao locador, senão pagando o aluguer pelo tempo que faltar.

• *Código Civil de 2002: art. 571, caput.*

Art. 1.194. A locação por tempo determinado cessa de pleno direito findo o prazo estipulado, independentemente de notificação, ou aviso.

• *Código Civil de 2002: art. 573.*

Art. 1.195. Se, findo o prazo, o locatário continuar na posse da coisa alugada, sem oposição do locador, presumir-se-á prorrogada a locação pelo mesmo aluguer, mas sem prazo determinado.

• *Código Civil de 2002: art. 574.*

Art. 1.196. Se, notificado, o locatário não restituir a coisa, pagará, enquanto a tiver em seu poder, o aluguer que o locador arbitrar e responderá pelo dano, que ela venha a sofrer, embora proveniente de caso fortuito.

• *Código Civil de 2002: art. 575, caput.*

Art. 1.197. Se, durante a locação, for alienada a coisa, não ficará o adquirente obrigado a respeitar o contrato, se nele não for consignada a cláusula da sua vigência no caso de alienação, e constar de registro público.

• *Código Civil de 2002: art. 576, caput.*

Parágrafo único. Nas locações de imóveis, não poderá, porém, despedir o locatário, senão observados os prazos do art. 1.209.

• *Código Civil de 2002: art. 576, § 2º.*

Art. 1.198. Morrendo o locador, ou o locatário, transfere-se aos seus herdeiros a locação por tempo determinado.

• *Código Civil de 2002: art. 577.*

Art. 1.199. Não é lícito ao locatário reter a coisa alugada, exceto no caso de benfeitorias necessárias, ou no de benfeitorias úteis se estas houverem sido feitas com expresso consentimento do locador.

• *Código Civil de 2002: art. 578.*

DA LOCAÇÃO DE PRÉDIOS

Art. 1.200. A locação de prédios pode ser estipulada por qualquer prazo.

• *Código Civil de 2002: sem correspondente.*

Art. 1.201. Não havendo estipulação expressa em contrário, o locatário, nas locações a prazo fixo, poderá sublocar o prédio, no todo, ou em parte, antes ou depois de havê-lo recebido, e bem assim emprestá-lo, continuando responsável ao locador pela conservação do imóvel e solução do aluguer.

• *Código Civil de 2002: sem correspondente.*

Parágrafo único. Pode também ceder a locação, consentindo o locador.

• *Código Civil de 2002: sem correspondente.*

Art. 1.202. O sublocatário responde, subsidiariamente, ao senhorio pela importância que dever ao sublocador, quando este for demandado, e ainda pelos alugueres que se vencerem durante a lide.

• *Código Civil de 2002: sem correspondente.*

§ 1º Neste caso, notificada a ação ao sublocatário, se não declarar logo que adiantou alugueres ao sublocador, presumir-se-ão fraudulentos todos os recibos de pagamentos adiantados, salvo se constarem de escrito com data autenticada e certa.

• *Código Civil de 2002: sem correspondente.*

§ 2º Salvo o caso deste artigo, nas disposições anteriores, a sublocação não estabelece direitos nem obrigações entre o sublocatário e o senhorio.

• *Código Civil de 2002: sem correspondente.*

Art. 1.203. Rescindida, ou finda, a locação, resolvem-se as sublocações, salvo o direito de indenização que possa competir ao sublocatário contra o sublocador.

• *Código Civil de 2002: sem correspondente.*

Art. 1.204. Durante a locação, o senhorio não pode mudar a forma nem o destino do prédio alugado.

• *Código Civil de 2002: sem correspondente.*

Art. 1.205. Se o prédio necessitar de reparações urgentes, o locatário será obrigado a consenti-las.

• *Código Civil de 2002: sem correspondente.*

§ 1º Se os reparos durarem mais de 15 (quinze) dias, poderá pedir abatimento proporcional no aluguer.

• *Código Civil de 2002: sem correspondente.*

§ 2º Se durarem mais de 1 (um) mês, e tolherem o uso regular do prédio, poderá rescindir o contrato.

• *Código Civil de 2002: sem correspondente.*

Art. 1.206. Incumbirão ao locador, salvo cláusula expressa em contrário, todas as reparações de que o prédio necessitar.

• *Código Civil de 2002: sem correspondente.*

Parágrafo único. O locatário é obrigado a fazer por sua conta no prédio as pequenas reparações de estragos, que não provenham naturalmente do tempo, ou do uso.

• *Código Civil de 2002: sem correspondente.*

Art. 1.207. O locatário tem direito a exigir do senhorio, quando este lhe entrega o prédio, relação escrita do seu estado.

• *Código Civil de 2002: sem correspondente.*

Art. 1.208. Responderá o locatário pelo incêndio do prédio, se não provar caso fortuito ou força maior, vício de construção ou propagação de fogo originado em outro prédio.

• *Código Civil de 2002: sem correspondente.*

Parágrafo único. Se o prédio tiver mais de um inquilino, todos responderão pelo incêndio, inclusive o locador, se nele habitar, cada um em proporção da parte que ocupe, exceto provando-se ter começado o incêndio na utilizada por um só morador, que será então o único responsável.

• *Código Civil de 2002: sem correspondente.*

Art. 1.209. O locatário do prédio, notificado para entregá-lo, por não convir ao locador continuar a locação de tempo indeterminado, tem o prazo de 1 (um) mês para o desocupar, se for urbano, e, se rústico, o de 6 (seis) meses (art. 1.197, parágrafo único).

• *Código Civil de 2002: sem correspondente.*

DISPOSIÇÃO ESPECIAL AOS PRÉDIOS URBANOS

Art. 1.210. Não havendo estipulação em contrário, o tempo da locação de prédio urbano regular-se-á pelos usos locais.

• *Código Civil de 2002: sem correspondente.*

DISPOSIÇÕES ESPECIAIS AOS PRÉDIOS RÚSTICOS

Art. 1.211. O locatário de prédio rústico utilizá-lo-á no mister a que se destina, de modo que o não danifique, sob pena de rescisão do contrato e satisfação de perdas e danos.

• *Código Civil de 2002: sem correspondente.*

Art. 1.212. A locação de prazo indefinido presume-se contratada pelo tempo indispensável ao locatário para uma colheita.

• *Código Civil de 2002: sem correspondente.*

Art. 1.213. Na locação por tempo indeterminado, não querendo o locatário continuá-la, avisará o senhorio 6 (seis) meses antes de a deixar.

• *Código Civil de 2002: sem correspondente.*

Art. 1.214. Salvo ajuste em contrário, nem a esterilidade, nem o malogro da colheita por caso fortuito, autorizam o locatário a exigir abate no aluguer.

• *Código Civil de 2002: sem correspondente.*

Art. 1.215. O locatário, que sai, franqueará ao que entra o uso das acomodações necessárias a este para começar o trabalho; e, reciprocamente, o locatário, que entra, facilitará ao que sai o uso do que lhe for mister para a colheita, segundo o costume do lugar.

• *Código Civil de 2002: sem correspondente.*

Seção II
Da Locação de Serviços

Art. 1.216. Toda a espécie de serviço ou trabalho lícito, material ou imaterial, pode ser contratada mediante retribuição.

• *Código Civil de 2002: art. 594.*

Art. 1.217. No contrato de locação de serviços, quando qualquer das partes não souber ler, nem escrever, o instrumento poderá ser escrito e assinado a rogo, subscrevendo-o, neste caso, quatro testemunhas.

• *Código Civil de 2002: art. 595.*

Art. 1.218. Não se tendo estipulado, nem chegado a acordo as partes, fixar-se-á por arbitramento a retribuição, segundo o costume do lugar, o tempo de serviço e sua qualidade.

• *Código Civil de 2002: art. 596.*

Art. 1.219. A retribuição pagar-se-á depois de prestado o serviço, se, por convenção, ou costume, não houver de ser adiantada, ou paga em prestações.

• *Código Civil de 2002: art. 597.*

Art. 1.220. A locação de serviço não se poderá convencionar por mais de 4 (quatro) anos, embora o contrato tenha por causa o pagamento de dívida do locador, ou se destine a execução de certa e determinada obra. Neste caso, decorridos 4 (quatro) anos, dar-se-á por findo o contrato, ainda que não concluída a obra (art. 1.225).

• *Código Civil de 2002: art. 598.*

Art. 1.221. Não havendo prazo estipulado, nem se podendo inferir da natureza do contrato, ou do costume do lugar, qualquer das partes, a seu arbítrio, mediante prévio aviso, pode rescindir o contrato.

• *Código Civil de 2002: art. 599, caput.*

Parágrafo único. Dar-se-á o aviso:

• *Código Civil de 2002: art. 599, parágrafo único.*

I – com antecedência de 8 (oito) dias, se o salário se houver fixado por tempo de 1 (um) mês, ou mais;

• *Código Civil de 2002: art. 599, parágrafo único, I.*

II – com antecipação de 4 (quatro) dias, se o salário se tiver ajustado por semana, ou quinzena;

• *Código Civil de 2002: art. 599, parágrafo único, II.*

III – de véspera, quando se tenha contratado por menos de 7 (sete) dias.

• *Código Civil de 2002: art. 599, parágrafo único, III.*

Art. 1.222. No contrato de locação de serviços agrícolas, não havendo prazo estipulado, presume-se o de 1 (um) ano agrário, que termina com a colheita ou safra da principal cultura pelo locatário explorada.

• *Código Civil de 2002: sem correspondente.*

Art. 1.223. Não se conta no prazo do contrato o tempo em que o locador, por culpa sua, deixou de servir.

• *Código Civil de 2002: art. 600.*

Art. 1.224. Não sendo o locador contratado para certo e determinado trabalho, entender-se-á que se obrigou a todo e qualquer serviço compatível com as suas forças e condições.

• *Código Civil de 2002: art. 601.*

Art. 1.225. O locador contratado por tempo certo, ou por obra determinada, não se pode ausentar, ou despedir, sem justa causa, antes de preenchido o tempo, ou concluída a obra (art. 1.220).

• *Código Civil de 2002: art. 602, caput.*

Parágrafo único. Se se despedir sem justa causa, terá direito à retribuição vencida, mas responderá por perdas e danos.

• *Código Civil de 2002: art. 602, parágrafo único.*

Art. 1.226. São justas causas para dar o locador por findo o contrato:

• *Código Civil de 2002: sem correspondente.*

I – ter de exercer funções públicas, ou desempenhar obrigações legais, incompatíveis estas ou aquelas com a continuação do serviço;

• *Código Civil de 2002: sem correspondente.*

II – achar-se inabilitado, por força maior, para cumprir o contrato;

• *Código Civil de 2002: sem correspondente.*

III – exigir dele o locatário serviços superiores às suas forças, defesos por lei, contrários aos bons costumes, ou alheios ao contrato;

• *Código Civil de 2002: sem correspondente.*

IV – tratá-lo o locatário com rigor excessivo, ou não lhe dar a alimentação conveniente;

• *Código Civil de 2002: sem correspondente.*

V – correr perigo manifesto de dano ou mal considerável;

• *Código Civil de 2002: sem correspondente.*

VI – não cumprir o locatário as obrigações do contrato;

• *Código Civil de 2002: sem correspondente.*

VII – ofendê-lo o locatário ou tentar ofendê-lo na honra de pessoa de sua família;

• *Código Civil de 2002: sem correspondente.*

VIII – morrer o locatário.

• *Código Civil de 2002: sem correspondente.*

Art. 1.227. O locador poderá dar por findo o contrato em qualquer dos casos do artigo antecedente, embora o contrário tenha convencionado.

• *Código Civil de 2002: sem correspondente.*

§ 1º Despedindo-se por qualquer dos motivos especificados no artigo antecedente, ns. I, II, V e VIII, terá direito o locador à remuneração vencida, sem responsabilidade alguma para com o locatário.

• *Código Civil de 2002: sem correspondente.*

§ 2º Despedindo-se por algum dos motivos designados nesse artigo, ns. III, IV, VI e VII, ou por falta do locatário no caso do n. V, assistir-lhe-á direito à retribuição vencida e ao mais do artigo subseqüente.

• *Código Civil de 2002: sem correspondente.*

Art. 1.228. O locatário que, sem justa causa, despedir o locador, será obrigado a pagar-lhe por inteiro a retribuição vencida, e por metade a que lhe tocaria de então ao termo legal do contrato.

• *Código Civil de 2002: art. 603.*

Art. 1.229. São justas causas para dar o locatário por findo o contrato:

• *Código Civil de 2002: sem correspondente.*

I – força maior que o impossibilite de cumprir suas obrigações;

• *Código Civil de 2002: sem correspondente.*

II – ofendê-lo o locador na honra de pessoa de sua família;

• *Código Civil de 2002: sem correspondente.*

III – enfermidade ou qualquer outra causa que torne o locador incapaz dos serviços contratados;

• *Código Civil de 2002: sem correspondente.*

IV – vícios ou mau procedimento do locador;

• *Código Civil de 2002: sem correspondente.*

V – falta do locador à observância do contrato;

• *Código Civil de 2002: sem correspondente.*

VI – imperícia do locador no serviço contratado.

• *Código Civil de 2002: sem correspondente.*

Art. 1.230. Na locação agrícola, o locatário é obrigado a dar ao locador atestado de que o contrato está findo; e, no caso de recusa, o juiz a quem competir, deverá expedi-lo, multando o recusante em cem a duzentos cruzeiros, a favor do locador.

Esta mesma obrigação subsiste, se o locatário, sem justa causa, dispensar os serviços do locador, ou se este, por motivo justificado, der por findo o contrato.

Todavia, se, em qualquer destas hipóteses, o locador estiver em débito, esta circunstância constará do atestado, ficando o novo locatário responsável pelo devido pagamento.

• *Código Civil de 2002: art. 604.*

Art. 1.231. O locatário poderá despedir o locador por qualquer das causas especificadas no art. 1.229, ainda que o contrário tenha convencionado.

• *Código Civil de 2002: sem correspondente.*

§ 1º Se o locador for despedido por alguma das causas ali particularizadas sob os ns. I, III e V, terá direito à retribuição vencida, sem responsabilidade alguma para com o locatário.

• *Código Civil de 2002: sem correspondente.*

§ 2º Se for despedido por algum dos fundamentos ali admitidos sob os ns. II, IV e VI, terá direito à retribuição vencida, respondendo, porém, por perdas e danos.

• *Código Civil de 2002: sem correspondente.*

Art. 1.232. Nem o locatário, ainda que outra coisa tenha contratado, poderá transferir a outrem o direito aos serviços ajustados, nem o locador, sem aprazimento do locatário, dar substituto, que os preste.

• *Código Civil de 2002: art. 605.*

Art. 1.233. O contrato de locação de serviços acaba com a morte do locador.

• *Código Civil de 2002: art. 607.*

Art. 1.234. Embora outra coisa haja estipulado, não poderá o locatário cobrar ao locador juros sobre as soldadas, que lhe adiantar, nem, pelo tempo do contrato, sobre dívida alguma, que o locador esteja pagando com serviços.

• *Código Civil de 2002: sem correspondente.*

Art. 1.235. Aquele que aliciar pessoas obrigadas a outrem por locação de serviços agrícolas, haja ou não instrumento deste contrato, pagará em dobro ao locatário prejudicado a importância, que ao locador, pelo ajuste desfeito, houvesse de caber durante 4 (quatro) anos.

• *Código Civil de 2002: art. 608.*

Art. 1.236. A alienação do prédio agrícola onde a locação dos serviços se opera, não importa a rescisão do contrato, salvo ao locador opção entre continuá-lo com o adquirente da propriedade, ou com o locatário anterior.

• *Código Civil de 2002: art. 609.*

Seção III
Da Empreitada

Art. 1.237. O empreiteiro de uma obra pode contribuir para ela ou só com seu trabalho, ou com ele e os materiais.

• *Código Civil de 2002: art. 610, caput.*

Art. 1.238. Quando o empreiteiro fornece os materiais, correm por sua conta os riscos até o momento da entrega da obra, a contento de quem a encomendou, se este não estiver em mora de receber. Estando, correrão os riscos por igual contra as duas partes.

• *Código Civil de 2002: art. 611.*

Art. 1.239. Se o empreiteiro só forneceu a mão-de-obra, todos os riscos, em que não tiver culpa, correrão por conta do dono.

• *Código Civil de 2002: art. 612.*

Art. 1.240. Sendo a empreitada unicamente de lavor (art. 1.239), se a coisa perecer antes de entregue, sem mora do dono, nem culpa do empreiteiro, este perderá também o salário, a não provar que a perda resultou de defeito dos materiais, e que em tempo reclamara contra a sua quantidade ou qualidade.

• *Código Civil de 2002: art. 613.*

Art. 1.241. Se a obra constar de partes distintas, ou for das que se determinam por medida, o empreiteiro terá direito a que também se verifique por medida, ou segundo as partes em que se dividir.

• *Código Civil de 2002: art. 614, caput.*

Parágrafo único. Tudo o que se pagou, presume-se verificado.

• *Código Civil de 2002: art. 614, § 1º.*

Art. 1.242. Concluída a obra de acordo com o ajuste, ou o costume do lugar, o dono é obrigado a recebê-la. Poderá, porém, enjeitá-la, se o empreiteiro se afastou das instruções recebidas e dos planos dados, ou das regras técnicas em trabalhos de tal natureza.

• *Código Civil de 2002: art. 615.*

Art. 1.243. No caso do artigo antecedente, segunda parte, pode o que encomendou a obra, em vez de enjeitá-la, recebê-la com abatimento no preço.

• *Código Civil de 2002: art. 616.*

Art. 1.244. O empreiteiro é obrigado a pagar os materiais que recebeu, se por imperícia os inutilizar.

• *Código Civil de 2002: art. 617.*

Art. 1.245. Nos contratos de empreitada de edifícios ou outras construções consideráveis, o empreiteiro de materiais e execução responderá, durante 5 (cinco) anos, pela solidez e segurança do trabalho, assim em razão dos materiais, como do solo, exceto, quanto a este, se, não o achando firme, preveniu em tempo o dono da obra.

• *Código Civil de 2002: art. 618, caput.*

Art. 1.246. O arquiteto, ou construtor, que, por empreitada, se incumbir de executar uma obra segundo plano aceito por quem a encomenda, não terá direito a exigir acréscimo no preço, ainda que o dos salários, ou o do material, encareça, nem ainda que se altere ou aumente, em relação à planta, a obra ajustada, salvo se se aumentou, ou alterou, por instruções escritas do outro contratante e exibidas pelo empreiteiro.

• *Código Civil de 2002: art. 619, caput.*

Art. 1.247. O dono da obra que, fora dos casos estabelecidos nos ns. III, IV e V do art. 1.229, rescindir o contrato, apesar de começada sua execução, indenizará o empreiteiro das despesas e do trabalho feito, assim como dos lucros que este poderia ter, se concluísse a obra.

• *Código Civil de 2002: sem correspondente.*

Capítulo V
Do Empréstimo

Seção I
Do Comodato

Art. 1.248. O comodato é o empréstimo gratuito de coisas não fungíveis. Perfaz-se com a tradição do objeto.

• *Código Civil de 2002: art. 579.*

Art. 1.249. Os tutores, curadores, e em geral todos os administradores de bens alheios não poderão dar em comodato, sem autorização especial, os bens confiados à sua guarda.

• *Código Civil de 2002: art. 580.*

Art. 1.250. Se o comodato não tiver prazo convencional, presumir-se-lhe-á o necessário para o uso concedido; não podendo o comodante, salvo necessidade imprevista e urgente, reconhecida pelo juiz, suspender o uso e gozo da coisa emprestada, antes de findo o prazo convencional, ou o que se determine pelo uso outorgado.

• *Código Civil de 2002: art. 581.*

Art. 1.251. O comodatário é obrigado a conservar, como se sua própria fora, a coisa emprestada, não podendo usá-la senão de acordo com o contrato, ou a natureza dela, sob pena de responder por perdas e danos.

• *Código Civil de 2002: art. 582.*

Art. 1.252. O comodatário constituído em mora, além de por ela responder, pagará o aluguer da coisa durante o tempo do atraso em restituí-la.

• *Código Civil de 2002: art. 582.*

Art. 1.253. Se, correndo risco o objeto do comodato juntamente com outros do comandatário, antepuser este a salvação dos seus, abandonando o do comodante, responderá pelo dano ocorrido, ainda que se possa atribuir a caso fortuito, ou força maior.

• *Código Civil de 2002: art. 583.*

Art. 1.254. O comodatário não poderá jamais recobrar do comodante as despesas feitas com o uso e gozo da coisa emprestada.

• *Código Civil de 2002: art. 584.*

Art. 1.255. Se duas ou mais pessoas forem simultaneamente comodatárias de uma coisa, ficarão solidariamente responsáveis para com o comodante.

• *Código Civil de 2002: art. 585.*

Seção II
Do Mútuo

Art. 1.256. O mútuo é o empréstimo de coisas fungíveis. O mutuário é obrigado a restituir ao mutuante o que dele recebeu em coisas do mesmo gênero, qualidade ou quantidade.

• *Código Civil de 2002: art. 586.*

Art. 1.257. Este empréstimo transfere o domínio da coisa emprestada ao mutuário, por cuja conta correm todos os riscos dela desde a tradição.

• *Código Civil de 2002: art. 587.*

Art. 1.258. No mútuo em moedas de ouro e prata pode convencionar-se que o pagamento se efetue nas mesmas espécies e quantidades, qualquer que seja ulteriormente a oscilação dos seus valores.

• *Código Civil de 2002: sem correspondente.*

Art. 1.259. O mútuo feito a pessoa menor, sem prévia autorização daquele sob cuja guarda estiver, não pode ser reavido nem do mutuário, nem de seus fiadores, ou abonadores (art. 1.502).

• *Código Civil de 2002: art. 588.*

Art. 1.260. Cessa a disposição do artigo antecedente:

• *Código Civil de 2002: art. 589, caput.*

I – se a pessoa de cuja autorização necessitava o mutuário, para contrair o empréstimo, o ratificar posteriormente;

• *Código Civil de 2002: art. 589, I.*

II – se o menor, estando ausente essa pessoa, se viu obrigado a contrair o empréstimo para os seus alimentos habituais;

• *Código Civil de 2002: art. 589, II.*

III – se o menor tiver bens da classe indicada no art. 391, II. Mas, em tal caso, a execução do credor não lhes poderá ultrapassar as forças.

• *Código Civil de 2002: art. 589, III.*

Art. 1.261. O mutuante pode exigir garantia da restituição, se antes do vencimento o mutuário sofrer notória mudança na fortuna.

• *Código Civil de 2002: art. 590.*

Art. 1.262. É permitido, mas só por cláusula expressa, fixar juros ao empréstimo de dinheiro ou de outras coisas fungíveis. Esses juros podem fixar-se abaixo ou acima da taxa legal (art. 1.062), com ou sem capitalização.

• *Código Civil de 2002: art. 591.*

Art. 1.263. O mutuário, que pagar juros não estipulados, não os poderá reaver, nem imputar no capital.

• *Código Civil de 2002: sem correspondente.*

Art. 1.264. Não se tendo convencionado expressamente, o prazo do mútuo será:

• *Código Civil de 2002: art. 592, caput.*

I – até à próxima colheita, se o mútuo for de produtos agrícolas, assim para o consumo, como para a semeadura;

• *Código Civil de 2002: art. 592, I.*

II – de 30 (trinta) dias, pelo menos, até prova em contrário, se for de dinheiro;

• *Código Civil de 2002: art. 592, II.*

III – do espaço de tempo que declarar o mutuante, se for de qualquer outra coisa fungível.

• *Código Civil de 2002: art. 592, III.*

Capítulo VI
Do Depósito

Seção I
Do Depósito Voluntário

Art. 1.265. Pelo contrato de depósito recebe o depositário um objeto móvel, para guardar, até que o depositante o reclame.

• *Código Civil de 2002: art. 627.*

Parágrafo único. Este contrato é gratuito; mas as partes podem estipular que o depositário seja gratificado.

• *Código Civil de 2002: art. 628, caput.*

Art. 1.266. O depositário é obrigado a ter na guarda e conservação da coisa depositada o cuidado e diligência que costuma com o que lhe pertence, bem como a restituí-la, com todos os frutos e acrescidos, quando lho exija o depositante.

• *Código Civil de 2002: art. 629.*

Art. 1.267. Se o depósito se entregou fechado, colado, selado, ou lacrado, nesse mesmo estado se manterá; e, se for devassado, incorrerá o depositário na presunção de culpa.

• *Código Civil de 2002: art. 630.*

Art. 1.268. Ainda que o contrato fixe prazo à restituição, o depositário entregará o depósito, logo que se lhe exija, salvo se o objeto for judicialmente embargado, se sobre ele pender execução, notificada ao depositário, ou se ele tiver motivo razoável de suspeitar que a coisa foi furtada, ou roubada (art. 1.273).

• *Código Civil de 2002: art. 633.*

Art. 1.269. No caso do artigo antecedente, última parte, o depositário, expondo o fundamento da suspeita, requererá que se recolha o objeto ao depósito público.

• *Código Civil de 2002: art. 634.*

Art. 1.270. Ao depositário será facultado, outrossim, requerer depósito judicial da coisa, quando, por motivo plausível, a não possa guardar, e o depositante não lha queira receber.

• *Código Civil de 2002: art. 635.*

Art. 1.271. O depositário que por força maior houver perdido a coisa depositada e recebido outra em seu lugar é obrigado a entregar a segunda ao depositante, e ceder-lhe as ações que no caso tiver contra o terceiro responsável pela restituição da primeira.

• *Código Civil de 2002: art. 636.*

Art. 1.272. O herdeiro do depositário, que de boa-fé vendeu a coisa depositada, é obrigado a assistir o depositante na reivindicação, e a restituir ao comprador o preço recebido.

• *Código Civil de 2002: art. 637.*

Art. 1.273. Salvo os casos previstos nos arts. 1.268 e 1.269, não poderá o depositário furtar-se à restituição do depósito, alegando não pertencer a coisa ao depositante, ou opondo compensação, exceto se noutro depósito se fundar (art. 1.287).

• *Código Civil de 2002: art. 638.*

Art. 1.274. Sendo dois ou mais os depositantes, e divisível a coisa, a cada um só entregará o depositário a respectiva parte, salvo se houver entre eles solidariedade.

• *Código Civil de 2002: art. 639.*

Art. 1.275. Sob pena de responder por perdas e danos, não poderá o depositário, sem licença expressa do depositante, servir-se da coisa depositada.

• *Código Civil de 2002: art. 640, caput.*

Art. 1.276. Se o depositário se tornar incapaz, a pessoa, que lhe assumir a administração dos bens, diligenciará imediatamente restituir a coisa depositada, e, não querendo ou não podendo o depositante recebê-la, recolhê-la-á ao depósito público, ou promoverá a nomeação de outro depositário.

• *Código Civil de 2002: art. 641.*

Art. 1.277. O depositário não responde pelos casos fortuitos, nem de força maior; mas, para que lhe valha a escusa, terá de prová-los.

• *Código Civil de 2002: art. 642.*

Art. 1.278. O depositante é obrigado a pagar ao depositário as despesas feitas com a coisa, e os prejuízos que do depósito provierem.

• *Código Civil de 2002: art. 643.*

Art. 1.279. O depositário poderá reter o depósito até que se lhe pague o líqüido valor das despesas, ou dos prejuízos, a que se refere o artigo anterior, provando imediatamente esses prejuízos ou essas despesas.

• *Código Civil de 2002: art. 644, caput.*

Parágrafo único. Se essas despesas ou prejuízos não forem provados suficientemente, ou forem ilíqüidos, o depositário poderá exigir caução idônea do depositante ou, na falta desta, a remoção da coisa para o depósito público, até que se liquidem.

• *Código Civil de 2002: art. 644, parágrafo único.*

Art. 1.280. O depósito de coisas fungíveis, em que o depositário se obrigue a restituir objetos do mesmo gênero, qualidade e quantidade, regular-se-á pelo disposto acerca do mútuo (arts. 1.256 a 1.264).

• *Código Civil de 2002: art. 645.*

Art. 1.281. O depósito voluntário provar-se-á por escrito.

• *Código Civil de 2002: art. 646.*

Seção II
Do Depósito Necessário

Art. 1.282. É depósito necessário:

• *Código Civil de 2002: art. 647, caput.*

I – o que se faz em desempenho de obrigação legal (art. 1.283);

• *Código Civil de 2002: art. 647, I.*

II – o que se efetua por ocasião de alguma calamidade, como o incêndio, a inundação, o naufrágio, ou o saque.

• *Código Civil de 2002: art. 647, II.*

Art. 1.283. O depósito de que se trata no artigo antecedente, n. I, reger-se-á pela disposição da respectiva lei, e, no silêncio, ou deficiência dela, pelas concernentes ao depósito voluntário (arts. 1.265 a 1.281).

• *Código Civil de 2002: art. 648, caput.*

Parágrafo único. Essas disposições aplicam-se, outrossim, aos depósitos previstos no art. 1.282, II; podendo estes certificar-se por qualquer meio de prova.

• *Código Civil de 2002: art. 648, parágrafo único.*

Art. 1.284. A esses depósitos é equiparado o das bagagens dos viajantes, hóspedes ou fregueses, nas hospedarias, estalagens ou casas de pensão, onde eles estiverem.

• *Código Civil de 2002: art. 649, caput.*

Parágrafo único. Os hospedeiros ou estalajadeiros por elas responderão como depositários, bem como pelos furtos e roubos que perpetrarem as pessoas empregadas ou admitidas nas suas casas.

• *Código Civil de 2002: art. 649, parágrafo único.*

Art. 1.285. Cessa, nos casos do artigo antecedente, a responsabilidade dos hospedeiros ou estalajadeiros:

• *Código Civil de 2002: art. 650.*

I – se provarem que os fatos prejudiciais aos hóspedes, viajantes ou fregueses, não podiam ter sido evitados;

• *Código Civil de 2002: art. 650.*

II – se ocorrer força maior, como nas hipóteses de escalada, invasão da casa, roubo a mão armada, ou violências semelhantes.

• *Código Civil de 2002: sem correspondente.*

Art. 1.286. O depósito necessário não se presume gratuito. Na hipótese do art. 1.284, a remuneração pelo depósito está incluída no preço da hospedagem.

• *Código Civil de 2002: art. 651.*

Art. 1.287. Seja voluntário ou necessário o depósito, o depositário, que o não restituir, quando exigido, será compelido a fazê-lo, mediante prisão não excedente a 1 (um) ano, e a ressarcir os prejuízos (art. 1.273).

• *Código Civil de 2002: art. 652.*

Capítulo VII
Do Mandato

Seção I
Disposições Gerais

Art. 1.288. Opera-se o mandato, quando alguém recebe de outrem poderes, para, em seu nome, praticar atos, ou administrar interesses.

A procuração é o instrumento do mandato.

• *Código Civil de 2002: art. 653.*

Art. 1.289. Todas as pessoas maiores ou emancipadas, no gozo dos direitos civis, são aptas para dar procuração mediante instrumento particular, que valerá desde que tenha a assinatura do outorgante.

• *Código Civil de 2002: art. 654, caput.*

§ 1º O instrumento particular deve conter designação do Estado, da cidade ou circunscrição civil em que for passado, a data, o nome do outorgante, a individuação de quem seja o outorgado e bem assim o objetivo da outorga, a natureza, a designação e extensão dos poderes conferidos.

• *Código Civil de 2002: art. 654, § 1º.*

§ 2º Para o ato que não exigir instrumento público, o mandato, ainda quando por instrumento público seja outorgado, pode substabelecer-se mediante instrumento particular.

• *Código Civil de 2002: art. 655.*

§ 3º O reconhecimento da firma no instrumento particular é condição essencial à sua validade, em relação a terceiros.

• *Código Civil de 2002: sem correspondente.*

Art. 1.290. O mandato pode ser expresso ou tácito, verbal ou escrito.

• *Código Civil de 2002: art. 656.*

Parágrafo único. Presume-se gratuito, quando se não estipulou retribuição, exceto se o objeto do mandato for daqueles que o mandatário trata por ofício ou profissão lucrativa.

• *Código Civil de 2002: art. 658, caput.*

Art. 1.291. Para os atos que exigem instrumento público ou particular, não se admite mandato verbal.

• *Código Civil de 2002: art. 657.*

Art. 1.292. A aceitação do mandato pode ser tácita, e resulta do começo da execução.

• *Código Civil de 2002: art. 659.*

Art. 1.293. O mandato presume-se aceito entre ausentes, quando o negócio para que foi dado é da profissão do mandatário, diz respeito à sua qualidade oficial, ou foi oferecido mediante publicidade, e o mandatário não fez constar imediatamente a sua recusa.

• *Código Civil de 2002: sem correspondente.*

Art. 1.294. O mandato pode ser especial a um ou mais negócios determinadamente, ou geral a todos os do mandante.

• *Código Civil de 2002: art. 660.*

Art. 1.295. O mandato em termos gerais só confere poderes de administração.

• *Código Civil de 2002: art. 661, caput.*

§ 1º Para alienar, hipotecar, transigir, ou praticar outros quaisquer atos, que exorbitem da administração ordinária, depende a procuração de poderes especiais e expressos.

• *Código Civil de 2002: art. 661, § 1º.*

§ 2º O poder de transigir (arts. 1.025 a 1.036) não importa o de firmar compromisso (arts. 1.037 a 1.048).

• *Código Civil de 2002: art. 661, § 2º.*

Art. 1.296. Pode o mandante ratificar ou impugnar os atos praticados em seu nome sem poderes suficientes.

• *Código Civil de 2002: art. 662, caput.*

Parágrafo único. A ratificação há de ser expressa, ou resultar de ato inequívoco, e retroagirá à data do ato.

• *Código Civil de 2002: art. 662, parágrafo único.*

Art. 1.297. O mandatário, que exceder os poderes do mandato, ou proceder contra eles, reputar-se-á mero gestor de negócios, enquanto o mandante lhe não ratificar os atos.

• *Código Civil de 2002: art. 665.*

Art. 1.298. O maior de 16 (dezesseis) e menor de 21 (vinte e um) anos, não emancipado (art. 9º, I), pode ser mandatário, mas o mandante não tem ação contra ele senão de conformidade com as regras gerais, aplicáveis às obrigações contraídas por menores.

• *Código Civil de 2002: art. 666.*

Art. 1.299. A mulher casada não pode aceitar mandato sem autorização do marido.

• *Código Civil de 2002: sem correspondente.*

Seção II
Das Obrigações do Mandatário

Art. 1.300. O mandatário é obrigado a aplicar toda a sua diligência habitual na execução do mandato, e a indenizar qualquer prejuízo causado por culpa sua ou daquele a quem substabelecer, sem autorização, poderes que devia exercer pessoalmente.

• *Código Civil de 2002: art. 667, caput.*

§ 1º Se, não obstante proibição do mandante, o mandatário se fizer substituir na execução do mandato, responderá ao seu constituinte pelos prejuízos ocorridos sob a gerência do substituto, embora provenientes de caso fortuito, salvo provando que o caso teria sobrevindo, ainda que não tivesse havido substabelecimento.

• *Código Civil de 2002: art. 667, § 1º.*

§ 2º Havendo poderes de substabelecer, só serão imputáveis ao mandatário os danos causados pelo substabelecido, se for notoriamente incapaz, ou insolvente.

• *Código Civil de 2002: art. 667, § 2º.*

Art. 1.301. O mandatário é obrigado a dar contas de sua gerência ao mandante, transferindo-lhe as vantagens provenientes do mandato, por qualquer título que seja.

• *Código Civil de 2002: art. 668.*

Art. 1.302. O mandatário não pode compensar os prejuízos a que deu causa com os proveitos, que, por outro lado, tenha granjeado ao seu constituinte.

• *Código Civil de 2002: art. 669.*

Art. 1.303. Pelas somas que devia entregar ao mandante, ou recebeu para despesas, mas empregou em proveito seu, pagará, o mandatário, juros, desde o momento em que abusou.

• *Código Civil de 2002: art. 670.*

Art. 1.304. Sendo dois ou mais os mandatários nomeados no mesmo instrumento, entender-se-á que são sucessivos, se não forem expressamente declarados conjuntos, ou solidários, nem especificadamente designados para atos diferentes.

• *Código Civil de 2002: art. 672.*

Art. 1.305. O mandatário é obrigado a apresentar o instrumento do mandato às pessoas, com quem tratar em nome do mandante, sob pena de responder a elas por qualquer ato, que lhe exceda os poderes.

• *Código Civil de 2002: sem correspondente.*

Art. 1.306. O terceiro que, depois de conhecer os poderes do mandatário, fizer com ele contrato exorbitante do mandato, não tem ação nem contra o mandatário, salvo se este lhe prometeu ratificação do mandante, ou se responsabilizou pessoalmente pelo contrato, nem contra o mandante, senão quando este houver ratificado o excesso do procurador.

• *Código Civil de 2002: art. 673.*

Art. 1.307. Se o mandatário obrar em seu próprio nome, não terá o mandante ação contra os que com ele contrataram, nem estes contra o mandante.

Em tal caso, o mandatário ficará diretamente obrigado, como se seu fora o negócio, para com a pessoa, com quem contratou.

• *Código Civil de 2002: art. 663.*

Art. 1.308. Embora ciente da morte, interdição ou mudança de estado do mandante, deve o mandatário concluir o negócio já começado, se houver perigo na demora.

• *Código Civil de 2002: art. 674.*

Seção III
Das Obrigações do Mandante

Art. 1.309. O mandante é obrigado a satisfazer todas as obrigações contraídas pelo mandatário, na conformidade do mandato conferido, e adiantar a importância das despesas necessárias à execução dele, quando o mandatário lho pedir.

• *Código Civil de 2002: art. 675.*

Art. 1.310. É obrigado o mandante a pagar ao mandatário a remuneração ajustada e as despesas de execução do mandato, ainda que o negócio não surta o esperado efeito, salvo tendo o mandatário culpa.

• *Código Civil de 2002: art. 676.*

Art. 1.311. As somas adiantadas pelo mandatário, para a execução do mandato, vencem juros, desde a data do desembolso.

• *Código Civil de 2002: art. 677.*

Art. 1.312. É igualmente obrigado o mandante a ressarcir ao mandatário as perdas que sofrer com a execução do mandato, sempre que não resultem de culpa sua, ou excesso de poderes.

• *Código Civil de 2002: art. 678.*

Art. 1.313. Ainda que o mandatário contrarie as instruções do mandante, se não excedeu os limites do mandato, ficará o mandante obrigado para com aqueles, com quem o seu procurador contratou; mas terá contra este ação pelas perdas e danos, resultantes da inobservância das instruções.

• *Código Civil de 2002: art. 679.*

Art. 1.314. Se o mandato for outorgado por duas ou mais pessoas, e para negócio comum, cada uma ficará solidariamente responsável ao mandatário por todos os compromissos e efeitos do mandato, salvo direito regressivo, pelas quantias que pagar, contra os outros mandantes.

• *Código Civil de 2002: art. 680.*

Art. 1.315. O mandatário tem sobre o objeto do mandato direitos de retenção, até se reembolsar do que no desempenho do encargo despendeu.

• *Código Civil de 2002: arts. 664 e 681.*

Seção IV
Da Extinção do Mandato

Art. 1.316. Cessa o mandato:

• *Código Civil de 2002: art. 682, caput.*

I – pela revogação, ou pela renúncia;

• *Código Civil de 2002: art. 682, I.*

II – pela morte, ou interdição de uma das partes;

• *Código Civil de 2002: art. 682, II.*

III – pela mudança de estado, que inabilite o mandante para conferir os poderes, ou o mandatário, para os exercer;

• *Código Civil de 2002: art. 682, III.*

IV – pela terminação do prazo, ou pela conclusão do negócio.

• *Código Civil de 2002: art. 682, IV.*

Art. 1.317. É irrevogável o mandato:

• *Código Civil de 2002: sem correspondente.*

I – quando se tiver convencionado que o mandante não possa revogá-lo, ou for em causa própria a procuração dada;

• *Código Civil de 2002: sem correspondente.*

II – nos casos, em geral, em que for condição de um contrato bilateral, ou meio de cumprir uma obrigação contratada, como é, nas letras e ordens, o mandato de pagá-las;

• *Código Civil de 2002: sem correspondente.*

III – quando conferido ao sócio, como administrador ou liqüidante da sociedade, por disposição do contrato social, salvo se diversamente se dispuser nos estatutos, ou em texto especial de lei.

• *Código Civil de 2002: sem correspondente.*

Art. 1.318. A revogação do mandato, notificada somente ao mandatário, não se pode opor aos terceiros, que, ignorando-a, de boa-fé com ele tratara; mas ficam salvas ao constituinte as ações, que no caso lhe possam caber, contra o procurador.

• *Código Civil de 2002: art. 686, caput.*

Art. 1.319. Tanto que for comunicada ao mandatário a nomeação do outro, para o mesmo negócio, considerar-se-á revogado o mandato anterior.

• *Código Civil de 2002: art. 687.*

Art. 1.320. A renúncia do mandato será comunicada ao mandante, que, se for prejudicado pela sua inoportunidade, ou pela falta de tempo, a fim de prover à substituição do procurador, será indenizado pelo mandatário, salvo se este provar que não podia continuar no mandato sem prejuízo considerável.

• *Código Civil de 2002: art. 688.*

Art. 1.321. São válidos, a respeito dos contraentes de boa-fé, os atos com estes ajustados em nome do mandante pelo mandatário, enquanto este ignorar a morte daquele, ou a extinção, por qualquer outra causa, do mandato (art. 1.316)

• *Código Civil de 2002: art. 689.*

Art. 1.322. Se falecer o mandatário, pendente o negócio a ele cometido, os herdeiros, tendo ciência do mandato, avisarão o mandante, e providenciarão a bem dele, como as circunstâncias exigirem.

• *Código Civil de 2002: art. 690.*

Art. 1.323. Os herdeiros, no caso do artigo antecedente, devêm limitar-se às medidas conservatórias, ou continuar os negócios pendentes, que se não possam demorar sem perigo, regulando-se os seus serviços, dentro desse limite pelas mesmas normas, a que os do mandatário estão sujeitos.

• *Código Civil de 2002: art. 691.*

Seção V
Do Mandato Judicial

Art. 1.324. O mandato judicial pode ser conferido por instrumento público ou particular, devidamente autenticado, a pessoa que possa procurar em juízo.

• *Código Civil de 2002: sem correspondente.*

Art. 1.325. Podem ser procuradores em juízo todos os legalmente habilitados, que não forem:

• *Código Civil de 2002: sem correspondente.*

I – menores de 21 (vinte e um) anos, não emancipados ou não declarados maiores;

• *Código Civil de 2002: sem correspondente.*

II – juízes em exercício;

• *Código Civil de 2002: sem correspondente.*

III – escrivães ou outros funcionários judiciais, correndo o pleito nos juízos onde servirem, e não procurando eles em causa própria;

• *Código Civil de 2002: sem correspondente.*

IV – inibidos por sentença de procurar em juízo, ou de exercer ofício público;

• *Código Civil de 2002: sem correspondente.*

V – ascendentes, descendentes, ou irmão do juiz da causa;

• *Código Civil de 2002: sem correspondente.*

VI – ascendentes, ou descendentes da parte adversa, exceto em causa própria.

• *Código Civil de 2002: sem correspondente.*

Art. 1.326. A procuração para o foro em geral não confere os poderes para atos, que os exijam especiais.

• *Código Civil de 2002: sem correspondente.*

Art. 1.327. Constituídos, para a mesma causa e pela mesma pessoa, dois ou mais procuradores, consideram-se nomeados para funcionar na falta um do outro, e pela ordem de nomeação, se não forem solidários. Mas a nomeação conjunta pode conter a cláusula de que um nada pratique sem os outros.

• *Código Civil de 2002: sem correspondente.*

Art. 1.328. O substabelecimento, sem reserva de poderes, não sendo notificado ao constituinte, não isenta o procurador de responder pelas obrigações do mandato.

• *Código Civil de 2002: sem correspondente.*

Art. 1.329. Sob pena de responder pelo dano resultante, o advogado, ou procurador, que aceitar a procuratura, não se poderá escusar sem motivo justo e, se o tiver, avisará em tempo o constituinte, a fim de que lhe nomeie sucessor.

• *Código Civil de 2002: sem correspondente.*

Art. 1.330. As obrigações do advogado e do procurador serão determinadas, assim pelos termos da procuração, como, e principalmente pelo contrato, escrito ou verbal, em que se lhes houverem ajustado os serviços.

• *Código Civil de 2002: sem correspondente.*

Capítulo VIII
Da Gestão de Negócios

Art. 1.331. Aquele que, sem autorização do interessado, intervém na gestão de negócio alheio, dirigilo-á segundo o interesse e a vontade presumível de seu dono, ficando responsável a este e as pessoas com quem tratar.

• *Código Civil de 2002: art. 861.*

Art. 1.332. Se a gestão for iniciada contra a vontade manifesta ou presumível do interessado, responderá o gestor até pelos casos fortuitos, não provando que teriam sobrevindo, ainda quando se houvesse abstido.

• *Código Civil de 2002: art. 862.*

Art. 1.333. No caso do artigo antecedente, se os prejuízos da gestão excederem o seu proveito, poderá o dono do negócio exigir que o gestor restitua as coisas ao estado anterior, ou o indenize da diferença.

• *Código Civil de 2002: art. 863.*

Art. 1.334. Tanto que se possa, comunicará o gestor ao dono do negócio a gestão, que assumiu, aguardando-lhe a resposta, se da espera não resultar perigo.

• *Código Civil de 2002: art. 864.*

Art. 1.335. Enquanto o dono não providenciar, velará o gestor pelo negócio, até o levar a cabo, esperando, se aquele falecer durante a gestão, as instruções dos herdeiros, sem se descuidar, entretanto, das medidas que o caso reclame.

• *Código Civil de 2002: art. 865.*

Art. 1.336. O gestor envidará toda a sua diligência habitual na administração do negócio, ressarcindo ao dono todo o prejuízo resultante de qualquer culpa na gestão.

• *Código Civil de 2002: art. 866.*

Art. 1.337. Se o gestor se fizer substituir por outrem, responderá pelas faltas do substituto, ainda que seja pessoa idônea, sem prejuízo da ação, que a ele, ou ao dono do negócio, contra ela possa caber.

• *Código Civil de 2002: art. 867, caput.*

Parágrafo único. Havendo mais de um gestor, será solidária a sua responsabilidade.

• *Código Civil de 2002: art. 867, parágrafo único.*

Art. 1.338. O gestor responde pelo caso fortuito, quando fizer operações arriscadas, ainda que o dono costumasse fazê-las, ou quando preterir interesse deste por amor dos seus.

• *Código Civil de 2002: art. 868, caput.*

Parágrafo único. Não obstante, querendo o dono aproveitar-se da gestão, será obrigado a indenizar o gestor das despesas necessárias que tiver feito e dos prejuízos que, por causa da gestão, houver sofrido.

• *Código Civil de 2002: art. 868, parágrafo único.*

Art. 1.339. Se o negócio for utilmente administrado, cumprirá o dono as obrigações contraídas em seu nome, reembolsando ao gestor as despesas necessárias ou úteis que houver feito, com os juros legais, desde o desembolso.

• *Código Civil de 2002: art. 869, caput.*

§ 1º A utilidade, ou necessidade, da despesa apreciar-se-á, não pelo resultado obtido, mas segundo as circunstâncias da ocasião, em que se fizeram.

• *Código Civil de 2002: art. 869, § 1º.*

§ 2º Vigora o disposto neste artigo, ainda quando o gestor, em erro quanto ao dono do negócio, der a outra pessoa as contas da gestão.

• *Código Civil de 2002: art. 869, § 2º.*

Art. 1.340. Aplica-se, outrossim, a disposição do artigo antecedente, quando a gestão se proponha acudir a prejuízos iminentes, ou redunde em proveito do dono do negócio, ou da coisa. Mas nunca a indenização ao gestor excederá em importância às vantagens obtidas com a gestão.

• *Código Civil de 2002: art. 870.*

Art. 1.341. Quando alguém, na ausência do indivíduo obrigado a alimentos, por ele os prestar a quem se devem, poder-lhes-á reaver do devedor a importância, ainda que este não ratifique o ato.

• *Código Civil de 2002: art. 871.*

Art. 1.342. As despesas do enterro, proporcionadas aos usos locais e à condição do falecido, feitas por terceiro, podem ser cobradas da pessoa que teria a obrigação de alimentar a que veio a falecer, ainda mesmo que esta não tenha deixado bens.

• *Código Civil de 2002: art. 872, caput.*

Parágrafo único. Cessa o disposto neste artigo e no antecedente, em se provando que o gestor fez essas despesas com o simples intento de bem-fazer.

• *Código Civil de 2002: art. 872, parágrafo único.*

Art. 1.343. A ratificação pura e simples do dono do negócio retroage ao dia do começo da gestão, e produz todos os efeitos do mandato.

• *Código Civil de 2002: art. 873.*

Art. 1.344. Se o dono do negócio, ou da coisa, desaprovar a gestão, por contrária aos seus interesses, vigorará o disposto nos arts. 1.332 e 1.333, salvo o estatuído no art. 1.340.

• *Código Civil de 2002: art. 874.*

Art. 1.345. Se os negócios alheios forem conexos aos do gestor, de tal arte que se não possam gerir separadamente, haver-se-á o gestor por sócio daquele, cujos interesses agenciar de envolta com os seus.

• *Código Civil de 2002: art. 875, caput.*

Parágrafo único. Neste caso aquele em cujo benefício interveio o gestor, só é obrigado na razão das vantagens que lograr.

• *Código Civil de 2002: art. 875, parágrafo único.*

Capítulo IX
Da Edição

Arts. 1.346 a 1.358. *(Revogados pela Lei 9.610, de 19.2.1998.)*

Capítulo X
Da Representação Dramática

Arts. 1.359 a 1.362. *(Revogados pela Lei 9.610, de 19.2.1998.)*

Capítulo XI
Da Sociedade

Seção I
Disposições Gerais

Art. 1.363. Celebram contrato de sociedade as pessoas que mutuamente se obrigam a combinar seus esforços ou recursos, para lograr fins comuns.

• *Código Civil de 2002: sem correspondente.*

Art. 1.364. Quando as sociedades civis revestirem as formas estabelecidas nas leis comerciais, entre as quais se inclui a das sociedades anônimas, obedecerão aos respectivos preceitos, no em que não contrariem os deste Código; mas serão inscritas no Registro Civil, e será civil o seu foro.

• *Código Civil de 2002: sem correspondente.*

Art. 1.365. Não revestindo nenhuma das formas do artigo antecedente, a sociedade reger-se-á pelo que neste Capítulo se prescreve.

• *Código Civil de 2002: sem correspondente.*

Art. 1.366. Nas questões entre os sócios, a sociedade só se provará por escrito; mas os estranhos poderão prová-la de qualquer modo.

• *Código Civil de 2002: sem correspondente.*

Art. 1.367. As sociedades são universais, ou particulares.

• *Código Civil de 2002: sem correspondente.*

Art. 1.368. É universal a sociedade, quer abranja todos os bens presentes, ou todos os futuros, quer uns e outros na sua totalidade, quer somente a dos seus frutos e rendimentos.

• *Código Civil de 2002: sem correspondente.*

Art. 1.369. O simples ajuste de sociedade universal, sem outra declaração, entende-se restrito a tudo que de futuro ganhar cada um dos associados.

• *Código Civil de 2002: sem correspondente.*

Art. 1.370. A sociedade particular só compreende os bens ou serviços especialmente declarados no contrato.

• *Código Civil de 2002: sem correspondente.*

Art. 1.371. Também se considera particular a sociedade constituída especialmente para executar em comum certa empresa, explorar certa indústria, ou exercer certa profissão.

• *Código Civil de 2002: sem correspondente.*

Art. 1.372. É nula a cláusula, que atribua todos os lucros a um dos sócios, ou subtraia o quinhão social de algum deles à comparticipação nos prejuízos.

• *Código Civil de 2002: sem correspondente.*

Art. 1.373. Se a sociedade for de todos os bens, o domínio e a posse deles tornar-se-ão comuns independentemente de tradição real, salvo o direito de terceiros.

• *Código Civil de 2002: sem correspondente.*

Art. 1.374. No silêncio do contrato, o prazo da sociedade será indefinido, salvo a cada sócio o direito de retirar-se mediante aviso com 2 (dois) meses de antecedência ao termo do ano social. Se, porém, o objeto da sociedade for negócio ou empresa, que deva durar certo lapso de tempo, enquanto esse negócio, ou essa empresa, não se ultime, terão os sócios de manter a sociedade.

• *Código Civil de 2002: sem correspondente.*

Seção II
Dos Direitos e Obrigações Recíprocas dos Sócios

Art. 1.375. As obrigações dos sócios começam imediatamente com o contrato, se este não fixar outra época, e acabam quando, dissolvida a sociedade, estiverem satisfeitas e extintas as responsabilidades sociais.

• *Código Civil de 2002: sem correspondente.*

Art. 1.376. A entrada imposta a cada sócio pode consistir em bens, no seu uso e gozo, na cessão de direitos, ou, somente na prestação de serviços. No silêncio do contrato, presumir-se-ão iguais entre si as entradas.

• *Código Civil de 2002: sem correspondente.*

Art. 1.377. Se o sócio entrar para a sociedade com objeto determinado, que venha a ser evicto, responderá aos consócios como o vendedor ao comprador.

• *Código Civil de 2002: sem correspondente.*

Art. 1.378. Se a entrada consistir em coisas fungíveis, ficarão, salvo declaração em contrário, pertencendo em comum aos associados.

• *Código Civil de 2002: sem correspondente.*

Art. 1.379. Pertencem ao patrimônio social todos os lucros, obtidos pelo sócio, na indústria que se obrigou a exercer em benefício da sociedade.

• *Código Civil de 2002: sem correspondente.*

Art. 1.380. Cada sócio indenizará a sociedade dos prejuízos, que esta sofrer por culpa dele, e não poderá compensá-los com os proveitos, que lhe houver granjeado.

• *Código Civil de 2002: sem correspondente.*

Art. 1.381. Se o contrato não declarar a parte de cada sócio nos lucros e perdas, entender-se-á proporcionada, quanto aos sócios de capital, à soma com que entraram. Em relação aos sócios de indústria, guardar-se-á o disposto no art. 1.409, parágrafo único.

• *Código Civil de 2002: sem correspondente.*

Art. 1.382. O sócio preposto à administração pode exigir da sociedade, além do que por conta dela despender, a importância das obrigações em boa-fé contraídas na gerência dos negócios sociais e o valor dos prejuízos, que ela lhe causar.

• *Código Civil de 2002: sem correspondente.*

Art. 1.383. O sócio investido na administração por texto expresso do contrato pode praticar, independentemente dos outros, todos os atos, que não excederem os limites normais dela, uma vez que proceda sem dolo.

• *Código Civil de 2002: sem correspondente.*

§ 1º Os poderes, que exercer, serão irrevogáveis durante o prazo estabelecido, salvo causa legítima superveniente.

• *Código Civil de 2002: sem correspondente.*

§ 2º Se foram conferidos, porém, depois do contrato, serão revogáveis como os de simples mandato.

• *Código Civil de 2002: sem correspondente.*

§ 3º Também serão revogáveis, em qualquer tempo, os dos diretores ou administradores de sociedade de qualquer espécie, ainda que nomeados nos respectivos contratos, ou estatutos, se não forem sócios.

• *Código Civil de 2002: sem correspondente.*

Art. 1.384. Se a administração se incumbir a dois ou mais sócios, não se lhes discriminando as funções, nem declarando que só funcionarão conjuntamente, cada um de per si poderá praticar todos os atos, que na administração couberem.

• *Código Civil de 2002: sem correspondente.*

Art. 1.385. Estipulando-se que um dos administradores nada possa fazer sem os outros, entende-se, a não haver convenção posterior, obrigatório o concurso de todos, ainda ausentes, ou impossibilitados, na ocasião, de prestá-lo, salvo nos casos urgentes, em que a omissão, ou tardança, das medidas pudesse ocasionar dano irreparável, ou grave.

• *Código Civil de 2002: sem correspondente.*

Art. 1.386. Em falta de estipulações explícitas quanto à gerência social:

• *Código Civil de 2002: sem correspondente.*

I – presume-se que cada sócio tem o direito de administrar, e válido é o que fizer, ainda em relação aos associados que não consentiram, podendo, porém, qualquer destes opor-se, antes de levado o ato a efeito;

• *Código Civil de 2002: sem correspondente.*

II – cada sócio pode servir-se das coisas pertencentes à sociedade, contanto que lhes dê o seu destino, não as utilize contra o interesse social, nem tolha aos outros, aproveitá-las nos limites do seu direito;

• *Código Civil de 2002: sem correspondente.*

III – cada sócio pode obrigar os outros a contribuir com ele para as despesas necessárias à conservação dos bens sociais;

• *Código Civil de 2002: sem correspondente.*

IV – nenhum sócio, ainda que lhe pareça vantajoso, pode, sem consentimento dos outros, fazer alteração nos imóveis da sociedade.

• *Código Civil de 2002: sem correspondente.*

Art. 1.387. O sócio que não tiver a administração da sociedade não poderá obrigar os bens sociais.

• *Código Civil de 2002: sem correspondente.*

Art. 1.388. Para associar um estranho ao seu quinhão social, não necessita o sócio do concurso dos outros; mas não pode, sem aquiescência deles, associá-lo à sociedade.

• *Código Civil de 2002: sem correspondente.*

Art. 1.389. O sócio que recebeu por inteiro a sua parte em uma dívida ativa da sociedade, será obrigado a conferi-la, se, por insolvência do devedor, a sociedade não puder acabar de cobrá-la.

• *Código Civil de 2002: sem correspondente.*

Art. 1.390. Se as coisas, cujo uso e gozo exclusivamente constituírem a entrada do sócio, não forem fungíveis, consistindo em corpos certos e determinados, o risco, que correrem, será por conta dos respectivos donos.

• *Código Civil de 2002: sem correspondente.*

§ 1º Se, porém, forem fungíveis, ou se, ainda guardadas, se deteriorarem, se forem destinadas a circular no comércio, ou se forem transferidas à sociedade por um valor determinado e constante de inventário ou balanço autênticos, por conta da sociedade correrão os riscos, a que estiverem expostas.

• *Código Civil de 2002: sem correspondente.*

§ 2º Perecendo a coisa de importância determinada nos termos do parágrafo antecedente, última parte, o dono só lhe poderá exigir o valor constante do inventário, ou balanço.

• *Código Civil de 2002: sem correspondente.*

Art. 1.391. Os sócios tem direito à indenização de perdas e danos, que sofrerem em seus bens por motivo dos negócios sociais.

• *Código Civil de 2002: sem correspondente.*

Art. 1.392. Havendo comunicação de lucros ilícitos, cada um dos sócios terá de repor o que recebeu do sócio delinqüente, se este for condenado à restituição.

• *Código Civil de 2002: sem correspondente.*

Art. 1.393. O sócio que recebeu de outro lucros ilícitos, conhecendo ou devendo conhecer-lhes a procedência, incorre em cumplicidade, e fica obrigado solidariamente a restituir.

• *Código Civil de 2002: sem correspondente.*

Art. 1.394. Todos os sócios têm direito de votar nas assembléias gerais, onde, salvo estipulação em contrário, sempre se deliberará por maioria de votos.

• *Código Civil de 2002: sem correspondente.*

Seção III
Das Obrigações da Sociedade e dos Sócios para Com Terceiros

Art. 1.395. São dívidas da sociedade as obrigações contraídas conjuntamente por todos os sócios, ou por algum deles no exercício do mandato social.

• *Código Civil de 2002: sem correspondente.*

Art. 1.396. Se o cabedal social não cobrir as dívidas da sociedade, por elas responderão os associados, na proporção em que houverem de participar nas perdas sociais.

• *Código Civil de 2002: sem correspondente.*

Parágrafo único. Se um dos sócios for insolvente, sua parte na dívida será na mesma razão distribuída entre os outros.

• *Código Civil de 2002: sem correspondente.*

Art. 1.397. Os devedores da sociedade não se desobrigam pagando a um sócio não autorizado para receber.

• *Código Civil de 2002: sem correspondente.*

Art. 1.398. Os sócios não são solidariamente obrigados pelas dívidas sociais, nem os atos de um, não autorizado, obrigam os outros, salvo redundando em proveito da sociedade.

• *Código Civil de 2002: sem correspondente.*

Seção IV
Da Dissolução da Sociedade

Art. 1.399. Dissolve-se a sociedade:

• *Código Civil de 2002: sem correspondente.*

I – pelo implemento da condição, a que foi subordinada a sua durabilidade, ou pelo vencimento do prazo estabelecido no contrato;

• *Código Civil de 2002: sem correspondente.*

II – pela extinção do capital social, ou seu desfalque em quantidade tamanha que a impossibilite de continuar;

• *Código Civil de 2002: sem correspondente.*

III – pela consecução do fim social, ou pela verificação de sua inexeqüibilidade;

• *Código Civil de 2002: sem correspondente.*

IV – pela falência, incapacidade, ou morte de um dos sócios;

• *Código Civil de 2002: sem correspondente.*

V – pela renúncia de qualquer deles, se a sociedade for de prazo indeterminado (art. 1.404);

• *Código Civil de 2002: sem correspondente.*

VI – pelo consenso unânime dos associados.

• *Código Civil de 2002: sem correspondente.*

Parágrafo único. Os ns. II, IV e V não se aplicam às sociedades de fins não econômicos.

• *Código Civil de 2002: sem correspondente.*

Art. 1.400. A prorrogação do prazo social só se prova por escrito, nas mesmas condições do contrato que o fixou (arts. 1.364 e 1.366).

• *Código Civil de 2002: sem correspondente.*

Art. 1.401. Se a sociedade se prorrogar depois de vencido o prazo do contrato, entender-se-á que se constituiu de novo; se dentro no prazo, ter-se-á por continuação da anterior.

• *Código Civil de 2002: sem correspondente.*

Art. 1.402. É lícito estipular que, morto um dos sócios, continue a sociedade com os herdeiros, ou só com os associados sobrevivos. Neste segundo caso, o herdeiro do falecido terá direito à partilha do que houver, quando ele faleceu, mas não participará nos lucros e perdas ulteriores, que não forem conseqüência direta de atos anteriores ao falecimento.

• *Código Civil de 2002: sem correspondente.*

Art. 1.403. Se o contrato estipular que a sociedade continue com o herdeiro do sócio falecido, cumprir-se-á a estipulação, toda vez que se possa; mas, sendo menor o herdeiro, será dissolvido, em relação a ele, o vínculo social, caso o juiz o determine.

• *Código Civil de 2002: sem correspondente.*

Art. 1.404. A renúncia de um dos sócios só dissolve a sociedade (art. 1.399, V), quando feita de boa-fé, em tempo oportuno, e notificada aos sócios 2 (dois) meses antes.

• *Código Civil de 2002: sem correspondente.*

Art. 1.405. A renúncia é de má-fé, quando o sócio renunciante pretende apropriar-se exclusivamente dos benefícios que os sócios tinham em mente colher em comum; e haver-se-á por inoportuna, se as coisas não estiverem no seu estado integral, ou se a sociedade puder ser prejudicada com a dissolução nesse momento.

• *Código Civil de 2002: sem correspondente.*

Art. 1.406. No primeiro caso do artigo antecedente, os demais sócios têm o direito de excluir desde logo o sócio de má-fé, salvas as suas quotas na vantagem esperada. No segundo, a sociedade pode continuar, apesar da oposição do renunciante, até à época do primeiro balanço ordinário, ou até a conclusão do negócio pendente.

• *Código Civil de 2002: sem correspondente.*

Art. 1.407. Subsiste, ainda após a dissolução da sociedade, a responsabilidade social para com terceiros, pelas dívidas que houver contraído.

Não se tendo estipulado a responsabilidade solidária dos sócios para com terceiros, a dívida será distribuída por aqueles, em partes proporcionais às suas entradas.

• *Código Civil de 2002: sem correspondente.*

Art. 1.408. Quando a sociedade tiver a duração prefixa, nenhum sócio lhe poderá exigir a dissolução, antes de expirar o prazo social, se não provar algum dos casos do art. 1.399, I a IV.

• *Código Civil de 2002: sem correspondente.*

Art. 1.409. São aplicáveis à partilha entre os sócios as regras da partilha entre herdeiros (arts. 1.772 e segs.)

• *Código Civil de 2002: sem correspondente.*

Parágrafo único. O sócio de indústria, porém, só terá direito a participar dos lucros da sociedade, sem responsabilidade nas suas perdas, salvo se o contrário se estipulou no contrato. Se este não declarar a parte dos lucros, entender-se-á que ela é proporcional à menor das entradas.

• *Código Civil de 2002: sem correspondente.*

Capítulo XII
Da Parceria Rural

Seção I
Da Parceria Agrícola

Art. 1.410. Dá-se a parceria agrícola, quando uma pessoa cede um prédio rústico a outra, para ser por esta cultivado, repartindo-se os frutos entre as duas, na proporção que estipularem.

• *Código Civil de 2002: sem correspondente.*

Art. 1.411. O parceiro incumbido da cultura não responderá pelos encargos do prédio, se os não assumir.

• *Código Civil de 2002: sem correspondente.*

Art. 1.412. Os riscos de caso fortuito, ou força maior, correrão em comum contra o proprietário e o parceiro.

• *Código Civil de 2002: sem correspondente.*

Art. 1.413. A parceria não passa aos herdeiros dos contraentes, exceto se estes deixarem adiantados os trabalhos de cultura, caso em que durará, quanto baste, para se ultimar a colheita.

• *Código Civil de 2002: sem correspondente.*

Art. 1.414. Aplicam-se a este contrato as regras da locação de prédios rústicos, em tudo o que nesta Seção não se achar regulado.

• *Código Civil de 2002: sem correspondente.*

Art. 1.415. A parceria subsiste, quando o prédio se aliena, ficando o adquirente sub-rogado nos direitos e obrigações do alienante.

• *Código Civil de 2002: sem correspondente.*

Seção II
Da Parceria Pecuária

Art. 1.416. Dá-se a parceria pecuária, quando se entregam animais a alguém para os pastorear, tratar e criar, mediante um quota nos lucros produzidos.

• *Código Civil de 2002: sem correspondente.*

Art. 1.417. Constituem objeto de partilha as crias dos animais e os seus produtos, como peles, crinas, lãs e leite.

• *Código Civil de 2002: sem correspondente.*

Art. 1.418. O parceiro proprietário substituíra por outros, no caso de evicção, os animais evictos.

• *Código Civil de 2002: sem correspondente.*

Art. 1.419. Salvo convenção em contrário, o parceiro proprietário sofrerá os prejuízos resultantes do caso fortuito, ou força maior.

• *Código Civil de 2002: sem correspondente.*

Art. 1.420. Ao proprietário caberá o proveito, que se obtenha dos animais mortos, pertencentes ao capital.

• *Código Civil de 2002: sem correspondente.*

Art. 1.421. Salvo cláusula em contrário, nenhum parceiro, sem licença do outro, poderá dispor do gado.

• *Código Civil de 2002: sem correspondente.*

Art. 1.422. As despesas com o tratamento e criação dos animais, não havendo acordo em contrário, correrão por conta do parceiro tratador e criador.

• *Código Civil de 2002: sem correspondente.*

Art. 1.423. Aplicam-se a este contrato as regras do de sociedade, no que não estiver regulado por convenção das partes, e, na falta, pelo disposto nesta Seção.

• *Código Civil de 2002: sem correspondente.*

Capítulo XIII
Da Constituição de Renda

Art. 1.424. Mediante ato entre vivos, ou de última vontade, e título oneroso, ou gratuito, pode constituir-se, por tempo determinado, em benefício próprio ou alheio, uma renda ou prestação periódica, entregando-se certo capital, em imóveis ou dinheiro, a pessoa que se obrigue a satisfazê-la.

• *Código Civil de 2002: arts. 803 e 804.*

Art. 1.425. É nula a constituição de renda em favor de pessoa já falecida, ou que, dentro nos 30 (trinta) dias seguintes, vier a falecer de moléstia que já sofria, quando foi celebrado o contrato.

• *Código Civil de 2002: art. 808.*

Art. 1.426. Os bens dados em compensação da renda caem, desde a tradição, no domínio da pessoa que por aquela se obrigou.

• *Código Civil de 2002: art. 809.*

Art. 1.427. Se o rendeiro, ou censuário, deixar de cumprir a obrigação estipulada, poderá o credor da renda acioná-lo, assim para que lhe pague as prestações atrasadas, como para que lhe dê garantias das futuras, sob pena de rescisão do contrato.

• *Código Civil de 2002: art. 810.*

Art. 1.428. O credor adquire o direito à renda dia a dia, se a prestação não houver de ser paga adiantada, no começo de cada um dos períodos prefixos.

• *Código Civil de 2002: art. 811.*

Art. 1.429. Quando a renda for constituída em benefício de duas ou mais pessoas, sem determinação da parte de cada uma, entende-se que os seus direitos são iguais; e, salvo estipulação diversa, não adquirirão os sobrevivos direito à parte dos que morreram.

• *Código Civil de 2002: art. 812.*

Art. 1.430. A renda constituída por título gratuito pode, por ato do instituidor, ficar isenta de todas as execuções pendentes e futuras. Esta isenção existe de pleno direito em favor dos montepios e pensões alimentícias.

• *Código Civil de 2002: art. 813, caput e parágrafo único.*

Art. 1.431. A renda vinculada a um imóvel constitui direito real, de acordo com o estabelecido nos arts. 749 a 754.

• *Código Civil de 2002: sem correspondente.*

Capítulo XIV
Do Contrato de Seguro

Seção I
Disposições Gerais

Art. 1.432. Considera-se contrato de seguro aquele pelo qual uma das partes se obriga para com a outra, mediante a paga de um prêmio, a indenizá-la do prejuízo resultante de riscos futuros, previstos no contrato.

• *Código Civil de 2002: art. 757, caput.*

Art. 1.433. Este contrato não obriga antes de reduzido a escrito, e considera-se perfeito desde que o segurador remete a apólice ao segurado, ou faz nos livros o lançamento usual da operação.

• *Código Civil de 2002: sem correspondente.*

Art. 1.434. A apólice consignará os riscos assumidos, o valor do objeto seguro, o prêmio devido ou pago pelo segurado e quaisquer outras estipulações, que no contrato se firmarem.

• *Código Civil de 2002: sem correspondente.*

Art. 1.435. As diferentes espécies de seguro previstas neste Código serão reguladas pelas cláusulas das respectivas apólices, que não contrariarem disposições legais.

• *Código Civil de 2002: sem correspondente.*

Art. 1.436. Nulo será este contrato, quando o risco, de que se ocupa, se filiar a atos ilícitos do segurado, do beneficiado pelo seguro, ou dos representantes e prepostos, quer de um, quer do outro.

• *Código Civil de 2002: art. 762.*

Art. 1.437. Não se pode segurar uma coisa por mais do que valha, nem pelo seu todo mais de uma vez. É, todavia, lícito ao segurado acautelar, mediante novo seguro, o risco de falência ou insolvência do segurador (art. 1.439).

• *Código Civil de 2002: sem correspondente.*

Art. 1.438. Se o valor do seguro exceder ao da coisa, o segurador poderá, ainda depois de entregue a apólice, exigir a sua redução ao valor real, restituindo ao segurado o excesso do prêmio; e, provando que o segurado obrou de má-fé, terá direito a anular o seguro, sem restituição do prêmio, nem prejuízo da ação penal que no caso couber.

• *Código Civil de 2002: sem correspondente.*

Art. 1.439. Salvo o disposto no art. 1.437, o segundo seguro da coisa já segura pelo mesmo risco e no seu valor integral pode ser anulado por qualquer das partes. O segundo segurador que ignorava o primeiro contrato pode, sem restituir o prêmio recebido, recusar o pagamento do objeto seguro, ou recobrar o que por ele pagou, na parte excedente ao seu valor real, ainda que não tenha reclamado contra o contrato antes do sinistro.

• *Código Civil de 2002: sem correspondente.*

Art. 1.440. A vida e as faculdades humanas também se podem estimar como objeto segurável, e segurar, no valor ajustado, contra os riscos possíveis, como o de morte involuntária, inabilitação para trabalhar, ou outros semelhantes.

• *Código Civil de 2002: sem correspondente.*

Parágrafo único. Considera-se morte voluntária a recebida em duelo, bem como o suicídio premeditado por pessoa em seu juízo.

• *Código Civil de 2002: sem correspondente.*

Art. 1.441. No caso do seguro sobre a vida, é livre às partes fixar o valor respectivo e fazer mais de um seguro, no mesmo ou em diversos valores, sem prejuízo dos antecedentes.

• *Código Civil de 2002: art. 789.*

Art. 1.442. É também livre às partes fixar entre si a taxa do prêmio. Todavia, o seguro feito em sociedade ou companhia, que tenha tabela de prêmios, se presume de conformidade com ela proposto e aceito.

• *Código Civil de 2002: sem correspondente.*

Art. 1.443. O segurado e o segurador são obrigados a guardar no contrato a mais estrita boa-fé e veracidade, assim a respeito do objeto, como das circunstâncias e declarações a ele concernentes.

• *Código Civil de 2002: art. 765.*

Art. 1.444. Se o segurado não fizer declarações verdadeiras e completas, omitindo circunstâncias que possam influir na aceitação da proposta ou na taxa do prêmio, perderá o direito ao valor do seguro, e pagará o prêmio vencido.

• *Código Civil de 2002: art. 766, caput.*

Art. 1.445. Quando o segurado contrata o seguro mediante procurador, também este se faz responsável ao segurador pelas inexatidões, ou lacunas, que possam influir no contrato.

• *Código Civil de 2002: sem correspondente.*

Art. 1.446. O segurador, que, ao tempo do contrato, sabe estar passado o risco, de que o segurado se pretende cobrir, e, não obstante, expede a apólice, pagará em dobro o prêmio estipulado.

• *Código Civil de 2002: art. 773.*

Art. 1.447. As apólices podem ser nominativas, à ordem ou ao portador. As de seguro sobre a vida não podem ser ao portador.

• *Código Civil de 2002: art. 760, caput e parágrafo único.*

Parágrafo único. As apólices nominativas mencionarão o nome do segurador, o do segurado e o do seu representante, se o houver, ou o do terceiro, em cujo nome se faz o seguro.

• *Código Civil de 2002: art. 760, caput.*

Art. 1.448. A apólice declarará também o começo e o fim dos riscos por ano, mês, dia e hora.

• *Código Civil de 2002: art. 760, caput.*

§ 1º Em falta de estipulação precisa, contar-se-á o prazo de conformidade com o art. 125.

• *Código Civil de 2002: sem correspondente.*

§ 2º A respeito de coisas que se destinem a transporte de um para outro ponto, os riscos principiarão a correr, desde que sejam recebidas no primeiro lugar, e terminarão quando entregues ao destinatário, no segundo.

• *Código Civil de 2002: sem correspondente.*

Seção II
Das Obrigações do Segurado

Art. 1.449. Salvo convenção em contrário, no ato de receber a apólice pagará o segurado o prêmio, que estipulou.

• *Código Civil de 2002: sem correspondente.*

Art. 1.450. O segurado presume-se obrigado a pagar os juros legais do prêmio atrasado, independentemente de interpelação do segurador, se a apólice ou os estatutos não estabelecerem maior taxa.

• *Código Civil de 2002: sem correspondente.*

Art. 1.451. Se o segurado vier a falir, ou for declarado interdito, estando em atraso nos prêmios, ou se atrasar após a interdição, ou a falência, ficará o segurador isento da responsabilidade pelos riscos, se a massa, ou o representante do interdito, não pagar antes os prêmios atrasados.

• *Código Civil de 2002: art. 763.*

Art. 1.452. O fato de se não ter verificado o risco, em previsão do qual se fez o seguro, não exime o segurado de pagar o prêmio, que se estipulou, observadas as disposições especiais do direito marítimo sobre o estorno.

• *Código Civil de 2002: art. 764.*

Art. 1.453. Embora se hajam agravado os riscos, além do que era possível antever no contrato, nem por isso, a não haver nele cláusula expressa, terá direito o segurador a aumento do prêmio.

• *Código Civil de 2002: sem correspondente.*

Art. 1.454. Enquanto vigorar o contrato, o segurado abster-se-á de tudo quanto possa aumentar os riscos, ou seja, contrário aos termos do estipulado, sob pena de perder o direito ao seguro.

• *Código Civil de 2002: art. 768.*

Art. 1.455. Sob a mesma pena do artigo antecedente, comunicará o segurado ao segurador todo incidente, que de qualquer modo possa agravar o risco.

• *Código Civil de 2002: art. 769.*

Art. 1.456. No aplicar a pena do art. 1.454, procederá o juiz com eqüidade, atentando nas circunstâncias reais, e não em probabilidades infundadas, quanto à agravação dos riscos.

• *Código Civil de 2002: sem correspondente.*

Art. 1.457. Verificado o sinistro, o segurado, logo que o saiba, comunicá-lo-á ao segurador.

• *Código Civil de 2002: art. 771, caput.*

Parágrafo único. A omissão injustificada exonera o segurador, se este provar que, oportunamente avisado, lhe teria sido possível evitar, ou atenuar, as conseqüências do sinistro.

• *Código Civil de 2002: sem correspondente.*

Seção III
Das Obrigações do Segurador

Art. 1.458. O segurador é obrigado a pagar em dinheiro o prejuízo resultante do risco assumido e, conforme as circunstâncias, o valor total da coisa segura.

• *Código Civil de 2002: art. 776.*

Art. 1.459. Sempre se presumirá não se ter obrigado o segurador a indenizar prejuízos resultantes de vício intrínseco à coisa segura.

• *Código Civil de 2002: art. 784, caput.*

Art. 1.460. Quando a apólice limitar ou particularizar os riscos do seguro, não responderá por outros o segurador.

• *Código Civil de 2002: sem correspondente.*

Art. 1.461. Salvo expressa restrição na apólice, o risco do seguro compreenderá todos os prejuízos resultantes ou conseqüentes, como sejam os estragos ocasionados para evitar o sinistro, minorar o dano, ou salvar a coisa.

• *Código Civil de 2002: art. 779.*

Art. 1.462. Quando ao objeto do contrato se der valor determinado, e o seguro se fizer por este valor, ficará o segurador obrigado, no caso de perda total, a pagar pelo valor ajustado a importância da indenização, sem perder por isso o direito, que lhe asseguram os arts. 1.438 e 1.439.

• *Código Civil de 2002: sem correspondente.*

Art. 1.463. O direito à indenização pode ser transmitido a terceiro como acessório da propriedade, ou de direito real sobre a coisa segura.

• *Código Civil de 2002: art. 785, caput.*

Parágrafo único. Opera-se essa transmissão de pleno direito quanto à coisa hipotecada, ou penhorada, e, fora desses casos, quando a apólice o não vedar.

• *Código Civil de 2002: sem correspondente.*

Art. 1.464. No caso de sinistro, o segurador pode opor ao sucessor ou representante do segurado todos os meios de defesa, que contra este lhe assistiriam.

• *Código Civil de 2002: art. 767.*

Art. 1.465. Se o segurador falir antes de passado o risco, poderá o segurado recusar-lhe o pagamento dos prêmios atrasados, e fazer outro seguro pelo valor integral.

• *Código Civil de 2002: sem correspondente.*

Seção IV
Do Seguro Mútuo

Art. 1.466. Pode ajustar-se o seguro, pondo certo número de segurados em comum entre si o prejuízo, que a qualquer deles advenha, do risco por todos corrido.

Em tal caso o conjunto dos segurados constitui a pessoa jurídica, a que pertencem as funções de segurador.

• *Código Civil de 2002: art. 801, caput.*

Art. 1.467. Nesta forma de seguro, em lugar do prêmio, os segurados contribuem com as quotas necessárias para ocorrer às despesas da administração e aos prejuízos verificados. Sendo omissos os estatutos, presume-se que a taxa das quotas se determinará segundo as contas do ano.

• *Código Civil de 2002: sem correspondente.*

Art. 1.468. Será permitido também obrigar a prêmios fixos os segurados, ficando, porém, estes adstritos, se a importância daqueles não cobrir a dos riscos verificados, a quotizarem-se pela diferença.

Se, pelo contrário, a soma dos prêmios exceder à dos riscos verificados, poderão os associados repartir entre si o excesso em dividendo, se não preferirem criar um fundo de reserva.

• *Código Civil de 2002: sem correspondente.*

Art. 1.469. As entradas suplementares e os dividendos serão proporcionais às quotas de cada associado.

• *Código Civil de 2002: sem correspondente.*

Art. 1.470. As quotas dos sócios serão fixadas conforme o valor dos respectivos seguros, podendo-se também levar em conta riscos diferentes, e estabelecê-los de duas ou mais categorias.

• *Código Civil de 2002: sem correspondente.*

Seção V
Do Seguro de Vida

Art. 1.471. O seguro de vida tem por objeto garantir, mediante o prêmio anual que se ajustar, o pagamento de certa soma a determinada ou determinadas pessoas, por morte do segurado, podendo estipular-se igualmente o pagamento dessa soma ao próprio segurado, ou terceiro, se aquele sobreviver ao prazo de seu contrato.

• *Código Civil de 2002: sem correspondente.*

Parágrafo único. Quando a liquidação só deva operar-se por morte, o prêmio se pode ajustar por prazo limitado ou por toda a vida do segurado, sendo lícito às partes contratantes, durante a vigência do contrato, substituírem, de comum acordo, um plano por outro, feita a indenização de prêmios que a substituição exigir.

• *Código Civil de 2002: art. 796, caput.*

Art. 1.472. Pode uma pessoa fazer o seguro sobre a própria vida, ou sobre a de outrem, justificando, porém, neste último caso, o seu interesse pela preservação daquela que segura, sob pena de não valer o seguro, em se provando ser falso o motivo alegado.

• *Código Civil de 2002: art. 790, caput.*

Parágrafo único. Será dispensada a justificação, se o terceiro, cuja vida se quiser segurar, for descendente, ascendente, irmão ou cônjuge do proponente.

• *Código Civil de 2002: art. 790, parágrafo único.*

Art. 1.473. Se o seguro não tiver por causa declarada a garantia de alguma obrigação, é lícito ao segurado, em qualquer tempo, substituir o seu beneficiário, e, sendo a apólice emitida à ordem, instituir o beneficiário até por ato de última vontade. Em falta de declaração, neste caso, o seguro será pago aos herdeiros do segurado, sem embargo de quaisquer disposições em contrário dos estatutos da companhia ou associação.

• *Código Civil de 2002: arts. 791, caput e 792, caput.*

Art. 1.474. Não se pode instituir beneficiário pessoa que for legalmente inibida de receber a doação do segurado.

• *Código Civil de 2002: sem correspondente.*

Art. 1.475. A soma estipulada como benefício não está sujeita às obrigações, ou dívidas do segurado.

• *Código Civil de 2002: art. 794.*

Art. 1.476. É também lícito fazer o seguro de modo que só tenha direito a ele o segurado, se chegar a certa idade, ou for vivo a certo tempo.

• *Código Civil de 2002: sem correspondente.*

Capítulo XV
Do Jogo e da Aposta

Art. 1.477. As dívidas do jogo, ou aposta, não obrigam a pagamento; mas não se pode recobrar a quantia, que voluntariamente se pagou, salvo se foi ganha por dolo, ou se o perdente é menor, ou interdito.

• *Código Civil de 2002: art. 814, caput.*

Parágrafo único. Aplica-se esta disposição a qualquer contrato que encubra ou envolva reconhecimento, novação ou fiança de dívidas de jogo; mas a nulidade resultante não pode ser oposta ao terceiro de boa-fé.

• *Código Civil de 2002: art. 814, § 1º.*

Art. 1.478. Não se pode exigir reembolso do que se emprestou para jogo, ou aposta, no ato de apostar, ou jogar.

• *Código Civil de 2002: art. 815.*

Art. 1.479. São equiparados ao jogo, submetendo-se, como tais, ao disposto nos artigos antecedentes, os contratos sobre títulos de bolsa, mercadorias ou valores, em que se estipule a liquidação exclusivamente pela diferença entre o preço ajustado e a cotação que eles tiverem, no vencimento do ajuste.

• *Código Civil de 2002: art. 816*

Art. 1.480. O sorteio, para dirimir questões, ou dividir coisas comuns, considerar-se-á sistema de partilha, ou processo de transação, conforme o caso.

• *Código Civil de 2002: art. 817.*

Capítulo XVI
Da Fiança

Seção I
Disposições Gerais

Art. 1.481. Dá-se o contrato de fiança, quando uma pessoa se obriga por outra, para com seu credor, a satisfazer a obrigação, caso o devedor não a cumpra.

• *Código Civil de 2002: art. 818.*

Art. 1.482. Se o fiador tiver quem lhe abone a solvência, ao abonador se aplicará o disposto neste Capítulo sobre fiança.

• *Código Civil de 2002: sem correspondente.*

Art. 1.483. A fiança dar-se-á por escrito, e não admite interpretação extensiva.

• *Código Civil de 2002: art. 819.*

Art. 1.484. Pode-se estipular a fiança, ainda sem consentimento do devedor.

• *Código Civil de 2002: art. 820.*

Art. 1.485. As dívidas futuras podem ser objeto de fiança; mas o fiador, neste caso, não será demandado senão depois que se fizer certa e líquida a obrigação do principal devedor.

• *Código Civil de 2002: art. 821.*

Art. 1.486. Não sendo limitada a fiança, compreenderá todos os acessórios da dívida principal, inclusive as despesas judiciais, desde a citação do fiador.

• *Código Civil de 2002: art. 822.*

Art. 1.487. A fiança pode ser de valor inferior ao da obrigação principal e contraída em condições menos onerosas. Quando exceder o valor da dívida, ou for mais onerosa que ela, não valerá senão até o limite da obrigação afiançada.

• *Código Civil de 2002: art. 823.*

Art. 1.488. As obrigações nulas não são suscetíveis de fiança, exceto se a nulidade resultar apenas de incapacidade pessoal do devedor.

• *Código Civil de 2002: art. 824, caput.*

Parágrafo único. Esta exceção não abrange o caso do art. 1.259.

• *Código Civil de 2002: art. 824, parágrafo único.*

Art. 1.489. Quando alguém houver de dar fiador, o credor não pode ser obrigado a aceitá-lo, se não for pessoa idônea, domiciliada no município, onde tenha de prestar a fiança, e não possua bens suficientes para desempenhar a obrigação.

• *Código Civil de 2002: art. 825.*

Art. 1.490. Se o fiador se tornar insolvente, ou incapaz, poderá o credor exigir que seja substituído.

• *Código Civil de 2002: art. 826.*

Seção II
Dos Efeitos da Fiança

Art. 1.491. O fiador demandado pelo pagamento da dívida tem direito a exigir, até à contestação da lide, que sejam primeiro excutidos os bens do devedor.

• *Código Civil de 2002: art. 827, caput.*

Parágrafo único. O fiador, que alegar o benefício de ordem a que se refere este artigo, deve nomear bens do devedor, sitos no mesmo município, livres e desembargados, quantos bastem para solver o débito (art. 1.504).

• *Código Civil de 2002: art. 827, parágrafo único.*

Art. 1.492. Não aproveita este benefício ao fiador:

• *Código Civil de 2002: art. 828, caput.*

I – se ele o renunciou expressamente;

• *Código Civil de 2002: art. 828, I.*

II – se se obrigou como principal pagador, ou devedor solidário;

• *Código Civil de 2002: art. 828, II.*

III – se o devedor for insolvente, ou falido.

• *Código Civil de 2002: art. 828, III.*

Art. 1.493. A fiança conjuntamente prestada a um só débito por mais de uma pessoa importa o compromisso de solidariedade entre elas, se declaradamente não se reservaram o benefício da divisão.

• *Código Civil de 2002: art. 829, caput.*

Parágrafo único. Estipulado este benefício, cada fiador responde unicamente pela parte que, em proporção, lhe couber no pagamento.

• *Código Civil de 2002: art. 829, parágrafo único.*

Art. 1.494. Pode também cada fiador taxar, no contrato, a parte da dívida que toma sob sua responsabilidade, e, neste caso, não será obrigado a mais.

• *Código Civil de 2002: art. 830.*

Art. 1.495. O fiador, que pagar integralmente a dívida, fica sub-rogado nos direitos do credor; mas só poderá demandar a cada um dos outros fiadores pela respectiva quota.

• *Código Civil de 2002: art. 831, caput.*

Parágrafo único. A parte do fiador insolvente distribuir-se-á pelos outros.

• *Código Civil de 2002: art. 831, parágrafo único.*

Art. 1.496. O devedor responde também ao fiador por todas as perdas e danos que este pagar, e pelos que sofrer em razão da fiança.

• *Código Civil de 2002: art. 832.*

Art. 1.497. O fiador tem direito aos juros do desembolso pela taxa estipulada na obrigação principal, e, não havendo taxa convencionada, aos juros legais da mora.

• *Código Civil de 2002: art. 833.*

Art. 1.498. Quando o credor, sem justa causa, demorar a execução iniciada contra o devedor, poderá o fiador, ou o abonador (art. 1.482), promover-lhe o andamento.

• *Código Civil de 2002: art. 834.*

Art. 1.499. O fiador, ainda antes de haver pago, pode exigir que o devedor satisfaça a obrigação, ou o exonere da fiança desde que a dívida se torne exigível, ou tenha decorrido o prazo dentro no qual o devedor se obrigou a desonerá-lo.

• *Código Civil de 2002: sem correspondente.*

Art. 1.500. O fiador poderá exonerar-se da fiança que tiver assinado sem limitação de tempo, sempre que lhe convier, ficando, porém, obrigado por todos os efeitos da fiança, anteriores ao ato amigável, ou à sentença que o exonerar.

• *Código Civil de 2002: art. 835.*

Art. 1.501. A obrigação do fiador passa-lhe aos herdeiros; mas a responsabilidade da fiança se limita ao tempo decorrido até à morte do fiador, e não pode ultrapassar as forças da herança.

• *Código Civil de 2002: art. 836.*

Seção III
Da Extinção da Fiança

Art. 1.502. O fiador pode opor ao credor as exceções que lhe forem pessoais, e as extintivas da obrigação que compitam ao devedor principal, se não provierem simplesmente de incapacidade pessoal, salvo o caso do art. 1.259.

• *Código Civil de 2002: art. 837.*

Art. 1.503. O fiador, ainda que solidário com o principal devedor (arts. 1.492 e 1.493), ficará desobrigado:

• *Código Civil de 2002: art. 838, caput.*

I – se, sem consentimento seu, o credor conceder moratória ao devedor;

• *Código Civil de 2002: art. 838, I.*

II – se, por falta do credor, for impossível a sub-rogação nos seus direitos e preferências;

• *Código Civil de 2002: art. 838, II.*

III – se o credor, em pagamento da dívida, aceitar amigavelmente do devedor objeto diverso do que este era obrigado a lhe dar, ainda que depois venha a perdê-lo por evicção.

• *Código Civil de 2002: art. 838, III.*

Art. 1.504. Se, feita a nomeação nas condições do art. 1.491, parágrafo único, o devedor, retardando-se a execução, cair em insolvência, ficará exonerado o fiador, provando que os bens por ele indicados eram, ao tempo da penhora, suficientes para a solução da dívida afiançada.

• *Código Civil de 2002: art. 839.*

Título VI
Das Obrigações por Declaração Unilateral da Vontade

Capítulo I
Dos Títulos ao Portador

Art. 1.505. O detentor de um título ao portador, quando dele autorizado a dispor, pode reclamar do respectivo subscritor ou emissor a prestação devida. O subscritor, ou emissor, porém, exonera-se, pagando a qualquer detentor, esteja ou não autorizado a dispor do título.

• *Código Civil de 2002: art. 905, caput.*

Art. 1.506. A obrigação do emissor subsiste, ainda que o título tenha entrado em circulação contra a sua vontade.

• *Código Civil de 2002: art. 905, parágrafo único.*

Art. 1.507. Ao portador de boa-fé, o subscritor, ou o emissor não poderá opor outra defesa, além da que assente em nulidade interna ou externa do título, ou em direito pessoal ao emissor, ou subscritor, contra o portador.

• *Código Civil de 2002: art. 906.*

Art. 1.508. O subscritor, ou emissor, não será obrigado a pagar senão à vista do título, salvo se este for declarado nulo.

• *Código Civil de 2002: sem correspondente.*

Art. 1.509. A pessoa, injustamente desapossada de títulos ao portador, só mediante intervenção judicial poderá impedir que ao ilegítimo detentor se pague a importância do capital, ou seu interesse.

• *Código Civil de 2002: art. 909, caput.*

Parágrafo único. Se, citado o detentor desses títulos, não forem apresentados em 3 (três) anos dessa data, poderá o juiz declará-los caducos, ordenando ao devedor que lavre outros, em substituição ao reclamado.

• *Código Civil de 2002: sem correspondente.*

Art. 1.510. Se o título, com o nome do credor, trouxer a cláusula de poder ser paga a prestação ao portador, embolsando a este, o devedor exonerar-se-á validamente; mas poderá exigir dele que justifique o seu direito, ou preste caução.

Aquele cujo nome se acha inscrito no título, presume-se dono, e pode reivindicá-lo de quem quer que injustamente o detenha.

• *Código Civil de 2002: sem correspondente.*

Art. 1.511. É nulo o título, em que o signatário, ou emissor, se obrigue, sem autorização de lei federal, a pagar ao portador quantia certa em dinheiro.

• *Código Civil de 2002: art. 907, caput e parágrafo único.*

Parágrafo único. Esta disposição não se aplica às obrigações emitidas pelos Estados ou pelos Municípios, as quais continuarão a ser regidas por lei especial.

• *Código Civil de 2002: sem correspondente.*

Capítulo II
Da Promessa de Recompensa

Art. 1.512. Aquele que, por anúncios públicos, se comprometer a recompensar, ou gratificar, a quem preencha certa condição, ou desempenhe certo serviço, contrai obrigação de fazer o prometido.

• *Código Civil de 2002: art. 854.*

Art. 1.513. Quem quer que, nos termos do artigo antecedente, fizer o dito serviço, ou satisfizer a dita condição, ainda que não pelo interesse da promessa, poderá exigir a recompensa estipulada.

• *Código Civil de 2002: art. 855.*

Art. 1.514. Antes de prestado o serviço, ou preenchida a condição, pode o promitente revogar a promessa, contanto que o faça com a mesma publicidade.

Se, porém, houver assinado prazo à execução da tarefa, entender-se-á que renuncia o arbítrio de retirar, durante ele, a oferta.

• *Código Civil de 2002: art. 856.*

Art. 1.515. Se o ato contemplado na promessa for praticado por mais de um indivíduo, terá direito à recompensa o que primeiro o executou.

• *Código Civil de 2002: art. 857.*

§ 1º Sendo simultânea a execução, a cada um tocará quinhão igual na recompensa.

• *Código Civil de 2002: art. 858.*

§ 2º Se essa não for divisível, conferir-se-á por sorteio.

• *Código Civil de 2002: art. 858.*

Art. 1.516. Nos concursos que se abrirem com promessa pública de recompensa, é condição essencial, para valerem, a fixação de um prazo, observadas também as disposições dos parágrafos seguintes:

• *Código Civil de 2002: art. 859, caput.*

§ 1º A decisão da pessoa nomeada, nos anúncios, como juiz, obriga os interessados.

• *Código Civil de 2002: art 859, § 1º.*

§ 2º Em falta de pessoa designada julgar o mérito dos trabalhos, que se apresentarem, entender-se-á que o promitente se reservou essa função.

• *Código Civil de 2002: art. 859, § 2º.*

§ 3º Se os trabalhos tiverem mérito igual, proceder-se-á de acordo com o artigo antecedente.

• *Código Civil de 2002: art. 859, § 3º.*

Art. 1.517. As obras premiadas, nos concursos de que trata o artigo anterior, só ficarão pertencendo ao promitente, se tal cláusula estipular na publicação da promessa.

• *Código Civil de 2002: art. 860.*

Título VII
Das Obrigações por Atos Ilícitos

Art. 1.518. Os bens do responsável pela ofensa ou violação do direito de outrem ficam sujeitos à reparação do dano causado; e, se tiver mais de um autor a ofensa, todos responderão solidariamente pela reparação.

• *Código Civil de 2002: art. 942, caput.*

Parágrafo único. São solidariamente responsáveis com os autores, os cúmplices e as pessoas designadas no art. 1.521.

• *Código Civil de 2002: art. 942, parágrafo único.*

Art. 1.519. Se o dono da coisa, no caso do art. 160, II, não for culpado do perigo, assistir-lhe-á direito à indenização do prejuízo, que sofreu.

• *Código Civil de 2002: art. 929.*

Art. 1.520. Se o perigo ocorrer por culpa de terceiro, contra este ficará com ação regressiva, no caso do art. 160, II, o autor do dano, para haver a importância, que tiver ressarcido ao dono da coisa.

• *Código Civil de 2002: art. 930, caput.*

Parágrafo único. A mesma ação competirá contra aquele em defesa de quem se danificou a coisa (art. 160, I).

• *Código Civil de 2002: art. 930, parágrafo único.*

Art. 1.521. São também responsáveis pela reparação civil:

• *Código Civil de 2002: art. 932, caput.*

I – os pais, pelos filhos menores que estiverem sob seu poder e em sua companhia;

• *Código Civil de 2002: art. 932, I.*

II – o tutor e o curador, pelos pupilos e curatelados, que se acharem nas mesmas condições;

• *Código Civil de 2002: art. 932, II.*

III – o patrão, amo ou comitente, por seus empregados, serviçais e prepostos, no exercício do trabalho que lhes competir, ou por ocasião dele (art. 1.522);

• *Código Civil de 2002: art. 932, III.*

IV – os donos de hotéis, hospedarias, casas ou estabelecimentos, onde se albergue por dinheiro, mesmo para fins de educação, pelos seus hóspedes, moradores e educandos;

• *Código Civil de 2002: art. 932, IV.*

V – os que gratuitamente houverem participado nos produtos do crime, até à concorrente quantia.

• *Código Civil de 2002: art. 932, V.*

Art. 1.522. A responsabilidade estabelecida no artigo antecedente, n. III, abrange as pessoas jurídicas, que exercerem exploração industrial.

• *Código Civil de 2002: sem correspondente.*

Art. 1.523. Excetuadas as do art. 1.521, V, só serão responsáveis as pessoas enumeradas nesse e no art. 1.522, provando-se que elas concorreram para o dano por culpa, ou negligência de sua parte.

• *Código Civil de 2002: sem correspondente.*

Art. 1.524. O que ressarcir o dano causado por outrem, se este não for descendente seu, pode reaver, daquele por quem pagou, o que houver pago.

• *Código Civil de 2002: art. 934.*

Art. 1.525. A responsabilidade civil é independente da criminal; não se poderá, porém, questionar mais sobre a existência do fato, ou quem seja o seu autor, quando estas questões se acharem decididas no crime.

• *Código Civil de 2002: art. 935.*

Art. 1.526. O direito de exigir reparação, e a obrigação de prestá-la transmitem-se com a herança, exceto nos casos que este Código excluir.

• *Código Civil de 2002: art. 943.*

Art. 1.527. O dono, ou detentor, do animal ressarcirá o dano por este causado, se não provar:

• *Código Civil de 2002: sem correspondente.*

I – que o guardava e vigiava com cuidado preciso;

• *Código Civil de 2002: sem correspondente.*

II – que o animal foi provocado por outro;

• *Código Civil de 2002: sem correspondente.*

III – que houve imprudência do ofendido;

• *Código Civil de 2002: art. 936.*

IV – que o fato resultou de caso fortuito, ou força maior.

• *Código Civil de 2002: art. 936.*

Art. 1.528. O dono do edifício ou construção responde pelos danos que resultarem de sua ruína, se esta provier da falta de reparos, cuja necessidade fosse manifesta.

• *Código Civil de 2002: art. 937.*

Art. 1.529. Aquele que habitar uma casa, ou parte dela, responde pelo dano proveniente das coisas que dela caírem ou forem lançadas em lugar indevido.

• *Código Civil de 2002: art. 938.*

Art. 1.530. O credor que demandar o devedor antes de vencida a dívida, fora dos casos em que a lei o permita, ficará obrigado a esperar o tempo que faltava para o vencimento, a descontar os juros correspondentes, embora estipulados, e a pagar as custas em dobro.

• *Código Civil de 2002: art. 939.*

Art. 1.531. Aquele que demandar por dívida já paga, no todo ou em parte, sem ressalvar as quantias recebidas, ou pedir mais do que for devido, ficará obrigado a pagar ao devedor, no primeiro caso, o dobro do que houver cobrado e, no segundo, o equivalente do que dele exigir, salvo se, por lhe estar prescrito o direito, decair da ação.

• *Código Civil de 2002: art. 940.*

Art. 1.532. Não se aplicarão as penas dos arts. 1.530 e 1.531, quando o autor desistir da ação antes de contestada a lide.

• *Código Civil de 2002: art. 941.*

TÍTULO VIII
DA LIQUIDAÇÃO DAS OBRIGAÇÕES

CAPÍTULO I
Disposições Gerais

Art. 1.533. Considera-se líquida a obrigação certa, quanto à sua existência, e determinada, quanto ao seu objeto.

• *Código Civil de 2002: sem correspondente.*

Art. 1.534. Se o devedor não puder cumprir a prestação na espécie ajustada, substituir-se-á pelo seu valor, em moeda corrente, no lugar onde se execute a obrigação.

• *Código Civil de 2002: art. 947.*

Art. 1.535. À execução judicial das obrigações de fazer, ou não fazer, e, em geral, à indenização de perdas e danos, precederá a liquidação do valor respectivo, toda vez que o não fixe a lei, ou a convenção das partes.

• *Código Civil de 2002: sem correspondente.*

Art. 1.536. Para liquidar a importância de uma prestação não cumprida, que tenha valor oficial no lugar da execução, tomar-se-á o meio-termo do preço, ou da taxa, entre a data do vencimento e a do pagamento, adicionando-lhe os juros da mora.

• *Código Civil de 2002: sem correspondente.*

§ 1º Nos demais casos far-se-á a liquidação por arbitramento.

• *Código Civil de 2002: sem correspondente.*

§ 2º Contam-se os juros da mora, nas obrigações ilíquidas, desde a citação inicial.

• *Código Civil de 2002: sem correspondente.*

CAPÍTULO II
Da Liquidação das Obrigações Resultantes de Atos Ilícitos

Art. 1.537. A indenização, no caso de homicídio, consiste:

• *Código Civil de 2002: art. 948, caput.*

I – no pagamento das despesas com o tratamento da vítima, seu funeral e o luto da família;

• *Código Civil de 2002: art. 948, I.*

II – na prestação de alimentos às pessoas a quem o defunto os devia.

• *Código Civil de 2002: art. 948, II.*

Art. 1.538. No caso de ferimento ou outra ofensa à saúde, o ofensor indenizará o ofendido das despesas do tratamento e dos lucros cessantes até o fim da convalescença, além de lhe pagar a importância da multa no grau médio da pena criminal correspondente.

• *Código Civil de 2002: art. 949.*

§ 1º Esta soma será duplicada, se do ferimento resultar aleijão ou deformidade.

• *Código Civil de 2002: sem correspondente.*

§ 2º Se o ofendido, aleijado ou deformado, for mulher solteira ou viúva, ainda capaz de casar, a indenização consistirá em dotá-la, segundo as posses do ofensor, as circunstâncias do ofendido e a gravidade do defeito.

• *Código Civil de 2002: sem correspondente.*

Art. 1.539. Se da ofensa resultar defeito pelo qual o ofendido não possa exercer o seu ofício ou profissão, ou se lhe diminua o valor do trabalho, a indenização, além das despesas do tratamento e lucros cessantes até o fim da convalescença, incluirá uma pensão correspondente à importância do trabalho, para que se inabilitou, ou da depreciação que ele sofreu.

• *Código Civil de 2002: art. 950, caput.*

Art. 1.540. As disposições precedentes aplicam-se ainda ao caso em que a morte, ou lesão, resulte de ato considerado crime justificável, se não foi perpetrado pelo ofensor em repulsa de agressão do ofendido.

• *Código Civil de 2002: sem correspondente.*

Art. 1.541. Havendo usurpação ou esbulho do alheio, a indenização consistirá em se restituir a coisa, mais o valor das suas deteriorações, ou, faltando ela, em se embolsar o seu equivalente ao prejudicado (art. 1.543).

• *Código Civil de 2002: art. 952, caput.*

Art. 1.542. Se a coisa estiver em poder de terceiro, este será obrigado a entregá-la, correndo a indenização pelos bens do delinqüente.

• *Código Civil de 2002: sem correspondente.*

Art. 1.543. Para se restituir o equivalente, quando não exista a própria coisa (art. 1.541), estimar-se-á ela pelo seu preço ordinário e pelo de afeição, contanto que este não se avantaje àquele.

• *Código Civil de 2002: art. 952, parágrafo único.*

Art. 1.544. Além dos juros ordinários, contados proporcionalmente ao valor do dano, e desde o tempo do crime, a satisfação compreende os juros compostos.

• *Código Civil de 2002: sem correspondente.*

Art. 1.545. Os médicos, cirurgiões, farmacêuticos, parteiras e dentistas são obrigados a satisfazer o dano, sempre que da imprudência, negligência, ou imperícia, em atos profissionais, resultar morte, inabilitação de servir, ou ferimento.

• *Código Civil de 2002: art. 951.*

Art. 1.546. O farmacêutico responde solidariamente pelos erros e enganos do seu preposto.

• *Código Civil de 2002: sem correspondente.*

Art. 1.547. A indenização por injúria ou calúnia consistirá na reparação do dano que delas resulte ao ofendido.

• *Código Civil de 2002: art. 953, caput.*

Parágrafo único. Se este não puder provar prejuízo material, pagar-lhe-á o ofensor o dobro da multa no grau máximo da pena criminal respectiva (art. 1.550).

• *Código Civil de 2002: art. 953, parágrafo único.*

Art. 1.548. A mulher agravada em sua honra tem direito a exigir do ofensor, se este não puder ou não quiser reparar o mal pelo casamento, um dote correspondente à sua própria condição e estado:

• Código Civil de 2002: sem correspondente.

I – se, virgem e menor, for deflorada.

• Código Civil de 2002: sem correspondente.

II – se, mulher honesta, for violentada, ou aterrada por ameaças.

• Código Civil de 2002: sem correspondente.

III – se for seduzida com promessas de casamento.

• *Código Civil de 2002: sem correspondente.*

IV – se for raptada.

• *Código Civil de 2002: sem correspondente.*

Art. 1.549. Nos demais crimes de violência sexual, ou ultraje ao pudor, arbitrar-se-á judicialmente a indenização.

• *Código Civil de 2002: sem correspondente.*

Art. 1.550. A indenização por ofensa à liberdade pessoal consistirá no pagamento das perdas e danos que sobrevierem ao ofendido, e no de uma soma calculada nos termos do parágrafo único do art. 1.547.

• *Código Civil de 2002: art. 954, caput.*

Art. 1.551. Consideram-se ofensivos da liberdade pessoal (art. 1.550):

• *Código Civil de 2002: art. 954, parágrafo único.*

I – o cárcere privado;

• *Código Civil de 2002: art. 954, parágrafo único, I.*

II – a prisão por queixa ou denúncia falsa e de má-fé;

• *Código Civil de 2002: art. 954, parágrafo único, II.*

III – a prisão ilegal (art. 1.552).

• *Código Civil de 2002: art. 954, parágrafo único, III.*

Art. 1.552. No caso do artigo antecedente, nº III, só a autoridade, que ordenou a prisão, é obrigada a ressarcir o dano.

• *Código Civil de 2002: sem correspondente.*

Art. 1.553. Nos casos não previstos neste Capítulo, se fixará por arbitramento a indenização.

• *Código Civil de 2002: sem correspondente.*

Título IX
Do Concurso de Credores

DAS PREFERÊNCIAS E PRIVILÉGIOS CREDITÓRIOS

Art. 1.554. Procede-se ao concurso de credores, toda vez que as dívidas excedam à importância dos bens do devedor.

• *Código Civil de 2002: art. 955.*

Art. 1.555. A discussão entre os credores pode versar, quer sobre a preferência entre eles disputada, quer sobre a nulidade, simulação, fraude, ou falsidade das dívidas e contratos.

• *Código Civil de 2002: art. 956.*

Art. 1.556. Não havendo título legal à preferência terão os credores igual direito sobre os bens do devedor comum.

• *Código Civil de 2002: art. 957.*

Art. 1.557. Os títulos legais de preferência são os privilégios e os direitos reais.

• *Código Civil de 2002: art. 958.*

Art. 1.558. Conservam seus respectivos direitos os credores, hipotecários ou privilegiados:

• *Código Civil de 2002: art. 959, caput.*

I – sobre o preço do seguro da coisa gravada como hipoteca ou privilégio, ou sobre a indenização devida havendo responsável pela perda ou danificação da coisa;

• *Código Civil de 2002: art. 959, I.*

II – sobre o valor da indenização, se a coisa obrigada a hipoteca ou privilégio for desapropriada, ou submetida a servidão legal.

• *Código Civil de 2002: art. 959, II.*

Art. 1.559. Nesses casos, o devedor do preço do seguro, ou da indenização, se exonera pagando sem oposição dos credores hipotecários ou privilegiados.

• *Código Civil de 2002: art. 960.*

Art. 1.560. O crédito real prefere ao pessoal de qualquer espécie, salvo a exceção estabelecida no parágrafo único do art. 759; o crédito pessoal privilegiado, ao simples, e o privilégio especial, ao geral.

• *Código Civil de 2002: art. 961.*

Art. 1.561. A preferência resultante de hipoteca, penhor e mais direitos reais (art. 674), determinar-se-á de conformidade com o disposto no livro antecedente.

• *Código Civil de 2002: sem correspondente.*

Art. 1.562. Quando concorrerem aos mesmos bens, e por título igual, dois ou mais credores da mesma classe, especialmente privilegiados, haverá entre eles rateio, proporcional ao valor dos respectivos créditos, se o produto não bastar para o pagamento integral de todos.

• *Código Civil de 2002: art. 962.*

Art. 1.563. Os privilégios – excetuado o de que trata o parágrafo único do art. 759 – se referem somente:

• *Código Civil de 2002: sem correspondente.*

I – aos bens móveis do devedor, não sujeitos a direito real de outrem;

• *Código Civil de 2002: sem correspondente.*

II – aos imóveis não hipotecados;

• *Código Civil de 2002: sem correspondente.*

III – ao saldo do preço dos bens sujeitos a penhor ou hipoteca, depois de pagos os respectivos credores;

• *Código Civil de 2002: sem correspondente.*

IV – ao valor do seguro e da desapropriação.

• *Código Civil de 2002: sem correspondente.*

Art. 1.564. Do preço do imóvel hipotecado, porém, serão deduzidas as custas judiciais de sua execução, bem como as despesas de conservação com ele feitas por terceiro, mediante consenso do devedor e do credor, depois de constituída a hipoteca.

• *Código Civil de 2002: sem correspondente.*

Art. 1.565. O privilégio especial só compreende os bens sujeitos, por expressa disposição de lei, ao pagamento do crédito, que ele favorece; e o geral, todos os bens não sujeitos a crédito real, nem a privilégio especial.

• *Código Civil de 2002: art. 963.*

Art. 1.566. Tem privilégio especial:

• *Código Civil de 2002: art. 964, caput.*

I – sobre a coisa arrecadada e liquidada, o credor de custas e despesas judiciais feitas com a arrecadação e liquidação;

• *Código Civil de 2002: art. 964, I.*

II – sobre a coisa salvada, o credor por despesas de salvamento;

• *Código Civil de 2002: art. 964, II.*

III – sobre a coisa beneficiada, o credor por benfeitorias necessárias ou úteis;

• *Código Civil de 2002: art. 964, III.*

IV – sobre os prédios rústicos ou urbanos, fábricas, oficinas, ou quaisquer outras construções, o credor de materiais, dinheiro, ou serviços para a sua edificação, reconstrução, ou melhoramento;

• *Código Civil de 2002: art. 964, IV.*

V – sobre os frutos agrícolas, o credor por sementes, instrumentos e serviços à cultura, ou à colheita;

• *Código Civil de 2002: art. 964, V.*

VI – sobre as alfaias e utensílios de uso doméstico, nos prédios rústicos ou urbanos, o credor de alugueres, quanto às prestações do ano corrente e do anterior;

• *Código Civil de 2002: art. 964, VI.*

VII – sobre os exemplares da obra existente na massa do editor, o autor dela, ou seus legítimos representantes, pelo crédito fundado contra aquele no contrato de edição;

• *Código Civil de 2002: art. 964,VII.*

VIII – sobre o produto da colheita, para a qual houver concorrido com o seu trabalho, e precipuamente a quaisquer outros créditos, o trabalhador agrícola, quanto à dívida dos seus salários (art. 759, parágrafo único).

• *Código Civil de 2002: art. 964, VIII.*

Art. 1.567. Cessa o privilégio estabelecido no artigo antecedente, n. V, desde que os frutos são reduzidos a outra espécie, ou vendidos depois de recolhidos.

• *Código Civil de 2002: sem correspondente.*

Art. 1.568. Havendo, a um tempo, credores com direito ao privilégio do art. 1.566, III, e ao desse artigo, n. IV, aplicar-se-lhe-á o disposto no art. 1.562.

• *Código Civil de 2002: sem correspondente.*

Art. 1.569. Gozam de privilégio geral, na ordem seguinte, sobre os bens do devedor:

• *Código Civil de 2002: art. 965, caput.*

I – o crédito por despesas do seu funeral, feito sem pompa, segundo a condição do finado e o costume do lugar;

• *Código Civil de 2002: art. 965, I.*

II – o crédito por custas judiciais, ou por despesas com a arrecadação e liquidação da massa;

• *Código Civil de 2002: art. 965, II.*

III – o crédito por despesas com o luto do cônjuge sobrevivo e dos filhos do devedor falecido, se forem moderadas;

• *Código Civil de 2002: art. 965, III.*

IV – o crédito por despesas com a doença de que faleceu o devedor, no semestre anterior à sua morte;

• *Código Civil de 2002: art. 965, IV.*

V – o crédito pelos gastos necessários à mantença do devedor falecido e sua família, no trimestre anterior ao falecimento;

• *Código Civil de 2002: art. 965, V.*

VI – o crédito pelos impostos devidos à Fazenda Pública, no ano corrente e no anterior;

• *Código Civil de 2002: art. 965, VI.*

VII – o crédito pelo salário dos criados e mais pessoas de serviço doméstico do devedor, nos seus derradeiros 6 (seis) meses de vida.

• *Código Civil de 2002: art. 965, VII.*

Art. 1.570. Na remuneração do art. 1.569, VII, se inclui a dos mestres que, durante o mesmo período, ensinaram aos descendentes menores do devedor.

• *Código Civil de 2002: sem correspondente.*

Art. 1.571. A Fazenda federal prefere à estadual, e esta, à municipal.

• *Código Civil de 2002: sem correspondente.*

LIVRO IV
DO DIREITO DAS SUCESSÕES

Título I
Da Sucessão em Geral

Capítulo I
Disposições Gerais

Art. 1.572. Aberta a sucessão, o domínio e a posse da herança transmitem-se, desde logo, aos herdeiros legítimos e testamentários.

• *Código Civil de 2002: art. 1.784.*

Art. 1.573. A sucessão dá-se por disposição de última vontade, ou em virtude da lei.

• *Código Civil de 2002: art. 1.786.*

Art. 1.574. Morrendo a pessoa sem testamento, transmite-se a herança a seus herdeiros legítimos. Ocorrerá outro tanto quanto aos bens que não forem compreendidos no testamento.

• *Código Civil de 2002: art. 1.788.*

Art. 1.575. Também subsiste a sucessão legítima se o testamento caducar, ou for julgado nulo.

• *Código Civil de 2002: art. 1.788.*

Art. 1.576. Havendo herdeiros necessários, o testador só poderá dispor da metade da herança.

• *Código Civil de 2002: art. 1.789.*

Art. 1.577. A capacidade para suceder é a do tempo da abertura da sucessão, que se regulará conforme a lei então em vigor.

• *Código Civil de 2002: art. 1.787.*

Capítulo II
Da Transmissão da Herança

Art. 1.578. A sucessão abre-se no lugar do último domicílio do falecido.

• *Código Civil de 2002: art. 1.785.*

Art. 1.579. Ao cônjuge sobrevivente, no casamento celebrado sob o regime da comunhão de bens, cabe continuar até a partilha na posse da herança com o cargo de cabeça do casal.

• *Código Civil de 2002: sem correspondente.*

§ 1º Se porém o cônjuge sobrevivo for a mulher, será mister, para isso, que estivesse vivendo com o marido ao tempo de sua morte, salvo prova de que essa convivência se tornou impossível sem culpa dela.

• *Código Civil de 2002: sem correspondente.*

§ 2º Na falta de cônjuge sobrevivente, a nomeação de inventariante recairá no co-herdeiro que se achar na posse corporal e na administração dos bens. Entre co-herdeiros a preferência se graduará pela idoneidade.

• *Código Civil de 2002: sem correspondente.*

§ 3º Na falta de cônjuge ou de herdeiro, será inventariante o testamenteiro.

• *Código Civil de 2002: sem correspondente.*

Art. 1.580. Sendo chamadas simultaneamente, a uma herança, duas ou mais pessoas, será indivisível o seu direito, quanto à posse e ao domínio até se ultimar a partilha.

• *Código Civil de 2002: art. 1.791, caput e parágrafo único.*

Parágrafo único. Qualquer dos co-herdeiros pode reclamar a universalidade da herança ao terceiro, que indevidamente a possua, não podendo este opor-lhe, em exceção, o caráter parcial do seu direito nos bens da sucessão.

• *Código Civil de 2002: sem correspondente.*

Capítulo III
Da Aceitação e Renúncia da Herança

Art. 1.581. A aceitação da herança pode ser expressa ou tácita; a renúncia, porém, deverá constar, expressamente, de escritura pública, ou termo judicial.

• *Código Civil de 2002: art. 1.806.*

§ 1º É expressa a aceitação, quando se faz por declaração escrita; tácita, quando resulta de atos compatíveis somente com o caráter de herdeiros.

• *Código Civil de 2002: art. 1.805, caput.*

§ 2º Não exprimem aceitação da herança os atos oficiosos, como o funeral do finado, os meramente conservatórios, ou os de administração e guarda interina.

• *Código Civil de 2002: art. 1.805, § 1º.*

Art. 1.582. Não importa igualmente aceitação a cessão gratuita, pura e simples, da herança, aos demais co-herdeiros.

• *Código Civil de 2002: art. 1.805, § 2º.*

Art. 1.583. Não se pode aceitar ou renunciar a herança em parte, sob condição, ou a termo; mas o herdeiro, a quem se testaram legados, pode aceitá-los, renunciando a herança, ou, aceitando-a, repudiá-los.

• *Código Civil de 2002: art. 1.808, caput, § 1º e § 2º.*

Art. 1.584. O interessado em que o herdeiro declare se aceita, ou não, a herança, poderá, 20 (vinte) dias depois de aberta a sucessão, requerer ao juiz prazo razoável não maior de 30 (trinta) dias, para, dentro nele, se pronunciar o herdeiro, sob pena de se haver a herança por aceita.

• *Código Civil de 2002: art. 1.807.*

Art. 1.585. Falecendo o herdeiro, antes de declarar se aceita a herança, o direito de aceitar passa-lhe aos herdeiros, a menos que se trate de instituição adstrita a uma condição suspensiva, ainda não verificada.

• *Código Civil de 2002: art. 1.809.*

Art. 1.586. Quando o herdeiro prejudicar os seus credores, renunciando a herança, poderão eles, com autorização do juiz, aceitá-la em nome do renunciante.

Nesse caso, e depois de pagas as dívidas do renunciante, o remanescente será dissolvido aos outros herdeiros.

• *Código Civil de 2002: art. 1.813, caput e § 2º.*

Art. 1.587. O herdeiro não responde por encargos superiores às forças da herança; incumbe-lhe, porém, a prova do excesso, salvo se existir inventário, que a escuse, demonstrando o valor dos bens herdados.

• *Código Civil de 2002: art. 1.792.*

Art. 1.588. Ninguém pode suceder, representando herdeiro renunciante. Se, porém, ele for o único legítimo da sua classe, ou se todos os outros da mesma classe renunciarem a herança, poderão os filhos vir à sucessão, por direito próprio, e por cabeça.

• *Código Civil de 2002: art. 1.811.*

Art. 1.589. Na sucessão legítima, a parte do renunciante acresce à dos outros herdeiros da mesma classe, e, sendo ele o único desta, devolve-se aos da subseqüente.

• *Código Civil de 2002: art. 1.810.*

Art. 1.590. É retratável a renúncia, quando proveniente de violência, erro ou dolo, ouvidos os interessados. A aceitação pode retratar-se, se não resultar prejuízo a credores, sendo lícito a estes, no caso contrário, reclamar a providência referida no art. 1.586.

• *Código Civil de 2002: art. 1.812.*

Capítulo IV
Da Herança Jacente

Art. 1.591. Não havendo testamento, a herança é jacente, e ficará sob a guarda, conservação e administração de um curador:

• *Código Civil de 2002: art. 1.819.*

I – se o falecido não deixar cônjuge, nem herdeiros, descendente ou ascendente, nem colateral sucessível, notoriamente conhecido;

• *Código Civil de 2002: art. 1.819.*

II – se os herdeiros, descendentes ou ascendentes, renunciarem a herança, e não houver cônjuge, ou colateral sucessível, notoriamente conhecido.

• *Código Civil de 2002: sem correspondente.*

Art. 1.592. Havendo testamento, observar-se-á o disposto no artigo antecedente:

• *Código Civil de 2002: sem correspondente.*

I – se o falecido não deixar cônjuge, nem herdeiros descendentes ou ascendentes;

• *Código Civil de 2002: sem correspondente.*

II – se o herdeiro nomeado não existir, ou não aceitar a herança;

• *Código Civil de 2002: sem correspondente.*

III – se, em qualquer dos casos previstos nos dois números antecedentes, não houver colateral sucessível, notoriamente conhecido;

• *Código Civil de 2002: sem correspondente.*

IV – se, verificada alguma das hipóteses dos três números anteriores, não houver testamenteiro nomeado, o nomeado não existir, ou não aceitar a testamentaria.

• *Código Civil de 2002: sem correspondente.*

Art. 1.593. Serão declarados vacantes os bens da herança jacente, se, praticadas todas as diligências legais, não aparecerem herdeiros.

• *Código Civil de 2002: art. 1.820.*

Parágrafo único. Esta declaração não se fará senão 1 (um) ano depois de concluído o inventário.

• *Código Civil de 2002: art. 1.820.*

Art. 1.594. A declaração de vacância da herança não prejudicará os herdeiros que legalmente se habilitarem; mas, decorridos 5 (cinco) anos da abertura da sucessão, os bens arrecadados passarão ao domínio do Município ou do Distrito Federal, se localizado nas respectivas circunscrições, incorporando-se ao domínio da União, quando situados em território federal.

• *Código Civil de 2002: art. 1.822, caput.*

Parágrafo único. Se não forem notoriamente conhecidos, os colaterais ficarão excluídos da sucessão legítima após a declaração de vacância.

• *Código Civil de 2002: art. 1.822, parágrafo único.*

Capítulo V
Dos que Não Podem Suceder

Art. 1.595. São excluídos da sucessão (arts. 1.708, IV, e 1.741 a 1.745), os herdeiros, ou legatários:

• *Código Civil de 2002: art. 1.814, caput.*

I – que houverem sido autores ou cúmplices em crime de homicídio voluntário, ou tentativa deste, contra a pessoa de cuja sucessão se tratar;

• *Código Civil de 2002: art. 1.814, I.*

II – que a acusaram caluniosamente em juízo, ou incorreram em crime contra a sua honra;

• *Código Civil de 2002: art. 1.814, II.*

III – que, por violência ou fraude, a inibiram de livremente dispor dos seus bens em testamento ou codicilo, ou lhe obstaram a execução dos atos de última vontade.

• *Código Civil de 2002: art. 1.814, III.*

Art. 1.596. A exclusão do herdeiro, ou legatário, em qualquer desses casos de indignidade, será declarada por sentença, em ação ordinária, movida por quem tenha interesse na sucessão.

• *Código Civil de 2002: art. 1.815, caput.*

Art. 1.597. O indivíduo incurso em atos que determinem a exclusão da herança (art. 1.595) a ela será, não obstante, admitido, se a pessoa ofendida, cujo herdeiro ele for, assim o resolveu por ato autêntico, ou testamento.

• *Código Civil de 2002: art. 1.818, caput.*

Art. 1.598. O excluído da sucessão é obrigado a restituir os frutos e rendimentos que dos bens da herança houver percebido.

• *Código Civil de 2002: art. 1.817, parágrafo único.*

Art. 1.599. São pessoais os efeitos da exclusão. Os descendentes do herdeiro excluído sucedem, como se ele morto fosse (art. 1.602).

• *Código Civil de 2002: art. 1.816, caput.*

Art. 1.600. São válidas as alienações de bens hereditários, e os atos de administração legalmente praticados pelo herdeiro excluído, antes da sentença de exclusão; mas aos co-herdeiros subsiste, quando prejudicados, o direito de demandar-lhe perdas e danos.

• *Código Civil de 2002: art. 1.817, caput.*

Art. 1.601. O herdeiro excluído terá direito a reclamar indenização por quaisquer despesas feitas com a conservação dos bens hereditários, e cobrar os créditos que lhe assistam contra a herança.

• *Código Civil de 2002: sem correspondente.*

Art. 1.602. O excluído da sucessão não terá direito ao usufruto e à administração dos bens, que a seus filhos couberem na herança (art. 1.599), ou à sucessão eventual desses bens.

• *Código Civil de 2002: art. 1.816, parágrafo único.*

Título II
Da Sucessão Legítima

Capítulo I
Da Ordem da Vocação Herediditária

Art. 1.603. A sucessão legítima defere-se na ordem seguinte:

• *Código Civil de 2002: art. 1.829, caput.*

I – aos descendentes;

• *Código Civil de 2002: art. 1.829, I.*

II – aos ascendentes;

• *Código Civil de 2002: art. 1.829, II.*

III – ao cônjuge sobrevivente;

• *Código Civil de 2002: art. 1.829, III.*

IV – aos colaterais;

• *Código Civil de 2002: art. 1.829, IV.*

V – aos Municípios, ao Distrito Federal ou à União.

• *Código Civil de 2002: sem correspondente.*

Art. 1.604. Na linha descendente, os filhos sucedem por cabeça, e os outros descendentes, por cabeça ou por estirpe, conforme se achem, ou não, no mesmo grau.

• *Código Civil de 2002: art. 1.835.*

Art. 1.605. Para os efeitos da sucessão, aos filhos legítimos se equiparam os legitimados, os naturais reconhecidos e os adotivos.

• *Código Civil de 2002: sem correspondente.*

§ 1º *(Revogado pela Lei 6.515, de 26.12.1977.)*

§ 2º Ao filho adotivo, se concorrer com legítimos, supervenientes à adoção (art. 368), tocará somente metade da herança cabível a cada um destes.

• *Código Civil de 2002: sem correspondente.*

Art. 1.606. Não havendo herdeiros da classe dos descendentes, são chamados à sucessão os ascendentes.

• *Código Civil de 2002: art. 1.836, caput.*

Art. 1.607. Na classe dos ascendentes, o grau mais próximo exclui o mais remoto, sem distinção de linhas.

• *Código Civil de 2002: art. 1.836, § 1º.*

Art. 1.608. Havendo igualdade em grau e diversidade em linha, a herança partir-se-á entre as duas linhas meio pelo meio.

• *Código Civil de 2002: art. 1.836, § 2º.*

Art. 1.609. Falecendo sem descendência o filho adotivo, se lhe sobreviverem os pais e o adotante, àqueles tocará por inteiro a herança.

• *Código Civil de 2002: sem correspondente.*

Parágrafo único. Em falta dos pais, embora haja outros ascendentes, devolve-se a herança ao adotante.

• *Código Civil de 2002: sem correspondente.*

Art. 1.610. Quando o descendente ilegítimo tiver direito à sucessão do ascendente, haverá direito o ascendente ilegítimo à sucessão do descendente.

• *Código Civil de 2002: sem correspondente.*

Art. 1.611. À falta de descendentes ou ascendentes será deferida a sucessão ao cônjuge sobrevivente, se, ao tempo da morte do outro, não estava dissolvida a sociedade conjugal.

• *Código Civil de 2002: art. 1.838.*

§ 1º O cônjuge viúvo, se o regime de bens do casamento não era o da comunhão universal, terá direito, enquanto durar a viuvez, ao usufruto da quarta parte dos bens do cônjuge falecido, se houver filhos, deste ou do casal, e à metade, se não houver filhos embora sobrevivam ascendentes do de cujus.

• *Código Civil de 2002: sem correspondente.*

§ 2º Ao cônjuge sobrevivente, casado sob regime de comunhão universal, enquanto viver e permanecer viúvo, será assegurado, sem prejuízo da participação que lhe caiba na herança, o direito real de habitação relativamente ao imóvel destinado à residência da família, desde que seja o único bem daquela natureza a inventariar.

• *Código Civil de 2002: art. 1.831.*

§ 3º Na falta do pai ou da mãe, estende-se o benefício previsto no § 2º ao filho portador de deficiência que o impossibilite para o trabalho.

• *Código Civil de 2002: sem correspondente.*

Art. 1.612. Se não houver cônjuge sobrevivente, ou ele incorrer na incapacidade do art. 1.611, serão chamados a suceder os colaterais até o quarto grau.

• *Código Civil de 2002: art. 1.839.*

Art. 1.613. Na classe dos colaterais, os mais próximos excluem os mais remotos, salvo o direito de representação concedido aos filhos de irmãos.

• *Código Civil de 2002: art. 1.840.*

Art. 1.614. Concorrendo à herança do falecido irmãos bilaterais com irmãos unilaterais, cada um destes herdará metade do que cada um daqueles herdar.

• *Código Civil de 2002: art. 1.841.*

Art. 1.615. Se com tio ou tios concorrerem filhos de irmão unilateral ou bilateral, terão eles, por direito de representação, a parte que caberia ao pai ou à mãe, se vivessem.

• *Código Civil de 2002: sem correspondente.*

Art. 1.616. Não concorrendo à herança irmão germano, herdarão, em partes iguais entre si, os unilaterais.

• *Código Civil de 2002: art. 1.842.*

Art. 1.617. Em falta de irmãos, herdarão os filhos destes.

• *Código Civil de 2002: art. 1.843, caput.*

§ 1º Se só concorrerem à herança filhos de irmãos falecidos, herdarão por cabeça.

• *Código Civil de 2002: art. 1.843, § 1º.*

§ 2º Se concorrerem filhos de irmãos bilaterais, com filhos de irmãos unilaterais, cada um destes herdará a metade do que herdar cada um daqueles.

• *Código Civil de 2002: art. 1.843, § 2º.*

§ 3º Se todos forem filhos de irmãos germanos, ou todos de irmãos unilaterais, herdarão todos por igual.

• *Código Civil de 2002: art. 1.843, § 3º.*

Art. 1.618. Não há direito de sucessão entre o adotado e os parentes do adotante.

• *Código Civil de 2002: sem correspondente.*

Art. 1.619. Não sobrevivendo cônjuge, nem parente algum sucessível, ou tendo eles renunciado à herança, esta se devolve ao Município ou ao Distrito Federal, se localizada nas respectivas circunscrições, ou à União, quando situada em território federal.

• *Código Civil de 2002: art. 1.844.*

Capítulo II
Do Direito de Representação

Art. 1.620. Dá-se o direito de representação, quando a lei chama certos parentes do falecido a suceder em todos os direitos, em que ele sucederia, se vivesse.

• *Código Civil de 2002: art. 1.851.*

Art. 1.621. O direito de representação dá-se na linha reta descendente, mas nunca na ascendente.

• *Código Civil de 2002: art. 1.852.*

Art. 1.622. Na linha transversal, só se dá o direito de representação em favor dos filhos de irmãos do falecido, quando com irmão deste concorrerem.

• *Código Civil de 2002: art. 1.853.*

Art. 1.623. Os representantes só podem herdar, como tais, o que herdaria o representado, se vivesse.

• *Código Civil de 2002: art. 1.854.*

Art. 1.624. O quinhão do representado partir-se-á por igual entre os representantes.

• *Código Civil de 2002: art. 1.855.*

Art. 1.625. O renunciante à herança de uma pessoa poderá representá-la na sucessão de outra.

• *Código Civil de 2002: art. 1.856.*

Título III
Da Sucessão Testamentária

Capítulo I
Do Testamento em Geral

Art. 1.626. Considera-se testamento o ato revogável pelo qual alguém, de conformidade com a lei, dispõe, no todo ou em parte, do seu patrimônio, para depois da sua morte.

• *Código Civil de 2002: arts. 1.857, caput.*

Capítulo II
Da Capacidade para Fazer Testamento

Art. 1.627. São incapazes de testar:

• *Código Civil de 2002: sem correspondente.*

I – os menores de 16 (dezesseis) anos;

• *Código Civil de 2002: sem correspondente.*

II – os loucos de todo o gênero;

• *Código Civil de 2002: sem correspondente.*

III – os que, ao testar, não estejam em seu perfeito juízo;

• *Código Civil de 2002: art. 1.860, caput.*

IV – os surdos-mudos, que não puderem manifestar a sua vontade.

• *Código Civil de 2002: sem correspondente.*

Art. 1.628. A incapacidade superveniente não invalida o testamento eficaz, nem o testamento do incapaz se valida com a superveniência da capacidade.

• *Código Civil de 2002: art. 1.861.*

Capítulo III
Das Formas Ordinárias do Testamento

Seção I
Disposições Gerais

Art. 1.629. Este Código reconhece como testamentos ordinários:

• *Código Civil de 2002: art. 1.862, caput.*

I – o público;

• *Código Civil de 2002: art. 1.862, I.*

II – o cerrado;

• *Código Civil de 2002: art. 1.862, II.*

III – o particular;

• *Código Civil de 2002: art. 1.862, III.*

Art. 1.630. É proibido o testamento conjuntivo, seja simultâneo, recíproco ou correspectivo.

• *Código Civil de 2002: art. 1.863.*

Art. 1.631. Não se admitem outros testamentos especiais, além dos contemplados neste Código (arts. 1.656 a 1.663).

• *Código Civil de 2002: art. 1.887.*

Seção II
Do Testamento Público

Art. 1.632. São requisitos essenciais do testamento público:

• *Código Civil de 2002: art. 1.864, caput.*

I – que seja escrito por oficial público em seu livro de notas, de acordo com o ditado ou as declarações do testador, em presença de cinco testemunhas;

• *Código Civil de 2002: art. 1.864, I.*

II – que as testemunhas assistam a todo o ato;

• *Código Civil de 2002: sem correspondente.*

III – que, depois de escrito, seja lido pelo oficial, na presença do testador e das testemunhas, ou pelo testador, se o quiser, na presença destas e do oficial;

• *Código Civil de 2002: art. 1.864, II.*

IV – que, em seguida à leitura, seja o ato assinado pelo testador, pelas testemunhas e pelo oficial.

• *Código Civil de 2002: art. 1.864, III.*

Parágrafo único. As declarações do testador serão feitas na língua nacional.

• *Código Civil de 2002: sem correspondente.*

Art. 1.633. Se o testador não souber, ou não puder assinar, o oficial assim o declarará, assinando, neste caso, pelo testador, e a seu rogo, uma das testemunhas instrumentárias.

• *Código Civil de 2002: art. 1.865.*

Art. 1.634. O oficial público, especificando cada uma dessas formalidades, portará por fé, no testamento, haverem sido todas observadas.

• *Código Civil de 2002: sem correspondente.*

Parágrafo único. Se faltar, ou não mencionar alguma delas, será nulo o testamento, respondendo o oficial público civil e criminalmente.

• *Código Civil de 2002: sem correspondente.*

Art. 1.635. Considera-se habilitado a testar publicamente aquele que puder fazer de viva voz as suas declarações, e verificar, pela sua leitura, haverem sido fielmente exaradas.

• *Código Civil de 2002: sem correspondente.*

Art. 1.636. O indivíduo inteiramente surdo, sabendo ler, lerá o seu testamento, e, se o não souber, designará quem o leia em seu lugar, presentes as testemunhas.

• *Código Civil de 2002: art. 1.866.*

Art. 1.637. Ao cego só se permite o testamento público, que lhe será lido, em alta voz, duas vezes, uma pelo oficial, e a outra por uma das testemunhas designada pelo testador; fazendo-se de tudo circunstanciada menção no testamento.

• *Código Civil de 2002: art. 1.867.*

Seção III
Do Testamento Cerrado

Art. 1.638. São requisitos essenciais do testamento cerrado:

• *Código Civil de 2002: art. 1.868, caput.*

I – que seja escrito pelo testador, ou por outra pessoa, a seu rogo;

• *Código Civil de 2002: art. 1.868, caput.*

II – que seja assinado pelo testador;

• *Código Civil de 2002: art. 1.868, caput.*

III – que não sabendo, ou não podendo o testador assinar, seja assinado pela pessoa que lho escreveu;

• *Código Civil de 2002: art. 1.868, caput.*

IV – que o testador o entregue ao oficial em presença, quando menos, de cinco testemunhas;

• *Código Civil de 2002: art. 1.868, I.*

V – que o oficial, perante as testemunhas, pergunte ao testador se aquele é o seu testamento, e quer que seja aprovado, quando o testador não se tenha antecipado em declará-lo;

• *Código Civil de 2002: art. 1.868, II.*

VI – que para logo, em presença das testemunhas, o oficial exare o auto de aprovação, declarando nele que o testador lhe entregou o testamento e o tinha por seu, bom, firme e valioso;

• *Código Civil de 2002: art. 1.868, III.*

VII – que imediatamente depois da sua última palavra comece o instrumento de aprovação;

• *Código Civil de 2002: art. 1.869, caput.*

VIII – que, não sendo isto possível, por falta absoluta de espaço na última folha escrita, o oficial ponha nele o seu sinal público e assim o declare no instrumento;

• *Código Civil de 2002: art. 1.869, parágrafo único.*

IX – que o instrumento ou auto de aprovação seja lido pelo oficial, assinando ele, as testemunhas e o testador, se souber e puder;

• *Código Civil de 2002: art. 1.868, IV.*

X – que, não sabendo, ou não podendo o testador assinar, assine por ele uma das testemunhas, declarando, ao pé da assinatura, que o faz a rogo do testador, por não saber ou não poder assinar;

• *Código Civil de 2002: sem correspondente.*

XI – que o tabelião o cerre e cosa, depois de concluído o instrumento de aprovação.

• *Código Civil de 2002: art. 1.869, caput.*

Art. 1.639. Se o oficial tiver escrito o testamento a rogo do testador, podê-lo-á, não obstante, aprovar.

• *Código Civil de 2002: art. 1.870.*

Art. 1.640. O testamento pode ser escrito, em língua nacional ou estrangeira, pelo próprio testador, ou por outrem, a seu rogo. A assinatura será sempre do próprio testador, ou de quem lhe escreveu o testamento (art. 1.638, I).

• *Código Civil de 2002: art. 1.871.*

Art. 1.641. Não poderá dispor de seus bens em testamento cerrado quem não saiba, ou não possa ler.

• *Código Civil de 2002: art. 1.872.*

Art. 1.642. Pode fazer testamento cerrado o surdo-mudo, contanto que o escreva todo, e o assine de sua mão, e que, ao entregá-lo ao oficial público, ante as cinco testemunhas, escreva, na face externa do papel, ou do envoltório, que aquele é o seu testamento, cuja aprovação lhe pede.

• *Código Civil de 2002: art. 1.873.*

Art. 1.643. Depois de aprovado e cerrado, será o testamento entregue ao testador, e o oficial lançará, no seu livro, nota do lugar, dia, mês e ano em que o testamento foi aprovado e entregue.

• *Código Civil de 2002: art. 1.874.*

Art. 1.644. O testamento será aberto pelo juiz, que o fará registrar e arquivar no cartório a que tocar, ordenando que seja cumprido, se lhe não achar vício externo que o torne suspeito de nulidade, ou falsidade.

• *Código Civil de 2002: art. 1.875.*

Seção IV
Do Testamento Particular

Art. 1.645. São requisitos essenciais do testamento particular:

• *Código Civil de 2002: art. 1.876, caput.*

I – que seja escrito e assinado pelo testador;

• *Código Civil de 2002: art. 1.876, caput.*

II – que nele intervenham cinco testemunhas, além do testador;

• *Código Civil de 2002: art. 1.876,§ 1º.*

III – que seja lido perante as testemunhas, e, depois de lido, por elas assinado.

• *Código Civil de 2002: art. 1.876,§ 1º.*

Art. 1.646. Morto o testador, publicar-se-á em juízo o testamento, com citação dos herdeiros legítimos.

• *Código Civil de 2002: art. 1.877.*

Art. 1.647. Se as testemunhas forem contestes sobre o fato da disposição, ou, ao menos, sobre a sua leitura perante elas, e se reconhecerem as próprias assinaturas, assim como a do testador, será confirmado o testamento.

• *Código Civil de 2002: art. 1.878, caput.*

Art. 1.648. Faltando até duas das testemunhas, por morte, ou ausência em lugar não sabido, o testamento pode ser confirmado, se as três restantes forem contestes, nos termos do artigo antecedente.

• *Código Civil de 2002: art. 1.878, parágrafo único.*

Art. 1.649. O testamento particular pode ser escrito em língua estrangeira, contanto que as testemunhas a compreendam.

• *Código Civil de 2002: art. 1.880.*

Seção V
Das Testemunhas Testamentárias

Art. 1.650. Não podem ser testemunhas em testamentos:

• *Código Civil de 2002: sem correspondente.*

I – os menores de 16 (dezesseis) anos;

• *Código Civil de 2002: sem correspondente.*

II – os loucos de todo o gênero;

• *Código Civil de 2002: sem correspondente.*

III – os surdos-mudos e os cegos;

• *Código Civil de 2002: sem correspondente.*

IV – o herdeiro instituído, seus ascendentes e descendentes, irmãos e cônjuge;

• *Código Civil de 2002: sem correspondente.*

V – o legatário.

• *Código Civil de 2002: sem correspondente.*

Capítulo IV
Dos Codicilos

Art. 1.651. Toda pessoa capaz de testar poderá, mediante escrito particular seu, datado e assinado, fazer disposições especiais sobre o seu enterro, sobre esmolas de pouca monta a certas e determinadas pessoas, ou, indeterminadamente, aos pobres de certo lugar, assim como legar móveis, roupas ou jóias, não mui valiosas, de seu uso pessoal (art. 1.797).

• *Código Civil de 2002: art. 1.881.*

Art. 1.652. Esses atos, salvo direito de terceiros, valerão como codicilos, deixe, ou não, testamento o autor.

• *Código Civil de 2002: art. 1.882.*

Art. 1.653. Pelo modo estabelecido no art. 1.651, se poderão nomear ou substituir testamenteiros.

• *Código Civil de 2002: art. 1.883.*

Art. 1.654. Os atos desta espécie revogam-se por atos iguais, e consideram-se revogados, se, havendo testamento posterior, de qualquer natureza, este os não confirmar, ou modificar.

• *Código Civil de 2002: art. 1.884.*

Art. 1.655. Se estiver fechado o codicilo, abrir-se-á do mesmo modo que o testamento cerrado (art. 1.644).

• *Código Civil de 2002: art. 1.885.*

Capítulo V
Dos Testamentos Especiais

Seção I
Do Testamento Marítimo

Art. 1.656. O testamento, nos navios nacionais, de guerra, ou mercantes, em viagem de alto-mar, será lavrado pelo comandante, ou pelo escrivão de bordo, que redigirá as declarações do testador, ou as escreverá, por ele ditadas, ante duas testemunhas idôneas, de preferência escolhidas entre os passageiros, e presentes a todo o ato, cujo instrumento assinarão depois do testador.

• *Código Civil de 2002: art. 1.888, caput.*

Parágrafo único. Se o testador não puder escrever, assinará por ele uma das testemunhas, declarando que o faz a seu rogo.

• *Código Civil de 2002: sem correspondente.*

Art. 1.657. O testador, querendo, poderá escrever ele mesmo o seu testamento, ou fazê-lo escrever por outrem. No primeiro caso, o próprio testador assinará; no segundo, quem o escreveu, com a declaração de que o subscreve a rogo do testador.

• *Código Civil de 2002: sem correspondente.*

§ 1º O testamento assim feito será pelo testador entregue ao comandante ou escrivão de bordo, perante duas testemunhas, que reconheçam e entendam o testador, declarando este, no mesmo ato, ser seu testamento o escrito apresentado.

• *Código Civil de 2002: art. 1.890.*

§ 2º O comandante, ou o escrivão, recebê-lo-á, e, em seguida, abaixo do escrito, certificará todo o ocorrido, datando e assinando com o testador e as testemunhas.

• *Código Civil de 2002: sem correspondente.*

Art. 1.658. O testamento marítimo caducará, se o testador não morrer na viagem, nem nos 3 (três) meses subseqüentes ao seu desembarque em terra, onde possa fazer, na forma ordinária, outro testamento.

• *Código Civil de 2002: art. 1.891.*

Art. 1.659. Não valerá o testamento marítimo, bem que feito no curso de uma viagem, se, ao tempo em que se fez, o navio estava em porto, onde o testador pudesse desembarcar, e testar na forma ordinária.

• *Código Civil de 2002: art. 1.892.*

Seção II
Do Testamento Militar

Art. 1.660. O testamento dos militares e mais pessoas ao serviço do Exército em campanha, dentro ou fora do País, assim como em praça sitiada, ou que esteja de comunicações cortadas, poderá fazer-se, não havendo oficial público, ante duas testemunhas, ou três, se o testador não puder, ou não souber assinar, caso em que assinará por ele a terceira.

• *Código Civil de 2002: art. 1.893, caput.*

§ 1º Se o testador pertencer a corpo ou seção de corpo destacado, o testamento será escrito pelo respectivo comandante, ainda que oficial inferior.

• *Código Civil de 2002: art. 1.893, § 1º.*

§ 2º Se o testador estiver em tratamento no hospital, o testamento será escrito pelo respectivo oficial de saúde, ou pelo diretor do estabelecimento.

• *Código Civil de 2002: art. 1.893, § 2º.*

§ 3º Se o testador for oficial mais graduado, o testamento será escrito por aquele que o substituir.

• *Código Civil de 2002: art. 1.893, § 3º.*

Art. 1.661. Se o testador souber escrever, poderá fazer o testamento de seu punho, contanto que o date e assine por extenso, e o apresente aberto ou cerrado, na presença de duas testemunhas ao auditor, ou ao oficial de patente, que lhe faça as vezes neste mister.

• *Código Civil de 2002: art. 1.894, caput.*

Parágrafo único. O auditor, ou oficial, a quem o testamento se apresente, notará, em qualquer parte dele, o lugar, dia, mês e ano, em que lhe for apresentado. Esta nota será assinada por ele e pelas ditas testemunhas.

• *Código Civil de 2002: art. 1.894, parágrafo único.*

Art. 1.662. Caduca o testamento militar, desde que, depois dele, o testador esteja 3 (três) meses seguidos em lugar onde possa testar na forma ordinária, salvo se esse testamento apresentar as solenidades prescritas no parágrafo único do artigo antecedente.

• *Código Civil de 2002: art. 1.895.*

Art. 1.663. As pessoas designadas no art. 1.660, estando empenhadas em combate, ou feridas, podem testar nuncupativamente, confiando a sua última vontade a duas testemunhas.

• *Código Civil de 2002: art. 1.896, caput.*

Parágrafo único. Não terá, porém, efeito esse testamento, se o testador não morrer na guerra, e convalescer do ferimento.

• *Código Civil de 2002: art. 1.896, parágrafo único.*

Capítulo VI
Das Disposições Testamentárias em Geral

Art. 1.664. A nomeação de herdeiro, ou legatário, pode fazer-se pura e simplesmente, sob condição, para certo fim ou modo, ou por certa causa.

• *Código Civil de 2002: art. 1.897.*

Art. 1.665. A designação do tempo em que deva começar ou cessar o direito do herdeiro, salvo nas disposições fideicomissárias, ter-se-á por não escrita.

• *Código Civil de 2002: art. 1.898.*

Art. 1.666. Quando a cláusula testamentária for suscetível de interpretações diferentes, prevalecerá a que melhor assegure a observância da vontade do testador.

• *Código Civil de 2002: art. 1.899.*

Art. 1.667. É nula a disposição:

• *Código Civil de 2002: art. 1.900, caput.*

I – que institua herdeira, ou legatário, sob a condição captatória de que este disponha, também por testamento, em benefício do testador, ou de terceiro;

• *Código Civil de 2002: art. 1.900, I.*

II – que se refira a pessoa incerta, cuja identidade se não possa averiguar;

• *Código Civil de 2002: art. 1.900, II.*

III – que favoreça a pessoa incerta, cometendo a determinação de sua identidade a terceiro;

• *Código Civil de 2002: art. 1.900, III.*

IV – que deixe a arbítrio do herdeiro, ou de outrem, fixar o valor do legado.

• *Código Civil de 2002: art. 1.900, IV.*

Art. 1.668. Valerá, porém, a disposição:

• *Código Civil de 2002: art. 1.901, caput.*

I – em favor de pessoa incerta que deva ser determinada por terceiro, dentre duas ou mais pessoas mencionadas pelo testador, ou pertencentes a uma família, ou a um corpo coletivo, ou a um estabelecimento por ele designado;

• *Código Civil de 2002: art. 1.901, I.*

II – em remuneração de serviços prestados ao testador, por ocasião da moléstia de que faleceu, ainda que fique ao arbítrio do herdeiro, ou de outrem, determinar o valor do legado.

• *Código Civil de 2002: art. 1.901, II.*

Art. 1.669. A disposição geral em favor dos pobres, dos estabelecimentos particulares de caridade, ou de assistência pública, entender-se-á relativa aos pobres do lugar do domicílio do testador ao tempo de sua morte, ou dos estabelecimentos aí sitos, salvo se manifestamente constar que tinha em mente beneficiar os de outra localidade.

• *Código Civil de 2002: art. 1.902, caput.*

Parágrafo único. Nestes casos, as instituições particulares preferirão sempre às públicas.

• *Código Civil de 2002: art. 1.902, parágrafo único.*

Art. 1.670. O erro na designação da pessoa do herdeiro, do legatário, ou da coisa legada anula a disposição, salvo se, pelo contexto do testamento, por outros documentos, ou por fatos inequívocos, se puder identificar a pessoa ou coisa, a que o testador queria referir-se.

• *Código Civil de 2002: art. 1.903.*

Art. 1.671. Se o testamento nomear dois ou mais herdeiros, sem discriminar a parte de cada um, partilhar-se-á por igual, entre todos, a porção disponível do testador.

• *Código Civil de 2002: art. 1.904.*

Art. 1.672. Se o testador nomear certos herdeiros individualmente, e outros coletivamente, a herança será dividida em tantas quotas quantos forem os indivíduos e os grupos designados.

• *Código Civil de 2002: art. 1.905.*

Art. 1.673. Se forem determinadas as quotas de cada herdeiro, e não absorverem toda a herança, o remanescente pertencerá aos herdeiros legítimos, segundo a ordem da sucessão hereditária.

• *Código Civil de 2002: art. 1.906.*

Art. 1.674. Se forem determinados os quinhões de uns e não os de outros herdeiros, quinhoar-se-á, distribuidamente, por igual, a estes últimos o que restar, depois de completas as porções hereditárias dos primeiros.

• *Código Civil de 2002: art. 1.907.*

Art. 1.675. Dispondo o testador que não caiba ao herdeiro instituído certo e determinado objeto, dentre os da herança, tocará ele aos herdeiros legítimos.

• *Código Civil de 2002: art. 1.908.*

Art. 1.676. A cláusula de inalienabilidade temporária, ou vitalícia, imposta aos bens pelos testadores ou doadores, não poderá, em caso algum, salvo os de expropriação por necessidade ou utilidade pública, e de execução por dívidas provenientes de impostos relativos aos respectivos imóveis, ser invalidada ou dispensada por atos judiciais de qualquer espécie, sob pena de nulidade.

• *Código Civil de 2002: art. 1.911, caput.*

Art. 1.677. Quando, nas hipóteses do artigo antecedente, se der alienação de bens clausulados, o produto se converterá em outros bens, que ficarão sub-rogados nas obrigações dos primeiros.

• *Código Civil de 2002: art. 1.911, parágrafo único.*

Capítulo VII
Dos Legados

Art. 1.678. É nulo o legado de coisa alheia. Mas, se a coisa legada, não pertencendo ao testador, quando testou, se houver depois tornado sua, por qualquer título, terá efeito a disposição, como se sua fosse a coisa, ao tempo em que ele fez o testamento.

• *Código Civil de 2002: art. 1.912.*

Art. 1.679. Se o testador ordenar que o herdeiro, ou legatário, entregue coisa de sua propriedade a outrem, não o cumprindo ele, entender-se-á que renunciou a herança, ou o legado (art. 1.704).

• *Código Civil de 2002: art. 1.913.*

Art. 1.680. Se tão-somente em parte pertencer ao testador, ou, no caso do artigo antecedente, ao herdeiro, ou ao legatário, a coisa legada, só quanto a esta parte valerá o legado.

• *Código Civil de 2002: art. 1.914.*

Art. 1.681. Se o legado for de coisa móvel, que se determine pelo gênero, ou pela espécie, será cumprido, ainda que tal coisa não exista entre os bens deixados pelo testador.

• *Código Civil de 2002: art. 1.915.*

Art. 1.682. Se o testador legar coisa sua, singularizando-a, só valerá o legado, se, ao tempo do seu falecimento, ela se achava entre os bens da herança. Se, porém, a coisa legada existir entre os bens do testador, mas em quantidade inferior à do legado, este só valerá quanto à existente.

• *Código Civil de 2002: art. 1.916.*

Art. 1.683. O legado de coisa, ou quantidade, que deva tirar-se de certo lugar, só valerá se nele for achada, e até à quantidade, que ali se achar.

• *Código Civil de 2002: art. 1.917.*

Art. 1.684. Nulo será o legado consistente em certa coisa, que, na data do testamento, já era do legatário, ou depois que lhe foi transferida gratuitamente pelo testador.

• *Código Civil de 2002: sem correspondente.*

Art. 1.685. O legado de crédito, ou de quitação de dívida, valerá tão-somente até à importância desta, ou daquele, ao tempo da morte do testador.

• *Código Civil de 2002: art. 1.918, caput.*

§ 1º Cumpre-se este legado, entregando o herdeiro ao legatário o título respectivo.

• *Código Civil de 2002: art. 1.918, § 1º.*

§ 2º Este legado não compreende as dívidas posteriores à data do testamento.

• *Código Civil de 2002: art. 1.918, § 2º.*

Art. 1.686. Não o declarando expressamente o testador, não se reputará compensação da sua dívida o legado que ele faça ao credor.

Subsistirá do mesmo modo integralmente esse legado, se a dívida lhe foi posterior, e o testador a solveu antes de morrer.

• *Código Civil de 2002: art. 1.919, caput e parágrafo único.*

Art. 1.687. O legado de alimentos abrange o sustento, a cura, o vestuário e a casa, enquanto o legatário viver, além da educação, se ele for menor.

• *Código Civil de 2002: art. 1.920.*

Art. 1.688. O legado de usufruto, sem fixação de tempo, entende-se deixado ao legatário por toda a sua vida.

• *Código Civil de 2002: art. 1.921.*

Art. 1.689. Se aquele que legar alguma propriedade, lhe ajuntar depois novas aquisições, estas, ainda que contíguas, não se compreendem no imóvel legado, salvo expressa declaração em contrário do testador.

• *Código Civil de 2002: art. 1.922, caput.*

Parágrafo único. Não se aplica o disposto neste artigo às benfeitorias necessárias, úteis ou voluptuárias feitas no prédio legado.

• *Código Civil de 2002: art. 1.922, parágrafo único.*

Capítulo VIII
Dos Efeitos dos Legados e seu Pagamento

Art. 1.690. O legado puro e simples confere, desde a morte do testador, ao legatário, o direito transmissível aos seus sucessores, de pedir aos herdeiros instituídos a coisa legada.

• *Código Civil de 2002: sem correspondente.*

Parágrafo único. Não pode, porém, o legatário entrar, por autoridade própria, na posse da coisa legada.

• *Código Civil de 2002: art. 1.923, § 1º.*

Art. 1.691. O direito de pedir o legado não se exercerá, enquanto se litigue sobre a validade do testamento, e, nos legados condicionais, ou a prazo, enquanto penda a condição, ou o prazo se não vença.

• *Código Civil de 2002: art. 1.924.*

Art. 1.692. Desde o dia da morte do testador pertence ao legatário a coisa legada, com os frutos que produzir.

• *Código Civil de 2002: art. 1.923, caput.*

Art. 1.693. O legado em dinheiro só vence juros desde o dia em que se constituir em mora a pessoa obrigada a prestá-lo.

• *Código Civil de 2002: art. 1.925.*

Art. 1.694. Se o legado consistir em renda vitalícia, ou pensão periódica, esta, ou aquela, correrá da morte do testador.

• *Código Civil de 2002: art. 1.926.*

Art. 1.695. Se o legado for de quantidades certas, em prestações periódicas, datará da morte do testador o primeiro período, e o legatário terá direito a cada prestação, uma vez encetado cada um dos períodos sucessivos, ainda que antes do termo dele venha a falecer.

• *Código Civil de 2002: art. 1.927.*

Art. 1.696. Sendo periódica as prestações, só no termo de cada período se poderão exigir.

• *Código Civil de 2002: art. 1.928, caput.*

Parágrafo único. Se, porém, forem deixadas a título de alimentos, pagar-se-ão no começo de cada período, sempre que o contrário não disponha o testador.

• *Código Civil de 2002: art. 1.928, parágrafo único.*

Art. 1.697. Se o legado consiste em coisa determinada pelo gênero, ou pela espécie, ao herdeiro tocará escolhê-la, guardando, porém, o meio-termo entre as congêneres da melhor e pior qualidade (art. 1.699).

• *Código Civil de 2002: art. 1.929.*

Art. 1.698. A mesma regra observar-se-á, quando a escolha for deixada a arbítrio de terceiro; e, se este a não quiser, ou não puder exercer, ao juiz competirá fazê-la, guardado o disposto no artigo anterior, última parte.

• *Código Civil de 2002: art. 1.930.*

Art. 1.699. Se a opção foi deixada ao legatário, este poderá escolher, do gênero, ou espécie, determinado, a melhor coisa, que houver na herança; e, se nesta não existir coisa de tal espécie, dar-lha-á de outra congênere o herdeiro, observada a disposição do art. 1.697, última parte.

• *Código Civil de 2002: art. 1.931.*

Art. 1.700. No legado alternativo, presume-se deixada ao herdeiro a opção.

• *Código Civil de 2002: art. 1.932.*

Art. 1.701. Se o herdeiro, ou legatário, a quem couber a opção, falecer antes de exercê-la, passará este direito aos seus herdeiros.

• *Código Civil de 2002: art. 1.933.*

Parágrafo único. Uma vez feita, porém, a opção é irrevogável.

• *Código Civil de 2002: sem correspondente.*

Art. 1.702. Instituindo o testador mais de um herdeiro, sem designar os que hão de executar os legados, por estes responderão, proporcionalmente ao que herdarem, todos os herdeiros instituídos.

• *Código Civil de 2002: art. 1.934, parágrafo único.*

Art. 1.703. Se o testador cometer designadamente a certos herdeiros a execução dos legados, por estes só aqueles responderão.

• *Código Civil de 2002: sem correspondente.*

Art. 1.704. Se algum legado consistir em coisa pertencente a herdeiro ou legatário (art. 1.679), só a ele incumbirá cumpri-lo, com regresso contra os co-herdeiros, pela quota de cada um, salvo se o contrário expressamente dispôs o testador.

• *Código Civil de 2002: art. 1.935.*

Art. 1.705. As despesas e os riscos da entrega do legado correm por conta do legatário, se não dispuser diversamente o testador.

• *Código Civil de 2002: art. 1.936.*

Art. 1.706. A coisa legada entregar-se-á, com seus acessórios, no lugar e estado em que se achava ao falecer o testador, passando ao legatário com todos os encargos que a onerarem.

• *Código Civil de 2002: art. 1.937.*

Art. 1.707. Ao legatário, nos legados com encargo, se aplica o disposto no art. 1.180.

• *Código Civil de 2002: art. 1.938.*

Capítulo IX
Da Caducidade dos Legados

Art. 1.708. Caducará o legado:

• *Código Civil de 2002: art. 1.939, caput.*

I – se, depois do testamento, o testador modificar a coisa legada, ao ponto de já não ter a forma, nem lhe caber a denominação que tinha;

• *Código Civil de 2002: art. 1.939, I.*

II – se o testador alienar, por qualquer título, no todo, ou em parte, a coisa legada. Em tal caso, caducará o legado, até onde ela deixou de pertencer ao testador;

• *Código Civil de 2002: art. 1.939, II.*

III – se a coisa perecer, ou for evicta, vivo ou morto o testador, sem culpa do herdeiro;

• *Código Civil de 2002: art. 1.939, III.*

IV – se o legatário for excluído da sucessão, nos termos do art. 1.595;

• *Código Civil de 2002: art. 1.939, IV.*

V – se o legatário falecer antes do testador.

• *Código Civil de 2002: art. 1.939, V.*

Art. 1.709. Se o legado for de duas ou mais coisas alternativamente, e algumas delas perecerem, subsistirá quanto às restantes. Perecendo parte de uma, valerá, quanto ao seu remanescente, o legado.

• *Código Civil de 2002: art. 1.940.*

Capítulo X
Do Direito de Acrescer entre Herdeiros e Legatários

Art. 1.710. Verifica-se o direito de acrescer entre co-herdeiros, quando estes, pela mesma disposição de um testamento, são conjuntamente chamados à herança em quinhões não determinados (art. 1.712).

• *Código Civil de 2002: art. 1.941.*

Parágrafo único. Aos co-legatários competirá também este direito, quando nomeados conjuntamente a respeito de uma só coisa, determinada e certa, ou quando não se possa dividir o objeto legado, sem risco de se deteriorar.

• *Código Civil de 2002: art. 1.942.*

Art. 1.711. Considera-se feita a distribuição das partes, ou quinhões, pelo testador, quando este designa a cada um dos nomeados a sua quota, ou o objeto, que lhe deixa.

• *Código Civil de 2002: sem correspondente.*

Art. 1.712. Se um dos herdeiros nomeados morrer antes do testador, renunciar à herança, ou dela for excluído, e bem assim se a condição, sob o qual foi instituído, não se verificar, acrescerá o seu quinhão, salvo o direito do substituto, à parte dos co-herdeiros conjuntos (art. 1.710).

• *Código Civil de 2002: art. 1.943, caput.*

Art. 1.713. Quando se não efetua o direito de acrescer, nos termos do artigo antecedente, transmite-se aos herdeiros legítimos a quota vaga do nomeado.

• *Código Civil de 2002: art. 1.944, caput.*

Art. 1.714. Os co-herdeiros, a quem acrescer o quinhão do que deixou de herdar, ficam sujeitos às obrigações e encargos, que o oneravam.

• *Código Civil de 2002: art. 1.943, parágrafo único.*

Parágrafo único. Esta disposição aplica-se igualmente ao co-legatário, a quem aproveita a caducidade total ou parcial do legado.

• *Código Civil de 2002: sem correspondente.*

Art. 1.715. Não existindo o direito de acrescer entre os co-legatários, a quota do que faltar acresce ao herdeiro, ou legatário, incumbido de satisfazer esse legado, ou a todos os herdeiros, em proporção dos seus quinhões, se o legado se deduziu da herança.

• *Código Civil de 2002: art. 1.944, parágrafo único.*

Art. 1.716. Legado um só usufruto conjuntamente a duas ou mais pessoas, a parte da que faltar acresce aos co-legatários. Se, porém, não houve conjunção entre estes, ou se, apesar de conjuntos, só lhes foi legada certa parte do usufruto, as quotas dos que faltarem consolidar-se-ão na propriedade, à medida que eles forem faltando.

• *Código Civil de 2002: art. 1.946, caput e parágrafo único.*

Capítulo XI
Da Capacidade para Adquirir por Testamento

Art. 1.717. Podem adquirir por testamento as pessoas existentes ao tempo da morte do testador, que não forem por este Código declaradas incapazes.

• *Código Civil de 2002: sem correspondente.*

Art. 1.718. São absolutamente incapazes de adquirir por testamento os indivíduos não concebidos até à morte do testador, salvo se a disposição desde se referir à prole eventual de pessoas por ele designadas e existentes ao abrir-se a sucessão.

• *Código Civil de 2002: sem correspondente.*

Art. 1.719. Não podem também ser nomeados herdeiros, nem legatários:

• *Código Civil de 2002: art. 1.801, caput.*

I – a pessoa que, a rogo, escreveu o testamento (art. 1.638, I, 1.656 e 1.657), nem o seu cônjuge, ou os seus ascendentes, descendentes, e irmãos;

• *Código Civil de 2002: art. 1.801, I.*

II – as testemunhas do testamento;

• *Código Civil de 2002: art. 1.801, II.*

III – a concubina do testador casado;

• *Código Civil de 2002: art. 1.801, III.*

IV – o oficial público, civil ou militar, nem o comandante, ou escrivão, perante quem se fizer, assim como o que fizer, ou aprovar o testamento.

• *Código Civil de 2002: art. 1.801, IV.*

Art. 1.720. São nulas as disposições em favor dos incapazes (arts. 1.718 e 1.719), ainda quando simulem a forma de contrato oneroso, ou os beneficiem por interposta pessoa. Reputam-se pessoas interpostas o pai, a mãe, os descendentes e o cônjuge do incapaz.

• *Código Civil de 2002: art. 1.802, caput e parágrafo único.*

Capítulo XII
Dos Herdeiros Necessários

Art. 1.721. O testador que tiver descendente ou ascendente sucessível não poderá dispor de mais da metade de seus bens; a outra pertencerá de pleno direito ao descendente e, em sua falta, ao ascendente, dos quais constitui a legítima, segundo o disposto neste Código (arts. 1.603 a 1.619 e 1.723).

• *Código Civil de 2002: art. 1.846.*

Art. 1.722. Calcula-se a metade disponível (art. 1.721) sobre o total dos bens existentes ao falecer o testador, abatidas as dívidas e as despesas do funeral.

• *Código Civil de 2002: art. 1.847.*

Parágrafo único. Calculam-se as legítimas sobre a soma que resultar, adicionando-se à metade dos bens que então possuía o testador a importância das doações por ele feitas aos seus descendentes (art. 1.785).

• *Código Civil de 2002: art. 1.847.*

Art. 1.723. Não obstante o direito reconhecido aos descendentes e ascendentes no art. 1.721, pode o testador determinar a conversão dos bens da legítima em outras espécies, prescrever-lhes a incomunicabilidade, confiá-los à livre administração da mulher herdeira, e estabelecer-lhes condições de inalienabilidade temporária ou vitalícia. A cláusula de inalienabilidade, entretanto, não obstará a livre disposição dos bens por testamento e, em falta deste, à sua transmissão, desembaraçados de qualquer ônus, aos herdeiros legítimos.

• *Código Civil de 2002: art. 1.848, caput e § 1º.*

Art. 1.724. O herdeiro necessário, a quem o testador deixar a sua metade disponível, ou algum legado, não perderá o direito à legítima.

• *Código Civil de 2002: art. 1.849.*

Art. 1.725. Para excluir da sucessão o cônjuge ou os parentes colaterais, basta que o testador disponha do seu patrimônio, sem os contemplar.

• *Código Civil de 2002: art. 1.850.*

Capítulo XIII
Da Redução das Disposições Testamentárias

Art. 1.726. Quando o testador só em parte dispuser da sua metade disponível, entender-se-á que instituiu os herdeiros legítimos no remanescente.

• *Código Civil de 2002: art. 1.966.*

Art. 1.727. As disposições, que excederem a metade disponível, reduzir-se-ão aos limites dela, em conformidade com o disposto nos parágrafos seguintes.

• *Código Civil de 2002: art. 1.967, caput.*

§ 1º Em se verificando excederem as disposições testamentárias a porção disponível, serão proporcionalmente reduzidas as quotas do herdeiro ou herdeiros instituídos, até onde baste, e, não bastando, também os legados, na proporção do seu valor.

• *Código Civil de 2002: art. 1.967, § 1º.*

§ 2º Se o testador, prevenindo o caso, dispuser que se inteirem, de preferência, certos herdeiros e legatários, a redução far-se-á nos outros quinhões ou legados, observando-se, a seu respeito, a ordem estabelecida no parágrafo anterior.

• *Código Civil de 2002: art. 1.967, § 2º.*

Art. 1.728. Quando consistir em prédio divisível o legado sujeito à redução, far-se-á esta, dividindo-o proporcionalmente.

• *Código Civil de 2002: art. 1.968, caput.*

§ 1º Se não for possível a divisão, e o excesso do legado montar a mais de um quarto do valor do prédio, o legatário deixará inteiro na herança o imóvel legado, ficando com o direito de pedir aos herdeiros o valor que couber na metade disponível. Se o excesso não for de mais de um quarto, aos herdeiros torná-lo-á em dinheiro o legatário, que ficará com o prédio.

• *Código Civil de 2002: art. 1.968, § 1º.*

§ 2º Se o legatário for ao mesmo tempo herdeiro necessário, poderá inteirar sua legítima no mesmo imóvel, de preferência aos outros, sempre que ela e a parte subsistente do legado lhe absorverem o valor.

• *Código Civil de 2002: art. 1.968, § 2º.*

Capítulo XIV
Das Substituições

Art. 1.729. O testador pode substituir outra pessoa ao herdeiro, ou legatário, nomeado para o caso de um ou outro não querer ou não poder aceitar a herança, ou o legado. Presume-se que a substituição foi determinada para as duas alternativas, ainda que o testador só a uma se refira.

• *Código Civil de 2002: art. 1.947.*

Art. 1.730. Também lhe é lícito substituir muitas pessoas a uma só, ou vice-versa, e ainda substituir com reciprocidade ou sem ela.

• *Código Civil de 2002: art. 1.948.*

Art. 1.731. O substituto fica sujeito ao encargo ou condição impostos ao substituído, quando não for diversa a intenção manifestada pelo testador, ou não resultar outra coisa da natureza da condição, ou do encargo.

• *Código Civil de 2002: art. 1.949.*

Art. 1.732. Se, entre muitos co-herdeiros ou legatários de partes desiguais, for estabelecida substituição recíproca, a proporção dos quinhões, fixada na primeira disposição, entender-se-á mantida na segunda.

Se, porém, com as outras anteriormente nomeadas, for incluída mais alguma pessoa na substituição, o quinhão vago pertencerá em partes iguais aos substitutos.

• *Código Civil de 2002: art. 1.950.*

Art. 1.733. Pode também o testador instituir herdeiros ou legatários por meio de fideicomisso, impondo a um deles, o gravado ou fiduciário, a obrigação de, por sua morte, a certo tempo, ou sob certa condição, transmitir ao outro, que se qualifica de fideicomissário, a herança, ou o legado.

• *Código Civil de 2002: art. 1.951.*

Art. 1.734. O fiduciário tem a propriedade da herança ou legado, mas restrita e resolúvel.

• *Código Civil de 2002: art. 1.953, caput.*

Parágrafo único. É obrigado, porém, a proceder ao inventário dos bens gravados, e, se lho exigir o fideicomissário, a prestar caução de restituí-los.

• *Código Civil de 2002: art. 1.953, parágrafo único.*

Art. 1.735. O fideicomissário pode renunciar a herança, ou legado, e, neste caso, o fideicomisso caduca, ficando os bens propriedade pura do fiduciário, se não houver disposição contrária do testador.

• *Código Civil de 2002: art. 1.955.*

Art. 1.736. Se o fideicomissário aceitar a herança ou legado, terá direito à parte que, ao fiduciário, em qualquer tempo acrescer.

• *Código Civil de 2002: art. 1.956.*

Art. 1.737. O fideicomissário responde pelos encargos da herança que ainda restarem, quando vier à sucessão.

• *Código Civil de 2002: art. 1.957.*

Art. 1.738. Caduca o fideicomisso, se o fideicomissário morrer antes do fiduciário, ou antes de realizar-se a condição resolutória do direito deste último. Neste caso a propriedade consolida-se no fiduciário nos termos do art. 1.735.

• *Código Civil de 2002: art. 1.958.*

Art. 1.739. São nulos os fideicomissos além do segundo grau.

• *Código Civil de 2002: art. 1.959.*

Art. 1.740. A nulidade da substituição ilegal não prejudica a instituição, que valerá sem o encargo resolutório.

• *Código Civil de 2002: art. 1.960.*

Capítulo XV
Da Deserdação

Art. 1.741. Os herdeiros necessários podem ser privados de sua legítima, ou deserdados, em todos os casos em que podem ser excluídos da sucessão.

• *Código Civil de 2002: art. 1.961.*

Art. 1.742. A deserdação só pode ser ordenada em testamento, com expressa declaração de causa.

• *Código Civil de 2002: art. 1.964.*

Art. 1.743. Ao herdeiro instituído, ou àquele a quem aproveite a deserdação, incumbe provar a veracidade da causa alegada pelo testador (art. 1.742).

• *Código Civil de 2002: art. 1.965, caput.*

Parágrafo único. Não se provando a causa invocada para a deserdação, é nula a instituição, e nulas as disposições, que prejudiquem a legítima do deserdado.

• *Código Civil de 2002: sem correspondente.*

Art. 1.744. Além das causas mencionadas no art. 1.595, autorizam a deserdação dos descendentes por seus ascendentes:

• *Código Civil de 2002: art. 1.962, caput.*

I – ofensas físicas;

• *Código Civil de 2002: art. 1.962, I.*

II – injúria grave;

• *Código Civil de 2002: art. 1.962, II.*

III – desonestidade da filha que vive na casa paterna;

• *Código Civil de 2002: sem correspondente.*

IV – relações ilícitas com a madrasta, ou o padrasto;

• *Código Civil de 2002: art. 1.962, III.*

V – desamparo do ascendente em alienação mental ou grave enfermidade.

• *Código Civil de 2002: art. 1.962, IV.*

Art. 1.745. Semelhantemente, além das causas enumeradas no art. 1.595, autorizam a deserdação dos ascendentes pelos descendentes:

• *Código Civil de 2002: art. 1.963, caput.*

I – ofensas físicas;

• *Código Civil de 2002: art. 1.963, I.*

II – injúria grave;

• *Código Civil de 2002: art. 1.963, II.*

III – relações ilícitas com a mulher do filho ou neto, ou com o marido da filha ou neta;

• *Código Civil de 2002: art. 1.963, III.*

IV – desamparo do filho ou neto em alienação mental ou grave enfermidade.

• *Código Civil de 2002: art. 1.963, IV.*

Capítulo XVI
Da Revogação dos Testamentos

Art. 1.746. O testamento pode ser revogado pelo mesmo modo e forma por que pode ser feito.

• *Código Civil de 2002: art. 1.969.*

Art. 1.747. A revogação do testamento pode ser total ou parcial.

• *Código Civil de 2002: art. 1.970, caput.*

Parágrafo único. Se a revogação for parcial, ou se o testamento posterior não contiver cláusula revogatória expressa, o anterior subsiste em tudo que não for contrário ao posterior.

• *Código Civil de 2002: art. 1.970, parágrafo único.*

Art. 1.748. A revogação produzirá seus efeitos, ainda quando o testamento, que a encerra, caduque por exclusão, incapacidade, ou renúncia do herdeiro, nele nomeado; mas não valerá, se o testamento revogatório for anulado por omissão ou infração de solenidades essenciais, ou por vícios intrínsecos.

• *Código Civil de 2002: art. 1.971.*

Art. 1.749. O testamento cerrado que o testador abrir ou dilacerar, ou for aberto ou dilacerado com seu consentimento, haver-se-á como revogado.

• *Código Civil de 2002: art. 1.972.*

Art. 1.750. Sobrevindo descendente sucessível ao testador, que o não tinha, ou não o conhecia, quando testou, rompe-se o testamento em todas as suas disposições, se esse descendente sobreviver ao testador.

• *Código Civil de 2002: art. 1.973.*

Art. 1.751. Rompe-se também o testamento feito na ignorância de existirem outros herdeiros necessários.

• *Código Civil de 2002: art. 1.974.*

Art. 1.752. Não se rompe, porém, o testamento, em que o testador dispuser da sua metade, não contemplando os herdeiros necessários, de cuja existência saiba, ou deserdando-os, nessa parte, sem menção de causa legal (arts. 1.741 e 1.742).

• *Código Civil de 2002: art. 1.975.*

Capítulo XVII
Do Testamenteiro

Art. 1.753. O testador pode nomear um ou mais testamenteiros conjuntos ou separados, para lhe darem cumprimento às disposições de última vontade.

• *Código Civil de 2002: art. 1.976.*

Art. 1.754. O testador pode também conceder ao testamenteiro a posse e administração da herança, ou de parte dela, não havendo cônjuge ou herdeiros necessários.

• *Código Civil de 2002: art. 1.977, caput.*

Parágrafo único. Qualquer herdeiro pode, entretanto, requerer partilha imediata, ou devolução da herança, habilitando o testamenteiro com os meios necessários para o cumprimento dos legados, ou dando caução de prestá-los.

• *Código Civil de 2002: art. 1.977, parágrafo único.*

Art. 1.755. Tendo o testamenteiro a posse e administraçao dos bens, incumbe-lhe requerer inventário e cumprir o testamento.

• *Código Civil de 2002: art. 1.978.*

Parágrafo único. Se lhe não competir a posse e a administração dos bens, assistir-lhe-á direito a exigir dos herdeiros os meios de cumprir as disposições testamentárias; e, se os legatários o demandarem, poderá nomear à execução os bens da herança.

• *Código Civil de 2002: sem correspondente.*

Art. 1.756. O testamenteiro nomeado, ou qualquer parte interessada, pode requerer, assim como o juiz pode ordenar, de ofício, ao detentor do testamento que o leve a registro.

• *Código Civil de 2002: art. 1.979.*

Art. 1.757. O testamenteiro é obrigado a cumprir as disposições testamentárias, no prazo marcado pelo testador, e a dar contas do que recebeu e despendeu, subsistindo sua responsabilidade enquanto durar a execução do testamento.

• *Código Civil de 2002: art. 1.980.*

Art. 1.758. Levar-se-ão em conta ao testamenteiro as despesas feitas com o desempenho de seu cargo e a execução do testamento.

• *Código Civil de 2002: sem correspondente.*

Art. 1.759. Sendo glosadas as despesas por ilegais ou por não conformes ao testamento, remover-se-á o testamenteiro, perdendo o prêmio deixado pelo testador (art. 1.766).

• *Código Civil de 2002: sem correspondente.*

Art. 1.760. Compete ao testamenteiro, com ou sem o concurso do inventariante e dos herdeiros instituídos, propugnar a validade do testamento.

• *Código Civil de 2002: art. 1.981.*

Art. 1.761. Além das atribuições exaradas nos artigos anteriores, terá o testamento as que lhe conferir o testador, nos limites da lei.

• *Código Civil de 2002: art. 1.982.*

Art. 1.762. Não concedendo o testador prazo maior, cumprirá o testamenteiro o testamento e prestará contas no lapso de 1 (um) ano, contado da aceitação da testamentaria.

• *Código Civil de 2002: art. 1.983, caput.*

Parágrafo único. Pode esse prazo prorrogar-se, porém, ocorrendo motivo cabal.

• *Código Civil de 2002: art. 1.983, parágrafo único.*

Art. 1.763. Na falta de testamenteiro nomeado pelo testador, a execução testamentária compete ao cabeça-de-casal, e, em falta deste, ao herdeiro nomeado pelo juiz.

• *Código Civil de 2002: art. 1.984.*

Art. 1.764. O encargo da testamentaria não se transmite aos herdeiros do testamenteiro, nem é delegável. Mas o testamenteiro pode fazer-se representar em juízo e fora dele, mediante procurador com poderes especiais.

• *Código Civil de 2002: art. 1.985.*

Art. 1.765. Havendo simultaneamente mais de um testamenteiro, que tenha aceitado o cargo, poderá cada qual exercê-lo, em falta dos outros. Mas todos ficam solidariamente obrigados a dar conta dos bens, que lhes forem confiados, salvo se cada um tiver, pelo testamento, funções distintas, e a elas se limitar.

• *Código Civil de 2002: art. 1.986.*

Art. 1.766. Quando o testamenteiro não for herdeiro, nem legatário, terá direito a um prêmio, que, se o testador o não houver taxado, será de 1% (um por cento) a 5% (cinco por cento), arbitrado pelo juiz, sobre toda a herança líquida, conforme a importância dela, e a maior ou menor dificuldade na execução do testamento (arts. 1.759 e 1.768).

• *Código Civil de 2002: art. 1.987, caput.*

Parágrafo único. Este prêmio deduzir-se-á somente da metade disponível, quando houver herdeiro necessário.

• *Código Civil de 2002: art. 1.987, parágrafo único.*

Art. 1.767. O testamenteiro que for legatário poderá preferir o prêmio ao legado.

• *Código Civil de 2002: art. 1.988.*

Art. 1.768. Reverterá à herança o prêmio, que o testamenteiro perder, por ser removido, ou não ter cumprido o testamento (arts. 1.759 e 1.766).

• *Código Civil de 2002: art. 1.989.*

Art. 1.769. Se o testador tiver distribuído toda a herança em legados, o testamenteiro exercerá as funções de cabeça-de-casal.

• *Código Civil de 2002: art. 1.990.*

Título IV
Do Inventário e Partilha

Capítulo I
Do Inventário

Art. 1.770. Proceder-se-á ao inventário e partilha judiciais na forma das leis em vigor no domicílio do falecido, observado o que se dispõe no art. 1.603, começando-se dentro em 1 (um) mês, a contar da abertura da sucessão, e ultimando-se nos 3 (três) meses subseqüentes, prazo este que o juiz poderá dilatar, a requerimento do inventariante, por motivo justo.

• *Código Civil de 2002: art. 1.796.*

Parágrafo único. Quando se exceder o último prazo deste artigo, e, por culpa do inventariante não se achar finda a partilha, poderá o juiz removê-lo, se algum herdeiro o requerer, e, se for testamenteiro, o privará do prêmio, a que tenha direito (art. 1.766)

• *Código Civil de 2002: sem correspondente.*

Art. 1.771. No inventário, serão descritos com individuação e clareza todos os bens da herança, assim como os alheios nela encontrados.

• *Código Civil de 2002: sem correspondente.*

Capítulo II
Da Partilha

Art. 1.772. O herdeiro pode requerer a partilha, embora lhe seja defeso pelo testador.

• *Código Civil de 2002: art. 2.013.*

§ 1º Podem-na requerer também os cessionários e credores do herdeiro.

• *Código Civil de 2002: sem correspondente.*

§ 2º Não obsta à partilha o estar um ou mais herdeiros na posse de certos bens do espólio, salvo se da morte do proprietário houver decorrido 20 (vinte) anos.

• *Código Civil de 2002: sem correspondente.*

Art. 1.773. Se os herdeiros forem maiores e capazes, poderão fazer partilha amigável, por escritura pública, termo nos autos do inventário, ou escrito particular, homologado pelo juiz.

• *Código Civil de 2002: art. 2.015.*

Art. 1.774. Será sempre judicial a partilha, se os herdeiros divergirem, assim como se algum deles for menor, ou incapaz.

• *Código Civil de 2002: art. 2.016.*

Art. 1.775. No partilhar os bens, observar-se-á, quanto ao seu valor, natureza e qualidade, a maior igualdade possível.

• *Código Civil de 2002: art. 2.017.*

Art. 1.776. É válida a partilha feita pelo pai, por ato entre vivos ou de última vontade, contanto que não prejudique a legítima dos herdeiros necessários.

• *Código Civil de 2002: art. 2.018.*

Art. 1.777. O imóvel que não couber no quinhão de um só herdeiro, ou não admitir divisão cômoda, será vendido em hasta pública, dividindo-se-lhe o preço, exceto se um ou mais herdeiros requererem lhes seja adjudicado, repondo aos outros, em dinheiro, o que sobrar.

• *Código Civil de 2002: art. 2.019, caput § 1º.*

Art. 1.778. Os herdeiros em posse dos bens da herança, o cabeça-de-casal e o inventariante são obrigados a trazer ao acervo os frutos que, desde a abertura da sucessão, perceberam; têm direito ao reembolso das despesas necessárias e úteis, que fizeram, e respondem pelo dano, a que, por dolo, ou culpa, deram causa.

• *Código Civil de 2002: art. 2.020.*

Art. 1.779. Quando parte da herança consistir em bens remotos do lugar do inventário, litigiosos, ou de liquidação morosa, ou difícil, poderá proceder-se, no prazo legal, à partilha dos outros, reservando-se aqueles para uma ou mais sobrepartilhas, sob a guarda e a administração do mesmo, ou diverso inventariante, a aprazimento da maioria dos herdeiros. Também ficam sujeitos à sobrepartilha os sonegados e quaisquer outros bens da herança que se descobrirem depois da partilha.

• *Código Civil de 2002: arts. 2.021 e 2.022.*

Capítulo III
Dos Sonegados

Art. 1.780. O herdeiro que sonegar bens da herança, não os descrevendo no inventário, quando estejam em seu poder, ou, com ciência sua, no de outrem, o que os omitir na colação, a que os deva levar, ou o que deixar de restituí-los, perderá o direito, que sobre eles lhe cabia.

• *Código Civil de 2002: art. 1.992.*

Art. 1.781. Além da pena cominada no artigo antecedente, se o sonegador for o próprio inventariante, remover-se-á, em se provando a sonegação, ou negando ele a existência dos bens, quando indicados.

• *Código Civil de 2002: art. 1.993.*

Art. 1.782. A pena de sonegados só se pode requerer e impor em ação ordinária, movida pelos herdeiros, ou pelos credores da herança.

• *Código Civil de 2002: art. 1.994, caput.*

Parágrafo único. A sentença que se proferir na ação de sonegados, movida por qualquer dos herdeiros, ou credores, aproveita aos demais interessados.

• *Código Civil de 2002: art. 1.994, parágrafo único.*

Art. 1.783. Se não se restituírem os bens sonegados, por já os não ter o sonegador em seu poder, pagará ele a importância dos valores, que ocultou, mais as perdas e danos.

• *Código Civil de 2002: art. 1.995.*

Art. 1.784. Só se pode argüir de sonegação o inventariante depois de encerrada a descrição dos bens, com a declaração, por ele feita, de não existirem outros por inventariar e partir, e o herdeiro, depois de declarar no inventário que os não possui.

• *Código Civil de 2002: art. 1.996.*

Capítulo IV
Das Colações

Art. 1.785. A colação tem por fim igualar as legítimas dos herdeiros. Os bens conferidos não aumentam a metade disponível (arts. 1.721 e 1.722).

• *Código Civil de 2002: arts. 2.002, parágrafo único e 2.003, caput.*

Art. 1.786. Os descendentes, que concorrerem à sucessão do ascendente comum, são obrigados a conferir as doações e os dotes, que dele em vida receberam.

• *Código Civil de 2002: art. 2.002, caput.*

Art. 1.787. No caso do artigo antecedente, se ao tempo do falecimento do doador, os donatários já não possuírem os bens doados, trarão à colação o seu valor.

• *Código Civil de 2002: art. 2.003, caput.*

Art. 1.788. São dispensados da colação os dotes ou as doações que o doador determinar que saiam de sua metade, contanto que não a excedam, computado o seu valor ao tempo da doação.

• *Código Civil de 2002: art. 2.005, caput.*

Art. 1.789. A dispensa de colação pode ser outorgada pelo doador, ou dotador, em testamento, ou no próprio título da liberalidade.

• *Código Civil de 2002: art. 2.006.*

Art. 1.790. O que renunciou à herança, ou foi dela excluído, deve, não obstante, conferir as doações recebidas, para o fim de repor a parte inoficiosa.

• *Código Civil de 2002: art. 2.008.*

Parágrafo único. Considera-se inoficiosa a parte da doação, ou do dote, que exceder a legítima e mais a metade disponível.

• *Código Civil de 2002: sem correspondente.*

Art. 1.791. Quando os netos, representando seus pais, sucederem aos avós, serão obrigados a trazer à colação, ainda que o não hajam herdado, o que os pais teriam de conferir.

• *Código Civil de 2002: art. 2.009.*

Art. 1.792. Os bens doados, ou dotados, imóveis ou móveis, serão conferidos pelo valor certo, ou pela estimação que deles houver sido feita na data da doação.

• *Código Civil de 2002: art. 2.004, caput.*

§ 1º Se do ato de doação, ou do dote, não constar valor certo, nem houver estimação feita naquela época, os bens serão conferidos na partilha pelo que então se calcular valessem ao tempo daqueles atos.

• *Código Civil de 2002: art. 2.004, § 1º.*

§ 2º Só o valor dos bens doados ou dotados entrará em colação; não assim o das benfeitorias acrescidas, as quais pertencerão ao herdeiro donatário, correndo também por conta deste os danos e perdas, que eles sofrerem.

• *Código Civil de 2002: art. 2.004, § 2º.*

Art. 1.793. Não virão também à colação os gastos ordinários do ascendente com o descendente, enquanto menor, na sua educação, estudos, sustento, vestuário, tratamento nas enfermidades, enxoval e despesas de casamento e livramento em processo-crime, de que tenha sido absolvido.

• *Código Civil de 2002: art. 2.010.*

Art. 1.794. As doações remuneratórias de serviços feitos ao ascendente também não estão sujeitas à colação.

• *Código Civil de 2002: art. 2.011.*

Art. 1.795. Sendo feita a doação por ambos os cônjuges, no inventário de cada um se conferirá por metade.

• *Código Civil de 2002: art. 2.012.*

Capítulo V
Do Pagamento das Dívidas

Art. 1.796. A herança responde pelo pagamento das dívidas do falecido; mas, feita a partilha, só respondem os herdeiros, cada qual em proporção da parte, que na herança lhes coube.

• *Código Civil de 2002: art. 1.997, caput.*

§ 1º Quando, antes da partilha, for requerido no inventário o pagamento de dívidas constantes de documentos, revestidos de formalidades legais, constituindo prova bastante da obrigação, e houver impugnação, que se não funde na alegação de pagamento, acompanhada de prova valiosa, o juiz mandará reservar, em poder do inventariante, bens suficientes para solução do débito, sobre os quais venha a recair oportunamente a execução.

• *Código Civil de 2002: art. 1.997, § 1º.*

§ 2º No caso figurado no parágrafo antecedente, o credor será obrigado a iniciar a ação de cobrança dentro no prazo de 30 (trinta) dias, sob pena de se tornar de nenhum efeito a providência indicada.

• *Código Civil de 2002: art. 1.997, § 2º.*

Art. 1.797. As despesas funerárias, haja ou não herdeiros legítimos, sairão do monte da herança. Mas as de sufrágios por alma do finado só obrigarão a herança, quando ordenadas em testamento ou codicilo (art. 1.651).

• *Código Civil de 2002: art. 1.998.*

Art. 1.798. Sempre que houver ação regressiva de uns contra outros herdeiros, a parte do co-herdeiro insolvente dividir-se-á em proporção entre os demais.

• *Código Civil de 2002: art. 1.999.*

Art. 1.799. Os legatários e credores da herança podem exigir que do patrimônio do falecido se discrimine o do herdeiro, e, em concurso com os credores deste, ser-lhes-ão preferidos no pagamento.

• *Código Civil de 2002: art. 2.000.*

Art. 1.800. Se o herdeiro for devedor ao espólio, sua dívida será partilhada igualmente entre todos, salvo se a maioria consentir que o débito seja imputado inteiramente no quinhão do devedor.

• *Código Civil de 2002: art. 2.001.*

CAPÍTULO VI
Da Garantia dos Quinhões Hereditários

Art. 1.801. Julgada a partilha, fica o direito de cada um dos herdeiros circunscrito aos bens do seu quinhão.

• *Código Civil de 2002: art. 2.023.*

Art. 1.802. Os co-herdeiros são reciprocamente obrigados a indenizar-se, no caso de evicção, dos bens aquinhoados.

• *Código Civil de 2002: art. 2.024.*

Art. 1.803. Cessa essa obrigação mútua, havendo convenção em contrário, e bem assim dando-se a evicção por culpa do evicto, ou por fato posterior à partilha.

• *Código Civil de 2002: art. 2.025.*

Art. 1.804. O evicto será indenizado pelos co-herdeiros na proporção de suas quotas hereditárias; mas, se algum deles se achar insolvente, responderão os demais, na mesma proporção, pela parte desse, menos a quota que corresponderia ao indenizado.

• *Código Civil de 2002: art. 2.026.*

CAPÍTULO VII
Da Nulidade da Partilha

Art. 1.805. A partilha, uma vez feita e julgada, só é anulável pelos vícios e defeitos que invalidam, em geral, os atos jurídicos (art. 178, § 6º, V).

• *Código Civil de 2002: art. 2.027, caput.*

DISPOSIÇÕES FINAIS

Art. 1.806. O Código Civil entrará em vigor no dia 1º de janeiro de 1917.

• *Código Civil de 2002: sem correspondente.*

Art. 1.807. Ficam revogadas as Ordenações, Alvarás, Leis, Decretos, Resoluções, Usos e Costumes concernentes às matérias de direito civil reguladas neste Código.

• *Código Civil de 2002: sem correspondente.*

Rio de Janeiro, 1º de janeiro de 1916,
95º da Independência e 28º da República.

WENCESLAU BRAZ P. GOMES

ÍNDICE REMISSIVO

CÓDIGO CIVIL 2002

D

E

M

N